第 5 版

Microeconomics

個體經濟學

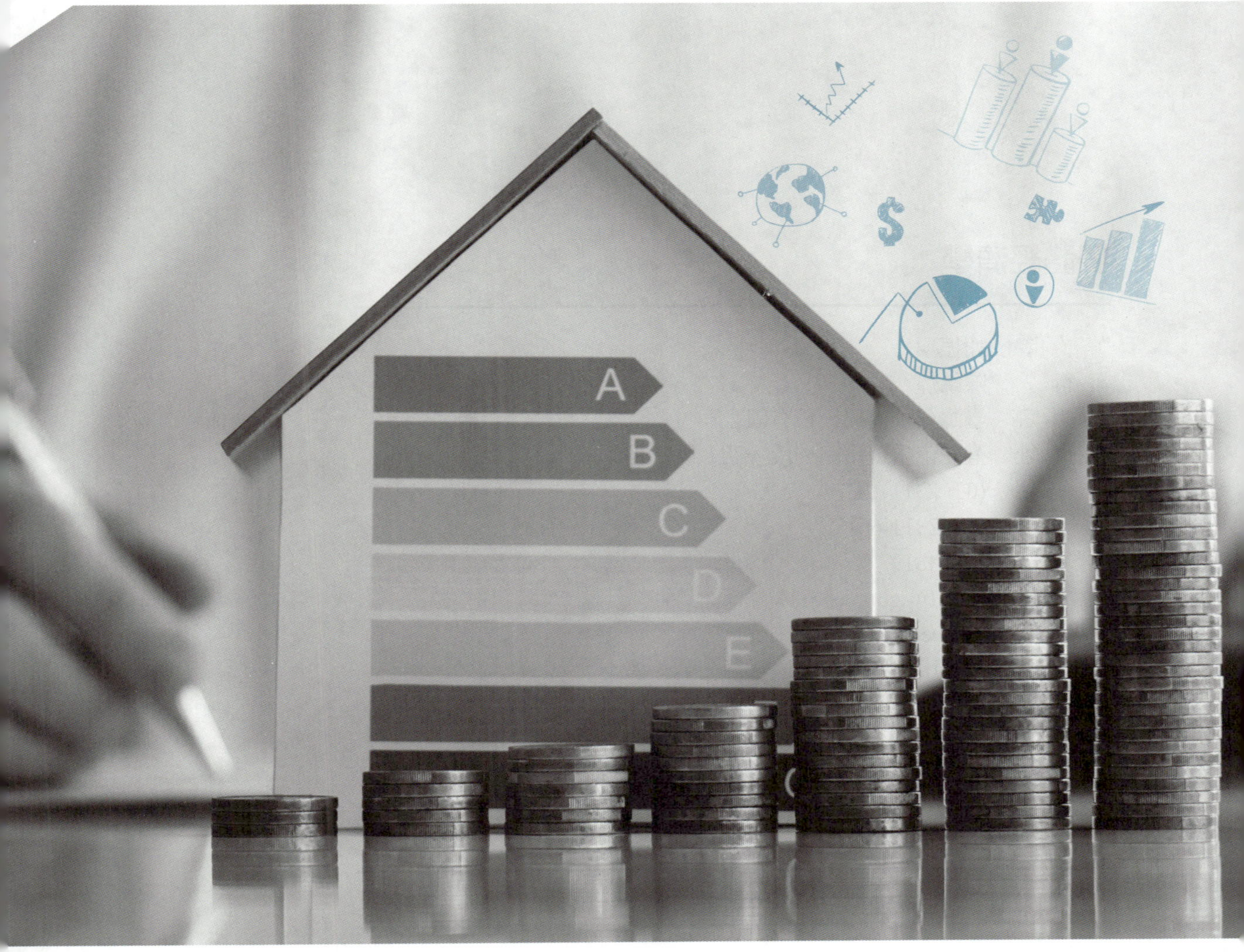

東華書局

國家圖書館出版品預行編目資料

```
個體經濟學 / 謝振環著 . -- 5 版 . -- 臺北市 : 臺灣東
   華書局股份有限公司 , 2022.10
   512 面 ; 19x26 公分 .

   ISBN 978-626-7130-30-8 ( 平裝 )

   1.CST: 個體經濟學

551                                    111015233
```

個體經濟學

著　　者	謝振環
發 行 人	陳錦煌
出 版 者	臺灣東華書局股份有限公司
地　　址	臺北市重慶南路一段一四七號三樓
電　　話	(02) 2311-4027
傳　　眞	(02) 2311-6615
劃撥帳號	00064813
網　　址	www.tunghua.com.tw
讀者服務	service@tunghua.com.tw
門　　市	臺北市重慶南路一段一四七號一樓
電　　話	(02) 2371-9320

2026 25 24 23 22　JW　5 4 3 2 1

ISBN　　978-626-7130-30-8

版權所有　·　翻印必究

序言

　　在一封相當著名的信函裡,英國經濟學家馬歇爾提出:

1. 把數學當作速記語言,而不是研究的目的。
2. 一直使用數學,直到完成分析。
3. 把分析的結論用日常語言表達出來。
4. 再用生活中重要的例子來加以說明。
5. 然後燒掉數學的部分。
6. 如果你做不到第 4 項,那麼就把第 3 項的結果也一起燒掉,而這正是我常做的事。

　　馬歇爾在 1890 年出版的《經濟學原理》是今日個體經濟學的基礎。多年在大學部、金融所和會研所教學,作者得出一個重要的心得:教授個體經濟學最有效的方法是用不同的形式來說明各章內容,每一種形式均可補強另一種形式。

　　本書藉著四種形式將重要觀念詳細剖析:直覺文字、圖形、邊做邊學習題及一點點的數學。每一章的前言都會以一個實例帶出重點,儘管個體經濟學充斥著許多模型,如利潤極大化、寡占模型、賽局理論,本書均以淺顯易懂的圖形來予以解說。邊做邊學習題與選擇題部分則協助學生建立自己的經濟分析工具。可惜的是,本書無法像馬歇爾的方法,將數學的部分燒掉,而仍然保留少量的公式及計算。本書儘量減少使用數學,而以圖形與文字讓學生瞭解主要概念。不過,任何分析,其背後都有嚴謹的數學推理。如果讀者能夠從僵硬的圖形與經濟模型中,清楚瞭解到其所蘊含的經濟概念,本書就已達成目的。

　　從架構與範圍的角度觀之,本書是傳統的個體經濟學教科書。然而,作者做了某種程度的取捨:更詳盡地闡述某些課題,如財務的個體經濟學。在近幾年,財務領域不論是學術上的文章發表,或實務上的金融操作,均使財務金融愈形重要。其實,財務是經濟學的分支。任何研習財務

金融的人，若具備良好的經濟學基礎，將更能夠在財務領域中悠遊自得。目前為止，尚無任何一本個體經濟學教科書就財務與個體經濟的關係加以強調。本書大膽嘗試，期望能更清楚呈現其間的關係。

此外，本書也加強對資訊經濟學與賽局理論的介紹。賽局與策略的重要性，在高度精細的社會裡逐漸地被重視。本書除介紹傳統的單次、同時賽局外，也探討重複賽局與依序行動賽局。至於資訊經濟學，這個領域在幾屆的諾貝爾經濟學獎得主的背書後，其重要性不可言喻。本書捨棄一般均衡的說明，這並不代表該領域不重要，而是在衡量連貫性與實際負擔後，做出不得不放棄的決策。希望這樣做不會造成太大的困擾。

為了讓教學更流暢，本書另有教學投影片、習題解答、題庫，供授課教師教學輔助。教學投影片涵蓋每一章重要的概念，並以豐富的圖形與文字，讓教學更為活潑；題庫則為協助老師在製作小考測驗、期中及期末考時，能夠更得心應手。

第五版除了修訂錯誤以外，每一章的邊做邊學習題均與課本習題連結，俾讓學生能夠讀完每一節後能有更深刻的練習。此外，習題部分也增加若干題目，好讓學生能夠藉由習題更深入個體經濟學的世界。邊做邊學習題解答、基礎題習題解答請至東華書局網站 (https://www.tunghua.com.tw) 下載，供學生參考。

本書的寫作過程充滿歡樂與痛苦，期間多位教授與同學給予良好的意見。特別感謝東華書局卓媽媽的關心、鼓勵與照顧。本書如有疏漏錯誤，務祈各位教授先進及可愛的同學不吝指正，感謝萬分。

謝振環
2022 年 8 月

目錄

Chapter 1　緒論

1.1	為什麼要學習個體經濟學？	2
1.2	個體經濟學的架構	3
1.3	個體經濟學的發展	3
1.4	個體經濟學的分析工具	10
總結		17
問題與計算		17

Chapter 2　供給與需求的基本分析

2.1	需求與供給	22
2.2	市場均衡	30
2.3	需求彈性與供給彈性	34
2.4	短期彈性與長期彈性	42
2.5	其它彈性	46
2.6	簡單輕鬆的計算	47
總結		52
問題與計算		53

Chapter 3　消費者行為

3.1	消費者偏好	58
3.2	效用與效用函數	67
3.3	預算限制	79
3.4	消費者選擇	84
總結		93
問題與計算		94
附錄 3A：消費者選擇的數學分析		97

Chapter 4　需求理論與消費者選擇的應用

4.1	個人需求	104
4.2	替代效果與所得效果	109
4.3	消費者剩餘	117
4.4	網路外部性	123
4.5	無異曲線的應用	126
4.6	不確定情況下的消費者選擇	134
總結		142
問題與計算		143
附錄 4A：消費理論的對偶性		147

Chapter 5　生產

5.1	投入與生產函數	152
5.2	短期的生產行為 (單一投入的生產)	155
5.3	兩種變動投入的生產	159
5.4	特殊型態的生產函數	164
5.5	規模報酬	170
總結		173
問題與計算		174
附錄 5A：CES 生產函數		177

Chapter 6　成本與成本極小

6.1	成本的衡量	180
6.2	短期成本	183
6.3	長期成本	188
6.4	成本極小化的比較靜態分析	195

6.5	長期成本曲線	200
6.6	多角化經濟——多個產品的生產	208
總結		212
問題與計算		213
附錄 6A：成本極小化		216

Chapter 7　完全競爭

7.1	完全競爭的特性	220
7.2	完全競爭廠商的利潤極大化	222
7.3	短期均衡	225
7.4	廠商短期供給曲線	229
7.5	短期市場供給曲線	231
7.6	長期利潤極大化與長期均衡	234
7.7	長期市場供給曲線	237
7.8	完全競爭與經濟效率	244
7.9	應用：貨物稅的衝擊	246
7.10	應用：關稅與進口配額的福利效果	250
總結		254
問題與計算		255

Chapter 8　獨占

8.1	進入障礙	262
8.2	短期利潤極大化	265
8.3	反彈性訂價法則	270
8.4	比較靜態分析	275
8.5	多廠獨占	278
8.6	獨占廠商的長期	280
8.7	獨占的福利分析	282
8.8	獨占的管制	285
8.9	差別訂價	288
總結		300
問題與計算		301

Chapter 9　寡占與壟斷性競爭

9.1	市場結構的分類	306
9.2	同質寡占	307
9.3	異質寡占	323
9.4	壟斷性競爭	327
總結		332
問題與計算		332

Chapter 10　賽局理論與策略行為

10.1	賽局理論的元素和分類	338
10.2	同時行動賽局	339
10.3	依序行動賽局	348
10.4	策略行動	352
10.5	重複賽局	357
總結		360
問題與計算		360

Chapter 11　生產因素市場

11.1	利潤極大化條件	370
11.2	完全競爭的生產因素市場	371
11.3	不完全競爭的生產因素市場	384
11.4	雙邊獨占	389
總結		390
問題與計算		391

Chapter 12　資本預算與資本成本

12.1	資本預算的定義	396
12.2	資本預算過程	397
12.3	債券價格	408
12.4	資本成本	411
總結		419
問題與計算		420

Chapter 13　資本市場

13.1	資本與投資的區別	426
13.2	資金供給	427
13.3	資金需求	431
13.4	可貸資金市場均衡	433
13.5	地租與經濟租	436
總結		441
問題與計算		441

Chapter 14　資訊經濟學

14.1	搜尋模型	446
14.2	資訊經濟學的幾個模型	451
14.3	市場訊號	454
14.4	誘因問題：逆向選擇	457
14.5	誘因問題：道德風險	460
14.6	誘因問題：委託人—代理人問題	463
總結		465
問題與計算		466

Chapter 15　外部性與公共財

15.1	外部性	470
15.2	政府政策與外部性	475
15.3	寇斯定理	480
15.4	共同資源	485
15.5	公共財	488
總結		492
問題與計算		493

索引　　497

Chapter 1

緒論

氣候變遷就像「慢動作」的新冠肺炎，到了 2100 年，氣候變遷的致命程度可能加劇成為 COVID-19 的 5 倍。

根據榮鼎諮詢 (Rhodium Group) 的報告，美國每噸碳排放的花費約為 3,200 美元到 5,400 美元，歐洲的數字也差不多。即使封城，經濟活動大幅停擺，每噸碳排放花費仍是合理數字的 32 倍到 54 倍。

然而，個體經濟學的一些基本觀念在今天可以用來降低溫室氣體排放的成本，可能遠低於任何人所能想像。讓我們用排放交易制度 (emissions trading system) 與碳封存 (carbon sequestration) 兩個例子加以說明。聯合國氣候變遷委員會 (Intergovernmental Panel on Climate Change, IPCC) 在 2021 年的報告指出，除非大幅降低溫室氣體排放，否則全球暖化幅度將在 21 世紀超過 2°C。氣候變遷與全球暖化直接相關，這些變遷包括：極端高溫、乾旱、豪雨發生頻率及強度增加。研究指出，全球每年有 500 萬人命喪異常氣溫，從 2000 年到 2019 年，全球總死亡人數中有 9.4% 要歸咎於極端氣候。

總量管制 (cap) 是指，環保暨管制部門為個別企業 (如燃煤電廠) 訂出一個污染排放物 (如 CO_2) 的上限。此上限為企業免費享有的排放額度。排污量低於上限的企業可將此排放權利自由交易 (trade) 給其它超額排污的企業。企業可按照相對成本決定自行投資於減碳措施，或在市場購買所需的排污額度。此機制的優點在於，排污量的削減可以最低成本的方式達成。此外，政府不需要監管個別企業的實際排污量。個體經濟學中的市場機制，使得排污成本低的廠商可以出售排放權

而獲利；排污成本高的廠商可購買排放權利，而不致影響企業生產。

另外一個解決溫室氣體排放的方案是碳封存。碳封存是指在二氧化碳排放量大的來源 (如燃煤火力發電廠)，將 CO_2 收集加壓後送往海底或地底，特別是開採殆盡的海底油田，空出來的地方正可儲存二氧化碳。國際能源總署 (International Energy Agency, IEA) 認為碳封存是未來全球 CO_2 減量的關鍵技術之一，預估在 2050 年對 CO_2 減量的貢獻度為總量的 20%。

個體經濟學的主題正是上述例子中顯眼的部分，它協助決策者解決如全球暖化等棘手的議題，也協助政府官員解決意外的政策效果。總量管制與交易制度使得政府和民間企業削減排污量的成本降至最低。美國智庫之一的美國進步中心 (Center for American Progress) 指出，到了 2020 年，總量管制與交易制度對全球暖化的效益，與將路上汽車減少 5 億輛是一樣的。而碳封存的潛在商業利益，也提供廠商從事減碳的誘因。

當然個體經濟學也能夠協助我們瞭解家計單位的偏好及購買決策、市場價格波動的成因，甚至可以協助我們知道許多社會現象，如婚姻、犯罪、訴訟等。上述所提到的這些課題，可用均衡、受限最適化及比較靜態三個工具來分析。

1.1 為什麼要學習個體經濟學？

個體經濟學 (microeconomics) 的字首 micro，源自希臘「小」的意思。相對於國家整體而言，個人是一個較小的經濟單位。個體經濟學是處理個別經濟單位的行為。這些單位包括消費者、廠商、投資者、政府等在經濟社會中扮演某種決策的個體。譬如，在電影《總舖師》中，夏于喬與林美秀分別飾演詹小婉與膨風嫂，她們接受一對初戀情侶想要在 50 多年後以古早菜辦桌結婚的願望。歷經一連串的失敗、學習與貴人 (召喚獸) 的相助，終於在第一屆全國辦桌大賽中，完成老夫婦的心願。

在這部喜劇電影中，膨風嫂是廠商，老夫婦是消費者，水腳 A、B 是勞工，而炒米粉等古早菜則是商品。譬如，為何老夫婦想吃古早菜而不吃滿漢全席？為什麼中午下課後，你不到晶華酒店用餐，而是在學校餐廳吃自助餐？個體經濟學也解釋，為何麥當勞 (McDonald's) 決定在台灣而不在美國推出冰咖啡？

除了協助瞭解個別經濟單位的決策行為外，個體經濟學也關心這些經濟單位之間如何互動，以及如何形成較大的經濟單位——市場和產業。在上述的電影故事中，膨風嫂的小店面就是一個市場——召喚獸每次去吃排骨飯的場所。藉由研

究個別廠商和消費者之間的互動,個體經濟學說明市場和產業如何運作,以及它們如何受政府政策的影響。

1.2 個體經濟學的架構

英國經濟學家馬歇爾 (Alfred Marshall, 1842-1924) 在 1890 年出版的《經濟學原理》(*Principles of Economics*) 正式將經濟學從政治經濟學中分支出來,而成為一門獨立的社會科學。有別於邊際效用學派的主張,他強調價格是由供給和需求共同決定。[1] 馬歇爾應用部分均衡的分析方法,建立整個個體經濟理論的體系,開創了個體經濟學的領域。

傳統個體經濟學的分析架構包括:(1) 消費者行為——從有限的預算出發,消費者如何追求滿足程度的最大,需求曲線是消費者最適選擇的產物。此外,消費者也可以在當期消費與未來消費之間做取捨,以決定年輕時期應該儲蓄多少;(2) 生產者行為——麥當勞並不能無限制地生產大麥克,它會受到財務資源和生產能量的限制。基於這些限制,廠商必須決定如何生產 (多用勞工,或以機器替代勞工)?生產什麼 (生產何種商品,以及生產多少數量)?為誰生產 (商品以何種方式送至客戶手中)?(3) 市場——有些市場的買賣雙方人數眾多,且銷售幾乎相同的產品 (完全競爭市場),如外匯市場和農產品市場;有些市場只有一家廠商 (獨占),如自來水公司和微軟 (Microsoft) 的視窗 (Windows) 作業系統;有些市場則是介於這兩個極端之間,一個是只有少數廠商 (寡占市場),如中油和台塑石化、連鎖速食店,另外一個是擁有許多廠商且銷售異質商品 (壟斷性競爭),如學校附近的餐廳和漫畫出租店;(4) 市場失靈與一般均衡——台塑石化生產乙烯和石油所造成的廢氣和廢水,應該直接排放或是由政府加以管制?外部性、公共財和共同資源的存在,是否妨礙資源的配置?台塑石化的 5,000 億元投資是否只影響到資本市場的價格?它是否需要僱用新進員工、興建廠房或修築道路?一般均衡強調萬物緊密相連,一個看似無關的個人買賣商品的決策行為,其實存在著明顯的關聯性。

1.3 個體經濟學的發展

諾貝爾經濟學獎始於 1969 年,第一屆得主是挪威奧斯陸大學 (Universitetet i Oslo) 教授費里希 (Ragnar Frisch) 和荷蘭經濟學家丁伯根 (Jan Tinbergen),以讚揚

---

[1] 19 世紀後期的邊際效用學派 (Marginalism) 主張,消費者願意購買的最後價格會遞減,他們認為財貨的價格是由邊際效用來決定。

兩人對經濟過程動態分析的貢獻。早期的經濟學獎得主，多半在總體經濟學領域有卓越貢獻，譬如，1971 年顧志耐 (Simon Kuznets) 的經濟發展；1974 年海耶克 (Friedrich August von Hayek) 的景氣循環和貨幣理論；1976 年傅利德曼 (Milton Friedman) 的貨幣歷史和消費分析；1981 年杜賓 (James Tobin) 的金融市場及其與生產、物價、就業的關聯性；1987 年梭羅 (Robert M. Solow) 的經濟成長理論。

自 1990 年以後，經濟學獎得主呈現各個領域的多元化。譬如，1990 年馬可維茲 (Harry M. Markowitz)、米勒 (Merton M. Miller)、夏普 (William F. Sharpe) 為財務經濟學的先驅；1991 年寇斯 (Ronald H. Coase) 的交易成本及財產權；1992 年貝克 (Gary S. Becker) 的人類行為及非市場行為的個體經濟學分析；1993 年福格 (Robert W. Fogel) 和諾斯 (Douglass C. North) 的制度經濟學；1994 年聶徐 (John F. Nash Jr.) 的非合作賽局；1998 年沈恩 (Amartya Sen) 的福利經濟學；2000 年賀克曼 (James J. Heckman) 和麥克法登 (Daniel L. McFadden) 的個體計量經濟學；2001 年阿卡洛夫 (George A. Akerlof)、史賓塞 (A. Michael Spence) 及史蒂格里茲 (Joseph E. Stiglitz) 的資訊經濟學；以及 2002 年卡尼曼 (Daniel Kahneman) 的心理經濟學和史密斯 (Vernon L. Smith) 的實驗經濟學，相關整理請見表 1.1。以下僅就一些與個體經濟學相關的領域做粗淺地介紹。

財務經濟學 (financial economics) 是馬可維茲在 1950 年代所發展的**投資組合選擇理論** (theory of portfolio choice)──家計單位和廠商在不確定的情況下，如何分配金融資產所產生。資產選擇理論強調，依據不同資產間的預期報酬和風險，人們的財富可以做最適投資。在 1960 年代，夏普以馬可維茲的資產選擇理論為基礎，發展出金融資產的訂價模型，稱為**資本資產訂價模型** (capital asset pricing model, CAPM)。

至於米勒對財務經濟學領域的貢獻，是專注於公司財務理論及市場對企業的評價。他所發展的理論，協助解釋公司資產結構和股利政策，以及資產結構和公司市場價值之間的關聯性。法瑪 (Eugene F. Fama)、韓森 (Lars P. Hansen) 及席勒 (Robert J. Shiller) 也是因財務經濟學中，對資產市場趨勢的開創性研究而得到 2013 年的諾貝爾經濟學獎。

貝克對人類行為的個體經濟分析，奠基於個別經濟單位──家計單位和廠商的行為都是理性的。有關人類行為的基本模型主要應用在四個方面：(1) 人力資本投資──貝克最著名的貢獻為**人力資本理論** (human capital theory)，這個理論強調工資結構與教育和在職訓練的關聯性；(2) 家庭行為──包括家庭成員的工作和時間分配。此外，貝克也進行生育率的個體經濟分析，他認為子女的人力資本投資受所得和價格的影響。當工資水準上升時，父母會增加自己的人力資本

表 1.1　個體經濟學的發展：諾貝爾經濟學獎得主

年份	得主		主要貢獻
1986	布坎南	James M. Buchanan Jr.	奠定經濟與政治決策理論的契約和制度基礎 / 公共選擇理論
1990	馬可維茲 米勒 夏普	Harry M. Markowitz Merton H. Miller William F. Sharpe	財務經濟學理論的先驅
1991	寇斯	Ronald H. Coase	發現並釐清交易成本和財產權對制度結構和經濟運作的重要性
1992	貝克	Gary S. Becker	將個體經濟學分析延伸至廣泛的人類行為與互動的領域，包括非市場行為
1993	福格 諾斯	Robert W. Fogel Douglass C. North	透過應用經濟理論和數量方法來解釋經濟和制度改變，而革新經濟史的研究 / 制度經濟學
1994	哈賽依 磊徐 賽爾登	John C. Harsanyi John F. Nash Jr. Reinhard Selten	對非合作賽局均衡分析的先驅 / 賽局理論
1996	莫理斯 韋克瑞	James A. Mirrlees William Vickrey	資訊不對稱下誘因理論的基本貢獻
1997	墨頓 休斯	Robert C. Merton Myron S. Scholes	建立衍生性金融商品的新訂價模式 / 財務金融理論
1998	沈恩	Amartya Sen	對福利經濟學的貢獻
2000	賀克曼 麥克法登	James J. Heckman Daniel L. McFadden	發展出分析選擇性樣本和不連續選擇的理論和方法 / 個體計量經濟學
2001	阿卡洛夫 史賓塞 史蒂格里茲	George A. Akerlof A. Michael Spence Joseph E. Stiglitz	分析資訊不對稱下的各種市場 / 資訊經濟學
2002	卡尼曼 史密斯	Daniel Kahneman Vernon L. Smith	將心理學整合到經濟研究中 / 心理經濟學 建立實驗經濟學，作為實證經濟的一個工具 / 實驗經濟學
2005	歐曼 謝林	Robert J. Aumann Thomas C. Schelling	透過賽局理論讓我們更瞭解為何有些人或國家能夠相互合作，有的卻是衝突不斷
2007	赫維茲 馬斯金 梅爾森	Leonid Hurwicz Eric S. Maskin Roger B. Myerson	機制設計理論是制度經濟學中的一個分支，同時也是賽局理論與個體經濟學領域的重要理論

表 1.1　個體經濟學的發展：諾貝爾經濟學獎得主 (續)

年份	得主	主要貢獻
2009	奧斯特羅姆　Elinor Ostrom 威廉森　Oliver E. Williamson	兩人都是因為在「經濟管理方面的分析」獲獎，奧斯特羅姆特別是對公共資源管理上的分析；威廉森則特別是對公共邊界問題的分析
2012	夏普利　Llyod Shapley 羅斯　Alvin Roth	從抽象理論到穩定分配至實際的市場，如器官捐贈者與器官移植的媒合
2013	法瑪　Eugene F. Fama 韓森　Lars Peter Hansen 席勒　Robert J. Shiller	未來幾日或幾週的股價無法預測，但未來 3 年到 5 年的資產價格走勢是可以預見的
2014	提霍勒　Jean Marcel Tirole	如何瞭解並規範只有少數有力廠商參與的產業做出貢獻
2015	迪頓　Angus Stewart Deaton	對消費、貧困及福利制度的研究。結合鉅細靡遺的個人選擇與總合結果，其研究改變了個體經濟學、總體經濟學與發展經濟學
2017	塞勒　Richard H. Thaler	建立經濟學與心理學之間的橋樑，探討有限理性、社會偏好及缺乏自我管理的情況
2020	米爾格龍　Paul R. Milgrom 威爾森　Robert B. Wilson	改善拍賣理論和拍賣模式的創新

投資，並減少子女的生育人數；(3) 犯罪和懲罰——貝克主張犯罪的行為是理性的，人們依據犯罪的成本和效益來決定是否犯罪；(4) 歧視經濟學——貝克早在 1957 年的《歧視經濟學》(Economics of Discrimination) 一書中指出，依據種族和性別進行歧視，雖然是一種理性行為，但因為支付較高的成本，對被歧視者和進行歧視的人造成經濟利益的損失。

寇斯的公共經濟學釐清交易成本及財產權對制度結構和經濟運作的重要性。他指出傳統的個體經濟學理論並不完整，因為它包括生產和運輸成本，卻忽略了管理公司、制訂和執行契約的成本。交易成本的存在是制度在經濟體系扮演重要角色的理由之一。由於交易成本不等於零，不同制度安排的相對成本，以及不同團體之間如何追求最低總成本，可以用來解釋經濟體系的制度結構。譬如，收費站的存在可減緩交通速度，因此製造一項與使用者付費有關的交易成本，這個特殊的交易成本可以利用單向雙倍收費而幾乎減半。

制度經濟學起源於寇斯在 1937 年的論文——〈廠商的本質〉(The Nature of Firm) 中，提到透過契約的安排，在廠商內部組織的某些交易反而可能有利可

實例與應用

誰來當搬運工？

如果每個人都擁有博士學位，會有人願意當清潔員嗎？可能沒有。隨著生產力愈來愈高，我們開始以科技替代人力，譬如，用電話語音系統取代總機和秘書、以銀行自動櫃員機取代櫃檯人員、使用電腦資料庫取代檔案管理員。有些無法自動化的工作可能落到年輕人或學生的身上，讓他們從工作中累積人力資本。假設某個社區的教育程度很高，生產各式各樣昂貴的商品，但副產品是噁心的泥濘，如果泥濘不清除，整個社區的經濟運作將停擺。誰要去做這份苦力？

答案是搬運工。如果每個人都是博士，也沒有機器可以清除，社區就必須支付相當高的代價，才能吸引某個人去做這份苦力，而他的薪水可能會是社會最高的。

人們以為低度開發國家貧窮的主因是人口成長過於迅速，其實是倒因為果：窮人之所以生育過多，是因為養育小孩的成本很低。抑制人口成長速度最有效的方法之一，就是提供女性更好的經濟機會。首先，可以從讓女性受教育開始，台灣在 1966 年到 1995 年間，受過高中教育的女性增加 1 倍，而生育率則降低一半。

資料來源：查爾斯‧惠倫著，胡瑋珊譯，《聰明學經濟的 12 堂課》(*Naked Economics: Undressing the Dismal Science*)，先覺出版社，2003 年 11 月。

圖。制度經濟學把制度選擇視為一個經濟決定，與其它的配置選擇共同產生。因此，制度形式是內在的經濟問題，不再與經濟決策無關。

寇斯進一步討論制度規則的作用，他認為制度規則提供經濟活動的結構，並決定組織與個體間的策略性作為。根據寇斯的看法，一個成功的經濟體系擁有具支援作用的制度，透過嘗試錯誤的過程，在漫長的時間中被發展出來。

賽局理論源於對棋賽或撲克牌賭局的研究。每個人都知道在這些賽局中，參賽者必須預先模擬，依據其他參賽者的可能行動而設計策略。這種策略性的互動不只發生在商業活動，也發生在選擇、政治操作上。

聶徐在 1950 年的博士論文〈非合作賽局〉(Noncooperative Games) 中指出，若每一個參賽者都是理性的且都擁有完全資訊，合作的結果並不是最後均衡，非合作的結果才是最後均衡，這種均衡的結果後來被稱為 **Nash 均衡** (Nash equilibrium)──在對手策略既定情況下，選擇對自己最有利的策略。

歐曼與謝林以賽局理論協助眾人瞭解各式各樣的衝突與合作，包括：貿易糾紛、幫派犯罪、政治決策、勞資談判等；夏普利與羅斯則以合作賽局理論來研究和比較不同的撮合方法。

個體計量經濟學 (microeconometrics) 是一種研究個體資料的方法論，介於經濟學和統計學的領域之間。個體資料 (個人、家計單位或廠商的經濟資訊) 加上電腦運算速度愈來愈快，使得許多新的議題可以實證處理。譬如，影響工作時數的因素為何？影響教育、職業或居住選擇的經濟誘因為何？

個體資料通常會有選擇性樣本 (selective sample) 和不連續選擇 (discrete choice) 的問題。所謂選擇性樣本是指有些變數，在失業的情形下是無法觀察到的，如工資；而不連續選擇是指有些變數只有少數幾項選擇，如職業。這兩個問題都會造成估計上的問題。

1998 年諾貝爾經濟學獎頒發給英國劍橋大學 (University of Cambridge) 三一學院的沈恩教授，以表彰其對社會選擇、福利分配和貧窮問題的貢獻。社會選擇理論的一個重要論點是，遵循常軌的個人偏好並不足以形成遵循常軌的社會偏好。多數法則 (majority rule) 是做集體決策最常見的法則。然而，在兩個方案之間進行投票，不一定可以得到一致性的結論。譬如，A 方案和 B 方案做比較時，多數人喜歡 A 方案；B 方案和 C 方案進行比較時，多數人喜歡 B 方案；但是，當 C 方案和 A 方案進行比較時，多數人喜歡 C 方案。這個循環違反遞移性，並無法在這三個方案中找出最佳方案。沈恩曾設計出一些方法，來解決多數法則的遞移性問題。

此外，為了比較不同國家間的福利水準，或同一個國家間所得分配的變化。沈恩建議貧窮指數 (poverty index) 和福利指標 (welfare indicators)，以串起社會價值和福利水準之間的關聯性。貧窮指數為 $P=H\times[I+(1-I)\times G]$，其中 G 是吉尼係數 (Gini coefficient)，I 為所得分配比例，而 H 是所得低於某個水準以下的人口比例。福利指標為 $Y\times(1-G)$，其中 Y 是平均每人所得 (per capita income)。福利指標可以彌補平均每人所得只有考慮平均值的缺點，是一個衡量不同社會福利水準的較好指標。

實驗經濟學 (experimental economics) 觀察和記錄人們在實驗室裡的表現行為，提供一個檢驗經濟模型的方法。在利用實驗室的架構檢定不同的制度安排、誘因結構與管制政策的衝擊和影響時，實驗經濟學也讓實驗者與政策制訂者有彼此討論的空間。實驗經濟學已被廣泛使用作為研究確定與不確定環境下的消費者選擇。另外一個有許多研究的領域，則是公共財、賽局理論、共同資源和產業組織等寡占市場中，卡特爾 (cartel) 成員間的策略性互動。其它的應用還包括拍賣、外部性與制度設計的研究。

實驗經濟學的優點包括：研究者可以探索控制環境下的情況、實驗可依研究者的需要而調整問題的方向，以及可發現被忽略的變數或均衡觀念，為理論派學

者指引新的理論方向。

　　資訊經濟學 (information economics) 在研究資訊不對稱下的市場行為。**資訊不對稱** (asymmetric information) 是指市場的一方比另一方擁有更多的資訊。譬如，貸款者比放款者更瞭解未來的償債能力；管理者和董事會比一般股東更清楚公司的獲利能力；被保險人比保險公司更明瞭未來發生意外的機率。阿卡洛夫指出，賣方比買方擁有更多的資訊，**逆向選擇** (adverse selection) 的現象可以解釋為何第三世界國家的貸款利率居高不下，以及老年人無法取得醫療保險的原因。

　　史賓塞提出**訊號** (signalling) 理論。當知情一方採取代價昂貴的行動來知會另外一方時，就會產生訊號。譬如，文憑是象徵生產力的一個訊號。史蒂格里茲提出**篩選** (screening) 機制。譬如，保險公司可以藉由不同的自付額，來篩選不同風險程度的保險客戶。

　　公共選擇理論 (public choice theory) 是應用經濟學的方法去研究政治學課題。具體來說，公共選擇關心公共財、外部性與所得重分配等的非市場決策過程，以及競選策略、政見形成、投票人行為、遊說與官僚決策行為。公共選擇產生一些新的見解：首先，它解釋了兩黨體系下的候選人為何會採取相仿的政見；第二，如果人們預期投票的利益低於它帶來的麻煩，可能選擇不投票；第三，多數表決原則不太可能達成有效率的結果；第四，爭相影響立法，結果可能導致資源浪費，也就是**競租** (rent seeking)。

　　機制設計理論 (mechanism design theory) 由赫維茲開創，經馬斯金與梅爾森進一步發揚光大。這項理論幫助學者識別出什麼是有效的機制、規範體系與投票程序。

　　機制設計理論彌補市場機能。根據經濟學之父亞當‧斯密 (Adam Smith) 的說法，自由市場表面看似雜亂無章，實際上卻有一隻「看不見的手」進行引導，有效分配資源。然而，實際的市場運作與理想的競爭市場總是有所差距。這時候就需要設計機制，藉由研究人類社會之各種分配機制的運作，來評判政府管制是否必要，以及如何設立管制。

　　奧斯特羅姆是有史以來首位獲得諾貝爾經濟學獎的女性，她畢生研究偏遠地區或落後部落，這些人因為長期生活在一起，而發展出一套共同生活制度，比由「私有化」或「國有化」這類由外人強加一套新規則好得多。威廉森重新演繹寇斯定理，將其有效導入商業組織，用來解釋企業內部的「代理成本」。他曾於 2010 年 6 月訪問台灣，在「2010 大師論壇」的演講中指出，各國政府在制訂法規時，宜從科學角度出發，確保有良好法規管理市場秩序，避免不良法規阻礙市場發展。

1.4　個體經濟學的分析工具

　　幼童透過模型汽車、模型飛機和模型火車,來瞭解真實世界的事物。經濟學家也利用模型來認識世界,但是經濟學家的模型不是用小汽車或塑膠製作,而是以圖形或方程式建構而成。模型是理論的正式陳述,通常是以文字、圖形或數學符號來表示兩個或兩個以上變數間的關係。

　　模型可以幫助我們明瞭經濟體系如何運作。圖 1.1 顯示經濟模型的整個結構。模型有兩種變數:外生變數和內生變數。內生變數 (endogenous variable) 是模型想要解釋的變數;外生變數 (exogenous variable) 則是模型以外給定的變數。一個經濟模型的目的是,說明外生變數的變動如何影響內生變數的數值。

　　在圖 1.1 中,外生變數為模型的投入,是模型必須接受的變數。內生變數是由模型內部決定,且為模型的產出。在本書中,我們會遭遇許多的經濟模型,譬如,供給和需求模型、差別訂價、囚犯兩難賽局、逆向選擇和檸檬市場模型等。

　　經濟模型就像一張地圖,地圖將複雜的地形地物 (商店、住家、停車場,以及其它),精簡成必要元素。經濟模型也具相同特色,譬如,想要瞭解為何一隻泰迪熊的拍賣價格可以購買 8 輛百萬名車,經濟模型必須忽略泰迪熊問世百週年來的歷史,包括各式各樣的泰迪熊,或發生在泰迪熊身上的故事。[2] 這些特質或許能夠在報章雜誌上成為一篇引人入勝的專欄報導,卻無法幫助我們瞭解泰迪熊價格的決定因素。

　　經濟模型的元素有二:

1. 假設。
2. 結論。

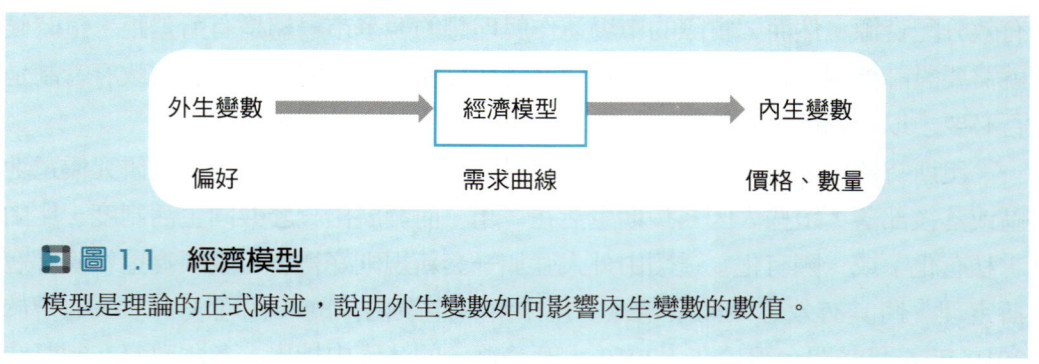

圖 1.1　經濟模型
模型是理論的正式陳述,說明外生變數如何影響內生變數的數值。

2　請見下頁「實例與應用」專欄。

一隻泰迪熊可買 8 輛百萬名車

在 2000 年 10 月的佳士得 (Christie's) 拍賣會上，一隻 40 公分高，身著 LV 服飾的泰迪熊以 21 萬 3,000 歐元 (當時約為新台幣 893 萬元) 的價格拍賣出，相當於購買 8 輛百萬名車的金額。

泰迪熊 (Teddy Bear) 之名，與美國老羅斯福 (Theodore Roosevelt Jr.) 總統有關。1902 年，美國老羅斯福總統到密西西比州打獵，部下將受傷的小熊綁在樹上請他射殺。老羅斯福馬上放下槍說：「這不是一場公平的戰爭。」隔日，《華盛頓郵報》(*Washington Post*) 以漫畫方式披露這件事。漫畫主角之一的小熊，是以老羅斯福的小名泰迪 (Teddy) 命名。隨後有人用布製作了一隻小熊，並以《華盛頓郵報》的漫畫做櫥窗廣告。不到 2 年的時間，德國廠商史黛夫 (Steiff) 也開始量產泰迪熊。

為什麼泰迪熊能夠跨入大人精品玩具領域，創造玩家爭相收藏的身價？關鍵在於限量。自 1981 年至今，史黛夫每年都會挑選一些停產已久的古董泰迪熊，生產限量複刻品，最常見的是限量策略，一般的數量是 1,500 隻。

「這是一場革命！限量發行是因為市場需求。」史黛夫全球行銷代表拉費特 (Jean Lafitte) 指出：「我們發現，在拍賣會上被高價標走的泰迪熊，都是具有歷史代表性的，所以我們從複刻限量品的路線開始。」1992 年，史黛夫發展全球泰迪熊會員俱樂部，全球甚至曾有 6 萬名會員。限量策略加上收藏家的喜好，使得泰迪熊愈老愈值錢。

另外一個限量的例子，則是法國的薄酒萊新酒。在法國一直屬於藍領階級飲品的薄酒萊，往年售價約在新台幣 200 元到 300 元間，2003 年卻要價新台幣 500 元，還吸引人潮排隊搶購。為什麼薄酒萊從法國村姑變貴婦？這得歸功於法國政府運用全球統一的行銷手法，將薄酒萊的弱點轉成優點。「限時、限地、限量是薄酒萊的最大賣點！」強調全球同步酒款，造成消費者預期心理，然後販賣新鮮感和期待感，在上市前酒商舉辦的記者會上，大家看得到卻喝不到，滿心期待，只有在打開瓶口的當下，才能一解眾人的好奇心。

資料來源：
1. 林孟儀，〈一隻泰迪熊可買八輛百萬名車！〉，《商業周刊》，第 838 期，2003 年 12 月 15 日。
2. 林孟儀，〈薄酒萊從法國村姑變貴婦〉，《商業周刊》，第 837 期，2003 年 12 月 8 日。
3. 黃裕元，〈TEDDY BEAR 名字的由來……〉，《聯合報》，2004 年 1 月 3 日。

假設

每一個經濟模型都必須為人們的行為做出假設。譬如，中午下課後，小婉打算到校外用餐，如果她有 100 元，就可以吃麥當勞超值午餐或吉野家丼飯。

結論

經濟學家透過模型的假設，得到合乎邏輯的結論。模型通常是以「若……則……」的敘述形式出現。譬如，若台灣遭遇颱風侵襲，則菜價應聲上漲；或者每逢過年，象徵年年有餘的白鯧價格都會漲個一、兩成。這些結論都是模型的預測。

幾乎所有的個體經濟模型都依賴三個重要的分析工具：

1. 均衡分析。
2. 比較靜態。
3. 受限最適化。

均衡分析

均衡 (equilibrium) 是指，只要外生變數維持固定不變，狀態或條件會永遠持續下去，亦即沒有外在變數擾亂均衡。我們以圓球和碗的例子，來說明均衡的概念。在圖 1.2 中，一開始將圓球置於 B 點，球會來回滾動，直到 A 點才會停止，因此球在 B 點並非均衡狀態。若將圓球置於 A 點，球會一直停留在 A 點，此時系統處於均衡狀態，除非外力干預，將球移至 B 點，否則圓球會一直維持在均衡狀態。

我們以星巴克 (Starbucks) 咖啡為例，介紹均衡的概念。假設咖啡的供給和需求曲線，如圖 1.3 所示。需求曲線 (D) 是在既定市場價格下，消費者願意且能夠購買的咖啡數量。需求曲線告訴我們，若咖啡一杯是 90 元，消費者會購買 Q_0 杯；若咖啡一杯為 120 元，消費者會購買 Q_1 杯。負斜率的需求曲線顯示，價格

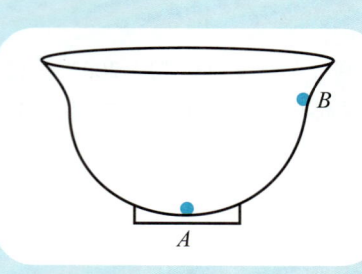

圖 1.2　圓球與碗的均衡

當圓球在 B 點時，地心引力會將球推向 A 點。當圓球在碗的底部 A 點時，物理系統處於均衡狀態，圓球會一直停留在 A 點。

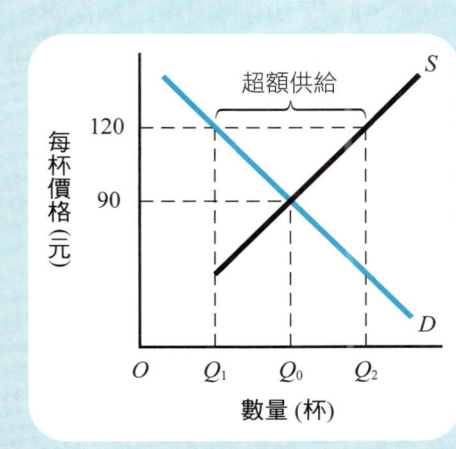

> **圖 1.3　咖啡市場均衡**
> 咖啡每杯均衡價格是 90 元。在此價格下，市場處於均衡狀態，供給量等於需求量，等於 Q_0。

愈高，咖啡的消費數量愈少。

　　當我們繪出咖啡需求曲線時，假設除了咖啡價格和數量以外的其它變數都維持固定不變，這些變數包括消費者所得、其它相關商品 (紅茶、甜甜圈) 價格和消費者偏好等。譬如，研究發現多喝咖啡可能導致骨質疏鬆症，咖啡需求減少，需求曲線向左移動。

　　供給曲線 (S) 是在既定市場價格下，生產者願意且能夠提供的咖啡數量。圖 1.3 的供給曲線顯示，若咖啡一杯是 90 元，供給數量是 Q_0 杯；若價格為 120 元，則供給數量為 Q_2 杯。正斜率的供給曲線顯示，咖啡價格愈高，星巴克愈願意生產咖啡，咖啡供給量就會愈高。

　　當我們繪出咖啡供給曲線時，假設除了咖啡價格和數量以外的其它變數都維持固定不變，這些變數包括生產技術和生產因素價格等。譬如，哥倫比亞發生罷工，會使咖啡豆生產成本上升，咖啡豆產量減少。因此，在任一咖啡價格下，咖啡生產數量減少，供給曲線向左移動。

　　均衡與供需之間有何關聯？在一競爭市場中，價格可自由調整到廠商提供的數量恰好等於消費者需求的數量。在圖 1.3 中，當咖啡一杯售價 90 元時，星巴克願意提供 Q_0 杯，而消費者願意購買 Q_0 杯，市場達到均衡。在此價格下，消費者能夠喝到需要的咖啡，星巴克可以找到足夠的消費者，因此 90 元的價格可以永遠維持。當供給等於需求時，均衡價格為 90 元，而均衡數量為 Q_0。

　　如果咖啡價格一杯是 120 元，此時的咖啡市場是否處於均衡狀態？若價格等於 120 元，星巴克願意銷售 Q_2 杯，而消費者只願意購買 Q_1 杯，市場有超額供給。星巴克發現每天都有多餘的咖啡無法售出，因此為了銷售咖啡，願意提供比 120 元更低的價格出售咖啡。咖啡價格必須降到一杯 90 元，才能消除超額供

給。同樣地，當價格低於 90 元，市場亦非均衡，此時市場將出現超額需求，若消費者無法得到滿足，將願意支付較高的價格購買咖啡。市場價格上升，直到一杯等於 90 元時，超額需求現象才會消失。

邊做邊學習題 1-1

計算水果麵包的均衡價格與數量

很久以前，從事獵鷹工作的米蘭貴族艾特雷尼 (Ughetto)，愛上貧窮麵包師傅東尼的女兒達姬沙 (Adalgisa)。為了贏得芳心，艾特雷尼假扮成麵包師傅，發明一種內餡豐富的麵包。除了麵粉和酵母之外，他還添加奶油、蛋、葡萄乾、橘子和檸檬皮。

米蘭公爵史佛沙 (Ludovico Sforza) 同意艾特雷尼和達姬沙結為連理，藝術大師達文西 (Leonardo da Vinci) 見證這場婚禮。公爵也鼓勵推廣如同蛋糕的「潘德東尼」(panettone，意為東尼的麵包)，此為水果麵包的歷史來源。

問題

假設水果麵包的需求方程式為 $Q^d = 500 - 4P$，供給方程式為 $Q^s = -100 + 2P$，其中 P 是水果麵包的價格，Q 是數量，單位是千個。
(a) 水果麵包的均衡價格和數量為何？
(b) 若 $P = \$80$，請問數量上有何現象發生？
(c) 若 $P = \$120$，請問數量上有何現象發生？

類似問題：基礎題 6

比較靜態

比較靜態 (comparative statics) 分析是用來檢視經濟模型中，在不同外生變數數值下均衡狀態的比較。比較靜態分析適用於均衡分析或受限最適化，通常是以外生變數 (如天氣、所得、生產技術) 發生變動，如何引起內生變數數值 (如價格和數量) 改變的形式出現。

讓我們用一個例子來說明比較靜態如何運用在均衡模型中。2014 年全球最大咖啡豆生產國巴西久旱不雨，阿拉比卡咖啡豆自 2014 年已漲了將近 1 倍。這個突發的外生事件影響咖啡豆的國際市場，使期貨交易所的咖啡報價驟漲至 20 年的高點。

我們可以利用比較靜態分析，來闡明發生在咖啡市場的衝擊。在聖嬰現象事件之前，供給曲線是 S_1，而需求曲線是 D_1，如圖 1.4 所示。市場的第一個均衡指出，咖啡的均衡價格是一杯 90 元和均衡數量是 Q_1。

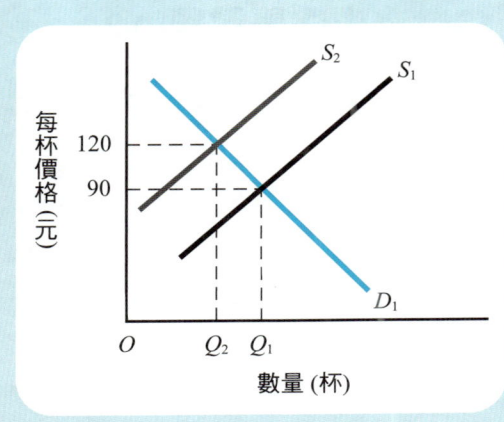

◆ 圖 1.4 咖啡市場的比較靜態：供給減少

聖嬰現象，使咖啡豆價格 O 在任何既定價格下，供給曲線由 S_1 向左移至 S_2，咖啡均衡價格由一杯 90 元上升至 120 元，均衡數量從 Q_1 減少至 Q_2。

　　外生突發事件使咖啡生產成本提高，供給曲線向左移動，由 S_1 變成 S_2。另一方面，聖嬰現象不會影響台灣消費者對星巴克咖啡的需求，因此需求曲線不會移動。市場的第二個均衡指出，一杯咖啡的均衡價格是 120 元和均衡數量是 Q_2。比較事件發生前後，我們得到一個結論：聖嬰現象 (外生變數) 使得咖啡均衡價格 (內生變數) 上漲，和均衡數量 (內生變數) 減少。

　　若研究指出多喝咖啡易導致骨質疏鬆症，消費者就比較不喜歡喝咖啡。在任何既定價格下，需求曲線從 D_1 左移至 D_2，如圖 1.5 所示。由於供給不受消費者偏好的影響，供給曲線不會變動，仍維持在原來的位置 S_1。均衡價格由一杯 90 元下跌至 60 元。均衡數量從 Q_1 減少至 Q_2。比較偏好改變前後，我們得到一個結論：消費者偏好 (外生變數) 改變，使得均衡價格 (內生變數) 下跌和均衡價格 (內生變數) 減少。

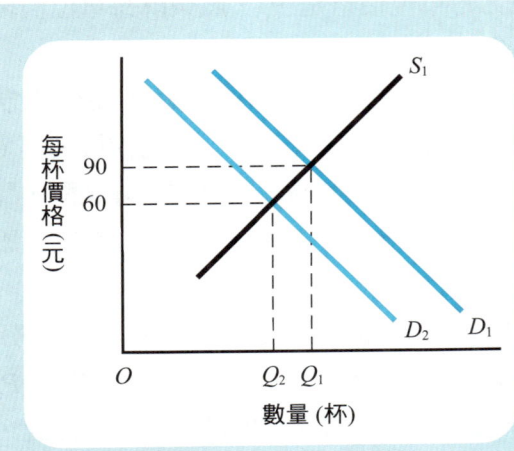

◆ 圖 1.5 咖啡市場均衡的變動：需求減少

消費者偏好改變，導致在任何既定價格下，需求曲線由 D_1 向左移至 D_2。咖啡均衡價格由一杯 90 元下跌至一杯 60 元，均衡數量從 Q_1 減少至 Q_2。

邊做邊學習題 1-2

若桂圓麵包的供需方程式分別為 $Q^s=P$ 及 $Q^d=10-P+I$，其中 P、Q、I 分別為桂圓麵包的價格、數量及所得。假設 I 為外生變數。
(a) 當 $I=20$ 時，請問均衡價格是在數量為何時？
(b) 請解釋為何 $P=\$18$ 時，市場不在均衡狀態？

類似問題：基礎題 7

受限最適化

個體經濟學是一門在有限制下如何做選擇的科學。譬如，消費者是在預算限制下，如何追求滿足程度極大化；廠商是在生產技術限制下，如何追求成本的最小。因此，受限最適化 (constrained optimization) 是如何做出最佳選擇的工具。受限最適化的問題包括兩個部分：

1. 目標函數：經濟單位尋求最適化的函數關係。譬如，消費者購買商品是要滿足程度最大。目標函數即是購買商品所呈現的滿足程度的關係。
2. 限制式：反映資源稀少性。譬如，月霞想去晶華酒店喝下午茶，她所面臨的限制是口袋裡的錢。

讓我們舉一個例子來說明目標函數和限制式，想像詹小婉每個月只購買兩種商品——巧克力 (C) 和鳳梨酥 (P)。假設詹小婉購買巧克力和鳳梨酥的滿足程度以乘積 CP 來衡量。此外，她必須在每個月有限的預算下進行消費。商品購買需要錢，而詹小婉的所得是有限的。為了簡化說明，令詹小婉每個月的所得固定為 I，且每個月消費支出不得超過 I。巧克力每單位價格是 P_C，鳳梨酥每單位價格為 P_P，試問目標函數和限制式為何？外生變數和內生變數為何？

目標函數是消費者尋找滿足程度極大化的函數，因此目標函數為 CP。限制式代表每個月詹小婉購買巧克力和鳳梨酥的消費支出，若她以 P_C 的價格購買 C 單位巧克力，巧克力支出為 $(P_C)\times(C)$；若她以 P_P 的價格購買 P 單位鳳梨酥，鳳梨酥的支出為 $(P_P)\times(P)$。因此，總支出為 $(P_C)\times(C)+(P_P)\times(P)$。由於總支出不得超過總所得，限制式為 $(P_C)(C)+(P_P)(P)\leq I$。

至於外生變數是詹小婉進行消費決策時，視為固定的變數。由於每個月的所得固定，I 是外生變數。巧克力價格 P_C 和鳳梨酥價格 P_P 非詹小婉所能控制，P_C 和 P_P 也是外生變數，詹小婉僅有的選擇是巧克力和鳳梨酥的消費數量。因此，C 和 P 是內生變數。受限最適化的問題可寫成：

$$\max_{(C,P)} \quad CP$$
$$\text{subject to} \quad (P_C)(C)+(P_P)(P) \leq I$$

第一行代表詹小婉想要極大化 CP；第二行描述限制式：總支出不能超過總所得。

邊做邊學習題 1-3

受限最適化：專用晶片的生產

台積電利用機器設備和勞工生產專用晶片。當廠商使用 E 單位機器和 L 單位勞動，可生產 Q 單位的專用晶片，$Q=\sqrt{4EL}$。每一單位的機器價格為 P_E，勞工價格為 P_L。假設生產部門的目標是 $Q=200$，並使成本最小。
(a) 本題的目標函數及限制式各為何？
(b) 哪些是外生變數？哪些是內生變數？
(c) 請寫出受限最適化的式子。

類似問題：基礎題 10

 **總結**

▸ 個體經濟學是處理個別經濟單位的行為，如消費者、廠商、投資者或政府的經濟行為。
▸ 傳統個體經濟學的分析架構，包括：消費者行為、生產者行為、市場、市場失靈與一般均衡。
▸ 1990 年以來，個體經濟學的應用領域相當廣泛，包括：公共選擇理論、財務經濟學、人力資本理論、公共經濟學、制度經濟學、賽局理論、個體計量經濟學、資訊經濟學、實驗經濟學、心理經濟學和機制設計理論，以及經濟管理。
▸ 為了瞭解經濟體系如何運作，經濟學家利用模型來簡化現實，目的是顯示外生變數如何透過模型來影響內生變數。
▸ 均衡是指除非外力改變，否則將會永遠持續下去的狀態。
▸ 個體經濟學的分析工具有三：均衡分析、比較靜態，以及受限最適化。

問題與計算

基礎題

1. 下列敘述何者屬於個體經濟學的範疇？
   (a) 膨風嫂大學畢業後，決定到中國工作。

(b) 美國拜登總統同意 1.2 兆美元的基礎建設計畫，以刺激經濟。
(c) 2021 年 6 月 4 日，無畏疫情升級，主計總處大幅上修 2021 年經濟成長率至 5.46%。
(d) 關島自 2021 年 7 月起，放寬遊客防疫限制，刺激疫苗觀光。

2. 實驗經濟學中，利用實驗可否達成市場均衡？除追求自我利益外，市場是否有互惠原則？

3. 假設政府未進行口罩收購，當 COVID-19 疫情爆發時，口罩的買者與賣者人數均增加，在其它條件不變下，口罩市場有何反應？　　　　　　　　　　　(109 年普考改編)

4. 假設在 BNT 疫苗市場中，僅有 A 和 B 兩消費者，A 和 B 的需求函數分別為 $Q=100-2P$ 與 $Q=270-3P$，則在兩人都會購買的前提下，市場需求為何？　　(109 年經建行政改編)

5. 若一經濟模型只有外生變數，是否有用？

6. 下表為台灣地區柳橙汁的需求和供給：

價格	供給量 (公升)	需求量 (公升)
1	100	700
2	300	600
3	500	500
4	700	400
5	900	300

(a) 請求出供給曲線和需求曲線的方程式。
(b) 均衡價格和均衡數量為何？
(c) 假設消費者在每一個價格下，願意多買 300 公升，新的均衡價格與數量為何？

7. 假設台灣地區平板電腦的供給曲線為 $Q^s=3P$，其中 Q^s 是平板電腦的供給量，P 為平板電腦的價格；而台灣地區對平板電腦的需求曲線則為 $Q^d=200-P+I$，其中 Q^d 為平板電腦需求量，I 為所得水準。

(a) 請問哪些變數是外生變數？哪些變數是內生變數？
(b) 當所得水準為 200 時，請問均衡價格與數量為何？
(c) 請解釋當價格在 90 時，市場為何未處於均衡狀態？
(d) 當所得水準上升至 240 時，請問均衡價格與數量是增加或減少？

8. 假設台灣地區對泰迪熊的需求以下列方程式表示：

$$Q^d=30-8P+0.5I$$

其中 P 是泰迪熊的價格 (單位：千元 / 隻)，I 是台灣地區每人平均所得 (單位：千元 / 年)，Q 是泰迪熊的數量 (單位：千隻 / 年)。泰迪熊的供給以下列方程式表示：

$$Q^s = -5 + 2P - 1C$$

其中 C 是生產泰迪熊的原料價格。

(a) 本題的外生變數有哪些？內生變數又有哪些？
(b) 當平均所得為 500 和原料價格為 10 時，泰迪熊的市場均衡價格和數量為何？
(c) 若平均所得下跌，只有 450 ($I = 450$)，請問新的均衡價格和數量為何？
(d) 假設 I 維持在 500。如果原料價格下跌至 9 ($C = 9$)，請計算新的均衡價格和數量。

9. 若紅心芭樂的需求曲線為 $Q^d = -2P + 20 + I$，而供給曲線為 $Q^s = 2P - 4$，假設 I 為所得。
   (a) 假設所得 $I = 20$，請畫出供給和需求曲線，並指出均衡價格和數量。
   (b) 請解釋當 $P = \$10$ 時，為何市場未達均衡狀態？
   (c) 請解釋當 $P = \$15$ 時，為何市場有超額供給或超額需求？

10. 假設貝克漢在愛丁堡鄉間買了一座牧場，計畫蓋柵欄圈住羊隻。他有 F 呎的籬笆。若長度是 L 呎和寬度是 W 呎，請問目標函數、限制式、內生變數和外生變數各為何？

進階題

1. 假設釋迦供給量受釋迦價格 (P) 與降雨量 (R) 的影響。釋迦需求量受釋迦價格與可支配所得水準 (I) 的影響，供給與需求函數如下：

$$Q^s = 20R + 100P$$
$$Q^d = 4{,}000 - 100P + 10I$$

若 $R = 40$ 和 $I = 20$，請求出均衡價格和數量。

2. 假設開心果的需求方程式為 $Q^d = 10 - P$，供給方程式為 $Q^s = \dfrac{9P}{1 + 0.05(T-70)^2}$，其中 T 為開心果產地的氣溫。若 $T = 70$，請問開心果的均衡價格及數量為何？

3. 柳丁的需求方程式為 $Q^d = 50 - 2P$，其中 P 為柳丁價格（單位：元／公斤），Q^d 為柳丁需求量（單位：千公斤／年）。柳丁的供給曲線為 $Q^s = RP$，其中 R 是生長季節的每月降雨量（單位：百公釐），Q^s 為柳丁供給量。請問當均衡價格和均衡數量分別為每公斤 12.5 元和每年 25,000 公斤時，每年降雨量等於多少？

4. 承邊做邊學習題 1-2，若所得 I 從 $I = 20$ 上升至 $I_1 = 24$，利用比較靜態分析，請說明所得變動對均衡價格與數量的衝擊。

5. 一主要運動產品廠商正考慮如何將 1,000 萬元的預算分配在兩種型態的電視廣告——職棒 (CPBL) 和職籃 (SBL)，下表顯示當一定數量金額投入 CPBL 和 SBL 時，運動產品（球鞋）的銷售數量。

總支出 (千萬元)	運動產品 (每年萬雙)	
	CPBL	SBL
0	0	0
0.25	10	4
0.5	15	6
0.75	19	8
1	20	9

運動產品廠商的目標是分配 1,000 萬元，以使球鞋銷售量達到最大。令 P 和 B 分別代表投入 CPBL 和 SBL 的廣告金額，$C(P, B)$ 為球鞋銷售量。

(a) 內生變數與外生變數為何？

(b) 目標函數為何？

(c) 限制式為何？

(d) 根據上表，運動產品廠商應如何分配預算？

6. 下列為莫德納疫苗供需函數，何者有正的均衡價格與數量？　　　(109 年關務特考改編)

(a) $D = 12 - 3P$，$S = -18 + 2P$

(b) $D = 16 - 2P$，$S = 20 - 2P$

(c) $D = 70 - 5P$，$S = 10 + 10P$

(d) $D = 10 + 2P$，$S = 50 + 6P$

網路習題

1. 請至諾貝爾獎網站 https://nobelprize.org，下載最近一年的諾貝爾經濟學獎得主名字及其貢獻。

2. 請上網下載五個最近有關個體經濟學的議題。(提示：鉅亨網 https://www.cnyes.com 及中時新聞網 https://www.chinatimes.com。)

Chapter 2

供給與需求的基本分析

2021 年 5 月 15 日起,中央疫情指揮中心宣布大台北地區進入第三級警戒。5 月 17 日的本土確診案例為 333 例,創下當時的新高紀錄。

疫苗不足造成不少人想方設法出國接種,甚至掀起「疫苗觀光潮」,其中「輝瑞 30 日」疫苗團搭乘長榮航空到洛杉磯,最低價也要 20 萬 2,000 元,商務艙更高達 35 萬 3,500 元。2021 年 7 月 18 日,記憶體模組大廠威剛科技公司專案 (每人補助 10 萬元),包機帶員工去關島打疫苗,還有人自備高爾夫球具,順便度假休閒。

受到三級警戒延長的影響,內需產業成為重災區,包括:觀光、餐飲、健身房、補教業、漁業、糕餅業變成 6 大慘業。從 2021 年 1 月到 10 月「海嘯第一排」旅行業停業家數共 71 家,2020 年同期則為 37 家。新冠肺炎疫情改變人們的消費與服務型態,更多機器或人工智慧 (Artificial Intelligence, AI) 科技提供與人互動的服務,以減少接觸。同時,居家工作當道,臉書 (Facebook) 和微軟爭相開發元宇宙,彭博行業研究 (Bloomberg Intelligence) 估計,元宇宙市場規模到 2024 年可能增加至 8,000 億美元。美國銀行報告指出,元宇宙將成為穩固經濟模式,無數個虛擬世界互相連結,涵蓋工作和娛樂休閒等各種產業和市場。

本章探討建構一隻「看不見的手」背後的供給與需求,以及供需彈性的概念與應用。譬如,薄利多銷策略適用在米店嗎?穀賤傷農嗎?

2.1 需求與供給

在本章章首故事中，新冠肺炎肆虐導致無薪假人數創新高，究竟是什麼因素造成疫情觀光大受歡迎？機票促銷、偏好，抑或美國政府的誘因規劃？是否每一個商品都會引起價格漲跌的不同變動？還是有著共通的原理原則？

簡單地說，商品或服務的價格是由市場供給與需求共同決定，任何引起供給或需求變動的因素均會造成市場價格的上升或下降。以下依序介紹需求與供給曲線、市場均衡及市場均衡的變動。

需求

需求曲線

需求曲線顯示，在其它條件不變下，消費者在不同價格下願意且能夠購買的商品數量。圖 2.1 負斜率的直線就是需求曲線，縱軸顯示商品的價格，衡量消費者購買商品所支付的單價；橫軸顯示商品數量，衡量消費者實際購買的商品數量。負斜率的需求曲線是指，當商品價格愈便宜時，消費者願意且能夠購買的商品數量會增加。譬如，補習班經濟學名師阿亮非常喜歡吃哈根達斯冰淇淋 (他偏愛蘭姆葡萄和抹茶口味)，當冰淇淋一球 100 元時，他一次可以吃 3 球。如果碰到哈根達斯週年慶，冰淇淋一球只要 60 元時，他一次可以吃 5 球。換句話說，阿亮老師的所得並沒有改變 (其它條件不變)，冰淇淋價格下跌，消費者的購買數量增加。我們可以將需求量與價格之間的關係，寫成下列的函數形式：

$$Q^d = Q^d(P)$$

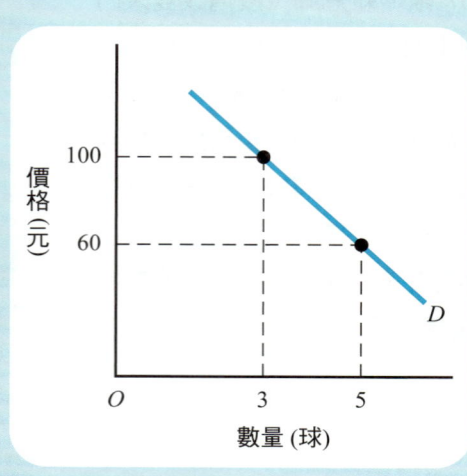

圖 2.1 需求曲線
需求曲線描繪商品的需求量受價格的影響。負斜率的需求曲線代表，在其它條件不變下，當哈根達斯冰淇淋一球是 100 元時，消費者會買 3 球；而當哈根達斯冰淇淋打 6 折時，消費者會增加購買量。

其中 Q^d 是應變數 (dependent variable) 代表商品或服務的需求量，P 是自變數 (independent variable)，代表商品或服務的價格，而 P 下方的符號「−」是指價格與需求量呈負向關係，我們稱為需求法則 (law of demand)。

影響需求的其它因素

除了商品本身價格以外，其它影響需求量的因素包括：(1) 所得；(2) 其它相關商品價格；(3) 偏好；(4) 預期價格；(5) 其它。以下讓我們簡短地說明各個變數的影響。

所得　　所得 (income) 衡量消費者的購買「能力」。阿亮老師很想去阿拉斯加海釣，而一趟旅行的費用是 70 萬元。如果他沒有這筆預算，即使很想去也無法成行。因此，除了商品本身價格外，所得是影響需求量變動的一個非常重要因素。

所得增加對需求曲線的影響為何？假設阿亮老師因為幽默風趣而深受學生愛戴，補習班老闆將授課鐘點費從 1,500 元調成 3,000 元。所得加倍代表消費能力提高，也就是阿亮老師現在有更多的錢來購買商品。即使哈根達斯冰淇淋一球是 100 元，阿亮老師現在可以吃 5 球而非 3 球。以圖 2.2 來看，當冰淇淋一球是 100 元時，所得上升導致冰淇淋需求數量從 3 球增至 5 球。需求曲線向右移動，由 D_1 移至 D_2，如圖 2.2(a) 所示。

相反地，如果因為疫情三級警戒，阿亮老師所得減少，在冰淇淋價格一球

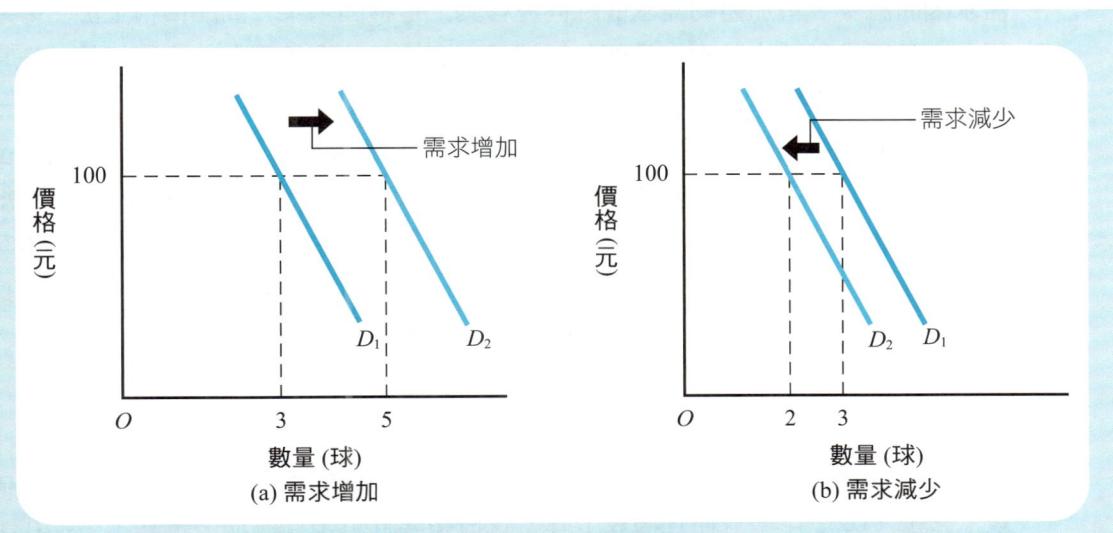

圖 2.2　需求曲線的移動

圖 (a)：需求增加是指在同一價格下，需求曲線向右移動。圖 (b)：需求減少是指在同一價格下，需求曲線向左移動。

是 100 元時，消費數量從 3 球減少至 2 球。需求減少使需求曲線向左移動，如圖 2.2(b) 所示。這種因為所得增加 (減少)，造成商品需求量的增加 (減少)，我們稱此商品為**正常財** (normal good)。

如果所得增加 (減少)，商品需求量反而減少 (增加)，我們稱此商品為**劣等財** (inferior good)。劣等財的例子有路邊攤食物、泡麵、搭公車次數等。譬如，在學生時代，你可能經常以泡麵果腹，但是當你的月薪是 90,000 元時，可能覺得吃太多泡麵有害健康，而改去餐廳吃飯。請注意：在正常財情況下，所得與需求量是同向變動；而在劣等財情況下，所得與需求量呈反向變動。我們可以將所得與需求量之間的關係，以函數形式表示：

$$Q^d = Q^d(\underset{-}{P}\,;\,\underset{+/-}{I})$$

其中 Q^d 和 P 分別代表商品的需求量和價格，I 為消費者所得。變數下方的符號「＋」代表所得上升，商品需求量增加 (正常財)；符號「－」代表所得上升，商品需求量減少 (劣等財)。分號前面的變數 P 是內生變數，而分號後面的變數 I 是外生變數。

其它相關商品價格　商品與商品之間的關係，有些是搭配在一起使用，有些則是可以相互替代。譬如，薯條沾番茄醬特別好吃，我們稱薯條和番茄醬為**互補品** (complements)。當中薯價格從 30 元漲到 42 元時，消費者會少吃薯條，番茄醬的需求因而減少，番茄醬的需求曲線向左移動。這種因為某一商品價格上漲，導致另一商品需求量減少，兩商品即為互補品。互補品的例子還有咖啡與奶精、汽車與輪胎、平板電腦與 App 等。

當某項商品價格上漲，導致另一商品需求量增加，這兩個商品為**替代品** (substitutes)。替代品的例子有可口可樂與百事可樂、大麥克與華堡、咖啡與紅茶、柳丁與香吉士等。當百事可樂價格上漲時，人們會以可口可樂替代百事可樂，即使可口可樂的價格不變，其需求數量增加，需求曲線向右移動。我們可以將需求量與其它相關商品價格之間的關係，寫成下列的需求函數：

$$Q^d = Q^d(\underset{-}{P}\,;\,\underset{+/-}{I},\,\underset{+/-}{P_s})$$

其中 Q^d、P 和 I 分別代表需求量、價格及消費者所得，而 P_s 為其它相關商品價格。符號「＋」代表替代品價格上升，將導致商品需求量增加；符號「－」代表互補品價格上升，商品需求量減少。

偏好　偏好是指消費者對商品的喜好。如果消費者特別偏好某種商品，商品的需

老鼠的需求曲線

　　2003 年 12 月 10 日，實驗經濟學之父史密斯 (Vernon L. Smith) 應邀到中山大學講學 10 天。實驗經濟學曾經協助美國政府建立公債叫價制度，IBM 和惠普 (Hewlett-Packard, HP) 也開始利用實驗的方式去測試新概念和管理技巧。譬如，公司想要在紅利計畫和提高薪資之間做比較，他以在實驗室中設計不同的條件，用真人和真正的錢做比較，然後觀察人們不同的反應。

　　1955 年，史密斯在普渡大學 (Purdue University) 教授第一門經濟學原理時，把經濟學原理拋到一旁，讓學生分組，將教室當作一個小型市場，體驗什麼是交易。市場上的每一個人，買或不買東西完全關乎他們個人的利益，買多少和各自的情況有關。

　　在實驗的過程中，可以看到許多人遵循利己的原則，但是也有人會施恩給對方，讓雙方都可以得利；而接受恩惠的一方也感知對方的好意，並會馬上進行回報。在匿名的情況下進行這樣的實驗，史密斯發現人們為了回報對方，願意放棄更多的金錢。社會中互惠的規範非常堅固，人們會有利他的行為。實驗經濟學的可貴之處，就是可以在實驗室裡加入可控制的變數，然後證明經濟學理論是正確的。

　　實驗經濟學者凱格爾 (John H. Kagel) 教授和他的同事曾經利用白老鼠，來檢定需求曲線的某些特性。他們想要知道，當一商品的價格相對其它商品上升時，動物行為會不會出現替代效果？白老鼠喜歡喝沙士和雞尾酒。凱格爾訓練牠們，壓下左邊操作桿兩次，可以得到 0.05 毫升的沙士，而用力壓下右邊操作桿一次，則可以得到 0.05 毫升雞尾酒。以雞尾酒作為計價標準，沙士相對價格為 2，而每一隻老鼠能夠用力壓下操作桿的總次數代表牠的所得。研究者想要瞭解沙士的相對價格變化對沙士購買數量的影響，一如預期，沙士價格下跌後，牠們「購買」了更多的沙士，老鼠的行為模型符合經濟學教科書中的替代效果。

資料來源：
1. 陶德·桑德勒著，葉家興譯，《經濟學與社會的對話》(*Economic Concepts for the Social Sciences*)，先覺出版社，2003 年 7 月。
2. 李采洪、楊慧菁，〈在實驗經濟裡發現人性〉，《商業周刊》，第 839 期，2003 年 12 月 22 日。

求量會增加，需求曲線向右移動。譬如，法國總統馬克宏 (Emmanuel Macron) 為了提高疫苗接種率，自 2021 年 8 月 9 日推出「健康通行證」制度，引發不少民怨。住在邊境地區的居民不願出示健康通行證，寧可過一條街到比利時吃飯，導致法國餐廳即使是週末，生意仍一落千丈，但比利時餐廳的需求卻大增。以經濟學術語而言，比利時餐廳的需求曲線向右移動；相反地，在法國必須出示健康通

行證才能去餐廳、咖啡廳消費，法國餐廳的需求曲線向左移動。

需求量與偏好之間的關係，可以寫成下列的需求函數：

$$Q^d = Q^d(\underset{-}{P};\ \underset{+/-}{I},\ \underset{+/-}{P_s},\ \underset{+}{T})$$

其中 Q^d、P、I 和 P_s 分別代表需求量、價格、所得及其它相關商品價格和預期價格，T 為偏好。符號「＋」代表消費者偏好的商品，商品需求增加，需求曲線向右移動。

預期價格　商品的消費不僅受現在價格的影響，也受預期價格的影響。譬如，為因應國際原油價格的飆漲，中油宣布自明天凌晨零時起，汽油每公升調漲 2 元，你可以預期今天加油站會出現大排長龍的情況。當預期價格上漲時，現在的商品消費數量增加，需求曲線向右移動；相反地，當預期價格下跌時，現在的商品消費數量減少，需求曲線向左移動。需求量與預期價格之間的關係，可以下列的函數形式表示：

$$Q^d = Q^d(\underset{-}{P};\ \underset{+/-}{I},\ \underset{+/-}{P_s},\ \underset{+}{T},\ \underset{+}{P^e})$$

其中 Q^d、P、I、P_s 和 T 分別為需求量、價格、消費者所得、其它相關商品價格和偏好，P^e 是預期價格。P^e 下方的符號「＋」，代表預期價格與需求量之間呈正向關係；預期價格上漲(下跌)，需求量增加(減少)，需求曲線向右(左)移動。

其它　需求量不僅受經濟因素的影響，有時突發的外生事件也會影響商品的需求。譬如，夏天天氣突然變得異常炎熱，每天都超過攝氏 40 度，消費者對冰淇淋的需求會增加，需求曲線向右移動；或是氣候變遷導致台灣的乾旱、大雨不斷，市場預期菜價上漲，對青菜的需求會增加。若以數學式表示需求量與其它外生事件的關係，可以寫成：

$$Q^d = Q^d\,(\underset{-}{P};\ \underset{+/-}{I},\ \underset{+/-}{P_s},\ \underset{+}{P^e},\ \underset{+}{T},\ 其它)$$

邊做邊學習題 2-1

需求函數

金牌啤酒的需求方程式為 $Q^d = 40 - 20P + P_F + 0.4I$，其中 P 與 P_F 分別為金牌啤酒及水果啤酒價格，而 I 為平均消費者所得。

(a) 若 P_F 價格上升，水果啤酒需求將如何變化？

(b) 金牌啤酒與水果啤酒為互補品或替代品？

(c) 若 I 上升，水果啤酒需求將如何變動？

類似問題：基礎題 1、2

供給

供給曲線

供給曲線 (supply curve) 顯示，在其它條件不變下，生產者在不同價格下願意且能夠生產的商品數量。圖 2.3 顯示在不同價格下，哈根達斯冰淇淋的供給曲線。供給曲線的斜率為正，代表價格愈高，生產者願意提供的冰淇淋愈多；價格愈低，生產者的銷售收入減少，願意提高的冰淇淋數量就愈少。這種價格與供給量之間的正向關係，稱為**供給法則** (law of supply)。

台灣的冰淇淋供給主要來自全國各地的冰淇淋店。市場供給是個別生產者冰淇淋供給的水平加總。供給量與價格之間的正向關係，可以寫成下列的函數形式：

$$Q^s = Q^s(\underset{+}{P})$$

其中 Q^s 為應變數，代表商品或服務的供給數量，P 為自變數，代表商品或服務的價格。下方的符號「＋」是指價格上升，商品供給量增加。價格與供給量之間呈正向關係。

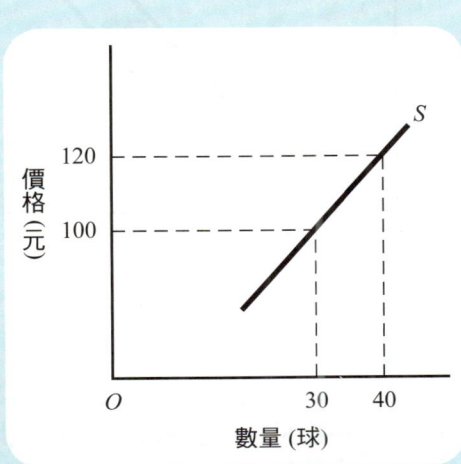

圖 2.3　供給曲線

供給曲線描繪生產者在不同價格下，願意且能夠生產的數量。價格愈高，銷售收入愈多，利潤愈高，願意生產的數量也愈多。

影響供給的其它因素

除了商品本身價格以外，其它影響商品供給量變動的因素包括：(1) 生產因素價格；(2) 其它商品價格；(3) 技術；(4) 預期價格。

生產因素價格 假設因為口蹄疫蔓延，造成乳牛大量死亡，牛奶價格大漲。冰淇淋的製作成本提高，使得冰淇淋的銷售利潤下降，有些生產者會減少生產或因不堪虧損而退出市場。如果冰淇淋價格仍維持在一球 100 元，我們可以看到冰淇淋的供給數量減少，供給曲線向左移動，從 S_1 到 S_2，如圖 2.4(a) 所示。

相反地，生產因素價格下跌，生產者的利潤上升，現有廠商會擴充生產，而新廠商也會加入市場。如果市場價格仍維持在一球 100 元，我們可以看到冰淇淋的供給數量增加，供給曲線向右移動，如圖 2.4(b) 所示。供給量 (Q^s) 與生產因素價格 (P_f) 之間的關係，可寫成：

$$Q^s = Q^s(\underset{+}{P}; \underset{-}{P_f})$$

符號「－」代表生產因素價格對供給量的影響為負：生產因素價格下跌，供給量增加，供給曲線向右移動；生產因素價格上漲，供給量減少，供給曲線向左移動。分號前面的變數 P 為內生變數，而分號後面的變數為外生變數。內生變數的變動，會造成供給量沿著同一條供給曲線的移動 (movement along a

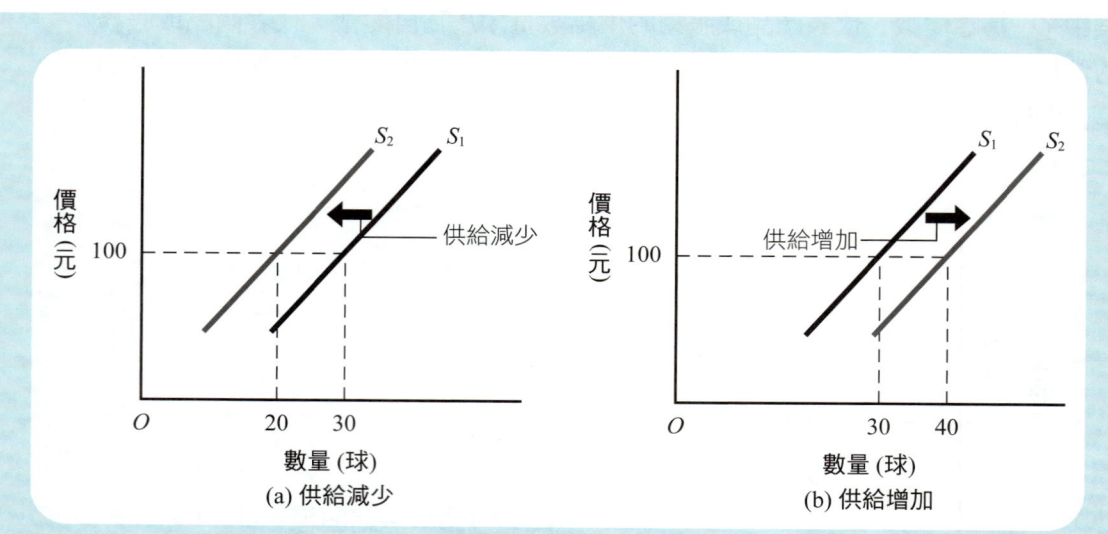

(a) 供給減少　　(b) 供給增加

圖 2.4　供給曲線的移動

圖 (a)：供給減少代表生產者在同一價格下，供給量減少，供給曲線向左移動。圖 (b)：供給增加代表生產者在同一價格下，供給量增加，供給曲線向右移動。

supply curve)；而外生變數的變動，導致整條供給曲線的移動 (shift of the supply curve)。

其它商品價格　某些商品的生產過程，會使用相同的生產因素。譬如，玫瑰花價格上漲，使花農種植其它花卉的意願較低，因此如菊花的供給將減少，供給曲線向左移動。玫瑰花價格上漲與菊花供給量呈反向變動。

另外，有一些商品在生產過程中是共同生產。譬如，當原油價格上升時，更多的石油會被開採出來。天然氣是石油的副產品，因此天然氣產量也會提高，供給曲線向右移動。石油價格與天然氣產量呈正向變動。供給量與其它商品價格 (P_s) 之間的關係，可以下列的供給函數表示：

$$Q^s = Q^s(\underset{+}{P};\ \underset{-}{P_f},\ \underset{+/-}{P_s})$$

上式中，其它商品價格是外生變數，其對供給量的影響可能是正向或負向變動，必須依兩個商品是使用相同生產因素 (負向) 或共同生產 (正向) 而定。

技術　如果哈根達斯冰淇淋研發出大量生產冰淇淋的機器，就可以減少勞工的僱用，生產成本可以降低。因此，哈根達斯冰淇淋較有能力且願意多生產冰淇淋。冰淇淋的供給曲線向右移動。

相反地，如果一個新的生產流程的實施，導致冰淇淋不良率提高，生產成本提高，供給減少，供給曲線因而向左移動。供給量與技術 (T) 之間的關係，可以下列函數表示：

$$Q^s = Q^s(\underset{+}{P};\ \underset{-}{P_f},\ \underset{+/-}{P_s},\ \underset{+}{T})$$

上式中，Q^s、P、P_f、P_s 分別為供給量、生產因素價格和其它商品價格；T 代表技術，下方的符號「＋」是指技術進步，商品供給量增加；技術退步，商品供給量減少。技術與供給量呈正向關係。

預期價格　假設哈根達斯宣布自下週起調漲冰淇淋價格，會將原料暫存在倉庫內，延至下週再生產。因此，本週的冰淇淋供給數量減少，供給曲線向左移動。

相反地，如果中央氣象局預告下週寒流來襲，哈根達斯預期下週會調降價格，本週將會提前生產，供給曲線向右移動。供給量與預期價格 (P^e) 之間的關係，可以下列函數表示：

$$Q^s = Q^s(\underset{+}{P};\ \underset{-}{P_f},\ \underset{+/-}{P_s},\ \underset{+}{T},\ \underset{-}{P^e})$$

上式中，預期價格下方的符號「－」代表預期價格對供給量的影響為負，預期價格上漲，供給量減少；預期價格下降，供給量增加。

除了上述的經濟因素會引起供給量變動外，還有其它的非經濟因素會影響供給量。譬如，2021 年 8 月 6 日，受到盧碧颱風影響，中南部蔬菜產地受損嚴重，菜價創下史上新高，買一顆高麗菜要 200 元，一條大苦瓜也要價上百元。

邊做邊學習題 2-2

供給函數

若馬哥孛羅的貝果供給方程式如下：

$$Q^s = 15 + P$$

其中 P 為貝果價格，Q^s 為貝果供應量。
(a) 若貝果價格為 20，供給量是多少？
(b) 若供給量為 40，貝果價格是多少？

類似問題：基礎題 4

2.2 市場均衡

市場 (market) 是由買方和賣方所組成。電腦的賣家如華碩或宏碁，是市場的供給者。開學了，阿亮到華碩購買電腦，阿亮是市場的需求者。同理，橡木桶賣紅酒給阿亮，阿亮是買方，而橡木桶是賣方。想要分析市場均衡，就必須將供給與需求曲線畫在同一個圖形上。

在圖 2.5 中，供給曲線 (S) 和需求曲線 (D) 的交點，決定市場均衡。此時，均衡價格為 P_0，而均衡數量為 Q_0。所謂均衡價格是指在 P_0 下，消費者願意支付的價格恰好等於生產者願意收到的價格，而消費者願意購買的數量恰好等於生產者願意生產的數量，處於市場結清 (market clearing) 狀態。除非有外力改變，否則價格會一直維持在均衡價格。

為什麼 E 點是一個穩定均衡？假設一開始的價格低於均衡價格，如圖 2.5 的 P_1 所示。消費者對商品的需求數量 (Q_1) 超過生產者提供的商品數量 (Q_2)。超額需求會發生，我們稱 Q_1Q_2 為供不應求或短缺 (shortage)。當消費者的需求無法被滿足時，有些消費者會出較高的價錢。這將對價格造成上漲壓力，導致商品價格上升。當價格上升時，供給量上升，而需求量下跌。這個調整過程將持續，直到

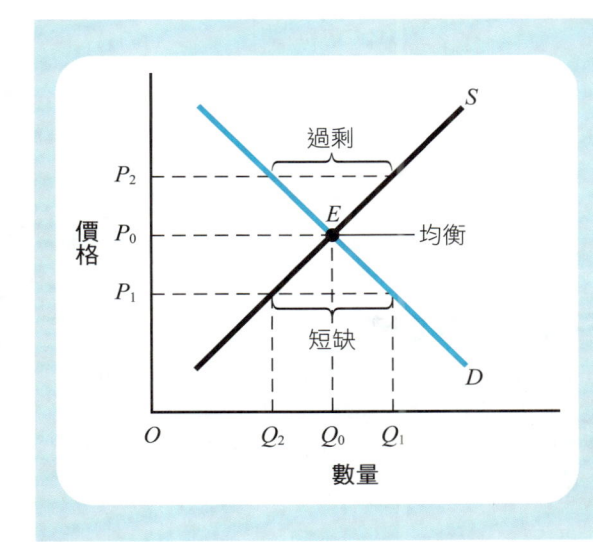

Chapter 2 供給與需求的基本分析

▶ 圖 2.5 **市場均衡**
供給曲線與需求曲線的交點決定市場均衡。均衡價格為 P_0，而均衡數量為 Q_0。

市場恢復均衡為止。

相反地，當市場一開始的價格是 P_2，高於均衡價格 P_0 時，廠商願意生產的數量超過消費者願意購買的數量。市場會發生超額供給或生產過剩 (surplus) 的現象。過剩將對價格造成下跌壓力，價格的下跌使得需求量增加，供給量減少。這個調整過程會一直持續，直到市場恢復均衡為止。因此，只要市場價格不等於 P_0，市場機能就會調整，直到價格回到 P_0 為止，所以 E 點為一穩定均衡。

邊做邊學習題 2-3

市場均衡

假設芒果的需求函數與供給函數分別為：

$$Q^d = 100 - 5P$$
$$Q^s = -20 + 3P$$

請問芒果的均衡價格與數量各是多少？　　　　　　　　　　　　　　　　　(109 年高考)

類似問題：基礎題 5

市場均衡的變動

供給與需求曲線的交點決定市場均衡。然而，市場均衡不一定只有一個。當供給或需求曲線移動時，新的供需曲線的交點決定新的市場均衡。在第 2.1 節，我們提到除了商品本身價格以外，還有其它變數會影響供給與需求曲線的位置，

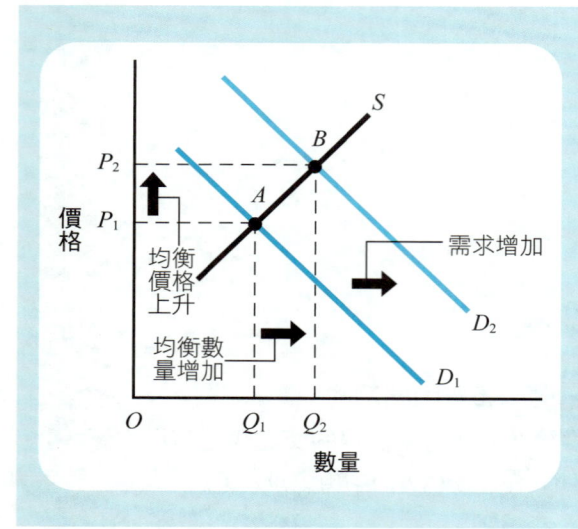

圖 2.6　需求增加

在正常財的情況下，所得上升導致需求曲線從 D_1 右移至 D_2。均衡從 A 點移至 B 點。均衡價格由 P_1 上升至 P_2，均衡數量由 Q_1 增加至 Q_2。

因此市場均衡也會受這些變數的影響。讓我們先從需求曲線的移動開始。

假設全球景氣復甦，國內因為出口暢旺，家庭可支配所得大幅成長。在商品是正常財的情況下，所得上升導致需求曲線向右移動，如圖 2.6 的 D_1 到 D_2。需求增加造成均衡從 A 點移至 B 點，均衡價格從 P_1 上升至 P_2，而均衡數量由 Q_1 增加至 Q_2。相反地，在冬天，大家都不喜歡吃冰淇淋，冰淇淋的需求會減少；需求曲線左移，導致冰淇淋價格和數量同時下跌。

現在，我們來觀察供給變動的比較靜態分析。首先，我們確定是外生變數引起供給增加或減少，然後再以圖形說明均衡價格與數量的變動。譬如，新冠肺炎疫情造成航空公司的人事營運成本提高，航空公司決定對每位旅客額外加收 10 美元。成本提高導致航空公司利潤下降，飛機班次減少。如圖 2.7 所示，供給減少使得供給曲線向左移動，由 S_1 移至 S_2。均衡從 A 點移至 B 點。均衡價格從 P_1 上升至 P_2，而均衡數量則從 Q_1 減少至 Q_2。因此，COVID-19 使機票價格上升和旅客人數減少。

在大多數的市場裡，供給和需求曲線會同時移動。譬如，盧碧颱風挾帶的豪雨造成農業重創，全台蔬果供應吃緊，又加上盤商瘋狂搶貨，小白菜從災前的每公斤 10 元上漲至 85 元。在此例中，豪雨造成許多菜園淹沒，蔬菜供給減少，供給曲線向左移動，如圖 2.8 所示，由 S_1 移至 S_2。另一方面，盤商搶貨導致需求增加，需求曲線向右移動，由 D_1 移至 D_2。

供給減少與需求增加，使得均衡從 A 點移至 B 點。小白菜的價格從 10 元上漲至 85 元，而均衡數量從 1,500 公斤減少至 700 公斤。請注意：風災對供給的衝擊遠大於對需求的衝擊，供給曲線左移的幅度要比需求曲線右移的幅度更大，

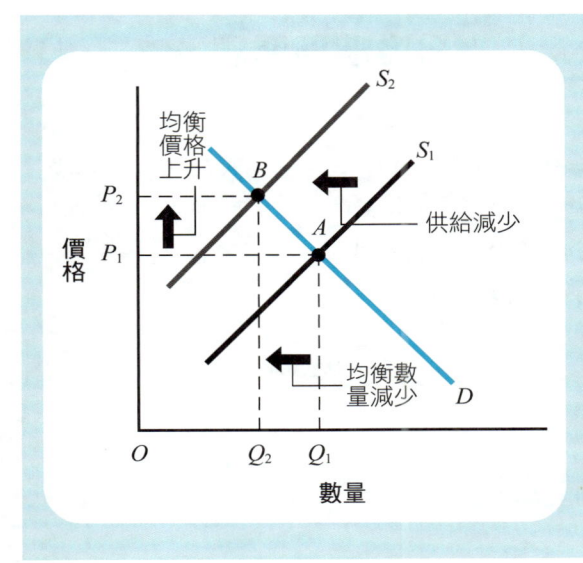

Chapter 2　供給與需求的基本分析

圖 2.7　供給減少

新冠肺炎疫情造成航空公司成本提高，供給曲線向左移動。均衡從 A 點移至 B 點，均衡價格從 P_1 上升至 P_2，而均衡數量則從 Q_1 減少至 Q_2。

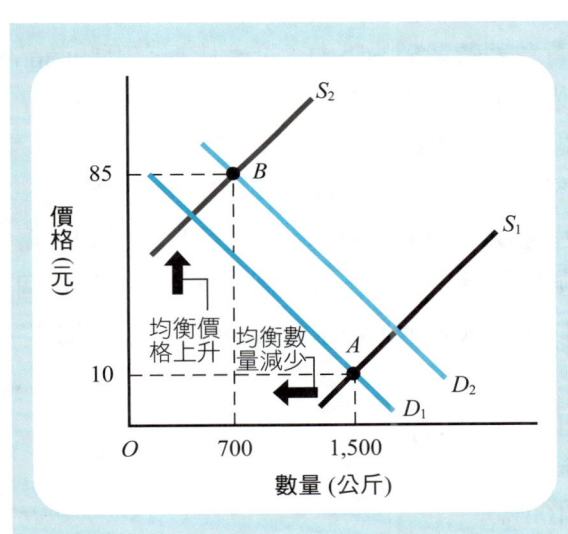

圖 2.8　供給減少與需求增加

供給減少與需求增加造成小白菜價格上漲 8.5 倍，由於供給減少幅度超過需求增加幅度，小白菜的到貨量也減少一半。

因此造成價格上升和數量減少；如果供給左移的幅度小於需求右移的幅度，結果會是價格上升和數量增加。藉著供需變動的比較靜態分析，我們可以將均衡價格與數量的變動整理如下：

需求增加＋供給增加＝價格不定與數量增加
需求增加＋供給減少＝價格上升與數量不定
需求減少＋供給增加＝價格下跌與數量不定
需求減少＋供給減少＝價格不定與數量減少

邊做邊學習題 2-4

市場均衡與比較靜態分析

假設雙聖冰淇淋的市場需求方程式為 $Q^d = 500 - 50P + 10I$，其中 I 為人均所得。市場供給方程式為 $Q^s = -400 + 5P$ ($P \geq 8$)。

(a) 當 $I = 10$ 時，雙聖冰淇淋均衡價格是多少？$I = 5$ 時，又是多少？

(b) 所得從 $I = 10$ 減少至 $I = 5$ 時，均衡價格與數量變動為何？

類似問題：基礎題 6

2.3 需求彈性與供給彈性

需求彈性

面對蠢蠢欲動的物價，愛買店長背負著營業額的壓力，究竟店裡有哪些商品降價，可以刺激買氣？有哪些商品漲價，仍可帶來營業額成長？顧客對哪些商品價格的變化比較敏感？要回答這些問題，必須借助一個觀念：彈性。

彈性 (elasticity) 衡量一個變數對另外一個變數的敏感度。具體地說，它是一個數字，衡量一個變數變動 1% 時，引起另外一個變數變動的百分比。譬如，需求的價格彈性衡量需求量對價格變動的敏感程度。它告訴我們，當價格增加一個百分點時，需求量變動的百分比。若以數學式表示，需求的價格彈性可以寫成：

$$e_d = \frac{\frac{\Delta Q}{Q} \times 100\%}{\frac{\Delta P}{P} \times 100\%} = \frac{\Delta Q}{\Delta P} \times \frac{P}{Q}$$

其中 ΔQ 和 ΔP 分別代表需求量和價格的變動幅度，$\frac{\Delta P}{P} \times 100\%$ 是價格變動百分比，$\frac{\Delta Q}{Q} \times 100\%$ 是需求量變動百分比。由於需求曲線斜率為負，需求價格彈性會小於零。為了方便說明，一般教科書都會將需求價格彈性加上絕對值。譬如，假設一包衛生紙是 100 元，消費者的需求量是 200 包，若衛生紙調漲 5 元，消費者的需求量是 195 包，則需求的價格彈性為：

$$e_d = \left| \frac{195 - 200}{105 - 100} \times \frac{100}{200} \right| = \left| -\frac{1}{2} \right| = 0.5$$

彈性 0.5 意味著衛生紙的需求量對價格變動較不敏感，價格上升 1%，需求量僅減少 0.5%。我們稱需求價格彈性小於 1，為**價格無彈性** (price inelastic)；需求價格彈性大於 1，為**價格有彈性** (price elastic)，因為需求量變動百分比超過價格變動百分比；當需求價格彈性等於 1 時，稱為**單一彈性** (unitary elastic)。有時，我們將需求價格彈性簡稱為需求彈性。想要瞭解需求彈性與需求曲線形狀之間的關係，記得需求曲線的斜率為：

$$斜率 = \frac{\Delta P}{\Delta Q}$$

它與需求彈性 $e_d = \frac{\Delta Q}{\Delta P} \times \frac{P}{Q}$ 成反比。具體來說，需求曲線愈陡峭時，斜率愈大，需求彈性就愈小。當需求曲線為一垂直線時，斜率為無窮大 (加上絕對值後)，而需求彈性等於零。我們稱垂直的需求曲線為**需求完全無彈性** (perfectly inelastic demand)；相反地，當需求曲線較平坦時，斜率較小，故需求彈性較大。若需求曲線為一水平線，價格固定，斜率等於零，需求彈性即為無窮大，我們稱水平的需求曲線為**需求完全有彈性** (perfectly elastic demand)。

特殊需求曲線的彈性

一個經常使用的需求曲線形式是**直線型需求曲線** (linear demand curve)：

$$Q = a - bP$$

其中 a 和 b 為常數且大於零。b 為需求方程式的斜率，定義成 $\frac{\Delta Q}{\Delta P}$。記得需求價格彈性的公式為 $\frac{\Delta Q}{\Delta P} \times \frac{P}{Q}$。因此，我們可將需求彈性改寫成：

$$e_d = b \times \frac{P}{Q}$$

若以圖 2.9 來看，以 E 點為例，$b = \frac{OB}{OA} = \frac{BD}{DE}$，而 $\frac{P}{Q} = \frac{OC}{OD} = \frac{DE}{OD}$，將 $b = \frac{BD}{DE}$ 和 $\frac{P}{Q} = \frac{DE}{OD}$ 代入上式，可得：

$$e_d = \frac{BD}{DE} \times \frac{DE}{OD} = \frac{BD}{OD} = \frac{BE}{AE}$$

利用這個結果可以確定，若 E 點為直線型需求曲線的中點，則 $BE = EA$，彈性等

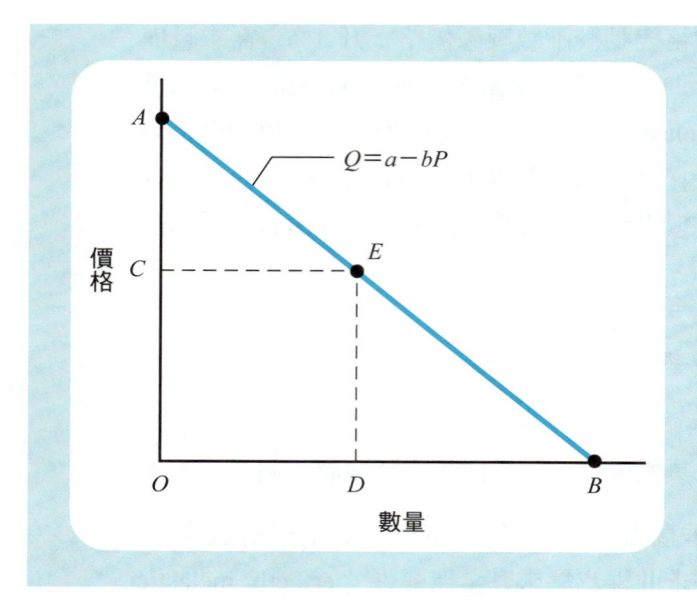

圖 2.9 直線型需求曲線的彈性

E 點是直線型需求曲線的中點，其彈性等於 1。在 A 點和 E 點之間，彈性大於 1；而在 E 點和 B 點之間，彈性小於 1；在 A 點，彈性為無窮大；而在 B 點，彈性等於零。

於 1。同理，直線型需求曲線其它點的彈性可整理成：

- 在 B 點，$e_d=0$。
- 在 B 點和 E 點之間，$e_d<1$。
- 在 E 點，$e_d=1$。
- 在 E 點和 A 點之間，$e_d>1$。
- 在 A 點，$e_d\to\infty$。

另外一個常見的需求曲線是固定彈性的需求曲線：

$$Q=aP^{-b}$$

上式為一雙曲線，其中 a 和 b 為常數且大於零。如果我們在等號左右兩邊都取自然對數，可以得到一直線型需求曲線：

$$\ln Q=\ln a-b\ln P$$

上式中的 b 定義成：

$$b=\frac{\Delta \ln Q}{\Delta \ln P}=-\frac{\Delta Q}{\Delta P}\times\frac{P}{Q}$$

上式加上絕對值後，我們知道其實 b 就是需求彈性。因此，就固定彈性的需求曲線而言，彈性始終等於 b。在實務上，經濟學家經常利用固定彈性的需求函數來估計需求價格彈性。

邊做邊學習題 2-5

直線型需求曲線的彈性

(1) 一般而言，面對負斜率的線性需求函數，價格愈高，需求價格點彈性愈大或愈小？
(109 年關務特考)

(2) 假設 iPhone 14 的需求方程式如下：

$$Q = 5 - 0.5P$$

請問價格為何時的需求價格彈性等於 1？

類似問題：基礎題 8

需求彈性與總收入

本節一開始愛買店長的例子告訴我們，廠商面對外來衝擊，必須調整價格時，不僅想知道顧客的反應，也希望對業績能有正面幫助。需求的價格彈性可以透露顧客的反應程度，而愛買的營業額就是銷售商品的收入，定義成商品的售價乘以銷售數量，$TR = P \times Q$。譬如，高露潔牙膏一條賣 50 元，愛買一天可以賣出 50 條，高露潔牙膏的銷售收入 = $\$50 \times 50 = 2,500$ 元。

如果愛買的店長提高高露潔牙膏的售價，一定會遭遇銷售數量下降的窘境；也就是說，提高售價的「利益」會被需求量下降的「成本」所抵銷。當需求具價格彈性 (需求量變動百分比超過價格變動百分比) 時，提高售價將使得銷售量下跌的「成本」超過價格上升的「利益」，總收入會減少。另一方面，廠商調低售價將使需求量增加的「利益」超過價格下降的「成本」，總收入會上升。

相對地，如果需求不具價格彈性 (需求量變動百分比低於價格變動百分比)，提高售價讓需求量不會下降很多，總收入會增加。另一方面，廠商調降售價，消費者的購買數量不會增加很多，價格下降的「成本」超過銷售量增加的「利益」，廠商的總收入會減少。讓我們彙總整理如下：

1. 需求具價格彈性 ($e_d > 1$)：價格下跌，總收入增加；價格上升，總收入減少。
2. 需求不具價格彈性 ($e_d < 1$)：價格下跌，總收入減少；價格上升，總收入上升。

經過上述的說明，愛買的店長應該提高彈性小於 1 的商品售價，而降低彈性大於 1 的商品售價。

需求價格彈性的決定因素

需求彈性是衡量需求量對價格的敏感性。需求量除了受商品本身價格影響外，也受相關商品價格、消費者偏好的影響。同樣地，需求彈性主要受以下因素的影響：(1) 替代品的多寡；(2) 商品支出占所得的比例；(3) 保險；(4) 互補品。

替代品的多寡 一商品擁有許多的近似替代品，其需求彈性就愈大。譬如，一球雙聖冰淇淋漲 10 元，消費者立刻以哈根達斯、酷聖石、明治等其它品牌替代，雙聖冰淇淋的需求量應該會減少很多；亦即，替代品愈多，需求彈性愈大。

相反地，替代品愈少，需求彈性愈小。譬如，周杰倫的歌就很難找到替代品，你不能用費玉清、林宥嘉或蕭敬騰的歌來取代，因此周杰倫 CD 的需求彈性顯然小於雙聖冰淇淋的需求彈性。

替代品的近似程度與商品定義的範圍有關。商品定義愈廣，愈不容易找到近似替代品，需求彈性就愈小。以水果與柳丁為例，水果的範圍就比柳丁寬廣許多，水果的替代品很少，不吃水果可能只能以維他命或蔬果汁來替代，但柳丁的替代品卻有橘子、芭樂、西瓜、蘋果、木瓜、哈蜜瓜、葡萄等水果。一旦柳丁的價格上漲，需求量會減少很多，因此柳丁的需求彈性必定比水果的需求價格彈性大上許多。同樣地，青江菜比青菜的需求彈性大、球鞋比鞋子的需求彈性大。

商品支出占所得的比例 一商品支出占所得比例愈高，當價格上升時，消費者愈有可能去尋找其它替代品，需求彈性就愈大；相反地，支出占所得比例愈低，需求彈性就愈小。以房屋和衛生紙為例，房屋動輒數百萬元，如果房屋價格上漲 10%，消費者會有很大的誘因去尋找替代品，如租屋或暫時與父母同住。然而，衛生紙漲價 10%，從 100 元上漲至 110 元，大家就不用衛生紙的情況可能罕見。

保險 當消費者只需負擔小部分的金額即可享受到產品時，價格比較不具彈性。全民健保是一個很好的例子，如果消費者看病使用全民健保，病人和醫生之間可能會出現以下的對話：

> 醫生：恐怕要跟你說個壞消息。你的四條動脈不是部分阻塞，就是完全阻塞，建議你儘快動心臟手術。
> 病人：手術成功率高嗎？
> 醫生：我們的成功率不錯。
> 病人：費用很貴嗎？
> 醫生：當然，開心是一個大手術，不過健保有給付，不必過於擔憂。

全民健保使得病人只要花少部分的金額，即可完成醫療程序，因此消費者對醫療

價格比較不敏感。

互補品　當產品必須結合其它產品一起使用時，價格比較不具彈性。譬如，iPhone 的使用者對手機電池的價格比較不敏感，因為手機電池是 iPhone 關鍵的零件之一。

供給彈性

供給的價格彈性 (price elasticity of supply) 是衡量供給量對價格的敏感度。具體而言，供給價格彈性定義為供給量變動百分比除以價格變動百分比：

$$e_s = \frac{\frac{\Delta Q}{Q} \times 100\%}{\frac{\Delta P}{P} \times 100\%} = \frac{\Delta Q}{\Delta P} \times \frac{P}{Q}$$

供給價格彈性簡稱為供給彈性。由於供給曲線的斜率為正，供給彈性也會是正值。至於供給彈性與供給曲線形狀之間的關係，和需求彈性與需求曲線形狀之間的關係相類似；亦即，斜率與彈性呈反向關係：

1. 斜率愈陡峭，供給不具價格彈性，$e_s < 1$。
2. 斜率 $\to \infty$，供給完全無彈性，$e_s = 0$。
3. 斜率愈平坦，供給具價格彈性，$e_s = 1$。
4. 斜率 ＝ 0，供給完全有彈性，$e_s \to \infty$。

直線型供給曲線與彈性

一個經常使用的供給曲線是直線型供給曲線 (linear supply curve)：

$$Q = c + dP$$

其中 c 和 d 皆為常數且大於零。係數 d 等於 $\frac{\Delta Q}{\Delta P}$。供給的價格彈性可改寫成：

$$e_s = \frac{\Delta Q}{\Delta P} \times \frac{P}{Q} = d \times \frac{P}{Q}$$

圖 2.10(a) 的 d 等於 $\frac{BC}{AC}$，而 (A 點的) $\frac{P}{Q}$ 等於 $\frac{AC}{OC}$，將 d 與 $\frac{P}{Q}$ 分別代入上式可得：

$$e_s = d \times \frac{P}{Q} = \frac{BC}{AC} \times \frac{AC}{OC} = \frac{BC}{OC}$$

在圖 2.10(a) 中，由於 $BC<OC$，我們知道供給不具價格彈性，$e_s<1$；在圖 2.10(b) 中，B 點和原點重疊，$e_s = \frac{OC}{OC} = 1$，通過原點直線的彈性等於 1；在圖 2.10(c) 中，由於 $BC>OC$，供給曲線較為平坦，供給彈性大於 1，$e_s>1$。

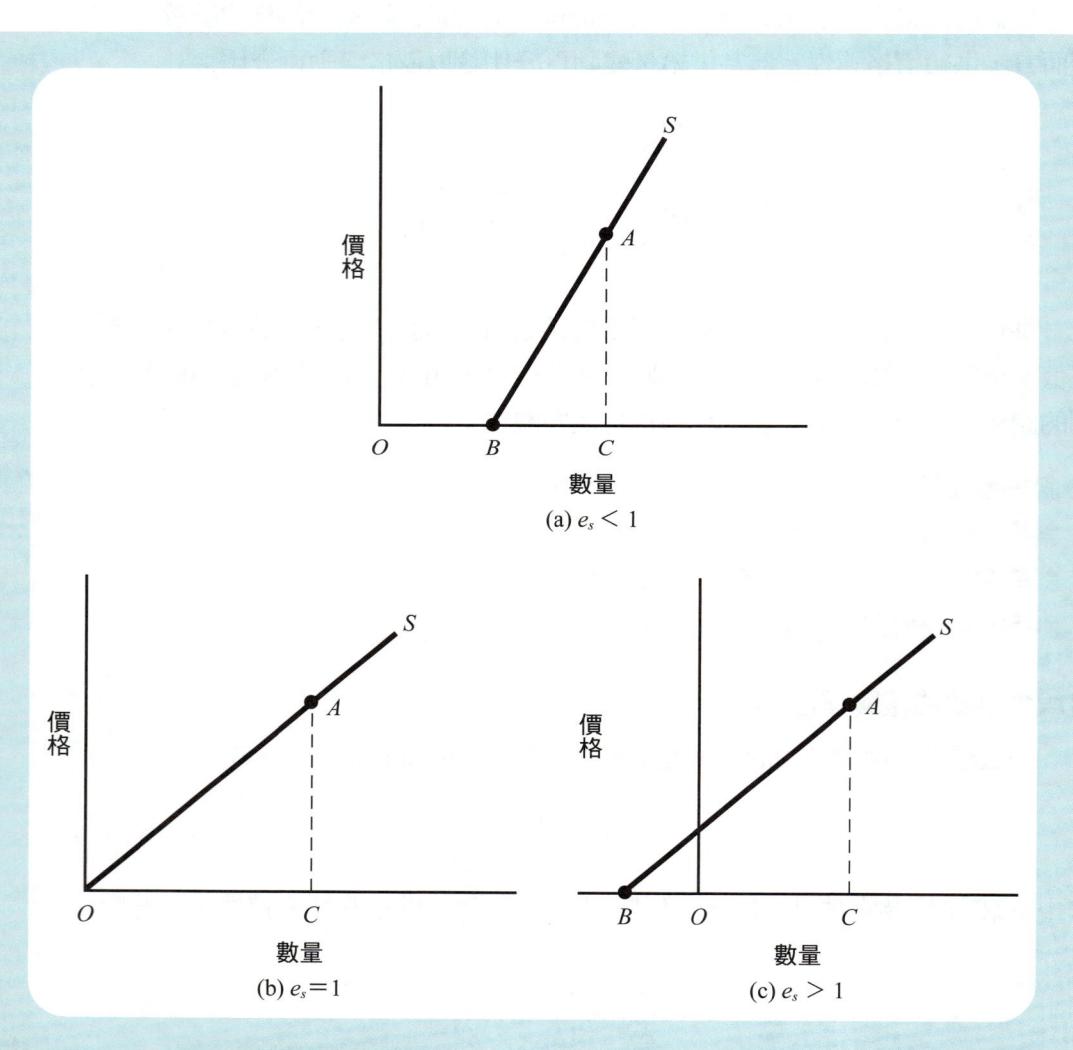

(a) $e_s < 1$

(b) $e_s = 1$

(c) $e_s > 1$

圖 2.10　直線型供給曲線與彈性

圖 (a)：供給彈性小於 1，其為 $\frac{BC}{OC}$。圖 (b)：供給彈性等於 1，其為 $\frac{OC}{OC}$。圖 (c)：供給彈性大於 1，其為 $\frac{BC}{OC}$。

供給彈性的決定因素

在第 2.1 節中提到，供給量除了受本身價格影響外，還受生產因素價格、技術的影響。同樣地，供給的價格彈性也會受其它因素的影響。這些因素包括：(1) 生產因素替代性；(2) 成本變動的敏感性。

生產因素替代性　如果替代性生產因素愈容易取得，廠商的生產過程愈順利，在其它條件不變時，供給就愈有彈性。譬如，網際網路的普及，使得全球運籌管理變得簡單。當蘋果 (Apple) 因為韓國缺乏手機零組件，而迅速地向台灣取得所需，手機供給就會變得相當有彈性。

相反地，鼎泰豐的湯包需要師傅的手藝及獨門配方，即使鼎泰豐短期內僱用大量人力，也無法馬上紓解店門口大排長龍的問題，因此供給比較缺乏彈性。

成本變動的敏感性　如果產量增加，成本隨之迅速增加，供給曲線較陡峭，供給較缺乏彈性；相反地，如果產量增加，成本上升的速度緩慢，廠商利潤較高，而比較願意生產，供給彈性較大。譬如，中國基礎建設方殷，需要大量的鋼鐵、水泥，造成全球原物料價格大漲數倍，台灣廠商的建廠成本增加，產品的供給彈性會較小。

邊做邊學習題 2-6

直線型供給曲線的彈性

如果大麥克的供給曲線以下列方程式表示：

$$Q = 2P$$

請問在 $P = \$6$ 時，大麥克的供給彈性是多少？

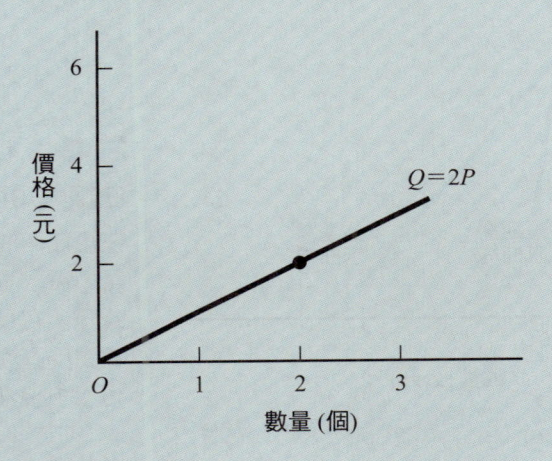

類似問題：基礎題 10

2.4 短期彈性與長期彈性

消費者與廠商的決策有短期和長期的考慮；換言之，面對價格上升時，消費者買一條口香糖，可能只會考慮 10 秒，但是購買一輛汽車可能會反覆思考好幾個月或 1、2 年。同樣地，面對工資上漲，廠商僱用一個人，可能只會考慮幾個星期，但是面對建廠成本的上升，可能要考慮 1、2 年。一般來說，長期供給與需求曲線和短期供給與需求曲線的形狀並不相同。

長期彈性大於短期彈性

對很多商品來說，需求在長期比在短期具有價格彈性，原因是消費者必須花很長的時間來改變消費習慣。譬如，汽油 1 公升從 25 元調漲至 35 元，許多開車的民眾可能會減少開車。其實在長期，民眾可能會選擇省油小車、油電兩用的汽車或改搭大眾運輸工具。因此，油價上漲，長期需求量減少的幅度超過短期需求量減少的幅度。長期需求曲線比短期需求曲線更有價格彈性。圖 2.11 描繪出長期需求曲線比短期需求曲線更平坦。

同樣地，對大多數的商品而言，長期供給比短期供給更有價格彈性。廠商在短期面臨生產容量的限制，無法完全調整供給決策。只有在長期，廠商可以藉由興建新廠或購買新機器來擴充產能。當然，這並不是說廠商面對價格上升，在短期不會增加供給量，其實廠商可以要求員工加班或利用現有機器多生產。

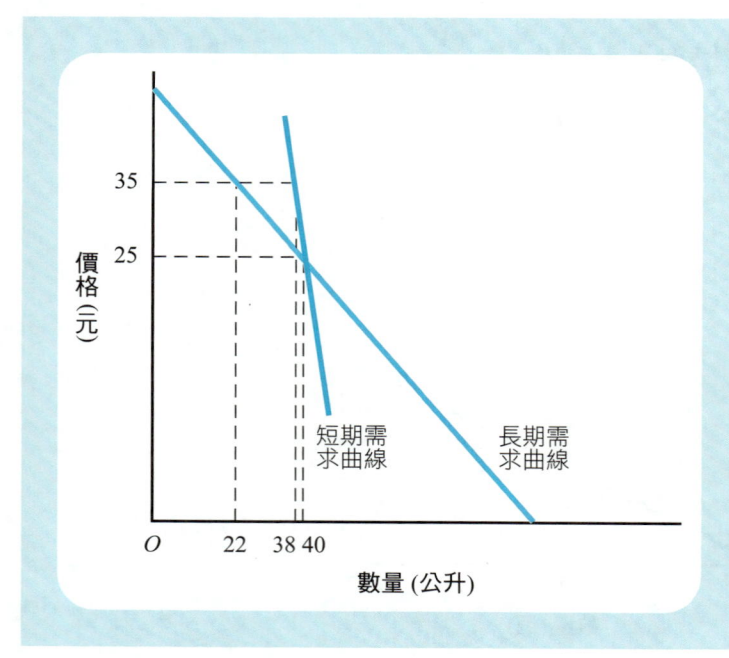

圖 2.11　汽油的長期需求曲線與短期需求曲線

在短期，油價從 25 元上升至 35 元，需求量從 40 公升減少至 38 公升。在長期，消費者有充分的時間反應油價的上漲，需求量從 40 公升減少至 22 公升。

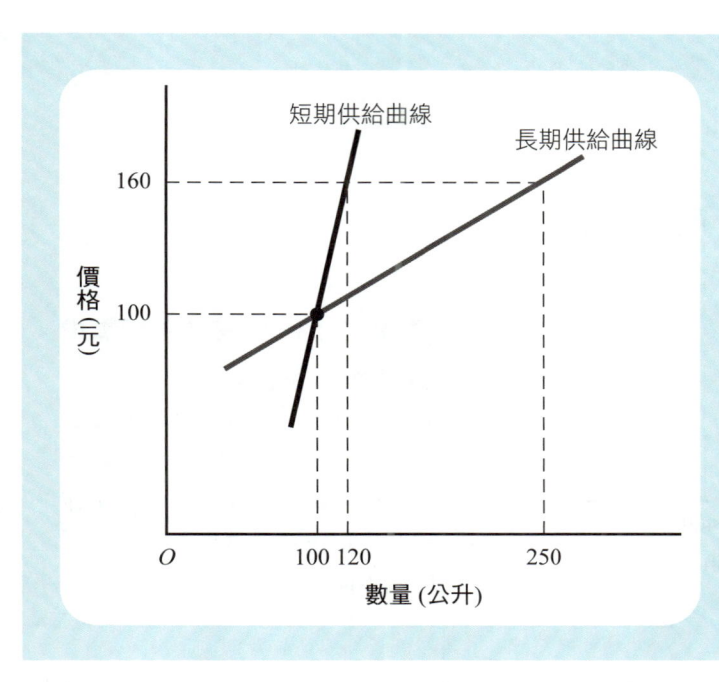

圖 2.12 牛奶的長期供給曲線與短期供給曲線

在短期，牛奶價格從 100 元上升至 160 元，將使得產量從 100 公升增至 120 公升。在長期，統一有充分的時間反映價格的上漲，供給量從 100 公升增加至 250 公升。

讓我們舉個例子來說明，長期供給比較有彈性的情況。假設研究發現多喝統一瑞穗牛奶可以瘦身及增強免疫力，每天早上超市開始營業的 1 個小時內，牛奶就銷售一空。在短期，統一受限於牧場面積及乳牛數量，可能無法增加很多的牛奶產量。但是只要購買熱潮不斷，統一可以擴充牧場面積，增加乳牛數量來提高牛奶產量。因此，面對價格上漲，長期的供給量比短期的供給量多；亦即，長期比短期更具有價格彈性。這種情況如圖 2.12 所示。

當統一瑞穗牛奶價格從 100 元上漲至 160 元時，統一在短期的牛奶供給量從 100 公升增加至 120 公升。然而，在長期，統一可以擴充牧場面積或增加乳牛數量，牛奶供給量可從 100 公升增加至 250 公升。顯然，牛奶的長期供給曲線比短期供給曲線更為平坦。

就某些商品而言，短期供給可能完全無彈性。譬如，短期內，士林地區的租屋數目是固定不變的，面對租金上漲，房東只有在長期才有可能改建或新建房屋出租。

短期彈性大於長期彈性

對耐久財而言，長期需求比短期需求較不具價格彈性。耐久財 (durable goods)，如汽車、電冰箱、電視、洗衣機或微波爐等。假設歐元和美元升值，導致歐洲和美國進口車漲價 10%，如從 200 萬元漲至 220 萬元。許多本來要購買

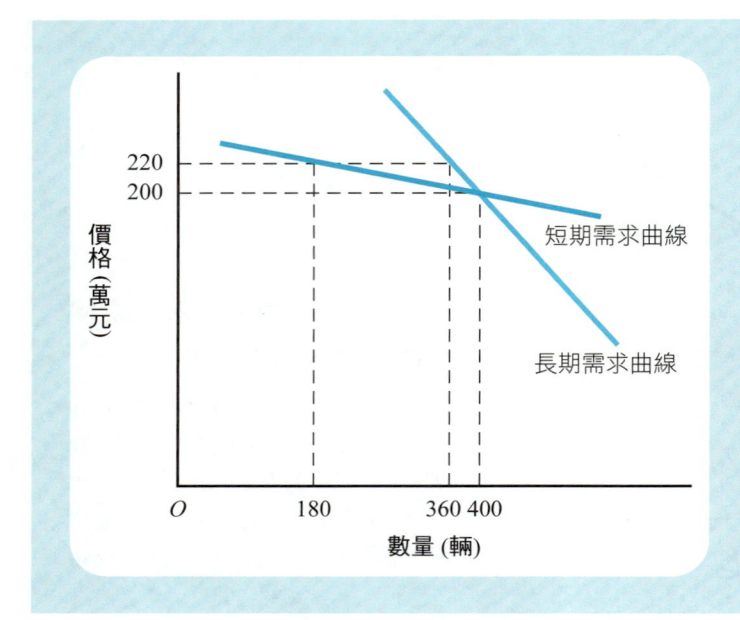

圖 2.13 汽車的長期需求曲線與短期需求曲線

當汽車價格由 200 萬元上漲至 220 萬元時，長期需求只會從 400 輛下降至 360 輛。但是，在短期，車主儘量選擇不換車，短期需求從 400 輛減至 180 輛。

新車的消費者將會延緩購買，盡可能地保養舊車而不換車，因此在短期本來想換車的車主現在會延緩換車，汽車的需求量會大幅下降，如圖 2.13 的 400 輛減少至 180 輛。

然而，隨著時間經過，舊車的零件保養日趨昂貴，車子也即將汰換，新車的需求量會再度上升，如圖 2.13 的 180 輛提高到 360 輛。因此，比較陡的需求曲線描繪價格上升對汽車長期需求的影響 (長期需求曲線)，而比較平坦的需求曲線描繪價格上升對汽車短期需求的影響 (短期需求曲線)。在耐久財的情況下，短期需求曲線的價格彈性大於長期需求曲線的價格彈性。

同樣地，對某些商品而言，供給在短期比在長期更有彈性。這些商品具有耐久性且可以回收轉至中古市場出售。一個明顯的例子是金屬的中古市場，包括銅、鋁和鐵等舊金屬，經過熔化後可重新製成商品。譬如，中國經濟的強勁復甦，加上美國總統拜登 (Joseph Biden) 的 4.5 兆美元基礎建設，造成全球鋼鐵、鋼筋和不鏽鋼價格暴漲。在短期，鋼鐵的來源有二：新的鋼鐵及回收的舊鋼鐵。價格上漲使許多廠商開始收集廢鐵，甚至有人偷竊水溝蓋去賣。

面對鋼鐵價格上揚，一開始，中古市場的供給快速增加。然而，隨著時間經過，回收鋼鐵的來源愈來愈少，品質也逐漸下降，導致鎔鑄的成本上漲。因此在長期，鋼鐵最主要來自於新製成的鋼鐵。回收鋼鐵的長期供給比短期供給更缺乏價格彈性；亦即，長期供給曲線比短期供給曲線陡峭，如圖 2.14 所示。

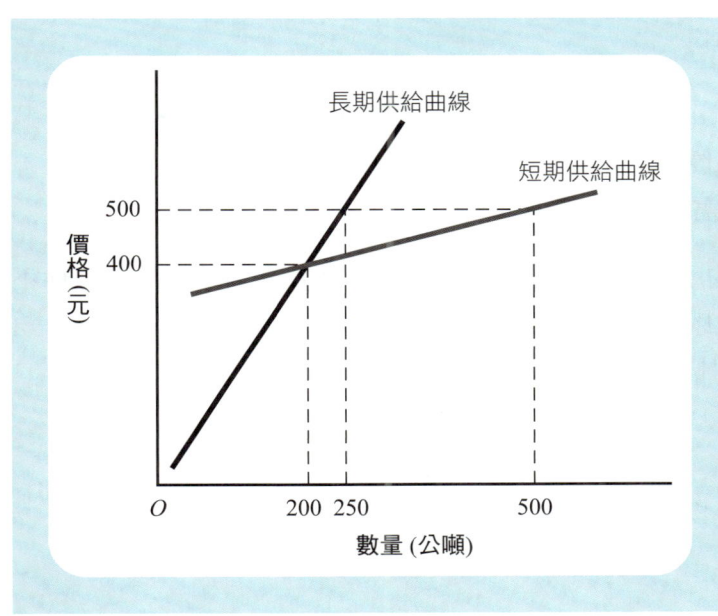

Chapter 2　供給與需求的基本分析

圖 2.14　回收鋼鐵的長期供給曲線與短期供給曲線

當鋼鐵價格從 400 元漲到 500 元時，回收鋼鐵的誘因增加，短期供給量從 200 公噸增加至 500 公噸。然而，隨著時間經過，回收鋼鐵的來源減少，長期的供給量從 200 公噸增加至 250 公噸。長期供給曲線比短期供給曲線陡峭。

邊做邊學習題 2-7

長期供給曲線與短期供給曲線

假設檸檬的長期供給曲線與短期供給曲線可以下列方程式表示：

長期：$Q = -4.5 + 16P$

短期：$Q = 6 + 2P$

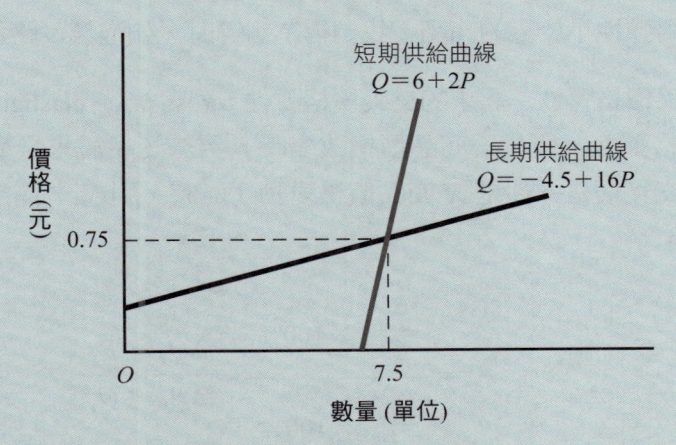

(a) 請問長期供給曲線與短期供給曲線何者比較陡峭？
(b) 當 $P = \$0.75$ 和 $Q = 7.5$ 時，長期和短期供給彈性是多少？

類似問題：基礎題 11

2.5 其它彈性

在第 2.1 節的討論中，我們知道影響需求量的因素除了商品自身價格外，還包括所得和其它相關商品價格。因此，需求彈性除了需求的價格彈性外，尚有：(1) 需求的所得彈性；(2) 需求的交叉價格彈性。

需求的所得彈性 需求的所得彈性，簡稱所得彈性，衡量在價格和其它條件不變下，需求量對所得的敏感度。具體來說，需求的所得彈性 (income elasticity of demand) 是所得變動 1% 引起需求量變動的百分比：

$$e_I = \frac{\frac{\Delta Q}{Q} \times 100\%}{\frac{\Delta I}{I} \times 100\%} = \frac{\Delta Q}{\Delta I} \times \frac{I}{Q}$$

其中 Q 代表商品需求量，I 為消費者所得。所得彈性可以是正值或負值，當所得的變動 (ΔI) 和需求量的變動 (ΔQ) 同向移動時，所得彈性為正，而所得彈性為正的商品，我們稱為正常財。

在眾多正常財中，有些商品隨著所得增加，需求量僅微幅增加，如衛生紙、牛奶、蛋和醫療。這些商品為必需品，其所得彈性介於 0 與 1 之間。有些商品隨著所得上升，需求量大幅增加，如哈根達斯冰淇淋、名牌服飾和汽車等，這些商品為奢侈品，其所得彈性大於 1。當所得變動與需求量變動相反時，所得彈性為負值，所得彈性小於零的商品，我們稱為劣等財，如泡麵、路邊攤食物等。

需求的交叉價格彈性 需求的交叉價格彈性 (cross price elasticity of demand)，簡稱交叉價格彈性，衡量一商品價格改變時，另一商品需求量變動的敏感度。具體而言，交叉價格彈性是 X 商品價格變動 1% 時，引起 Y 商品需求量變動的百分比：

$$e_{XY} = \frac{\frac{\Delta Q_Y}{Q_Y} \times 100\%}{\frac{\Delta P_X}{P_X} \times 100\%} = \frac{\Delta Q_Y}{\Delta P_X} \times \frac{P_X}{Q_Y}$$

交叉價格彈性可以是正值或負值。如果 X 商品價格上升導致 Y 商品需求量增加，即 $\frac{\Delta Q_Y}{\Delta P_X} > 0$，則 X 商品與 Y 商品互為替代品，此時交叉價格彈性大於零。

Chapter 2　供給與需求的基本分析

譬如，當百事可樂價格上漲時 ($\Delta P_X > 0$)，可口可樂的需求量增加 ($\Delta Q_X > 0$)。

如果 X 商品價格上升導致 Y 商品需求量減少，也就是 $\dfrac{\Delta Q_Y}{\Delta P_X} < 0$，則 X 商品與 Y 商品為互補品，此時交叉價格彈性小於零。譬如，當咖啡價格上升時 ($\Delta P_X > 0$)，奶精的需求量會減少 ($\Delta Q_Y < 0$)。

邊做邊學習題 2-8

所得彈性與交叉價格彈性

豆腐市場需求函數為 $Q^d = 100 - 3P + 2P_c + Y$，其中 P_c 為起司價格，Y 為平均每人所得。若豆腐價格為 20 元，起司價格為 30 元，平均每人所得為 900 元，請計算：

(a) 豆腐需求價格彈性。
(b) 所得彈性。
(c) 對起司價格的交叉價格彈性。

類似問題：基礎題 12

2.6　簡單輕鬆的計算

截至目前為止，我們都是在理論上探討供給與需求。想要利用供需曲線來預測和分析未來的市場狀況，我們必須有實際的數據。譬如，想要瞭解盧碧颱風造成農田損失 50%，如何影響蔬果價格，我們必須決定實際的供給與需求曲線，然後計算這些曲線的移動及變動後的均衡價格。

聽起來好像很複雜，其實不會。本節將介紹一些簡單輕鬆的計算方式，利用報紙或網路公布的價格、數量與彈性的資料，來推導直線型需求或供給曲線，當然這些資料也可以用來推導固定彈性的需求曲線。

推導直線型需求曲線與供給曲線

首先，讓我們回憶一下，在第 2.1 節需求曲線與供給曲線可以寫成下列的直線方程式：

$$\text{需求：} Q = a - bP$$
$$\text{供給：} Q = c + dP$$

上式中的 a、b、c、d 皆為常數且大於零。我們的目的就是求出正確的 a、b、c、d 係數值。其次，必須建構彈性與係數之間的關係。以需求方程式為例：

需求彈性 $e_d = \dfrac{\Delta Q}{\Delta P} \times \dfrac{P}{Q}$

由於需求方程式中的係數 $-b = \dfrac{\Delta Q}{\Delta P}$，需求彈性 (加上絕對值後) 可改寫成 $e_d = b\dfrac{P}{Q}$。[1]

同理，供給彈性與係數之間的關係為：$e_s = d\dfrac{P}{Q}$。

最後，我們可以推導需求方程式中的截距項 a：

$$a = Q + bP$$
$$= Q + \left(e_d \dfrac{P}{Q}\right) \times P$$
$$= Q(1 + e_d)$$

利用相同的邏輯，供給方程式中的截距項 c 可寫成：

$$c = (1 - e_s)Q$$

讓我們用一個例子來說明上述的推導過程。假設 2022 年全球鋼鐵市場的資料如下：

$$\text{鋼鐵價格 } P = 100 \text{ 元 / 公斤}$$
$$\text{鋼鐵數量 } Q = 100 \text{ 萬公噸}$$
$$\text{需求彈性 } e_d = -0.8$$
$$\text{供給彈性 } e_s = 1.6$$

第一個步驟將 $P = 100$、$Q = 100$ 和 $e_d = -0.8$ 代入 $e_d = -b\dfrac{P}{Q}$：

$$-0.8 = -b\left(\dfrac{100}{100}\right)$$

---

[1] 在第 2.3 節中，需求彈性加上絕對值，可寫成：

$$e_d = b \times \dfrac{P}{Q}$$

在本節，若需求彈性未加上絕對值，可寫成：

$$e_d = -b \times \dfrac{P}{Q}$$

$$= -b \text{ 或 } b = 0.8$$

第二個步驟將 $b = 0.8$、$P = 100$ 和 $Q = 100$ 代入需求方程式 $Q = a - bP$：

$$100 = a - 0.8 \times 100 \text{ 或 } a = 180$$

因此，需求曲線為 $Q = 180 - 0.8P$。

利用相同的邏輯，可以推導供給曲線。首先，將 $e_s = 1.6$、$P = 100$ 和 $Q = 100$ 代入 $e_s = d\dfrac{P}{Q}$：

$$1.6 = d\frac{100}{100} = d$$

其次，將 $d = 1.6$、$P = 100$ 和 $Q = 100$ 代入 $Q = c + dP$：

$$100 = c + 1.6 \times 100$$
$$c = -60$$

因此，供給曲線為 $Q = -60 + 1.6P$。

當然，上述的價格、數量與彈性資料也可以用來推導固定彈性的需求曲線：

$$Q = aP^{-b}$$

其中 b 就是需求的價格彈性。利用上式的鋼鐵市場資料可以得到：

$$b = 0.8$$
$$a = 100 \times (100)^{0.8} = 3,981.07$$

因此，由已知的市場資料來推導固定彈性的需求函數是：

$$Q = 3,981.07 P^{-0.8}$$

從價格與數量來配適供給曲線與需求曲線

有時候，報紙或網路會提供一段時間內價格、數量和外生事件的資訊。在本章前面曾討論，供給與需求的外生變數如何改變市場均衡價格與數量，本節就是要利用供需變動與價格走勢，來配適供給與需求曲線。

讓我們用一個例子來說明分析的邏輯。假設 2021 年到 2023 年台灣小白菜市場的資訊如下：

◆ 在 2021 年，台灣風調雨順，每公斤小白菜價格是 12 元，每天成交量是 30 萬公斤。

- 在 2022 年 8 月 30 日颱風襲台，使得小白菜價格上升至每公斤 40 元，成交量是 20 萬公斤。
- 到了 2023 年，風災的影響解除；另一方面研究顯示，飲用小白菜汁可以瘦身且排解身體毒素。小白菜的市場價格是 50 元，成交量是 50 萬公斤。

從上述的資訊中，如何才能配適出供給曲線與需求曲線？

讓我們以三個步驟來畫出相關的供給曲線與需求曲線。第一個步驟是先將各年的資料繪在圖 2.15 上。A 點為 2021 年的小白菜數量與價格，B 點為 2022 年的數量與價格，而 C 點為 2023 年的數量與價格。

第二個步驟是兩個點連起來，就可以得到一條直線。先將 A 點和 B 點連起來，可得一條負斜率的直線，再將 B 點和 C 點連起來，可得一條正斜率的直線。從上述的討論可知，負斜率的直線意味著直線型的需求曲線，而正斜率的直線意味著直線型的供給曲線。

第三個步驟是利用價格與數量的實際數據，來推導供給曲線與需求曲線。D_{2020} 的斜率可以先由 A 點和 B 點求得：

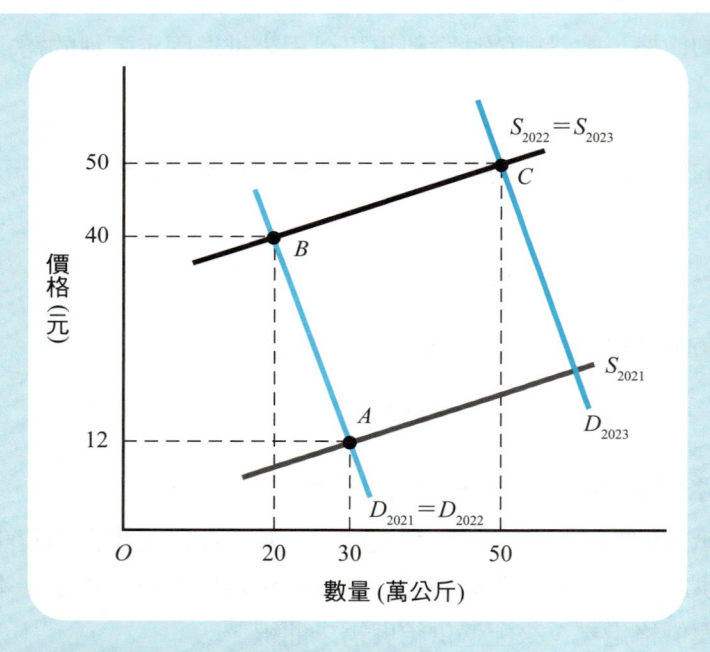

圖 2.15 從價格與數量變動來配適供需曲線

A 點為 2021 年小白菜的數量與價格的資料，B 點為 2022 年小白菜的數量與價格的資料。連接 A 點和 B 點可得 2021 年與 2022 年的需求曲線。C 點為 2023 年小白菜的數量與價格的資料。連接 B 點和 C 點可得 2022 年與 2023 年的供給曲線。

$$-b = \frac{\Delta Q}{\Delta P} = \frac{20-30}{40-12} = -0.357$$

將 $b=0.357$ 代入需求曲線方程式 $Q=a-bP$，可得截距項 a：

$$\begin{aligned} a &= Q+bP \\ &= 20+0.357 \times 40 \\ &= 34.28 \end{aligned}$$

因此，2021 年的需求曲線為 $Q=34.28-0.357P$。然而，你怎麼知道它是需求曲線？2022 年的颱風會使小白菜的供給曲線向左移動，而供給的移動可以確認需求曲線的斜率，也就是圖 2.15 的 S_{2021} 移至 S_{2022} 可確認 D_{2021}。值得注意的是，$Q=34.28-0.357P$ 不僅是 2021 年的需求曲線，也是 2022 年的需求曲線。(為什麼？)

小白菜的需求使得需求曲線向右移動，如圖 2.15 所示。需求的移動可以確認供給曲線的斜率。

$$d = S_{2022} \text{ 的斜率} = \frac{\Delta Q}{\Delta P} = \frac{50-20}{50-40} = 3$$

將 $d=3$ 代入供給曲線方程式 $Q=c+dP$ 中，可以算出截距項 c：

$$c = Q-dP = 50-3 \times 50 = -100$$

因此，2023 年的供給曲線為 $Q=-100+3P$。請注意：這也是 2022 年的供給曲線(為什麼？)，而 2023 年的需求曲線方程式為：

$$Q = a-0.357P$$

將 $P=50$ 和 $Q=50$ 代入上式中，可以得到 2023 年的需求曲線為：

$$D_{2022}：Q = 67.85-0.357P$$

在確認 2023 年的供給曲線與需求曲線後，我們可以預測供需變動如何影響均衡價格與數量。譬如，若預期 2024 年發生旱災，造成小白菜歉收 10 萬公斤，而 2024 年的需求情況與 2023 年相似，則可以預測 2024 年的均衡價格：

$$67.85-0.357P = -100+3P-10$$
$$P = 52.98$$

小白菜的均衡價格為每公斤 52.98 元，均衡數量為 48.93 (萬公斤)。

邊做邊學習題 2-9

利用彈性、價格與數量求解供給曲線

假設草莓市場的供給彈性為 1.6，2023 年的價格是每公斤 0.75 元，2023 年的數量是 7.5 萬公斤。

(a) 當 $e_s = 1.6$、$P = \$0.75$ 和 $Q = 7.5$ 時，供給方程式為何？
(b) 當 $e_s = 0.2$、$P = \$0.75$ 和 $Q = 7.5$ 時，供給方程式為何？

類似問題：進階題 8

總結

- 需求曲線是指在其它條件不變下，消費者在不同價格下願意且能夠購買的商品數量；供給曲線是指在其它條件不變下，生產者在不同價格下願意且能夠生產的商品數量。

- 影響需求量的因素有商品本身價格、所得、其它相關商品價格、偏好、預期價格和其它。影響供給量的因素有商品本身價格、生產因素價格、其它商品價格、技術和預期價格。

- 市場均衡發生在供給等於需求的地方。任何外生變數的改變，如所得、預期生產因素價格變動，都會引起均衡價格和數量的變動。

- 彈性衡量供給量或需求量對價格、所得或其它變數的敏感度。譬如，需求的價格彈性衡量價格變動 1%，引起需求量變動的百分比。

- 當一商品有許多近似替代品，或商品支出占所得比例很高，商品需求相對有價格彈性。當一商品的成本變動較敏感或產量容易調整，供給相對有彈性。

- 對許多商品而言，長期需求比短期需求有彈性；然而，對耐久財而言，長期需求比短期需求較無彈性。

- 同樣地，對許多商品而言，長期供給比短期供給更有彈性；然而，對回收商品來說，與短期供給相比，長期供給較無彈性。

- 許多簡單輕鬆的技巧可以用來配適需求曲線與供給曲線。如果有價格、數量及彈性，就可以求得直線型供給曲線與需求曲線。價格和數量資訊配合供給移動，可推導需求曲線；價格和數量資訊配合需求移動，可推導供給曲線。

Chapter 2 供給與需求的基本分析

問題與計算

基礎題

1. 電影票漲價使電影院的爆米花銷售量減少，則兩產品是替代或互補關係？

   (109 年關務特考改編)

2. 百事可樂與可口可樂一直是軟性飲料市場的兩大龍頭，如果可口可樂的需求函數為 $Q_c = 26 - 2P_c + I$，其中 Q_c 是可口可樂的需求量 (單位：打)，P_c 是可口可樂價格 (單位：元)，I 是消費者所得 (單位：千元)。

   (a) 當可口可樂價格等於 12 元和消費者所得等於 20 元時，可口可樂需求量是多少？

   (b) 當可口可樂價格等於 15 元和消費者所得等於 20 元時，可口可樂需求量是多少？

   (c) 可口可樂是正常財或劣等財？

   (d) 若需求函數改成 $Q_c = 26 - 2P_c + 2P_p + I$，若可口可樂價格 ($P_c$) 等於 12 元，百事可樂價格 ($P_p$) 等於 10 元，消費者所得 ($I$) 等於 20 元，則可口可樂需求量是多少？可口可樂與百事可樂為替代品或互補品？

3. 假設虱目魚的市場供給函數與需求函數分別為 $Q^s = 10 + 2P$ 與 $Q^d = 34 - 2P$，目前市場處於均衡狀態，如果政府認為均衡價格過高，強制將價格壓低 50%，此政策將造成虱目魚短缺或過剩？

   (109 年普通金融保險)

4. 假設周杰倫的 DVD 紀念專輯供給曲線可以下列方程式表示：

$$Q^s = -9 + 5P - 2.5R$$

   其中 $Q^s =$ 專輯供給量，$P =$ 專輯價格，$R =$ 製作 DVD 的原料。請問：

   (a) 在 $R = 2$ 與 $P = \$12$ 時，供給量是多少？在 $R = 4$ 與 $P = \$12$ 時，供給量又是多少？

   (b) 供給方程式是否符合供給法則？

5. 假設酷聖石經典冰淇淋的市場供給與需求方程式如下所示：

$$Q^d = 500 - 4P$$
$$Q^s = -100 + 2P$$

   請問酷聖石冰淇淋的市場均衡價格和數量是多少？

6. 假設台灣對咖啡的需求曲線和供給曲線可以下列方程式表示：

$$需求：Q^d = 13.5 - 8P + 9.75I$$
$$供給：Q^s = -2.5 + 16P - R$$

   其中 P 是咖啡每公克的價格，Q^d 和 Q^s 分別是咖啡的需求量和供給量，I 代表消費者所得 (單位：萬元)，R 代表咖啡豆的每公克價格

   (a) 請問外生變數和內生變數為何？

(b) 當 $I=1$ 和 $R=2$ 時,均衡價格是多少?
(c) 當 $I=0.5$ 和 $R=2$ 時,均衡價格是多少?
(d) 當 $I=1$ 和 $R=1.5$ 時,均衡價格是多少?

7. 如果視窗作業系統 Windows 11 價格上升 10%,需求量減少 5%,視窗作業系統的需求價格彈性是多少?

8. 假設 iPhone 13 的需求曲線如下:

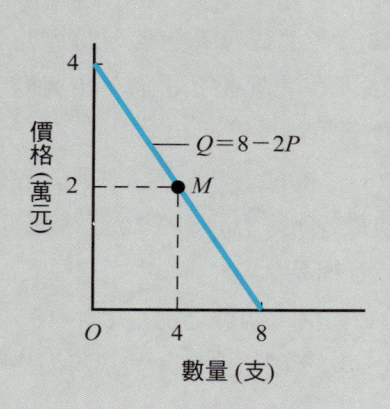

$$Q=8-2P$$

(a) M 為中點,價格為 2 萬元,請問需求彈性是多少?
(b) 當價格等於 3 萬元時,需求彈性是多少?
(c) 當價格等於 4 萬元時,需求彈性是多少?

9. 假設紅豆麵包的需求曲線如下所示:

$$Q=200P^{-\frac{1}{2}}$$

請問需求價格彈性為何?

10. 假設大麥克的供給曲線可以下列方程式表示:

$$Q=4P$$

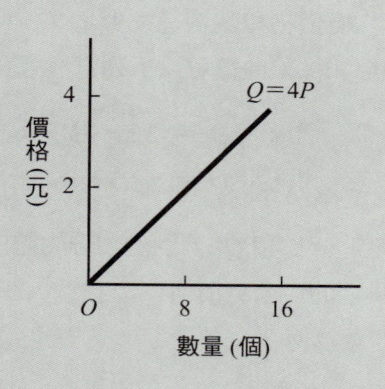

請問在 $P=\$6$ 時，大麥克的供給彈性是多少？
11. 請解釋為何對許多產品而言，長期供給價格彈性比短期供給價格彈性大？
12. 考慮自行車市場的供需方程式：$Q^d=90-2P-2T$ 與 $Q^s=-9+5P-2.5R$，其中 T 是碳纖維價格，R 是車燈價格。

    (a) 若 $T=10$ 和 $R=2$，均衡價格與數量是多少？

    (b) 在均衡價格下，請計算自行車對碳纖維的交叉價格彈性？
13. 如果其它條件不變下，永婕加薪後開始常吃牛排，少吃路邊攤，路邊攤對她而言是正常財、劣等財或季芬財？ (109 年關務特考改編)

進階題

1. 台灣 TOYOTA 市場供給函數為 $q=\dfrac{\sqrt{2p-40}}{2}$，其中是 p 價格，q 是數量，當供給彈性為 $\dfrac{3}{2}$ 時，此時價格是多少？ (109 年高考)

2. 泰迪熊需求曲線以方程式表示，可寫成 $Q^d=130-8P+0.5I$，而泰迪熊供給曲線以方程式表示，可寫成 $Q^s=8P-2C$，其中 Q^s 和 Q^d 分別代表泰迪熊供給量和需求量 (單位：千隻／年)，P 為價格 (單位：千元／隻)，I 為所得 (單位：萬元／年)，C 為原料 (單位：千元／年)。

    (a) 若所得為 100，C 為 20，請問泰迪熊的均衡價格和數量為何？

    (b) 若所得為 120，C 為 20，請問泰迪熊的均衡價格和數量為何？

    (c) 若所得為 100，C 為 10，請問泰迪熊的均衡價格和數量為何？

3. 假設沙烏地阿拉伯的原油供給曲線，可以下列方程式表示：$Q^s=11.74+0.07P-2W$，其中 P 是每桶原油價格 (單位：美元)，W 是油井的成本 (單位：10 億美元)，Q^s 是原油供給量 (單位：每年 10 億桶)。請問：

    (a) 在每桶原油 18 美元和每口油井成本為 20 億美元時，原油供給量是多少？當每桶原油是 20 美元和油井成本為 20 億美元時，供給量又是多少？

    (b) 供給方程式是否符合供給法則？

4. 泰迪熊供給曲線函數為 $Q^s=8P-2C$，其中 Q^s 是泰迪熊供給量 (單位：千隻／年)，P 是價格 (單位：千元／隻)，C 是原料價格 (單位：千元／年)。請問：

    (a) 若 $C=0$ 和 $P=\$5$，供給價格彈性 e_s 為何？

    (b) 若 $C=10$ 和 $P=\$5$，供給價格彈性 e_s 為何？

5. 若海綿寶寶每次都將所得的一半用於食品消費，請計算海綿寶寶的食物需求價格彈性及食物需求所得彈性。

6. 假設多芬洗面乳的需求曲線以下列方程式表示：$Q=12-2P+P_s$，其中 P 是多芬洗面乳的價格，P_s 是露得清洗面乳的價格，$P_s=\$2$。

(a) 假設 $P=\$1$，需求價格彈性是多少？交叉價格彈性是多少？
(b) 假設 $P=\$2$，需求價格彈性是多少？交叉價格彈性是多少？

7. 假設小婉對怪獸大學卡通商品的需求函數如下：

$$Q_u = 4{,}850 - 5P_u + 1.5P_H + 0.1Y$$

其中 Q_u 是卡通商品需求量，P_u 是卡通商品價格，P_H 是怪獸大學商品價格，Y 是所得。請計算：

(a) 在 $Y=10{,}000$、$P_u=\$200$ 及 $P_H=\$100$ 時，卡通商品的所得彈性為何？
(b) 在 $Y=10{,}000$、$P_u=\$200$ 及 $P_H=\$100$ 時，卡通商品的交叉價格彈性為何？

8. 假設月光米的需求價格彈性值為 -1。每單位月光米的價格為 10 元時，其需求為 6,000 單位。請回答下列各小題：

(a) 請寫出需求方程式。(提示：固定價格彈性的需求曲線 $Q=aP^{-b}$，請找出 a 和 b。)
(b) 假設供給為 5,000 單位時，完全無彈性，請問月光米的均衡價格是多少？
(c) 假設需求曲線向外移 10%，請寫出新的需求方程式；又若供給曲線右移 5%，請寫出新均衡下的價格及數量。

9. 在捷運信義線通車後，捷運公司研究發現乘客對捷運信義線的需求彈性為 0.15，而捷運對公車的交叉彈性為 0.6。

(a) 請問捷運信義線頻出狀況，使市政府決定在年底前將票價均打 65 折。請問市政府的收入會增加或減少？
(b) 若明年年初捷運票價預定調漲三分之一。請問公車票價應漲多少，才會使捷運乘坐量不變？

10. 在 2020 年，台灣人 1 年抽 20 億根或相當於 1 億包的香菸，香菸的零售價格平均是 40 元。統計研究顯示：香菸的需求價格彈性是 -0.4，而供給價格彈性是 0.5。利用上述的資訊，求出香菸市場的直線型供需曲線。

11. 假設在 2023 年到 2025 年間，台灣的草莓市場風調雨順，每公斤草莓售價是 9 元，成交量是 30 萬公斤。到 2026 年，研究發現草莓對瘦身的效果良好，使得草莓價格上升 1 元而成為 10 元，成交量是 33 萬公斤。在 2026 年，報導發現草莓根本無法瘦身，而颱風摧毀草莓農園，使得市場價格是每公斤 10 元，而成交量是 28 萬公斤。請找出適合這些資訊的供給曲線與需求曲線。

網路習題

1. 請至美國能源資訊協會網站 https://www.eia.gov，點選 Sources & Uses 下的 Petroleum & Other Liquids/Data/Prices/Spot prices，列出歷年之原油價格，並列印其價格走勢圖。
2. 請至聯合新聞網 https://udn.com 或中時新聞網，找出影響近期股價走勢的因素。

Chapter 3

消費者行為

經濟學從一個非常重要的假設開始：每個人的行為都在追求自我利益的最大。以經濟學的術語來說就是，消費者追求效用的最大，以及生產者追求利潤的最大。效用是指消費者從商品或服務得到的滿足，它與快樂的概念類似，不過涵義更廣泛。

遵守交通規則和按時繳稅不能使人快樂，但能得到效用。前者可使人免於車禍，後者可以免於罰款。長期而言，都可以讓人得到好處。經濟學家並不特別重視哪些商品或服務能帶給我們效用，而是重視每個人都有自己的偏好。

經濟學家認為一切物品的價值來自於它們的效用。曾為亞洲首富的李嘉誠就主張每一塊錢都要花得有價值，而非單看價格高低。有一次，他掉了 1 塊錢在地上，遍尋不著，最後他的司機找到並歸還，事後他給司機 100 元作為答謝。李嘉誠說：「我的司機幫我找到 1 塊錢，而我用 100 元獎勵他的工作表現，我認為這 100 元花得值得！」

廠商更是不能忽視消費者的偏好。舉例來說，電信業者提供優渥補貼，消費者可以最低 0 元的價格買到一支智慧型手機，電信業者每月可從用戶身上賺取更高費用，形成三贏局面。蘋果的 iPhone、iPad、Apple Watch 用戶，在線上商店 (App Store) 下載相關程式逾 500 億次，平均每秒就被下載 800 次。App Store 可說是 iPad 與 iPhone 熱銷的最大助力。譬如，免費視訊與免費通話軟體 LINE，只要和身邊用戶互相搖一搖手機就能設為好友；透過智慧型手錶可偵測血氧濃度，免受快樂缺氧之苦。

消費者在不同產品之間做抉擇也不太容易。譬如，COVID-19 使得線上學習變成常態，你想要買一台筆記型電腦，是要買攜帶方便的 Ultrabook？或美觀的 Macbook？這些決定都牽涉到你的預算。如果預算沒有上限，當然是找頂級配備；若是預算有限，只好在有限的選擇中，尋求自身效用的最大。

本章所要探討的消費者行為，可以分成三個步驟來討論：(1) 消費者偏好——瞭解消費者如何比較不同商品間的喜好程度；(2) 預算限制——消費者面臨的資源稀少性就是有限的所得，在消費者購買商品或服務時，不僅要考慮價格且要考慮所得；(3) 消費者選擇——在偏好與所得有限的情況下，消費者購買商品與服務的組合以追求滿足程度的最大，這是一個受限最適化的絕佳例子。瞭解消費者選擇有助於認識需求——消費者的商品購買數量如何受商品價格的影響。

3.1 消費者偏好

在現實的經濟社會中，消費者面臨千百種商品與服務，會如何比較各種不同組合，才能確定自己最喜歡哪些商品？譬如，早餐就是一個複雜的抉擇，我應該吃豆漿加蛋餅，還是三明治加奶茶？或者我有時間到飯店享受自助式早餐。上述的例子至少都牽涉到兩種或兩種以上的商品；亦即，消費者是從一籃商品或服務 (market basket) 的消費中得到滿足。

要清楚說明商品或服務組合的概念，假設阿亮每週只消費兩種商品：可口可樂與大麥克。圖 3.1 顯示六種不同的可樂與大麥克的組合。譬如，若阿亮購買組合 A，每週會消費 6 個大麥克和 2 杯可口可樂；如果阿亮選擇組合 D，每週則會消費 6 杯可口可樂和 2 個大麥克。

消費者偏好告訴我們，一個人如何排列兩種商品組合的喜好程度。想要瞭解消費者行為是否合理和一致，讓我們先從消費者偏好的三個基本假設出發。

假設 1：完整性 (completeness) 是指消費者有能力排列任何兩種商品組合。譬如，對組合 A (2 杯可口可樂和 6 個大麥克) 與組合 B (3 杯可口可樂與 4 個大麥克) 而言，消費者有能力呈現他的偏好：

- 他偏好組合 A 而非組合 B (寫成 $A > B$)。
- 他偏好組合 B 而非組合 A (寫成 $B > A$)。
- 組合 A 與組合 B 並**無差異** (indifferent)，或組合 A 與組合 B 帶來相同的滿足程度 (寫成 $A \infty B$)。

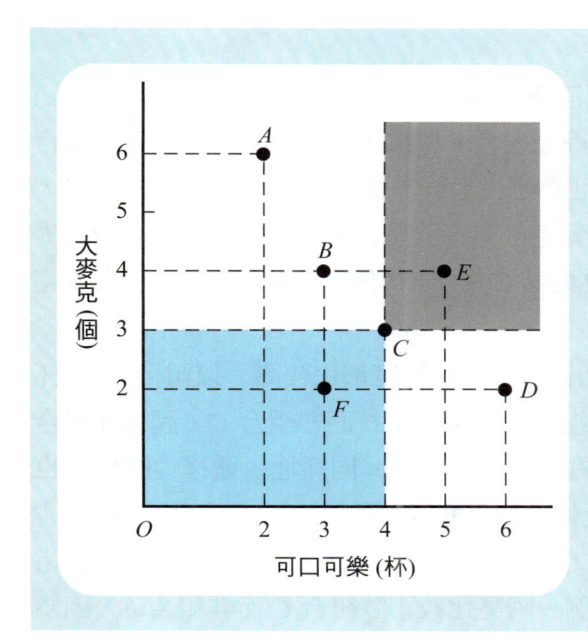

圖 3.1 可口可樂與大麥克的組合

消費者可以購買六種不同的可口可樂與大麥克的組合，分別以 A、B、C、D、E、F 表示。如果消費者同時喜歡多消費這兩種商品，他會偏好位於右方或右上方的商品組合，組合 E 顯然比組合 B 或組合 C 來得好。

假設 2：遞移性 (transitivity) 是指消費行為是一致的，如果阿亮告訴我們，他比較喜歡組合 A 而不喜歡組合 B，同時他比較喜歡組合 B 而不喜歡組合 C，我們預期阿亮比較喜歡組合 A 勝過組合 C。若以符號表示，遞移性可寫成：若 $A > B$ 且 $B > C$，則 $A > C$。

假設 3：多比少好 (more is better than less) 是指好的商品 (goods) 是大家想要的；亦即，消費者喜歡「好」的商品，因此消費者總是偏好多一點「好」的商品。什麼是「好」的商品？能帶給人們更多滿足程度的商品，如冰淇淋、電影、大麥克和平板電腦，都是「好」的；相反地，飛機產生的噪音影響居民安寧、土石流等，都是壞的商品 (bads)。

以圖 3.1 為例，如果多比少好，阿亮喜歡多喝可口可樂而非少喝，他喜歡多吃大麥克而非少吃。在這種情況下，阿亮偏好組合 E，而非組合 B 或組合 C，因為在這個組合，他可以得到相同數量的大麥克與更多的可口可樂；同樣地，拿組合 C 和組合 F 做比較，組合 C 比組合 F 有更多的可口可樂與大麥克，我們可以做出結論：阿亮偏好組合 C，而非組合 F。

當偏好符合三項假設時，我們認為消費者是理性的；亦即消費者是以追求自我利益的最大為出發點。譬如，阿亮喜歡多吃哈根達斯冰淇淋，但不喜歡多吸廢氣；如果他喜歡荔枝更甚於芒果，喜歡芒果更甚於香蕉，則我們說他比較喜歡荔枝而不喜歡香蕉。所以，阿亮是一個理性消費者。

無異曲線

我們可用無異曲線的圖形來說明消費者偏好，**無異曲線** (indifference curve) 顯示帶給消費者相同滿足程度的所有商品組合。譬如，在圖 3.2 中，阿亮對組合 A、B、C、D 的消費同樣滿足，因為它們都位於同一條無異曲線 I_1 上；換言之，阿亮每週喝 2 杯可口可樂和吃 6 個大麥克，與每週喝 3 杯可口可樂和吃 4 個大麥克的滿足程度並沒有差異。當阿亮放棄喝 2 杯可口可樂而可以多吃 1 個大麥克時，不會覺得更好或更差。

在無異曲線 I_1 右上方的任何商品組合，滿足程度都比較高，以組合 E (5 杯可口可樂和 4 個大麥克) 為例，阿亮會比較喜歡組合 E 而非組合 C，因為在組合 E，阿亮可以吃到更多大麥克並喝到更多的可口可樂。同樣地，遞移性的假設也保證組合 E 優於組合 A、B、D，以及位於無異曲線 I_1 的其它商品組合。

另一方面，位於 I_1 左下方的可口可樂、大麥克組合的滿足程度較低。以組合 F (3 杯可口可樂與 2 個大麥克) 為例，阿亮比較喜歡組合 C 而非組合 F，因為在組合 C，阿亮可以喝到更多可口可樂並吃到更多大麥克。

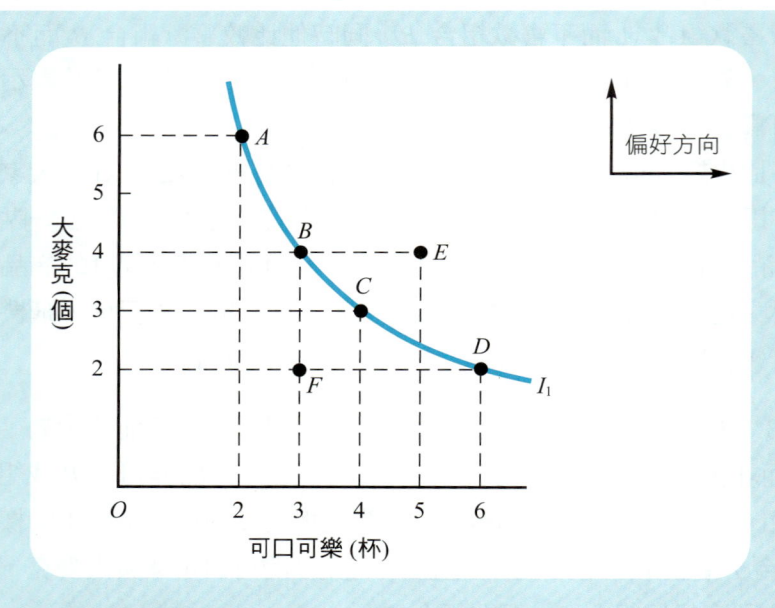

圖 3.2　無異曲線

無異曲線描繪可口可樂與大麥克的商品組合提供相同的滿足程度。組合 A、B、C、D 位於同一條無異曲線上，消費者得到相同的滿足程度。組合 E 位於右上方，會比組合 C 好。組合 F 位於左下方，比組合 C 差。一樣好的商品組合，位於組合 C 的右下方或左上方。

無異曲線的特性

無異曲線不是只有一條。想要完整描繪消費者偏好，我們可以畫出一組無異曲線，稱為**無異曲線圖譜** (indifference map)。圖 3.3 中有三條無異曲線 I_1、I_2 和 I_3。每一條無異曲線都代表商品組合帶給消費者相同滿足程度，如消費組合 B 和組合 D 並無差異。另一方面，無異曲線 I_3 位置最高，有最高的滿足水準，其次是 I_2 和 I_1。值得注意的是，整個無異曲線圖譜擁有無數條的無異曲線。無異曲線圖譜上的無異曲線有四個特性：無異曲線斜率為負、無異曲線不會相交、無異曲線凸向原點、無異曲線不厚。

特性 1：無異曲線斜率為負

無異曲線的斜率是消費者為維持相同滿足程度，願意以一商品交換另一商品的比率。對阿亮而言，大麥克與可口可樂都是他喜歡的商品，如果他想多喝 1 杯可口可樂，就必須放棄 2 個大麥克 (圖 3.3 的組合 A 移到組合 B)，這樣才能夠維持相同的滿足程度。無異曲線一定是從左上方畫到右下方，因為位於右上方的商品組合，讓阿亮得到更高的滿足水準，而位於左下方的商品組合卻帶來更低的滿足水準。因此，無異曲線斜率為負。

一般的個體經濟學教科書以**邊際替代率** (marginal rate of substitution, MRS) 來衡量無異曲線的斜率，邊際替代率是指消費者為了多得到一單位的 x 商品，所願意放棄 y 商品的數量。再來考慮圖 3.3，橫軸的商品是可口可樂，縱軸的商品是大麥克。當我們沿著同一條無異曲線從組合 A 移向組合 B 時，MRS 是阿亮為了多喝到 1 杯可口可樂，所願意放棄的大麥克數量。如果我們以 Δy 代表大麥克的變動量，而 Δx 代表可口可樂的變動量，邊際替代率 MRS 可寫成：

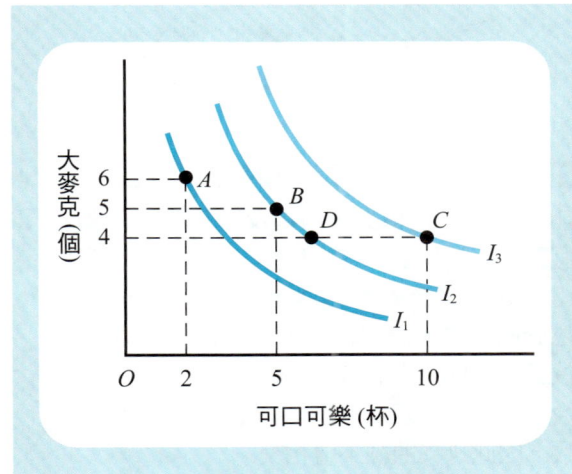

圖 3.3　無異曲線圖譜

無異曲線圖譜是一組描繪消費者偏好的無異曲線。任何位於無異曲線 I_3 的商品組合，如組合 C，都比位於無異曲線 I_2 的商品組合，如組合 B，滿足程度要高。同樣地，I_2 的滿足程度高於 I_1。

$$MRS = -\frac{\Delta y}{\Delta x}$$

上式中的負號確保邊際替代率為正值,因此任何一點的 MRS 是無異曲線斜率的絕對值。譬如,在圖 3.3 中,組合 A 與組合 B 之間的邊際替代率為:

$$MRS = -\frac{\Delta y}{\Delta x} = -\frac{-2}{1} = 2$$

組合 B 與組合 C 之間的邊際替代率為:

$$MRS = -\frac{\Delta y}{\Delta x} = -\frac{-1}{1} = 1$$

這表示阿亮願意放棄 1 個大麥克來獲得額外 1 杯可口可樂。即阿亮是用 1 杯可口可樂來替代 1 個大麥克的消費。

特性 2:無異曲線不會相交

無異曲線如果相交,將違反多比少好的基本假設。圖 3.4 顯示兩條無異曲線相交於組合 A。由於組合 A 和組合 B 位於無異曲線 I_2 上,消費組合 A 或組合 B 的滿足程度應該相同。另一方面,組合 A 和組合 C 位於無異曲線 I_1 上,消費組合 A 和組合 C 的滿足程度應該一樣。根據遞移性的假設,商品組合 A、B 和 C 的滿足程度必定相同。

但是從圖 3.4 來看,組合 B 位於組合 C 的右上方,B > C;換句話說,消費者比較喜歡組合 B,而非組合 C。很明顯地,A～B～C 與 B > C 不可能同時成立。因此,無異曲線一定不會相交。

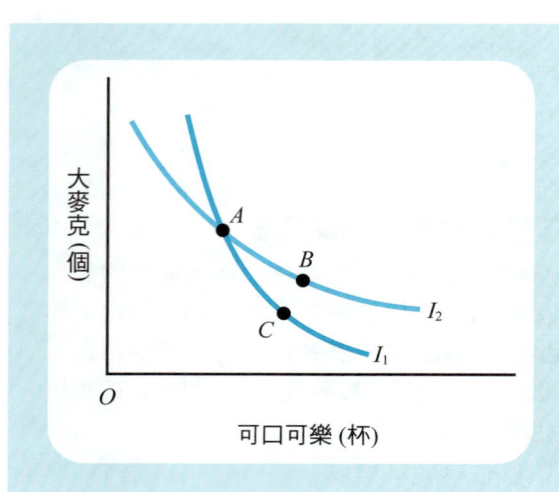

圖 3.4 無異曲線不會相交

無異曲線如果相交,將違反多比少好的基本假設。因為組合 B 在組合 C 的右上方,所以組合 B 比組合 C 好。然而,組合 A 和組合 B 位於同一條無異曲線 I_2,而組合 A 和組合 C 位於同一條無異曲線 I_1,組合 A、組合 B 和組合 C 滿足程度應該相同。顯然,邏輯並不一致,因此無異曲線不會相交。

特性 3：無異曲線凸向原點

　　無異曲線通常是 凸向原點 (convex to the origin)。凸是指隨著 x 商品消費數量的增加，無異曲線的斜率愈趨平緩；亦即，若隨著 x 商品的增加，邊際替代率遞減，則無異曲線是凸向原點。圖 3.5 的無異曲線是凸向原點。當我們從組合 A 出發，隨著可口可樂消費數量的增加，沿著無異曲線移向組合 B。邊際替代率 $\frac{\Delta y}{\Delta x}=-\frac{-2}{1}=2$。在組合 A，阿亮消費的可口可樂數量較少，大麥克的數量較多，他會比較願意放棄較多的大麥克來換取可口可樂的消費。從組合 B 移向組合 C，$MRS=\frac{\Delta y}{\Delta x}=-\frac{-1}{1}=1$。再從組合 C 移向組合 D，$MRS=-\frac{\Delta y}{\Delta x}=-\frac{-1}{2}=\frac{1}{2}$。此時，阿亮有較多的可口可樂和較少的大麥克，他可能不太願意放棄太多的大麥克來換取額外的可口可樂。隨著 x 商品 (可口可樂) 消費數量的增加，無異曲線愈來愈平坦，x 商品 (可口可樂) 對 y 商品 (大麥克) 的邊際替代率遞減。

　　邊際替代率遞減隱含無異曲線凸向原點。如果我們想要畫一條平滑的曲線，通過圖 3.5 的 A、B、C、D 四個組合，無異曲線的斜率會愈來愈平坦 (以絕對值來看，從 2 到 1 再到 $\frac{1}{2}$)。亦即，當 y 商品愈來愈少時，消費者就比較不願意放棄 y 商品來獲得額外的 x 商品，替代的比率愈來愈小，隱含無異曲線凸向原點。

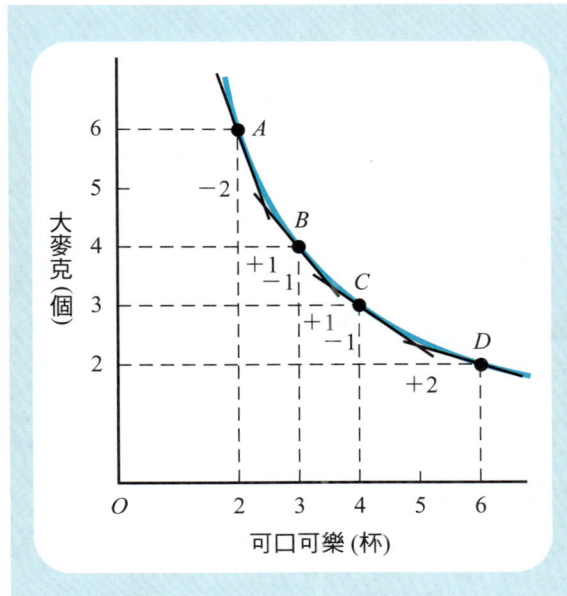

圖 3.5　無異曲線凸向原點

無異曲線在組合 A 的斜率是 -2，組合 B 的斜率是 -1，而組合 C 的斜率是 $-\frac{1}{2}$。邊際替代率遞減，無異曲線會愈來愈平坦，通過 A、B、C、D 四個組合的平滑曲線一定是凸向原點。

特性 4：無異曲線不厚

厚的 (thick) 無異曲線是指，如同圖 3.6 中商品組合 B、C 和 K 通過的無異曲線。既然組合 B、C 和 K 在同一無異曲線上，三個商品組合帶給消費者的滿足程度應該相同。然而，組合 K 的位置在組合 B 和組合 C 的右方和上方。這意味著在同樣的大麥克數量下，阿亮每週消費 4 杯可口可樂和消費 3 杯可口可樂的效用相同。事實上，依據多比少好的假設，組合 K 的滿足程度比組合 B 高；同樣地，組合 K 的滿足程度比組合 C 高。組合 K 與組合 B、C 在同一條無異曲線上和組合 K 的滿足程度較高，這兩個事實無法並存。因此，無異曲線不厚。

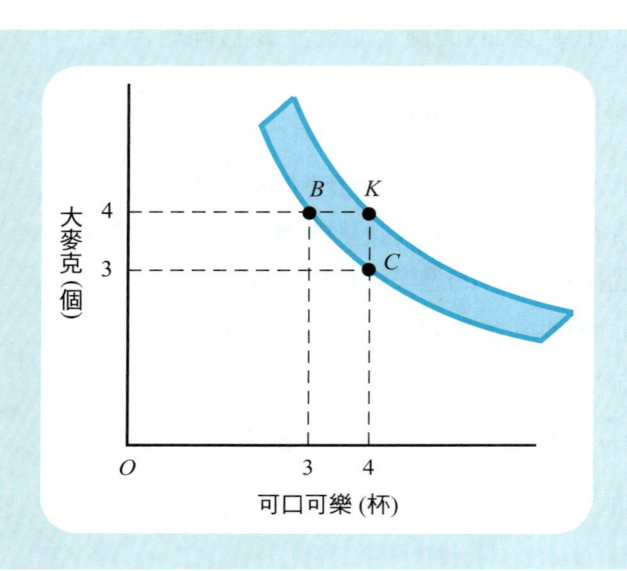

圖 3.6　厚的無異曲線

厚的無異曲線是指組合 B、C 和 K 在同一條無異曲線上。組合 K 位於組合 C 的正上方，組合 K 的滿足程度比組合 C 高，因為組合 K 可消費更多的大麥克。因此，組合 K 和組合 C 不可能在同一條無異曲線上。

邊做邊學習題 3-1

「好」的商品與「壞」的商品

好的商品意味著消費愈多，滿足程度會愈大；而壞的商品則是消費愈多，滿足程度不增反減，如多消費 1 單位土石流，人們的滿足程度會減少。請利用上述資訊畫出下列商品的無異曲線。
(a) 提拉米蘇與拿鐵。
(b) 獎學金與土石流。
(c) 毒氣與污水。
(d) 新冠肺炎與非洲豬瘟。

類似問題：基礎題 1

特殊形狀的無異曲線

無異曲線的形狀描述消費者以 x 商品替代 y 商品的意願。不同形狀的無異曲線隱含不同的替代意願程度。一般定義良好的無異曲線，如圖 3.2 所示，其邊際替代率遞減，意味著消費者為了多得到 1 單位商品 x，所願意放棄 y 商品的數量愈來愈少。然而，邊際替代率並不必然遞減。譬如，阿亮吃大麥克時，喝可口可樂或百事可樂並無差異，且願意以 1 杯可口可樂替代 1 杯百事可樂。這樣可口可樂與百事可樂的邊際替代率一定等於 1。

有時候，消費者不願意以一商品替代另一商品。譬如，膨風嫂的早餐一定是 1 張燒餅配 1 根油條，她不願意多加 1 根油條或以荷包蛋來替代，燒餅與油條可謂完全互補。以下讓我們來討論這些特殊形狀的無異曲線。

完全替代

當消費者對兩種商品的消費並無差異時，兩商品為**完全替代** (perfect substitutes)，如前面提到百事可樂與可口可樂的例子。因此，當兩商品間的邊際替代率固定時，此兩商品是完全替代。

完全替代商品間的邊際替代率不必然為 1。譬如，消費者喜歡吃蘋果，且總是以 1 個富士蘋果 (F) 替代 2 個華盛頓五爪蘋果 (W)，則邊際替代率 $= -\dfrac{\Delta F}{\Delta W} = \dfrac{1}{2}$。在圖 3.7 中，由於消費者始終以 2 個五爪蘋果替代 1 個富士蘋果，無異曲線為一直線，斜率為 $-\dfrac{1}{2}$，而邊際替代率為 $\dfrac{1}{2}$。因此，我們也可以說直線型的無異曲線隱含兩商品為完全替代。

完全互補

在某些時候，消費者總是希望商品之間能搭配使用。譬如，燒餅配油條、紅酒配起司、咖啡配奶精，或左腳球鞋配右腳球鞋。1 隻左腳球鞋配 2 隻右腳球鞋與 1 輛跑車配 5 個輪胎，並不能帶來額外的滿足感，在這種情況下的無異曲線是直角型的，如圖 3.8 所示。

在圖 3.8 中，字母哥穿 1 雙球鞋 (組合 A) 與他有 1 雙球鞋再加 1 隻右腳球鞋 (組合 B)，兩者帶給字母哥的滿足程度相同。同樣地，組合 C 與組合 A 的滿足程度相同。組合 A、B、C 都在同一條無異曲線上，這種形狀的無異曲線視兩商品間 (左腳球鞋與右腳球鞋) 為完全互補。完全互補是指消費者願意以固定比例消費商品。圖 3.8 的消費比例為 1：1。

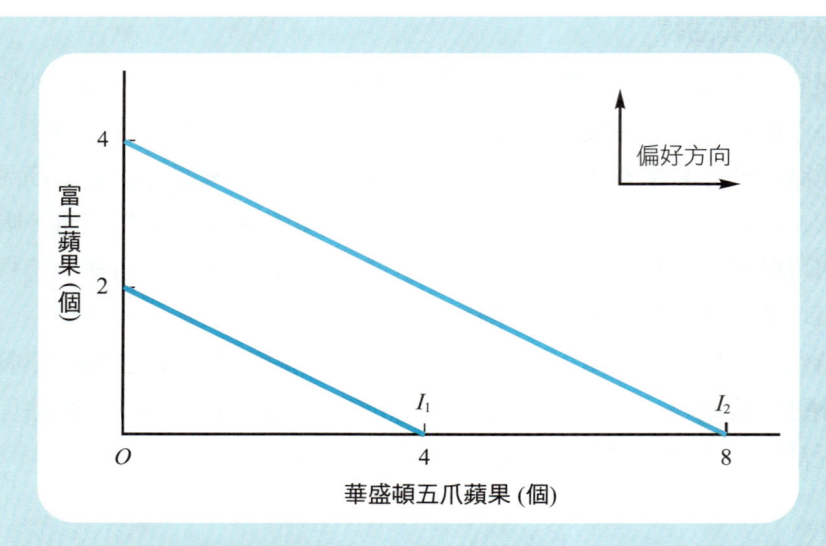

圖 3.7 完全替代的無異曲線

完全替代的無異曲線為直線,邊際替代率固定且為常數。若消費者喜歡吃蘋果,且可以用 1 個富士蘋果替代 2 個華盛頓五爪蘋果,其邊際替代率為 $\frac{1}{2}$。

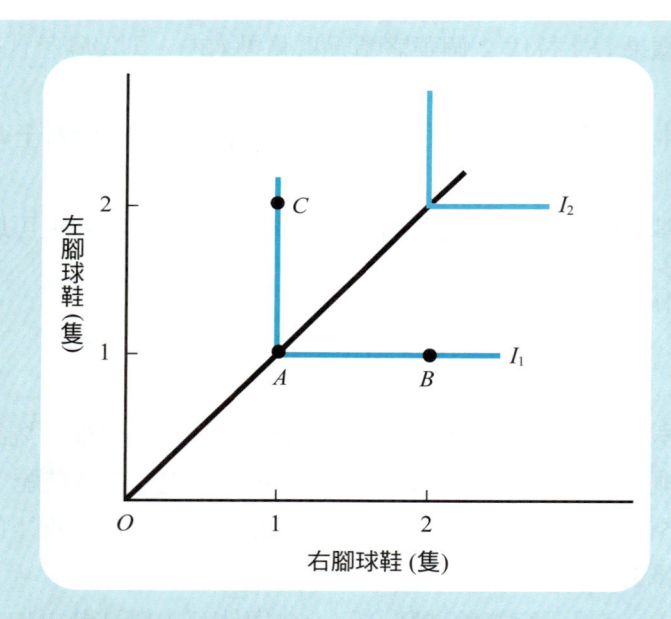

圖 3.8 完全互補的無異曲線

完整成雙的球鞋 (組合 A) 與多 1 隻右腳球鞋 (組合 B) 所帶來的滿足程度相同。消費上完全互補是指消費者願意以固定比例消費商品,在圖中,比例為 1:1。

邊做邊學習題 3-2

無異曲線的形狀

(1) 投手大谷只吃兩種食物：蘋果與貝果。不論消費多少數量，吃 2 顆蘋果帶給他的滿足程度和吃 1 個貝果相同，請問無異曲線的形狀為何？ (109 年經建行政)

(2) 請畫出下列消費者偏好的無異曲線：
(a) 1 杯杏仁茶始終搭配 2 根油條。
(b) 1 杯奶茶搭配 1 份鐵板麵。

類似問題：基礎題 3

3.2 效用與效用函數

到目前為止，我們對消費者偏好的描述，只要符合完整性、遞移性及多比少好三個基本假設，就可以完整畫出無異曲線圖譜。至於享受一份麥當勞超值全餐或單點大麥克的效用水準是多少，並沒有那麼重要。消費者只要能夠排列出不同商品間的喜好程度，無異曲線就能夠說明消費者偏好，這種分析方式稱為**序列效用** (ordinal utility)。

效用 (utility) 是消費者從既定商品組合中所獲得滿足程度的數值。有時候，我們可以針對無異曲線所代表的滿足程度予以量化。譬如，阿亮吃一份超值全餐的滿足程度是單點大麥克的 2 倍。這種分析方式提供我們消費者偏好的強度，稱為**計數效用** (cardinal utility)。計數效用比序列效用包含更多的資訊，可以協助我們推導需求函數，瞭解廠商預估外在環境變化時，消費者的需求變化。

效用函數

若消費者偏好符合三項基本假設，我們就可以用效用函數來表示偏好。**效用函數** (utility function) 是以圖形或代數來衡量消費者購買特定商品組合的滿足水準。譬如，阿亮消費大麥克 (M) 和可口可樂 (C) 的效用函數為 $U(M, C) = MC$。阿亮吃 6 個大麥克和喝 2 杯可口可樂的效用等於 $6 \times 2 = 12$。因此，對阿亮而言，每週吃 6 個大麥克和 2 杯可口可樂，與每週吃 3 個大麥克和 4 杯可口可樂所得到的效用相同 $[U(M, C) = 3 \times 4 = 12]$。

當我們賦予每一條無異曲線不同的效用水準時，就能夠比較各個商品組合的偏好強度。以圖 3.2 為例，通過組合 A 的效用函數為 $U(M, C) = MC$，組合 A 的效用水準為 $6 \times 2 = 12$，組合 B 的效用水準為 $4 \times 3 = 12$，組合 C 的效用水準為

3×4＝12，而組合 D 的效用水準為 2×6＝12。因此，組合 A、B、C、D 位於同一條無異曲線 I_1 上。至於組合 F 的效用水準為 2×3＝6，我們可以很明確地知道，組合 A 優於組合 F，通過組合 F 的無異曲線位於 I_1 的下方。同樣地，組合 E 的效用水準為 4×5＝20，顯然組合 E 優於組合 A，通過組合 E 的無異曲線位於 I_1 的上方。

請注意：無異曲線對應的數值只是方便進行比較。我們不能說阿亮消費組合 E 的滿足程度是消費組合 A 的 1.6 倍，夠確定的是，阿亮從組合 E 得到的滿足程度明顯高於從組合 A 得到的滿足程度，但這已足夠說明消費者選擇行為。

邊際效用與邊際效用遞減

邊際效用的概念對研究消費者行為是相當關鍵的。譬如，我們很想知道，消費者多吃一球抹茶冰淇淋的滿足程度增加多少。如果增加的幅度很大，表示消費者非常喜歡，市場接受度很高。「好」的商品是指能夠帶給消費者更多效用的商品；亦即，邊際效用為正的商品，就是「好」的商品。邊際效用究竟是什麼？

邊際效用 (marginal utility) 是指消費者額外增加 1 單位商品的消費所增加的總效用，定義成總效用變動量除以消費數量變動量：

$$MU = \frac{\Delta TU}{\Delta Q}$$

上式中 MU 是邊際效用，ΔTU 是總效用變動量，而 ΔQ 為消費數量微小的變動。讓我們以表 3.1 說明總效用與邊際效用的意義。

表 3.1 是嘉玲吃披薩的效用，當她餓了一整天時，第 1 片披薩的感覺最棒，總效用為 50 單位；第 2 片吃下去也感到不錯，但沒有第 1 片好，總效用為 75 單位；第 3 片還好，吃到第 4 片可能已經滿到喉嚨，而到第 5 片開始覺得反胃，總效用不增反減，為 93 單位。表 3.1 的邊際效用衡量嘉玲吃「第 1 片」、「第 2 片」……的效用水準，譬如，第 1 片的效用增加量為：

$$MU = \frac{50-0}{1-0} = 50$$

嘉玲從第 1 片得到的邊際效用為 50 單位，而第 5 片的效用增加量為：

$$MU = \frac{93-95}{5-4} = -2$$

嘉玲從第 5 片得到的邊際效用為 −2。圖 3.9 將表 3.1 的資料畫在圖形上，橫軸

表 3.1　總效用與邊際效用

消費數量 (Q)	總效用 (TU)	邊際效用 (MU)
0	0	0
1	50	50
2	75	25
3	87	12
4	95	8
5	93	-2

是披薩的消費數量，而圖 3.9(a) 的縱軸是總效用，圖 3.9(b) 的縱軸是邊際效用。當我們畫出總效用與邊際效用時，須注意以下特點：

◆ 邊際效用是總效用曲線的斜率。圖 3.9(a) 總效用曲線的斜率是 $\Delta TU/\Delta Q$。在圖 3.9(a) 中，B 點的斜率是 $(75-50)/(2-1)=25$；亦即當 $Q=2$ 時，$\Delta TU/\Delta Q=25$。根據 $MU=\Delta TU/\Delta Q$ 的定義，我們知道圖 3.9(b) 的 B 點，當 $Q=25$ 時，$MU=25$。因此，圖 3.9(a) 的 B 點對應圖 3.9(b) 的 B 點。

◆ 總效用曲線往下彎時，邊際效用小於零。圖 3.9(a) 中，C 點的總效用為 95，D 點的總效用為 93 單位，從 C 點移向 D 點，總效用開始減少。對應圖 3.9(b) 的 C 點到 D 點，邊際效用由正轉負。因此，當總效用曲線往下彎時，斜率為負，邊際效用小於零；而當總效用處於上升階段時，斜率為正，邊際效用大於零。當總效用曲線由上升轉為下降階段 (斜率由正轉負) 時，會通過總效用曲線的最高點，此時邊際效用等於零。

◆ 邊際效用遞減法則。在表 3.1 與圖 3.9 的例子中，當嘉玲吃更多披薩時，邊際效用會遞減，這種現象說明**邊際效用遞減法則** (law of diminishing marginal utility)；一商品消費量持續增加，抵達某個消費水準之後，邊際效用開始下跌。以圖 3.9(b) 來看，邊際效用一開始呈現遞增 (吃第 1 片披薩，飢餓感頓失)，過了 A 點以後，邊際效用開始遞減 (每多吃一片，飢餓感愈來愈少)，因此邊際效用曲線斜率為負的部分，反映邊際效用遞減法則。以數學式表示可寫成：

$$\frac{\Delta MU}{\Delta Q}<0$$

多就是好？

多比少好的基本假設與邊際效用有何關係？在第 2.1 節曾經討論「好」的商

個體 經濟學

品，如冰淇淋、電影、大麥克等，消費數量愈多時，總效用隨之提高；換句話說，「好」的商品，邊際效用一定是正的。

事實上，這個假設無須永遠滿足。讓我們回到披薩的例子，當嘉玲吃第 1 片、第 2 片、第 3 片和第 4 片披薩時，總效用水準會增加，消費這些披薩的邊際效用為正，即使每多吃 1 片的邊際效用遞減。但在第 5 片披薩後，邊際效用由正轉負，嘉玲已經覺得噁心反胃。因此，雖然多不見得始終比少好，不過針對消費者購買商品的數量，多比少好仍是一個比較合理的假設。譬如，在圖 3.9 中，我

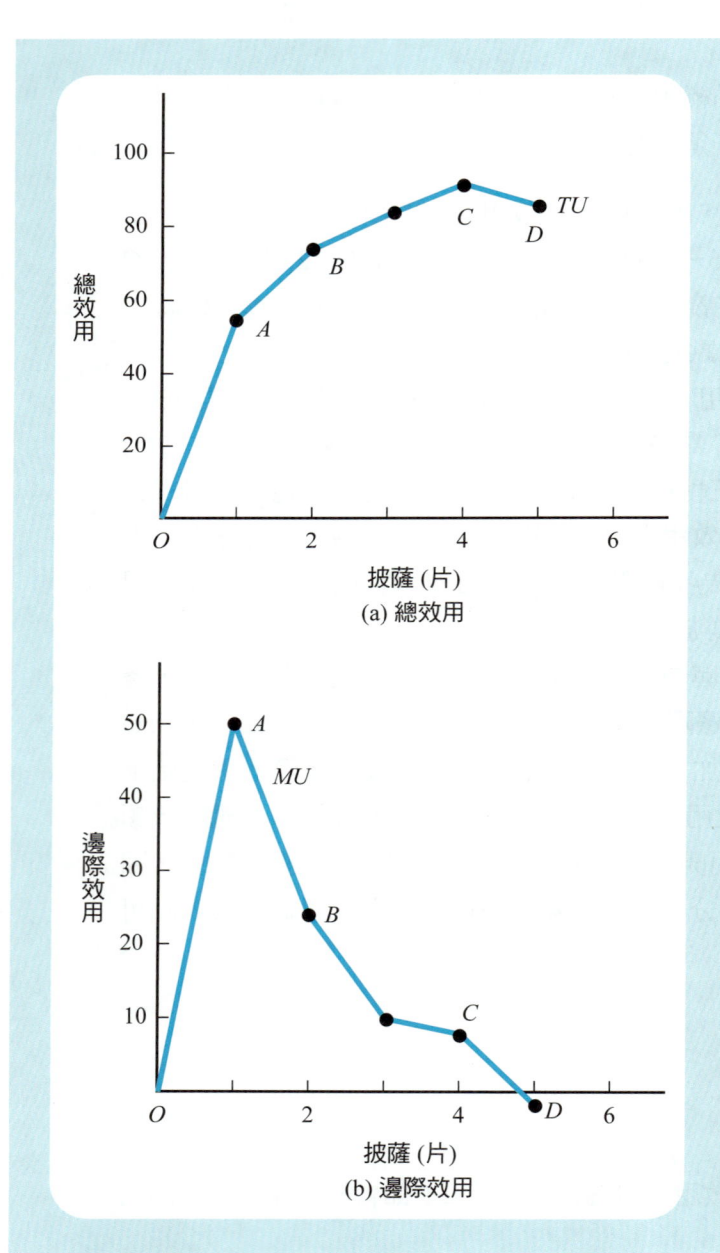

圖 3.9 總效用與邊際效用

圖 (a) 為總效用，而圖 (b) 則是邊際效用，邊際效用是總效用變動量除以消費數量變動量，邊際效用是總效用曲線的斜率。從第 2 片披薩開始，邊際效用開始遞減。當披薩吃到第 5 片時，邊際效用小於零，總效用曲線已經下彎。

們只需畫出前 4 片披薩的效用函數。因為花錢找罪受 (吃第 5 片披薩) 是沒有意義的行為。

如果「好」的商品，邊際效用為正；那麼「壞」的商品，如垃圾、二手菸，邊際效用為負。以垃圾為例，沒有人喜歡把垃圾或廚餘堆在家裡，這意味著多消費 1 單位的「壞」商品，滿足程度不升反降，邊際效用為負值。另外，當一商品的消費數量不論增加或減少，對消費者的效用都不會有影響時，我們稱此商品為<u>中性商品</u> (neutrals)。譬如，嘉玲吃多少片披薩與膨風嫂喝多少可樂毫無相關。如果我們以橫軸代表披薩，而縱軸代表可樂，無異曲線將呈垂直，如圖 3.10 所示。

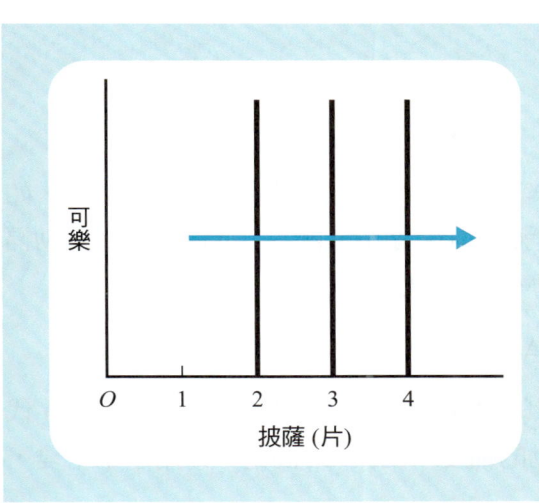

圖 3.10　中性商品的無異曲線

膨風嫂喝可樂的數量為中性商品，與嘉玲消費披薩的數量無關。而嘉玲吃的披薩數量愈多，滿足程度愈高，無異曲線為一垂直線。

邊做邊學習題 3-3

邊際效用與邊際效用遞減

(1) 商品 x 與 y 的組合：

消費組合	x 數量	y 數量	總效用
A	2	2	15
B	3	1	15
C	4	4	25
D	1	1	10

哪一個組合的效用最大？　　　　　　　　　　　　　　　　　　(109 年關務特考)

(2) 假設效用函數 $U(x, y) = 10\sqrt{xy}$，其中 x 是薯條，y 是可樂。

(a) x 與 y 的邊際效用是多少？是否符合多比少好的假設？
(b) 薯條的邊際效用是否遞減？可樂的邊際效用是否遞減？

類似問題：基礎題 5

邊際替代率

在第 2.1 節討論無異曲線時，曾經定義邊際替代率 (MRS)：消費者為了維持相同的滿足水準 (停留在同一條無異曲線上)，願意用一個商品交換另外一個商品的比率。現在我們也可以效用的概念來表示邊際替代率。具體地說，商品 x 對商品 y 的邊際替代率可以寫成：

$$MRS_{xy} = -\frac{\Delta y}{\Delta x}$$

請注意：停留在同一無異曲線上，意味著效用水準固定在某事先決定的水準，如 $U_0 = U(x, y)$。假設從圖 3.11 的 A 點出發，消費者改變商品的消費水準，變動幅度分別是 Δx 和 Δy，對總效用水準變動 (ΔU) 的衝擊為：

$$\Delta U = MU_x(\Delta x) + MU_y(\Delta y)$$

上式中，$MU_x(\Delta x)$ 代表商品 x 消費數量的變動導致效用變動的幅度，$MU_y(\Delta y)$ 代表商品 y 消費數量的變動引起效用變動的幅度。由於 U_0 固定，效用水準不變，隱含 $\Delta U = 0$：

$$0 = MU_x(\Delta x) + MU_y(\Delta y)$$

無異曲線的斜率 $\frac{\Delta y}{\Delta x}$ 可表示成：

$$\left.\frac{\Delta y}{\Delta x}\right|_{U=U_0} = -\frac{MU_x}{MU_y}$$

最後，因為邊際替代率為無異曲線斜率的絕對值，所以

$$MRS_{xy} = -\left.\frac{\Delta y}{\Delta x}\right|_{U=U_0} = \frac{MU_x}{MU_y}$$

讓我們用一個簡單的例子來說明如何計算邊際替代率。在圖 3.11 中，假設效用函數為 $U(x, y) = xy$，而通過組合 A、B、C、D 的特定效用函數為 $xy = 12$，

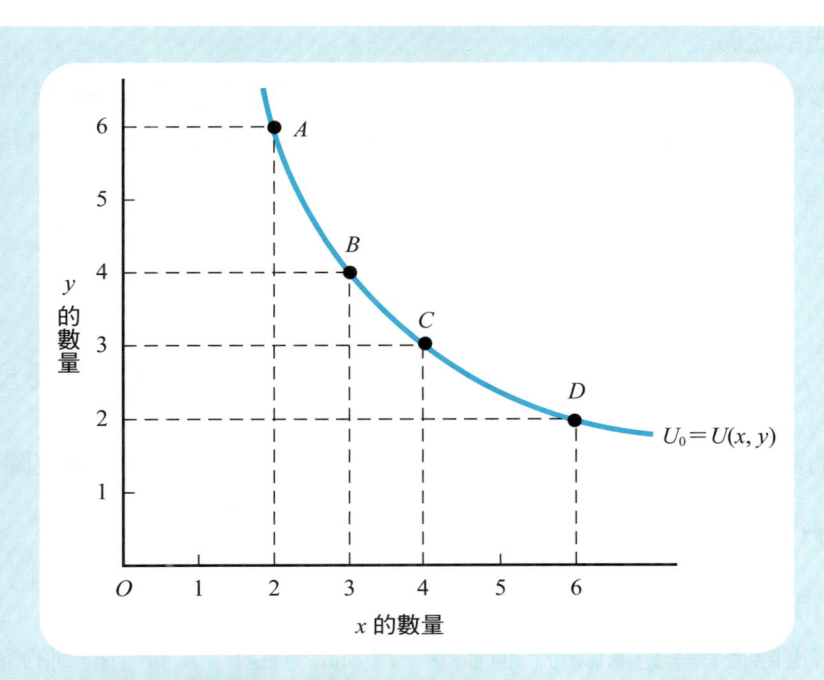

圖 3.11　邊際替代率的推導

在固定效用水準 $U_0 = U(x, y)$ 下，可得到邊際替代率為兩個商品邊際效用的比率。$MRS_{xy} = -\dfrac{\Delta y}{\Delta x} = \dfrac{MU_x}{MU_y}$。

商品 x 與 y 的邊際效用分別為：

$$MU_x = \frac{\Delta U}{\Delta x} = y, \quad MU_y = \frac{\Delta U}{\Delta y} = x$$

因此，邊際替代率可寫成：

$$MRS_{xy} = \frac{MU_x}{MU_y} = \frac{y}{x}$$

當商品 x 與商品 y 的消費數量大於零時，邊際替代率大於零。由於負的邊際替代率等於無異曲線的斜率，斜率值為：

$$\left.\frac{\Delta y}{\Delta x}\right|_{U_0=12} = -\frac{MU_x}{MU_y} = -\frac{y}{x}$$

只要 $MU_x > 0$ 和 $MU_y > 0$，無異曲線的斜率為負。

邊際替代率遞減

邊際替代率遞減是指，在圖 3.11 中，當消費者沿著無異曲線增加 x 商品消費時，x 對 y 的邊際替代率會逐漸減少。若以數學式表示，邊際替代率遞減是指：

$$\frac{\Delta MRS_{xy}}{\Delta x} < 0$$

如果以上述的效用函數 $U=xy$ 為例，我們知道 $MRS_{xy}=\frac{y}{x}$。由於 x 在分母，隨著商品 x 消費數量的增加，分母愈大，$\frac{y}{x}$ 就愈小。因此，我們可以確定圖 3.11 的無異曲線符合邊際替代率遞減法則；亦即，無異曲線凸向原點。

特殊效用函數

通常邊際替代率是遞減的，但並不一定如此。在第 2.1 節中提到的完全替代與完全互補都是特殊效用函數的例子。接下來，將簡單介紹四種常見的效用函數：Cobb-Douglas 效用函數、完全替代、完全互補、中性商品。

Cobb-Douglas 效用函數

實務上，Cobb-Douglas 效用函數的應用頗為常見。圖 3.11 的效用函數 $U=xy$ 及邊做邊學習題 3-3 中的 $U(x,y)=\sqrt{xy}$，都是 Cobb-Douglas 效用函數的一個例子。就兩商品而言，Cobb-Douglas 效用函數的一般式可寫成：

$$U(x, y) = Ax^{\alpha} y^{\beta}$$

其中 A、α 和 β 都是常數且大於零。Cobb-Douglas 效用函數具備三個特性：

◆ 兩商品的邊際效用為正。商品 x 與 y 的邊際效用分別為：

$$MU_x = \frac{\Delta U}{\Delta x} = \alpha A x^{\alpha-1} y^{\beta}$$

$$MU_y = \frac{\Delta U}{\Delta y} = \beta A x^{\alpha} y^{\beta-1}$$

由於 A、α 和 β 皆為常數且大於零，MU_x 和 MU_y 皆大於零，符合多比少好的假設。當 MU_x 和 MU_y 都大於零時，無異曲線斜率為負。

◆ 當 α 介於 0 與 1 之間時，MU_x 遞減；當 β 介於 0 與 1 之間時，MU_y 遞減。

MU_x 遞減意味著隨著 x 商品消費數量的增加，x 的邊際效用逐漸減少。以數學式表示可寫成 $\frac{\Delta MU_x}{\Delta x}<0$。在 Cobb-Douglas 效用函數裡，$MU_x$ 和 x 的關係為：

$$\frac{\Delta MU_x}{\Delta x}=\alpha(\alpha-1)Ax^{\alpha-2}y^{\beta}$$

如果 α 介於 0 與 1 之間，$\frac{\Delta MU_x}{\Delta x}<0$，即 x 商品的邊際效用遞減；同樣地，$\frac{\Delta MU_y}{\Delta y}=\beta(\beta-1)Ax^{\alpha}y^{\beta-2}$。若 β 介於 0 與 1 之間，$\frac{\Delta MU_y}{\Delta y}<0$，$y$ 商品的邊際效用遞減。

◆ 邊際替代率遞減。邊際替代率為兩商品邊際效用的比率：

$$MRS_{xy}=\frac{MU_x}{MU_y}=\frac{\alpha Ax^{\alpha-1}y^{\beta}}{\beta Ax^{\alpha}y^{\beta-1}}=\frac{\alpha}{\beta}\frac{y}{x}$$

當商品 x 消費數量增加時，MRS_{xy} 遞減，所以無異曲線凸向原點。從上述的討論得知，Cobb-Douglas 效用函數所對應的無異曲線為一定義良好 (well-defined) 的無異曲線：斜率為負，平滑且凸向原點。

完全替代

從圖 3.7 的討論中得知，完全替代的無異曲線為一直線，因此完全替代的效用函數可寫成：

$$U(x, y)=ax+by$$

其中 a 和 b 為常數且大於零。x 與 y 可以是百事可樂與可口可樂、植物性奶油與動物性奶油，或橘子與柳丁。商品 x 與 y 的邊際效用分別為：

$$MU_x=a$$
$$MU_y=b$$

邊際替代率為兩商品邊際效用的比率：

$$MRS_{xy}=\frac{MU_x}{MU_y}=\frac{a}{b}$$

由於 a 和 b 都大於零,邊際替代率為固定值。無異曲線的斜率為 $-\dfrac{a}{b}$。

完全互補

　　從圖 3.8 中可知,完全互補的無異曲線為直角型的無異曲線。完全互補的效用函數可以表示成:

$$U(x, y) = \min\left\{\dfrac{x}{\alpha}, \dfrac{y}{\beta}\right\}$$

其中 x 與 y 可以是咖啡與奶球、左腳球鞋與右腳球鞋,或紅酒與起司。而 α 和 β 為常數且大於零。假設齊林每次喝咖啡,一定是 1 杯咖啡加 2 個奶球,也就是咖啡 (x) 與奶球 (y) 的消費成固定比例,$y = 2x$。效用函數可寫成:

$$U(x, y) = \min\left\{\dfrac{x}{1}, \dfrac{y}{2}\right\}$$

如果齊林只喝 1 杯咖啡加 2 個奶球,他得到的滿足程度為 $\min\left\{\dfrac{1}{1}, \dfrac{2}{2}\right\} = 1$,如圖 3.12 的 U_0 所示。如果齊林喝 1 杯咖啡,而侍者給他 3 個奶球,如圖中的 C 點所示,他還是只用 2 個奶球,額外 1 個奶球並不會帶來更多的滿足感;換句話說,$MU_y = 0$,而 $MRS_{xy} = MU_x / MU_y = \infty$,組合 C 與組合 A 的效用水準相同。

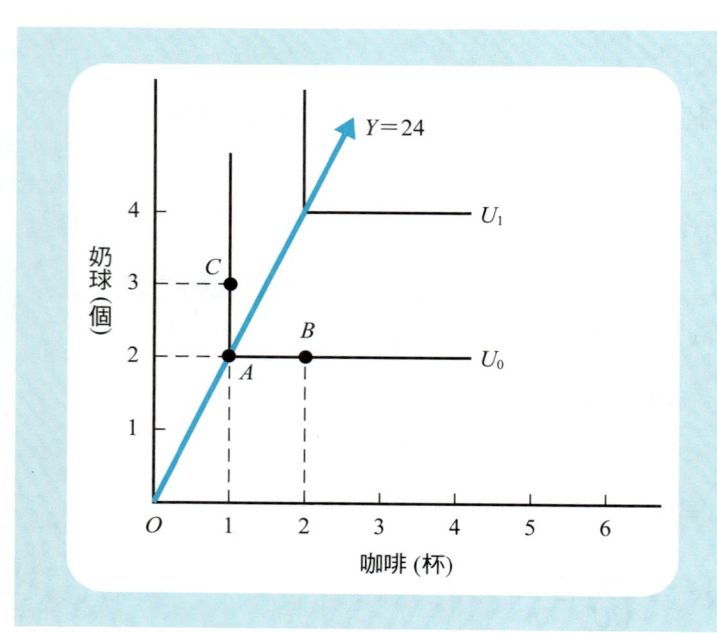

圖 3.12 完全互補的效用函數

若 1 杯咖啡一定加 2 個奶球,完全互補的效用函數可寫成 $U = \min\left\{\dfrac{x}{1}, \dfrac{y}{2}\right\}$,組合 B 的 $MRS_{xy} = 0$,而組合 C 的 $MRS_{xy} = \infty$。

利用相同的邏輯，如果只有 2 個奶球，而侍者多給齊林 1 杯咖啡，他也只喝 1 杯，另外 1 杯咖啡並不能帶給齊林額外的效用。即 $MU_x=0$，$MRS_{xy}=MU_x/MU_y=0$。組合 B 與組合 A 的效用水準一樣。至於連結原點與各轉折點的直線，$y=2x$，衡量齊林的消費習慣：1 杯咖啡加 2 個奶球、2 杯咖啡加 4 個奶球。

綜合前面的討論，我們可做出以下的結論：當無異曲線愈平坦 (接近直線) 時，兩商品的替代性愈強；當無異曲線彎度愈大 (接近直角型) 時，兩商品的互補性愈強，替代性愈小。

中性商品

在第 2.1 節曾經定義中性商品是：不論消費數量的多寡，對消費者的效用沒有任何影響。如圖 3.13 所示，譬如，總統吃多少客牛排 (x) 對我吃多少碗牛肉麵 (y) 一點影響也沒有。在這個例子裡，牛排是中性商品，牛肉麵是「好」的商品，中性商品的效用函數為：

$$U(x, y)=F(y)$$

因為商品 x (總統的牛排) 不會影響到消費者的效用，x 不會出現在效用函數內。另一方面，因為商品 y (牛肉麵) 為「好」的商品，y 的邊際效用大於零，$MU_y>0$。中性商品的邊際效用等於零，$MU_x=0$，因此中性商品的邊際替代率為：

$$MRS_{xy}=\frac{MU_x}{MU_y}=0$$

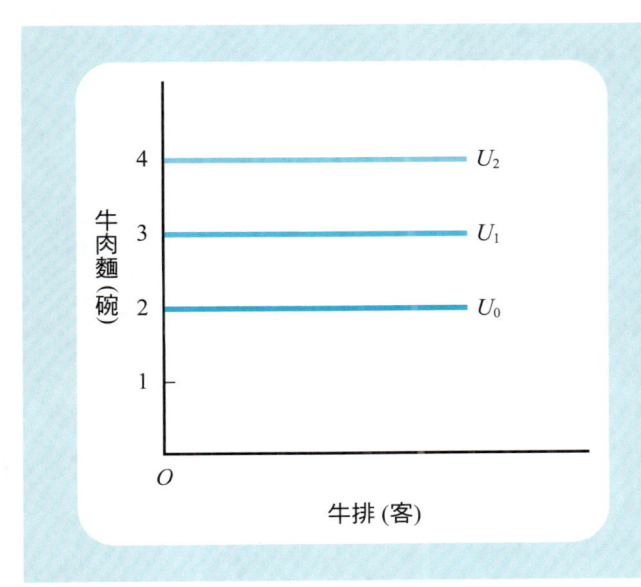

圖 3.13 中性商品的效用函數
如果牛排為中性商品，牛肉麵為「好」的商品，則無異曲線為一水平線，且 $U_2>U_1>U_0$。

邊做邊學習題 3-4

準線性偏好的效用函數

準線性偏好 (quasi-linear preference) 是指，當我們垂直移動時，無異曲線之間是相互平行的；亦即，就任何商品 x 的消費數量，無異曲線的斜率相同。

準線性效用函數的一般式為：

$$U(x, y) = f(x) + by$$

其中 $f(x)$ 隨著 x 的增加而增加，而 b 為常數且大於零。

假設有一準線性效用函數形式為：

$$U(x, y) = 2\sqrt{x} + y$$

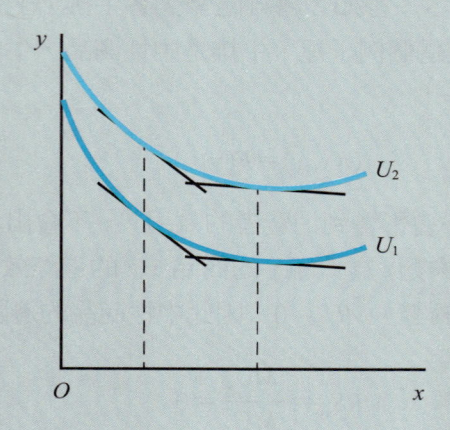

問題

(1) 請問：
(a) x 與 y 的邊際效用是多少？是否符合多比少好的假設？
(b) 邊際效用是否遞減？
(c) 邊際替代率是多少？

(2) 若一效用函數為 $U(x, y) = \ln x + 2y$，請問：
(a) x 與 y 的邊際效用？
(b) 邊際替代率是多少？

類似問題：基礎題 9

3.3 預算限制

截至目前為止，我們只討論消費者理論的第一個部分——消費者偏好。我們已經見到無異曲線 (或效用函數) 如何用來描繪消費者對不同商品與服務的評價，無異曲線衡量消費者主觀的偏好。現在我們可以將焦點放在消費者理論的第二個部分——預算限制。預算限制是消費者利用其有限所得，所購買的商品與服務的集合，用來衡量消費者客觀的消費能力。

預算線

讓我們用一個簡單的例子來說明預算限制如何限制消費者選擇。假設阿亮面對兩種商品：大麥克 (y) 與可口可樂 (x)。他打算每週花 360 元的所得 (I) 來消費。假設一個大麥克是 60 元 ($P_y=\$60$)，而可口可樂一杯為 45 元 ($P_x=\$45$)。在這種情況下，阿亮每週的大麥克支出是 $P_y \times y$，且每週的可口可樂支出是 $P_x \times x$，預算限制可寫成：

$$P_x \times x + P_y \times y \leq I$$

上式的經濟意義是：阿亮每週可以購買的大麥克與可口可樂的所有可能組合，這包括圖 3.14 的 $\overline{AB}$，以及縱軸與橫軸圍成的陰影面積，整個三角形區域稱為**消費可能集合** (consumption possibilities set)。

當阿亮打算將所得全部花完時，上式的等式就會成立；亦即，

$$P_x \times x + P_y \times y = I$$

這個式子即為預算線。**預算線** (budget line) 是指在所得與價格固定下，消費者花完所得，能夠購買商品與服務組合。將這些組合的軌跡點連接起來，即可得到預算線，如圖 3.14 的 $\overline{AB}$ 所示。

當阿亮將全部所得拿來購買可口可樂 (x) 時，可購買 8 杯可口可樂 ($I/P_x=\$360/\$45=8$)，如圖 3.14 的 B 點所示。當阿亮將全部所得用來買大麥克 (y) 時，可購買 6 個大麥克 ($I/P_y=\$360/\$60=6$)，如圖 3.14 的 A 點所示。預算線上的 C 點代表，阿亮每週花 180 元買 3 個大麥克，剩下的 180 元可以喝 4 杯可口可樂。預算線的斜率是縱軸的截距 (I/P_y) 除以橫軸的截距 (I/P_x)，所以

$$斜率 = \frac{\Delta y}{\Delta x} = -\frac{I/P_y}{I/P_x} = -\frac{P_x}{P_y}$$

由於 P_x 和 P_y 均大於零，預算線的斜率為負。這意味著阿亮多花錢購買 1 單位的 x，能夠購買的 y 數量必定減少。當 $P_x = \$45$ 與 $P_y = \$60$ 時，預算線的斜率等於 $-P_x/P_y = -3/4$。如果阿亮每週多喝 1 杯可口可樂 (多花 45 元)，如此一來，就無法多吃 3/4 個大麥克。最後，我們可以注意到預算線的斜率是兩種商品相對價格的比率，與所得高低無關。

預算線的移動

預算線 $P_x \times x + P_y \times y = I$，可以改寫成 $y = (I/P_y) - (P_x/P_y) \times x$，縱軸截距為 I/P_y，而斜率為 $-(P_x/P_y)$。這個式子告訴我們，所得 (I) 或相對價格 (P_x/P_y) 發生變動時，預算線也會跟著變動。

所得的變動

研究報告指出，大麥克導致肥胖和高血脂，因此阿亮決定每週只花 180 元買大麥克和可口可樂。如果價格 $P_x = \$45$ 與 $P_y = \$60$ 固定不變，阿亮每週只買大

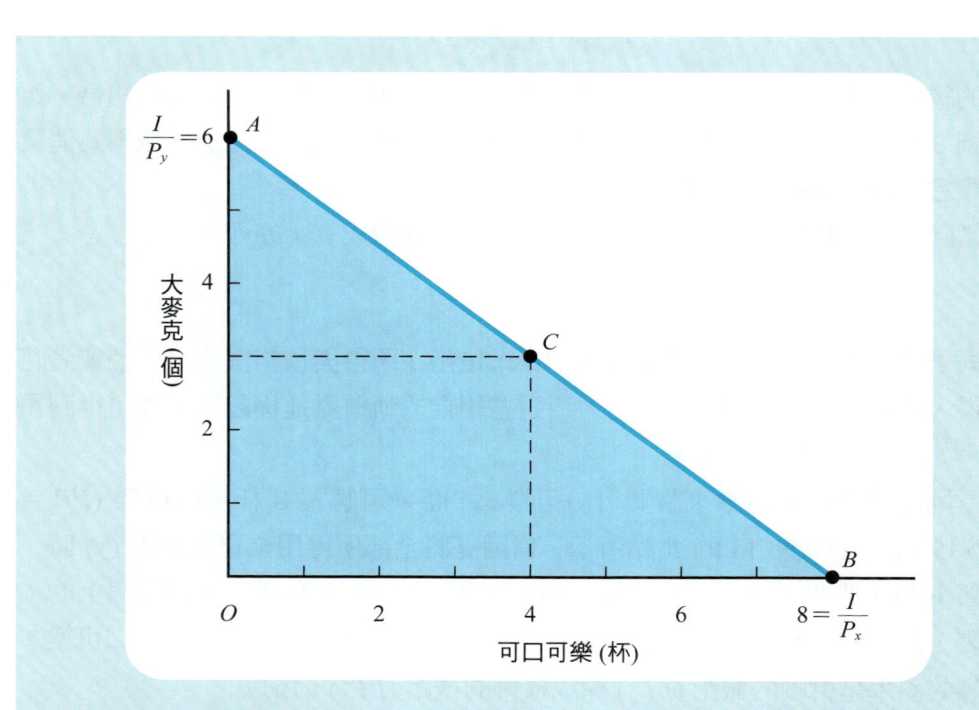

圖 3.14　預算線

預算線是指在所得與價格固定下，消費者所能購買商品與服務組合的軌跡。如果 $P_x = \$45$、$P_y = \$60$ 和 $I = \$360$，預算線就是 $45x + 60y = 360$ 或 $3x + 4y = 24$。

麥克，他可以買 $I/P_y = \$180/\$60 = 3$ 個大麥克，這是新預算線縱軸的截距，如圖 3.15 的 C 點所示。

如果阿亮只買可口可樂，他能夠買 $I/P_x = \$180/\$45 = 4$ 杯可口可樂，這是新預算線橫軸的截距，如圖 3.15 的 D 點所示。連接 C 點和 D 點可得新的預算線：

$$y = 3 - \frac{3}{4}x$$

由於預算的降低，阿亮每週能夠消費的商品數量減少，消費可能集合縮小了。圖 3.15 繪出原來的預算線 $y = 6 - \frac{3}{4}x$ 和新的預算線 $y = 3 - \frac{3}{4}x$。因為大麥克與可口可樂的價格不變，兩條預算線的斜率相同，所得減少，使預算線平行向內移動；同樣地，所得增加使預算線平行向外移動，消費者能夠選擇的商品組合增加，消費可能集合擴大了。

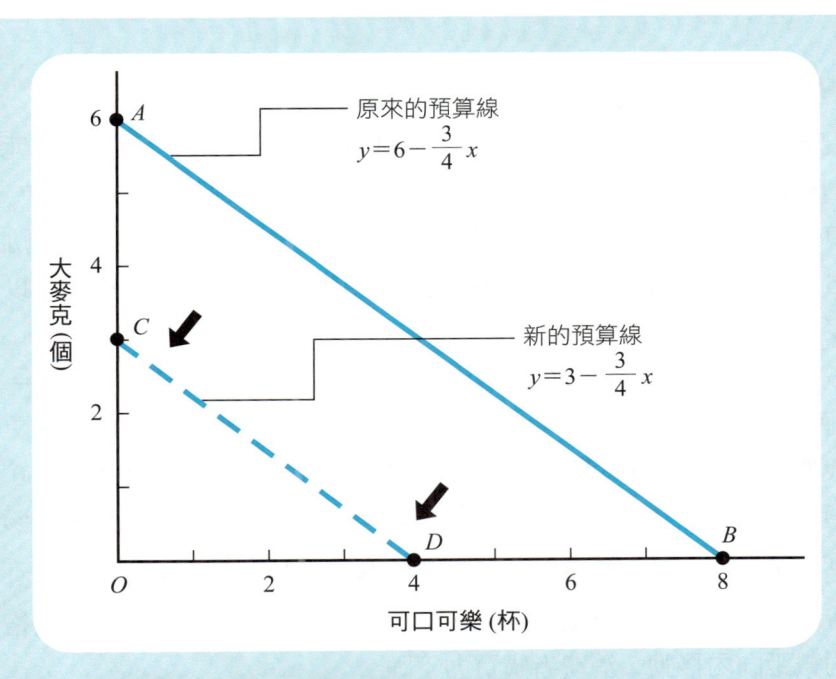

圖 3.15　所得變動對預算線的影響

假設一開始 $P_x = \$45$、$P_y = \$60$ 和 $I = \$360$，預算線為 $y = 6 - \frac{3}{4}x$。若阿亮決定每週只花 180 元購買大麥克與可口可樂，縱軸截距 $= 3$，新的預算線為 $y = 3 - \frac{3}{4}x$。

邊做邊學習題 3-5

畫出預算線

所得上升會使預算線向外移動，價格上升會使預算線向內旋轉，如果價格和所得都上升，預算線究竟如何變動？

問題

假設阿貴只消費兩種商品：火雞與杏仁茶。他打算花 200 元的所得 (I) 來消費，火雞一份 50 元 ($P=50$)，杏仁茶一碗 20 元 ($P_y=20$)。

(a) 請寫出預算線的方程式。
(b) 如果火雞價格下跌，由一份 50 元下降至 40 元，請寫出新的預算線方程式，並畫出新舊預算線。
(c) 若阿貴的所得增加至 300 元，火雞價格上漲至 75 元，杏仁茶價格上漲至 30 元，請寫出新的預算線方程式，並畫出新舊預算線。

類似問題：基礎題 7

價格的變動

假設麥當勞週年慶推出主力產品大麥克降價，單價從 60 元降至 45 元。在可口可樂價格與所得不變情況下，阿亮的預算線會如何移動？因為 I 和 P_x 沒有改變，預算線橫軸的截距不會變動，但縱軸的截距將從 $I/P_y=360/60=6$ 增加到 $I/P_y=360/45=8$。大麥克價格下跌，讓阿亮將全部所得拿來買大麥克，可以買到更多的大麥克。

另一方面，預算線的斜率從 $-P_x/P_y=-45/60=-3/4$ 變成 $-P_x/P_y=-45/45=-1$。圖 3.16 畫出原預算線 ($\overline{AB}$) 與新預算線 ($\overline{AC}$)。$\overline{AC}$ 比 $\overline{AB}$ 的斜率更陡峭，這告訴我們要多得到 1 杯可樂，必須放棄更多的大麥克。當大麥克為 60 元時，阿亮必須放棄 3/4 個大麥克；當大麥克是 45 元時，阿亮必須放棄 1 個大麥克。

總結來說，一商品價格下跌，該商品的截距向外移動，預算線順時針向外旋轉，消費者比以前能夠買到更多商品，購買力提高；相反地，一商品價格上升，該商品的截距向內移動，消費者購買力下跌。

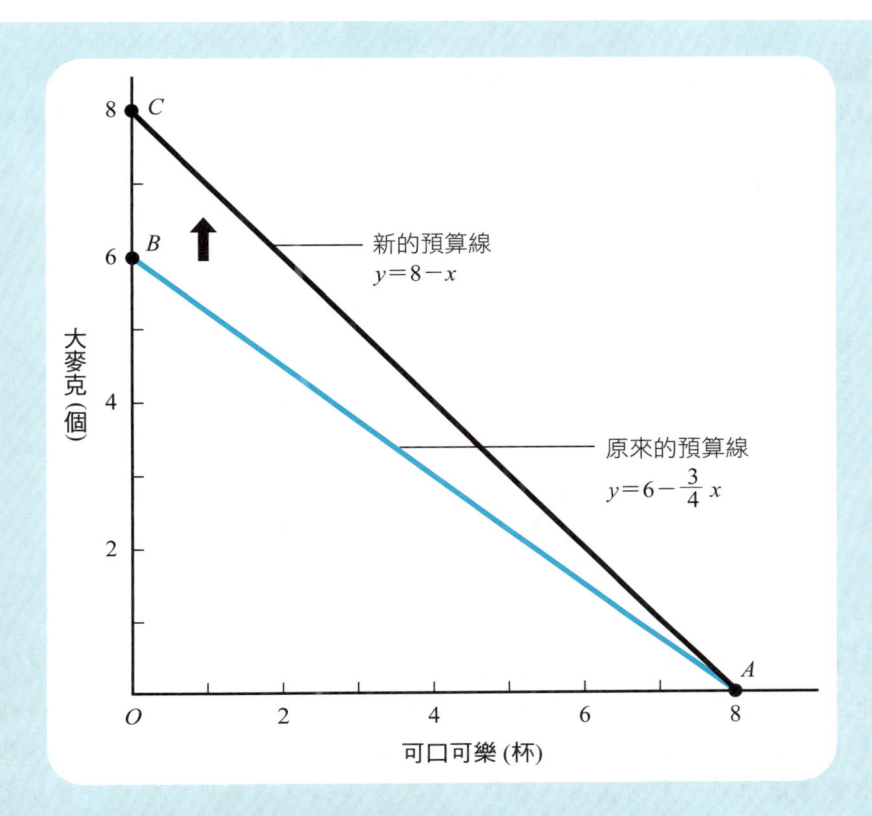

圖 3.16　價格變動對預算線的影響

若每個大麥克從 60 元降至 45 元，預算線順時針向外旋轉，從 $\overline{AB}$ 到 $\overline{AC}$，因為 I 與 P_x 不變，橫軸截距不變。然而，P_y 的下降，導致縱軸截距上升和斜率較陡。

實例與應用

累積哩程計畫與數量折扣

　　1981 年，美國航空 (American Airlines) 首先推出累積哩程計畫 (advantage travel awards)；同年稍晚，聯合航空 (United Airlines) 也提出特惠計畫 (United Airline mileage plus)；台灣的中華航空公司和長榮航空也推出類似的計畫。這些哩程酬賓計畫的目的在於，鼓勵消費者固定搭乘同一家航空公司的班機。

　　累積哩程計畫的內容相當複雜，每一家航空公司的規定不盡相同，重點是飛行哩程愈多，額外飛行費用愈低，這是一種數量折扣的概念。**數量折扣** (quantity discount) 是指消費者購買數量小於 X_0 時，需付全額價格，面對的預算線是下圖的 $\overline{AB}$；當消費者購買數量大於 X_0 時，可以較低的價格消費，面對的預算線是較平坦的 $\overline{CD}$。因此，

廠商提供數量折扣，消費者實際面對的預算線為拗折的預算線 ACD。與未提供數量折扣的預算線 $\overline{AB}$ 相比，因為價格下跌，消費者實際能夠選擇的商品組合擴大了，所以購買力會提高。

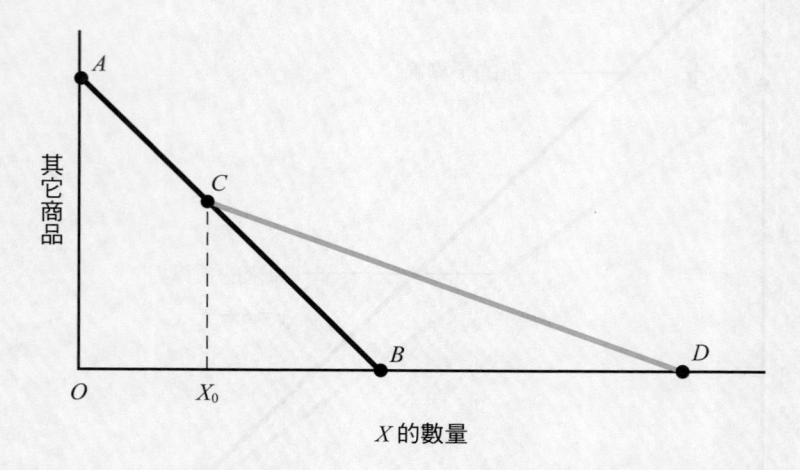

數量折扣的例子在日常生活中俯拾皆是。譬如，台電對用電量較大的用戶提供折扣；麥當勞也曾推出麥當勞護照，只要蓋四個超值全餐戳章，即可免費享用一份超值全餐；好市多 (Costco) 販售大包裝單位的物品單價比零售價格便宜一到兩成。這些措施都是鼓勵消費者使用同一家的產品。當然，有些經濟學家認為累積哩程計畫妨礙競爭。事實上，現在多家航空公司有許多合作夥伴，不是只有搭某家航空公司的飛機才可累積飛行哩程數。譬如，聯合航空與星空聯盟 (Star Alliance) 簽訂合作計畫，凡搭乘星空聯盟所屬航空公司 [加拿大航空 (Air Canada)、新加坡航空 (Singapore Airlines)、泰國航空 (Thai Airways)、紐西蘭航空 (Air New Zealand) 等]，即可自由選擇想要的航空公司累積哩程數。因此，累積哩程計畫只是要填補飛機上的空位，或許並沒有妨礙競爭的疑慮。

3.4 消費者選擇

在討論消費者偏好與預算限制之後，現在我們可以決定消費者如何選擇商品與服務的購買數量。簡言之，理性的消費者會在有限的預算下，選擇能使滿足程度最大的商品與服務的組合。

為了要說明消費者選擇的問題，假設阿亮只消費兩種商品：可口可樂與大麥克。令 $U(x, y)$ 代表阿亮購買 x 單位可口可樂與 y 單位大麥克的效用函數，阿亮購買大麥克與可口可樂的支出，必須符合預算限制 $P_x x + P_y y \leq I$，因此消費者選擇的問題可寫成：

$$\max_{(x,y)} U(x, y)$$

$$\text{subject to } P_x x + P_y y \leq I$$

上式中 $\max_{(x,y)} U(x, y)$ 是指選擇 x 與 y 以使效用達到最大，第二行式子的經濟意義是 x 與 y 的購買支出不得超過消費者所得。假設阿亮喜歡多消費可口可樂與大麥克，可口可樂與大麥克的邊際效用皆為正。在最適商品組合，所得全部花完；換句話說，阿亮會在預算線上選擇商品組合消費。在效用極大化的式子，P_x、P_y 和 I 為外生變數，而 x 與 y 是消費者想要選擇的消費數量，因此為內生變數。

　　圖 3.17 是以無異曲線來分析阿亮最適選擇的問題，無異曲線 U_1、U_2 和 U_3 衡量阿亮對可口可樂與大麥克的偏好。U_3 的滿足程度最大，其次是 U_2，U_1 最小。阿亮每週的預算是 360 元，大麥克一個 60 元，而可口可樂一杯 45 元。預算線為 $P_x x + P_y y = I$ 或 $4x + 3y = 24$，預算線的斜率等於 $-\dfrac{3}{4}$。

　　阿亮的最適商品組合必須符合兩個條件：

1. 此商品組合能帶來效用最大。
2. 商品組合在預算線上。

在圖 3.17 中，最適商品組合在 C，效用水準為 U_2。為什麼組合 C 為最適選擇？首先，讓我們來考慮組合 E。組合 E 在預算線內，表示阿亮有能力可以消費大麥克與可口可樂，但是組合 E 位於較低的無異曲線 U_1 上，這並不符合條件 1，如果阿亮追求效用最大，組合 C 會優於組合 E。

　　接著，讓我們來考慮組合 A 與組合 B。這兩個商品組合都在預算線上，亦即阿亮花光 360 元可以在組合 A 或 B 消費；然而，組合 A 與 B 都在較低的無異曲線 U_1 上。顯然，組合 C 要比組合 A 和 B 好，因為同樣的 360 元，組合 C 的滿足程度比較高。最後，我們來看預算線外的商品組合，組合 D 並非最適選擇，因為阿亮根本就買不起，它並不符合條件 1。因此，最適選擇在組合 C。

　　從圖 3.17 觀察，除了組合 C 以外，任何位於 U_2 的商品組合皆在預算線以外。組合 C 是預算線碰觸到最高無異曲線的商品組合，其為無異曲線 U_2 與預算線的切點；也就是說，在組合 C，無異曲線的斜率等於預算線的斜率。從前面的討論可以得知，無異曲線的斜率是負的邊際替代率，而預算線的斜率是 $-P_x/P_y$，因此效用極大化的條件是：

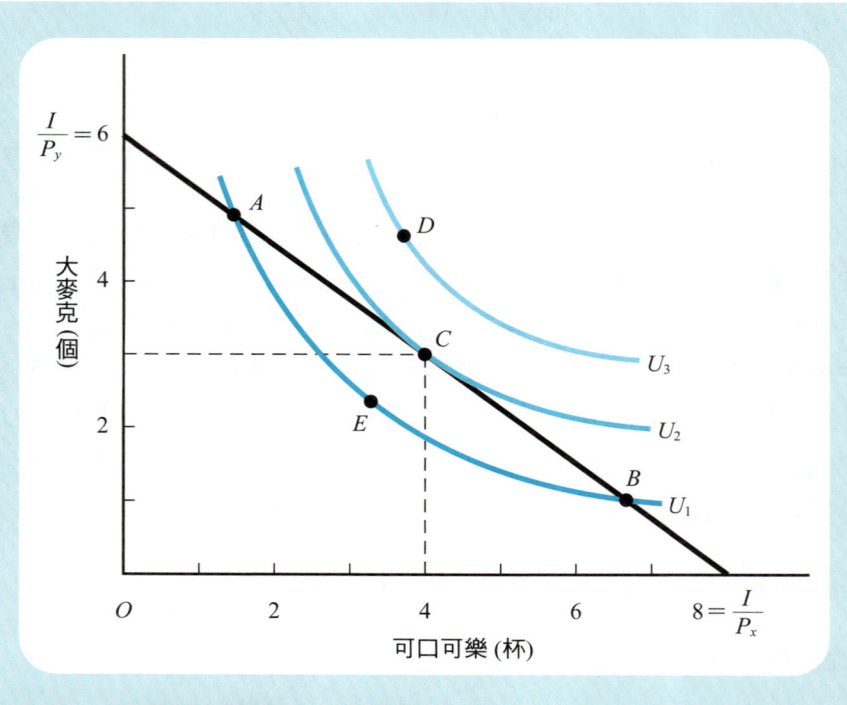

圖 3.17 消費者最適選擇：效用最大

若阿亮每週的預算是 360 元，在此預算下，他應該選擇組合 C，效用水準為 U_2。其它商品組合如組合 A 和組合 B 在預算線上，但效用水準較低。預算線外的商品組合，如組合 D，是買不起的。在組合 C，預算線與無異曲線相切，斜率均為 $-\frac{3}{4}$。

$$MRS_{xy} = \frac{P_x}{P_y}$$

或

$$\frac{MU_x}{MU_y} = \frac{P_x}{P_y}$$

在圖 3.17 中，最適商品組合 C 是**內部最適均衡** (interior optimum)，即消費者在組合 C 的 x 與 y 都大於零。我們可將上式略微整理：

$$\frac{MU_x}{P_x} = \frac{MU_y}{P_y}$$

這種形式的相切條件是指，阿亮選擇的最適商品組合，是讓每一元花在兩種商品的邊際效用都相等。從另外一個角度觀察，在內部最適均衡，每一元花在商品 x

所得到的額外效用等於每一元花在商品 y 所得到的額外效用。

如果阿亮選擇商品組合 A，邊際替代率 MRS 大於相對價格 P_x/P_y，阿亮的滿足程度沒有達到最大。在組合 A，$MU_x/P_x > MU_y/P_y$，阿亮每一元花在可口可樂的邊際效用高於每一元花在大麥克的邊際效用，因此他應該會將最後一元花在可口可樂的消費上。當可口可樂消費增加時，其邊際效用會遞減。消費者會沿著預算線從 A 往 C 移動來改善滿足水準。只要 MU_x/P_x 仍大於 MU_y/P_y，調整過程會持續，一直到 $MU_x/P_x = MU_y/P_y$ 為止。利用相同的邏輯，商品組合 B 的 $MU_x/P_x < MU_y/P_y$，阿亮會多買大麥克和少買可口可樂，直到 $MU_x/P_x = MU_y/P_y$，阿亮才會停止購買，此時的滿足程度達到最大。

總而言之，只要無異曲線是平滑且凸向原點，效用極大化的條件為 $MU_x/P_x = MU_y/P_y$，這個相切條件保證商品組合為內部最適均衡 ($x>0$，$y>0$)。消費者最適選擇也可以在多種商品下進行分析。若消費者選擇三個商品 x、y、z 來追求滿足程度最大，消費者的最適選擇可寫成：

$$\max_{(x, y, z)} U(x, y, z)$$

$$\text{subject to } P_x x + P_y y + P_z z \leq I$$

同樣地，若所有商品的邊際效用為正，效用極大化隱含最適商品組合位於預算線上。在最適內部均衡，消費者花在每一個商品最後一元的邊際效用都相等，亦即 $MU_x/P_x = MU_y/P_y = MU_z/P_z$。

邊做邊學習題 3-6

消費者最適選擇

(1) 假設勇瑋只消費食物 (F) 與休閒 (H)，他一天中有 12 個小時可分配在工作與休閒。若工資率是 2，食物價格是 3。除了工資外沒有其它所得，勇瑋的預算限制為何？另，假設勇瑋的效用函數是 $U(F, H) = F \cdot H$。則在最適時，勇瑋的工作時間有多少？

(109 年關務特考)

(2) 若年貨大街提供兩種超值商品：開心果 (x) 和黑金剛 (y)。開心果價格為 50 元，黑金剛價格為 200 元。月霞的零用錢有 1,000 元，其效用函數 $U(x, y) = xy$。在預算限制下，月霞的效用最大選擇為何？邊際替代率為何？

類似問題：基礎題 8

偏好與最適選擇

消費者的行為會影響到公司的生產決策。廠商可以依據不同的消費者偏好設定一套生產與銷售計畫，譬如，特斯拉 (Tesla) 進行市場調查，詢問消費者對不同組合的車子配備與性能的喜好程度。另一個方法則是以統計方法分析過去購買車子的配備與對性能的重視程度，決定不同族群的消費者給予每一種汽車屬性的相對價值。圖 3.18 說明消費者偏好如何影響購買決策。

假設消費者希望花 200 萬元在運動休旅車 (Sport Utility Vehicle, SUV) 的配備與性能上，但每一個族群的消費者對汽車的配備與性能偏好並不相同。圖 3.18(a) 的消費者偏好配備，如恆溫空調系統、頂級劇院系統、座椅按摩功能等，並重視安全，如自動停車系統、車道偏離警示系統、主動安全預防系統；他們有較平坦的邊際替代率，願意犧牲車子的性能來換取舒適與安全的配備。

圖 3.18(b) 的消費者偏好性能，如 V6 直列式引擎，在 2.8 秒內加速到 100 公里；四輪傳動 9 速手自排，有優秀的越野能力、超增壓性能、拖曳力量可達 3,500 公斤等；他們有較陡峭的 MRS，願意放棄一些車子的配備來換取較佳的性能。圖 3.18(c) 的消費者極其重視性能，這一群消費者強調車子的越野能力重於一切，車子不但可以行駛一般路面，在穿越崎嶇、泥濘、沙地等特殊路況，也能展現強大拖曳力與抓地力；他們的邊際替代率最為陡峭，只有從車子的性能當中才能得到滿足感。

消費者的最適消費組合是發生在無異曲線與預算線相切的地方。圖 3.18(a) 顯示，消費者會購買配備價值 160 萬元和性能價值 40 萬元的 SUV；圖 3.18(b) 顯示，消費者偏好性能價值 140 萬元和配備價值 60 萬元的 SUV；圖 3.18(c) 顯示，消費者極端重視性能，願意購買性能 200 萬元的運動休旅車。

各家車廠可以針對潛在購買者做問卷調查。譬如，有小孩的家庭比較注重舒適、安全及空間，傾向購買特斯拉 Model X 或賓士 (Mercedes-Benz) GLC 350；居住在郊區，喜好野外活動者，傾向購買四輪傳動和越野能力強的車種，如保時捷 (Porsche) Taycan 或路華 (Land Rover) Discovery。有趣的是，年齡與屬性偏好強烈相關，年長者偏好購買有更多安全配備與舒適功能的 SUV，年輕者則偏愛越野性能佳的 SUV。

角解

目前為止，在所有例子中，消費者的最適選擇都是內部均衡；亦即，消費者會購買商品數量大於零的兩個商品。但事實上並不一定如此，譬如，有些消費者不會購買香菸，並非所有消費者都擁有摩托車或願意花錢去旅行。如果消費者無法找到無異曲線與預算線相切的均衡點，消費者的最適消費組合可能在**角點**

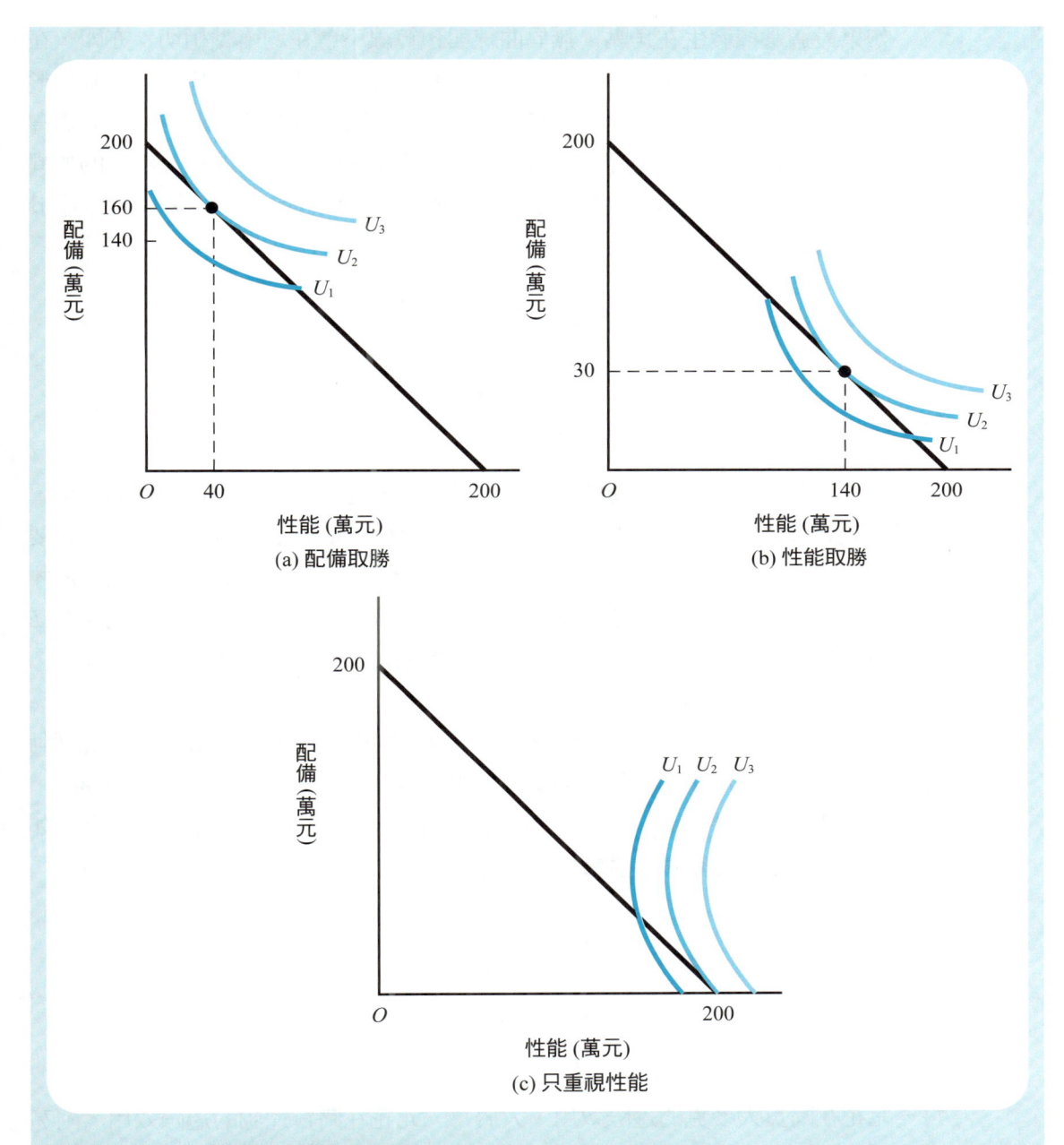

圖 3.18 偏好與消費者選擇

若消費者計畫花費 200 萬元在汽車的配備與性能上。圖 (a)：消費者偏好舒適與安全，願意在配備上花 160 萬元和在性能上花 40 萬元。圖 (b)：消費者偏好性能，願意在性能上花 140 萬元和在配備上花 60 萬元。圖 (c)：消費者只重視性能，願意在性能上花 200 萬元。

(corner point)；亦即，消費者選擇的商品組合在座標軸上，所以其中有一種商品的購買量為零。

如果最適選擇發生在角點，無異曲線與預算線不會在均衡點相切；亦即，在角點，邊際替代率不等於相對價格。圖 3.19 列出六種可能的角解。每一個圖形的效用最大商品組合都在組合 E。圖 3.19(a) 顯示消費者在預算限制下，只選擇吃素而不吃牛肉麵，最適選擇是組合 E 而非組合 B，因為組合 B 位於較低的無異曲線 U_1 上。在組合 E，效用達到極大，牛肉麵 (x) 對素食 (y) 的邊際替代率小於預算線的斜率。

$$MRS_{xy} = \frac{MU_x}{MU_y} < \frac{P_x}{P_y}$$

或

$$\frac{MU_x}{P_x} < \frac{MU_y}{P_y}$$

每一元花在購買素食的邊際效用，大於每一元花在購買牛肉麵的邊際效用，消費者偏好多購買素食，少買牛肉麵；亦即，從 B 點沿預算線向上移動，只要邊際替代率小於預算線斜率，消費者會持續以素食替代牛肉麵，直到組合 E 才停止。消費者將全部的所得拿來吃素食，更進一步的替代已不可能，因為組合 E 的牛肉麵數量為零，因此消費者的最適選擇是組合 E。組合 E 是在預算限制下，消費者效用最大的商品組合。

圖 3.19(b) 的煙囪是一個中性商品，不論煙囪數目的多寡，都不會影響到阿亮享受大麥克的效用水準，無異曲線是一垂直線。由於大麥克是「好」的商品，根據多比少好的基本假設，$U_3 > U_2 > U_1$。就預算線上的任一內部商品組合，如組合 B，無異曲線的斜率比預算線斜率陡，亦即：

$$MRS_{xy} = \frac{MU_x}{MU_y} > \frac{P_x}{P_y}$$

或

$$\frac{MU_x}{P_x} > \frac{MU_y}{P_y}$$

每一元花在購買大麥克的邊際效用，大於每一元花在購買煙囪的邊際效用。阿亮偏好大麥克，而少消費煙囪。這項結論不僅適用於組合 B，也適用於預算線上的商品組合。

阿亮會持續以大麥克替代煙囪，沿預算線往橫軸方向移動，直至組合 E 才會停止。消費者的最適選擇是組合 E，煙囪的消費數量為零。這個圖形有一個深遠的涵義：對消費者而言，煙囪是一個無用的商品 (useless good)，消費者追求效用最大，絕對不會購買中性商品。

在圖 3.19(c)，廚餘是「壞」的商品，而義美牛奶是「好」的商品，好的商

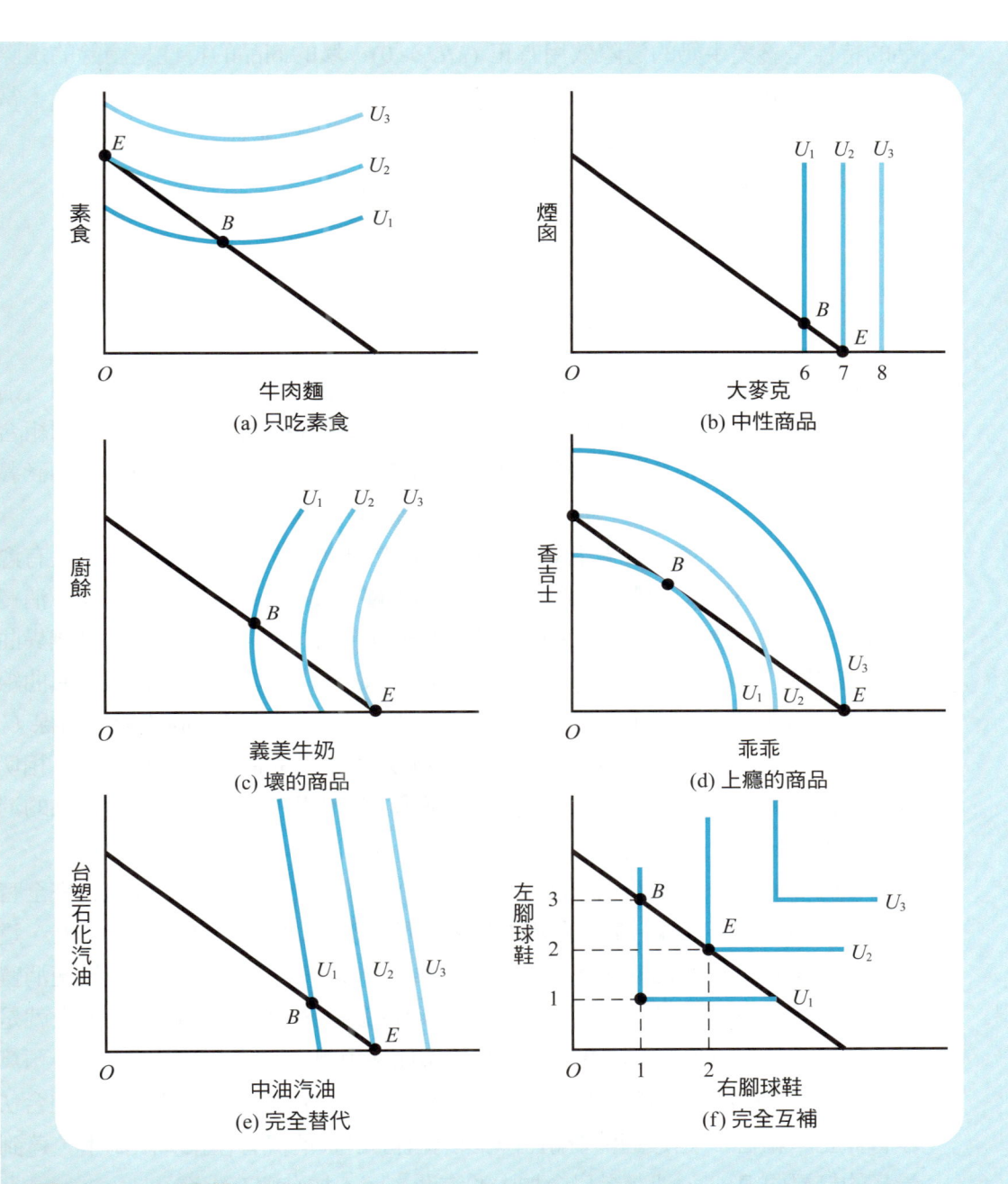

圖 3.19　角解

圖 (a)：無異曲線較預算線平坦，組合 E 位於最高的無異曲線上，是最適消費組合，消費者只吃素食。圖 (b)：煙囪是中性商品，無異曲線比預算線陡峭，組合 E 為最適消費組合，消費者不會購買煙囪。圖 (c)：廚餘為壞的商品，最適組合為組合 E，消費者不會購買任何廚餘。圖 (d)：乖乖是上癮的商品，無異曲線凹向原點，組合 E 為最適消費組合。圖 (e)：兩種商品為完全替代。只要預算線斜率較為平坦，消費者會選擇購買較便宜的商品 x，而不買商品 y。圖 (f)：完全互補的無異曲線，組合 E 優於組合 B，因為組合 E 位於較高的無異曲線上，消費者擁有兩雙球鞋。

品的特性是義美牛奶的邊際效用為正 ($MU_x>0$)，壞的商品的特性是廚餘的邊際效用為負 ($MU_y<0$)，所以無異曲線的斜率為正，偏好的方向是 $U_3>U_2>U_1$。當消費者選擇組合 B 時，邊際替代率的斜率大於預算線的斜率：

$$MRS_{xy}=\frac{MU_x}{MU_y}>\frac{P_x}{P_y}$$

或

$$\frac{MU_x}{P_x}>\frac{MU_y}{P_y}$$

每一元花在購買義美牛奶的邊際效用，大於每一元花在消費廚餘的邊際效用，消費者會多買義美牛奶，少買廚餘；亦即，沿預算線向橫軸方向移動，直到組合 E 才停止。組合 E 是角點，消費者不會購買任何廚餘。因此，圖 3.19(c) 的涵義為：當有其中一個商品是「壞」商品時，消費者絕對不會購買。

在圖 3.19(d)，儘管香吉士 (y) 與乖乖 (x) 皆為「好」商品，乖乖卻讓人有愈吃愈順口、停不下來的感覺，我們稱乖乖為上癮的商品 (addictive)；亦即，消費者願意放棄愈來愈多的香吉士來得到額外的乖乖，所以邊際替代率遞增且無異曲線凹向原點 (concave to the origin)，偏好方向為 $U_3>U_2>U_1$。組合 B 是無異曲線與預算線的切點，但並非最適消費組合，原因是組合 E 位於較高的無異曲線 U_3 上，組合 E 為消費者最適組合。我們的結論是：當無異曲線凹向原點時，相切條件無法適用，消費者會將全部所得用來購買愈吃愈想吃的商品，另一商品的消費數量則為零。

在圖 3.19(e)，台塑石化加油站的汽油 (y) 和中油加油站的汽油 (x) 為完全替代，無異曲線為一直線。無異曲線的斜率大於預算線的斜率，$MRS_{xy}>P_x/P_y$，這意味著台塑石化汽油比較昂貴，消費者只會加中油汽油。組合 B 並非最適消費組合，原因是兩種汽油的品質完全相同，消費者選擇購買價格較低者，也就是以中油汽油替代台塑石化汽油。這項結論不僅適用組合 B，也適用所有位於預算線上的其它商品組合。消費者持續地以中油汽油替代台塑石化汽油，直到組合 E 才會停止。組合 E 是最適消費組合，因為組合 E 讓消費者在預算限制下，達到最高的無異曲線 U_2，消費者只會加中油汽油，而不加台塑石化汽油。

圖 3.19(e) 的結論頗為常見，譬如，有些人喜歡買名牌服飾的剪標商品，而不買當季商品；有些人不買處方用藥，而以替代商品 (generic brand) 替代；或有些人只買量販店自有品牌的商品 (如家樂福洗衣粉、衛生紙)，而不買一般品牌，(如 Tide 或舒潔)。值得注意的是，如果預算線斜率與無異曲線的斜率相同，$MU_x/MU_y=P_x/P_y$，每一元花在 y 商品的邊際效用等於每一元花在 x 商品的邊際效

用，消費者對預算線上的任何一點都同樣滿足，最適消費組合在預算線上的任何一點。

最後，圖 3.19(f) 描繪的效用極大化情況，顯示消費者只會購買成雙成對的鞋子。[1] 直角型的無異曲線代表左腳球鞋 (y) 與右腳球鞋 (x) 為完全互補。組合 B 並非最適消費組合，因為你不會買 3 隻左腳球鞋搭配 1 隻右腳球鞋。以同樣的所得，組合 E 優於組合 B，因為組合 E 讓消費者擁有兩雙球鞋，而位於較高的無異曲線 U_2 上，因此組合 E 為最適消費組合。

完全互補的例子頗為常見，譬如，手套、耳環、襪子等；飲料也有完全互補的例子，如咖啡與奶精、琴酒與通寧水等。當然，汽車、冰箱、冷氣都是整組購買，一般人不會去買零件，從上述的討論可以得知，完全互補無異曲線的最適均衡發生在直角點，如圖 3.19(f) 的組合 E 所示。

邊做邊學習題 3-7

完全互補的最適消費組合

完全互補的效用函數可以寫成 $U(x, y) = \min\left\{\dfrac{x}{\alpha}, \dfrac{y}{\beta}\right\}$，即 x/α 與 y/β 中取最小值，譬如 $U(x, y) = \min\left\{\dfrac{x}{3}, \dfrac{y}{6}\right\}$，當 $x = 3$ 和 $y = 8$ 時，$U(x, y) = 1$。此時，y 的數量太多，有浪費的現象。

問題

假設恩雅喝 1 杯咖啡 (x) 一定加 2 個奶球 (y)，她消費咖啡和奶球的效用函數為 $U(x, y) = \min\left\{x, \dfrac{y}{2}\right\}$，如果 1 杯咖啡價格為 50 元 ($P_x = \$50$)，1 個奶球的價格是 25 元 ($P_y = \$25$)，恩雅打算每週花 200 元喝咖啡，請問最適消費組合是多少？

類似問題：基礎題 9

總結

▶ 消費者選擇理論假設消費者是理性的，在有限的所得下，追求滿足程度的最大。
▶ 消費者行為有三個部分：消費者偏好、預算限制及消費者選擇。
▶ 消費者偏好說明消費者如何比較任何兩組商品。偏好必須符合三個假設：完整性、遞移性

---

1 圖 3.19(f) 描繪的最適選擇並非角點。直角型無異曲線的最適均衡發生在直角點上。

- 及多比少好。
- 無異曲線是所有商品與服務帶來相同滿足程度的軌跡連線，愈往右上方，滿足程度愈高、斜率為負、不能相交，且不厚。
- 消費者偏好可以由一組無異曲線完整地描述，我們稱為無異曲線圖譜。無異曲線圖譜提供序列效用分析。
- 效用函數衡量消費者從商品與服務的消費中得到的滿足程度。任何消費者偏好符合完整性、遞移性及多比少好的假設，均可以效用函數表示。
- 邊際效用是多增加一單位商品消費，所增加的總效用。邊際效用遞減法則是指隨著商品消費數量的增加，商品的邊際效用遞減。
- 邊際替代率 (MRS_{xy}) 是指，在效用水準不變下，消費者為了多得到 x 所願意放棄 y 的數量。它是無異曲線斜率的負數，定義成 MU_x/MU_y。
- 當邊際替代率遞減時，無異曲線凸向原點。兩商品若為完全替代，邊際替代率固定，無異曲線為一直線；若兩商品為完全互補，無異曲線為直角型；中性商品的無異曲線則為直線。
- 預算線衡量消費者花光所得，所能購買的商品與服務組合。當消費者所得增加或其中一商品價格下跌時，預算線向外移動。
- 若消費者在預算限制下追求效用極大化，只要商品邊際效用為正，最適消費組合會在預算線上。若無異曲線凸向原點，且消費者會購買兩種商品，則效用極大化的條件為 $MU_x/P_x = MU_y/P_y$，亦即預算線的斜率與無異曲線斜率相等。
- 在某些情況下，消費者的最適消費組合可能在角點，這些情況包括：完全替代、完全互補，其中有一商品為「壞」商品、中性商品，消費者只偏好某一商品，以及凹型無異曲線。在這些情形下，效用極大化的相切條件並不符合。

問題與計算

基礎題

1. 請畫出下列商品組合的無異曲線：
   (a) 藍山咖啡與黑森林蛋糕。
   (b) 政府提供的金錢補助與土石流。
   (c) 噪音與垃圾。
   (d) 權力不重要，錢多寡才重要。
2. 請畫出下列的無異曲線圖譜：
   (a) 齊天大聖喜歡吃花生，但水果可吃可不吃。

(b) 豆花妹不喜歡吃豆花,但喜歡吃水果。

3. 請畫出下列消費者偏好的無異曲線:
   (a) 1 輛娃娃車始終搭配 3 個輪子。
   (b) 1 杯黑咖啡搭配 1 個甜甜圈。

4. 若膨風嫂對炒米粉 (A) 和番茄炒蛋 (B) 的效用函數為 $U=(A^{0.5}+B^{0.5})^2$,請問炒米粉的邊際效用為何?

5. 假設效用函數 $U(x, y)=10\sqrt{xy}$,其中 x 是蘋果,y 是麵包。
   (a) x 與 y 的邊際效用是多少?是否符合多比少好的假設?
   (b) 蘋果的邊際效用是否遞減?麵包的邊際效用是否遞減?

6. 假設有一準線性效用函數形式為:

$$U(x, y)=\sqrt{x}+y$$

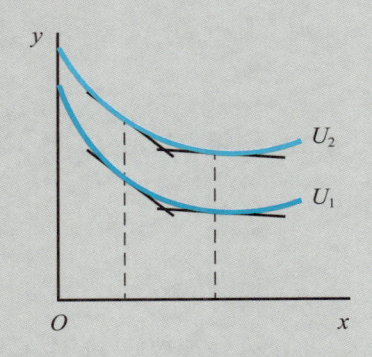

   (a) x 與 y 的邊際效用是多少?是否符合多比少好的假設?
   (b) 邊際效用是否遞減?
   (c) 邊際替代率是多少?

7. 茉樹代購買煎茶 (x) 與蛋糕 (y) 的預算線為 $10x+2y=80$,現在茉樹代的消費組合是 4 包煎茶和 20 個蛋糕。為了多得到 3 包煎茶,茉樹代必須放棄多少個蛋糕?

8. 阿亮購買大麥克 (y) 與可口可樂 (x) 的效用函數為 $U(x, y)=xy$。每週的所得是 360 元,可口可樂價格 $P_x=45$ 元和大麥克價格 $P_y=60$ 元。
   (a) 請找出邊際替代率。
   (b) 請求最適消費組合。

9. 考慮巴哈的效用函數 $U(x, y)=\min\{3x, 5y\}$,若商品 x (咖啡) 與 y (甜甜圈) 的價格分別為 $P_x=\$10$ 和 $P_y=\$20$,和巴哈的所得為 \$440,請找出巴哈的最適消費組合。

10. 志玲僅購買翡翠檸檬與礦泉水兩種飲料。就目前的消費數量,志玲由多一杯翡翠檸檬所獲得的邊際效用為多一瓶礦泉水的 2 倍。礦泉水一瓶要價 20 元且志玲已達效用最大。請問翡翠檸檬價格是多少?

(100 年高考)

11. 魯夫的效用函數為 $U = x_1 + 2x_2$。如果魯夫的最適消費是 6 單位 x_1 與 7 單位 x_2，則商品 x_1 價格 P_1 與商品 x_2 價格 P_2 之間的關係為何？
12. 小玉喜歡休閒 (L)，但不喜歡做功課，請列出可能的效用函數？ (109 年關務特考)
13. 承上題，如果小玉有 12 小時分配在休閒 (L) 與做功課上，而休閒的機會成本 (即價格) 為 2，做功課的機會成本為 1，小玉各花多少時間在休閒和做功課上？ (109 年關務特考)
14. 假設效用函數 $U(x, y) = 4\log x + 5\log y$，其中 x 是牛排，y 是冰淇淋。x 與 y 的邊際效用是多少？是否符合多比少好的假設？

進階題

1. 莫札特只消費兩種商品：巧克力 (x) 和啤酒 (y)。
   (a) 莫札特喜歡吃巧克力，但對啤酒則無所謂喜歡或不喜歡。
   (b) 莫札特喜歡吃巧克力，但不喜歡啤酒。
   (c) 莫札特喜歡巧克力和啤酒，但 1 杯啤酒一定要搭配 2 顆巧克力。
   請畫出莫札特的無異曲線。

2. 若雞排妹的效用函數 $U = \sqrt{x} + 2\sqrt{y}$，邊際效用分別為 $MU_x = \dfrac{1}{2\sqrt{x}}$ 與 $MU_y = \dfrac{1}{\sqrt{y}}$。
   (a) 是否符合多比少好的假設？
   (b) MU_x 是否遞減？
   (c) MRS_{xy} 是否遞減？

3. 亞拉岡經常在世界各地出差，他加入新加坡航空的累積哩程酬賓計畫 Krisflyer。當他每年飛行超過 100,000 哩時，票價可以打 8 折；當他的飛行哩程累積超過 200,000 哩時，票價可以打 5 折。請畫出亞拉岡這一年所面對的預算線。

4. 假設志明的偏好可以準線性效用函數 $U(x, y) = 2\sqrt{x} + y$。
   (a) 商品 x 的邊際效用是否遞減？
   (b) 商品 y 是否符合多比少好的假設？
   (c) 隨著 x 消費的增加，MRS_{xy} 是否遞減？
   (d) 請畫出無異曲線，並指出無異曲線是否與兩座標軸相交。

5. 10 年前，麵包每個 10 元、蛋糕每塊 20 元，在每週 200 元的預算下，寶春買 10 個麵包與 5 塊蛋糕。現在，麵包每個 20 元、蛋糕每塊 50 元，寶春每週的預算也增為 500 元。若寶春對麵包與蛋糕的偏好沒有改變，麵包與蛋糕也和以前一樣，則寶春現在是否比 10 年前在麵包與蛋糕的消費上獲得更高的效用？ (100 年高考)

6. 寧夏夜市豆花莊的花生豆花是一份豆花搭配一份花生。如果小婉的所得是 210 元，而花生一份 2 元，而豆花一份 5 元，小婉對花生與豆花的最適消費組合為何？

7. 圓仔對於消費竹子 (x_1) 與窩窩頭 (x_2) 的效用函數為 $U(x_1, x_2) = 4x_1^{\frac{1}{2}} + x_2$。若圓仔目前消費

49 根竹子與 20 個窩窩頭，則其最多願意放棄多少個窩窩頭，以換取額外 15 根竹子？

(100 年高考)

8. 柴可夫斯基正考慮購買伏特加 (x) 及魚子醬 (y)，其效用函數為 $U(x, y)=xy+10\,x$，他的所得 $I=10$，而伏特加價格 $P_x=\$1$ 和魚子醬價格 $P_y=\$2$，請問柴可夫斯基的最適消費組合是多少？

9. 假設某消費者的所得是 $100，$x$ 財貨價格為 $10，$y$ 財貨價格為 $5。
   (a) 若此消費者的效用函數 $U(x, y)=x+y$，請求出效用最大的 x 與 y 財貨的組合。
   (b) 若此消費者的效用函數為 $U(x, y)=\min\{2x, y\}$，請求出效用最大的 x 與 y 財貨的組合。

10. 假設陳同學有所得 $20，其消費 x、y 兩物品的效用函數為 $U(x, y)=2xy+1$。這兩物品價格均為 $1。請問：
    (a) 在追求效用極大化的目標下，他會分別消費多少單位的 x 和 y？
    (b) 如果因政府對 x 物品課稅之故，x 的價格上漲為每單位 $2，而其所得和 y 之價格則維持不變，此時他會消費多少單位的 x？

網路習題

1. 累積哩程酬賓計畫是指，如果搭乘同一家航空公司，只要加入會員即可享受累積哩程的各項優惠，包括：機艙升等服務、免費機票、優先訂位等。現在各家航空公司已有合作夥伴，也就是只要你搭乘有合作計畫的航空公司，仍可享有優惠。請至中華航空 https://www.china-airlines.com、長榮航空 https://www.evaair.com 及新加坡航空 https://www.singaporeair.com 的網站，下載成為會員的申請條件、會員等級、合作夥伴名稱及各項優惠措施。

附錄 3A：消費者選擇的數學分析

本附錄將利用**拉氏乘數** (Lagrange multiplier) 微積分技巧，來求解消費者最適選擇的問題。拉氏乘數法是將受限最適化的問題，轉換成可以應用的無受限極值的問題。為了簡化說明，假設消費者只購買兩種商品：x 和 y，x 商品的價格為 P_x，y 商品的價格為 P_y，而消費者所得為 I。

假設兩個商品的邊際效用皆為正，消費者會在預算線上消費。此外，我們假設效用函數是可微分的，且 $x>0$，$y>0$。基於這些假設，消費者選擇的問題可寫成：

$$\max_{(x, y)} U(x, y)$$

$$\text{subject to } P_x \times x + P_y \times y = I$$

上式中，第一式為目標函數——消費者追求效用最大，第二式為限制式——消費者在有限的所得下進行消費。內生變數是 x 和 y，外生變數為 P_x、P_y 和 I。**拉氏函數** (Lagrange function) 可以定義成：

$$\mathscr{L}(x, y, \lambda) = U(x, y) + \lambda(I - P_x x - P_y y)$$

其中 λ 是拉氏乘數。極大化的一階必要條件是：

$$\frac{\partial \mathscr{L}}{\partial x} = 0 \Rightarrow \frac{\partial U(x, y)}{\partial x} - \lambda P_x = 0 \quad \text{(3A.1)}$$

$$\frac{\partial \mathscr{L}}{\partial y} = 0 \Rightarrow \frac{\partial U(x, y)}{\partial y} - \lambda P_y = 0 \quad \text{(3A.2)}$$

$$\frac{\partial \mathscr{L}}{\partial \lambda} = 0 \Rightarrow I - P_x x - P_y y = 0 \quad \text{(3A.3)}$$

$\frac{\partial U(x, y)}{\partial x}$ 是商品 x 的邊際效用 (MU_x)，$\frac{\partial U(x, y)}{\partial y}$ 是商品 y 的邊際效用 (MU_y)。由式 (3A.1) 和式 (3A.2) 可得：

$$MU_x = \lambda P_x \Rightarrow \frac{MU_x}{P_x} = \lambda$$

$$MU_y = \lambda P_y \Rightarrow \frac{MU_y}{P_y} = \lambda$$

$$\frac{MU_x}{P_x} = \frac{MU_y}{P_y} \text{ 或 } \frac{MU_x}{MU_y} = \frac{P_x}{P_y}$$

上式是效用極大化的相切條件，$MRS_{xy} = MU_x/MU_y = P_x/P_y$，而 $MU_x/P_x = MU_y/P_x$ 是指每一元花在 x 與 y 的邊際效用都相等。如果效用函數符合一階條件，且消費者的選擇在預算線上 ($P_x x + P_y y = I$)，運用隱函數定理，可將變數最佳值寫成外生變數的函數，因此最適消費組合 x^* 與 y^*：

$$x^* = x(P_x; P_y, I) \quad \text{(3A.4)}$$
$$y^* = y(P_y; P_x, I) \quad \text{(3A.5)}$$

式 (3A.4) 為商品 x 的需求函數，需求數量 (x^*) 不僅受本身價格 (P_x) 的影響，也受其它商品價格 (P_y) 和消費者所得 (I) 的影響；同樣地，需求數量 (y^*) 不僅受本身價格 (P_y) 的影響，也受其它商品價格 (P_x) 和消費者所得 (I) 的影響，式 (3A.4) 和式 (3A.5) 中分號後面的變數是其它條件的概念。

> **邊做邊學習題 3A-1**
>
> 一階條件的最適解
> (a) 效用函數為 $U(x, y)=xy$，預算線方程式為 $3x+4y=24$。
> (b) 效用函數為 $U(x, y)=x^2=y^2$，預算線方程式為 $x+4y=2$。
> 請求出最適消費組合 x^* 和 y^*。
>
> 類似問題：問題與計算 A.1、A.2

二階充分條件

效用函數符合一階條件只能保證無異曲線與預算線相切，然而，圖 3A.1 列出相切條件滿足，但效用不是極大的情形。圖 3A.1(a) 中，A 點符合相切條件，但無異曲線凹向原點。消費者的最適選擇在 B 點，此時無異曲線凸向原點。在圖 3A.1(b)，商品 x 為上癮的商品，無異曲線凹向原點，此時邊際替代率遞增。因此，A 點並非最適消費組合，B 點才是效用極大的商品組合。

從上述的討論中，我們知道效用最大的商品組合與無異曲線凸向原點有密切的關係。精確地說，一階條件只能保證極值的存在，所以我們稱為必要條件 (necessary condition)；二階條件 (邊際替代率遞減) 才能夠確定極值是最大值或最小值，所以它是充分條件 (sufficient condition)。由於二階條件牽涉到二階微分，式子有些複雜，在此，我們將二階條件的結果列出：

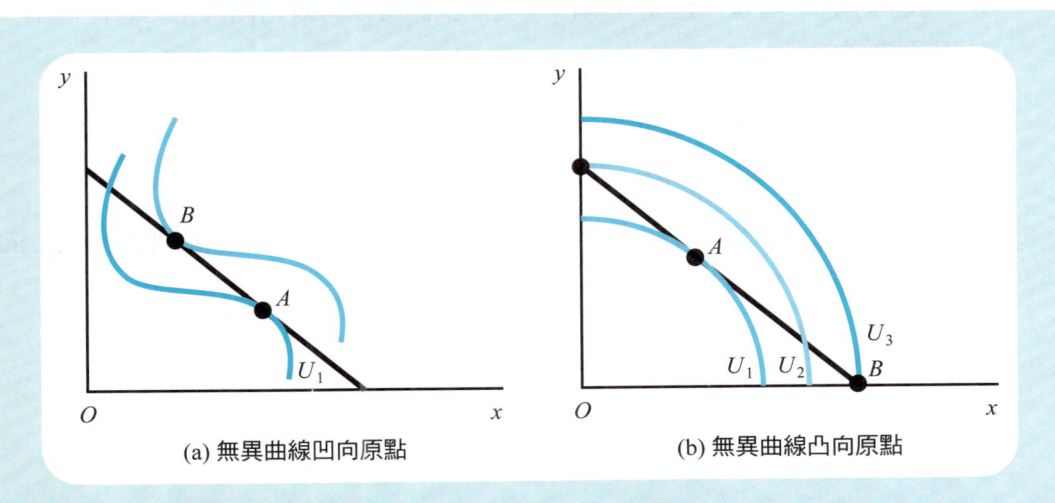

圖 3A.1 效用沒有極大化

圖 (a) 和 (b) 的無異曲線都是在切點的地方 (A 點) 凹向原點，圖 (a) 在 B 點時效用達於最大，無異曲線凸向原點。

$$|\overline{H}| = \begin{vmatrix} \mathscr{L}_{xx} & \mathscr{L}_{xy} & \mathscr{L}_{x\lambda} \\ \mathscr{L}_{yx} & \mathscr{L}_{yy} & \mathscr{L}_{y\lambda} \\ \mathscr{L}_{\lambda x} & \mathscr{L}_{\lambda y} & 0 \end{vmatrix} \quad (3A.6)$$

式 (3A.6) 為加維赫辛行列式 (Bordered Hessian Matrix)，如果

$$|\overline{H}| > 0 \Rightarrow 存在極大化$$
$$|\overline{H}| < 0 \Rightarrow 存在極小化$$

將效用函數及預算限制式代入式 (3A.6) 可得：

$$\begin{vmatrix} U_{xx} & U_{xy} & -P_x \\ U_{yx} & U_{yy} & -P_y \\ -P_x & -P_y & 0 \end{vmatrix} > 0$$

效用函數對商品 x 進行二階微分，其中 U_{xx} 為 $\dfrac{\partial U^2(x,y)}{\partial x^2}$，$U_{yy}$ 為效用函數對商品 y 進行二階微分 $\dfrac{\partial U^2(x,y)}{\partial y^2}$，而 U_{xy} 為效用函數對 x 和 y 微分 $\dfrac{\partial U^2(x,y)}{\partial x^2}$。上式展開後，可得：

$$2P_x P_y U_{xy} - P_y^2 U_{xx} - P_x^2 U_{yy} > 0 \quad (3A.7)$$

式 (3A.7) 即為邊際替代率遞減的條件，[2] 即 $|\overline{H}| > 0$ 隱含無異曲線凸向原點。所以，我們才說二階條件是充分條件。現在我們可以將效用極大化的條件寫出，一效用函數符合：

二階條件：$MRS_{xy} = P_x/P_y$
二階條件：$|\overline{H}| > 0$ $\Leftrightarrow$ 效用極大化 ($x > 0$ 和 $y > 0$)

如果效用函數可以微分且 $x > 0$ 和 $y > 0$，只要一階條件和二階條件都滿足，即可求得內部均衡解 (x^* 和 y^*)。

---

2 邊際替代率遞減隱含 $\dfrac{d^2 y}{dx^2} = \dfrac{2P_x P_y U_{xy} - P_y^2 U_{xx} - P_x^2 U_{yy}}{U_y P_y^2} = \dfrac{|\overline{H}|}{U_y P_y^2} > 0$。

Chapter 3　消費者行為

> **邊做邊學習題 3A-2**
>
> **二階充分條件**
> (a) 若效用函數為 $U(x,y)=xy$，預算線方程式為 $3x+4y=24$。
> (b) 若效用函數為 $U(x,y)=x^2+y^2$，預算線方程式為 $x+4y=2$。
> 請求出二階條件的 $|H|$，效用函數是存在極大值或極小值？

兩個以上變數的消費者選擇

　　截至目前為止，我們的討論都是消費者只購買兩種商品。在現實生活中，消費者可以買豆腐、橘子和衣服，或是一次買五種、十種商品都有可能。現在先讓我們來討論三個變數的消費者選擇問題：

$$\max_{(x,y,z)} U(x,y,z)$$

$$\text{subject to } P_x x + P_y y + P_z z = I$$

假設效用函數 $U(x,y,z)$ 是可微分的，且 $x>0$、$y>0$ 和 $z>0$。當 x、y、z 的邊際效用為正時，消費者會選擇在預算線上消費。基於這些假設，拉氏函數可寫成：

$$\mathcal{L}(x,y,z,\lambda) = U(x,y,z) + \lambda(I - P_x x - P_y y - P_z z)$$

一階必要條件為：

$$\begin{cases} \dfrac{\partial \mathcal{L}(x,y,z,\lambda)}{\partial x} = 0 \Rightarrow \dfrac{\partial U(x,y,z)}{\partial x} - \lambda P_x = 0 \\[6pt] \dfrac{\partial \mathcal{L}(x,y,z,\lambda)}{\partial y} = 0 \Rightarrow \dfrac{\partial U(x,y,z)}{\partial y} - \lambda P_y = 0 \\[6pt] \dfrac{\partial \mathcal{L}(x,y,z,\lambda)}{\partial z} = 0 \Rightarrow \dfrac{\partial U(x,y,z)}{\partial z} - \lambda P_z = 0 \\[6pt] \dfrac{\partial \mathcal{L}(x,y,z,\lambda)}{\partial \lambda} = I - P_x x - P_y y - P_z z = 0 \end{cases}$$

二階充分條件為：

$$|\overline{H}| = \begin{vmatrix} U_{xx} & U_{xy} & U_{xz} & -P_x \\ U_{yx} & U_{yy} & U_{yz} & -P_y \\ U_{zx} & U_{zy} & U_{zz} & -P_z \\ -P_x & -P_y & -P_z & 0 \end{vmatrix}$$

當 $|\overline{H}_3|<0$ 隱含有極大值時，若我們將變數推廣到 n 個商品，則效用極大化的條件可寫成：

一階條件：$\dfrac{\partial \mathcal{L}}{\partial x_1} = \dfrac{\partial \mathcal{L}}{\partial x_2} = \dfrac{\partial \mathcal{L}}{\partial x_3} = \cdots = \dfrac{\partial \mathcal{L}}{\partial x_n} = \dfrac{\partial \mathcal{L}}{\partial \lambda} = 0$

二階條件：$|\overline{H}_2|>0;\ |\overline{H}_3|<0,\ |\overline{H}_4|>0,\cdots$

問題與計算

A.1 假設某一消費者所得為 24 元，可供其選擇的財貨有兩種：x 與 y。這兩種消費財的價格分別為 4 元 ($P_x=4$) 與 2 元 ($P_y=2$)，若該消費者的效用函數為 $U=x^{\frac{1}{3}}y^{\frac{2}{3}}$，則其對 x 與 y 的最適消費量是多少？若效用函數為 $U=\dfrac{1}{3}\ln x + \dfrac{2}{3}\ln y$，則 x 與 y 的最適消費量是多少？

A.2 假設布希只消費兩種商品：漢堡 (x) 與墨西哥薄餅 (y)，其價格分別為 $P_x=3$ 和 $P_y=2$。每週他打算花 65 元消費這兩種商品。如果布希的效用函數是 $U(x,y)=(x+1)(y+2)$，請求出效用最大的漢堡與墨西哥薄餅數量？

Chapter 4

需求理論與消費者選擇的應用

人的一生當中必須做出許多重要的決定，這些重要的決定牽涉到如何平衡現在與未來的消費價值。學生時期吃泡麵、花很多的時間念書、取得技師證照，雖然辛苦卻能夠換得日後更好的生活水準。換個角度來看，學生也可以辦信用卡、買名牌服飾，不過信用卡的手續費加循環利息會讓未來的消費能力大為降低，導致在大學畢業時已經破產。

同理，人們也必須在工作與休閒之間找到平衡點。像是科技新貴 1 週工時超過 100 小時，其收入增加，卻沒有時間享受。薪水要達到什麼樣的水準，才能夠擁有自己的房子、每年出國旅遊？人生面臨各式各樣的抉擇，同時也是一連串的取捨。花 20 萬元飛去美國打疫苗，回來台灣隔離 14 天值得嗎？時間是最稀有的資源之一，你在讀本書的同時，就無法上網、打球、購物或出去玩。

人類行為的每個層面都會牽涉到成本的權衡。某個事物的成本降低時，它的吸引力就會提升。成本的概念並非侷限在金錢的範疇，而是指為了得到某些東西所必須付出的犧牲，如果必須在風雨中守候 12 小時才能見到 NBA 球星浪花兄弟柯瑞與湯普森，那麼它根本不是「免費」。我們可以從需求曲線來瞭解消費者對代價的衡量，經濟學家曾計算，香菸價格上升 3 倍，現行吸菸人口會減少三分之一。需求曲線的概念也可以解釋為何名牌做 1 折促銷總會吸引大批人潮搶購。

在本章一開始，我們學習商品需求如何受價格與所得的影響，利用價格消費線與所得消費線可以確認商品的某些屬性，然後學習商品價格變動如何透過所得效果與替代效果來影響消費者。

接下來，我們可以看看一些無異曲線的應用——合成商品的消費者選擇分析，包括：累積飛行哩程酬賓計畫、現金補貼與實物補貼、會員收費制度等的經濟分析。本章將以消費者如何在工作與休閒間取得平衡作為結束。通常，我們預期工資提高，消費者的工作時數因而上升。然而，實則不然，我們利用所得效果與替代效果來說明工資上漲，工作時間卻減少的事實。

4.1　個人需求

第 3 章指出在阿亮所得、大麥克與可口可樂價格和偏好已知情形下，每週的最適消費組合。現在我們想要問的是：在其它條件不變下，若可口可樂價格一杯 30 元時，阿亮每週會喝幾杯？每杯可口可樂價格是 15 元時，他又會喝幾杯？當我們將可口可樂價格和購買數量的關係繪製成圖形，即可得到阿亮對可口可樂的需求曲線。

接下來，讓我們用一個簡單的例子來說明個別需求曲線的意義。

價格變動

假設城武每週只消費兩種商品：燒肉與御茶園。御茶園一罐是 10 元 ($P_y=$ \$10)，燒肉一份是 20 元 ($P_x=$ \$20)，城武每週的預算是 100 元。首先，消費者追求效用最大的最適選擇是在圖 4.1(a) 的 A 點，城武每週消費 2 份燒肉和 6 罐御茶園。

在暑假的淡季，牛角燒肉店的老闆為了促銷，將燒肉價格調降成一份 10 元 ($P_x=$ \$10)，消費組合有何改變？燒肉價格下跌，讓斜率從 $-P_x/P_y=-$\$20/\$10 變成 $-P_x/P_y=-$\$10/\$10，預算線以逆時針方向往外旋轉。最適消費組合在 B 點，城武每週消費 6 份燒肉和 4 罐御茶園。最後，當燒肉價格下跌至 5 元時，預算線再度向外旋轉，預算線的斜率從 $-P_x/P_y=-$\$10/\$10 變成 $-P_x/P_y=-$\$5/\$10。最適消費組合在 C 點，城武每週消費 10 份燒肉和 5 罐御茶園。

將 A、B、C 三個點用曲線連結起來，可以得到**價格消費線** (price consumption curve, PCC)。價格消費線描繪在所得與御茶園價格不變下，燒肉價格變動引起效用極大化的燒肉與御茶園組合的軌跡。值得注意的是，當燒肉價格下跌時，消費者達到更高的效用水準，並購買更多的燒肉。

現在我們來看圖 4.1(b)。在圖 4.1(b)，燒肉價格在縱軸，而燒肉數量在橫軸。當燒肉一份 20 元時，城武會選擇圖 4.1(a) 的 A 點，每週消費 2 份燒肉。簡

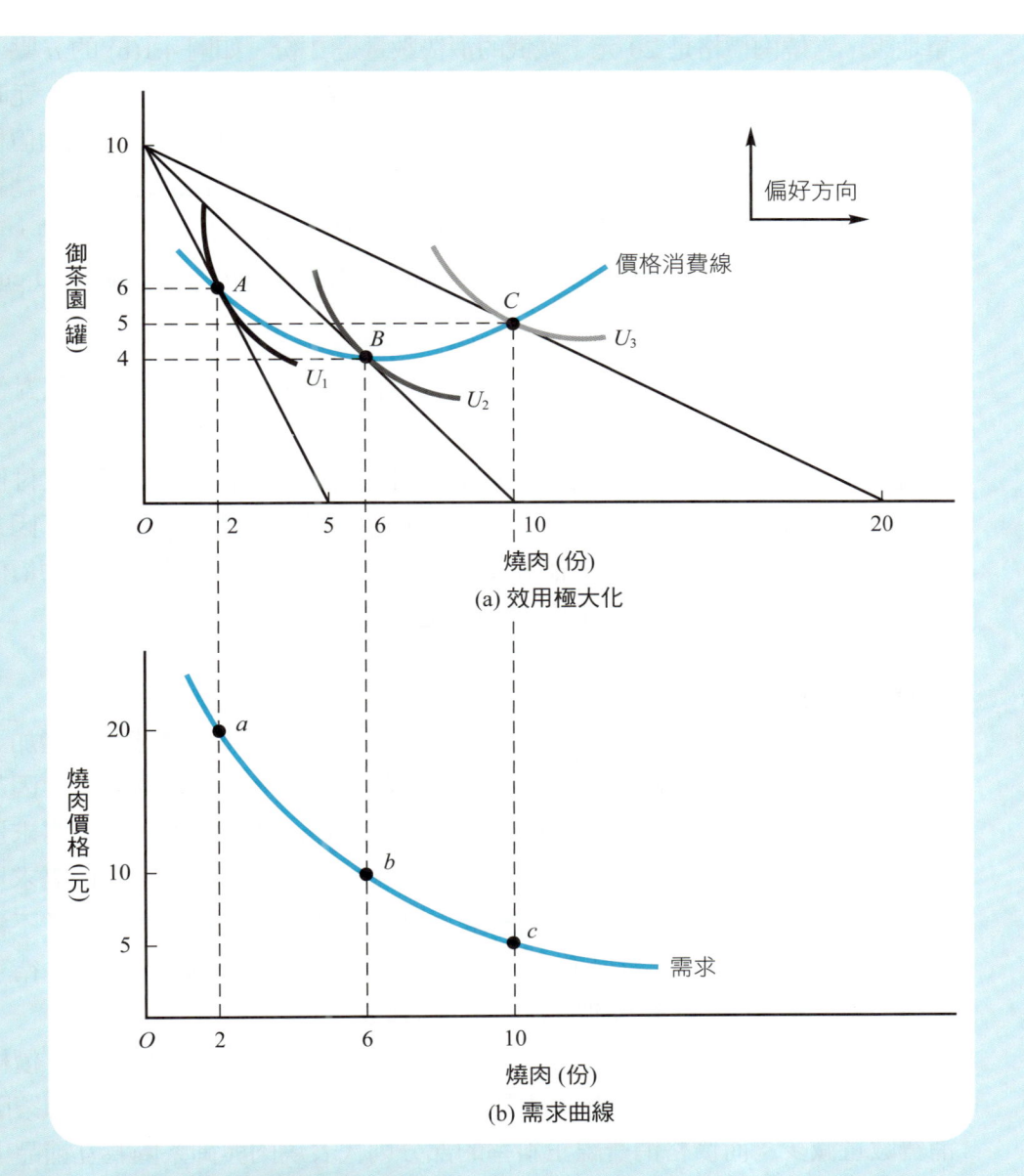

Chapter 4　需求理論與消費者選擇的應用

圖 4.1　燒肉價格變動的影響

在所得與御茶園價格不變下，燒肉價格下跌，促使消費者購買不同的商品組合。圖 (a)：當燒肉價格是 20 元，最適消費組合是 A 點，消費者買 2 份燒肉，當燒肉價格下跌是 10 元和 5 元時，最適消費組合分別是 B 點和 C 點，連結 A、B、C 點可得價格消費線。圖 (b)：利用圖 (a) 的最適選擇，在不同的燒肉價格下，畫出消費數量。當燒肉價格下跌時，燒肉的消費數量增加。

單地說，當燒肉價格是 20 元，城武的消費數量是 2 份，如圖 4.1(b) 的 a 點。圖 4.1(b) 的 a 點對應圖 4.1(a) 的 A 點。利用相同的邏輯，當燒肉價格是 10 元時，城武的消費數量是 6 份，圖 4.1(b) 的 b 點對應圖 4.1(a) 的 B 點。當燒肉價格是 5 元時，城武會購買 10 份燒肉，圖 4.1(b) 的 c 點對應圖 4.1(a) 的 C 點。總結來說，燒肉價格下跌，燒肉的購買數量增加。連結圖 4.1(b) 的 a、b、c 三點，可得城武對燒肉的 需求曲線 (demand curve)。個別需求曲線 (individual demand curve) 滿足下列兩個特性：

1. 需求曲線的任何一點皆為效用最大，符合邊際替代率等於商品的相對價格比率。
2. 需求曲線上任何一點的效用水準都不相同，因此需求曲線也是願意支付價格的曲線。當消費者在商品組合 A 時，他願意多付 20 元購買一份燒肉，因為組合 A 的邊際替代率等於 2，額外 1 份燒肉的價值是額外 2 罐御茶園的價值。若御茶園一罐是 10 元，燒肉的價格就是 20 元。

替代品與互補品

在第 2 章曾經定義，如果一商品的價格上升導致另一商品需求量的增加，則兩商品互為替代品。譬如，咖啡價格上升，我們預期紅茶的需求量增加，因為人們會以紅茶替代咖啡的消費。同理，如果一商品價格上升導致另一商品需求量的下跌，則兩商品為互補品。譬如，電腦價格下跌，我們預期防毒軟體的需求量將會上升，因為電腦通常會與防毒軟體搭配使用。如果一商品價格變動，並不會影響到另一商品的需求量，則兩商品是獨立品 (independent goods)。譬如，衛生紙價格上漲，我們預期對潛水艇的需求量不會造成任何影響。

觀察商品與商品間關係的方法之一是檢視價格消費線。在圖 4.1(a)，價格消費線負斜率的部分代表燒肉與御茶園互為替代品，燒肉價格下跌使得御茶園的消費數量減少；而價格消費線正斜率的部分則代表燒肉與御茶園為互補品，燒肉價格的下跌導致御茶園的消費數量增加 (可能是消費者喜歡午餐以御茶園搭配燒肉)。

所得變動

如果燒肉與御茶園的價格沒有變動，而是消費者的所得變動，則消費組合有何改變？在圖 4.2(a) 中，燒肉價格一份 20 元，御茶園一罐 10 元，城武的預算是 100 元，最適消費組合是組合 A，他每週會買 2 份燒肉和 6 罐御茶園。

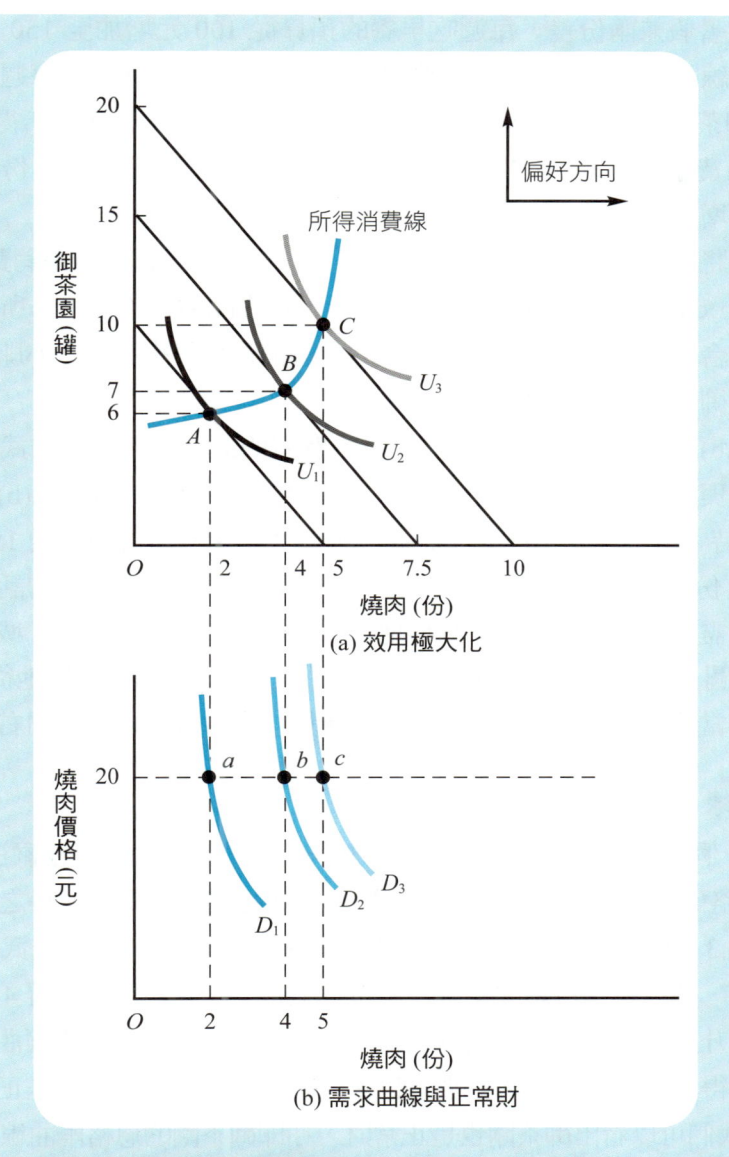

Chapter 4　需求理論與消費者選擇的應用

圖 4.2　所得變動對燒肉的影響

在燒肉與御茶園價格不變下,所得改變促使最適消費組合改變。圖 (a):當所得 $I=$ \$100,燒肉價格 $P_x=$ \$20 和御茶園價格 $P_y=$ \$10,最適消費組合在 A 點,消費者購買 2 份燒肉和 6 罐御茶園。當所得上升至 150 元與 200 元時,最適消費組合分別為 B 點和 C 點,燒肉購買量分別是 4 份和 5 份。連結 A、B、C 三點可以得到所得消費線。圖 (b):所得增加導致燒肉的需求增加,需求曲線向右移動。燒肉為正常財。

城武在暑假兼兩份差,每週吃早餐的預算從 100 元增加至 150 元。所得增加導致預算線平行向外移動,城武的最適消費組合在組合 B,他每週會買 4 份燒肉和 7 罐御茶園,顯然他的滿足水準因所得增加而上升。最後,所得增加至 200 元,最適消費組合在組合 C,城武每週會購買 10 罐御茶園和 5 份燒肉。請注意:在所得增加的同時,燒肉的價格並沒有改變 (P_x = \$20)。

若我們將 A、B、C 三點連結,可以得到一條曲線,稱為**所得消費線** (income consumption curve, ICC)。所得消費線描繪,在商品價格不變下,所得改變引起最適消費組合改變的軌跡。在圖 4.2(a) 的所得消費線斜率為正,亦即隨著所得上升,燒肉與御茶園的消費也上升。

圖 4.2(b) 是描述所得改變如何影響消費者的最適選擇。當城武的所得增加時,御茶園與燒肉的消費數量增加,需求曲線向右移動。在圖 4.2(b),當燒肉一份賣 20 元時,所得等於 100 元,城武每週買 2 份。當所得增加至 150 元時,城武每週買 4 份燒肉,圖 4.2(b) 的 b 點對應圖 4.2(a) 的 B 點;換句話說,所得增加,燒肉的需求曲線向右移動。同樣地,當所得上升至 200 元時,城武每週會買 5 份燒肉,圖 4.2(b) 的 c 點對應圖 4.2(a) 的 C 點,需求曲線再度地從 D_2 右移至 D_3。因此,當燒肉價格維持固定不變時,所得增加導致需求曲線向右移動。

恩格爾曲線

另外一個描繪所得與消費者選擇關係的方法是,檢視**恩格爾曲線** (Engel curve)。恩格爾曲線是假設商品價格不變,一商品消費數量與所得之間關係的曲線。在圖 4.3 中,燒肉數量在橫軸,而消費者所得在縱軸。當城武的每週所得是 100 元時,他會買 2 份燒肉;若每週所得上升至 150 元,他會買 4 份燒肉;若每週所得上升至 200 元,他會買 5 份燒肉。顯然,正斜率的恩格爾曲線表示,隨著消費者所得增加,燒肉的購買數量也會增加。根據定義,燒肉是正常財。從圖 4.2(a) 中,我們可以看出御茶園也是正常財,亦即御茶園的恩格爾曲線斜率為正。

或許你會質疑,所得增加一定會造成商品數量增加嗎?想像浩子只消費兩種商品:泡麵與牛排。當浩子每個月所得是 2 萬元時,最適消費組合在圖 4.4(a) 的 A 點。他會選擇消費 2 客牛排和 20 碗泡麵。根據第 3 章的敘述,所得增加,預算線平行向外移動。若浩子的所得增加至 5 萬元,他會選擇消費 3 客牛排和 30 碗泡麵;若所得增加至 8 萬元,其最適消費組合在 C 點,浩子每個月吃 15 碗泡麵和 5 客牛排。在圖 4.4 (a) 中,從 A 點到 B 點,所得消費線斜率為正,表示所得增加,牛排和泡麵的購買量同時增加。在這個所得範圍內,泡麵為正常財;從 B 點到 C 點,所得消費線斜率為負,表示所得增加,泡麵的消費數量卻減少。泡麵在這個所得範圍內為劣等財。

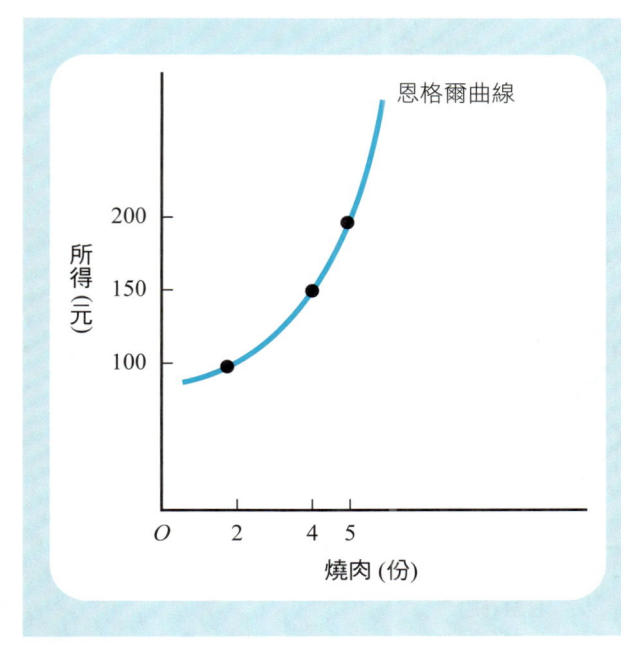

圖 4.3　恩格爾曲線

恩格爾曲線是假設所有商品價格不變，商品數量與所得間關係的曲線。當所得是 100 元時，消費者會買 2 份燒肉；當所得上升至 150 元時，消費者會買 4 份燒肉；當所得上升至 200 元時，消費者會買 5 份燒肉。

利用圖 4.4(a) 中最適消費組合的資訊，我們可以畫出圖 4.4(b) 泡麵的恩格爾曲線。圖 4.4(b) 的 a、b、c 點分別對應圖 4.4(a) 的 A、B、C 點。當泡麵是正常財時，恩格爾曲線與所得消費線斜率都是正的；當泡麵是劣等財時，恩格爾曲線與所得消費線斜率都是負的。請注意：牛排的恩格爾曲線斜率為正，所以牛排是正常財。

4.2　替代效果與所得效果

商品價格下跌會有兩種方式影響消費者：

1. 當商品價格下跌時，相對於其它商品而言，價格比較便宜，這是**替代效果** (substitution effect)。
2. 當商品價格下跌時，購買力提高，消費者能以較少的金額購買相同數量的商品，這是**所得效果** (income effect)。

替代效果與所得效果

替代效果的嚴謹定義是，假設效用水準不變，燒肉價格發生變動對燒肉消費數量的影響。替代效果告訴我們，當燒肉相對御茶園便宜時，消費者會買多少份燒肉。

我們可以用圖 4.5 來說明價格改變引起替代效果的三個步驟。假設城武每週

圖 4.4 劣等財

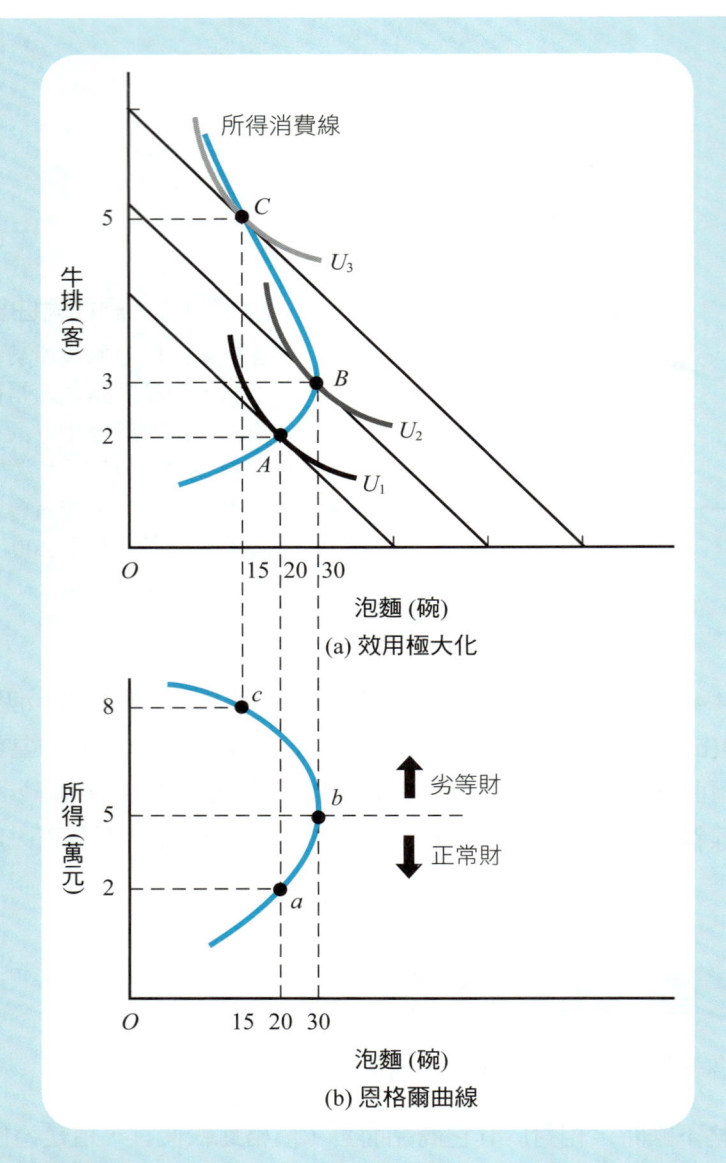

圖 (a)：當所得從 2 萬元上升至 5 萬元時，泡麵的消費數量從 20 碗增加至 30 碗。在這個所得範圍內，泡麵是正常財。當所得從 5 萬元上升至 8 萬元時，泡麵的消費數量從 30 碗減少至 15 碗。在這個所得範圍內，泡麵為劣等財。圖 (b)：恩格爾曲線對應圖 (a) 的所得消費線，在所得介於 2 萬元與 5 萬元之間，泡麵為正常財；在所得介於 5 萬元與 8 萬元之間，泡麵為劣等財。

Chapter 4　需求理論與消費者選擇的應用

邊做邊學習題 4-1

計算個人需求

(1) 如果李陽將全部所得用於購買咖啡 (x) 及千層蛋糕 (y)。李陽買咖啡及蛋糕的所得份額分別恆為 $\frac{1}{3}$ 及 $\frac{2}{3}$，其效用最大。請問咖啡的需求函數為何？(P_x 與 P_y 為 x 與 y 的價格。)

(109 年財稅行政)

(2) 若阿亮消費可口可樂 (x) 與大麥克 (y) 的效用函數為 $U(x,y)=\sqrt{xy}$，而大麥克價格為 P_x，可口可樂價格為 P_y。同時，假設阿亮消費這兩個商品的預算是 I。
(a) 請求出價格消費線。大麥克與可口可樂之間的關係是互補、替代或獨立？
(b) 請求出恩格爾曲線。所得彈性是多少？

類似問題：基礎題 1

花 100 元消費兩種商品：燒肉 (x) 和御茶園 (y)。燒肉一份 20 元 ($P_x=\$20$)，御茶園一罐 10 元 ($P_y=\$10$)。燒肉與御茶園的邊際效用都大於零。

步驟 1：找出最初的商品組合。亦即，在燒肉價格未改變前的最適消費組合。一開始，當燒肉價格是一份 20 元時，城武追求效用最大會選擇在組合 A，消費 2 份燒肉和 6 罐御茶園。

步驟 2：找出最終的商品組合；亦即，燒肉價格改變後的最適消費組合。當燒肉一份賣 10 元時，預算線逆時針向外旋轉，消費可能集合的擴大，使得城武滿足程度提高，最適選擇在組合 C，他每週會消費 6 份燒肉和 4 罐御茶園。燒肉價格下跌，導致燒肉消費數量增加 $6-2=4$ 份。

步驟 3：找出分解的商品組合。首先，畫出一條和新預算線平行 (反映燒肉價格下跌，$-P_x/P_y=-\$1/\$1$)，並與原來無異曲線相切 (維持原先的效用水準) 的分解預算線。如圖 4.5 的虛線所示。此預算線可協助我們將燒肉價格改變對燒肉消費數量的變動 (組合 A 到組合 C) 分成兩個部分：替代效果 (從組合 A 到組合 B) 和所得效果 (從組合 B 到組合 C)。

由於我們假設效用水準不變，分解預算線與無異曲線相切，效用極大化的商品組合在組合 B，城武每週會買 4 份燒肉。替代效果是 $4-2=2$ 份燒肉。從圖 4.5 中，我們清楚地看到，當燒肉價格下跌時，替代效果始終導致燒肉的需求量上升，即替代效果為負。更明確地說，因為無異曲線凸向原點，當燒肉價

格下跌時，新預算線斜率 $(-P_x/P_y = -1)$ 比原來預算線斜率 $(-P_x/P_y = -2)$ 平坦，組合 B 位於組合 A 的右下方。

現在來討論所得效果。所得效果是假設相對價格不變，實質所得改變導致商品數量的變動。在圖 4.5 中，所得效果就是從組合 B 到組合 C 的部分。組合 B 是分解預算線與無異曲線 U_1 的切點，而組合 C 是新預算線與無異曲線 U_2 的切點。很顯然地，從分解預算線外移至新預算線表示，城武的實質所得因為燒肉價格的下跌而提高。實質所得增加，使得城武的滿足水準提高，燒肉的消費數量也增加。因此在圖 4.5 中，所得效果為正，燒肉為正常財。

總結來說，當燒肉價格從 20 元下跌至 10 元時，燒肉消費數量的變動可以分為替代效果與所得效果：

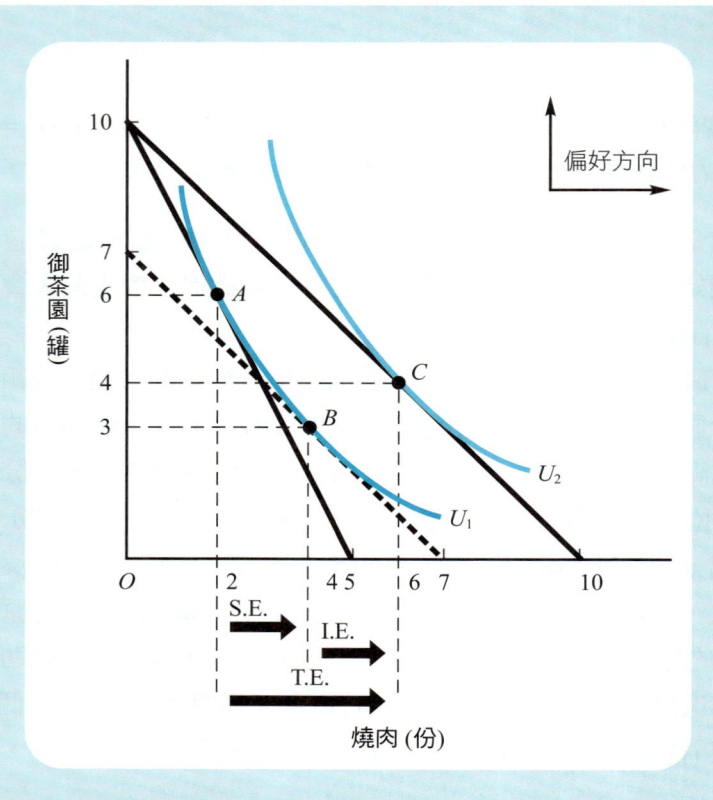

圖 4.5　替代效果與所得效果：正常財

燒肉價格下跌有替代效果與所得效果。消費者最初的均衡在組合 A。當燒肉價格下跌，最適消費變成組合 C。替代效果是實質所得不變下，相對價格改變，引起燒肉消費數量的變動 (從組合 A 到組合 B)。所得效果是相對價格不變下，購買力上升引起燒肉消費數量的變動 (從組合 B 到組合 C)。由於所得效果為正，燒肉為一正常財。

總效果 (T.E.)	=	替代效果 (S.E.)	+	所得效果 (I.E.)
(6−2)	=	(4−2)	+	(6−4)
組合 A → 組合 C		組合 A → 組合 B		組合 B → 組合 C

　然而，所得效果與替代效果並不一定同方向變動。在圖 4.6 中，當燒肉價格由 20 元下跌至 10 元時，最適消費組合從組合 A 移至組合 C。總效果 (組合 A 到組合 C) 分成替代效果 (組合 A 到組合 B) 與所得效果 (組合 B 到組合 C)。替代效果使燒肉消費數量從 2 份增加至 4 份，所得效果使燒肉消費數量從 4 份減少至 3 份。負的所得效果代表所得增加，商品消費數量減少。因此，燒肉是一劣等財。

　請注意：在劣等財的情況下，所得效果與替代效果呈反方向變動。最終商品組合 C 位於組合 B 的左上方。由於替代效果大於所得效果，燒肉的需求曲線仍為負斜率：當燒肉價格從 20 元跌至 10 元時，城武每週消費燒肉的數量從 2 份增加至 3 份。

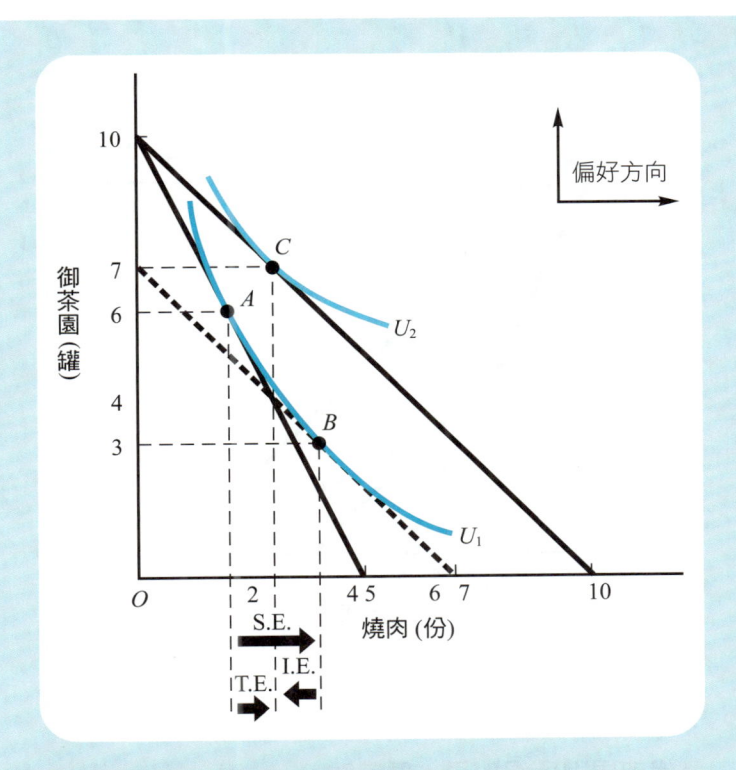

圖 4.6　替代效果與所得效果：劣等財

消費者一開始的最適組合在組合 A。當燒肉價格下跌時，最適消費組合為組合 C。替代效果為組合 A 到組合 B，燒肉消費數量從 2 份增加至 4 份。所得效果為組合 B 到組合 C，燒肉消費數量從 4 份減少至 3 份。燒肉的所得效果為負，因此燒肉是劣等財。由於替代效果大於所得效果，燒肉的需求曲線的斜率為負。

最後,還有一種情況是所得效果為負,且所得效果大於替代效果。在圖 4.7 中,一開始的均衡在組合 A,消費者會買 3 個馬鈴薯。若馬鈴薯價格下跌,最適消費組合為 C 點,消費者會買 2 個馬鈴薯。總效果 (從組合 A 到組合 C) 可分成替代效果 (組合 A 到組合 B) 和所得效果 (組合 B 到組合 C)。替代效果說明,馬鈴薯價格下跌,馬鈴薯購買量從 3 個增加至 4 個。所得效果說明,當馬鈴薯價格下跌,造成實質所得上升,馬鈴薯消費數量從 4 個減少至 2 個。顯然,所得效果為負,馬鈴薯為一劣等財。

由於所得效果大於替代效果,組合 C 位於組合 A 的左上方。當馬鈴薯價格下跌時,馬鈴薯的消費數量減少。這是一個令人驚訝的結論:需求曲線的斜率為正,我們稱這種商品為**季芬財** (Giffen good)。劣等財,如泡麵的支出通常僅占消費者所得的一小部分,個別商品的所得效果並不大。只有當劣等財支出金額占消費者所得很大一部分,才會有強烈的負所得效果。

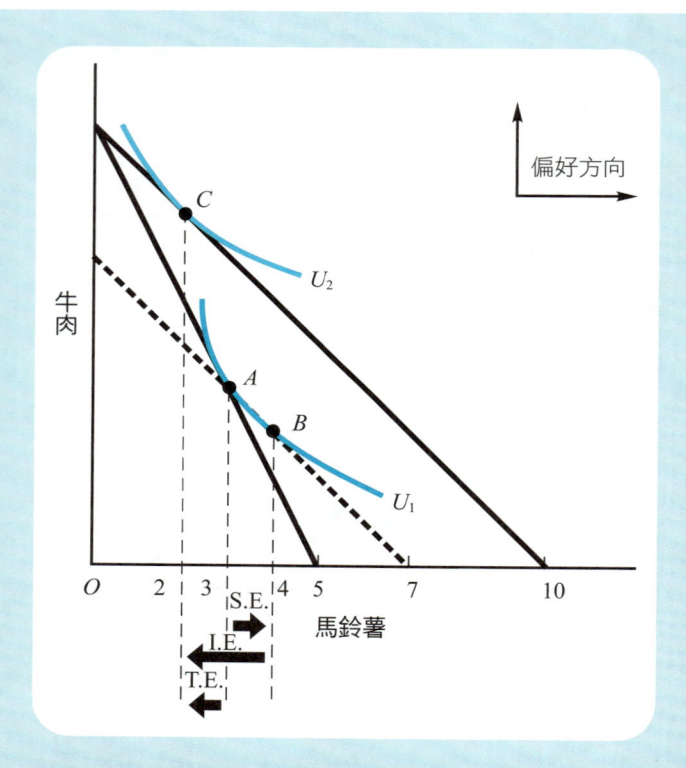

圖 4.7　替代效果與所得效果:季芬財

當馬鈴薯是劣等財,且所得效果大於替代效果時,需求曲線斜率為正。消費者最初的最適組合在組合 A。當馬鈴薯價格下跌時,最適消費組合在組合 C。因為替代效果 (4－3) 小於所得效果 (2－4),馬鈴薯價格下跌,導致馬鈴薯消費數量減少。

Chapter 4　需求理論與消費者選擇的應用

歷史上，愛爾蘭人曾以馬鈴薯為主食。在 1845 年到 1847 年間，愛爾蘭發生病蟲害導致馬鈴薯歉收。對高所得者而言，他們買得起其它食物，但對於三分之二依賴馬鈴薯甚深的愛爾蘭較低所得的人口而言，馬鈴薯會是正常財。因此，恩格爾曲線的形狀如圖 4.4(b) 所示。馬鈴薯並非季芬財。

邊做邊學習題 4-2

計算替代效果與所得效果

阿亮消費大麥克 (y) 與可口可樂 (x) 的效用函數為 $U(x, y)=\sqrt{xy}$，大麥克每個 60 元，可口可樂每杯 45 元，而阿亮每週的預算為 360 元。

若可口可樂價格跌至每杯 20 元，請問替代效果與所得效果數值是多少？

類似問題：基礎題 5

市場需求曲線

到目前為止，我們已經討論個別消費者的需求曲線，現在可以來探討市場需求曲線。由於市場是由生產者與消費者集合而成，市場需求是所有個別消費者需求的水平加總。譬如，假設市場有三個人：阿海、阿亮和阿信對大麥克有興趣，當大麥克一個是 75 元時，阿亮每週買 4 個，阿信每週買 2 個，阿海每週買 3 個。在大麥克售價為 75 元時，市場需求為 4＋2＋3＝9 個。

為了簡化分析，假設咖啡市場只有兩個消費者：阿亮和阿信。阿亮和阿信對咖啡的需求分別為：

$$阿亮：Q = 160 - 8P$$
$$阿信：Q = 130 - 13P$$

由於市場需求是在同一價格下，個別消費者需求的水平加總，亦即，

$$Q_{市場} = Q_{阿亮} + Q_{阿信}$$

因此，市場需求方程式可寫成：

$$Q = (160 - 8P) + (130 - 13P) = 290 - 21P$$

請注意：當咖啡價格每杯超過 10 元時，阿信覺得太貴，而不願購買任何數量。更精確地說，阿信的需求曲線為 $Q = 130 - 13P$，$P \leq \$10$。同樣地，阿亮的需求曲線為 $Q = 160 - 8P$，$P \leq \$20$。因此，當咖啡價格介於 10 元與 20 元之間，市場

只剩阿亮一人，市場需求曲線就是阿亮的需求曲線。經過這樣的說明，咖啡市場需求曲線可寫成：

$$Q = 290 - 21P，P \leq 10$$
$$= 160 - 8P，P > 10$$

圖 4.8 描繪出個別消費者需求與市場需求。儘管圖 4.8(a) 與圖 4.8(b) 的阿亮和阿信的需求曲線都是直線，但圖 4.8(c) 的市場需求卻是拗折的曲線，這反映出當咖啡價格超過 10 元時，市場只剩下阿亮一人喝咖啡；亦即，當咖啡售價超過 10 元時，市場需求曲線與阿亮需求曲線一致。當市場的消費人數愈來愈多時，每人願意支付的價格並不必然相同，拗折點的情形較不明顯，因此市場需求曲線可視為平滑的負斜率曲線。

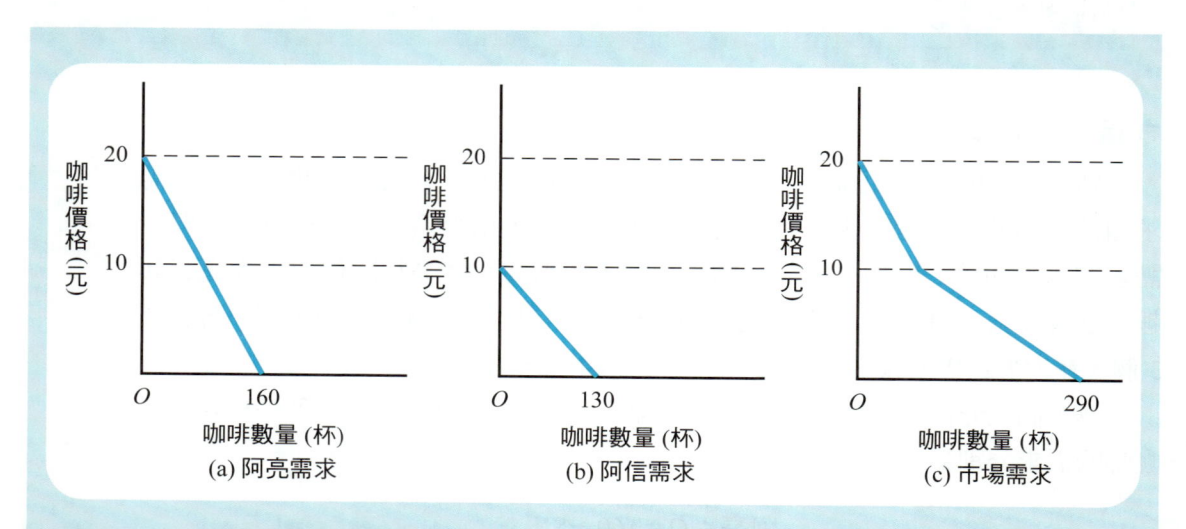

圖 4.8　咖啡的市場需求

市場需求為個別消費者需求的水平加總。雖然個別需求為直線型，但市場需求為拗折曲線，反映出咖啡價格超過 10 元的事實。

邊做邊學習題 4-3

市場需求曲線

假設航空市場有兩種不同的旅客型態：商務旅行與休閒旅行。商務旅行的需求方程式為 $Q_1 = 35 - 0.25P$ ($P \leq \$40$)，休閒旅行的需求方程式為 $Q_2 = 120 - 1.5P$ ($P \leq \$80$)。
(a) 請填滿下列表格。

價格 (元)	商務旅行	休閒旅行	市場需求
100			
90			
80			
70			
60			
50			

(b) 請繪出市場需求曲線及方程式。

(c) 若 $P=\$60$，請問消費者剩餘是多少？

類似問題：基礎題 6

4.3 消費者剩餘

為什麼阿亮的午餐選擇麥當勞而非巷口牛肉麵店？可能因為麥當勞有空調，也可能是因為大麥克裡的酸黃瓜加起司特別可口，或可樂搭配薯條的感覺一級棒。從消費者的理論看，阿亮選擇麥當勞的原因是他從大麥克所得到的滿足程度大於牛肉麵。消費者滿足程度如何以金錢價值衡量，就是本節想要探討的主題——消費者剩餘。

消費者剩餘是消費者願意支付價格與實際支付價格之間的差異，可以衡量消費者購買商品所增加的滿足程度。通常個體經濟學教科書有兩種衡量消費者剩餘的方式：一是需求曲線；另一則是效用函數。

需求曲線與消費者剩餘

在第 3 章檢視需求曲線時曾經談到，需求曲線的每一個點衡量消費者願意支付的價格。假設你願意以打工所得 50,000 元購買一輛光陽機車，在市場上購買時卻只要支付 48,000 元，因為你願意支付的價格超過實際支付的價格，你會選擇購買機車。當買下光陽機車後，你從市場得到消費者剩餘 2,000 元，這是交易得到的淨利益。

當然，對多數商品而言，消費數量不會只有一個單位，你會有商品的需求曲線。譬如，阿亮很喜歡喝可口可樂，圖 4.9 即為可口可樂的需求曲線，它指出阿亮願意支付 26 元買第 1 瓶可口可樂，第 2 瓶可口可樂願意付 24 元，第 3 瓶可口可樂願意付 22 元。因為喝可樂的邊際效用遞減，需求曲線斜率為負。

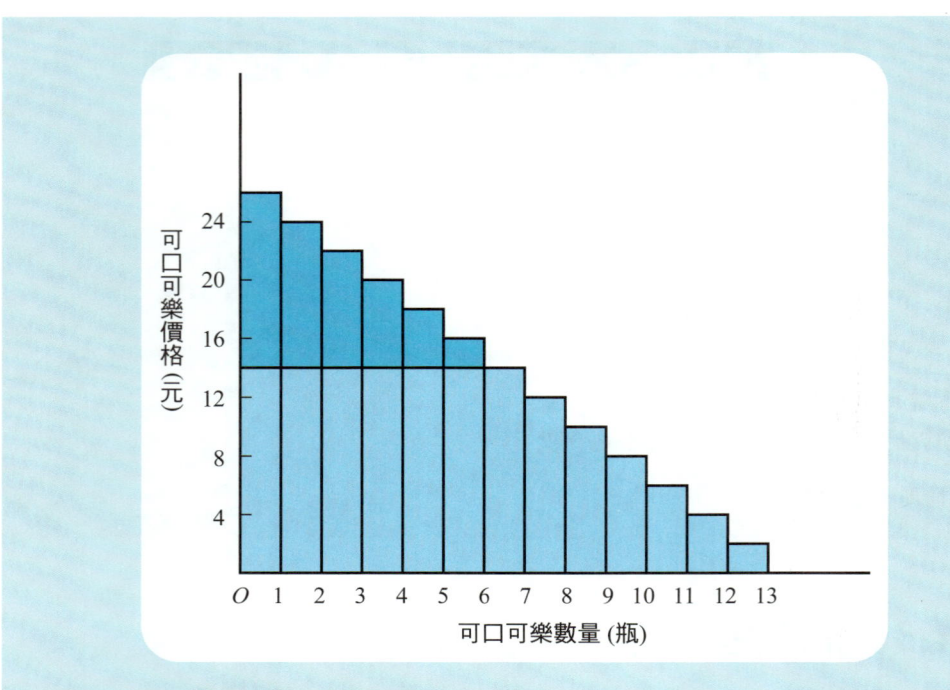

圖 4.9　消費者剩餘：可口可樂

階梯狀的需求曲線指出，阿亮願意付 26 元買一瓶可口可樂，而他實際上支付 14 元，因此第 1 瓶可口可樂的淨利益是 12 元。需求曲線以下，實際支付價格以上的面積就是消費者剩餘，買 7 瓶可口可樂的消費者剩餘是 42 元。

　　如果 7-ELEVEN 的可口可樂售價是 14 元，由圖 4.9 的需求曲線可知，阿亮每個星期會喝 7 瓶可口可樂。由於阿亮只願意付 12 元喝第 8 瓶可口可樂，實際售價超過他的意願，因此阿亮每週喝可口可樂的數量不會超過 7 瓶。

　　阿亮消費可口可樂的消費者剩餘是多少？答案是：將每一瓶可口可樂的消費者剩餘加總。第 1 瓶可口可樂的消費者剩餘等於 12，即願意支付的價格 26 元減去實際支付的價格 14 元。第 2 瓶可口可樂的消費者剩餘是 10 元。阿亮每週喝 7 瓶可口可樂的消費者剩餘為 42 元 (＝12＋10＋8＋6＋4＋2)，如圖 4.9 的深色陰影面積所示。

　　正如這個例子的說明，消費者剩餘是需求曲線以下與商品實際價格所圍成的面積。若需求曲線為一平滑曲線，則消費者剩餘可以用三角形面積加以推導而得。

　　圖 4.10 描繪優酪乳的需求曲線。當價格是 40 元時，消費者每個月購買 30 罐。消費者剩餘是需求曲線以下與 40 元以上所圍成的面積，也就是圖 4.10 的面積 $\triangle ABC$：

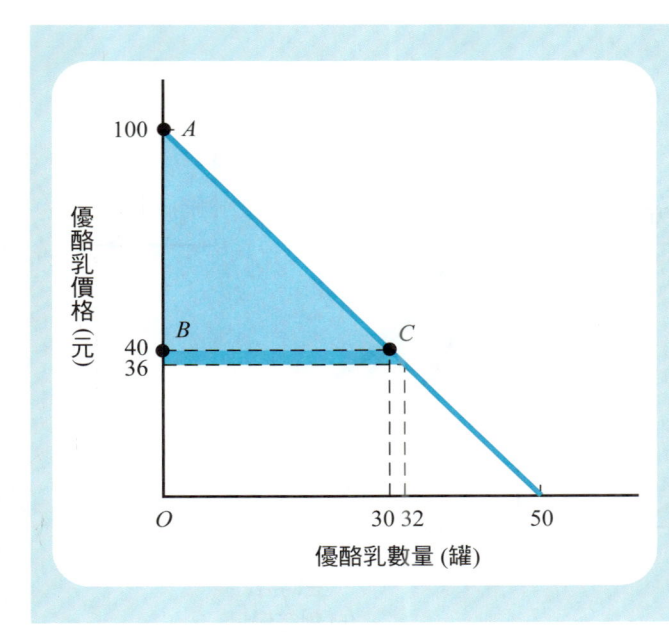

圖 4.10 消費者剩餘：優酪乳

當優酪乳一罐是 40 元時，消費者每個月購買 30 罐，消費者剩餘等於 900 元。若價格下跌至 36 元，消費者每個月購買 32 罐，消費者剩餘等於 1,024 元。價格下跌，消費者福利上升。

$$消費者剩餘 = \frac{1}{2}(100-40) \times 30 = 900$$

若價格從 40 元跌至 36 元，消費者會買 32 罐優酪乳，消費者剩餘增加 120＋4。總消費者剩餘 $= \frac{1}{2}(100-36) \times 32 = 1,024$。價格下跌，消費者福利增加。

效用與消費者剩餘

另一個計算消費者剩餘的方式是，檢視消費者選擇與效用極大化。具體而言，消費者剩餘提供一個市場價格變動對消費者效用影響的金錢價值衡量。圖 4.11 說明商品價格下跌，消費者獲得的貨幣價值。

在圖 4.11 中，橫軸是三明治 (x)，縱軸是奶茶 (y)。三明治和奶茶的價格分別為 P_{x1} 和 P_y，消費者的預算為 I，預算線方程式可寫成 $P_{x1} \times x + P_y \times y = I$，由圖 4.11 的 $\overline{MN}$ 表示，消費者追求效用最大的商品組合在 A 點。

當三明治價格下跌時，由 P_{x1} 移至 P_{x2} 時，預算線由 $\overline{MN}$ 逆時針向外旋轉至 $\overline{ML}$，最適消費組合為 C 點。價格下跌後，消費者願意放棄多少錢，才能維持原來的滿足水準 U_1？這種讓消費者恢復原來效用水準 (U_1) 的所得變量稱為補償變量 (compensation variation)。觀察圖 4.11(a) 補償變量是消費者所得 (以原來價格 P_{x1} 購買 A 或以新價格 P_{x2} 購買 C) 與以 P_{x2} 購買 B 支出金額的差異，亦即 $\overline{MJ}$ 就是補償變量。

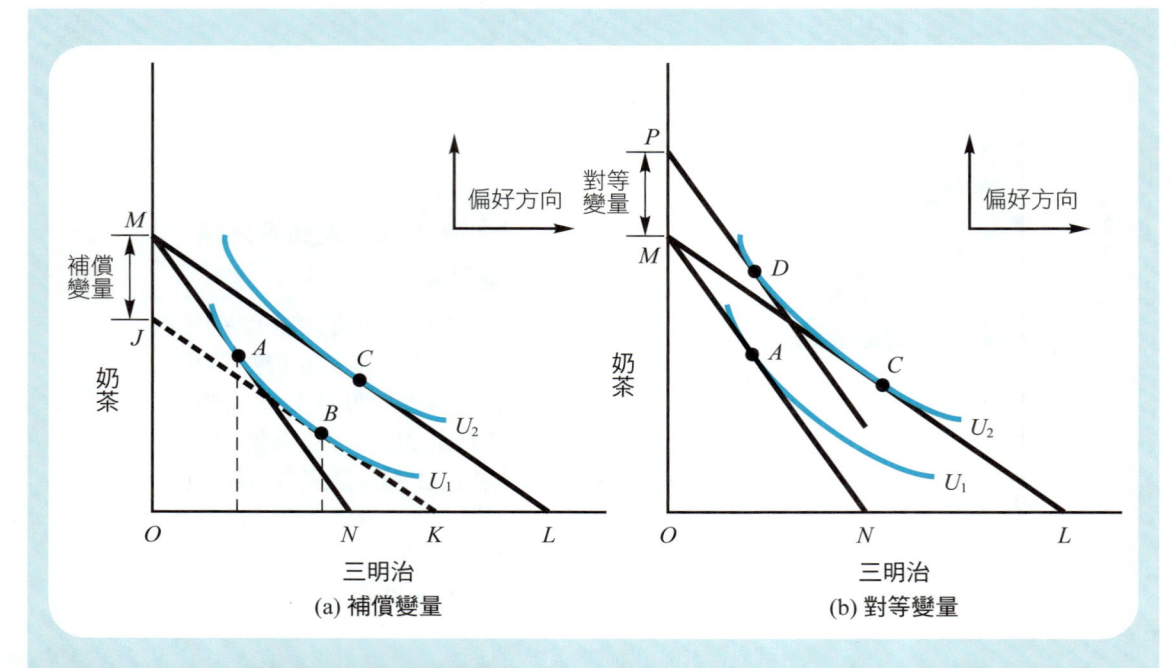

圖 4.11　補償變量與對等變量

圖 (a)：補償變量為 $\overline{MJ}$，它是消費者能以較低的價格購買三明治，所願意放棄的所得。圖 (b)：對等變量為 $\overline{PM}$，它是消費者以原來的價格購買三明治，所願意接受的所得。

現在讓我們來說明為何 $\overline{MJ}$ 是補償變量。為了簡化分析，假設奶茶價格是 1 元 ($P_y = \$1$)，$\overline{OM}$ 的長度為 $I/P_y = I$，亦即 $\overline{OM}$ 代表消費者所得，$\overline{OJ}$ 代表消費者面對新的三明治價格 (P_{x2})，購買 B 的支出金額。因為 B 與 A 位於同一條無異曲線上，如果消費者能以較低的價格 (P_{x2}) 購買三明治，他可以接受所得減少 $\overline{MJ}$，所以 $\overline{MJ}$ 是所得變量恰好可以補償價格的變動。

另一種衡量價格變動的貨幣價值是：價格下跌前，應該給消費者多少錢，才能維持相同的滿足程度？這種讓消費者停留在最終效用水準 (U_2) 的所得變動稱為**對等變量** (equivalent variation)。觀察圖 4.11(b)，對等變量是消費者所得 (以原來價格 P_{x1} 購買 A 或以新價格 P_{x2} 購買 C) 與以原來價格 P_{x1} 購買 D 支出金額的差額，亦即 $\overline{PM}$ 就是對等變量。

現在讓我們來說明為何 $\overline{PM}$ 是對等變量。和前面一樣，$\overline{OM}$ 代表消費者所得，$\overline{OP}$ 是消費者面對原來的三明治價格 (P_{x1}) 購買 D 的支出金額，$\overline{OP}$ 與 $\overline{OM}$ 的差額 $\overline{PM}$ 是對等變量。因為 D 與 C 都在相同的無異曲線上。如果消費者能以原先價格 (P_{x1}) 而非較低價格 (P_{x2}) 購買三明治，他會要求額外所得 $\overline{PM}$。一般而言，補償變量 ($\overline{MJ}$) 不一定會等於對等變量 ($\overline{PM}$)。

實例與應用

消費者物價指數真的能反映生活成本嗎？

消費者物價指數 (Consumer Price Index, CPI) 是衡量家庭日常消費各項商品與服務價格水準的變動情形，行政院主計總處按月編製和公布 CPI。通常 CPI 是用來衡量生活水準的變化，且被廣泛使用在政府及私人部門。譬如，在勞工與廠商訂立的契約，薪資的調整通常是反映 CPI 的變動。《所得稅法》規定各項扣除額及賦稅額依消費者物價指數連動調整。

CPI 是計算通貨膨脹及測量貨幣購買力的重要來源。根據主計總處的背景資料說明，CPI 以拉氏公式計算，各大、中、小、細類權數均予固定。簡單地說，CPI 的計算公式如下：

$$CPI = \frac{當期一籃商品或服務的成本}{基期一籃商品或服務的成本} \times 100$$

CPI 真的能反映人民的生活成本嗎？以 CPI 作為工資協議的生活成本指數是否恰當？這些問題的答案都在消費者選擇的理論中。讓我們舉一個例子，說明 CPI 的計算及其可能遭遇的問題。

假設史瑞克在 2021 年只購買兩種商品：大麥克 (x) 與電影票 (y)（請見下頁圖）。大麥克一個 60 元 ($P_x = \$60$)，電影票一張 180 元 ($P_y = \$180$)，消費者面對的預算線為 $\overline{MH}$。最適消費組合在 A 點，包括 15 個大麥克和 3 張電影票。史瑞克在 2021 年的生活支出為 1,440 元。

到 2022 年，大麥克上漲至 $P_x = \$120$，電影票價格上漲至 $P_y = \$210$。史瑞克在 2022 年必須花多少錢才能維持與 2021 年相同的滿足程度，即無異曲線 U_1？新預算線 P_x 與無異曲線 U_0 相切，最適選擇在 B 點，包含 9 個大麥克與 5 場電影。在新價格下，購買組合 B 的支出為 $P_x x + P_y y = \$120 \times 9 + \$210 \times 5 = \$2,130$。

原則上，CPI 衡量生活水準的變動，這個比率讓史瑞克 2021 年與 2022 年的滿足程度相同。在上述的例子中，支出從 2021 年的 1,440 元增加至 2022 年的 2,130 元。理想的 CPI，亦即理想的生活成本指數為 $\$2,130/\$1,440 \times 100 = 148$。換言之，由於價格上漲，史瑞克在 2022 年的支出必須比 2021 年高出 48%，才能維持與 2021 年相同的滿足水準。

2021 年的消費數量：15 個大麥克與 3 張電影票

年份	電影票價格 (P_y)	大麥克價格 (P_x)	成本
2021	180	60	1,440
2022	210	120	2,430

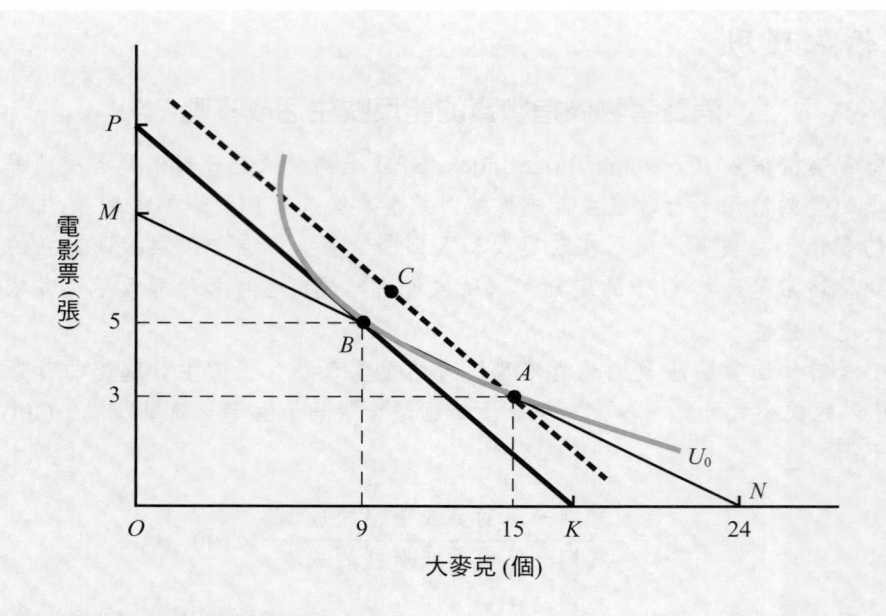

支出極小化的最適選擇

在固定效用水準 U_0 下,消費者追求支出極小化的最適消費組合在 B 點。儘管 A 點和 C 點都可達到相同的效用水準,但 B 點的支出最小。

然而,主計總處的計算公式是固定基期的商品數量,計算支出比例的改變。如果史瑞克以新價格 ($P_x=\$120$ 和 $P_y=\$210$) 購買組合 A,其生活成本為 2,430 元,他所面對的預算線為圖中的虛線。因此,當期與基期一籃商品或服務的成本分別為 2,430 元和 1,440 元:

$$\text{CPI} = \frac{\$2,430}{\$1,440} \times 100 = 169$$

這個指數告訴我們,消費者支出必須增加 69%,才能以新價格購買固定商品組合。這個例子指出,固定商品組合計算的指數高估實際生活水準的變化。CPI 的計算忽略消費者在往後幾年會以較便宜商品替代的可能性,這是一種**替代偏誤** (substitution bias)。事實上,如果以新價格購買商品,史瑞克會選組合 C,而非組合 A,也就是他在 2022 年可以達到更高的滿足程度。

在美國,參議院財政委員會曾委託史丹福大學 (Stanford University) 的鮑斯金 (Michael Boskin) 教授組成一個研究小組,估計偏誤的大小。小組的結論是,消費者物價指數高估生活水準約 1.12 個百分點。根據委員會的最後報告指出,1.1 個百分點中,有 0.6 個百分點是未考慮新產品與品質改善所造成 CPI 的偏誤;0.4 個百分點是未考慮相對價格改變導致商品替代可能性;剩下的 0.1 個百分點則是沒有列入新的暢貨中心以便宜價格銷售的事實。台灣地區消費者物價指數中,權數商品每 5 年調整一次,最近的一次是民國 110 年。民國 110 年基期消費者物價指數在 17 個查價縣市各選查 368 個項目群,

並編製低、中、高三種所得層級別消費者物價指數。目前加拿大每 4 年更新消費者物價權數結構，日本、南韓、香港及新加坡每 5 年，美國平均每 2 年更換權數，台灣則是每 5 年更換一次基期。

資料來源：行政院主計總處 https://www.dgbas.gov.tw。

邊做邊學習題 4-4

計算補償變量與對等變量

城武每週吃三明治配奶茶，三明治價格是 9 元 ($P_x = \$9$)，奶茶價格為 1 元 ($P_y = \$1$)，每週所得是 72 元，而效用函數為 $U(x, y) = xy$。

若三明治價格由 9 元下跌至 4 元，請問
(a) 三明治價格下跌的補償變量？
(b) 三明治價格下跌的對等變量？

類似問題：基礎題 8

4.4 網路外部性

到目前為止，我們都假設個人需求與其他人的需求無關。譬如，阿亮對大麥克的需求只受自身的偏好、所得、大麥克價格或華堡價格的影響，但是不受康永或熙娣對大麥克需求的影響。

然而，對有些商品而言，個人需求也受其他人需求的影響，這種情況是存在**網路外部性** (network externality) 的緣故。網路外部性可以是正的或負的。正的網路外部性存在於，當消費者對某商品的需求會隨著其它消費者需求的成長而增加時；若消費數量隨著其它消費者需求減少而增加，則存在負的網路外部性。

隨波逐流效果

一個正網路外部性的例子是**隨波逐流效果** (bandwagon effect)。隨波逐流效果是指，當更多消費者購買時，需求量會增加得更快。Candy Crush 遊戲、兒童玩具、流行服飾，甚至網際網路都是隨波逐流效果的例子。

中研院院士鄒至莊在 1967 年的一項研究指出，1950 年代和 1960 年代電腦需求，一開始成長得頗為緩慢，不久之後，當愈來愈多公司擁有電腦，愈來愈多人會使用電腦，愈來愈多容易使用的軟體出現後，電腦的使用價值開始提升，電

腦的需求成長加速，直到想要買電腦的每一個人都有電腦為止。其實，微軟的視窗作業系統及 Office (Word 和 Excel) 都有網路外部性的特性。在 2020 年，微軟占有全世界 87% 的市場。

網路外部性不僅限於電腦。在 1990 年代晚期，網際網路每 120 天就成長 1 倍，特別是電子郵件和即時通訊的成長更是驚人。電子郵件 (email) 只能傳遞給電子郵件帳號的使用者，使用電子郵件的價值完全依賴使用人數的多寡。1971 年，世界上出現第一封 email；到了 2021 年，每天有超過 3,000 億封 email 被發送。近幾年，即時通訊變成另一項利器，讓使用者可以即時對談，甚至傳遞檔案。如 WhatsApp 提供免費語音和視訊服務，2020 年的使用人數突破 20 億人。藉由提供這項免費的服務，WhatsApp 公司希望能夠促銷其它軟體以攫取網路外部性的利益。網路電話則是另一個網路外部性的例子。

圖 4.12 說明隨波逐流效果，橫軸是向網際網路服務供應商 (Internet Service Provider, ISP) 申請上網的人數，縱軸是每分鐘網路電話的費用。D_{100} 是消費者認為只有 100 萬人上網的需求曲線，D_{400} 和 D_{700} 分別代表消費者認為有 400 萬人和 700 萬人上網的需求曲線。由於網路電話透過網際網路傳輸，所以網內互打全部免費；另如用市內電話撥打國內手機每分鐘為 6 元，網路電話每分鐘收費 3.5 元。

假設一開始業者將網路電話每分鐘訂為 3 元，有 100 萬戶使用網路電話，如圖 4.12 的 A 點。若每分鐘費用降為 1.8 元，對用戶數有何影響？在沒有網路外部性的情況下，需求量沿著 D_{100} 向下移動，用戶數將增加至 200 萬，如圖 4.12 的 C 點。然而，當有愈來愈多人上網時，會有更多的人想要使用網路電話，因此正的網路外部性存在，使得網路電話用戶數超過 200 萬。當價格是 1.8 元時，用戶數是 700 萬，如圖 4.12 的 B 點。

價格下跌的總效果是增加 600 萬網路電話用戶。其中，從 A 點到 C 點是純粹價格效果，有 100 萬用戶，以及從 C 點到 B 點的隨波逐流效果，有 500 萬用戶。因此，具有網路外部性的需求曲線 D_M 相對沒有正網路外部性的需求曲線 D_{100} 較有彈性。

鄉愿效果

對某些人而言，當愈多人擁有該商品時，商品需求量會減少，這就存在負的網路外部性。當消費者追求獨特與唯一的商品時，商品產量增加，就會造成需求量減少的鄉愿效果 (snob effect)。某些稀有珍貴商品，如勞斯萊斯 (Rolls-Royce) 轎車、史特拉斯 (Stradivarius) 小提琴、貂皮大衣都屬於這類商品。這種炫耀性

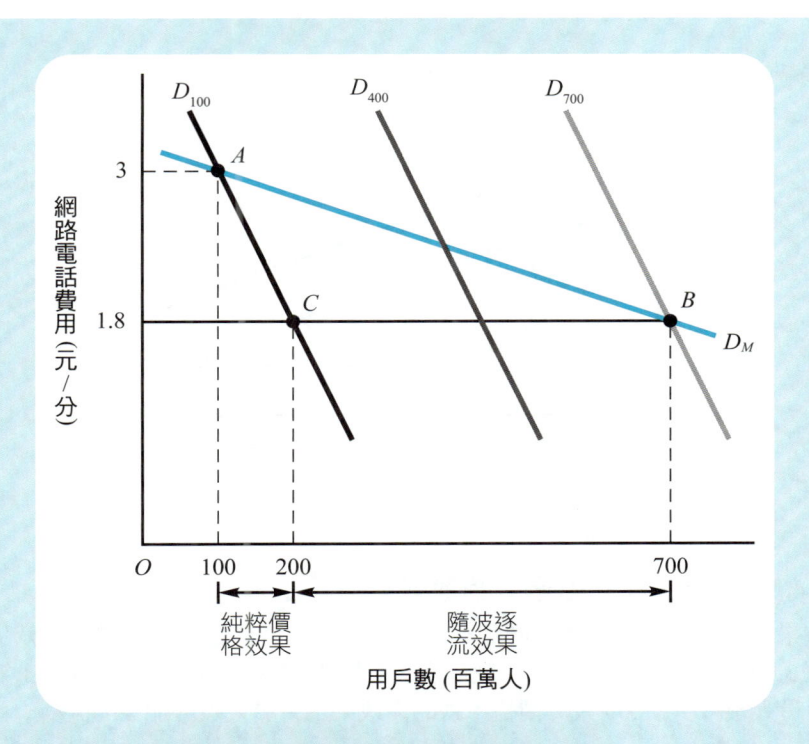

圖 4.12　正的網路外部性：隨波逐流效果

隨波逐流效果是指，個別消費者的需求量會隨其他消費者需求量的成長而增加。若網路電話費用由每分鐘 3 元降至 1.8 元時，純粹價格效果使用戶數由 100 萬增至 200 萬。但是用戶增加，讓更多人想上網，隨波逐流效果使用戶數由 200 萬增至 700 萬。

的消費 (conspicuous consumption)——有些人為了炫耀自己，東西愈貴 [如愛馬仕 (Hermès) 的凱莉包]，需求愈多——稱為**韋伯倫效果** (Veblen effect)。

負的網路外部性也可能因為其它原因而發生，如排隊造成擁擠現象，假日的風景遊樂區、溜冰場或健身俱樂部都普遍存在負的網路外部性現象。圖 4.13 說明鄉愿效果，橫軸是參加健身俱樂部的人數，縱軸是健身俱樂部的會員月費。需求曲線 D_1 是指消費者認為健身俱樂部有 1,000 名會員的需求曲線，D_2 和 D_3 分別代表消費者認為健身俱樂部有 2,000 名和 3,000 名會員的需求曲線。假設一開始，健身俱樂部的月費是 3,000 元，健身俱樂部有 1,000 名會員，如圖 4.13 的 A 點。

如果月費調降至 1,000 元，對健身俱樂部會員人數影響為何？如果沒有負的網路外部性，會員人數將沿著需求曲線由 A 點向下移至 C 點，有 12,000 人加入

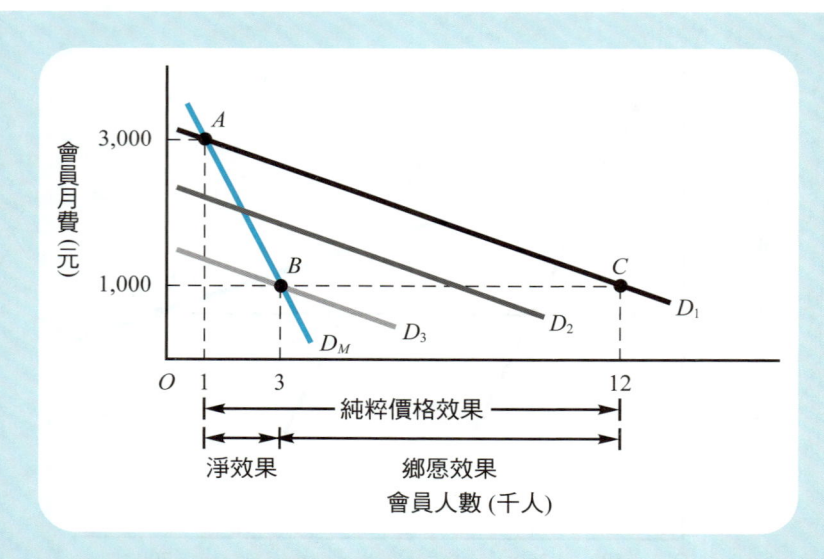

圖 4.13　負的網路外部性：鄉愿效果

鄉愿效果是指，個別消費者對商品的需求量隨其它消費者需求的增加而減少。當月費從 3,000 元降至 1,000 元時，純粹價格效果使會員人數增加 11,000 人；鄉愿效果使會員人數減少 9,000 人，價格下跌的淨效果為會員人數增加 2,000 人。

健身俱樂部。然而，每次健身都要排隊登記，使健身俱樂部愈來愈擁擠，需求曲線會向內移動。當月費是 1,000 元，實際會員人數僅成長至 3,000 人。

價格下跌的淨效果是成長 2,000 名會員，其中從 A 點到 C 點是純粹價格效果，新增 11,000 名會員，以及從 C 點到 B 點的鄉愿效果，減少 9,000 名會員。具有負網路外部性的需求曲線 D_M 相對無網路外部性的需求曲線 D_1，比較沒有彈性。

4.5　無異曲線的應用

在探討過需求曲線的涵義後，現在我們可以檢視消費者行為，如政府政策、父母對子女、廠商的數量折扣等方面的應用。儘管消費者會購買許多商品，但經濟學家通常將注意力放在有興趣的特定商品或服務的選擇。如果用平面圖形加以說明，可將有興趣的商品 (如機票、食物) 放在橫軸，其它商品支出放在縱軸。

在縱軸的其它商品支出稱為合成商品 (composite good)，假設合成商品的價格為 1 元 (P_y=$1)。在某種程度上，合成商品可視為所得，因為預算線的縱軸截距等於 I/P_y，當 P_y=$1 時，縱軸的截距變成 I；亦即，合成商品也可當作是消費者所得。本節將利用合成商品的概念，闡明消費者選擇的四個應用。

應用 1：現金補貼、間接補貼與實物補貼

政府通常會制訂某些政策來幫助低所得者購買民生必需品，如食物和房屋。這些政策包括三種措施：現金補貼 (cash subsidy)、間接補貼 (indirect subsidy) 及實物補貼 (in-kind subsidy)。

現金補貼是政府直接發放一筆現金給低所得者；間接補貼是低所得者只有在買民生必需品時經由折扣而享有補貼；實物補貼則是政府發行紙張或電子憑證給低所得者，在經授權的商店換取食物、飲料、蔬果種子或植物，如食物券 (food stamp)。

圖 4.14 說明現金補貼與間接補貼的消費者選擇。橫軸商品是食物，價格為 P_x；縱軸是合成商品，價格為 $P_y=\$1$。如果兩種補貼的金額相同，哪一種方式比較能夠增進消費者福利？

讓我們先討論間接補貼，假設政府對每單位食物的購買，補貼一半的金額，如一瓶嬰兒食品 50 元，政府補貼 25 元，消費者只需負擔一半的金額。政府未進行任何形式的補貼前，最適消費組合在預算線 $\overline{MN}$ 和無異曲線 U_1 的切點，商品組合 A 為最適組合。間接補貼使預算線斜率由 $-P_x$ 變成 $-P_x/2$，即預算線由 $\overline{MN}$ 逆時針旋轉至 $\overline{MT}$。消費者的最適選擇從 A 點移向 B 點，食物數量由 x_A 增至 x_B，而滿足程度也由 U_1 上升至 U_2。針對消費者購買 x_B 單位的食物，政府的補貼金額為 $\overline{BD}$。因為在政府沒有補貼時，消費必須支付 $\overline{MK}$ 的金額才能購買 x_B；如果有政府補貼，消費者只需支付 $\overline{My_B}$ 的金額 (組合 B)。

接著，考慮現金補貼的影響。假設政府現在直接發放 $\overline{BD}$ 的現金給消費者，所得增加，預算線平行向外移動至 $\overline{PJ}$，最適消費組合在 C 點，如圖 4.14 所示。消費者會購買 x_C 單位的食物，滿足水準由 U_1 增加至 U_3。

比較現金補貼與間接補貼的福利效果發現，現金補貼比間接補貼更能夠增進消費者福利。然而，從鼓勵消費食物的角度看，似乎間接補貼的方式較佳。

接下來，我們討論現金補貼與食物券補貼。和先前的假設相同，消費者面對預算線 $\overline{MN}$，最適消費組合在 A 點。若政府發行食物券，憑證只能購買 MF 單位的食物，因為消費者無法用食物券購買其它商品，能夠用來購買其它商品的最高所得是原來的所得 I，因此食物券補貼下的預算線為圖 4.15(a) 的 MFJ。消費者會選擇無異曲線 U_2 與預算線 MFJ 相切的地方購買 x_C 單位的食物，最適消費組合在 C 點。

若政府不用食物券補貼，而是直接以等值貨幣給消費者，這會使預算線由 $\overline{MN}$ 平行外移至 $\overline{PJ}$，如圖 4.15(a) 所示。消費者的最適選擇是在無異曲線 U_2 與預算線 $\overline{PJ}$ 的切點，即組合 C。現金補貼與食物券補貼，對消費者福利有何影響？

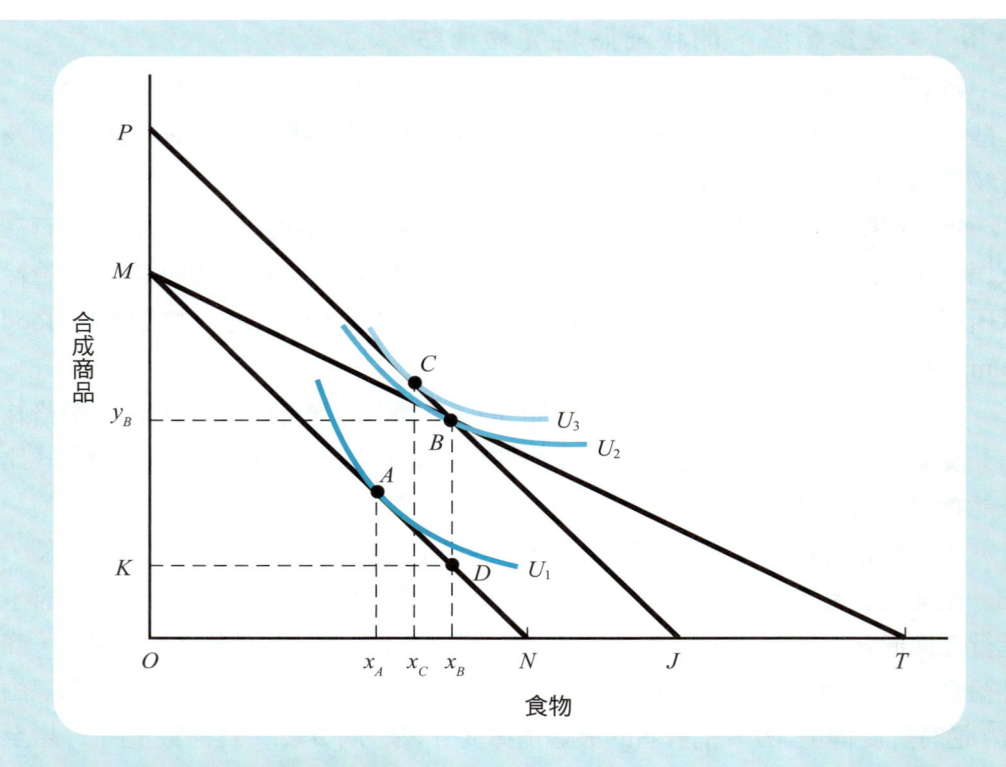

圖 4.14 現金補貼與間接補貼

間接補貼的最適消費組合在 B 點，滿足程度為 U_2，食物消費數量為 x_B。現金補貼的最適消費組合在 C 點，滿足程度為 U_3，食物消費數量為 x_C。因此，現金補貼比間接補貼更能夠增進消費者福利。

如果無異曲線是圖 4.15(a) 的 U_2，兩種政策帶給消費者相同滿足程度，消費者會購買 x_C 單位的食物。

在圖 4.15(b) 中，消費者比較偏好其它商品而較不喜愛食物。食物券補貼政策下的最適消費組合是 F 點，滿足程度為 U_2。請注意：F 點是一角解，由於邊際替代率小於相對價格，消費者會將一部分的所得拿來購買其它商品，而用食物券購買 x_F 單位的食物。現金補貼政策下的最適消費組合在 S 點，滿足程度為 U_3。由於消費者不是那麼喜歡食物，只要將少部分所得拿來購買 x_S 單位的食物，而將大部分所得拿來購買其它商品，效用會達到更高水準。

因此，圖 4.15 的無異曲線圖形分析指出，食物券補貼方式帶給消費者的滿足程度 (U_2) 低於現金補貼方式帶給消費者的滿足程度 (U_3)。然而，如果政府的目標是鼓勵食物消費，希望低所得者有充足的營養，則食物券補貼優於現金補貼。

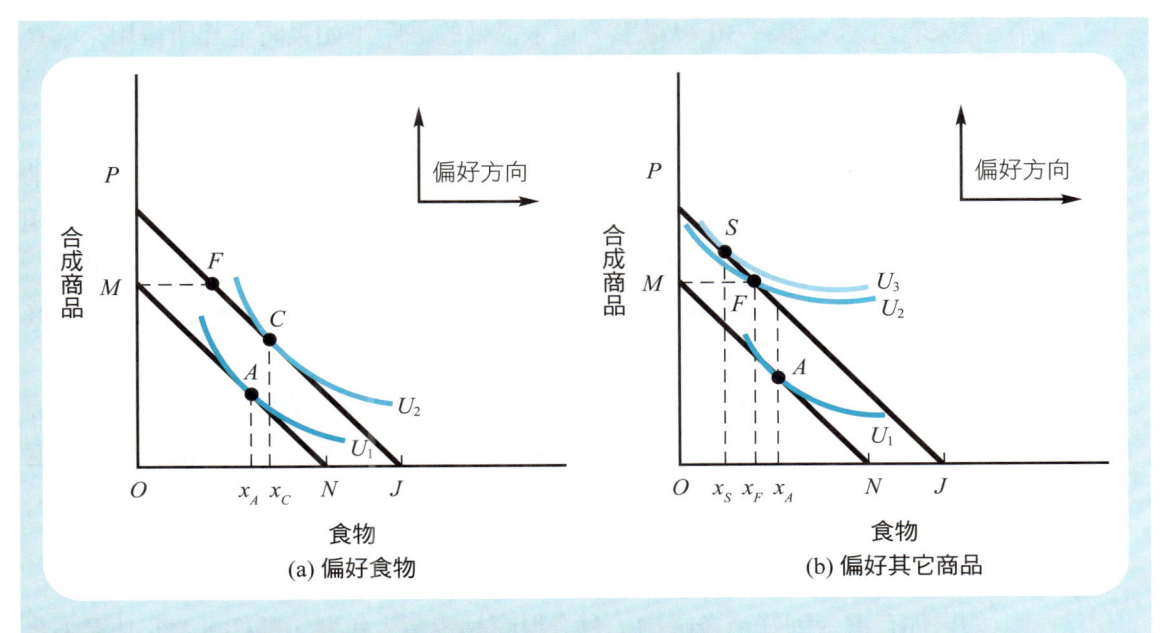

Chapter 4 需求理論與消費者選擇的應用

圖 4.15 現金補貼與食物券補貼

(a) 偏好食物

(b) 偏好其它商品

圖 (a)：現金補貼與食物券補貼的影響相同，消費者最適選擇為組合 C，購買 x_C 單位的食物。圖 (b)：現金補貼優於實物補貼，因為現金讓消費者有更多選擇空間。

總結：從以上的分析可知，現金補貼與實物補貼優於間接補貼。若消費者偏好食物 (商品 x)，現金補貼與實物補貼的消費者福利相同。

應用 2：參加會員

通常消費者加入會員，可以讓他們以較便宜的價格購買商品與服務。譬如，全國加油站曾推出全國加油 GOGO 卡，只要花 150 元買卡加入會員，每加 1 公升汽油可享 2.5 元的折扣；或燦坤 3C，其商品均標示較低的會員價與較高的非會員價兩種。讓我們以下面的例子說明。

國賓影城推出一個促銷方案：只要購買一張 500 元的貴賓卡且加入會員，就可以用 50 元購買原價 100 元的電影票。假設喜歡看電影的阿姆每年花 2,000 元看電影，圖 4.16 描繪阿姆的最適選擇。橫軸是看電影的次數，阿姆未購買貴賓卡前，預算線是 $\overline{MN}$，他可以將全部所得都拿去看電影 ($I/P_x = \$2,000/\$100 = 20$)，或用來購買其它商品 ($I/P_y = \$2,000/\$1 = 2,000$)，斜率為 $-P_x/P_y = -100$。阿姆的最適選擇在 A 點，即無異曲線 U_1 與預算線 $\overline{MN}$ 的切點。

若阿姆購買貴賓卡且加入會員，則其所面對的預算線是 $\overline{PJ}$。貴賓卡的費用是 500 元，這表示阿姆只有 1,500 元能夠看電影和購買其它商品。如果他將全部

所得拿來看電影，能看 30 場電影，這是橫軸的截距；如果將全部所得用來購買其它商品，他能購買 1,500 個合成商品，此為縱軸的截距。預算線 $\overline{PJ}$ 的斜率是 $-P_x/P_y = -50$。

組合 A 也在預算線 $\overline{PJ}$ 上，也就是阿姆購買貴賓卡後，仍可選擇組合 A 消費。所以，阿姆加入會員後，滿足程度不會下降。然而，從圖 4.16 中來看，組合 A 不再是最適消費組合。在 A 點，$MRS_{xy} = 100$，而新的電影票價格使得 $P_x/P_y = 50$，$MRS_{xy} > P_x/P_y$。阿姆會多消費商品 x (看電影) 和少消費商品 y (其它商品)，滿足程度將提高，而最適消費組合在 B 點。

總結：消費者如果偏愛某種商品，加入會員後，可享受較多的消費數量及更高的滿足程度。同樣地，在選擇行動電話通訊服務時，消費者亦可依喜好選擇適合自己的方案。

應用 3：數量折扣

如果你有機會到好市多購物，會發現商品皆為大包裝，譬如，4 公升義美全脂鮮奶是一般家庭號的 2 倍，但售價只有 1.5 倍；吉比花生醬以 2 罐裝販售，其

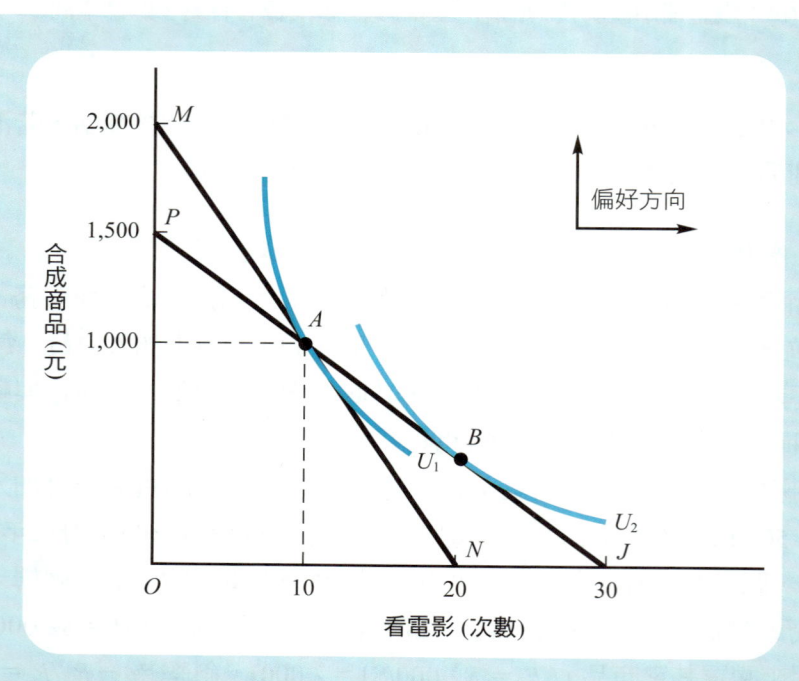

圖 4.16　加入會員

消費者未加入會員前面對的預算線是 $\overline{MN}$，最適消費組合為 A 點。加入會員後，消費者面對的預算線是 $\overline{PJ}$，最適消費組合在 B 點。比較兩個最適商品組合，顯然加入會員使消費者的滿足程度提高且可看更多場電影。

Chapter 4　需求理論與消費者選擇的應用

容量是市售花生醬的 3 倍到 4 倍。對一般小家庭而言，商品的分量是多了一點，但是好市多的業績年年成長，即使是在量販店呈現飽和狀態的環境下，業績仍有所成長，這是廠商利用數量折扣的概念來行銷的緣故。

廠商提供各種形式的數量折扣。第 3 章「實例與應用」專欄提到的航空公司推出的累積哩程計畫，即為數量折扣的例子。由於每架班機可能會有空位，航空公司可藉由酬賓計畫鼓勵旅客搭乘該公司的班機。**數量折扣** (quantity discount) 是指，廠商針對消費數量小於某特定數量 (x^*)，索取較高的價格，超過 x^* 索取較低的價格。數量折扣的例子還包括：1 公升包裝的牛奶比 5 瓶 200 cc 的牛奶便宜、遊樂區入場券的團體票比個別購票入場者享有更多優惠等。接下來，我們利用一個簡單的例子來說明數量折扣如何影響消費者行為。

在圖 4.17 中，橫軸衡量每個月國豪消費舒跑的數量，縱軸衡量合成商品的數量，價格是 1 元 ($P_y = \$1$)。國豪每個月的所得是 900 元。假設好市多沒有提供數量折扣方案，每罐舒跑的售價是 10 元，國豪面對的預算線是 $\overline{MN}$，且斜率為 -10。圖 4.17 的無異曲線 U_1 與預算線 $\overline{MN}$ 的切點，組合 A 是最適消費組合，每

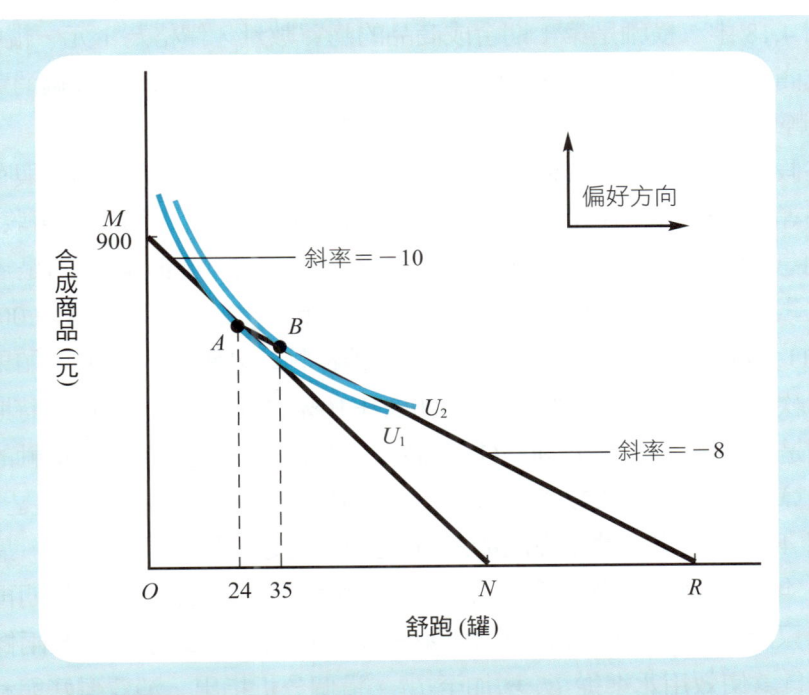

圖 4.17　數量折扣

若舒跑每罐 10 元，消費者面對的預算線是 $\overline{MN}$，斜率為 -10，最適消費組合在 A 點，購買 24 罐舒跑。假設好市多提供數量折扣方案，超過 24 罐，每罐收費 8 元，消費者面臨的預算線則為 $\overline{MAR}$，他會消費 35 罐舒跑；換言之，數量折扣誘使消費者多購買 11 罐舒跑，且達到更高的滿足水準。

個月消費 24 罐舒跑。

現在假設好市多提供數量折扣：消費者購買前 24 罐舒跑，每罐收費 10 元，超過 24 罐，每罐收費 8 元。國豪面對的預算線有兩段：第一個線段是 $\overline{MA}$，斜率為 -10；第二個線段為 $\overline{AR}$，斜率為 -8。預算線在 A 點拗折 (kinked)。以圖 4.17 的無異曲線而言，國豪會購買 35 罐舒跑 (組合 B)，數量折扣誘使他多消費 11 罐舒跑。

數量折扣方案使消費可能集合擴大，由 OMN 增加至 $OMAR$，消費者能選擇的商品組合比沒有數量折扣方案時更多，價格下跌，讓消費者達到比以前更高的效用水準，$U_2 > U_1$。

應用 4：貸款與存款

最後，我們利用消費者選擇模型來考慮消費者借貸的可能性。為了方便說明，假設消費者生命分成兩期：年輕與年老。年輕時期的所得是 10,000 元 (I_1)，年老時期的所得是 11,000 元 (I_2)。如果消費者沒有任何借貸，今年所購買商品與服務的支出是 10,000 元，明年的支出則是 11,000 元。

在圖 4.18 中，橫軸是第 1 期合成商品的購買數量，價格為 1 元，縱軸是第 2 期的合成商品購買數量，價格仍為 1 元。在沒有借貸的情形下，最適消費組合在 A 點，年輕時期消費 10,000 元，年老時期消費 11,000 元。

現在假設消費者可以存款和貸款。為了簡化分析，假設貸款利率與存款利率相同，都等於 10% ($r=10\%$)，這表示第 1 期儲蓄 1,000 元，第 2 期可收到 1,000 元加上利息 100 元，總共是 1,100 元。如果消費者在年輕時期支出是零，將錢全部存入銀行，則在年老時期所能夠支出的金額為 22,000 元 [$=\$10,000\times(1+10\%)+\$11,000$][$I_1\times(1+r)+I_2$]，這是預算線縱軸的截距。同樣地，如果在年輕時期有貸款，貸款的最高金額是 $\$11,000/(1+10\%)$ [$I_2/(1+r)$]，則年輕時期的最大支出金額是 20,000 元 [$=\$11,000/(1+10\%)+\$10,000$]，這是預算線橫軸的截距。因此，預算線的斜率是 $\$22,000/\$20,000=1+10\%$，亦即預算線的斜率是 $1+r$。

在圖 4.18 中，無異曲線的形狀顯示消費者偏好年輕時期的消費。最適選擇在 B 點，年輕時期的消費超過所得，向銀行貸款 3,000 元，年老時期再償還貸款，明年只能消費 7,700 元 [$=\$11,000-\$3,000\times(1+10\%)$]。比較兩條無異曲線，發覺貸款使效用水準從 U_1 增加至 U_2。這個分析指出，消費偏好與利率決定哪些消費者是貸款者，以及哪些消費者是存款者。

如同我們所見，消費者選擇有許多方面的應用，另一個應用是在工作與休閒時間的選擇。為什麼消費者要工作？因為工作能夠賺取所得，然後再以工作收入

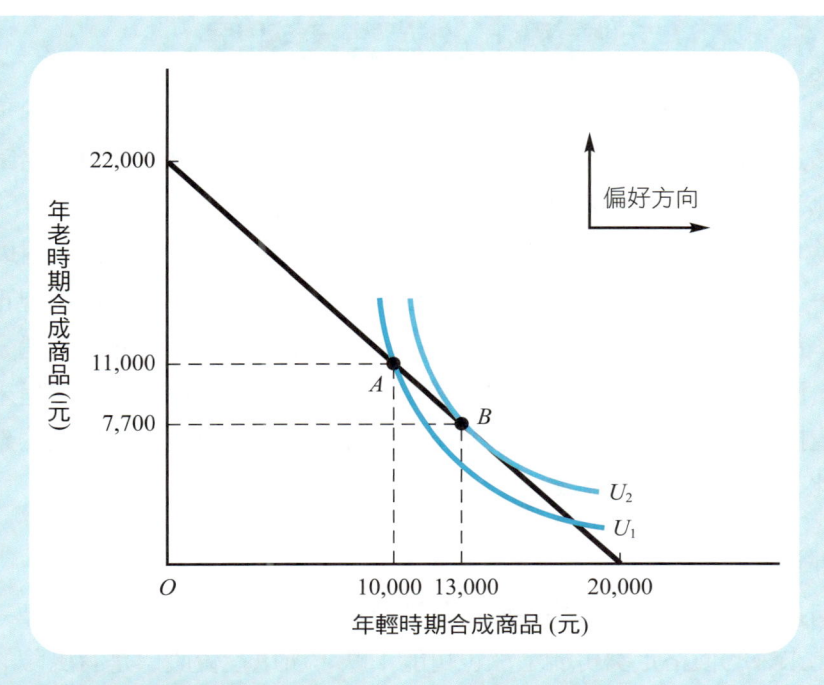

圖 4.18 貸款與存款

消費者年輕時期所得是 10,000 元，年老時期所得是 11,000 元，如果不借貸，最適消費組合在 A 點。假設存款與放款利率都是 10%，預算線斜率為 1+10%，消費者貸款下的最適組合在 B 點，B 點的效用比 A 點高。

在休閒時間進行消費。我們可以利用無異曲線、預算線與合成商品的概念，找出最適的休閒及其它商品的組合。由於 1 天有 24 小時，消費者對休閒時數的選擇，同時也是對工作時數的選擇。有關休閒與工作時數的最適選擇分析與勞動供給密切相關，因此留待後面的勞動市場再做討論。

邊做邊學習題 4-5

無異曲線的應用

書豪消費巧克力與合成商品。合成商品 (y) 價格為 1 元，巧克力的銷售稅為 0.5 元。書豪每個月會買 20 條巧克力。倘若政府考慮取消巧克力的銷售稅，而改要求消費者每個月付 10 元的定額稅。請問書豪的最適消費組合有何改變？其福利有何變動？

類似問題：基礎題 9

4.6　不確定情況下的消費者選擇

我們一直假設消費者選擇是在一個沒有風險的世界中進行。然而，現實生活中的許多選擇都充滿不確定性或及風險。譬如，你在電腦展場購買一台筆記型電腦，便無法從外觀判斷機器是否有瑕疵，或使用年限是多久。

風險與不確定是有區別的。**風險** (risk) 是指決策會產生超過一個以上的結果，而每一個結果的機率為已知或可以估計。如擲一枚公平的銅板出現正面和反面的機率都是二分之一。**不確定性** (uncertainty) 是指，決策會產生超過一個以上的結果，而每一個結果的機率未知。譬如，到金瓜石挖金礦，其結果是未知，沒有人知道挖到金礦的機率為何。本節所要討論的消費者行為是在風險的架構下進行，因此有必要先來描述風險。

衡量風險

任何投資都有風險。假設在股市低迷時期，你買進晶圓代工的股票──台積電，因為未來的價格走勢可能上漲也可能下跌，所以投資股票是有風險的。一般教科書提到風險都會涉及三個概念：機率分配、期望值和變異數。讓我們用一個簡單例子來說明這三個基本觀念。

假設幾米以 40 元買了一張台積電股票，在未來 1 年內，有三種可能會發生：

◆ 30% 的機會價格會上升到 48 元，我們稱此為結果 A。
◆ 30% 的機會價格會下降到 32 元，我們稱此為結果 C。
◆ 價格維持不變在 40 元，我們稱此為結果 B。

台積電股票的**機率分配** (probability distribution)，列出台積電所有可能出現的報酬及其相關機率。機率是結果發生的可能性，譬如，A 的機率是 0.3，表示 10 次機會裡，結果 A 會出現 3 次；B 和 C 的機率分別設為 0.4 和 0.3。圖 4.19 即顯示台積電股票的機率分配。

機率分配的概念有助於評估與比較不同的投資方案。當一項風險投資的可能報酬與機率為已知時，你期望能夠獲得多少報酬？問題的答案在**期望值** (expected value)，風險投資的期望值是投資所創造的平均報酬。我們以台積電股票為例，說明期望值的概念：

$$期望值 = A\,的機率 \times A\,的報酬$$
$$+ B\,的機率 \times B\,的報酬$$
$$+ C\,的機率 \times C\,的報酬$$

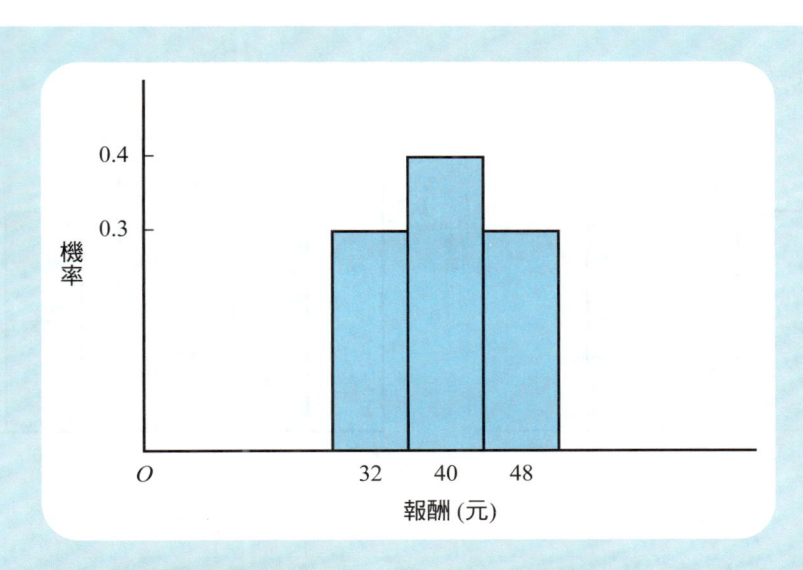

圖 4.19　股票的機率分配

每一長條代表台積電股票可能出現的報酬，長條的高度代表報酬發生的機率。譬如，40 元報酬發生的機率是 0.4。

運用這個公式，我們得到：

$$期望值 = 0.3 \times 48 + 0.4 \times 40 + 0.3 \times 32 = 40$$

台積電股票的期望值是所有可能發生報酬的加權平均，其中各個報酬的權數是相關的機率值。同樣地，若丟一枚銅板出現正面的機率是 0.5，報酬是 100 元；出現反面的機率是 0.5，報酬是 −100 元，則丟銅板的期望值為：

$$期望值 = 0.5 \times 100 + 0.5 \times (-100) = 0$$

丟銅板的期望值是衡量：如果丟銅板多次，你能夠得到的平均報酬。

假設你有兩個股票投資選擇——100 元投資在台積電或遊戲橘子。圖 4.20 顯示兩家公司股價的機率分配，兩家公司的期望值都是 40，但是遊戲橘子的風險程度較高，因為台積電的股價集中在 40 元附近，而遊戲橘子的股價上漲與下跌的幅度較大；換言之，投資者買遊戲橘子比買台積電可能賺得更多或賠得更多。

我們以一個變數來衡量投資的風險程度，這個變數稱為**變異數** (variance)。變異數是在不確定情況下，可能結果的差異程度。我們要如何計算變異數？計算投資方案變異數有以下三個步驟：

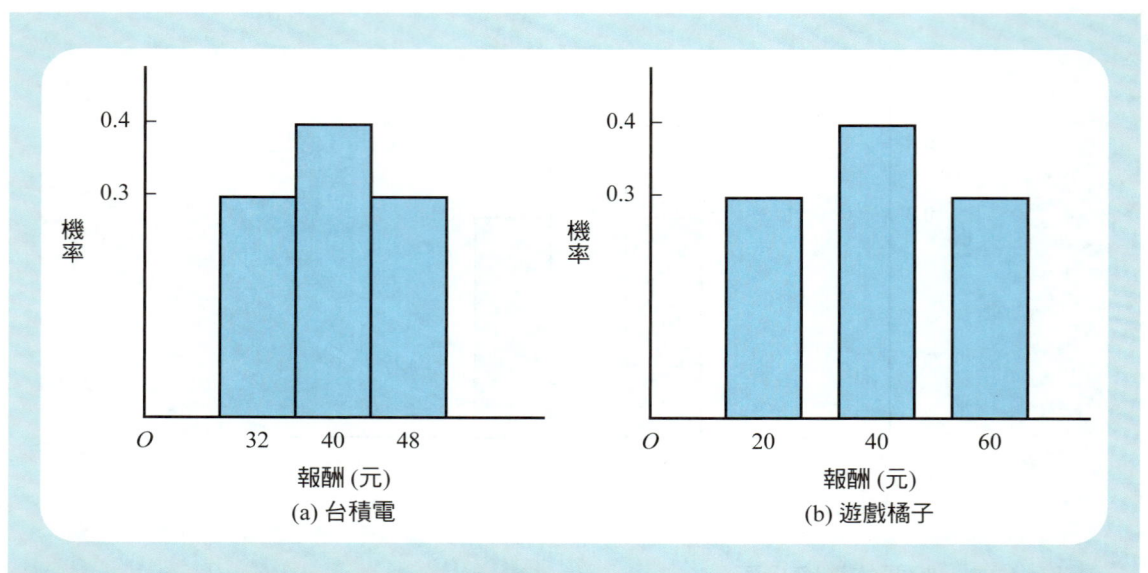

圖 4.20　台積電和遊戲橘子的機率分配

兩家公司的期望值都是 40，然而，圖 (b) 的變異數大於圖 (a) 的變異數。

步驟 1： 先計算投資的期望值。

步驟 2： 將每一個結果的報酬減去期望值，然後再加以平方，我們稱這個數字為平方差 (squared deviation)。

步驟 3： 每一個結果的平方差乘以對應的機率值，然後全部加總得到一個數值，這個數值就是變異數。

　　表 4.1 說明如何計算兩家公司股價的變異數。計算結果顯示，台積電股價的變異數是 38.4，而遊戲橘子股價的變異數為 240，這表示遊戲橘子股價的平均偏離程度大於台積電股價的平均偏離程度。基於這個認知，我們可以說遊戲橘子比台積電的風險程度要高。

　　另一個衡量投資風險程度的變數是標準差 (standard deviation)。標準差是變異數開根號後的數值。根據表 4.1，可以計算出：

$$台積電股價的標準差 = \sqrt{38.4} = 6.20$$
$$遊戲橘子股價的標準差 = \sqrt{240} = 15.49$$

遊戲橘子股價的標準差大於台積電股價的標準差，因此變異數與標準差提供相同的投資風險資訊。

Chapter 4　需求理論與消費者選擇的應用

◇ 表 4.1　台積電和遊戲橘子的變異數

公司	報酬	機率	平方差	乘以對應的機率	變異數
台積電	$32	0.3	64	64×0.3＝19.2	
	40	0.4	0	0	38.4
	48	0.3	64	64×0.3＝19.2	
遊戲橘子	$20	0.3	400	400×0.3＝120	
	40	0.4	0	0	240
	60	0.3	400	400×0.3＝120	

風險的評估

在上一小節裡，我們利用期望值與變異數來描述風險結果。在本節中，我們將探討決策者面對不同機率分配與不同風險程度，如何評估與比較不同的投資方案。特別是我們將利用效用函數來衡量不同風險程度下，決策者所能獲得的利益。讓我們從一個例子來開始說明，效用函數與風險偏好之間的關係。

想像你在大學畢業後，有兩個工作機會：

◆ 公家機構上班，月薪是 30,000 元。
◆ 信義房屋上班，底薪是 10,000 元。如果努力工作衝刺業績，可得業績獎金 50,000 元，這個機率是 50%，但拿不到業績獎金的機率也有 50%。

我們利用上一小節的期望值公式，來計算兩個工作的期望報酬：

$$\text{公家機構的期望報酬} = \$30{,}000$$
$$\text{信義房屋的期望報酬} = \$10{,}000 \times 0.5 + \$50{,}000 \times 0.5$$
$$= \$30{,}000$$

這兩個工作的期望報酬相同，我們稱為公平賽局 (fair game)。但是你不見得會認為這兩個工作機會完全相同，或許你認為在信義房屋上班比在公家機構上班存在較大的風險。

圖 4.21 描繪效用函數 U 與所得 I 之間的關係，這個效用函數是所得水準的遞增函數：隨著所得的上升，滿足程度會愈高，它也呈現邊際效用遞減：額外增加 1 元的所得，所能增加的滿足程度愈來愈低。現在，我們可以利用圖 4.21 來評估這兩個工作機會：

◆ 公家機構上班，效用水準是 450，對應圖中的 B 點。我們也可寫成：

$$U(30{,}000) = 450$$

- 信義房屋上班,有業績獎金的效用水準是 550,對應圖中的 C 點。效用水準可寫成:

$$U(50,000)=550$$

- 信義房屋上班,沒有業績獎金的效用水準是 250,對應圖中的 A 點。效用水準可寫成:

$$U(10,000)=250$$

- 信義房屋工作的**效用期望值** (expected utility) 是你在信義房屋仲介中古屋所獲得的平均滿足程度,亦即:

$$0.5 \times U(50,000) + 0.5 \times U(10,000)$$
$$= 0.5 \times 550 + 0.5 \times 250$$
$$= 400$$

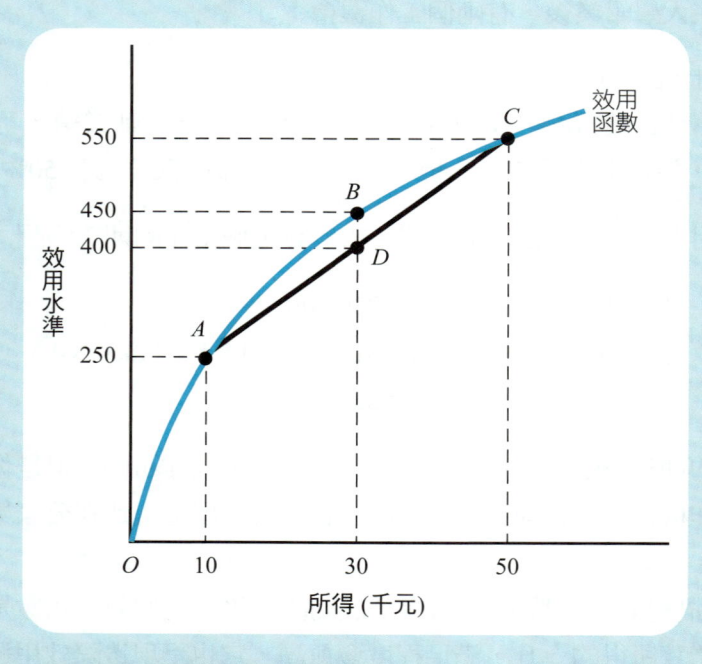

圖 4.21　風險厭惡者的效用函數

接受公家機構工作的效用水準是 450,對應圖中的 B 點;如果接受信義房屋的工作,有 50% 的機率獲得 250 的效用水準 (A 點),有 50% 的機率獲得 550 的效用水準 (C 點),預期效用是 400 (D 點)。比較 B 點與 D 點,公家機構上班的效用超過信義房屋上班的效用,即使兩個工作的預期報酬相同,這代表你是風險厭惡者。

這是對應圖中的 D 點。

如圖 4.21 所示，儘管信義房屋與公家機構上班的期望報酬 (所得期望值相同，都是 30,000 元)，但公家機構上班的效用期望值 (450) 高於信義房屋上班的效用期望值 (400)。如果你是依據圖 4.21 的效用函數來評估職涯，絕對會偏好公家機構的工作機會。

圖 4.21 的效用函數所描繪的決策者偏好是屬於**風險厭惡** (risk averse)。風險厭惡者在確定事物與風險投資有相同的期望報酬下，會比較喜歡確定事物而不喜歡風險投資。呈現邊際效用遞減的函數 (如圖 4.21 的效用函數)，也就是凹向 x 軸的函數，隱含決策者是風險厭惡者。具體地說，當風險投資的效用期望值小於確定事物的效用期望值時，決策者是風險厭惡者，在風險投資與確定事物的期望報酬相同下，風險厭惡是決策者面對風險可能有的態度之一。

決策者有可能是**風險愛好者** (risk lover)。風險愛好者面對相同的期望報酬，比較偏好風險投資而不喜歡確定事物；亦即，如果公家機構與信義房屋的期望報酬都是 30,000 元，風險愛好者接受信義房屋工作的預期效用大於公家機構工作的預期效用。圖 4.22(a) 描繪風險愛好者的效用函數。風險愛好者的效用函數呈現邊際效用遞增，即向下凸出的函數，反映出一定數量的所得增加，引起邊際效用的增加幅度愈來愈大。

決策者面臨的另一種可能性是**風險中立** (risk neutral)。當決策者是風險中立者時，會依據所得期望值來做決定。如果在公家機構工作的確定收入 30,000 元與在信義房屋工作的預期收入 30,000 元相同，則在哪一個地方工作並無差異。圖 4.22(b) 描繪風險中立者的效用函數，效用函數為一直線，代表所得的邊際效用固定。不管所得水準高低，任何一定數量的所得變動，引起效用的變動幅度是固定的。

風險溢酬

我們在上一小節看到，如果你是風險厭惡者，會偏好公家機構的確定所得，而不喜歡信義房屋的風險性所得。什麼時候風險厭惡者會選擇承擔風險？什麼時候會選擇消除風險？答案是：若額外報酬可以補償風險承受，風險厭惡者將選擇承擔風險。

我們以**風險溢酬** (risk premium, RP) 來代表這個額外的報酬。一風險投資的風險溢酬是風險投資期望報酬與確定事物期望報酬間的差額，這個差額能讓風險厭惡者在風險投資與確定事物之間是無差異的。我們再回到公家機構與信義房屋的例子。

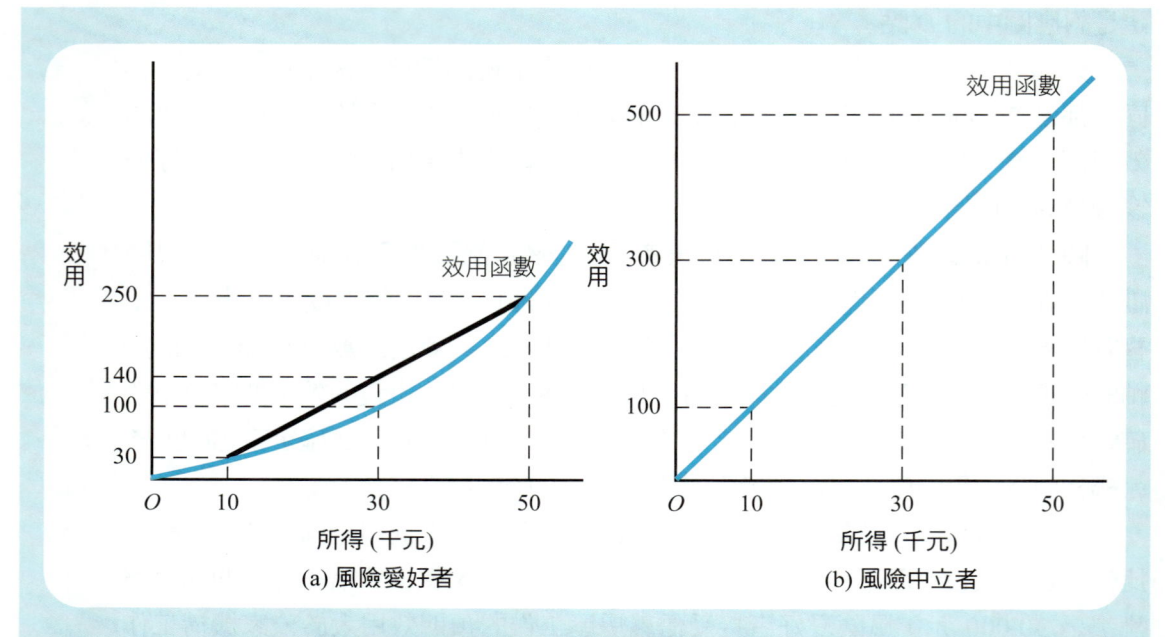

圖 4.22　風險愛好者與風險中立者的效用函數

風險愛好者的效用函數呈現邊際效用遞增。風險中立者的效用函數為一直線。

　　圖 4.23 描繪信義房屋工作的風險溢酬。信義房屋的期望報酬是 30,000 元，要找出這個工作的風險溢酬，可提出下列問題：公家機構應該提供多少薪水，可讓公家機構工作的預期效用等於信義房屋工作的預期效用？信義房屋工作的效用期望值為：

$$0.5 \times U(10,000) + 0.5 \times U(50,000) = 0.5 \times 250 + 0.5 \times 550 = 400$$

如圖 4.23 的 D 點。

　　圖 4.23 中的 E 點是在公家機構上班的效用期望值，等於 $U(26,000) = 400$。因此，信義房屋工作的風險溢酬是 \$30,000－\$26,000＝\$4,000，即圖 4.23 的 $\overline{ED}$。如果公家機構給 26,000 元的薪水，信義房屋至少要給 30,000 元，你才會選擇去信義房屋上班。以方程式表示，假設風險投資有兩個報酬 I_1 和 I_2，相關機率分別為 P 與 $(1-P)$，風險溢酬 (RP) 可由下式求出：

$$PU(I_1) + (1-P)U(I_2) = U[PI_1 + (1-P)I_2 - RP]$$

　　決定風險溢酬的重要因素之一是變異數。假設我們有兩個工作，所得期望值相同但變異數不同，擁有較高變異數的工作需要較大的風險溢酬；亦即，個人承擔的風險愈大 (效用函數愈彎曲)，風險厭惡者要求的補償就愈大。

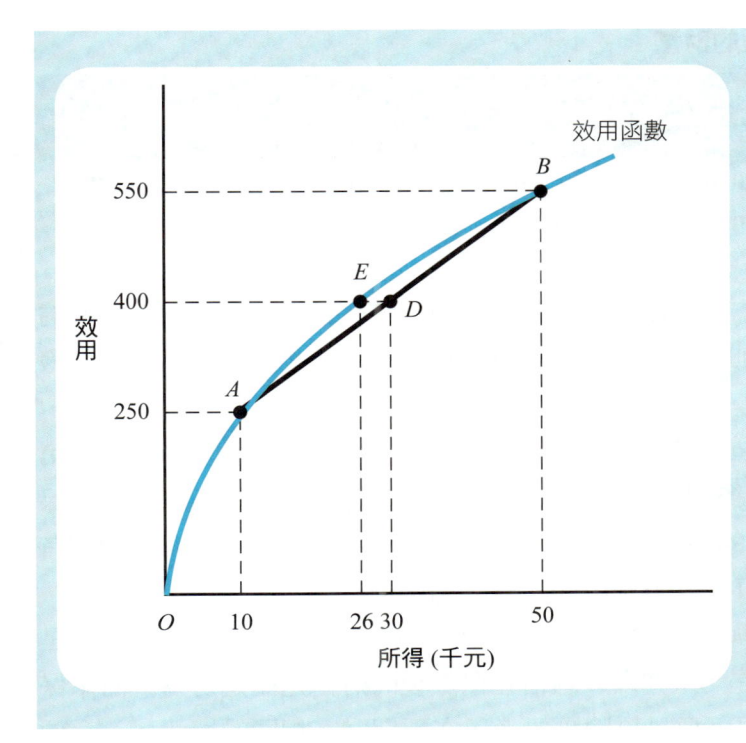

Chapter 4　需求理論與消費者選擇的應用

圖 4.23　風險溢酬

假設公家機構的薪水是 26,000 元，信義房屋的期望報酬是 30,000 元，兩份工作的效用期望值都是 400。風險溢酬是 ED，等於 4,000 元。

邊做邊學習題 4-6

計算風險溢酬

　　假設朱教授的效用函數為 $U=10(\ln I)$，其中 I 為投資報酬。朱教授考慮進行一項餐飲投資，成功可獲得 100,000 元，失敗則獲得 20,000 元，假設成功與失敗的機率各半，請問此項投資的風險溢酬為何？

類似問題：基礎題 10

保險

　　風險溢酬的分析告訴我們，風險厭惡者寧願放棄某些所得來趨避風險。事實上，如果保險的費用等於預期損失，風險厭惡者將購買足額的保險，來避免可能遭遇的財務損失。

　　為什麼風險厭惡者會買保險？買保險可以確保一個人有穩定的所得，不管他是否遭遇損失。由於保險費用等於損害理賠的期望值，在風險情況下的期望報酬會等於確定所得。就一個風險厭惡的決策者而言，保證相同所得的效用高於風險情況下的效用。讓我們用一個簡單的例子來闡明上述的說法。

表 4.2　保險與未保險的財產

保險	地震 (機率＝0.1)	未發生地震 (機率＝0.9)	預期財富	標準差
無	$400,000	$500,000	$490,000	9.487
有	490,000	490,000	490,000	0

假設阿信擁有一棟在花蓮價值 500,000 元的房子，受到地震侵襲有 10% 的機率，造成 100,000 元的財物損失。表 4.2 顯示保險與未保險的財產狀況，保險費是 10,000 元。

此保險契約有兩個特點：第一，如果發生任何損失，保險公司全額理賠；第二，保險契約採取**公平保險費** (fair premium)，保險費等於損失期望值。因為保險公司會理賠 100,000 元的機率有 10%，而保險公司不用支付任何金額的機率有 90%，損失的期望值是 $0.1 \times \$100,000 + 0.9 \times 0 = \$10,000$。

在表 4.2 中，保險與不保險的預期財富都相同，但是未保險的標準差是 9.487，而保險的標準差是 0；亦即，阿信在保險後的財富是確定財富，而未保險則是置於風險中。如果阿信是風險厭惡者，在預期財富相同的情況下，會偏好保險而不喜歡沒有保險。我們也可以從另一個角度觀察，表 4.2 顯示，若花蓮沒有發生地震，未投保比投保獲益 10,000 元。若不幸發生地震，相對於投保，未投保使阿信損失 90,000 元。因此，風險厭惡者將購買保險以獲取較高的滿足程度。

當然，保險公司是依據花蓮為地震頻繁地區，因此購買地震險者較多的事實來設計保單，如果只有阿信一人買保險，保險公司面臨的風險較大；如果買保險的人很多，就算發生地震，也不見得全部房子都會遭受損失。依靠大規模經營來趨避風險，稱為**大數法則** (law of large numbers)。譬如，花蓮有 100 個人買地震險，每一家的保險費是 10,000 元，這筆 10,000 元的保險費創造了 1,000,000 元的保險基金，成為遭受地震損害的賠償金。

如前所述，當保險費等於損失期望值時，稱為公平保險費。在現實生活中，保險公司必須負擔行政費用並賺取利潤，因此索取的保險費會比預期損失高。如果保險公司競爭激烈，保險費將接近精算費率，保險人可望支付較低的保險費。

總結

▸ 個別消費者的商品需求曲線可從消費者的最適選擇推導而得。我們也可將需求曲線視為消費者願意支付價格的曲線。

Chapter 4　需求理論與消費者選擇的應用

- 恩格爾曲線描繪商品數量與所得之間的關係。
- 價格變動有兩個效果：(1) 替代效果，維持效用水準不變，價格改變引起消費數量的變動；(2) 所得效果，在商品價格不變時，實質購買力改變，引起消費數量的變動。
- 當商品是劣等財，且所得效果大於替代效果，需求曲線斜率為正時，此商品稱為季芬財。
- 市場需求是個別消費者需求的水平加總。
- 消費者剩餘是消費者願意支付價格與實際支付價格之間的差異。消費者剩餘的變動可以用來衡量價格改變，消費者福利水準的改變。
- 補償變量：衡量價格下跌後，消費者願意放棄多少所得，才能維持與價格變動前相同的滿足水準。所得變量：衡量價格變動前，消費者得到多少金錢，才能維持與價格變動後相同的滿足水準。
- 正的網路外部性，隨波逐流效果：商品需求量會隨著其它消費者需求量的增加而增加；負的網路外部性，鄉愿效果：商品需求量隨著其它消費者需求量的增加而減少。
- 現金補貼比間接補貼與實物補貼對消費者福利有正面的影響；借貸與數量折扣可增進消費者福利。
- 期望值、機率分配與變異數可用來描述風險程度。當一風險投資的變異數或標準差愈大時，風險程度愈高。
- 風險厭惡者偏好確定事物，不喜歡有相同期望報酬的風險性投資，風險厭惡者的效用函數為凹函數；風險愛好者的效用函數為凸函數；風險中立者的效用函數則為一直線。
- 風險溢酬是風險性投資期望報酬與確定事物報酬的差額。
- 一公平的保險政策是保險費等於損害理賠的期望值。

問題與計算

基礎題

1. 舒曼只消費兩種商品：鱒魚和馬鈴薯。在一鱒魚在橫軸與馬鈴薯在縱軸的圖形上，其價格消費線為一水平線。
   (a) 請畫出符合此描述的無異曲線與預算線。
   (b) 馬鈴薯價格變動的舒曼所得與替代效果為何？
2. 假設阿亮只消費三種商品：大麥克、薯條與可樂，這三種商品可否都是正常財？這三種

商品可否都是奢侈品？

3. 假設加鈴的效用函數為 $U(x,y)=x+\sqrt{y}$，請推導 y 與 x 的需求曲線。

4. 隨著國民所得的提高，生育率逐漸下降，隱含所得上升，孩子的需求量減少，請問孩子是劣等財嗎？

5. 阿亮消費大麥克 (y) 與可口可樂 (x) 的效用函數為 $U(x,y)=xy$，假設大麥克每個 60 元，可口可樂每杯 45 元，而阿亮每週的預算為 360 元。若可口可樂價格跌至每杯 20 元，請問替代效果與所得效果數值是多少？

6. 假設台北市的租屋有兩種市場區隔：商務辦公與一般住宅。商務辦公的市場需求函數為 $Q_1=40-0.25P$，而一般住宅的需求函數為 $Q_2=120-2P$，其中 Q_1 和 Q_2 是商務辦公與一般住宅的需求量，P 是每坪價格。

(a) 請填滿下列不同價格的租屋需求。

價格 (P)	Q_1	Q_2	市場需求
100			
80			
60			
40			
20			
0			

(b) 請畫出個別市場與整個市場的需求曲線，並寫出市場需求函數。

7. 假設阿亮吃蚵仔麵線的需求曲線為 $Q=40-P$。若 $P=30$，阿亮的消費者剩餘為何？P 從 30 降至 20 時，消費者剩餘會增加多少？

8. 請舉一例說明對等變量與補償變量之間的不同？在什麼情況下，兩者會相等？

9. 當汽油每公升 20 元時，齊林每個月消費 500 公升，假設汽油每公升上漲 5 元，為抵銷負面影響，政府每年給齊林 2,500 元的現金補貼。汽油價格上升與現金補貼是否讓齊林滿足程度提高？補貼政策對汽油消費量有何影響？(假設無異曲線凸向原點。)

10. 假設效用函數是 $U=\sqrt{I}$，其中 I 是所得。若信義房屋的工作可能報酬為 10,000 元和 50,000 元，相關機率均為 0.5；公家機構上班的薪水是 30,000 元。請計算風險溢酬。

11. 如果姿云消費可樂的願意支付價格如下表，假設現在市場價格是 10 元，則她的消費者剩餘是多少？

單位	1	2	3	4	5	6
願意支付價格	20	16	11	8	5	1

(109 年關務特考)

12. 假設李陽對咖啡的需求曲線為直線，當咖啡一杯 40 元時，他會買 3 杯，此時需求彈性為 $\dfrac{5}{3}$。若現在咖啡打 8 折，請問消費者剩餘會增加多少？ (109 年經建行政)

進階題

1. 假設阿妹只購買項鍊 (x) 與衣服 (y)，她的效用函數 $U(x, y) = xy$，邊際效用 $MU_x = y$ 和 $MU_y = x$。若每週所得是 72 元，每單位衣服價格 $P_y = \$1$，每條項鍊的價格 $P_x = \$9$，假設項鍊最初價格是 9 元，然後跌至 4 元。請找出項鍊的替代效果與所得效果。

2. 若阿亮的效用函數為 $U(x, y) = \sqrt{x} + y$。
   (a) 請推導 y 與 x 的需求曲線。
   (b) 恩格爾曲線為何？

3. 消費者效用函數為 $U(x, y) = \min\{2x, y\}$，所得為 100 元，x 的價格為 5 元 ($P_x = \$5$)，$y$ 的價格為 1 元 ($P_y = \$1$)。若相對價格從 $P_x/P_y = \$5/\$1$ 變成 2/1。請計算替代效果與所得效果，並繪出清楚的圖形。

4. 舒曼的效用函數為 $U(x, y) = x^2 y$，商品 x 和 y 的價格分別為 P_x 和 P_y，而所得是 I。請求出：
   (a) 價格消費線。
   (b) 恩格爾曲線。

5. 朱教授對油飯 (x) 與雞腿 (y) 的偏好，可以效用函數 $U(x, y) = xy$ 表示。假設朱教授的所得是 120 元。
   (a) 當 $P_x = \$4$ 與 $P_y = \$1$，最適消費組合是多少？
   (b) 當 P_x 從 4 元跌至 3 元時，替代效果與所得效果為何？

6. 阿亮對花生 (x) 與啤酒 (y) 的偏好可以 $U(x, y) = xy$ 來表示。其預算為 20 元。
   (a) 當 $P_y = \$1$ 時，請找出阿亮對花生 (x) 的需求函數。
   (b) 當 $P_x = \$1$ 上升至 $P_x = \$2$ 時，阿亮的消費者剩餘增加多少？

7. 阿湯哥喜歡吃巧克力，每天的預算是 10 元。他會買兩種商品：巧克力 (x) 與合成商品 (y)。合成商品價格為 1 元，效用函數 $U(x, y) = 2\sqrt{x} + y$，邊際效用 $MU_y = 1$，$MU_x = 1/\sqrt{x}$，因此效用函數為一準線性函數。
   (a) 假設巧克力的最初價格為 $P_x = \$0.5$，下跌至 $P_x = \$0.2$，請問替代效果與所得效果是多少？
   (b) 價格下跌後的補償變量與對等變量是多少？

8. 假設消費者效用函數為 $U(X, Y) = Y + 12X - \dfrac{X^2}{2}$，其價格分別為 $P_X = \$2$，$P_Y = \$1$，所得 $I = \$30$。

(a) 消費者均衡為何？

(b) 若 X 的價格 (P_X) 由 2 元下跌至 1 元，替代效果與所得效果為何？

(c) 若 $P_X=\$2$ 下跌至 $P_X=\$1$，在其它條件不變下，補償變量、對等變量及消費者剩餘變動多少？

9. 小婉消費可樂和合成商品 (其價格為 1 元)。政府對每罐可樂課徵 0.5 元的稅 (即可樂價格上升 0.5 元)，現在政府考慮取消貨物稅而改課定額稅，每個月支付 10 元。若小婉每個月消費 20 罐可樂，其消費型態會有何變化？

10. 政府的稅收有兩個重要來源：消費稅與所得稅。消費稅是指消費者購買商品時，必須支付一定比例的稅賦；所得稅則是消費者所得中的一部分，必須按比例繳交給政府。

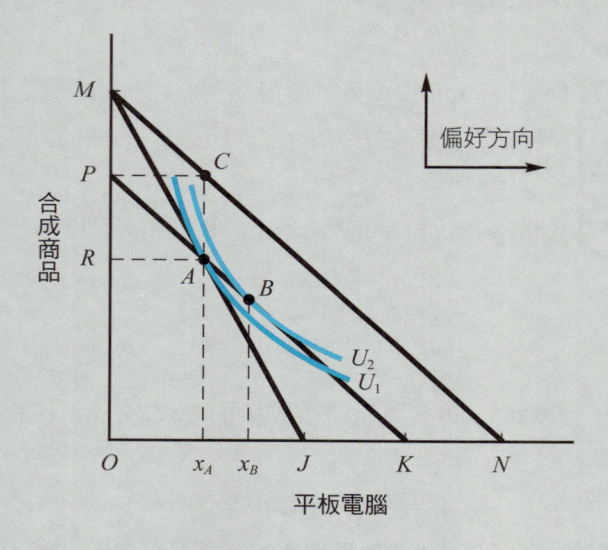

假設政府針對平板電腦 (x) 課稅，稅率為 t，因此平板電腦價格為 P_x+t，預算線 $\overline{MN}$ 內移至 $\overline{MJ}$。最適消費組合在 A 點，如上圖所示。若政府課徵相同稅額，消費稅與所得稅對消費者福利有何影響？

11. 倘若大師兄的效用函數為 $U(x, y)=x^{0.25}y^{0.75}$，所得為 9,000 元，$P_x=P_y=\$10$。

(a) 最適消費組合為何？

(b) 若政府對大師兄買 1 單位 x 補貼 5 元，最適消費組合為何？

(c) 若政府提供 4,000 元的振興消費券，只能買 x 商品，最適消費組合為何？

12. 小李有 100 元財產，但有 20% 機率會發生火災而損失 75 元。他的效用函數為 $u(\omega)=\sqrt{\omega}$。若投保全險，他最多願意支付多少保險費？

13. 依據邊際效用均等法則，若馬力歐對彈珠人的需求量與總效用分別為 (1, 10)、(2, 20) 和 (3, 30)。假設貨幣邊際效用固定為 2，彈珠人的需求曲線為何？

Chapter 4　需求理論與消費者選擇的應用

網路習題

1. 網路外部性是一個相當有趣的議題。台灣的網路電話方興未艾，請上網搜尋網路電話的現況。你是否能找到電子郵件及網路電話以外的網路外部性事例，請列出相關文章。

附錄 4A：消費理論的對偶性

　　思考消費者最適決策的方式有兩種：一是在預算已知下，選擇最高的無異曲線；一是在效用水準已知情況下，如何使支出達到最小。前者即為第 3 章的效用極大化：

$$\begin{cases} \max_{(x,y)} \quad U(x,y) \\ \text{s.t.} \quad P_x x + P_y y \leq I \end{cases} \tag{4A.1}$$

後者稱為支出極小化：

$$\begin{cases} \min_{(x,y)} \quad P_x x + P_y y \\ \text{s.t.} \quad U(x,y) \geq U_0 \end{cases} \tag{4A.2}$$

上面的受限最適化問題中，x 和 y 是內生變數，P_x、P_y 和固定效用水準為外生變數。圖 4A.1 中的 B 點是最適消費組合，因為 B 點比 A 和 C 點的支出都小，所以組合 B 是無異曲線 U_0 與最小支出的切點。

　　式 (4A.1) 與式 (4A.2) 是對偶命題，現在我們可以求解支出極小化問題。令拉氏函數 $\mathcal{L}$ 為：

$$\mathcal{L}(x, y, \mu) = P_x x + P_y y + \mu(U_0 - U(x,y))$$

一階條件是讓拉氏函數的偏微分為零：

$$\begin{cases} \dfrac{\partial \mathcal{L}}{\partial x} = P_x - \mu \dfrac{\partial U(x,y)}{\partial x} = 0 \\[6pt] \dfrac{\partial \mathcal{L}}{\partial y} = P_y - \mu \dfrac{\partial U(x,y)}{\partial y} = 0 \\[6pt] \dfrac{\partial \mathcal{L}}{\partial \mu} = U_0 - U(x,y) = 0 \end{cases}$$

上式重新整理，可改寫成：

$$\begin{cases} P_x = \mu \cdot MU_x \\ P_y = \mu \cdot MU_y \\ U_0 = U(x, y) \end{cases} \Rightarrow \frac{P_x}{P_y} = \frac{MU_x}{MU_y} \qquad (4A.3)$$

式 (4A.3) 為第 3 章提到的相切條件，亦即預算線的斜率等於無異曲線的斜率，或邊際替代率等於相對價格比。由於一階條件只能保證有極值存在，極小化需要滿足二階條件：

$$|\overline{H}| = \begin{vmatrix} -\mu U_{11} & -\mu U_{12} & -U_1 \\ -\mu U_{21} & -\mu U_{22} & -U_2 \\ -U_1 & -U_2 & 0 \end{vmatrix} < 0 \qquad (4A.4)$$

式 (4A.4) 中的 U_{11} 為 $\frac{\partial U^2(x, y)}{\partial x^2}$，$U_{12}$ 為 $\frac{\partial U^2(x, y)}{\partial x \partial y}$，而 U_{22} 為 $\frac{\partial U^2(x, y)}{\partial y^2}$。如果支出極小化的問題滿足一階和二階條件，從式 (4A.3) 可求出**受補償需求曲線**

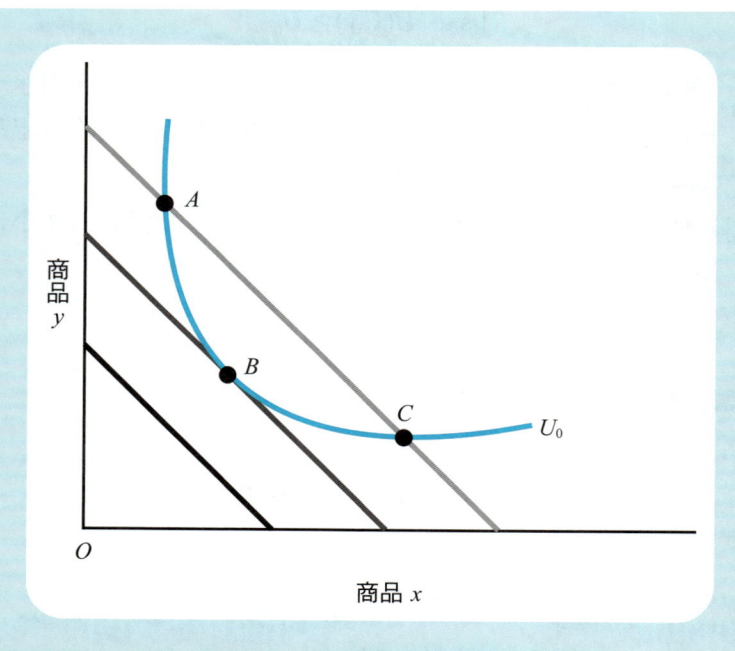

圖 4A.1　支出極小化的最適選擇

在固定效用水準 U_0 下，消費者追求支出極小化的最適消費組合在 B 點。儘管 A 點和 C 點都可達到相同的效用水準，但 B 點的支出極小化。

(compensated demand curve) 為：

$$x^* = x(P_x, P_y, U_0)$$
$$y^* = y(P_y, P_x, U_0)$$
$$\mu^* = \mu(P_x, P_y, U_0)$$

邊做邊學習題 4A-1

支出極小化的最適選擇

燕姿購買項鍊 (x) 及衣服 (y) 的效用函數 $U(x, y) = xy = 200$，項鍊價格為 $P_x = \$20$，衣服價格為 $P_y = \$40$，請找出最適消費組合。

類似問題：問題與計算 A.1

Slutsky 方程式

從效用極大化問題中，可求出一般的需求函數 $x^* = x(P_x, P_y, I)$。從支出極小化問題中，可求出受補償需求函數 $x^* = x(P_x, P_y, U_0)$。從圖 4A.1 可知，最適消費組合發生在無異曲線與預算線相切的地方；換言之，支出極小化與效用極大化的一階條件相同，都可得完全一樣的消費組合，因此

$$x(P_x, P_y, I) = x(P_x, P_y, U_0)$$

上式兩邊對 P_x 偏微分可得：

$$\left.\frac{\partial x}{\partial P_x}\right|_{U=U_0} = \left.\frac{\partial x}{\partial P_x}\right|_{I=I_0} + \frac{\partial x}{\partial I}\frac{\partial I}{\partial P_x}$$

由於 $I = P_x x + P_y y$，$\dfrac{\partial I}{\partial P_x} = x$，上式可改寫成：

$$\left.\frac{\partial x}{\partial P_x}\right|_{I=I_0} = \left.\frac{\partial x}{\partial P_x}\right|_{U=U_0} - x\frac{\partial x}{\partial I} \tag{4A.5}$$

式 (4A.5) 即為 Slutsky 方程式。$\left.\dfrac{\partial x}{\partial P_x}\right|_{U=U_0}$ 為替代效果：在效用水準不變下，x 商品價格變動引起 x 商品需求量的改變。此外，$-x\dfrac{\partial x}{\partial I}$ 為所得效果：實質購買力變動引起需求量的變動。

問題與計算

A.1 假設品源的效用函數為 $U(x, y) = 20x + 80y - x^2 - 2y^2$，其中 x 是 DVD，價格為 1 元；y 為 BD，價格為 2 元。品源每星期準備 41 元在這兩種商品上。請問效用極大化的商品組合是多少？支出極小化的商品組合是多少？

A.2 假設效用函數 $U(x, y) = \min\{x, y\}$，請問：
 (a) x 價格變動引起 x 需求量改變的 Slutsky 方程式為何？
 (b) 所得效果與替代效果為何？

A.3 假設某人的效用函數為 $U(x_1, x_2) = \sqrt{x_1 x_2}$，$I$ 為所得，P_1 和 P_2 分別為 x_1 與 y_2 的價格。
 (a) 請求出一般需求函數 (Marshallian 需求函數 Xi^M，$i = 1, 2$) 與受補償需求函數 (Hicksian 需求函數 Xi^H，$i = 1, 2$)。
 (b) 在什麼條件下，Marshallian 需求會等於 Hicksian 需求 (亦即，在什麼條件下，$x_1^M = x_1^H$，$x_2^M = x_2^H$)？

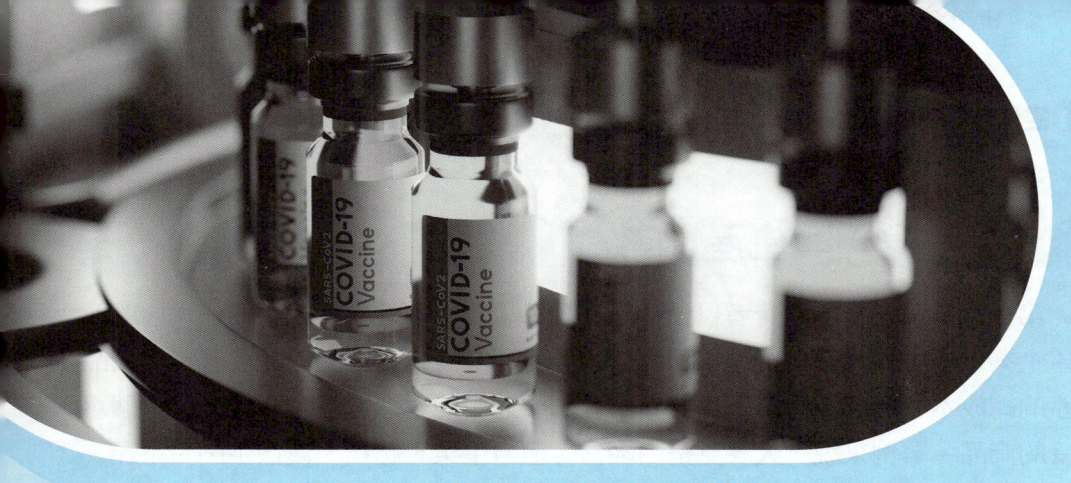

Chapter 5

生產

根據經濟學人智庫 (Economist Intelligence Unit, EIU) 的模型推算，2022 年中若疫苗覆蓋率未達 60%，全球經濟在 2022 年到 2025 年間總損失將達 2.3 兆美元。截至 2021 年 8 月 21 日，台灣的疫苗人口涵蓋率 (第一劑) 為 40.32%。中央疫情指揮中心表示，195 萬劑上海復星代理的 BNT 疫苗會在 2021 年 9 月 1 日送抵台灣。

依據疫苗製造原理，BNT 疫苗是 mRNA (messenger RNA Vaccine，信使核糖核酸疫苗)，作用是將含有一段可轉譯成 SARS-COV-2 病毒棘蛋白的 mRNA 注射到人體內，誘發人體產生免疫反應。mRNA 不會進入細胞核，不會改變人體的 DNA。

根據《紐約時報》(*New York Times*) 的報導，mRNA 的製造過程就像巫師一樣，在細胞裡修剪搭建一個全新世界，包括 20 個步驟：從主細胞庫提取 DNA，採集淨化、切割質粒、進行 mRNA 的轉寫、製作疫苗等。這種疫苗被評價為劃時代的創新。

本章的目的在學習廠商的生產，包括：生產要素或生產性投入，以及利用生產函數來解釋生產過程。瞭解生產的知識，有助於我們認識市場供給的特性。

5.1 投入與生產函數

第 3 章與第 4 章的消費者目標,是在預算限制下,追求總效用的最大。廠商希望企業永續經營,就必須追求利潤最大,而利潤是銷售商品的總收入減去商品生產的總成本。廠商結合許多生產要素經過一連串的生產過程,才能成為一個可接受的商品。舉例來說,大麥克是由麥當勞組合生菜、起司、漢堡牛肉、番茄,經過烹調而成。

生產函數

廠商用來生產商品或服務的生產性資源稱為投入 (input) 或生產因素 (factors of production),如原料 (牛肉、生菜)、勞動 (麥當勞員工)、機器 (煎烤漢堡肉的設備) 等。所生產的商品與服務數量稱為產出 (output)。台灣菸酒公司選擇啤酒花、蓬萊米、大麥芽及水來生產一定數量的啤酒,圖 5.1 的啤酒製造過程,在經濟學教科書裡是以生產函數來表示。

生產函數 (production function) 描述廠商使用不同的生產方法來形成產品。特別是生產函數告訴我們廠商僱用一定數量的投入,所能夠生產的最大商品數量。若以數學式表示,生產函數可寫成:

$$Q = F(L, K)$$

其中 Q 為商品數量,L 和 K 分別代表勞動和資本僱用量。我們可以列出更多種類的投入,如原料、土地、生產技術等,但為了簡化分析,並說明生產函數的重要概念,我們只考慮兩種投入。

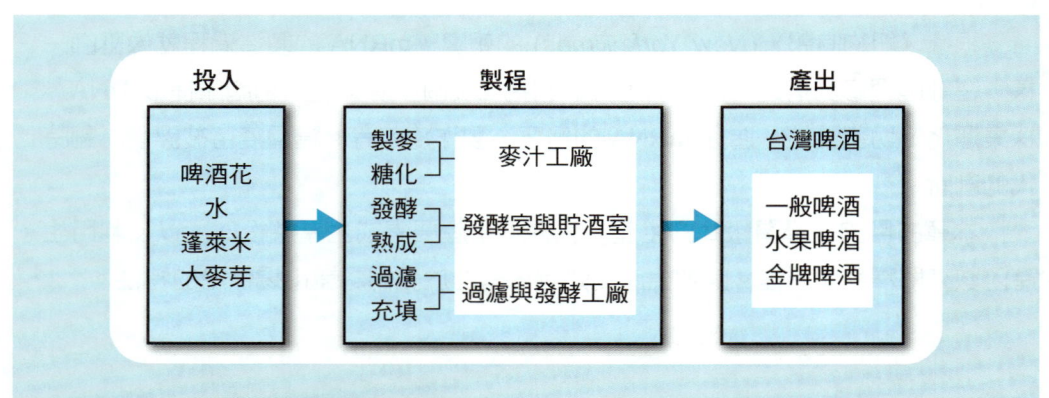

圖 5.1 台灣啤酒的產製流程

台灣啤酒由蓬萊米、啤酒花、大麥芽及水,經過 6 個製程可生產一般啤酒、水果啤酒和金牌啤酒。

Chapter 5　生產

實例與應用

令人沉醉一生的精釀啤酒

民國 106 年,臺虎精釀榮獲外交部青睞,為國慶酒會的賓客提供臺虎金桔和臺虎麥鄉精釀啤酒。

11 世紀時,歐洲修道院的修士們為了製造營養的佐餐飲料,便自行大規模生產啤酒。1516 年,巴伐利亞公爵威廉四世 (Wilhelm IV) 頒布有關啤酒生產的法令 (Reinheitsgebot),規定只有麥芽、啤酒花及純水才能用來生產啤酒。這也是目前世界上最古老的食品規範法規。19 世紀初,蒸汽機的發明及人工冷凍法的出現,可有效控制溫度,大幅提高啤酒產量。

「精釀啤酒」一詞來自 1970 年的英國啤酒消費者組織 CAMRA (Campaign for Real Ale),這個充滿活力的組織率先發動所謂的啤酒革命 (又稱啤酒文藝復興運動),以恢復英國傳統啤酒形式和啤酒文化為號召,迫使英國國會修改酒稅法,開放小型啤酒廠、啤酒餐廳和啤酒館。每年舉辦英國啤酒節 (Great British Beer Festival) 選拔優良產品。美國也在 1976 年修改酒稅法,開放小型啤酒廠、啤酒館的設立。在太平洋的另一端,日本也於 1994 年 3 月修改稅法,日本第一家獲得執照的越後啤酒廠所生產的啤酒就叫越後啤酒,而越後是新潟縣的古地名。

手工精釀啤酒與市售一般啤酒的不同處彙整於下表:

項目	手工精釀啤酒	市售一般啤酒
原料	麥芽為主,液體酵母;天然蜂蜜、天然原料	穀類及麥芽,乾酵母或液體酵母;玉米糖漿、天然原料
釀造	小量精釀	大量製造
色澤	豐富多變	淡金黃色為主
口味口感	多達數千種以上,水果芳香	單調

自民國 91 年台灣開放民間釀酒以來,已有 15 家廠商取得執照。儘管大型啤酒廠,如台灣啤酒享有規模經濟的優勢,但小型啤酒廠卻能以產品多樣化與異質化而索取較高的售價,溢價的部分可以彌補小規模生產所導致的額外成本,由此可以預見精釀啤酒的品牌及種類將如雨後春筍般蓬勃發展。美國有些小型的啤酒廠如 Redhook 已經和百威 (Budweiser) 啤酒策略聯盟,希望藉由百威啤酒的零售通路推廣,提高銷售量,亦即從大型啤酒廠的規模經濟獲取利益。

在生產函數的定義中,最大商品數量指生產行為符合技術效率。圖 5.2 描繪這種可能性,圖中的商品數量是勞動的函數,$Q = f(L)$。在生產函數上或以內組合的生產點,稱為**生產集合** (production set)。生產集合內的生產點,如 C 點,是

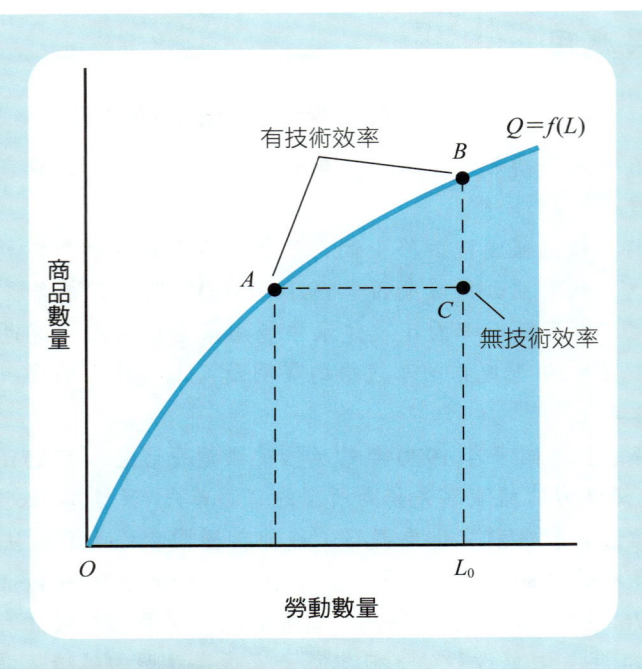

圖 5.2　有技術效率與無技術效率

生產函數是廠商以一定數量的投入，生產最大的產出數量。A 點和 B 點為有技術效率，而 C 點是無技術效率，因為一定數量的勞動 L_0 生產 B 點的商品數量大於 C 點的商品數量。

無技術效率；而在生產集合邊界上的點，如 A 點和 B 點是有技術效率，因為在一定的勞動數量 L_0，廠商在 B 點的產量超過 C 點的產量。

短期與長期

如果台灣菸酒公司想要推出新產品——氣泡水果啤酒，必須使用不同的原料、資本設備和勞工來生產，甚至可能需要新的機器或工廠。這些機器、設備及水果要能夠進入生產線，可能得歷時好幾個月或幾年。

由於廠商從事新投資必須考慮生產性資源能否變動，在分析生產時，短期與長期的區別頗為重要。**短期** (short run) 是指至少有一個生產因素固定不變的期間；而**長期** (long run) 則是指所有生產因素都可以調整的期間。短期與長期的分野不在時間長短，譬如，在夜市擺攤可以於 1 週內就決定，從賣手機配件變成烤起司馬鈴薯，在此，1 週以內是短期，1 週以上是長期；但是，對一家鋼鐵廠或汽車廠而言，可能要 5 年或 10 年才會推出新產品。因此，長期與短期的區別必須分別討論。

我們可以看到廠商在長期能調整所有的生產因素數量，以追求成本極小化。在討論長期決策前，讓我們先來探討廠商的短期生產行為。在短期，假設只有一個生產因素——勞動可以變動，資本則是固定不變的生產因素。

邊做邊學習題 5-1

技術進步與生產

已知生產函數 $Y=2L^{0.5}K$，若將 L 與 K 的用量都增加 4 倍，則產量增加多少倍？

類似問題：基礎題 1

5.2 短期的生產行為（單一投入的生產）

在決定要購買多少數量的生產因素時，廠商必須比較其所帶來的利益與成本，有時以「增量」的角度來觀察僱用額外生產因素導致額外產出是相當有用的。為了簡化分析，我們將焦點放在唯一的生產因素——勞動。因此，生產函數是一個短期的概念：

$$Q=F(L, K)，K=K_0$$

其中 K_0 代表資本設備數量固定不變，我們也可將上式寫成 $Q=f(L)$。單一投入的生產函數，稱為**總產量函數** (total product function)。

表 5.1 列出馬哥孛羅麵包店的貝果產量與勞動僱用量。假設麵包店的廚房面積與烤箱數目是固定的 ($K=K_0$)。第一欄與第二欄顯示總產量與勞動之間的關係。當馬哥孛羅沒有僱用任何員工時，貝果產量為 0；當僱用 1 位員工時，總產量是每個月 3,000 個貝果；當勞動僱用量為 2 時，每個月會有 8,000 個貝果的產量。

勞動市場對生產過程的貢獻，可以平均與邊際概念來呈現。第三欄是**勞動的平均產量** (average product of labor, AP_L)，勞動平均產量是每一單位勞動平均生產的商品數量。從數學上來看，勞動平均產量為：

$$AP_L = \frac{總產量}{勞動數量} = \frac{Q}{L}$$

AP_L 是一般民眾比較不同廠商之間生產力所用的定義。另外一個可以用來衡量生產力的概念，則是**勞動的邊際產量** (marginal product of labor, MP_L)。勞動邊際產

表 5.1　單一投入的生產

員工人數 (L)	總產量 (Q)	平均產量 (Q/L)	邊際產量 ($\Delta Q/\Delta L$)
0	0	…	…
1	3	3	3
2	8	4	5
3	12	4	4
4	14	3.5	2
5	14	2.8	0
6	12	2	−2

量是指,廠商多增加一單位勞動僱用量,所能增加的商品數量。從數學上來看,勞動邊際產量為:

$$MP_L = \frac{總產量的變動}{勞動數量的變動} = \frac{\Delta Q}{\Delta L}$$

當資本數量固定,勞動僱用量從 1 人增加至 2 人時,總產量可由 3,000 個增加至 8,000 個貝果。第 3 位員工的勞動邊際產量為 5,000 個貝果 $\left(= \frac{8,000 - 3,000}{3 - 2} \right)$。同樣地,第三欄顯示第 5 位員工的 MP_L 等於 0,這可能是因為專業分工的效益抵不過廚房擁擠、設備不足所帶來的窘境;第 6 位員工的 MP_L 甚至為負。

總產量曲線

圖 5.3(a) 是畫出表 5.1 的總產量與勞動之間的關係。總產量函數有四個值得注意的特性:

1. 當 $L=0$ 時,$Q=0$,馬哥字羅不僱用任何員工,自然就沒有貝果上架。
2. 在 $L=0$ 至 $L=2$ 之間,勞動的邊際報酬遞增。馬哥字羅額外增加 1 位員工的僱用,貝果會以遞增速率增加,因為專業分工的緣故。譬如,一位員工負責輸送原料、揉麵團,一位員工負責烘烤、品質控制。因此,原點與 B 點之間的總產量函數為凸函數 (凸向 x 軸)。
3. 在 $L=3$ 至 $L=5$ 之間,勞動的邊際報酬遞減。馬哥字羅額外增加 1 位師傅的僱用,貝果以遞減比率增加。因為廚房擁擠,專業分工無法提高員工生產力。因此,B 點與 E 點間的總產量函數為凹函數。

4. 當 $L>5$ 時，勞動總報酬遞減。馬哥孛羅再增加勞動，只會使貝果產量減少。這是因為廚房面積固定，員工沒有足夠空間從事有效率的生產。

平均產量曲線與邊際產量曲線

圖 5.3(b) 描繪平均與邊際產量曲線。在圖 5.3(a) 中，從原點出發連結總產量曲線的任何一點，如 B 點的斜率，就是 $L=2$ 的勞動平均產量。譬如，B 點的 $L=2$，而縱軸的高度代表 $Q=8$，OB 的斜率等於 $8/2=4$，這是平均產量。此外，在 $L=2$ 時，從原點出發的斜率值最大，這就是 AP_L 在 $L=2$ 達到最高峰的原因。

邊際產量是總產量曲線的斜率，譬如，在 L 介於 4 和 5 之間，因為總產量曲線為一水平線，斜率等於零，對應的邊際產量在 $L=4$ 與 $L=5$ 之間也會等於零。當邊際報酬遞增時，$0 \leq L \leq 2$，邊際產量遞增，斜率為正；當邊際報酬遞減時，$2<L \leq 5$，邊際產量遞減，斜率為負。當總報酬遞減時，$L>5$，邊際產量變成負數。

在圖 5.3(b) 中，當邊際產量大於平均產量時，平均產量遞增。在 G 點的左邊，如 $L=2$，平均產量是 4，而邊際產量是 5，額外的勞動僱用量會增加平均產量。就像是班上平均身高是 170 公分 (平均產量)，若有一位新同學加入，身高是 185 公分 (邊際產量)，現在班上同學的平均身高一定會超過 170 公分 (平均產量遞增)。

同樣地，邊際產量小於平均產量時，平均產量遞減。在 G 點的右邊，如 $L=4$，平均產量是 3.5，邊際產量是 2，額外的勞動僱用量會降低平均產量。就像是班上平均身高是 170 公分 (平均產量)，如果轉學生身高 160 公分 (邊際產量)，現在班上同學的平均身高一定會低於 170 公分 (平均產量遞減)。所以，當平均產量與邊際產量相等時，平均產量達到最大。我們可將平均產量與邊際產量間的關係，總結如下：

1. $MP_L>AP_L \Leftrightarrow AP_L$ 遞增。
2. $MP_L<AP_L \Leftrightarrow AP_L$ 遞減。
3. $MP_L=AP_L \Leftrightarrow AP_L$ 最高點。

邊際報酬遞減法則

勞動邊際產量遞減 (或其它生產因素的邊際產量遞減) 會發生在大多數的生產過程中，經濟學家稱這種現象為邊際報酬遞減法則 (law of diminishing marginal returns)。

邊際報酬遞減法則是指，當其中一種生產因素 (如勞動僱用量) 增加時，在

其它生產因素 (如資本、土地) 數量固定下，該生產因素的邊際產量在某一程度後會開始下降。在圖 5.3(a)，總產量曲線介於 B 點和 E 點之間，出現邊際報酬遞減現象，對應圖 5.3(b) 的邊際產量曲線為負斜率的部分。至於 MP_L 小於零的部分，稱為總報酬遞減。

值得注意的是，圖 5.3 是在生產技術已知下所畫出來的產量曲線。如果技術進步，使得廠商能以一定數量的要素投入，產出更多，總產量曲線會向上移動。技術進步使勞動貢獻更多的產出。因此，在技術進步的情況下，邊際報酬遞減現

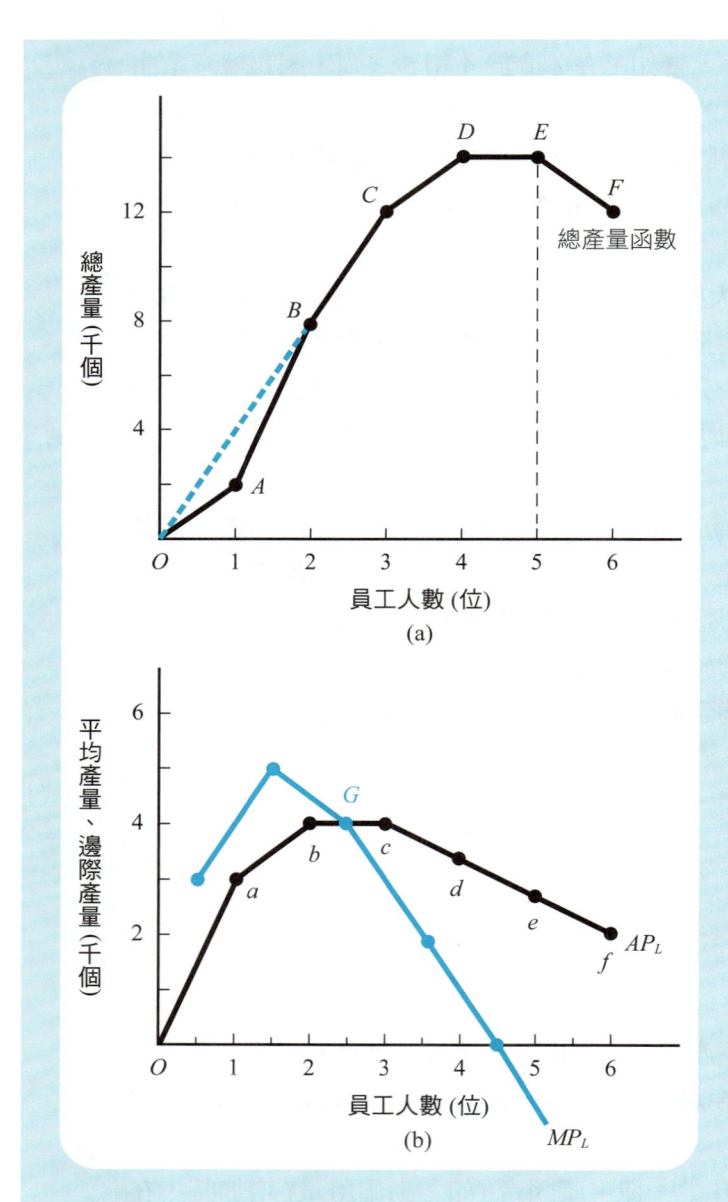

圖 5.3 總產量、平均產量與邊際產量

圖 (a)：總產量函數是指產量與勞動之間的關係。圖 (b)：平均產量與邊際產量。邊際產量是總產量曲線的斜率。當 L 介於 2 位與 3 位之間時，AP_L 達到最大，此時 $MP_L=AP_L$。在 G 點時，$MP_L=AP_L$，也是 AP_L 的最高點。在 G 點的左邊，$MP_L>AP_L$，AP_L 遞增；在 G 點的右邊，$MP_L<AP_L$，AP_L 遞減。

象不一定會發生，這也正是馬爾薩斯人口論的謬誤。

馬爾薩斯 (Thomas Malthus, 1766-1834) 主張當人口持續成長時，有限的土地無法提供足夠的食物。他預測，在勞動的平均產量與邊際產量下跌，而有愈來愈多人口需要餵飽之際，將發生大規模的饑荒。幸好，馬爾薩斯是錯的。

邊做邊學習題 5-2

平均產量與邊際產量

(1) 台啤生產鳳梨微醺氣泡水果調酒的生產函數是 $Q=6L^2R^2-0.1L^3R^3$，其中 R 為鳳梨、L 為勞動，假設 R 固定在 10 單位。
(a) 請決定總產量 (TP)、邊際產量 (MP) 及平均產量 (AP)。
(b) 請問 MP 及 AP 的最大之產量為何？
(c) 生產三階段為何？

(2) 麥當勞生產大麥克的生產函數為 $Q=6L^2-L^3$，請將下列表格填滿，並指出：
(a) 平均產量為零。
(b) 平均產量最大。
(c) 總產量最大。
(d) 邊際產量最大。

L	0	1	2	3	4	5	6

類似問題：基礎題 3

5.3　兩種變動投入的生產

短期生產函數的平均產量與邊際產量，其關係扮演著相當重要的角色。然而，在現實世界中，廠商的生產靠單一生產因素即可完成者微乎其微。在啤酒生產的例子裡，六個不同的生產步驟都需要人力與機器，以達成階段性任務。

本節將繪圖說明兩種投入的生產函數，並檢視要素投入之間的替代性。

等產量線

我們來看兩種變動要素投入的生產函數。表 5.2 顯示馬哥孛羅僱用不同資本與勞動組合所生產出來的貝果數量。當馬哥孛羅僱用 1 部機器與 3 位員工 ($K=1$，$L=3$)，每個月可生產 12 單位的貝果；或是僱用 3 部機器與 1 位員工 ($K=$

▷ 表 5.2　兩種變動投入的生產

		勞動 L					
		1	2	3	4	5	6
資本 K	1	3	8	12	14	14	12
	2	8	17	26	28	28	26
	3	12	22	31	34	34	30
	4	14	26	34	38	38	34
	5	14	26	34	38	40	38
	6	12	22	29	34	38	39

3，L＝1)，每個月也可生產 12 單位的貝果 (每一單位代表 1,000 個貝果)。我們也可以用數學式來說明上述的生產關係：

$$Q = F(K, L)$$

上式的生產函數指出，廠商運用不同的資本與勞動組合，所能生產的最大商品數量。勞動與資本的邊際產量可寫成：

$$MP_L = \frac{總產量的變動}{勞動數量的變動}\bigg|_{K\text{固定不變}} = \frac{\Delta Q}{\Delta L}\bigg|_{K=K_0}$$

$$MP_K = \frac{總產量的變動}{資本數量的變動}\bigg|_{L\text{固定不變}} = \frac{\Delta Q}{\Delta K}\bigg|_{L=L_0}$$

表 5.2 的資料除了以生產函數表示外，也可用等產量線的圖形來顯示。**等產量線** (isoquant) 是描繪生產一定數量商品的不同生產因素組合軌跡的連線。圖 5.4 列出四條等產量線。

譬如，Q＝26，代表馬哥孛羅每個月所僱用的勞動與資本，可以生產 26 單位的貝果。在 A 點，K＝5 和 L＝2 生產 26 單位貝果；而在 D 點，K＝2 與 L＝6 也生產同樣數量的貝果。同樣地，Q＝34 表示馬哥孛羅每個月所僱用的勞動與資本，能夠生產 34 單位的貝果。這些等產量線的集合，稱為**等產量線圖譜** (isoquant map)，是另外一種描述生產函數的方式。等產量線的形狀與無異曲線的形狀十分類似，所以等產量線的特性也有四個：

特性 1：等產量線愈往右上方，代表產量愈大

　　廠商僱用生產因素愈多，所能生產的商品數量就愈多。比較圖 5.4 中的 A 點和 G 點，兩個要素投入組合都使用 5 部機器，但 G 點比 A 點多僱用 1 位員工，

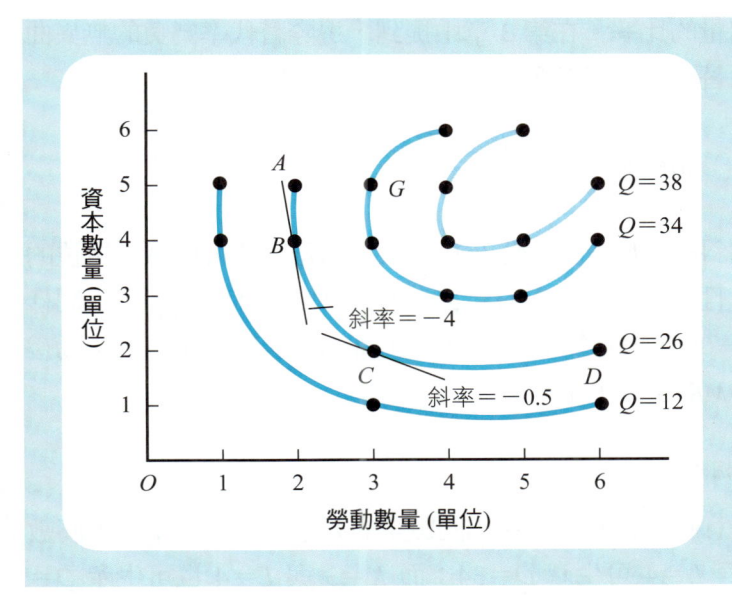

圖 5.4 等產量線

等產量線顯示不同生產因素組合，生產固定數量產出的軌跡連線。一組等產量線，稱為等產量線圖譜，代表生產函數。等產量線愈往右上方，產量愈大。

勞動的邊際產量為 8。所以，$Q=34$ 的產量比 $Q=26$ 的產量大；同理，$Q=38$ 大於 $Q=34$。位置愈高，能夠生產的商品數量愈多。

特性 2：等產量線斜率為負

等產量線上的任何一點都具技術效率。換言之，從 B 點到 C 點，生產同樣數量的麵包 ($Q=26$) 想要多僱用勞動，就必須減少資本的使用量。等產量線的斜率可寫成：

$$斜率 = \frac{\Delta K}{\Delta L} = -\frac{MP_L}{MP_K} < 0$$

由於沿著同一條等產量線 ($Q=26$) 做 K 與 L 的變動，保持產量水準固定不變，亦即 $\Delta Q = 26 - 26 = 0$。因此，

$$0 = \Delta K \times MP_K + \Delta L \times MP_L$$

$$\frac{\Delta K}{\Delta L} = -\frac{MP_L}{MP_K}$$

上式中，只要勞動與資本的邊際產量都大於零，等產量線斜率即為負。正如同邊際替代率衡量商品之間的替代程度，邊際技術替代率也可以用來衡量生產因素之間的替代程度。勞動對資本的**邊際技術替代率** (marginal rate of technical substitution, $MRTS_{LK}$)，是為維持商品數量固定不變下，額外增加 1 單位勞動的僱

用,所能夠減少資本使用量的比率。在第 3 章中提到,邊際替代率為負的無異曲線的斜率,所以邊際技術替代率是負的等產量線的斜率;亦即,

$$MRTS_{LK} = -\frac{\Delta K}{\Delta L} = \frac{MP_L}{MP_K}$$

譬如,假設圖 5.4 中 B 點斜率等於 -4。從 B 點開始,馬哥孛羅可以用 1 單位的勞動替代 4 單位的資本,且產量仍維持在 $Q=26$,因此 B 點的 $MRTS_{LK}=4$;同樣地,若 C 點的斜率等於 -0.5,表示從 C 點開始,馬哥孛羅能以 1 單位的勞動替代 0.5 單位的資本,因此 $MRTS_{LK}=0.5$。

特性 3:等產量線不會相交

等產量線如果相交,意味著廠商可以用相同數量的要素投入組合生產不同數量的商品。譬如,$K=3$ 與 $L=4$ 可生產 $Q=34$;而 $K=3$ 與 $L=4$ 也可生產 $Q=38$,但這會違反等產量線的定義:每一個在等產量線上的生產點都是最大商品數量,因此等產量線不會相交。

特性 4:等產量線凸向原點

在消費者選擇理論中,邊際替代率遞減隱含無異曲線凸向原點。利用相同的邏輯,如果邊際技術替代率遞減,等產量線會凸向原點。$MRTS_{LK}$ 遞減是指,隨著愈來愈多的勞動加入生產過程來取代資本,勞動生產力將會下降。

當馬哥孛羅有很多勞動與很少資本時,如圖 5.4 中的 C 點,多僱用 1 單位資本,如揉麵團的機器,可以節省許多人力來生產同樣數量的貝果。當愈來愈多資本被僱用後,人力能被取代的數量愈來愈少,資本的邊際產量遞減;同樣地,當人力愈來愈多時,機器被取代的數量愈來愈少,勞動的邊際產量遞減。由於 $MRTS_{LK}=MP_L/MP_K$,隨著 L 的增加,MP_L 的遞減,表示 MP_L/MP_K 也遞減,因此 $MRTS_{LK}$ 會隨著勞動僱用量的增加而減少。

生產的非經濟區域

特性 2 的等產量線具負斜率,意味著當我們增加勞動僱用量時,必須減少資本數量才能維持產品數量固定不變。然而,在圖 5.5 中,等產量線還包括後彎與正斜率的區域,這代表什麼意思?

以圖 5.5 中的 K 點為例,等產量線後彎代表總報酬遞減,即邊際產量小於零。當勞動的邊際產量為負,等產量線的斜率會大於零 ($\Delta K/\Delta L = -MP_L/MP_K$)。追求成本極小化的廠商,絕對不會在正斜率或等產量線後彎的區域生

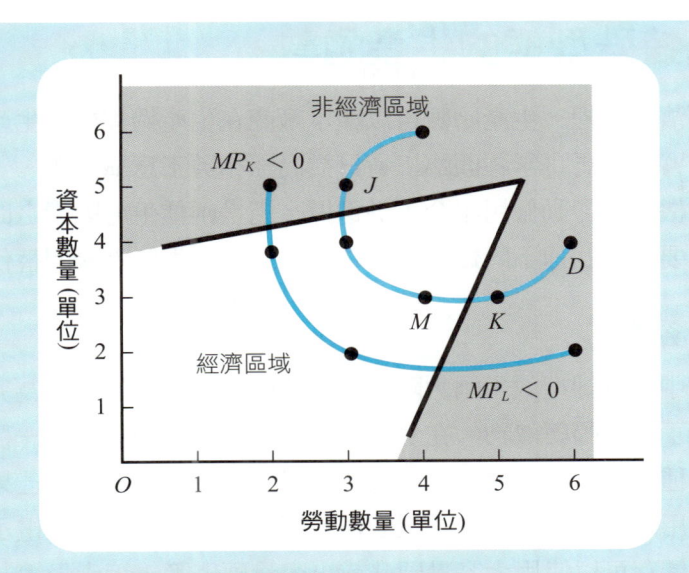

圖 5.5　生產的經濟與非經濟區域

等產量線前彎與正斜率的部分為生產的非經濟區域，在這個區域裡，其中一個生產因素的邊際產量小於零。追求成本極小化的廠商絕對不會在非經濟區域生產。

產。因為馬哥字羅在 M 點與 K 點生產的貝果數量相同，但 M 點的成本顯然低於 K 點。若馬哥字羅選擇在 K 點生產，是浪費金錢在沒有生產力的員工身上。因為這個理由，我們稱等產量線正斜率的區域為 **生產的非經濟區域** (uneconomic region of production)。同樣地，在 J 點的資本邊際產量小於零，等產量斜率為正，也是屬於生產的非經濟區域。

因此，等產量的生產經濟區域是指等產量線具負斜率的區域，如圖 5.5 所示。

邊做邊學習題 5-3

推導等產量線

考慮一汽車的生產函數 $Q = KL$，請找出 $Q = 20$ 之等產量線。等產量線之一般式為何？

類似問題：基礎題 3

5.4 特殊型態的生產函數

在個體經濟分析裡，生產函數可以顯示廠商在生產過程中，生產因素之間替代的可能性。譬如，馬哥字羅面臨工資日益高漲和勞工意識抬頭，一定很想知道是否有其它的機器與勞動僱用組合可供選擇？還是兩種生產因素之間的替代機會有限？本節想要探討四種不同類型的生產函數，以及生產因素間替代的可能性。

直線型生產函數

在第 3 章中，直線型效用函數隱含縱軸的商品與橫軸的商品為完全替代。譬如，橘子與柳丁、香腸與熱狗。在生產過程中，若是廠商能夠用一種生產因素完全替代另外一種生產因素，譬如，芒果冰可以用愛文芒果或金煌芒果作為原料、鳳梨罐頭可以用關廟鳳梨或香水鳳梨製作、高速公路收費站可以電子收費或人工收費，或資料儲存可以使用大容量硬碟或小容量硬碟等，等產量線為一直線。

想像芒果冰的製作，1 顆愛文芒果可以替代 2 顆金煌芒果。若永康街芒果冰店每天有 200 位顧客光臨，可以選擇買 10 顆愛文芒果 (圖 5.6 的 A 點)，或可以選擇 5 顆愛文芒果加上 10 顆金煌芒果 (圖 5.6 的 C 點)。在這個例子裡，等產量線為一直線型生產函數，如圖 5.6 所示。其函數形式為：

$$Q = 20K + 10L$$

其中 K 是愛文芒果數量，L 是金煌芒果數量，Q 是每天顧客人數。直線型生產函數的斜率固定，邊際技術替代率在等產量線上的任何一點都相同。

$$MRTS_{LK} = \frac{MP_L}{MP_K} = \frac{10}{20} = \frac{1}{2}$$

替代彈性

替代彈性是衡量當我們沿著等產量線移動時，勞動對資本的邊際替代率的大小。如圖 5.6 的 A 點到 C 點，資本對勞動的比率 K/L 下降，$MRTS_{LK}$ 會變動多少？通常替代彈性以 σ 表示，可定義成沿著等產量線移動時，$MRTS_{LK}$ 變動 1% 引起資本－勞動比率變動的百分比：

$$\sigma = \frac{K/L \text{ 變動百分比}}{MRTS_{LK} \text{ 變動百分比}} = \frac{\%\Delta(K/L)}{\%\Delta MRTS_{LK}}$$

以直線型生產函數——永康街芒果冰店為例，$Q = 20K + 10L$、$MP_L = 10$ 和 $MP_K = 20$，$MRTS_{LK} = 10/20 = 1/2$。

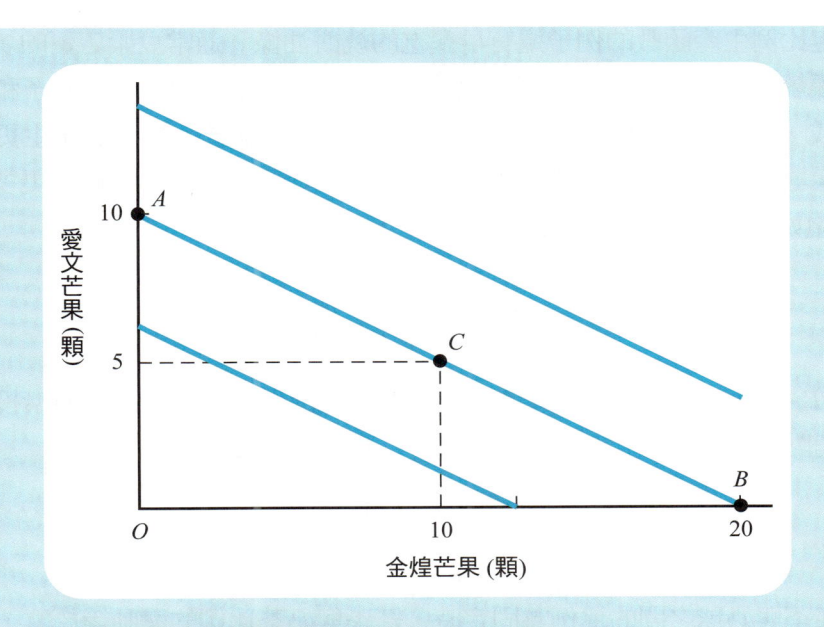

圖 5.6　直線型生產函數的等產量線

當等產量為一直線時，$MRTS_{LK}$ 固定不變。廠商可以用固定的資本來替代勞動，而得到相同的商品數量。永康街芒果冰店可以買 10 顆愛文芒果或 5 顆愛文與 10 顆金煌芒果，用來提供 200 位顧客吃冰。

因為 $MRTS_{LK}$ 在等產量線的任何一點都是固定，邊際技術替代率的變動等於零，$\Delta MRTS_{LK}=0$，因此替代彈性為：

$$\sigma = \frac{\Delta(K/L)}{\Delta MRTS_{LK}} \frac{MRTS_{LK}}{(K/L)} = \infty$$

直線型生產函數的替代彈性為無窮大；換言之，在直線型生產函數，生產因素之間是完全互相替代。

固定比例生產函數

圖 5.7 顯示另外一種極端的情形——是 50 嵐奶茶的等產量線。50 嵐的奶茶是 1 杯紅茶與 2 個奶球混合製成，要素投入必須以固定比例結合，才能生產顧客所要的商品。

一生產函數的投入，若以固定比例結合，稱為固定比例生產函數。50 嵐以 2 杯紅茶添加 2 個奶球並不能生產 2 杯奶茶；以 3 個奶球加 1 杯紅茶也只能製作 1 杯奶茶。奶球與紅茶的配方比例固定，彼此之間是**完全互補** (perfect complement)，等產量線為 L 型，如圖 5.7 所示。

固定比例生產函數的例子還有早餐吃的燒餅油條，通常豆漿店賣的燒餅油條都是 1 張燒餅配 1 根油條。再舉一個例子，1 個水分子是由 2 個氫原子和 1 個氧原子構成，增添更多數量的氫原子到固定數目的氧原子，並不能產生更多水分子；同樣地，增添更多數量氧原子到固定數目的氫原子，也無法產生更多的水分子。50 嵐奶茶的生產函數可寫成下式：

$$Q = \min\left\{\frac{M}{2}, T\right\}$$

其中 M 為奶球，T 為紅茶，Q 是奶茶。固定比例生產函數的最適要素投入組合發生在角點，如圖 5.7 中的 A 點、B 點或 C 點，即 $M/2 = T$，或

$$\frac{T}{M} = -\frac{1}{2}$$

當紅茶與奶球之間的比例為固定時，紅茶與奶茶比例的變動等於零，$\Delta(T/M) = 0$，因此替代彈性為：

$$\sigma = \frac{\Delta(T/M)}{\Delta MRTS_{MT}} \frac{MRTS_{MT}}{(T/M)} = 0$$

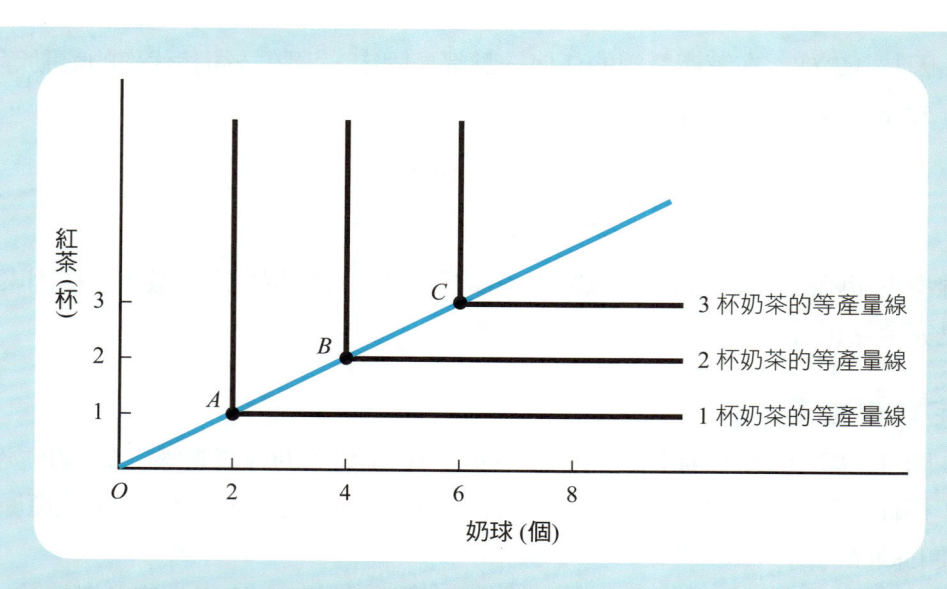

▶ 圖 5.7　固定比例生產函數的等產量線

等產量線為 L 型時，只有唯一一種要素投入組合能用來生產既定產出，如 A 點生產 1 杯奶茶、B 點生產 2 杯奶茶、C 點生產 3 杯奶茶。

Cobb-Douglas 生產函數

Cobb-Douglas 生產函數來自一位美國參議員與一位數學家的合作。道格拉斯 (Paul Douglas) 是 1946 年到 1966 年間美國伊利諾州的參議員。然而在 1927 年，當他還是經濟學教授時，就注意到一個驚人的事實：國民所得在資本和勞動間的分配，在很長一段期間內大致上是固定的。這個觀察引起道格拉斯的好奇——什麼樣的生產函數能夠滿足固定比例的生產因素報酬？

道格拉斯請教數學家寇伯 (Charles Cobb)，什麼樣的生產函數符合以下的特性：

$$資本所得 = \alpha Y$$
$$勞動所得 = (1-\alpha)Y$$

其中 α 是常數，介於 0 與 1 之間，寇伯證明具有這個特性的函數是：

$$Y = F(K, L) = AK^{\alpha}L^{1-\alpha}$$

其中 A 是參數，大於零。A 是衡量現有的生產技術，這個函數成為著名的 Cobb-Douglas 生產函數。假設 Cobb-Douglas 生產函數的一般式為：

$$Q = AK^{\alpha}L^{\beta}$$

其中 A、α 和 β 都是正數且大於零。圖 5.8 描繪 Cobb-Douglas 生產函數的等產量線。它是介於直線型與固定比例生產函數之間的例子：平滑、負斜率且凸向原點的等產量線。在 Cobb-Douglas 生產函數裡，資本與勞動能夠相互替代。事實上，其邊際技術替代率為：

$$MRTS_{LK} = \frac{MP_L}{MP_K} = \frac{\beta K}{\alpha L}$$

其中 $MP_L = \beta AK^{\alpha}L^{\beta-1} = \beta\left(\frac{Q}{L}\right)$ 和 $MP_K = \alpha AK^{\alpha-1}L^{\beta} = \alpha\left(\frac{Q}{K}\right)$。上式重新整理，可以改寫成：

$$\frac{K}{L} = \frac{\alpha}{\beta} MRTS_{LK}$$

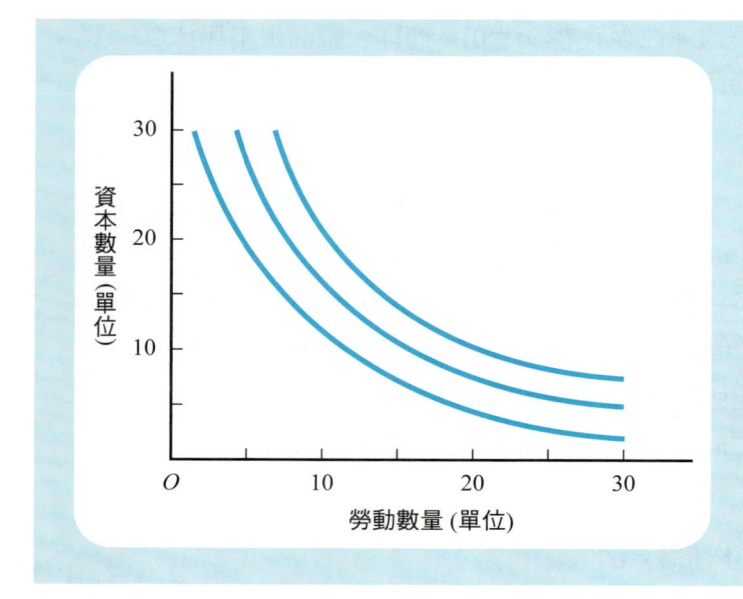

圖 5.8 Cobb-Douglas 生產函數的等產量線

Cobb-Douglas 生產函數的等產量線為平滑且凸向原點的曲線，其斜率為負。

因此，$\Delta(K/L) = \beta/\alpha \ (\Delta MRTS_{LK})$。同時，$MRTS_{LK}/(K/L) = \alpha/\beta$。根據替代彈性的定義：

$$\sigma = \frac{\Delta(K/L)}{\Delta MRTS_{LK}} \frac{MRTS_{LK}}{K/L} = \frac{\alpha}{\beta} \frac{\beta}{\alpha} = 1$$

亦即，具 Cobb-Douglas 生產函數形式的等產量線上的任何一點，其替代彈性都等於 1。

CES 生產函數

固定替代彈性生產函數 [constant elasticity of substitution (CES) production function] 又稱 CES 生產函數，包含前述所提到的生產函數形式。CES 生產函數的形式可寫成：

$$Q = [\alpha L^\rho + \beta K^\rho]^{\frac{1}{\rho}}$$

其中 $\rho = 1 - \frac{1}{\sigma}$，即 $\sigma = \frac{1}{1-\rho}$。上式中的 α、β 和 σ 都是常數且大於零，σ 是替代彈性。圖 5.9 指出，當 ρ 從 $-\infty$ 到 1 時，CES 生產函數的等產量線會從固定比例生產函數變成 Cobb-Douglas 生產函數，再變成直線型生產函數。

總結：現在我們將前面提到的四種特殊生產函數做一綜合整理。

1. 直線型生產函數，替代彈性 $= \infty$，生產因素完全替代。

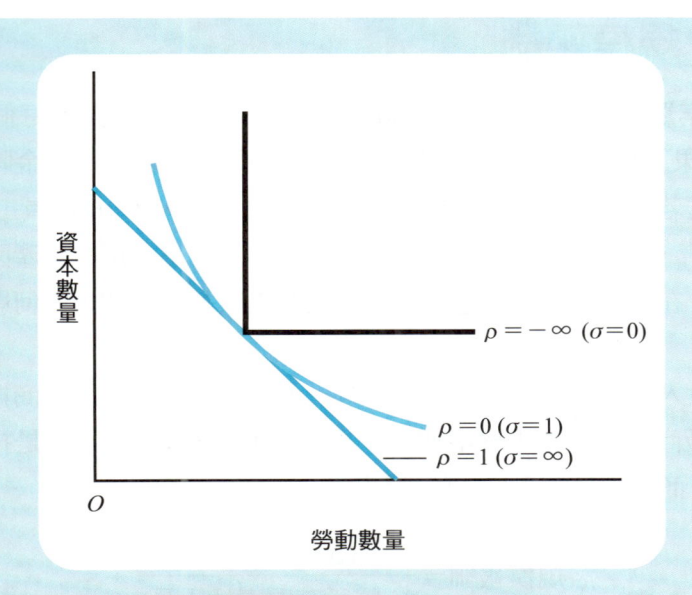

圖 5.9　CES 生產函數的等產量線

CES 生產函數包含 Cobb-Douglas 生產函數、固定比例生產函數與直線型生產函數。$\rho = 1 - 1/\sigma$，σ 為替代彈性。當 $\rho = 1$ 時，$\sigma = \infty$；當 $\rho = 0$ 時，$\sigma = 1$；當 $\rho = -\infty$ 時，$\sigma = 0$。

2. 固定比例生產函數，替代彈性＝0，生產因素完全互補。
3. Cobb-Douglas 生產函數，替代彈性＝1，固定生產因素報酬。
4. CES 生產函數，替代彈性為固定常數，其值介於 0 與 ∞ 之間。直線型生產函數 ($\sigma = \infty$)、Cobb-Douglas 生產函數 ($\sigma = 1$) 與固定比例生產函數 ($\sigma = 0$)，都是 CES 生產函數的特例。

邊做邊學習題 5-4

特殊型態生產函數與替代彈性

(1) 假設華碩需要使用 10 單位勞動 (L) 與 5 單位資本 (K) 來生產平板電腦 (Q)，請寫出此種生產技術之生產函數。

(2) 如果蘋果生產 Apple Watch 的生產函數為 $Q = \sqrt{LK}$，請問：
(a) 這是何種型態的生產函數？
(b) 替代彈性是多少？

類似問題：基礎題 5

5.5 規模報酬

在馬哥孛羅麵包店的例子裡，僱用 3 位員工和 4 部機器每個月能夠生產 34 單位的貝果。假設馬哥孛羅麵包店參加世界貝果節競賽獲得金牌獎而聲名大噪，每日門庭若市，貝果供不應求。若廚房增加 1 倍人手 (6 位員工)，面積與機器也增加 1 倍，每個月能否生產 68 單位貝果？上一小節探討生產因素彼此間替代的可能性，在本節中，我們想要知道，生產因素數量增加，如何影響廠商的生產數量。

當要素投入有正的邊際產量，若所有投入同時增加，亦即廠商擴大生產規模 (scale) 時，廠商生產數量也會增加。規模報酬 (returns to scale) 是指要素投入等比例增加時，商品數量能夠增加的比例：

$$規模報酬 = \frac{\%\Delta\ (產出數量)}{\%\Delta\ (所有要素投入量)}$$

規模報酬遞增

當要素投入增加 1 倍 (λ 倍)，產出數量的增加超過 1 倍 (λ 倍，$\lambda > 0$) 時，我們有規模報酬遞增 (increasing returns to scale)。譬如，3 位員工與 4 部機器每個月可生產 34 單位貝果，若 6 位員工和 8 部機器每個月可生產 90 單位貝果，我們就說馬哥孛羅麵包店享有規模報酬遞增。

圖 5.10 顯示規模報酬遞增。如果勞動與資本數量同時增加 1 倍，產出數量的增加超過 1 倍，即為規模報酬遞增。一家廠商享有規模報酬遞增的原因，可能是擴大生產規模後，勞工與管理者可以分工，使專業化生產變成可能，並且能使用更精巧與更具生產力的機器，如同貨櫃船重量增加 1 倍，總負載重量的增加會超過 1 倍。

固定規模報酬

當要素投入增加 1 倍 (λ 倍)，產出數量也增加 1 倍 (λ 倍) 時，即固定規模報酬 (constant returns to scale)。譬如，4 部機器與 3 位員工，每個月可生產 34 單位貝果，若 8 部機器與 6 位員工，每個月可生產 68 單位貝果，我們就說馬哥孛羅麵包店享有固定規模報酬。

圖 5.11 描繪固定規模報酬。如果勞動與資本數量同時增加 1 倍，產出數量恰好也增加 1 倍，即為固定規模報酬。對製造業的廠商而言，固定規模報酬是頗為合理的狀況。我們可以預期所有生產因素複製，包括：勞工人數、機器數量、土地面積和原料數量，商品數量也應該會增加 1 倍。不過，固定規模報酬對某些

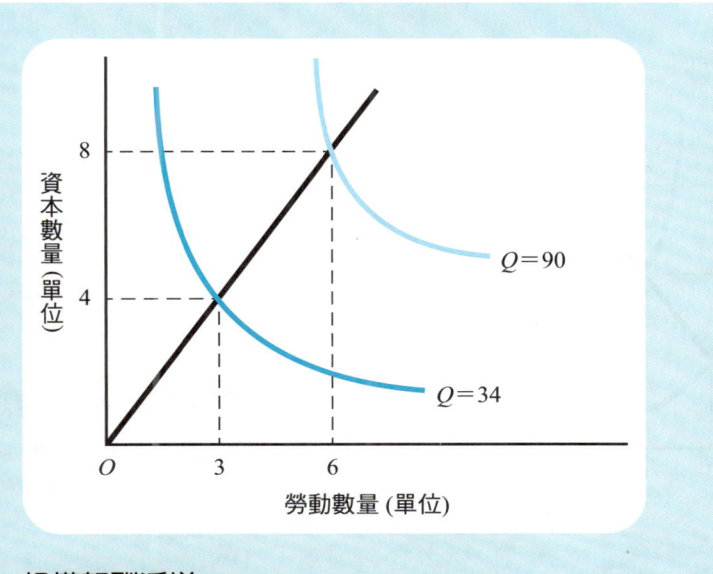

圖 5.10 規模報酬遞增
當資本與勞動都增加 1 倍，產出數量的增加超過 1 倍時，即為規模報酬遞增。

產業並不適用，如軟體業，軟體工程師增加 1 倍，電腦數目增加 1 倍，並不能保證遊戲軟體的數量增加 1 倍。

規模報酬遞減

　　當要素投入增加 1 倍 (λ 倍)，產出數量的增加低於 1 倍 (λ 倍) 時，我們有**規模報酬遞減** (decreasing returns to scale)。譬如，3 位員工與 4 部機器，每個月可生產 34 單位貝果，若 6 位員工與 8 部機器，每個月只能生產 50 單位貝果，我們就說馬哥孛羅麵包店享有規模報酬遞減。

　　圖 5.12 說明規模報酬遞減。如果勞動與資本同時增加 1 倍，產出數量的增加少於 1 倍，即為規模報酬遞減。廠商發生規模報酬遞減的原因，可能是隨著廠商擴大生產規模，有效管理、協調各個部門的運作愈形困難。溝通管道、會議次數、文書作業和電話帳單增加的速度遠遠超過生產規模擴張的速度，這些會使得管理目標難以正確執行，導致效率降低。

　　請注意：規模報酬遞減與邊際報酬遞減觀念並不相同，規模報酬遞減涉及所有要素投入同時變動，是一個長期的概念；而邊際報酬遞減是指只有單一要素投入變動，其它要素投入不變，所造成對產量的衝擊，是一個短期的概念。

　　圖 5.13 說明邊際報酬遞減與固定規模報酬並存的現象。假設資本數量固定在 4 單位，若勞動數量增加 1 倍，從 3 單位增加至 6 單位 (A 點移至 B 點)，產出

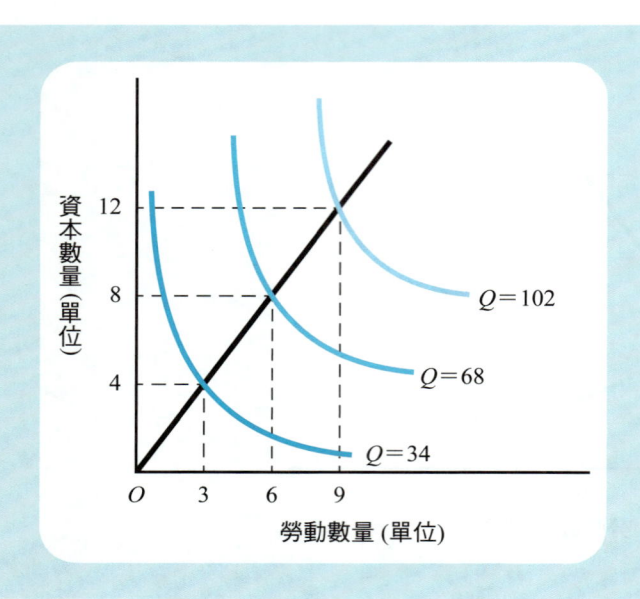

圖 5.11 固定規模報酬
當資本與勞動都增加 1 倍，產出數量恰好也增加 1 倍時，即為固定規模報酬。

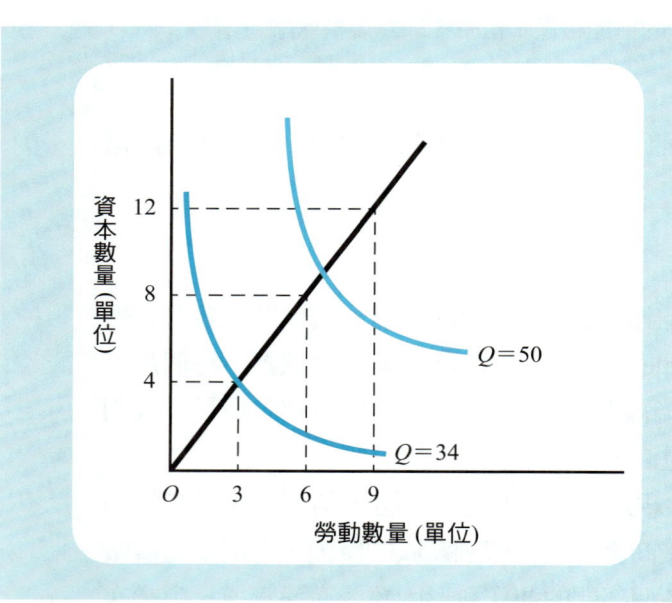

圖 5.12 規模報酬遞減
當勞動與資本數量都增加 1 倍，產出數量的增加低於 1 倍時，即為規模報酬遞減。

數量會從 34 單位增加至 50 單位。若勞動數量從 6 單位增加至 9 單位（B 點移至 C 點），產出數量從 50 單位增加至 60 單位。在這個例子裡，從 A 點到 B 點再到 C 點，每增加 3 單位的勞動僱用量，商品數量增加的幅度愈來愈小，這是一種邊際報酬遞減。

另一方面，若勞動與資本同時增加 1 倍（A 點移至 D 點），商品數量也增加 1 倍，從 34 單位增加至 68 單位。圖 5.13 的生產函數呈現固定規模報酬。因此，邊際報酬遞減與固定規模報酬同時存在。

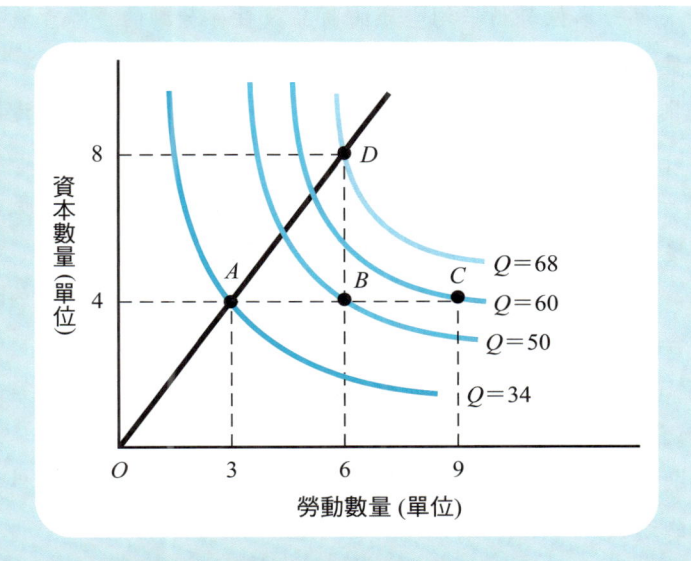

圖 5.13　邊際報酬遞減與固定規模報酬

從 A 點到 B 點再到 C 點是邊際報酬遞減，因為資本數量固定在 4 單位，勞動每增加 3 單位，產出增加幅度愈來愈小。從 A 點到 D 點為固定規模報酬，因為資本與勞動同時增加 1 倍，產出數量也增加 1 倍。

邊做邊學習題 5-5

技術進步

技術進步是指既定投入生產更多產出，或用更少的投入生產一定產出。

問題

假設電玩產業的生產函數 $Q=\sqrt{LK}$，且 $K \geq 1$，$L \geq 1$。若隨著時間經過，生產函數變成 $Q=L\sqrt{K}$。

(a) 此種改變是否為技術進步？
(b) 證明此種改變是中性、節省勞動或節省資本的技術進步？

類似問題：基礎題 9

總結

▸ 短期是指至少有一個生產因素的數量是固定不變的期間。長期是指所有的生產因素數量皆可調整的期間。

▸ 單一投入的生產函數稱為總產量函數，總產量函數有三個階段：邊際報酬遞增、邊際報酬遞減和總報酬遞減。

- 勞動的平均產量是指，每一單位勞動平均生產的商品數量。勞動的邊際產量是指，廠商多增加一單位勞動僱用量，所能增加的商品數量。
- 根據邊際報酬遞減法則，當一投入增加時，在其它投入不變下，該投入的邊際產量在某一程度後會開始下跌。
- 等產量線是描繪生產一定數量商品的不同生產因素組合軌跡的連線。等產量線的斜率為負，因為要素投入的邊際產量大於零，等產量線不會相交且凸向原點。
- 邊際技術替代率是為維持產出水準固定不變，增加 1 單位勞動所必須減少的資本數量。邊際技術替代率遞減隱含等產量曲線凸向原點。
- 直線型生產函數，替代彈性是無窮大；固定比例生產函數，替代彈性等於零；Cobb-Douglas 生產函數，替代彈性等於 1。
- 規模報酬是指當所有投入同時增加，產出數量增加的比例，包括三種：規模報酬遞增、固定規模報酬和規模報酬遞減。

問題與計算

基礎題

1. 如果台啤微醺 D 調系列風味調酒的生產函數為 $Q=(L^{0.5}+K^{0.5})^2$，請問 L 和 K 都增加 9 倍，微醺水果氣泡酒產量增加幾倍？

2. 一生產鬱金香的花農使用肥料、人力及土地作為投入。假設土地及人力數量固定，下表為肥料使用量(單位：噸)與每月鬱金香的產量。

肥料	0	1	2	3	4	5	6	7	8
鬱金香	0	500	1,000	1,700	2,200	2,500	2,600	2,500	2,000

   (a) 請問使用 4 噸肥料的平均產量是多少？
   (b) 使用 6 噸肥料的邊際產量是多少？
   (c) 總產量函數是否呈現邊際報酬遞減？若有，請問肥料數量為何？

3. 考慮裕隆汽車的生產函數為 $Q=\sqrt{KL}$，請找出等產量線的一般式，並找出 $Q=20$ 的等產量線。

4. 等產量線斜率可否為正？廠商是否會在等產量正斜率的區域生產？

5. 等產量線可以是凸向原點、直線型或 L 型。各種形狀的等產量線隱含的生產函數性質為何？其 $MRTS_{LK}$ 為何？

6. 若一花農的生產函數為 $Q=LK$，請問其邊際技術替代率為何？邊際技術替代率是否遞減？勞動 (L) 與資本 (K) 邊際產量是否遞減？

7. 倘若內湖 737 巷豬血糕的生產函數為 $Q=aK+bL$，其中 a 與 b 皆為正數。請問其為規模報酬遞增、規模報酬遞減或固定規模報酬？若其生產函數為 $Q=\min\{aK, bL\}$ 又為如何？

8. 如果 iPad 的生產函數為 $Q=(\sqrt{L}+\sqrt{K})^2$，請問 $MRTS_{LK}$ 及替代彈性為何？又是何種規模報酬？

9. 假設 IKEA 一開始的生產函數為 $Q=500(L+3K)$。因為瑞典當地的技術進步，生產函數現為 $Q=1,000(0.5L+10K)$。

    (a) IKEA 是否經歷技術進步？

    (b) 此為中性、節省勞動或節省資本的技術進步？

10. 「單一投入的邊際報酬遞減現象與固定規模報酬並非不一致。」請討論之。

進階題

1. 宏達電需要以勞動和資本 $(L, K)=(8, 6)$ 的數量，來生產 100 單位的智慧型手機。就下列生產函數，請指出何者可達成或何者有技術效率。

    (a) $Q=8L+6K$。

    (b) $Q=20\sqrt{KL}$。

    (c) $Q=(KL+L^2+10)$。

    (d) $Q=\min\{20L, 16K\}$。

2. 一生產函數的函數形式為 $Q=L\sqrt{K}$，請問 $Q=20$ 的等產量線為何？等產量線是否呈現邊際替代率遞減？

3. 假設生產 HTC 手機的勞動邊際產量是每小時 60 支手機，而勞動工時對機器工時的邊際技術替代率是 $\frac{1}{10}$，請問資本的邊際產量是多少？

4. 下列生產函數的邊際技術替代率 ($MRTS_{LK}$) 為何？$MRTS_{LK}$ 是否遞減？MP_L 是否遞減？MP_K 是否遞減？

    (a) $Q=L+K$。

    (b) $Q=\sqrt{LK}$。

    (c) $Q=\sqrt{L}+\sqrt{K}$。

    (d) $Q=L^2K^2$。

    (e) $Q=L^2+K^2$。

5. 生產函數 $F(K, L)$，K 代表資本，L 代表勞動。請判定下列生產函數是規模報酬遞增、固定規模報酬或規模報酬遞減。

    (a) $F(K, L)=2K+L$。

    (b) $F(K, L)=\min\{K, 2L\}$。

6. 假設生產函數的形式為 $Q=3K+2L$，其中 K 為資本，L 為勞動，Q 為產出。考慮生產函

數的三個敘述：I. 函數呈現固定規模報酬；II. 函數呈現資本與勞動的邊際生產力遞減；III. 函數呈現固定的技術替代率。

(a) 以上皆是。

(b) 以上皆非。

(c) I 和 II 正確，III 不正確。

(d) I 和 III 正確，II 不正確。

(e) 只有 I 正確。

7. 假設生產函數是 $Q=[50+K^{0.5}+L^{0.5}]^2$，請問此生產函數是規模報酬遞增、規模報酬遞減或固定規模報酬？

8. 原相的生產函數方程式為 $Q=KL+K$，在 A 點，廠商使用 $K=3$ 和 $L=5$，而在同一等產量線上的 B 點，廠商使用 $K=1$。請計算：

(a) B 點使用的勞動數量。

(b) A 點和 B 點間的替代彈性。

9. 鼎泰豐一開始生產湯包的生產函數為 $Q=\sqrt{KL}$。隨著時間經過，生產函數變成 $Q=KL$，$K \geq 1$ 和 $L \geq 1$。

(a) 請問鼎泰豐是否經歷技術進步？

(b) 此種為中性、節省勞動或節省資本的技術進步？

10. 假設台積電生產半導體的生產函數在 2019 年為 $Q=\sqrt{KL}$，但經過 10 年，到了 2029 年，生產函數為 $Q=K$，半導體完全由機器(人)生產。

(a) 此種變化是否改變規模報酬？

(b) 台積電是否經歷技術進步？

11. 假設生產函數為 $Q=10L+20K+100$，請問生產函數是哪一種規模報酬？替代彈性是多少？

12. 如果劉家肉粽生產南部粽的生產函數為 $Q=(L^{0.5}+K^{0.5})^2$，請問規模報酬型態為何？替代彈性為何？

13. 如果不二坊蛋黃酥的生產函數是 $Q=AL^{0.7}+K^{0.3}$，請問勞動分配份額及勞動產量彈性是多少？

網路習題

1. 台灣的勞工生產力統計資料由國家發展委員會公布在 *Taiwan Economic Statistics*，請至國家發展委員會網站 https://www.ndc.gov.tw 首頁中，鍵入生產力關鍵字，請問最近一期的製造業生產力指數是多少？

2. 生產力與薪資的關係相當密切，一般而言，生產力愈高，薪資水準也愈高，請至國家發展委員會網站下載製造業的薪資及生產力資料，並以 Excel 繪圖，請問兩者關係為何？

附錄 5A：CES 生產函數

本附錄想要證明 CES 生產函數包含不同型態的生產函數。CES 生產函數形式為 $Q=[\alpha L^\rho+\beta K^\rho]^{\frac{1}{\rho}}$，其中 $\rho=1-\frac{1}{\sigma}$。

◆ 當 $\rho=1$ 時，CES 生產函數變成直線型生產函數，因為

$$Q=\alpha L+\beta K$$

其替代彈性等於 ∞，生產因素 K 和 L 為完全替代。

◆ 當 $\rho=0$ 時，CES 生產函數變成 Cobb-Douglas 生產函數，因為

$$\log Q=\frac{\log(\alpha L^\rho+\beta K^\rho)}{\rho}$$

若 $\rho=0$，上式的分子和分母皆為零。但是，我們可以利用 L'Hôpital's 規則來求解。[1] 令

$$f(\rho)=\log(\alpha L^\rho+\beta K^\rho)$$

$$f'(\rho)=\frac{1}{(\alpha L^\rho+\beta K^\rho)}[L^\rho\alpha\log L+K^\rho\beta\log K]$$

$$\lim_{\rho\to 0}f'(\rho)=\frac{1}{1}[\alpha\log L+\beta\log K]=\log L^\alpha K^\beta$$

加上分母 ρ 的一階微分等於 1。因此，

$$\lim_{\rho\to 0}f'(\rho)=\frac{\log(\alpha L^\rho+\beta K^\rho)}{\rho}=\log L^\alpha K^\beta=\log Q$$

所以生產函數可寫成：

$$Q=L^\alpha K^\beta$$

亦即，當 $\rho=0$，CES 生產函數變成 Cobb-Douglas 生產函數，且 $\sigma=1$。

◆ 當 $\rho=-\infty$ 時，CES 生產函數變成固定比例生產函數。為了方便說明，假設 $\alpha=\beta$。CES 生產函數可寫成：

---

[1] L'Hôpital's 規則為 $f(x)$ 與 $g(x)$ 皆趨近於零，則 $f(x)/g(x)$ 會存在 $\lim_{x\to 0}\frac{f(x)}{g(x)}=\frac{f'(x)}{g'(x)}$。

$$Q=[L^\rho+K^\rho]^{\frac{1}{\rho}}$$

假設 $L=\min\{L, K\}$，我們想要證明：

$$L=\lim_{\rho\to-\infty}(L^\rho+K^\rho)^{\frac{1}{\rho}}$$

首先，我們知道：

$$L^\rho \leq L^\rho+K^\rho \quad 或 \quad L \leq (L^\rho+K^\rho)^{\frac{1}{\rho}} \tag{5A.1}$$

其次，因為 $\rho<0$ 與 $L=\min\{L, K\}$，我們可以得到：

$$L^\rho+K^\rho \leq L^\rho+L^\rho=2L^\rho$$

或

$$(L^\rho+K^\rho)^{\frac{1}{\rho}} \leq 2^{\frac{1}{\rho}} L \tag{5A.2}$$

從式 (5A.1) 和式 (5A.2)，我們知道當 $\rho\to\infty$ 時，

$$L=\lim_{\rho\to-\infty}(L^\rho+K^\rho)^{\frac{1}{\rho}}$$

亦即，當 $\rho\to\infty$ 時，CES 生產函數變成固定比例生產函數，且 $\sigma=0$。

Chapter 6

成本與成本極小

單程票價是 5,590 元，來回票價是 12,000 元，台北飛澳洲雪梨的機票價格，比起一般航空單程要價 30,000 元，便宜超過一半，這是飛機票價嗎？這樣的低廉票價來自於亞洲航空 (Air Asia)。如果你上網去比價，最便宜的票價也要 23,000 元。

繼 2009 年後，亞洲航空在 2019 年又獲得國際飛航評比機構 Skytrax 評選為「全球最佳廉價航空」(World's Best Low Cost Airline)，其成本控制能力 (每公司每個座位的營運成本) 較廉價航空始祖——美國西南航空 (Southwest Airline) 要高 1 倍。究竟亞洲航空是如何達到全世界最低成本的航空公司？原因很簡單：靠減法賺大錢。亞洲航空凡事減法思考，除了機位和廁所之外的服務不用額外付錢，如果要多帶行李、機選座位、優先上下機、飛機餐及長程電視就必須付費。不要以為額外費用是小錢，資料指出，176 家航空公司在 2012 年收取的附加費用高達 360 億美元。以行李附加費為例，光是 2012 年上半年就收取 18 億美元。

亞洲航空的空間使用也很省。一樣使用空中巴士 (Airbus) 330，亞洲另一家平價航空——捷星航空 (Jetstar Airways)，經濟艙一排 8 個座位，亞洲航空硬是多了 1 個。整個機艙也只有 2 間廁所。另外，亞洲航空也不使用空橋，上下機都是隨空姐步行 200 公尺或坐接駁巴士。

亞洲航空成立 20 年，它的高飛機使用率、簡化的分銷系統、僅提供必要服務，還有精簡的作業流程，使得亞洲航空成為亞洲最大的廉價航空公司，獲利也不斷向上攀升。

本章的目的在探討生產成本與成本極小。首先，定義經濟成本、機會成本與會計成本。其次，學習短期與長期成本的不同。最後，再檢視幾個特殊課題，包括：規模經濟、多角化經濟與經驗經濟。

資料來源：
1. 余秘葉，〈亞航再膺全球最佳廉航〉，《星洲日報》，2013 年 6 月 19 日。
2. 盧昭燕，〈亞洲航空，耍創意，革航空業的命〉，《天下雜誌》，第 450 期，2010 年 6 月 30 日。

6.1　成本的衡量

管理者對成本的看法，不只關注損益表中的費用支出，譬如，機場捷運的土木工程也是一種生產成本 (在未來數十年以折舊費用出現)。而成本的概念不僅指支出的金錢，也是你為了得到某些東西所必須做出的犧牲，如果你得徹夜排隊才能得到一張免費的 NBA 籃球賽門票，這張票就不算「免費」。

在分析廠商如何追求成本極小化之前，必須弄清楚成本是什麼，以及應該如何衡量。有哪些項目應該包括在廠商的成本內？麥當勞員工的薪資和店面租金是費用支出，但如果麥當勞的店面是購買而非租賃，情況又會如何？本節將探討經濟學家如何衡量成本，以及不同的成本概念。

機會成本

機會成本是廠商未將資源做次佳運用所放棄的成本。麥當勞擁有自己的店面且無須支付房租，是否意味著租金成本為零？會計師會視此項成本為零，但經濟學家認為若店面租給萊爾富是可以賺得租金的，這筆放棄的租金即為麥當勞使用店面的機會成本，應該視為企業營運的成本之一。

機會成本衡量決策者在制訂決策當時及以後放棄的機會。譬如，電腦廠商華碩擁有動態隨機存取記憶體 (DDR5) 的存貨，價值 100 萬元，可生產 2,000 台平板電腦；另一個選擇是出售予其它廠商。假設因為市場缺貨，DDR5 價格上漲，現在市值為 120 萬元。因此，使用 DDR5 生產平板電腦的機會成本是 120 萬元 (決策時點上的市場價值)，而非 100 萬元 (購入成本)。請注意：機會成本隨時間與環境不同而有所不同，如果我們將前面的例子改成是否購買 DDR5 的選擇時，相關的機會成本是購入成本 100 萬元。

外顯成本與隱含成本

機會成本的概念並非一定需要廠商有實際花費。譬如，阿亮放棄在補習班教學的薪水，而投入經營麥當勞的時間機會成本，並未牽涉金錢支出。基於這種差異，經濟學家將成本分為外顯成本與隱含成本兩種。

外顯成本 (explicit cost) 是廠商支付生產因素的貨幣支出。譬如，麥當勞購買原料、設備、支付員工薪水都牽涉到貨幣支出，是一種外顯成本。隱含成本 (implicit cost) 則為廠商投入自己生產因素的機會成本，並未牽涉貨幣支出，如果這些生產因素移作他用，可以獲得正常報酬。一般而言，隱含成本包括放棄的薪水、放棄的租金收入及放棄的利息收入等。

經濟成本與會計成本

經濟學家與會計師對成本的看法並不相同。會計師記錄公司的資產與負債，並提供報表以供債權人或股東瞭解公司表現，由於會計數據必須客觀且可以驗證，歷史成本便是最佳代言人；相反地，經濟學家強調制訂決策應採前瞻性觀點，對經濟學家而言，決策相關成本指的就是機會成本。

會計成本 (accounting cost) 包括外顯成本，經濟成本 (economic cost) 則是外顯成本與隱含成本的加總。這並不代表會計學家不關心機會成本，而是機會成本無法以客觀且可驗證的數據呈現。簡言之，經濟成本類似機會成本的概念，著重未來的機會；會計成本則類似現金支出的概念，著重歷史成本。

$$會計成本＝外顯成本$$
$$經濟成本＝外顯成本＋隱含成本＝機會成本$$

沉沒成本與非沉沒成本

沉沒成本 (sunk cost) 是指做決策時已經發生且無法避免的成本；反之，非沉沒成本 (nonsunk cost) 則是做決定以後所發生的成本，如果沒有這個決策，非沉沒成本是可以避免的。當評估決策是否可行時，廠商應該忽略沉沒成本，只考慮非沉沒成本。

譬如，電影《十全大補男》(The Replacements)，敘述緊張刺激的美式足球賽即將開戰，就在這個關鍵時刻，華盛頓尖兵隊的先發明星四分衛突然帶頭集體罷賽、罷工，這對球隊或球迷都是十分傷腦筋的事；但對於男主角基努·李維 (Keanu Reeves) 與一些坐冷板凳的替補球員而言，卻是一個千載難逢的機會。

歷經磨合與幾個星期的爭戰，華盛頓尖兵隊取得與達拉斯牛仔隊爭奪進入超級盃 (Super Bowl) 的資格賽。此時明星四分衛通知老闆不再罷賽，老闆強迫總教

練麥金堤 [哈克曼 (Gene Hackman) 飾] 開除男主角，並起用明星四分衛。上半場打下來，成績是 17 比 0，達拉斯牛仔隊大勝。中場休息時間，教練該如何做？答案是：下半場讓基努‧李維回到球場，帶領替補球員最終以 20：17 險勝達拉斯牛仔隊。

在這個例子裡，明星四分衛的薪水是一種沉沒成本，已經投入，再也無法回收。華盛頓尖兵隊無法強迫明星四分衛做任何事，因為沒有其它用途，機會成本是零，所以明星四分衛的薪水不應該列入華盛頓尖兵隊經濟成本的考量。教練在中場時的考慮應該是採前瞻性觀點：找一個真正能帶領球隊衝鋒達陣的四分衛。沉沒成本與非沉沒成本的區別在於：決定是否僱用基努‧李維，其薪水是一種非沉沒成本，這個成本是球隊決定是否僱用所遭遇的成本，在制訂決策的當時，老闆可以避免這份薪水的支出。

固定成本與變動成本

截至目前為止，我們已經知道廠商的生產成本是經濟成本，有些經濟成本會隨著產量的變動而改變，但有些成本則是不論廠商生產多少數量都是固定的。因此，我們可將總成本區分成：

- 固定成本 (fixed cost, *FC*)：不會隨著產量變動而變動的成本。只有在廠商退出市場時，固定成本可以為零。固定成本是一種短期成本的概念。
- 變動成本 (variable cost, *VC*)：隨著產量變動而變動的成本。在長期，所有成本都可變動。

一般而言，固定成本包括：工廠設備維修的成本、保險、租金等。變動成本是與商品數量有關的成本；亦即，當廠商增加或減少商品數量時，變動成本會增加或減少，這種類型的成本包括：原料成本與某些類型的勞動成本。譬如，劍湖山世界主題樂園在暑假期間僱用打工的學生來服務遊客，支付打工學生的薪水就是一種變動成本。

值得注意的是，固定成本與沉沒成本的概念有時令人無所適從。固定成本是不管產量多寡，廠商都要付出的成本，若廠商關門大吉，固定成本可以避免。沉沒成本則是廠商已投入且無法避免的成本。有些成本是屬於固定成本而不是沉沒成本，如麥當勞的冷氣成本。不管生產 1 個大麥克或 1,000 個大麥克，麥當勞都必須開冷氣，所以冷氣成本是固定的；但是，如果麥當勞歇業，不從事任何生產，就無須支付任何冷氣成本。因此，冷氣成本是一種非沉沒成本。我們稱這種固定且非沉沒的成本為非沉沒固定成本 (nonsunk fixed cost)。

Chapter 6 成本與成本極小

此外，還有一種成本是沉沒固定成本 (sunk fixed cost)。譬如，麥當勞店面的租金成本，如果麥當勞與房東簽訂契約且不得轉租他人，租金是一種固定成本，不會隨著大麥克數量而變動；同時，也是沉沒的，即使歇業，麥當勞也無法免除這項成本。

邊做邊學習題 6-1

固定成本、變動成本與沉沒成本

(1) 阿亮老師的女兒目前就讀大學，她透過網路銷售 iPhone 手機。為了設計與維修網頁，她每個月支付 5,000 元給網頁設計公司。她也租一輛摩托車來遞送手機，每輛租金 3,000 元和保險費 1,000 元。平均來說，每 90 分鐘收到一筆訂單，汽油費用 5 元。如果她不賣手機，而在校園打工，每小時可賺 120 元。此外，她週日還在石二鍋工作。
(a) 其外顯成本與隱含成本為何？
(b) 本來一週工作 5 天，為了念書改成工作 4 天，此決策的非沉沒成本與沉沒成本為何？
(c) 如果她打算歇業，其沉沒成本與非沉沒成本又為何？

(2) 對一家電子公司的成本結構而言，下列敘述何者正確？
(a) 短期生產要素不包含企業家精神。
(b) 長期必有生產要素無法調整。
(c) 研發支出屬於沉沒成本。
(d) 廠商建置支出屬於邊際成本。

(109 年關務特考)

類似問題：基礎題 2

6.2 短期成本

在短期，有些生產因素的數量是固定的，如廠房與設備；有些生產因素數量是可以變動的，如原料與勞動。換句話說，在兩種要素投入：資本和勞動情況下，廠商面對的限制是資本數量是固定的，即使廠商不生產，廠商仍然必須支付資本成本。廠商的短期總成本包含兩個部分：固定成本 (資本成本) 和變動成本 (勞動成本)。

$$TC = FC + VC = r\overline{K} + wL$$

其中 w 是僱用勞動的工資，r 是資本的使用價格，固定成本 (FC) 是資本使用成本 $r\overline{K}$，而變動成本 (VC) 是勞動成本 wL。

邊際成本與平均成本

表 6.1 顯示廠商的短期成本。假設小鄺在 101 大樓內開設一家輕食餐廳——貝諾。第二欄是每個月的租金、設備等固定成本 30,000 元。原料成本及員工薪水等變動成本標示在第三欄,變動成本會隨著產量的增加而增加。第四欄的總成本是固定成本與變動成本的加總,譬如,每個月賣 1,000 份餐點的總成本為 50,000 元。

第五欄的**邊際成本** (marginal cost, MC) 是額外生產 1 單位產量所增加的總成本。當小鄺僱用第 1 位員工時,每個月煮出的餐點數量從 0 增加至 1,000 份,總成本從 30,000 元增加至 50,000 元。邊際成本為總成本變動除以餐點數量的變動,即 ($50,000－$30,000)/1,000＝$20。生產 1 份餐點的邊際成本是 20 元。由於固定成本不會變動,邊際成本也可以定義成變動成本的變動除以餐點數量的變動。因此,邊際成本可以寫成:

$$MC = \frac{\Delta TC}{\Delta Q} = \frac{\Delta VC}{\Delta Q}$$

最後一欄為**平均成本** (average total cost, ATC),是生產一單位產量平均付出的成本,可由總成本除以產量而得,如果寫成數學式則為:

$$ATC = \frac{TC}{Q}$$

由於總成本為變動成本與固定成本的加總,ATC 為**平均固定成本** (average fixed cost, AFC) 和**平均變動成本** (average variable cost, AVC) 的加總。因此,上式可寫成:

表 6.1 貝諾的短期成本

Q	FC	VC	TC	MC	AFC	AVC	ATC
0	$30	$0	$30	—	—	—	—
1	30	20	50	20	30	20	50
2	30	30	60	10	15	15	30
3	30	45	75	15	10	15	25
4	30	80	110	35	7.5	20	27.5
5	30	145	175	65	6	29	35

$$ATC = \frac{FC+VC}{Q} = \frac{FC}{Q} + \frac{VC}{Q} = AFC + AVC$$

由於固定成本為常數,平均固定成本會隨著產量的增加而遞減。

成本曲線的形狀

將表 6.1 的資料繪成圖形,可得圖 6.1。圖 6.1(a) 顯示貝諾的總成本、變動成本和固定成本曲線。縱軸是成本,橫軸是餐點數量。固定成本不會隨著產量的變動而變動,故為一水平直線,$FC=\$30$。當餐點數量為零時,變動成本為零。然後,隨著餐點數量的增加,變動成本持續上升。總成本曲線是由固定成本和變動成本垂直加總而得。

圖 6.1(b) 顯示短期平均成本與邊際成本曲線。因為固定成本是 30,000 元,平均固定成本隨產量的增加而減少。當 Q 愈大時,AFC 曲線趨近零。AFC 趨近於零的事實,反映出 AVC 和 ATC 兩條曲線愈來愈靠近。請注意:當邊際成本小於平均成本時,平均成本下跌;邊際成本大於平均成本,平均成本上升;當邊際成本等於平均成本時,平均成本處於最低點。邊際成本與平均成本的關係,也適用在邊際成本與平均變動成本。亦即,$MC<AVC$,AVC 下跌;$MC>AVC$,AVC 上升;$MC=AVC$,AVC 在最低點。

另外一個觀察總成本曲線、平均成本曲線與邊際成本曲線之間關係的方式,是考慮圖 6.1(a) 中從原點連接到 A 點的直線。在 A 點,餐點數量是 3,000 份,總成本是 \$75,000,平均成本 $ATC=TC/Q=\$75,000/3,000=\$25$。亦即,原點到 A 點連線的斜率就是平均成本。A 點切線的斜率是邊際成本,原因是 $MC=\Delta TC/\Delta Q$。當餐點數量是 3,000 份時,切線的斜率等於 25 元。因此,在 A 點,邊際成本等於平均成本,如圖 6.1(b) 的 a 點所示。

在 A 點的左邊,如 B 點,原點與任何一點連線的斜率 (平均成本) 都大於切線的斜率 (邊際成本),即 $MC<ATC$ 時,ATC 遞減。同理,在 A 點的右邊,如 C 點,原點與任何一點連線的斜率 (平均成本) 都小於切線的斜率 (邊際成本),亦即 $MC>ATC$ 時,ATC 遞增。因此,邊際成本曲線與平均成本曲線的交點,就是 ATC 的最低點。相同的推理也可適用在邊際成本與平均變動成本的關係上。

U 型的平均變動成本與邊際成本

在圖 6.1(b),平均變動成本 (AVC) 的形狀為 U 型,原因是:當勞動是短期唯一可以變動的生產因素時,變動成本為勞動成本 wL。平均變動成本是變動成本除以產量,$AVC=VC/Q$。勞動的平均產量等於產量除以勞動數量,$AP_L=Q/L$。

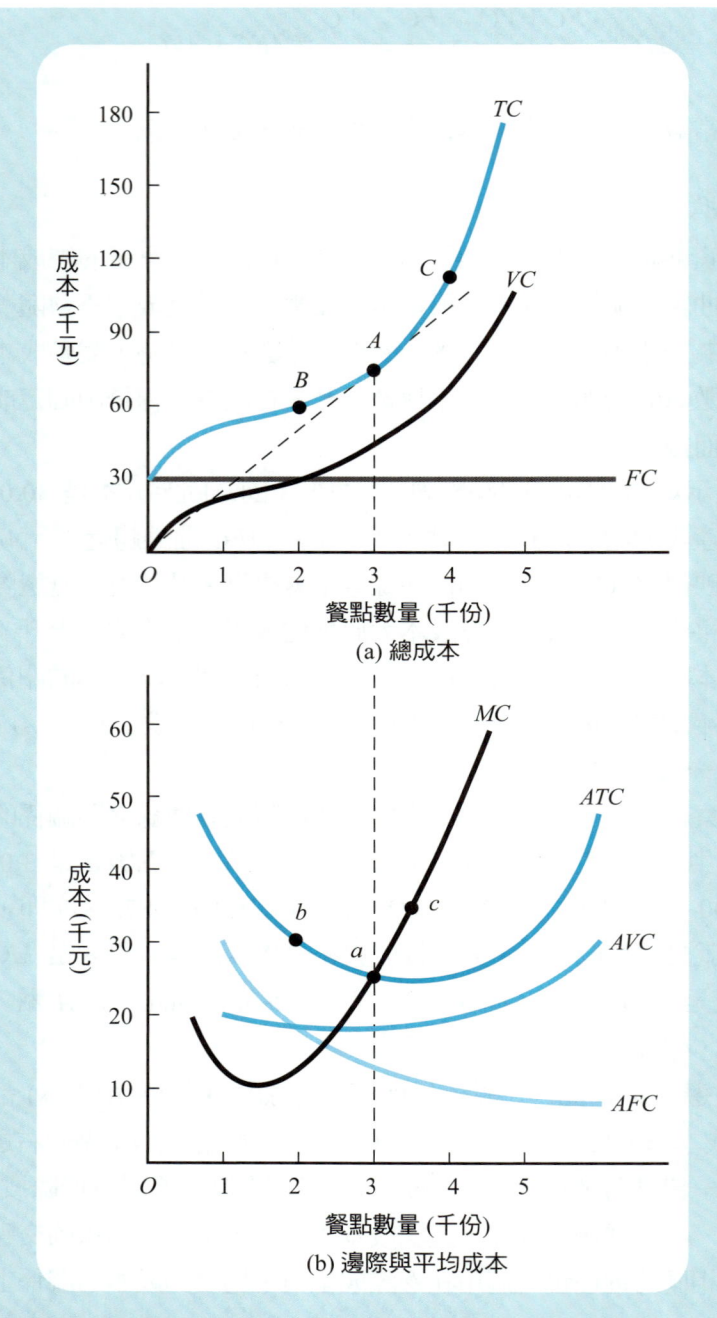

圖 6.1　貝諾的成本曲線

圖 (a)：總成本曲線 (TC) 是固定成本曲線 (FC) 與變動成本曲線 (VC) 的垂直加總。圖 (b)：平均成本曲線 (ATC) 是平均固定成本曲線 (AFC) 與平均變動成本曲線 (AVC) 的垂直加總。當 MC＜ATC 時，ATC 遞減；當 MC＞ATC 時，ATC 遞增；當 MC＝ATC 時，ATC 處於最低點。同樣地，MC 與 AVC 相交，也是 AVC 的最低點。

因此，

$$AVC = \frac{VC}{Q} = \frac{wL}{Q} = \frac{w}{Q/L} = \frac{w}{AP_L}$$

由第 5 章中對勞動平均產量的討論可知，AP_L 隨著勞動僱用量的增加，先是遞增，達到最高點，然後遞減。如果貝諾付給員工的時薪 w 固定，平均變動成本會隨產量增加先遞減，達到最低點，然後再遞增，因此 AVC 為一 U 型曲線；同理，ATC 曲線也為 U 型。

同樣地，我們也可以推導出 U 型的邊際成本曲線。記得在第 5 章中，當勞動是變動投入而資本是固定投入時，廠商必須僱用更多的勞動才能生產更多的商品數量。然而，因為邊際報酬遞減，勞動僱用量的增加導致勞動邊際產量減少。如果廠商想要生產更多的產出，就必須僱用愈來愈多的員工，總成本與變動成本因而快速地增加。至於邊際成本與勞動邊際產量的關係，可以寫成下式：

$$MC = \frac{\Delta VC}{\Delta Q} = \frac{\Delta(wL)}{\Delta Q} = w \times \frac{\Delta L}{\Delta Q} = \frac{w}{AP_L}$$

邊際成本是額外增加一單位產出所增加的變動成本 (或總成本)，$\Delta VC/\Delta Q = \Delta TC/\Delta Q = MC$。同時，變動成本是生產額外一單位產出所需勞動數量 (ΔL) 與僱用該勞動所需支付工資 w 的乘積，$\Delta VC = w \times \Delta L$。因此，邊際成本等於工資除以勞動邊際產量，原因是 $\Delta L/\Delta Q = 1/MP_L$。

若貝諾的時薪是 100 元 ($w = \$100$)，而額外僱用 1 位工讀生所能增加的餐點數量是 10 份 ($MP_L = 10$)。在這種情況下，煮 1 份餐點費時 6 分鐘，成本是 10 元；亦即，煮 1 份餐點的邊際成本為 $\$100/10 = \$10$。

回顧第 5 章，勞動邊際產量隨勞動僱用量的增加，先遞增，達到最高點，然後遞減。由於 MC 和 MP_L 成反向關係，我們可以預期：隨著產量的增加，邊際成本先是遞減，達到最低點，而後遞增。邊際報酬遞增隱含邊際成本遞減，邊際報酬遞減隱含邊際成本遞增。因此，可得一結論：當短期至少有一個生產因素是固定投入時，邊際報酬遞減法則反映邊際成本遞增的事實。

邊做邊學習題 6-2

變動成本與固定成本

(1) 鴻準生產 iPhone 手機外殼，去年生產 5,000 個手機外殼，每個售價 8 元，變動成本為 30,000 元，總成本為 45,000 元。請問鴻準的平均固定成本是多少？　　(100 年普考)

(2) 假設台康生計的變動成本函數為：

$$TVC = 0.05Q^3 - 5Q^2 + 500Q$$

請問其平均變動成本 (*AVC*) 與邊際成本 (*MC*) 為何？

類似問題：基礎題 3

6.3 長期成本

在長期，所有生產因素的數量皆可變動。廠商的總成本只包含變動成本，原因是長期的固定成本為零。本節將運用成本的觀念來探討廠商如何選擇一成本最低的要素投入組合，來生產一定數量的商品。如第 5 章所述，廠商的目標是追求利潤最大，而尋求成本極小即是追求利潤最大。因此，本節要先探討成本極小化的問題，然後再檢視長期成本曲線。

長期成本極小化的問題

假設廠商只有使用兩種生產因素：勞動 (L) 與資本 (K) 來生產商品。僱用勞動的價格稱為工資 (w)，使用資本的價格稱為租金成本 (r)。w 和 r 可以是外顯成本，廠商對外招募員工或租賃機器設備。w 和 r 也可以是隱含成本，雇主可以自行投入或用自己的資金來購買設備。廠商的長期總成本可以寫成：

$$TC = wL + rK$$

成本極小化 (cost of minimization) 是第 1 章受限最適化的另一個例子，由於廠商希望在固定產量下，以最低成本方式生產；亦即，廠商必須選擇 K 和 L 來生產固定產量 Q_0，以達成本極小化的目標。因此，成本極小化的目標函數為 $TC = wL + rK$，限制式為 $Q_0 = F(K, L)$，其中外生變數為 w、r 和 Q_0，內生變數為 K 和 L。

等成本線

首先，讓我們以圖形來描述目標函數。圖 6.2 顯示不同成本水準下的等成本線。等成本線 (isocost line) 是廠商支付相同成本的所有生產因素組合的軌跡連線，觀念類似消費者理論中的預算線。

一般而言，就任一總成本 TC_0 與生產因素價格 w 和 r，等成本線的方程式為：

$$TC_0 = wL + rK$$

或

$$K = \frac{TC_0}{r} - \left(\frac{w}{r}\right)L$$

圖 6.2 畫出不同的總成本水準 TC_0、TC_1 和 TC_2 下的等成本線，其中 $TC_0 < TC_1 < TC_2$，縱軸的截距為 TC/r。當總成本增加時，縱軸截距也會增加；換句話說，在生產因素價格不變下，總成本上升，等成本線向上移動。

等成本線的斜率為 $-w/r$，或負的勞動價格除以資本價格，告訴我們在總成本不變下，廠商願意放棄一單位的勞動，以換取 w/r 單位的資本。考慮貝諾輕食餐廳的例子。假設每小時工資為 100 元，每小時機器價格為 200 元，以及每年總成本 $TC = \$1,000,000$，等成本線可寫成：

$$1,000,000 = 100L + 200K$$

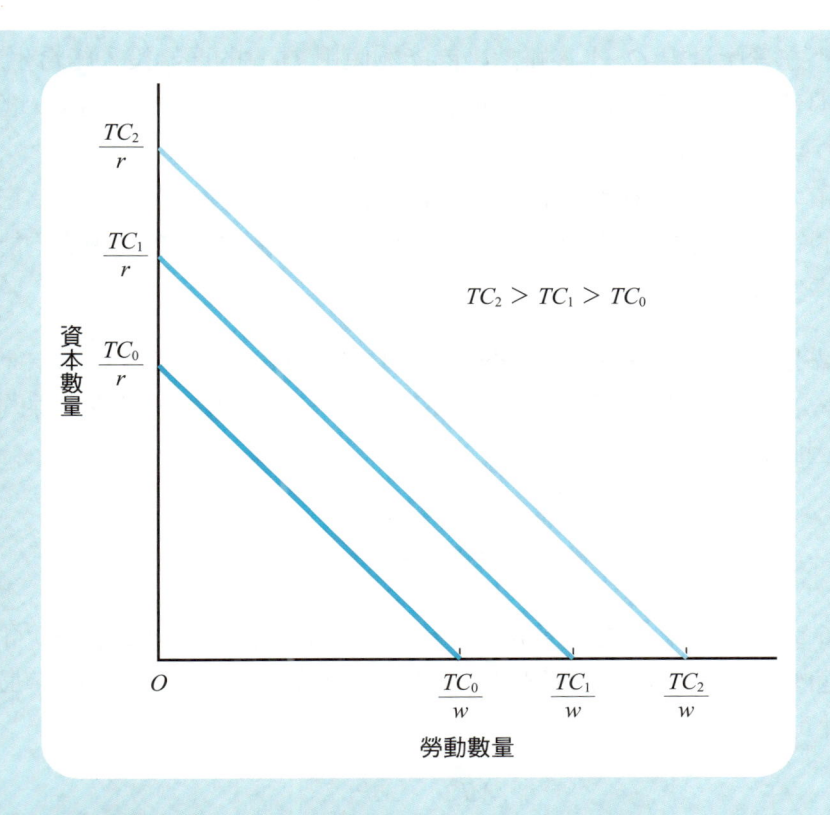

圖 6.2 等成本線

等成本線描述生產成本相同的不同要素投入組合。等成本線愈往右上方，代表總成本愈高，斜率為 $-w/r$。

上式可改寫為：

$$K = 5,000 - \frac{1}{2}L$$

斜率 $-\frac{1}{2}$ 代表貝諾輕食餐廳願意以 1 單位的勞動工時換取 0.5 單位的機器工時，以維持相同的成本 100 萬元。

成本極小化的最適解

現在我們可以來檢視成本極小化的問題。圖 6.3 的等產量線 Q_0 為受限最適化的限制式，代表廠商生產固定的商品數量。成本極小化的最適解在 A 點，恰好是等成本線與等產量線的切點；換言之，A 點提供廠商生產 Q_0 的最低成本。

A 點是最適解的理由與消費者最適選擇的理由相似：

1. D 點不在等產量線 Q_0 上。雖然廠商能夠使用 D 點的要素投入組合生產 Q_0，卻會浪費許多生產資源。同樣生產 Q_0，A 點使用的資本與勞動數量少於 D 點，D 點是無技術效率。
2. B 點和 C 點有技術效率，卻不是成本極小化的要素投入組合，因為它們位於較高的等成本線 TC_1。從 B 點移向 A 點或從 C 點移向 A 點，廠商均能以較低的成本生產 Q_0。

既然 A 點是切點，等產量線的斜率會等於成本線的斜率。在第 6 章中，等產量線的斜率是負的邊際技術替代率，$-MRTS_{LK} = -MP_L/MP_K$，等成本線的斜率為 $-w/r$，因此成本極小化的條件為：

$$MRTS_{LK} = \frac{MP_L}{MP_K} = \frac{w}{r}$$

圖 6.2 的 A 點為最適內部解。當勞動與資本數量都大於零 ($L > 0$ 和 $K > 0$) 時，最適內部解發生在等產量線與等成本線的切點，即 $MRTS_{LK} = w/r$。最適均衡解的條件可重新整理成：

$$\frac{MP_L}{w} = \frac{MP_K}{r}$$

上式告訴我們，最後 1 塊錢僱用勞動所生產的額外商品數量等於最後 1 塊錢僱用資本所生產的額外商品數量。為什麼成本極小化必須符合 $MP_L/w = MP_K/r$ 的條

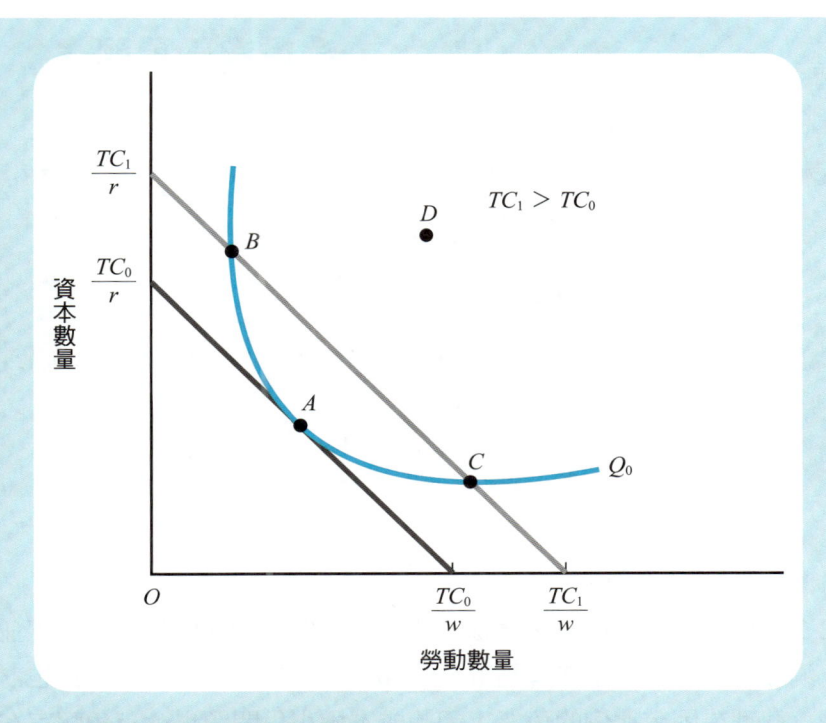

圖 6.3 成本極小化的最適解

成本極小化的最適解在 A 點，為等成本線與等產量線的切點。B 點和 C 點可生產 Q_0，卻不是成本極小化的生產點。雖然 D 點的要素投入組合能夠生產 Q_0，但 A 點的成本最低，D 點是無技術效率的生產點。

件？考慮一非成本極小化的要素投入組合 B。在 B 點，等產量線的斜率小於等成本線的斜率：

$$\frac{-MP_L}{MP_K} < \frac{-w}{r}$$

或

$$\frac{MP_L}{w} > \frac{MP_K}{r}$$

舉例來說，設 $MP_L = 10$、$w = \$2$、$MP_k = 20$ 和 $r = \$10$，則 $MP_L/w = 10/\$2 = \$5$，$MP_k/r = 20/\$10 = \$2$。每 1 塊錢花在勞動僱用所得到的商品數量是每 1 塊錢花在資本僱用上所得到商品數量的 2.5 倍，廠商會選擇多僱用勞動和少僱用資本，勞動的邊際產量因而下跌，而資本的邊際產量上升。這個過程會持續調整，直到不論使用何種生產因素，額外生產商品數量的成本相同為止。

邊做邊學習題 6-3

找出成本極小化的要素投入組合

假設西雅圖咖啡的生產函數 $Q=50\sqrt{KL}$，勞動與資本邊際產量分別為：

$$MP_L = 25K^{\frac{1}{2}}L^{-\frac{1}{2}}$$

$$MP_K = 25K^{-\frac{1}{2}}L^{\frac{1}{2}}$$

若勞動每小時工資 w 是 5 元，而資本每小時價格 r 是 20 元。若西雅圖咖啡每年的產量是 1,000 杯，成本極小化的要素投入組合是多少？

類似問題：基礎題 4

角解

在第 3 章中，若無異曲線是直線型或固定比例，無異曲線與預算線並沒有切點存在。消費者最適選擇是在角點 (corner point)。在第 4 章裡，我們也討論過生產函數是直線型或固定比例的可能，因此成本極小化問題也會有角解存在。

直線型生產函數的成本極小化

在圖 6.4 中，等產量線 $Q=aL+bK$ 為一直線，其中 a 和 b 是常數且大於零。邊際技術替代率 $MRTS_{LK}$ 在等產量線上的任何一點都是固定，直線型生產函數的替代彈性是無窮大；換言之，資本 (K) 和勞動 (L) 完全相互替代。

在圖 6.4 中的任一要素投入組合，等產量線比等成本線更為陡峭，這意味著邊際技術替代率大於生產因素價格比：

$$\frac{MP_L}{MP_K} > \frac{w}{r}$$

上式重新整理，可寫成：

$$\frac{MP_L}{w} > \frac{MP_K}{r}$$

每 1 塊錢僱用勞動的邊際產量超過每 1 塊錢僱用資本的邊際產量。在 C 點，廠商會以勞動替代資本。由於勞動與資本完全替代，廠商會持續地以勞動替代資本，以維持產出水準不變，並降低生產成本；亦即由 C 點移至 A 點。因此，成本極小化的要素投入組合在 A 點，資本的使用數量為零，廠商完全以勞動生產。

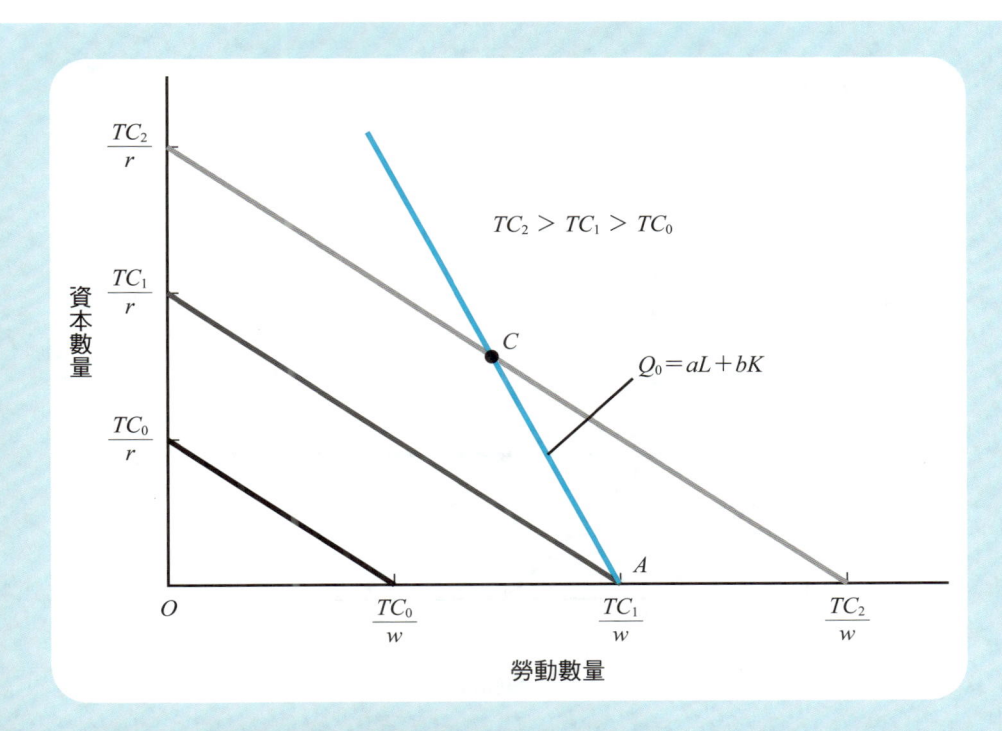

圖 6.4 直線型生產函數的成本極小化

成本極小化問題的最適解在 A 點。因為等產量線比等成本線陡峭，廠商能以勞動替代資本並維持固定產出水準，而降低總成本，由 C 點移向 A 點，故 A 點為最適要素投入組合。

固定比例生產函數的成本極小化

如果生產因素必須以固定比例結合才能生產商品，譬如，$\frac{1}{3}$ 杯濃縮咖啡加 $\frac{2}{3}$ 杯牛奶可生產 1 杯法式拿鐵，這個生產函數為固定比例生產函數。固定比例生產函數的所有要素投入，彼此完全互補。當生產因素以固定比例結合時，替代彈性等於零，生產函數為一直角型 (或 L 型)，如圖 6.5 所示。

在圖 6.5 中，成本極小化的要素投入組合在 A 點。A 點並非等產量線與等成本線的切點，事實上，它是一個角點。要證實此點，考慮圖 6.5 中的其它要素投入組合，如 B 點和 C 點。

B 點和 C 點有技術效率，因為它們與 A 點都在同一條等產量線 Q_0 上，但卻不是成本極小化的要素投入組合，原因是它們位於較高的等成本線 TC_2 上。從 B 點或 C 點移向 A 點，均使廠商能以較低的成本 TC_1 生產相同數量的商品。

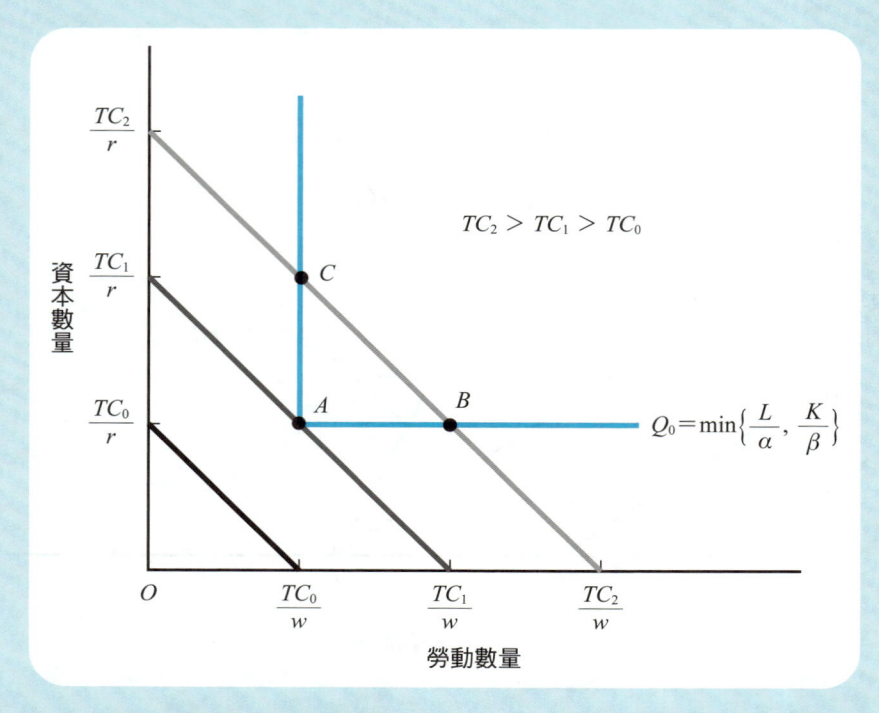

圖 6.5 固定比例生產函數的成本極小化

成本極小化的要素投入組合在 A 點。B 點和 C 點有技術效率,但非成本極小化,原因是 A 點使用最少的資本和勞動數量來生產產出水準 Q_0。

邊做邊學習題 6-4

找出直線型生產函數的最適要素投入組合

(1) 假設伯朗咖啡有一直線型生產函數 $Q=10L+2K$,其中 K 是阿拉伯摩卡咖啡,L 是蘇門答臘咖啡,Q 是每日特選咖啡。邊際產量分別是:

$$MP_L=10$$
$$MP_K=2$$

若每磅阿拉伯摩卡咖啡豆的價格是 2 元,每磅蘇門答臘咖啡豆的價格是 10 元,如果伯朗咖啡希望能夠生產 200 杯每日特選咖啡,請找出成本極小化的要素投入組合?

(2) 如果路易莎咖啡的生產函數為 $Q=2L+K$,其中 $MP_L=2$ 及 $MP_K=1$,若 L 及 K 的價格為 w 及 r,請問成本極小化的要素投入組合?

類似問題:基礎題 5

6.4 成本極小化的比較靜態分析

我們在第 4 章中曾經看到，商品價格與消費者所得變動如何影響最適消費組合。廠商追求成本極小化的過程中，也會面臨生產因素價格變動或產量變動的情形。現在，讓我們依序來觀察生產因素價格變動與產量變動的比較靜態分析。

生產因素價格變動的比較靜態分析

圖 6.6 顯示當勞動價格從 w_0 上漲至 w_1 時，成本極小化的比較靜態分析。假設因為景氣好轉，勞動市場短缺，造成工資上漲。發卡銀行面對工資提高，要如何調整資本與勞動組合？

當工資提高與資本價格不變時，等成本線變得更陡峭，如圖 6.6 的 $\overline{MN}$ 移至 $\overline{PJ}$。為了維持生產相同的產出水準 Q_0，追求成本極小化的廠商會在等產量線與等成本線切點 (B 點) 生產；亦即，成本極小化的勞動數量減少，而成本極小化的

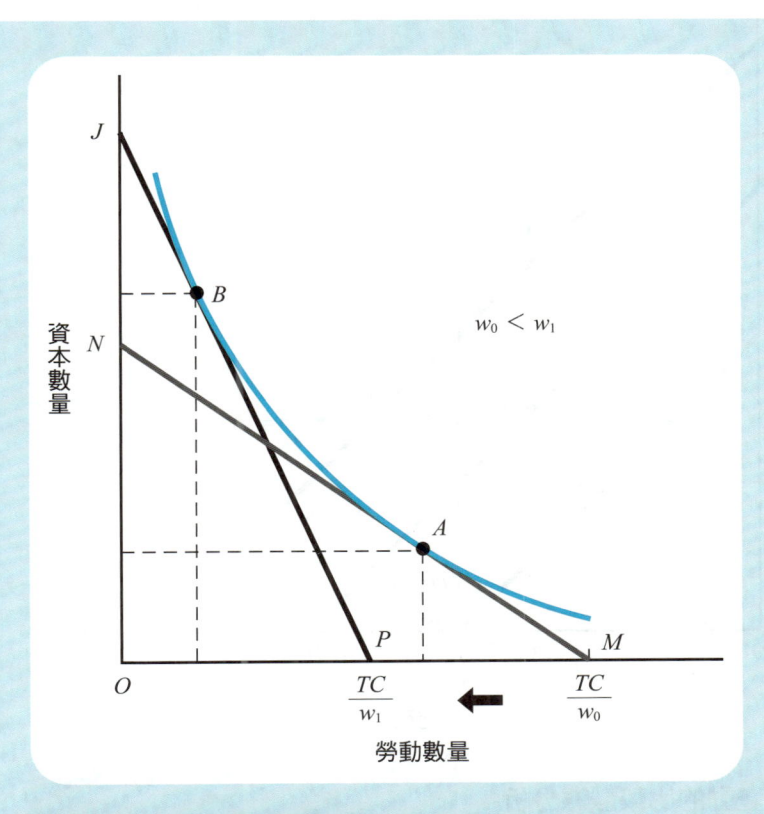

圖 6.6 勞動價格變動的比較靜態分析

勞動價格從 w_0 上漲至 w_1，等成本線變得更加陡峭。就一固定產量 Q_0 而言，成本極小化的勞動數量減少，而成本極小化的資本數量增加。

資本數量增加。所以發卡銀行面對高漲的工資,會以電話語音或更多的電腦設備來替代人力的服務。

同理,資本價格提高,在勞動價格和商品數量固定不變下,若廠商有一平滑的等產量線,且 $L>0$ 和 $K>0$,廠商會減少成本極小化的資本數量,並增加成本極小化的勞動數量。

產量變動的比較靜態分析

到目前為止,我們已經用圖形說明生產因素價格變動下,成本極小化的最適解,我們將探討另一個外生變數——產量變動下,成本極小化的最適解。

圖 6.7 顯示產出數量變動對成本極小化要素投入組合的比較靜態分析。假設生產因素價格 w 和 r 固定不變,商品數量由 $Q=100$,增加至 200 和 300,成本

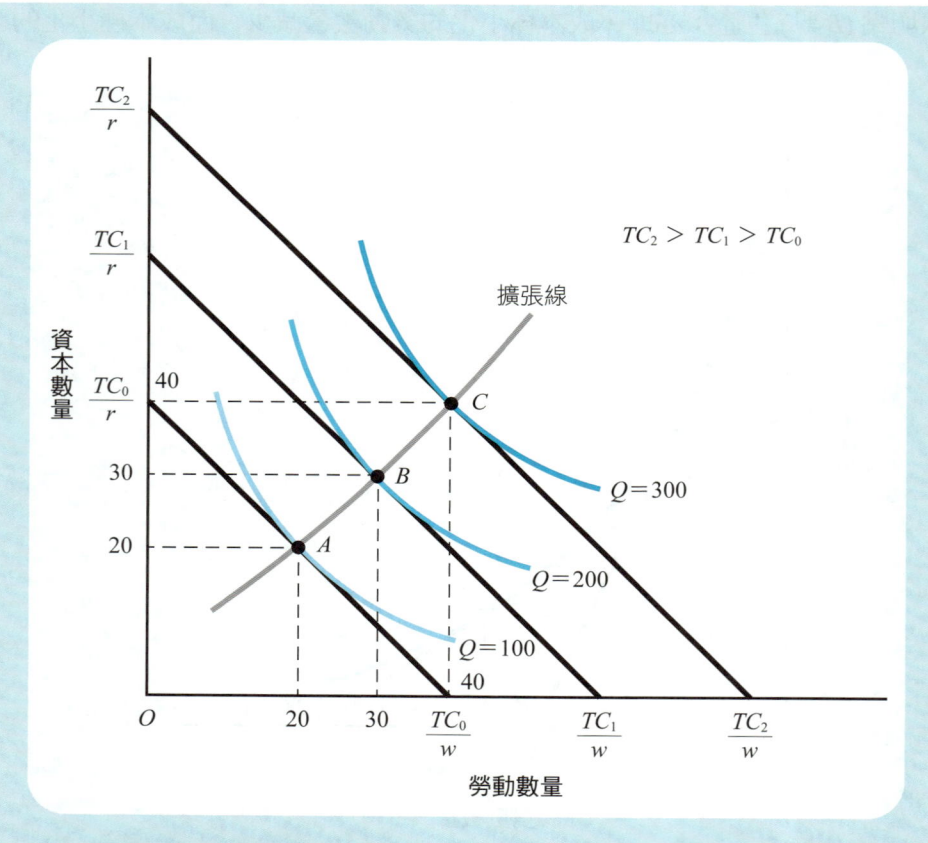

圖 6.7　產量變動的比較靜態分析

假設勞動與資本價格不變,產出增加使得等產量線向右上方移動。擴張線是長期成本極小化的勞動與資本組合軌跡的連線。在這個例子裡,產量增加,廠商會增加對資本與勞動的僱用,資本與勞動都是正常投入。

極小化的要素投入組合會有何改變？

從圖 6.7 來看，產量提高使得等產量線向右上方移動。若生產因素價格不變，成本極小化的最適解會從 A 點到 B 點，再到 C 點。以 B 點為例，廠商想要以最低成本生產 200 單位的商品數量，會選擇 30 單位的勞動和 30 單位的資本，這個組合位於等成本線 TC_1 上。同樣地，以最低成本生產 100 單位的商品數量，廠商會選擇僱用 20 單位的勞動和 20 單位的資本，成本為 TC_0，最後生產 300 單位商品數量的最低成本為 TC_2。

我們將等產量線與等成本線的切點加以連結，可以得到**擴張線** (expansion path)。擴張線是成本極小化的要素投入組合軌跡的連線，總結出產量變動的比較靜態分析結果。在這個例子裡，廠商提高商品數量，成本極小化的勞動與資本數量都增加，擴張線的斜率為正。當生產因素的僱用量隨著產量增加而增加時，此生產因素為**正常投入** (normal input)。圖 6.7 中的勞動與資本都是正常投入。

圖 6.8 則是另外一個可能性。當產出從 100 增加至 200 時，成本極小化的資

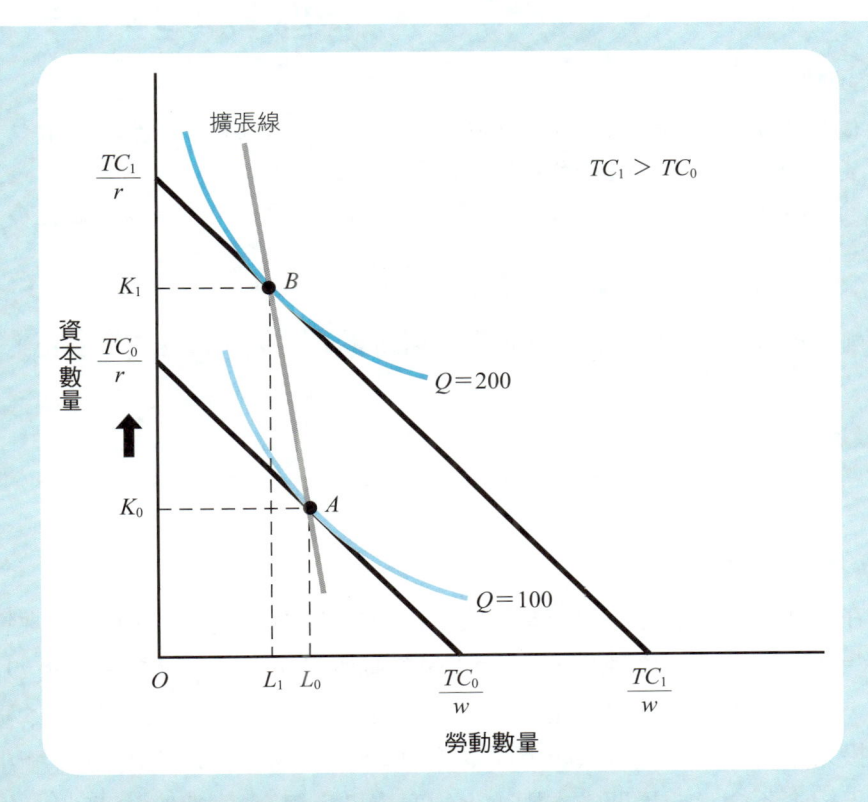

圖 6.8　負斜率的擴張線

在這個例子中，擴張線的斜率為負。產量增加會降低成本極小化的勞動數量與增加成本極小化的資本數量。勞動為劣等投入，而資本則為正常投入。

本數量增加，但成本極小化的勞動數量卻減少。這種情形可能發生在廠商擴大生產規模時，以機器替代人力，自動化程度提高。譬如，旅行社以網路訂位取代客服人員，導致產量提高，勞動數量反而減少，我們會說勞動是**劣等投入** (inferior input)。若廠商只僱用兩種生產因素，其中一種生產因素是劣等投入，則擴張線為負斜率，如圖 6.8 所示。

假設阿亮有一個拍賣網站，只使用勞動和資本兩種生產因素，資本與勞動是否可能同時為劣等投入？答案是：不可能。理由很簡單。劣等投入是指隨著產量增加，廠商對生產因素的僱用量反而減少。如果廠商減少生產因素僱用，可以增加商品數量，追求成本極小化的廠商會持續地減少生產因素使用量，直到零要素投入量為止。然而，這種現象並不符合技術效率，沒有一家廠商不僱用任何生產因素，卻可以達到最大產量。因此，兩種劣等投入無法符合生產因素可增加產量的說法。

邊做邊學習題 6-5

生產因素需求函數

生產因素價格變動的比較靜態分析，可以推導得到因素需求曲線。譬如，假設資本價格和產量不變，勞動工資上漲使等成本線更陡峭。因為邊際技術替代率遞減，最適解會在等產量線的左方，也就是廠商會以資本替代勞動，勞動需求因而減少，因此勞動需求曲線的斜率為負。

問題

假設黑金剛花生的生產函數為 $Q = 50\sqrt{KL}$，請問其勞動 (L) 與資本 (K) 的需求方程式為何？

類似問題：基礎題 6

短期成本極小化

現在讓我們來討論廠商追求短期成本極小化的決策。在短期，資本數量固定不變 ($K = \overline{K}$)，唯一可以變動的生產因素是勞動數量 L。當廠商希望生產 Q_0 且 $K = \overline{K}$ 時，成本極小化的選擇是在圖 6.9 的 F 點。請注意：A 點是長期成本極小化的要素投入組合，是等產量線與等成本線的切點。一般而言，短期成本極小化的要素投入組合不會等於長期成本極小化的要素投入組合，如圖 6.9 所示。從圖形觀察，短期廠商的生產成本高於長期廠商可自由調整生產規模的總成本。

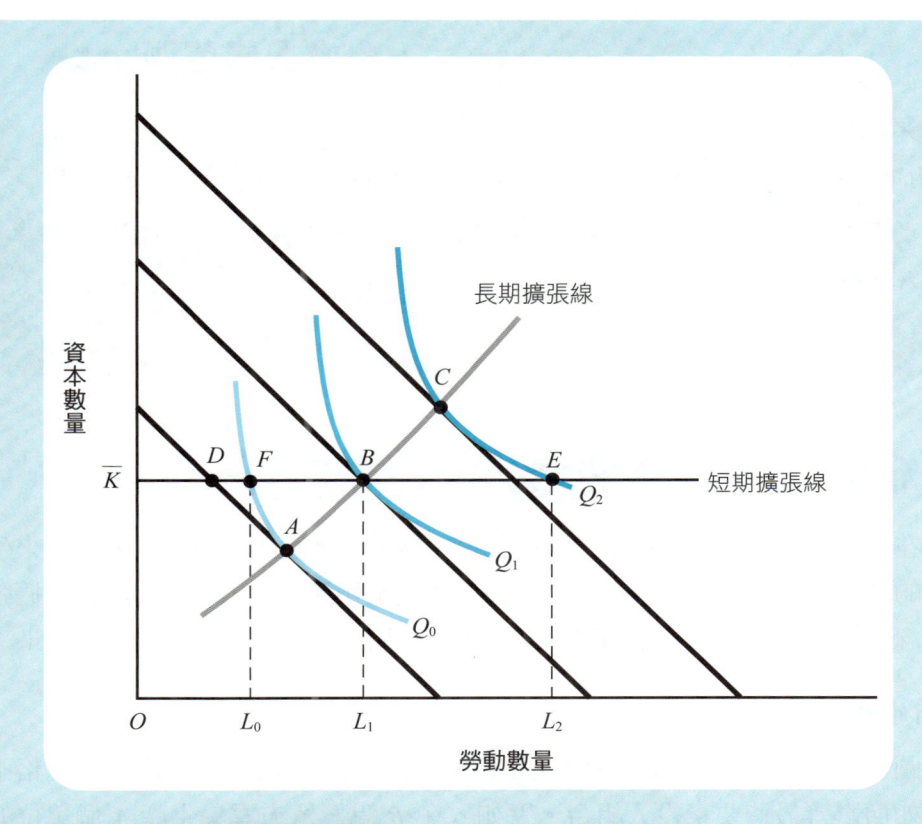

圖 6.9　短期與長期擴張線

在長期，產量變動，成本極小化的勞動數量沿著長期擴張線移動；在短期，資本數量固定，$K=\overline{K}$，成本極小化的勞動數量沿著短期擴張線移動。

　　由於廠商在短期只僱用勞動 L，資本數量固定在 $\overline{K}$，工資上漲並不會使等成本線變得陡峭，勞動需求只受產量及資本數量的影響。原因是：在長期，相切條件使生產因素需求受生產因素價格的影響；在短期，相切條件無法適用。

　　然而，當產量從 Q_0 增加至 Q_1，再到 Q_2 時，短期的要素投入組合是在 F 點、B 點和 E 點，而短期的勞動需求量為 L_0、L_1 和 L_2；亦即，勞動數量受產量的影響，勞動需求沿著短期擴張線 FBE 移動。圖 6.9 的長期擴張線 ABC，說明在長期，廠商追求成本極小化的要素投入組合。只有在 B 點，長期成本等於短期成本，廠商固定資本數量，也是長期成本極小化的資本數量。除了 B 點外，長期總成本都小於短期總成本。

邊做邊學習題 6-6

短期生產因素需求

假設 Mister Donuts 的生產函數為 $Q=50\sqrt{KL}$,廠商短期的資本數量固定在 $K=\overline{K}$,若廠商追求成本極小化,會僱用多少勞動數量?倘若生產函數為 $Q=10\,KL^{\frac{1}{3}}$,則成本極小化的勞動數量為何?

類似問題:基礎題 7

6.5 長期成本曲線

在前一節中,我們已經學習廠商如何選擇成本極小化的要素投入組合來生產既定的產出水準,現在我們要探討廠商生產成本如何受產出水準的影響。擴張線的概念不僅可用來推導生產因素需求,也可以用來說明長期成本曲線。

長期總成本

圖 6.10(a) 畫出八方雲集鍋貼連鎖店改變產出數量時,在生產因素價格不變下,如何影響最適要素投入組合。譬如,在 B 點,八方雲集生產 4 個單位的產出 (單位為 1,000),成本極小化的勞動數量是 4 勞動工時,而成本極小化的資本數量也是 4 機器工時。

從擴張線推導長期總成本曲線的步驟有三個:

1. 在圖 6.10(a) 中,選定產出水準,找出等產量線與等成本線的切點,如圖 6.10(a) 的 A、B、C、D、E 點。
2. 從最低成本的要素投入組合,得到最適資本與勞動數量並乘以相關價格,而得到最低成本數據。
3. 在圖 6.10(b) 中,橫軸是產出水準,縱軸是成本,畫出成本-產量的總成本曲線。

讓我們以 4,000 個鍋貼 ($Q=4$) 為例。步驟 1 是選定等產量線與等成本線的切點——B 點。最適勞動工時與機器工時都是 4,假設每小時的勞動與資本價格皆為 10 元,生產 4,000 個鍋貼的最低成本為 $\$10\times4+\$10\times4=\$80$,這是第二個步驟。第三個步驟是將產量 $Q=4$ 和成本 $TC=\$80$ 繪在圖形上,圖 6.10(b) 中的 b 點與圖 6.10(a) 的 B 點相對應。

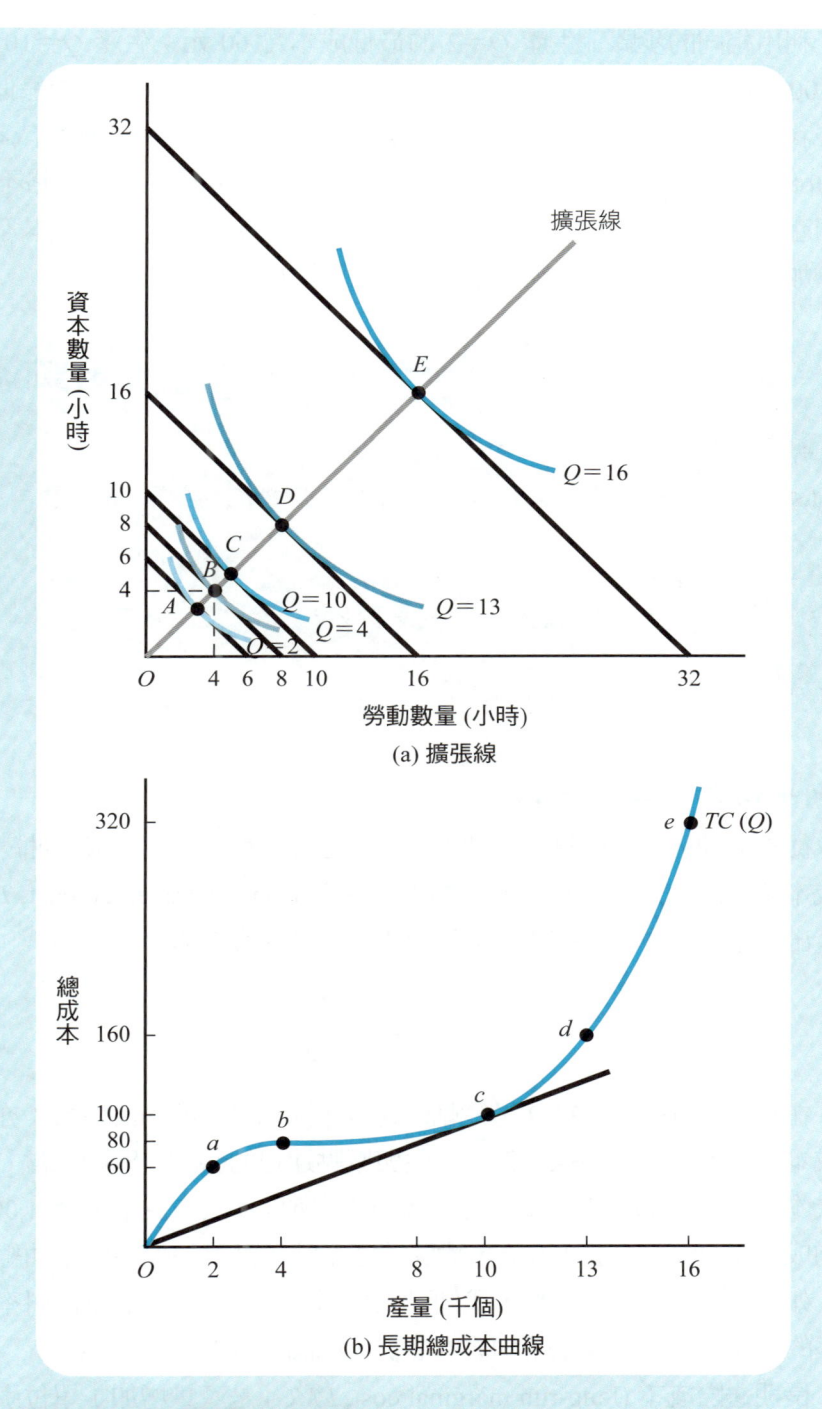

Chapter 6　成本與成本極小　201

圖 6.10　擴張線與長期總成本曲線

圖 (a)：擴張線說明，在長期，廠商使用不同的資本與勞動組合來生產各個產出水準。A、B、C、D、E 點為成本極小化的要素投入組合。圖 (b)：長期總成本曲線的 a、b、c、d、e 點對應圖 (a) 的 A、B、C、D、E 點，長期總成本曲線衡量廠商生產不同產出的最小成本。

利用相同的步驟，生產 $Q=2$ 的最低成本為 60 元；生產 $Q=10$ 的最低成本為 100 元；生產 $Q=13$ 的最低成本為 170 元；和生產 $Q=16$ 的最低成本為 320 元。我們將這些產量與成本組合的軌跡連線，就可以得到**長期總成本曲線** (long run total cost curve)。長期總成本曲線，$TC(Q)$，是在生產因素價格不變下，生產不同產出水準的長期最低總成本的軌跡。當 $Q=0$ 時，長期總成本等於零。當產量增加時，長期總成本會隨著 Q 的增加而增加。

邊做邊學習題 6-7

推導長期總成本曲線

假設 Mister Donuts 的生產函數為 $Q=10\sqrt{KL}$，其中 L 為勞動，K 為資本，相關價格為 w 和 r。

(a) 請推導出長期總成本曲線。
(b) 若 $w=25$，$r=100$，請問長期總成本函數是多少？

類似問題：基礎題 8

長期平均成本與邊際成本

從長期總成本曲線推導長期平均成本曲線，與從短期總成本曲線推導短期平均成本曲線的方式相當類似。**長期平均成本** (long-run average cost, LAC) 是每單位產出的廠商成本，定義成長期總成本除以商品數量 Q：

$$LAC = \frac{TC}{Q}$$

在圖 6.11(a) 中，TC/Q 是縱軸的總成本除以橫軸的商品數量；亦即，長期平均成本是長期總成本曲線上任何一點與原點連線的斜率。譬如，當 $Q=4$ 時，平均成本等於 $\overline{OB}$ 的斜率，斜率等於 $\$80/4$。所以，八方雲集生產 4,000 個鍋貼的平均成本是 20 元。當八方雲集變動總產量時，沿著長期總成本曲線上的每一個點，如 A、B、C、D、E 點，我們可以得到類似 $\overline{OB}$ 的各個不同斜率。這些不同斜率的軌跡連線就是長期平均成本曲線，如圖 6.11(b) 中的 LAC。

長期邊際成本 (long-run marginal cost, LMC) 是產量增加 1 單位引起長期總成本增加的比率：

$$LMC = \frac{\Delta TC}{\Delta Q}$$

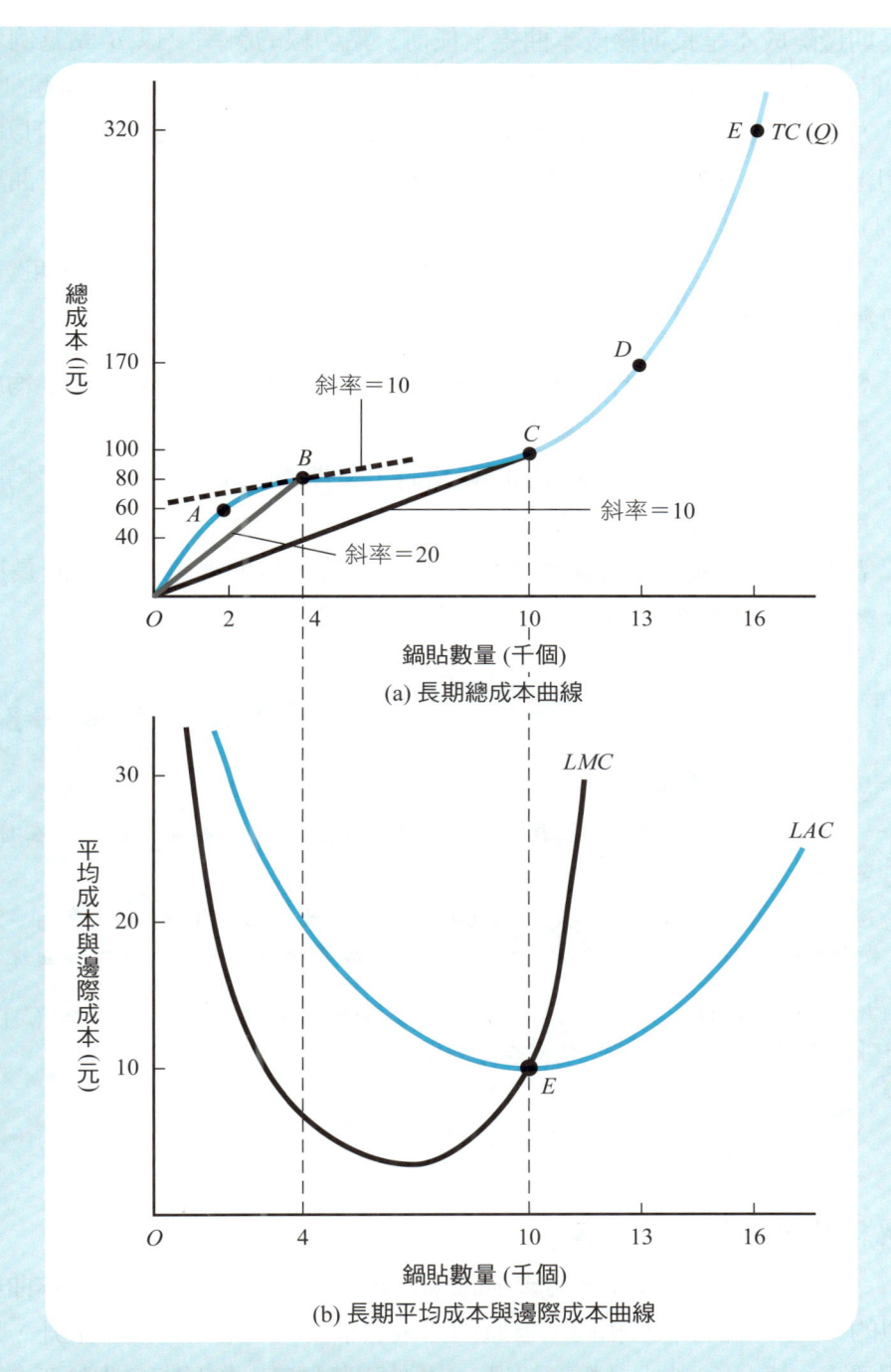

圖 6.11　長期平均成本與邊際成本曲線

圖 (a)：長期總成本曲線。當產量是 4 單位時，線段 $\overline{OB}$ 的斜率是平均成本，等於 20，切線斜率是 10，所以邊際成本等於 10 元。圖 (b)：將平均成本與邊際成本置於縱軸，產出水準置於橫軸。通常，原點與總成本曲線上任何一點連線的斜率就是長期平均成本曲線，LAC；長期總成本曲線上任何一點切線的斜率就是長期邊際成本，LMC。

長期邊際成本是長期總成本曲線上任何一點切線的斜率。以 B 點為例，當 $Q=4$ 時，切線的斜率等於 10，八方雲集生產 4,000 個鍋貼的邊際成本是 10 元。當八方雲集變動總產量時，沿著長期總成本曲線上的任何一點，我們可以得到各個切線的斜率。這些不同切線斜率所連成的軌跡，即為長期邊際成本曲線，如圖 6.11(b) 中的 LMC。

如同短期平均成本與短期邊際成本的關係，長期平均成本與長期邊際成本也有類似的關係。簡單地說，

1. 當長期平均成本隨產量增加而遞減時，長期邊際成本小於長期平均成本；亦即，$LMC < LAC$，LAC 遞減。
2. 當長期平均成本隨產量增加而遞增時，長期邊際成本大於長期平均成本；亦即，$LMC > LAC$，LAC 遞增。
3. 當長期平均成本不會隨產量增減而變動時，長期邊際成本等於長期平均成本；亦即，$LMC = LAC$，LAC 最低點，如圖 6.11(b) 中的 E 點。

邊做邊學習題 6-8

長期平均成本與長期邊際成本

(1) 一般而言，長期平均成本與長期邊際成本是兩條不同的曲線。然而，在特殊情形下，兩者會相同。

在「邊做邊學習題 6-6」中，Cobb-Douglas 生產函數為 $Q = 50\sqrt{KL}$，在 $w=25$，$r=100$ 時，長期總成本曲線為 $TC = 2Q$，請問長期平均成本曲線與長期邊際成本曲線為何？

(2) 假設卜蜂食品的生產函數為 $Q = \sqrt{LK}$，若勞動 (L) 的價格為 2，資本 (K) 的價格為 1，請問在 $Q=400$ 時的長期平均成本為何？

類似問題：基礎題 9

規模經濟與規模不經濟

在圖 6.11 中，長期平均成本曲線的形狀是 U 型，短期平均成本曲線也有類似的 U 型。儘管形狀相同，但原因卻截然不同。短期平均成本上升，是因為報酬遞減，使 AVC 的上升幅度超過 AFC 的下降幅度。在長期，由於所有要素投入皆可變動，報酬遞減法則不再適用。U 型的 LAC 曲線則是因為規模經濟與規模不經濟所造成。

規模經濟 (economies of scale) 是指以低於 2 倍的成本生產 2 倍的商品數量；

亦即,商品數量增加,長期平均成本下降的階段,如圖 6.12 所示。規模經濟的出現有許多原因:(1) 可能來自規模報酬遞增,勞工能夠專業化地從事他們最有生產力的工作;(2) 可能來自彈性的生產規模,管理階層藉由變動要素投入組合,使生產過程更有效率;(3) 可能來自廠商大量生產,而能以較低的價格購買生產因素;(4) 也可能是因為廠商僱用不可細分生產因素。不可細分生產因素 (indivisible inputs) 是指一生產因素必須有最低數量才可提供。譬如,有線電視業者在各地鋪設纜線,新增用戶的成本只是拉線,邊際成本甚低,因此平均成本隨著用戶人數的增加而下降。

規模不經濟 (diseconomies of scale) 是指以超過 2 倍的成本生產 2 倍的商品數量;亦即,商品數量增加時,平均成本上升的階段,如圖 6.12 所示。造成規模不經濟的原因:(1) 可能是管理不經濟所引起,當企業茁壯成長,職務增加導致管理變得複雜且沒有效率;(2) 可能是因為大量生產的好處在某一產量後便消失不見,有些關鍵投入由於供給有限,造成要素成本提高;(3) 也可能是一旦選定生產規模,工廠面積和有限的設備使勞工無法有效率工作,造成長期平均成本提高。

長期平均成本最低點的產量,稱為最小效率規模 (minimum efficient scale,

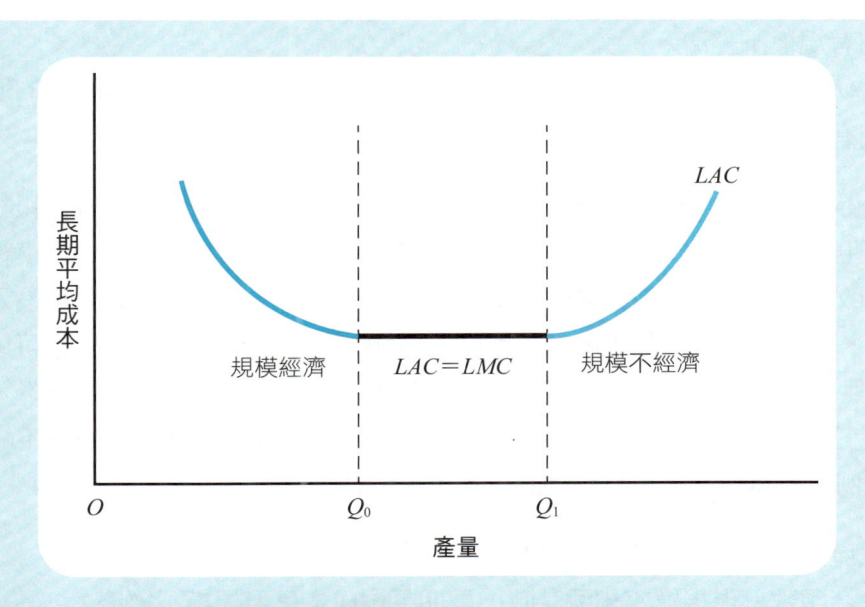

圖 6.12　規模經濟與規模不經濟

當產量介於 O 與 Q_0 之間,LAC 是下降的,廠商享有規模經濟;當產量大於 Q_1 時,LAC 是上升的,廠商享有規模不經濟;當產量介於 Q_0 與 Q_1 之間,廠商既無規模經濟,也無規模不經濟。在 $Q=Q_0$ 時的產出水準是最小效率規模。

MES)。MES 是在圖 6.12 中 $Q=Q_0$ 的生產規模。若長期平均成本處於水平的階段,廠商以 2 倍的成本生產 2 倍的產量,廠商沒有規模經濟,也沒有規模不經濟。

由於規模經濟說明成本與產量之間的關係,個體經濟學教科書以成本的產量彈性來衡量規模經濟與規模不經濟。**總成本產量彈性** (output elasticity of total cost) E_C 定義成產量變動 1% 時,引起總成本變動的百分比:

$$E_C = \frac{\Delta TC/TC}{\Delta Q/Q}$$

上式可改寫成:

$$E_C = \frac{\Delta TC/\Delta Q}{TC/Q} = \frac{LMC}{LAC}$$

成本產量彈性是邊際成本對平均成本的比率。

1. 當 $LMC=LAC$ 時,$E_C=1$,成本與產量等比例的增加,廠商沒有規模經濟,也沒有規模不經濟。
2. 當 $LMC>LAC$,LAC 遞增時,$E_C>1$,成本上升的速度超過產量增加的速度,廠商有規模不經濟。
3. 當 $LMC<LAC$,LAC 遞減時,$E_C<1$,成本上升的速度小於產量增加的速度,廠商有規模經濟。

值得注意的是,規模報酬遞增是規模經濟的一個特例。記得:規模報酬遞增是指,生產因素以「一定比例」變動時,產量以更高的比例增加。而規模經濟允許廠商改變產量時,生產因素的比例可以改變。譬如,成衣工廠的要素投入是棉紗原料、勞工及機器。如果所有生產因素增加 1 倍,我們預期成衣數量可以增加 1 倍。然而,如果大型成衣工廠改以機器替代人力,則平均成本可能下降,在這種情形下,大型成衣工廠享有規模經濟。同樣地,規模報酬遞減是規模不經濟的一個特例。規模經濟與規模報酬的關係可總結為:

1. 當生產函數呈現規模報酬遞增時,長期平均成本呈現規模經濟。
2. 當生產函數呈現規模報酬遞減時,長期平均成本呈現規模不經濟。
3. 當生產函數呈現固定規模報酬時,長期平均成本是水平的。

Chapter 6 成本與成本極小

邊做邊學習題 6-9

Cobb-Douglas 生產函數的成本產量彈性

(1) 假設 Mister Donuts 的生產函數 $Q=50\sqrt{KL}$,勞動價格 $w=25$,資本價格 $r=100$。請求出總成本產量彈性是多少?

(2) 如果拉亞漢堡的生產函數為 $Q=\sqrt{KL}$,請問成本彈性是多少?

類似問題:基礎題 10

長期平均成本與短期平均成本的關係

在第 6.5 節中短期成本極小化的討論,圖 6.9 曾說明短期總成本始終大於長期總成本的事實。圖 6.13 顯示長期平均成本與短期平均成本之間的關係,圖中有許多短期平均成本曲線:$ATC_1(K_1)$、$ATC_2(K_2)$ 和 $ATC_3(K_3)$,每一條曲線對應不同的固定工廠規模 K_1、K_2 和 K_3,其中 $K_1<K_2<K_3$。K_3 是非常大型且高度自動化的工廠。

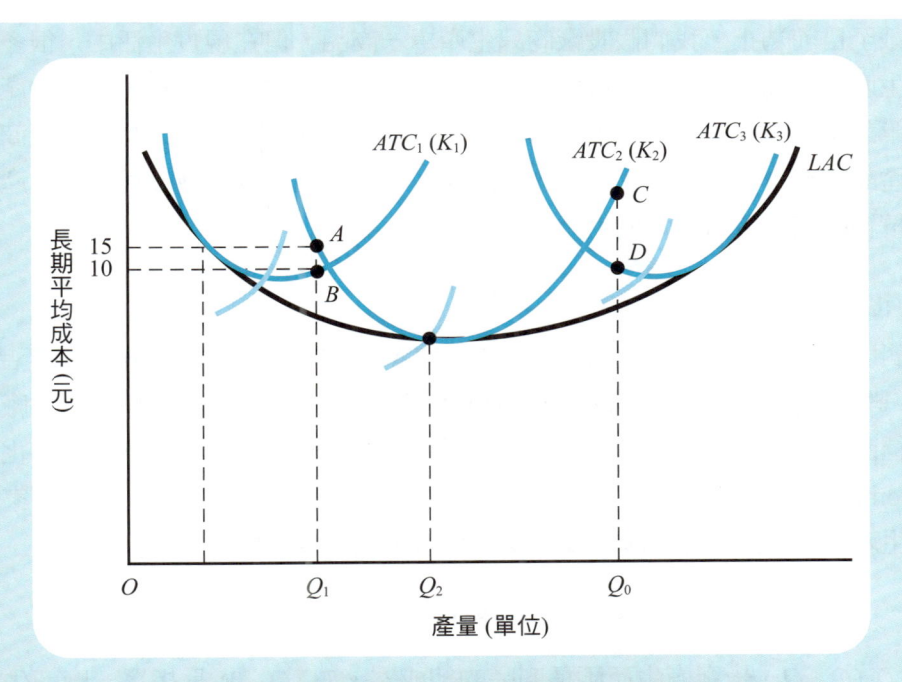

圖 6.13 長期平均成本曲線是短期平均成本曲線的包絡線

長期平均成本曲線是短期平均成本曲線的包絡線。工廠規模 K_1 和 K_3 的短期平均成本最低點,並不會在長期平均成本曲線上。

想像廠商要生產 Q_1 的產量。如果廠商的目標是追求長期成本極小化,會選擇工廠規模 K_1,因為生產的平均成本是 10 元 (ATC_1 上的 B 點) 比工廠規模 K_2 的平均生產成本 15 元 (ATC_2 上的 A 點) 來得好。當只有三種工廠規模可供選擇時,B 點將成為長期平均成本曲線上的一點。

同樣地,如果廠商擴充產能到 Q_3,工廠規模 K_3 (ATC_3 上的 D 點) 會比工廠規模 K_2 (ATC_2 上的 C 點) 來得好,原因是 D 點的平均生產成本比 C 點低,所以 D 點也是長期成本曲線上的一點。我們將三條短期平均成本曲線的下緣連結起來,可以得到長期平均成本曲線 LAC。這條曲線說明,如果廠商只選擇三種工廠規模:K_1、K_2 和 K_3,廠商能夠達到的最低平均成本。如果廠商有更多種工廠規模可供選擇,長期平均成本曲線可視為無數短期平均成本曲線下緣的軌跡連線,因此長期平均成本曲線是短期平均成本曲線的包絡線 (envelope curve)。請注意:工廠規模 K_1 和 K_3 的短期平均成本最低點,並不會在長期成本曲線上。U 型的 LAC 曲線主要是規模經濟和規模不經濟所造成。

6.6 多角化經濟──多個產品的生產

截至目前為止,我們假設廠商只生產單一商品,但在現實生活中,很多廠商不只生產一種商品。譬如,裕隆汽車生產轎車和運動休旅車;華碩電腦生產桌上型和筆記型電腦;銀行從事信用卡、企業貸款、外匯業務。本節將探討廠商生產多種產品的成本低於個別生產單一商品成本的可能性,以及廠商可以從生產過程中累積經驗或學習而能降低生產成本。

多角化經濟

對一生產兩種產品的廠商,如 TOYOTA 而言,總成本會受第一種產品 (如 Altis) 數量 Q_1 與第二種產品 (如 RAV4) 數量 Q_2 的影響。在某些情況下,廠商生產兩種商品,會有效率產生,這種效率稱為多角化經濟或範疇經濟。多角化經濟 (economies of scope, EOS) 是指一家廠商生產兩種商品的總成本,低於兩家廠商各自生產單一商品的總成本。從數學上來看,這個定義是:

$$TC(Q_1, Q_2) < [TC(Q_1, 0) + TC(0, Q_2)]$$

其中 $TC(Q_1, Q_2)$ 是廠商生產兩種商品的總成本。$TC(Q_1, 0)$ 是指單一廠商生產第一種商品而不生產第二種商品的總成本,有時稱為單獨成本 (stand-alone cost)。若我們重新整理上式:

$$[TC(Q_1, Q_2) - TC(Q_1, 0)] < [TC(0, Q_2) - TC(0, 0)]$$

其中 $TC(0, 0) = 0$。$[TC(Q_1, Q_2) - TC(Q_1, 0)]$ 是廠商已經生產 Q_1，再加入 Q_2 生產的總成本會更低時，多角化經濟便會存在。譬如，黑松公司在生產線上加入韋恩咖啡的成本，如果低於公司自行生產韋恩咖啡的總成本，黑松公司就存在多角化經濟。[1] 相反地，如果聯合生產的成本大於獨自生產的成本，亦即上式的符號小於 (<) 變成大於 (>)，則公司有多角化不經濟或範疇不經濟 (diseconomies of scope)。

廠商出現多角化經濟的原因如下：

1. 廠商有能力使用共同生產因素或設備來生產不只一種商品。譬如，長榮航空不僅提供載客服務，也提供貨運服務，想像你如果搭乘長榮班機到新加坡，行李卻委託聯邦快遞 (FedEx)，會是什麼情形？
2. 多角化經濟可能存在共同的管理資源和行銷管道。一家具有高知名度品牌的公司比不具知名度的公司，更容易取得新品上市的銷售通路，這是因為在消費者不確定產品品質時，通常會以品牌來推論品質的好壞。譬如，Nike 比中國強更容易推出慢跑鞋。
3. 廠商利用副產品 (by-products) 來生產第二個產品。譬如，中油生產車用汽油時的副產品——柏油，可用來鋪路、作為屋頂防水的塗料或隔熱之用。如果沒有作為第二種產品，副產品不但沒有經濟價值，還必須花費大筆的處理費用。

多角化經濟的程度

另外一種檢視多角化經濟是否存在的方式，是利用以下的公式：

$$\text{EOS} = \frac{TC(Q_1, 0) + TC(0, Q_2) - TC(Q_1, Q_2)}{TC(Q_1, Q_2)}$$

上式是多角化經濟程度或範疇經濟程度。EOS 定義成兩種 (或多種產品) 聯合生產比單獨生產所節省的成本比率。若聯合生產成本低於單獨生產的成本，EOS

---

[1] 潘札爾 (Panzar) 和威利格 (Willig) 兩位教授在 1981 年曾建議，以成本函數的互補性檢定兩種產品間是否存在多角化經濟；換言之，如果 $\frac{\partial^2 TC}{\partial Q_1 \partial Q_2}$ 表示生產 Q_1 的邊際成本與 Q_2 之間呈現反向關係，Q_1 與 Q_2 聯合生產具互補性，廠商生產存在多角化經濟。譬如，Q_1 是黑松沙士，Q_2 是韋恩咖啡，如果韋恩咖啡的生產導致黑松沙士的邊際成本降低，則有多角化經濟的存在。

方程式的分子會大於零,即 EOS > 0,廠商享有多角化經濟。因此,我們可以利用 EOS 來判斷是否存在多角化經濟:

1. EOS > 0,聯合生產有多角化經濟。
2. EOS = 0,無法判斷是否有多角化經濟。
3. EOS < 0,聯合生產沒有多角化經濟。

邊做邊學習題 6-10

多角化經濟

假設中國航運一年生產 600 艘船,若在同一工廠生產,總成本為 780,000 元;若分開不同工廠生產,成本分別為 540,000 元與 180,000 元,請問中國航運有多角化經濟嗎?

類似問題:基礎題 10

經驗經濟與學習曲線

經驗經濟 (economies of experience) 是指在一段長時間內,經驗累積所得到的成本優勢,有時稱為**邊做邊學** (learning by doing)。當管理階層和勞工從生產過程中吸取經驗時,廠商的邊際成本和平均成本會下降。為什麼會有經驗經濟?原因有四:

1. 一開始,勞工需要時間來完成工作。藉由重複不斷地執行相同職務,他們的速度可以加快。
2. 管理者從生產過程中學習如何更有效率地調整流程。
3. 工程師明瞭整個製造過程而累積產品知識,能夠更完美地設計商品。此外,更專業及更完善的工具與組織架構也可協助降低成本。
4. 當廠商加深生產經驗時,他們更有能力處理原料。

通常,學習的效果是更大的勞動生產力、更少的瑕疵品,以及更高的單位商品數量。

圖 6.14 為汽車生產的學習曲線,橫軸是汽車的累積生產數量 (單位:百輛),縱軸是生產每部汽車所需要的勞動工時 (單位:千小時)。在 A 點,TOYOTA 生產第 300 輛汽車的工時是 6,000 小時;在 B 點,TOYOTA 生產第 3,000 輛汽車所需的勞動工時是 1,000 小時。如果每小時的工資是 300 元,我們可以看到 B 點的平均勞動成本 (100 元) 比 A 點的平均勞動成本 (6,000 元) 低上許多。圖 6.14 的學習曲線是下列的函數關係:

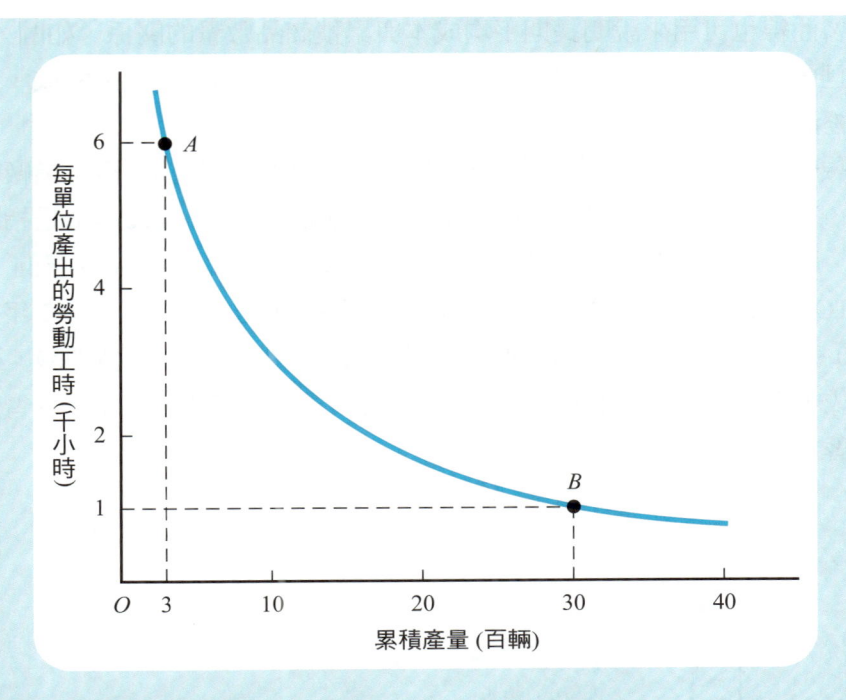

圖 6.14　學習曲線

當管理者與勞工隨著時間經過，更能夠有效率地使用現有的廠房及設備時，廠商的生產成本就會下降。學習曲線顯示，隨著累積產量的增加，每單位產出所需的勞動工時下降的程度。

$$L = A + BN^{-\beta}$$

其中 N 是累積商品數量，L 是每單位商品所需的勞動投入，A、B 和 β 都是正數，且 β 介於 0 與 1 之間。當 $N=1$ 時，$L=A+B$。所以，$A+B$ 衡量廠商生產第 1 個單位的勞動投入。當 $\beta=0$ 時，每單位所需的勞動投入 L 不會受累積商品數量的影響。當 $\beta>0$ 且 N 愈來愈大時，L 會趨近於 A，因此 A 代表所有學習效果實現後所需的最低勞動投入。β 是學習彈性，定義為累積商品數量變動 1%，引起每單位產出所需勞動投入變動的百分比。β 愈大代表學習曲線愈陡；亦即，廠商開始累積經驗後，所需的勞動投入下降得很快，所以學習效果愈好。

透過學習所減少的勞動投入幅度，可用學習曲線的斜率來衡量。學習曲線的斜率告訴我們，當累積商品數量增加 1 倍時，勞動投入下跌的比例。若 β 代表學習彈性，則斜率是 $2^{-\beta}$。譬如，當 $\beta=0.31$ 時，累積產量每增加 1 倍，勞動投入可節省約 20% ($2^{-0.31}=0.807$)；當 $\beta=0.5$ 時，累積產量每增加 1 倍，勞動投入可節省約 30% ($2^{-0.5}=0.707$)。

學習曲線也可用來說明長期平均成本與累積商品數量的關係，如圖 6.15 所示。一旦 TOYOTA 生產數量超過 2,000 輛後，整個學習效果幾近完成，大多數的經驗經濟不復存在。

經驗經濟 (學習曲線) 的概念與規模經濟並不相同。規模經濟是指廠商擴大產量時，有能力以較低的單位成本生產，如 A 點到 C 點。經驗經濟是指隨著時間經過，廠商透過學習累積經驗，而導致單位成本的降低，如 A 點移向 B 點。譬如，TOYOTA 第 1 年生產 2,000 輛汽車的平均成本是 5,000 元。第 2 年還是生產 2,000 輛汽車，因為勞工與管理階層在生產過程中的學習和累積經驗，第 2 年的生產成本下降至每輛汽車為 2,000 元。因此，即使規模經驗很小，學習效果可能很顯著。

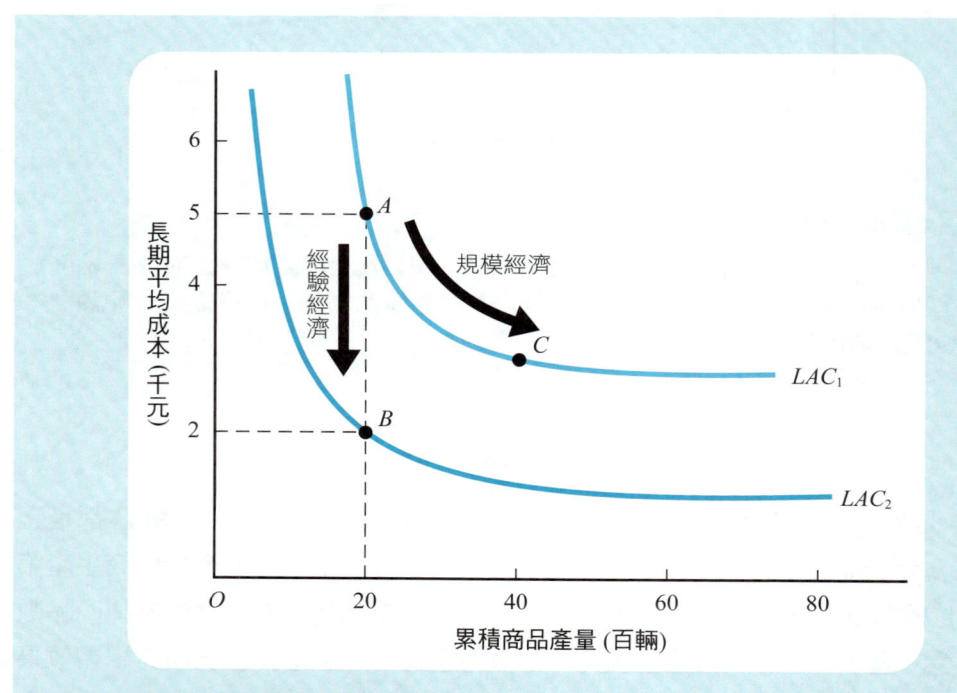

圖 6.15　規模經濟與經驗經濟

廠商的長期平均成本可能因為規模經濟所致，如 A 點移向 C 點，也可能是因為經驗經濟所致，如 A 點移向 B 點。

總結

▶ 需管理者與投資者決策的機會成本是放棄次佳選擇的報酬。機會成本是一向前看的觀念，亦即放棄未來選擇的價值。

Chapter 6　成本與成本極小

- 外顯成本是貨幣的直接支出；隱含成本並未牽涉貨幣支出；經濟成本是外顯成本與隱含成本的加總；會計成本包括外顯成本。
- 沉沒成本是指已經發生且無法避免的成本，非沉沒成本是指可以避免的成本。
- 在短期，邊際報酬遞減法則決定成本曲線的形狀。邊際產量與邊際成本呈現負向關係。平均成本與平均變動成本為 U 型。當 $MC=ATC$ 時，ATC 處於最低點。
- 在長期，廠商可調整所有生產因素數量至 $MRTS_{LK}=w/r$ 或 $MP_L/w=MP_K/r$。
- 擴張線是廠商變動產出水準的成本極小化生產因素組合的軌跡連線。生產因素需求是指當生產因素價格變動，追求成本極小化廠商願意購買的生產因素數量。
- 長期平均成本是短期平均成本的包絡線。LAC 曲線呈現 U 型的原因是存在規模經濟與規模不經濟。最小效率規模是 LAC 最低點的商品數量。
- 總成本的產量彈性是商品數量變動 1%，引起成本變動的百分比。
- 當一廠商生產兩種商品的成本低於個別廠商各自生產商品的成本加總時，廠商就存在多角化經濟或範疇經濟。
- 學習曲線是指廠商的勞動投入或平均變動成本隨商品累積數量而遞減。多角化經濟程度衡量廠商生產兩種商品的成本相對個別生產成本加總的節省比率。

問題與計算

基礎題

1. (a) 軟體產業，如遊戲軟體的生產成本，主要在軟體開發，硬體成本就相對較少，請問軟體產業的成本是變動、固定或沉沒成本？
   (b) 拉亞漢堡的主要成本在爐子、桌椅、碗盤，請問主要成本是固定、變動或沉沒成本？

2. 阿亮在網路上經營重型機車的買賣，有興趣的人會線上下單，阿亮則將訂單蒐集，然後將重型機車送到客戶的手中。為了要經營網購，阿亮每個月支付給網際網路公司 50,000 元，作為使用網頁及維護網頁的費用。為了送貨，阿亮擁有一輛貨車，每個月須支付 30,000 元的分期貸款和 10,000 元的保險費，每一筆訂單的平均汽油費用是 500 元。若阿亮不經營網購事業，可以在補習班教書，每小時鐘點費 3,000 元。
   (a) 阿亮的外顯成本與隱含成本為何？經濟成本與會計成本為何？
   (b) 若阿亮決定結束網購事業，此決策的非沉沒成本為何？又有哪些成本是沉沒成本？

3. 當生產量為 100 單位時，如果平均總成本 (ATC) 與平均變動成本 (AVC) 的差額為 1.00 元，則當生產量為 200 單位時，ATC 與 AVC 的差額為何？

4. 假設壹咖啡的生產函數 $Q=10K^{\frac{1}{2}}L^{\frac{1}{2}}$，勞動與資本邊際產量分別為：

$$MP_L = 5K^{\frac{1}{2}}L^{-\frac{1}{2}}$$

$$MP_K = 5K^{-\frac{1}{2}}L^{\frac{1}{2}}$$

其中勞動每小時工資 w 是 1 元，而資本每小時價格 r 是 9 元。若壹咖啡每年的產量是 30,000 杯，成本極小化的要素投入組合是多少？

5. 假設星巴克有一直線型生產函數為 $Q=2L+K$，其中 K 是摩卡咖啡，L 是蘇門答臘咖啡，Q 是每日特選咖啡。邊際產量分別是：

$$MP_L = 2$$

$$MP_K = 1$$

若每磅摩卡咖啡豆的價格是 100 元，每磅蘇門答臘咖啡豆的價格是 50 元，如果星巴克希望能夠生產 200 杯每日特選咖啡，請找出成本極小化的要素投入組合？

6. 假設 Mister Donuts 生產甜甜圈的生產函數為 $Q=10\sqrt{LK}$，請問勞動需求函數為何？

7. 承上題，廠商短期的資本數量固定在 $K=\overline{K}$，若廠商追求成本極小化，會僱用多少勞動數量？

8. 假設摩斯漢堡的生產函數為 $Q=10\sqrt{LK}$，其中 L 為勞動，K 為資本，相關價格為 w 和 r。

   (a) 請推導出長期總成本曲線。

   (b) 若 $w=r=10$，請問長期總成本函數是多少？

9. 在「邊做邊學習題 6-6」，Cobb-Douglas 生產函數為 $Q=10\sqrt{LK}$，在 $w=r=10$ 時，長期總成本曲線為 $TC=2Q$，請問長期平均成本曲線與長期邊際成本曲線為何？

10. 假設天仁茗茶的生產函數 $Q=10\sqrt{LK}$，勞動價格 $w=10$，資本價格 $r=10$，請求出總成本產量彈性是多少？

11. 若橘子工坊的變動成本函數為：

$$VC = 0.05Q^3 - 5Q^2 + 500Q$$

請問平均變動成本 (AVC) 最小之產出水準為何？

12. 如果八方雲集生產函數為 $Q=(\sqrt{L}+\sqrt{K})^2$，勞動 (L) 與資本 (K) 的價格分別為 2 與 3，請求出長期成本函數？若短期資本 $\overline{K}=16$，請問短期成本函數為何？

13. 八方雲集一年生產 100 萬個鍋貼，若是集中在一個中央廚房，總成本為 300 萬元；若分開兩個廚房，總成本分別為 200 萬元及 150 萬元，請問八方雲集享有多角化經濟嗎？

進階題

1. 下表為統一公司的生產、收益與成本，哪些產量可賺得經濟利潤？

產量 (千個)	總收益 (萬元)	外顯成本 (萬元)	隱含成本 (萬元)
50	64	30	10
80	84	55	12
100	95	81	14
140	119	119	16
190	150	162	18

(102 年初等考試)

2. 若華航的生產函數為 $Q=(\sqrt{L}+\sqrt{K})^2$，其中勞動 (L) 的價格為 10 元，資本 (K) 的價格為 1 元，請問華航生產 121,000 架飛機的成本極小化組合是多少？

3. 松露巧克力可以是手工或機器製作，每一盒松露巧克力用手工製作需花費 15 分鐘，但機器製作只要 5 分鐘。機器與勞工為完全替代。若機器成本為每小時 30 元 ($r=\$30$)，而勞工成本為每小時 10 元 ($w=\$10$)。
   (a) 若巧克力工廠想要生產 120 盒，成本極小化的投入組合為何？
   (b) 寫出描述此生產過程的生產函數。
   (c) 若 $r=\$20$ 與 $w=\$10$，成本極小化的投入組合是多少？

4. 華碩生產 10,000 台平板電腦需要 1 小時的機器時間 (K) 或 10 小時的勞工時間 (L)。機器與勞工為完全替代。
   (a) 寫出描述此生產過程的生產函數。
   (b) 假設機器 1 小時為 5 元 (即 $r=\$5$) 和勞工 1 小時 7.5 元 (即 $w=\$7.5$)，成本極小化的 L 和 K 是多少？生產 10,000 台平板電腦的最小總成本是多少？

5. 假設萬海航運的生產函數為 $Y=100L^{\frac{1}{2}}K^{\frac{1}{4}}$，若資本 (K) 的單位成本是 r，而勞動 (L) 的工資是 w，請問成本極小化的投入組合為何？

6. 若一度贊生產泡麵的生產函數為 $Q=K+\sqrt{L}$，請問生產因素之需求函數？若將 L 放在橫軸，K 放在縱軸，請問擴張線的形狀為何？

7. 若廠商的生產函數為 $Q=AL^{\alpha}K^{\beta}$ ($0<\alpha<1$, $0<\beta<1$)，其中 Q、α、β 為常數。假設勞動 L 和資本 K 的價格為 P_L 與 P_K 固定不變，則擴張線的方程式為何？

8. 假設舊金山咖啡的生產函數為 $Q=\sqrt{L}+\sqrt{K}+\sqrt{M}$，勞動 (L)、資本 (K) 及咖啡豆 (M) 的價格分別為 $w=1$、$r=1$ 及 $m=1$。請問：
   (a) 舊金山咖啡生產函數 $Q=12$，長期成本最小的投入組合為何？
   (b) 若 $K=4$，舊金山咖啡追求短期成本最小的投入組合又為何？

(c) 若 $K=L=4$，舊金山咖啡追求短期成本最小化的投入組合又為何？
9. 廠商的長期成本函數為 $TC=30Q-12Q^2+2Q^3$，請求出長期平均成本方程式？請問最小效率規模之產量為何？
10. 考慮中油之生產函數為 $Q=(\sqrt{L}+\sqrt{K})^2$，令勞動 (L) 之價格為 $w=2$，而資本 (K) 之價格為 $r=1$。
    (a) 請推導成本極小化之勞動與資本需求函數。
    (b) 請找出中油之長期總成本曲線及長期平均成本曲線。
    (c) 若 $\overline{K}=9$，請求出成本極小化之勞動為何？
    (d) 請問中油之短期總成本與短期平均成本曲線為何？
    (e) 請問總成本產量彈性 (output elasticity of total cost) 為何？
11. 在消費者選擇中，有些商品是季芬財：商品價格上升，導致需求量增加。若生產因素價格上升，生產因素需求量是否有可能增加？
12. 如果高端的生產函數為 $Q=\min(3K, 4L)$，短期資本 $K=4$，且 $P_k=4$，$P_L=1$，請問 AVC、ATC 及 MC 為何？
13. 如果珍煮丹的生產函數為 $Q=(L^\rho+K^\rho)^{\frac{1}{\rho}}$，請問成本函數及成本彈性？

網路習題

1. 請至行政院金融監督管理委員會網站 https://www.fsc.gov.tw，點選銀行局/金融資訊下的銀行業務資訊揭露，下載最新的「信用卡重要業務及財務資訊揭露」。請問最大的信用卡發卡銀行為何？

附錄 6A：成本極小化

成本極小化是指廠商面對固定的商品數量，如何追求生產成本的極小化。這是一個受限最適化的問題，我們可以利用拉氏函數求解。假設廠商只僱用兩個生產因素：勞動 (L) 和資本 (K)，價格分別為 w 和 r，成本極小化的問題可寫成：

$$\begin{cases} \min_{(L, K)} \quad wL+rK \\ \text{s.t.} \quad f(L, K)=Q_0 \end{cases}$$

拉氏函數可定義成：

$$\mathscr{L}(L, K, \lambda)=wL+rK+\lambda[Q_0-f(L, K)]$$

其中 λ 是拉氏乘數，Q_0 為目標產量。外生變數為 w、r 和 Q_0，內生變數為 L 和 K。成本極小化問題的最適內部解 ($L>0, K>0$) 的一階必要條件是：

$$\frac{\partial \mathcal{L}}{\partial L} = w - \lambda \frac{\partial f(L, K)}{\partial L} = 0$$

$$\frac{\partial \mathcal{L}}{\partial K} = r - \lambda \frac{\partial f(L, K)}{\partial K} = 0$$

$$\frac{\partial \mathcal{L}}{\partial \lambda} = Q_0 - f(L, K) = 0$$

其中 $MP_L = \frac{\partial f(L, K)}{\partial L}$ 和 $MP_K = \frac{\partial f(L, K)}{\partial K}$。內部解的最適條件可改寫成：

$$\frac{w}{r} = \frac{MP_L}{MP_K}$$

配合 $Q_0 = f(L, K)$，可求解長期勞動需求函數 $L = L^*(Q_0, w, r)$ 和長期資本需求函數 $K = K^*(Q_0, w, r)$。

成本極小化的二階充分條件是 Bordered Hessian 行列式要小於零，亦即

$$|\overline{H}| = \begin{vmatrix} -\lambda f_{LL} & -\lambda f_{LK} & -f_L \\ -\lambda f_{KL} & -\lambda f_{KK} & -f_K \\ -f_L & -f_K & 0 \end{vmatrix} < 0$$

其中 $f_L = MP_L$、$f_K = MP_K$、$f_{LK} = \frac{\partial^2 f}{\partial L \partial K}$、$f_L^2 = \frac{\partial^2 f}{\partial L^2}$ 和 $f_K^2 = \frac{\partial^2 f}{\partial K^2}$。

邊做邊學習題 6A-1

成本極小化的求解

假設廠商有一 Cobb-Douglas 生產函數為 $Q = 50L^{\frac{1}{2}}K^{\frac{1}{2}}$，勞動價格 $w = \$5$，資本價格 $r = \$20$，產量 $Q = 1,000$，請問成本極小化的要素投入組合是多少？

類似問題：問題與計算 A.1

問題與計算

A.1 假設一廠商的生產函數如下：$Q=10\sqrt{LK}$ (Q＝產量，K＝資本財投入量，L＝勞動力投入量) 且資本財價格為 r，勞動力價格 (工資) 為 w。若 $Q=4,000$ 單位，$r=25$，$w=4$，請算出 K 和 L 的投入量各是多少時，生產成本極小化？

A.2 已知某廠商的等產量線 (isoquant line) 函數為 $10=L^{0.375}K^{0.625}$ (L 代表勞動，K 為資本)，今假設 $P_L=\$3$，$P_K=\$5$。

(a) 請寫出一階條件。

(b) 請求出足以生產上述產量的最低成本支出。

(c) 請以數學式表示等成本線 (isocost line)。

Chapter 7

完全競爭

你想要及早開始理財，建立自己的財務基礎，投資股票是其中一個管道。股票要如何買賣？首先是開戶。開戶的資格很簡單：本國自然人，年滿 20 歲 (未滿 20 歲要有法定代理人)，攜帶身分證和另外一張證件，以及新台幣 1,000 元，就可以開設一個銀行帳戶，進行交易。當然，你也可以線上開戶，省去人與人的接觸。接著，你可以到證券公司現場買賣、透過電話語音或以網路交易方式下單，買到想要的股票。

民國 110 年，股價指數飆漲到 18,034.19 點時，買賣股票成為全民運動，菜籃族、公務員，甚至學生都放下手邊的工作，用網路 App、到「號子」或以股票機買進賣出。這種景況在國外並不多見，歐美各國的投資者大都是委託專業經理人買賣，以基金或退休基金 (pension fund) 的方式操作。

台灣股票市場建立源自民國 48 年的十九點經濟建設計畫。該計畫倡導獎勵儲蓄投資，強調建立健全的資本市場，於民國 49 年 9 月設置證券管理委員會，並在民國 50 年 10 月 23 日成立台灣證券交易所，民國 51 年 2 月 9 日正式開業。當時證券集中交易市場，上市公司僅有 18 家。民國 56 年，上市公司有 40 家，上市總股數為 5 億 9,400 萬股，上市股份市值為新台幣 92 億 2,000 萬元，發行量加權股價指數 (TAIEX) 是 98.70。截至民國 111 年 3 月底止，累計上市公司計有 963 家，上市總股數為 7,376 億 67 萬股，市值達 54 兆 8,955 億元。民國 109 年的累計開戶數為 2,202 萬 8,312，是民國 78 年開戶數 420 萬 8,534 的 5.23 倍。

股票市場的性質非常接近完全競爭市場，原因如下：第一，在絕大多數的情況下，股票價格是由市場的供給與需求共同決定，個別投資者對股價的影響微乎其微。譬如，你在花蓮買進台積電股票 1,000 股，如果當時的市價是 600 元，你的買進並不會讓台積電股價變成 601 元，因為每天的台積電成交股數都超過 2 億股。第二，所有股票的品質都相同。在花蓮和在台北買到的台積電股票完全一樣，因為股票是集中保管，買賣股票只是帳戶裡增加或減少股票而已。第三，有關股票的價格與數量資訊隨時可以取得。譬如，你在 Yahoo! 奇摩網站即可取得華碩、第一金控的股價或任何公司的即時新聞。最後，每個人都可以容易地加入或退出市場。譬如，當你得知中央銀行在年底即將升息，金融壽險業直接受惠時，只要用網路 App 或拿起電話就可以買到兆豐或第一金控的股票；同樣地，如果你覺得台灣的紡織業前景不明，也可以上網出售聚陽實業的股票。

我們學習完全競爭市場理由有二：第一，許多現實生活中的市場——大多數農產品、礦產、半導體產品、外匯市場、貨幣市場，接近完全競爭的本質，本章能協助我們瞭解價格的決定及廠商進出市場的動態調整過程；第二，完全競爭市場理論構成個體經濟學中其它市場的重要基礎，本章探討的邊際收入、邊際成本及利潤極大化等觀念，將會運用到稍後幾章的市場結構，如獨占、寡占與壟斷性競爭。

7.1　完全競爭的特性

股票市場是完全競爭市場的一個例子，但究竟是什麼因素構成完全競爭市場？完全競爭有四個特性：

1. 這個市場有很多的買方與賣方。每一家廠商的產量占市場極小比例，因此其決策對市場價格幾乎沒有任何影響。每一位消費者的購買量都很小，對市場價格也沒有什麼影響力。因此，市場中的買方與賣方都是**價格接受者** (price takers)。亦即，廠商制訂生產決策時，視產品價格為已知；當消費者制訂購買決策時，也視市場價格為已知。

    稻米市場是一個價格接受者的很好例子。對整個稻米市場而言，即使是大型的連鎖量販店，如大潤發，也是非常小的廠商。稻米的購買者——餐廳和一般家庭，也是規模很小且為數眾多。

2. 廠商生產**同質產品** (homogeneous product)。同質產品是指產品之間可以完全替代。在台灣銀行購買美元或在桃園國際機場的兆豐銀行購買美元，對消費者而言並沒有差別，不管從哪一家銀行購買美元，其購買力都相同。公債、銅、鐵、豬肉、牛肉都是同質商品的例子。

3. 買賣雙方對市場價格具完全資訊。亦即，消費者與廠商充分瞭解市場價格。譬如，股票市場的買賣雙方只要在開盤時，透過網路或電視就可以看到所有股票的價格，尤其是相關個股的即時新聞，如半年報、營收、市場是否缺貨等訊息，買賣雙方能夠同時取得。

　　廠商生產同質商品與對市場價格具完全資訊，這兩個條件使得買賣雙方只存在一個市場價格。在市場上，消費者能夠以最低的價格成交，沒有任何交易會以較高的價格成交。

4. 廠商可以<u>自由進出市場</u> (freely entry and exit)。自由進出是指廠商 (現有廠商及潛在競爭者) 能夠獲得相同的技術及生產因素。譬如，已開設證券帳戶的投資者，只要拿起電話或連上網路，便可完成股票買賣交易。

　　自由進出的特性隱含廠商之間彼此競爭激烈。當大潤發的統一瑞穗鮮奶是 166 元，而全聯的統一瑞穗鮮奶是 140 元時，大潤發的消費者會轉向全聯購買統一瑞穗鮮奶。如果端午節前糯米價格大漲，大潤發與全聯就會銷售糯米；相反地，中秋節過後，大潤發與全聯的貨架上不會再有月餅。大潤發與全聯決定商品進貨與否的決策成本很低；同樣地，消費者決定去大潤發或全聯購物的成本也很低。

　　圖 7.1 顯示完全競爭廠商面對的需求曲線。圖 7.1(a) 的市場需求曲線顯示在

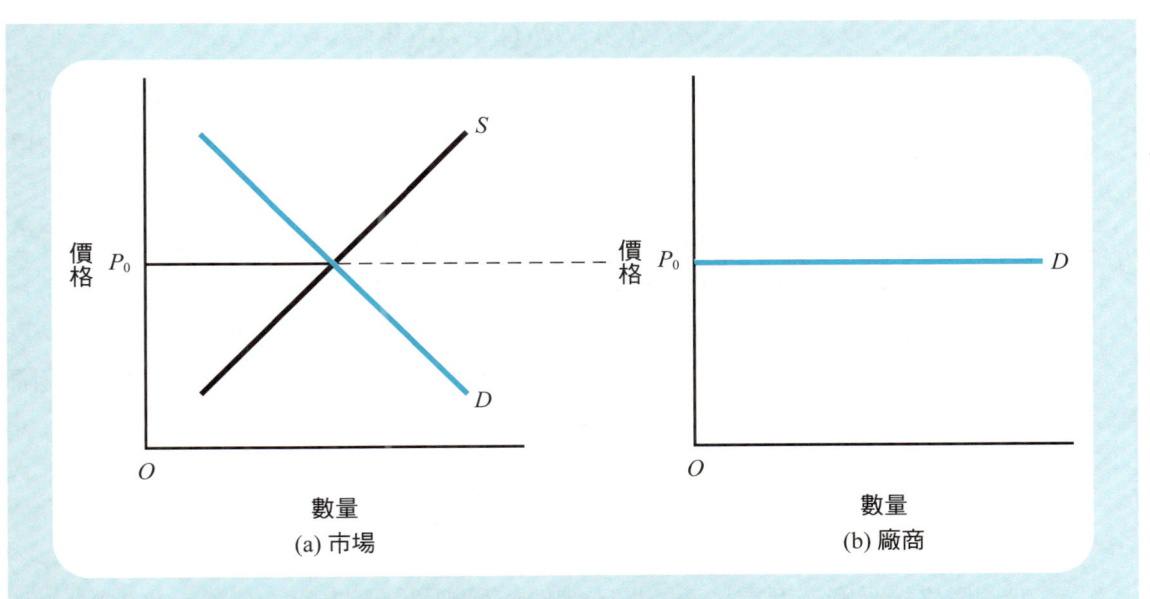

圖 7.1　完全競爭廠商的需求曲線

圖 (a)：市場價格由供給與需求共同決定。由於完全競爭廠商的產量僅占總產量的一小部分，廠商面對的價格為一水平線，需求具完全彈性。

不同價格下,所有消費者願意購買的數量。依據需求法則,市場需求曲線斜率為負。在圖 7.1(b) 中,因為產品同質且買賣雙方的買賣數量占市場總數量極小比例,廠商的銷售對價格不會有任何影響且消費者能以最低價格購買商品,因此廠商面對的價格線是一條水平直線。請注意:價格 P_0 是由市場中所有消費者及廠商共同決定,個別廠商單純地接受市場所決定的價格。

7.2 完全競爭廠商的利潤極大化

廠商的目標是追求利潤極大化,利潤是總收入與總成本的差額。經濟學家眼中的利潤與會計學所主張的利潤並不相同,在第 6 章中,我們曾經區分經濟成本與會計成本的不同。利潤也可分成經濟利潤與會計利潤兩種:

$$會計利潤 = 總收入 - 會計成本$$
$$經濟利潤 = 總收入 - 經濟成本$$

經濟成本包括廠商生產的所有相關機會成本,如購買原料的現金支出,或投入自己的時間經營事業而放棄在外工作的薪水收入等。當我們討論利潤極大化時,指的是經濟利潤極大化。追求利潤極大化的完全競爭廠商,經濟利潤 (π) 可寫成總收入 (TR) 減去總成本 (TC):

$$\pi(Q) = TR(Q) - TC(Q)$$

總收入是廠商的銷貨收入,是市場價格乘以廠商生產的商品數量,$TR(Q) = P \times Q$。總成本是第 6 章中討論的總成本曲線:$TC(Q)$,是廠商在追求成本最小的目標下,生產一定產量的總成本。圖 7.2 顯示完全競爭廠商的利潤極大化。

完全競爭廠商追求利潤極大化,是選擇在總收入與總成本差距最大的地方生產。圖 7.2(a) 的總收入曲線 $TR(Q)$ 為一直線,這反映廠商在完全競爭市場中為一價格接受者。價格固定在某一已知水準,如 $P = \$1$。總收入曲線的斜率是**邊際收入** (marginal revenue, MR):廠商多增加 1 單位產出,所額外增加的總收入。邊際收入 (MR) 可定義為:

$$MR = \frac{\Delta TR}{\Delta Q}$$

就一價格接受廠商而言,邊際收入等於市場價格,因為 $\Delta TR/\Delta Q = \Delta(PQ)/\Delta Q = P\Delta Q/\Delta Q = P$。

圖 7.2(a) 的總成本曲線隨著產量增加先遞減,然後再遞增,總成本曲線的斜

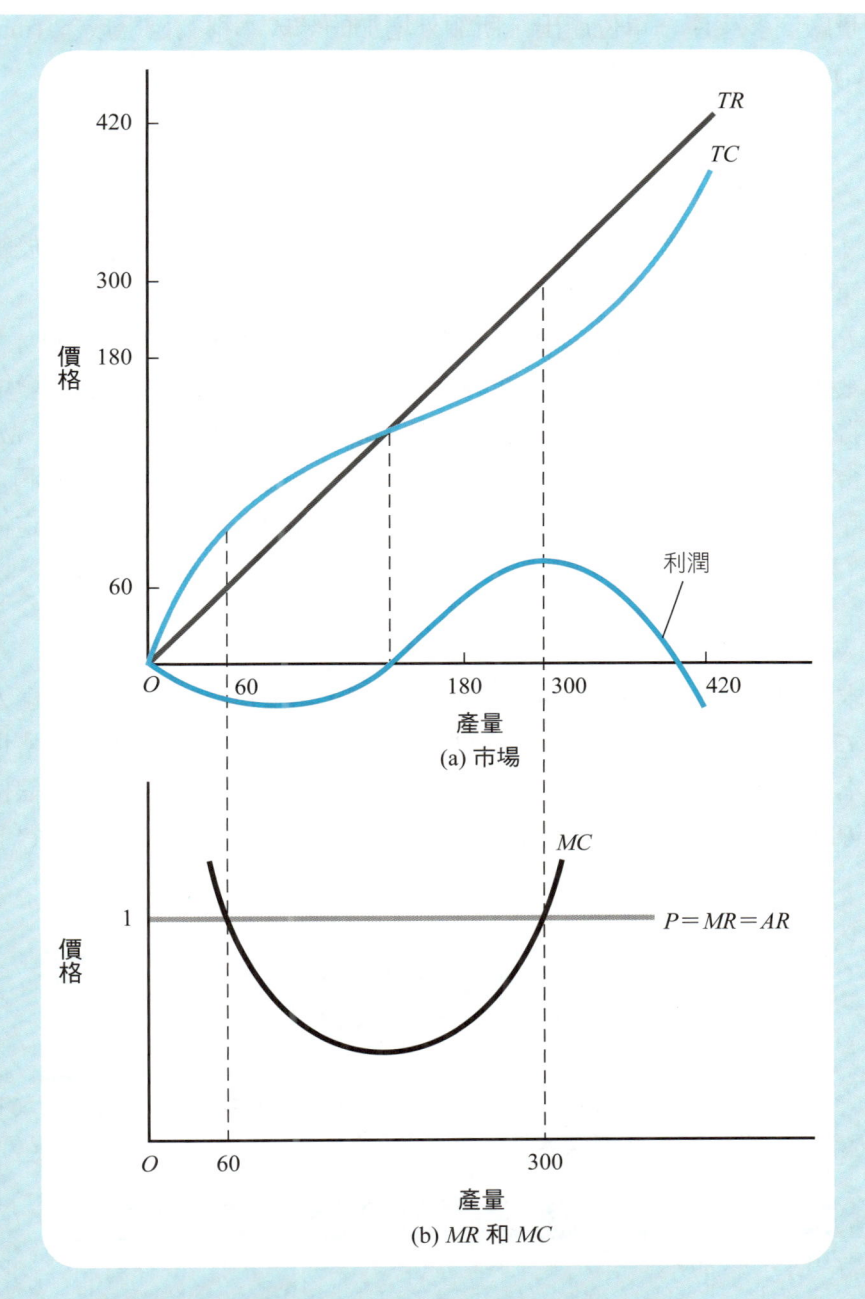

圖 7.2 短期利潤極大化

圖 (a)：總收入曲線 TR 為一自原點出發的直線，斜率為價格。總收入與總成本的差額為利潤，廠商追求利潤極大的產量是在 $Q=300$ 的地方生產。圖 (b)：利潤極大化的條件為 $MR=MC$，此時產量 $Q=300$。

率,衡量廠商多生產一單位產出,所額外增加的總成本稱為 邊際成本 (marginal cost, MC)。邊際成本可定義成:

$$MC = \frac{\Delta TC}{\Delta Q}$$

圖 7.2(a) 顯示,當產量介於 60 與 300 之間,總收益增加的速度大於總成本增加的速度,即 $\Delta TR/\Delta Q > \Delta TC/\Delta Q$ 或 $P > MC$。

當 $P > MC$ 時,廠商每增加 1 單位產出,利潤可增加 $P - MC$。當 Q 大於 300 時,若廠商減少產量,總成本減少的速度大於總收入減少的速度,利潤會增加;亦即,當 $Q > 300$ 時,$P < MC$,減少 1 單位產出,廠商的利潤可增加 $P - MC$。

綜合以上的討論,我們發現:當 $P > MC$ 時,增加產量可提高總利潤;當 $P < MC$ 時,減少產量也可提高總利潤。因此,利潤極大化的商品數量一定符合下列條件:

$$P = MC$$

追求利潤極大的廠商會在邊際成本等於市場價格的地方生產。利潤極大化的產量為 $Q = 300$,如圖 7.2(b) 所示。在圖 7.2(b) 中,$Q = 60$ 時,市場價格也等於邊際成本。從圖 7.2(a) 中可知,$Q = 60$ 為損失最大的生產點,總成本曲線位於總收入曲線的上方。因此,完全競爭廠商追求利潤極大化的條件為 $P = MC$ 且 MC 遞增。

邊做邊學習題 7-1

利潤極大化

一廠商在完全競爭市場以 150 元的價格出售產品。下表為該廠商生產量的相關成本。請將下表填滿,並找出最大之利潤水準。

Q	TC	TVC	AFC	ATC	MC	AVC
1	200					
2		100				
3					20	
4		240				
5			24			
6	660				160	

類似問題:基礎題 1

7.3 短期均衡

在第 7.2 節中說明完全競爭廠商追求利潤極大化,選擇在 $P=MC$ 處生產,本節將說明廠商如何在短期制訂生產決策。短期是指在一段期間內:(1) 至少有一個生產因素,如資本數量是固定的;(2) 廠商的數目是固定的,亦即短期固定成本不等於零。

短期利潤極大化

圖 7.3 描繪完全競爭廠商的短期生產決策。廠商追求利潤極大是在 D 點,即 $P=MR=MC$ 之處,利潤極大化的產量為 $Q=50$,價格 $P=\$1$。當產量等於 50 時,廠商生產每單位商品的平均成本為 0.7 元 (C 點)。完全競爭廠商的短期利潤可寫成:

$$\pi = TR - TC = \left(\frac{TR}{Q} - \frac{TC}{Q}\right) \times Q = (P - ATC) \times Q$$

由於 $P=\$1$,$ATC=\$0.7$ 和 $Q=50$,廠商的短期利潤為 $(\$1-\$0.7)\times 50 = \$15$,面積為 $ABCD$。如果廠商在短期遭遇虧損,是否應該退出市場?答案與

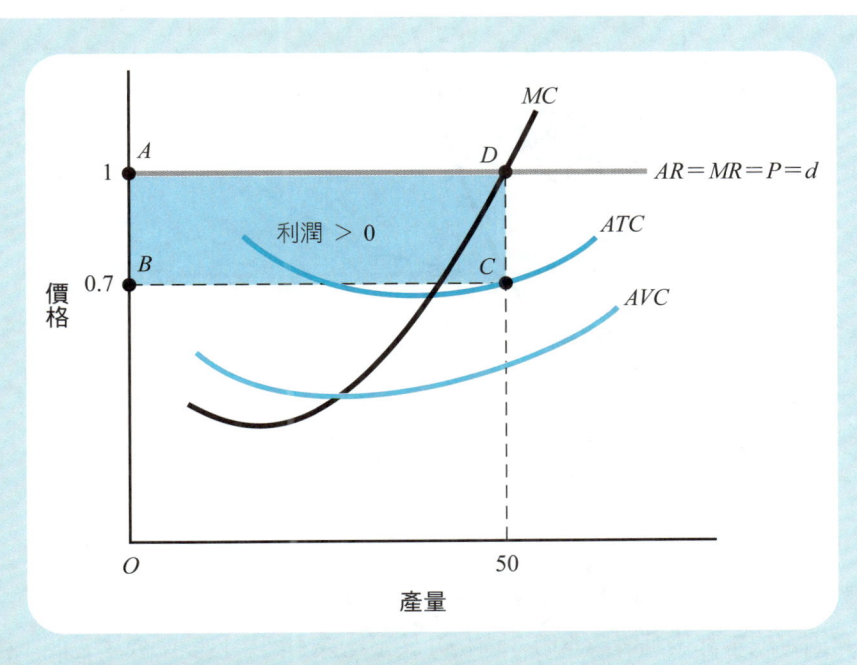

圖 7.3 短期利潤極大化:利潤大於零

在短期,完全競爭廠商追求利潤極大化的條件是 $P=MR=MC$,即圖中的 D 點。廠商的利潤為面積 $ABCD$,等於 15 元。

固定成本有關。記得第 6 章提到固定成本與沉沒成本之間的關係時，固定成本 (*FC*) 是沉沒固定成本 (*SFC*) 與非沉沒固定成本 (*NSFC*) 的加總。

$$FC = NSFC + SFC$$

沉沒固定成本是指，廠商關門歇業，不生產任何商品，也無法避免的成本，如租賃成本。非沉沒固定成本是指，廠商關門歇業，不生產任何商品，可以避免的成本，如空調成本。接著，我們來討論歇業與沉沒成本之間的關係。

情況 1：所有固定成本都是沉沒成本

當所有固定成本都是沉沒成本時，$NSFC=0$，沒有固定成本是非沉沒成本。即使廠商不生產任何商品，這些固定成本仍然無法避免。圖 7.4 說明完全競爭廠商短期遭受損失的生產決策。

假設市場價格介於平均成本與平均變動成本之間，如 $P=\$0.8$。追求利潤極大化的廠商，選擇在 $P=MC$ 的地方，生產 30 單位的商品數量。在此價格下，廠商遭受損失，損失的金額為 6 元 $[=(\$0.8-1)\times 30]$。若廠商選擇歇業不生產，

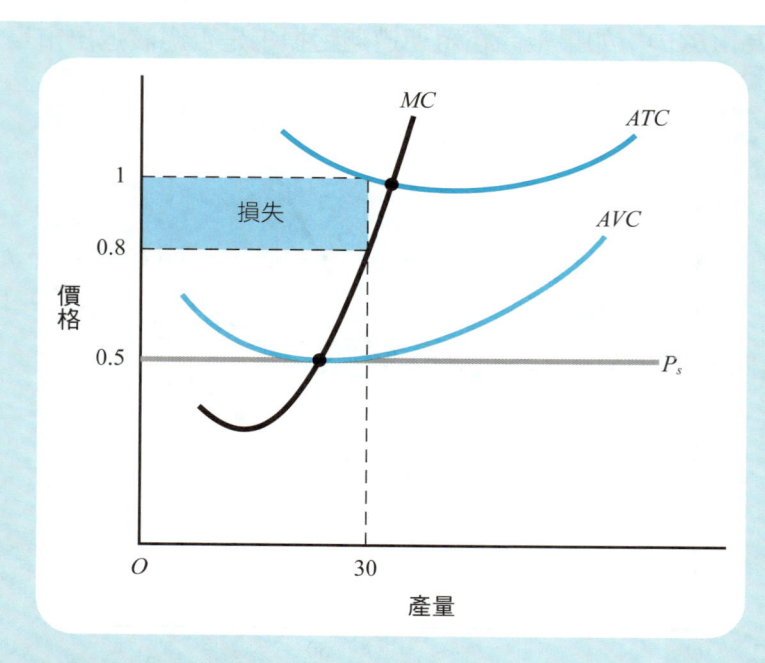

圖 7.4　短期利潤極大化：$AVC<P<ATC$

當所有固定成本都是沉沒成本時，價格介於平均成本與平均變動成本之間，廠商選擇繼續生產，以減少損失。當價格低於 *AVC* 最低點時，廠商的生產數量為零。因此，*AVC* 最低點的價格稱為歇業價格。

其損失為 (沉沒的) 固定成本，損失金額等於 15 元 [＝($0.5－1)×30]。因此，當 AVC＜P＜ATC 時，廠商繼續生產，抵銷部分都不生產的損失；而當 P＜AVC 時，廠商選擇關門歇業。我們稱 AVC 最低點的價格 P_s 為歇業價格 (shutdown price)，市場價格低於 P_s，廠商生產數量為零。

情況 2：所有固定成本都是非沉沒成本

當所有的固定成本都是非沉沒成本時，SFC＝0；亦即，廠商不生產任何商品，可以避免的成本。若價格低於平均成本，廠商選擇關門歇業，就能夠避免 (非沉沒) 固定成本的損失，原因是廠商可以將非沉沒成本省下來投資到更有利的投資計畫。所以，在沒有沉沒成本的情況下，若 P＜ATC，廠商應該關門歇業。

情況 3：有些固定成本是沉沒成本，有些是非沉沒成本

一般化的情況是指：廠商的固定成本，有些是沉沒的，有些是非沉沒的；亦即，FC＝SFC＋NSFC，且 NSFC＞0。如前所述，廠商追求利潤極大化的條件是 P＝MC。與前面兩種情況不同的是，廠商不生產任何商品數量的成本有些不同。

當廠商擁有非沉沒成本時，將如何修正歇業價格？首先，讓我們先定義廠商的平均非沉沒成本 (average nonsunk cost, ANSC)。ANSC 等於平均變動成本加上平均非沉沒固定成本：

$$ANSC = AVC + \frac{NSFC}{Q}$$

平均非沉沒成本是指，當廠商不生產任何商品數量時，可以回收的成本。圖 7.5 顯示平均非沉沒成本是 U 型，且介於 ATC 與 AVC 之間。在 ANSC 的最低點，MC＝ANSC，其對應的價格水準為 P_s。

假設市場價格是 0.35 元，廠商選擇在 P＝MC 處生產，Q＝20。在這個價格下，廠商會遭受損失：損失固定成本 FC，即每單位 0.55 元 (＝$0.9－$0.35)；此外，每生產一單位商品數量，將損失價格 0.35 元與平均非沉沒成本 0.6 元之間的差額。相反地，若廠商選擇不生產任何商品數量，其損失只是沉沒固定成本 (SFC)，即每單位 0.3 元 (＝$0.9－$0.6)；換言之，關門歇業可使廠商每單位減少損失 0.25 元，因為能避免變動成本及非沉沒固定成本。若選擇關門歇業，廠商能夠避免的損失金額為 ($0.6－$0.35)×20＝$5，如圖 7.5 中的陰影面積所示。

一般而言，若市場價格低於平均非沉沒成本，廠商最好的決策是關門歇業，以減少損失。因此，我們可以得到：

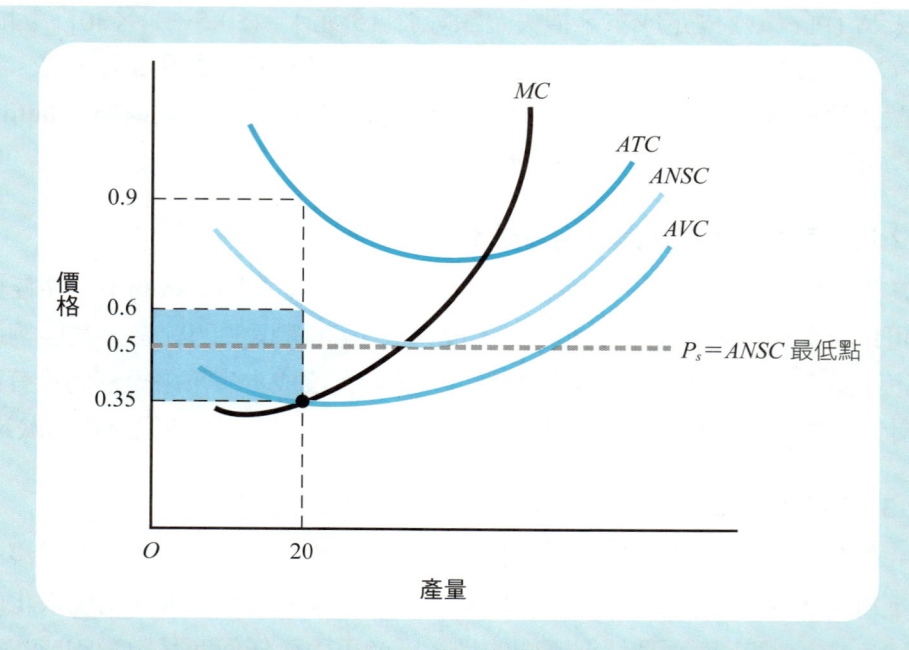

圖 7.5　短期利潤極大化：具有沉沒固定成本與非沉沒固定成本

歇業價格 P_s 是平均非沉沒成本的最低點。當市場價格低於 P_s，廠商關門歇業可減少陰影面積的損失，金額為 $(\$0.6-\$0.35)\times 20=\$5$，廠商只會在 ANSC 最低點以上生產。

$P=MC$ 且 $P<ANSC$，關門歇業。
$P=MC$ 且 $ANSC<P<ATC$，有損失，繼續生產。
$P=MC$ 且 $P>ATC$，有利潤，繼續生產。

現在，我們可以對完全競爭廠商短期追求利潤極大化做一個結論：廠商追求利潤極大化的條件是 $P=MC$，且 MC 斜率為正，若：

1. $P>ATC$，利潤為正，繼續生產。
2. 所有固定成本都是沉沒成本。$ANSC=AVC$，$P<AVC$，有損失，關門歇業；$AVC<P<ATC$，有損失，繼續生產。
3. 所有固定成本都是非沉沒成本。$ANSC=ATC$，$P<ATC$，有損失，關門歇業。
4. 有些固定成本是沉沒成本，有些是非沉沒成本。$P<ANSC$，有損失，關門歇業；$ANSC<P<ATC$，有損失，繼續生產。

邊做邊學習題 7-2

短期均衡及歇業價格

(1) 一完全競爭產業包括兩種型態的廠商：A 類型有 100 家廠商和 B 類型有 30 家廠商。A 類型廠商的供給曲線為 $Q^s=2P$，B 類型廠商的供給曲線為 $Q^s=10P$，市場需求曲線為 $Q=5{,}000-500P$。
(a) 短期市場均衡價格為何？
(b) A 類型和 B 類型廠商的產量為何？

(2) 乳品市場是完全競爭，每家廠商的短期總成本函數 $STC=100+q^3-8q^2+30q$，所有固定成本均為沉沒成本。若市場有 15 家規模相同的廠商，市場需求為 $Q=132-P$，請問廠商的歇業價格為何？

類似問題：基礎題 3、4

7.4　廠商短期供給曲線

我們已經探討，追求利潤極大的完全競爭廠商始終會選擇在 $P=MC$ 和 MC 遞增的地方生產，只要價格大於平均非沉沒成本，商品生產數量為正；如果價格低於平均非沉沒成本，則商品生產數量為零。因此，廠商的短期供給曲線是邊際成本高於平均非沉沒成本以上的部分。

圖 7.6 描繪完全競爭廠商的短期供給曲線。圖 7.6 複製自圖 7.5。$ANSC$ 是平均非沉沒成本，MC 與 $ANSC$ 曲線的交點決定歇業價格 P_s。完全競爭廠商的**歇業法則** (shutdown rule) 為：

在利潤極大化的產出水準，若市場價格低於平均非沉沒成本，廠商應該關門歇業。

亦即，若 $P<ANSC$，商品生產數量為零；相反地，若 $P \geq ANSC$，商品生產數量大於零。假設市場價格是 P_1，追求利潤最大的廠商會在 $P_1=MC$ 處生產，供給數量為 Q_1；當市場價格是 P_2 時，利潤極大的產量在 Q_2，因此短期供給曲線是高於歇業價格以上的邊際成本曲線，以及低於歇業價格與縱軸重疊的部分，如圖 7.6 所示。

請注意：圖 7.6 描繪的是固定成本包含部分沉沒成本和部分非沉沒成本的短期供給曲線。如前所述，若固定成本只包括沉沒成本，則 $ANSC=AVC$。在這種情況下，歇業法則變成 $P<AVC$，廠商的短期供給曲線是 MC 高於 AVC 最低點以

上的部分。

若固定成本只包括非沉沒成本，則 $ANSC=ATC$。在這種情況下，歇業法則變成 $P<ATC$，競爭廠商的短期供給曲線是 MC 高於 ATC 最低點以上的部分。因此，完全競爭廠商短期供給曲線斜率為正，與邊際成本遞增的原因相同──廠商在短期應用生產因素存在邊際報酬遞減現象。

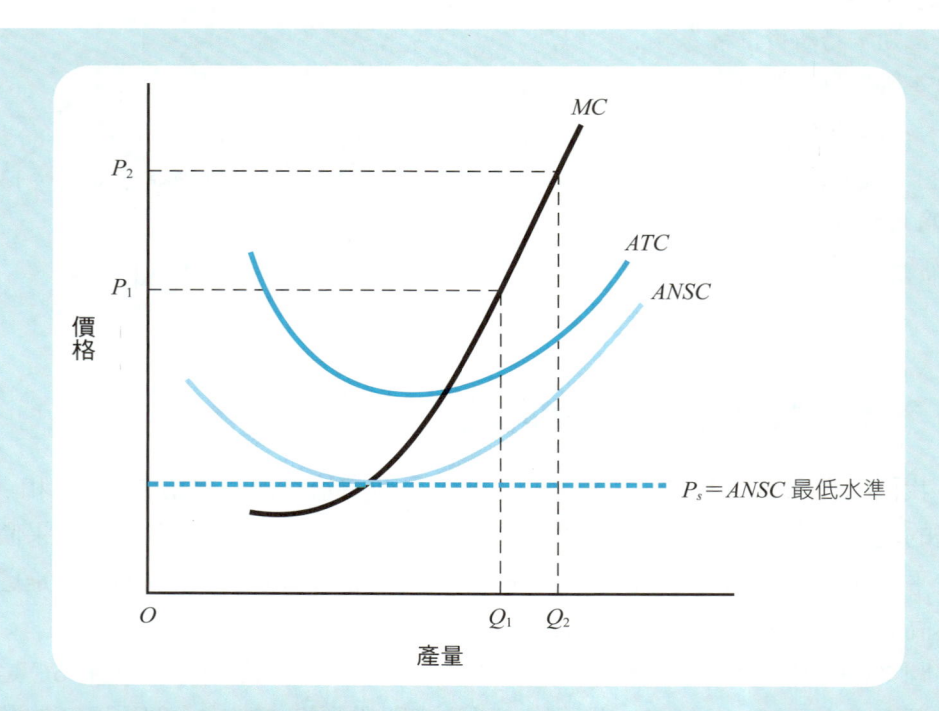

圖 7.6　完全競爭廠商的短期供給曲線

若固定成本中有些是沉沒成本和有些是非沉沒成本時，競爭廠商的供給曲線為邊際成本高於 $ANSC$ 以上的部分，以及低於 P_s 以下與縱軸重疊的部分。

邊做邊學習題 7-3

短期供給曲線

(1) 在完全競爭的電腦代工產業中有 60 家廠商，其成本結構都相同，$TC=64+2Q$，$FC=\$64$。假設固定成本中，有 32 元可以避免 (不生產)。若市場需求曲線為 $Q=400-5P$，請找出市場供給曲線與短期均衡價格。

(2) 依據「邊做邊學習題 7-2」第 (2) 題，請問短期供給曲線為何？

類似問題：基礎題 5

7.5 短期市場供給曲線

市場供給是指在不同價格下，完全競爭市場內所有廠商願意提供的商品數量。由於在短期，廠商的數目固定不變，任一價格下的市場供給是所有廠商在該價格下供給量的水平加總。

圖 7.7 顯示短期市場供給曲線的推導過程。為了簡化分析，假設稻米市場只有三名農夫：阿海、小婉和膨風嫂，其供給曲線 (邊際成本曲線) 分別為 S_1、S_2 和 S_3。阿海和小婉的歇業價格為 P_1，膨風嫂的歇業價格為 P_0。

圖 7.7(a) 指出，當稻米價格為 P_0 時，阿海願意提供的稻米數量為零，小婉願意提供的稻米數量也為零，膨風嫂願意提供的稻米數量為 8，因此價格等於 P_0 的市場供給是 $0+0+8=8$。同樣地，當市場價格是 P_1 時，阿海願意供給 2 單位稻米，小婉願意供給 4 單位稻米，膨風嫂願意提供 10 單位稻米。因此，在價格是 P_1 的市場總供給是 $2+4+10=16$。

圖 7.7(b) 描繪市場供給曲線，它是個別廠商供給曲線的水平加總。值得注意的是，市場供給曲線在價格等於 P_1 的地方拗折。然而，如果稻米市場的農夫數目很多，拗折點就不會出現，因此我們通常將市場供給曲線畫成一條平滑、正斜

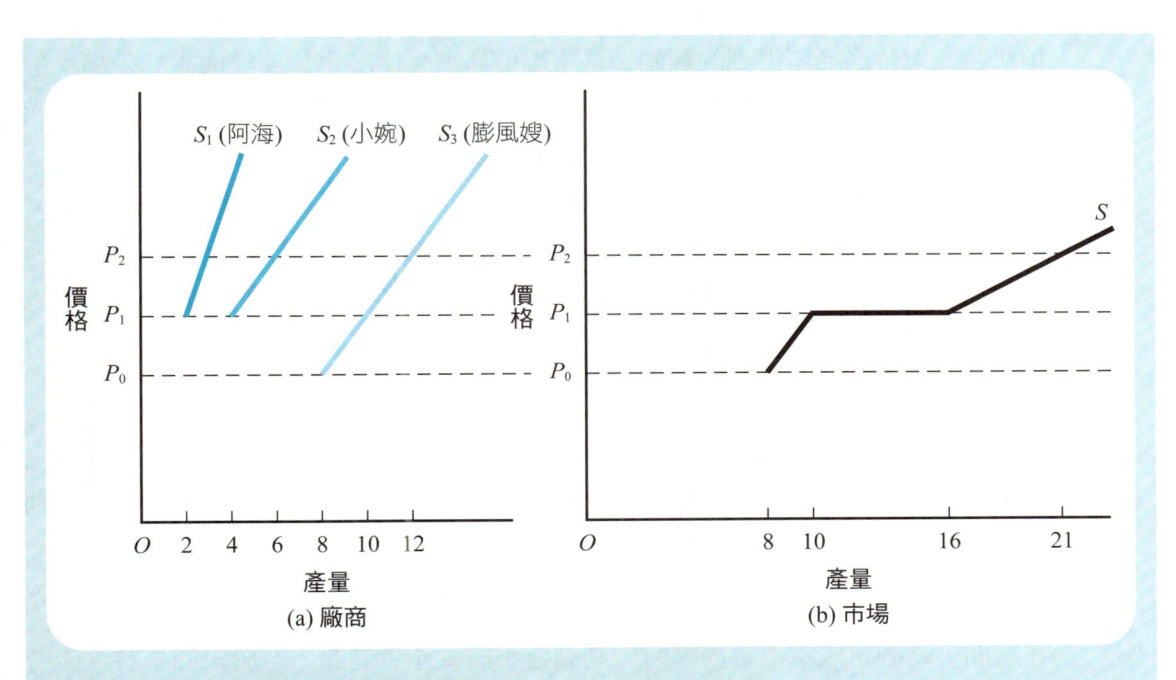

圖 7.7 短期市場供給曲線

圖 (a)：三名農夫的短期供給曲線。圖 (b)：短期市場供給曲線，即在不同市場價格下，所有廠商願意提供的總數量。

率的曲線。

事實上，市場供給曲線的推導背後隱含一個重要假設：生產因素價格不變。在某些市場中，生產因素價格會隨著商品數量的增減而變動。譬如，在 2020 年到 2021 年間，台灣股市從 8,523 點上漲到 18,034.19 點，各券商獲利豐碩，營業據點不斷增加，證券公司對營業員需求增加，工資也隨之水漲船高。生產因素價格上升，使得廠商的邊際成本曲線上移。更高的邊際成本，意味著在任一市場價格下，廠商的供給數量將減少，這隱含市場供給曲線變得比較陡峭；亦即，對商品價格變動的反應，相對於工資上漲前，變得較不敏感。在此，我們假設生產因素的價格不會隨著產量變動而改變，這個假設在討論長期供給曲線時將會放寬。

短期生產者剩餘

在第 4 章中，消費者剩餘定義成消費者願意支付價格與實際支付價格之間的差額。同樣的概念也可運用在廠商身上。**生產者剩餘** (producer surplus, PS) 是生產者實際收到價格與願意收到價格之間的差額。生產者實際收到價格就是市場價格，而邊際成本可用來衡量生產者願意收到的價格。

圖 7.8(a) 顯示固定成本都是沉沒成本的情況下，短期廠商的生產者剩餘。廠商追求利潤極大化是在價格與邊際成本曲線的交點，生產 Q^* 的商品數量。廠商銷售每一單位商品所得到的剩餘，是市場價格與生產該單位邊際成本的差額；生產者剩餘則為這些剩餘的加總，亦即產量介於 O 與 Q^* 之間，市場價格與邊際成本曲線所圍成的面積，如圖 7.8(a) 的陰影面積所示。

廠商的生產者剩餘也可寫成：面積 $OABQ^*$ 減去面積 $OEBQ^*$。面積 $OABQ^*$ 是廠商的銷貨收入，$TR = P^* \times Q^*$。面積 $OEBQ^*$ 是產量介於 O 與 Q^* 之間，所有邊際成本的加總，也就是總變動成本。因此，生產者剩餘也可定義成廠商的總收入與總變動成本間的差額：

$$PS = TR - VC$$

在圖 7.8(a) 中，競爭廠商的生產者剩餘也可以是面積 $ABCD$，等於總收入 ($OABQ^*$) 減去總變動成本 ($ODCQ^*$)。在短期，生產者剩餘與利潤並不相等。利潤是總收入與總成本間的差額：

$$\pi = TR - VC - FC$$

在短期，當固定成本不等於零時，利潤會小於生產者剩餘。至於廠商享有生產者剩餘的大小與邊際成本的高低有關，邊際成本愈高，生產者剩餘愈低；相反地，邊際成本愈低，廠商的生產者剩餘愈高。

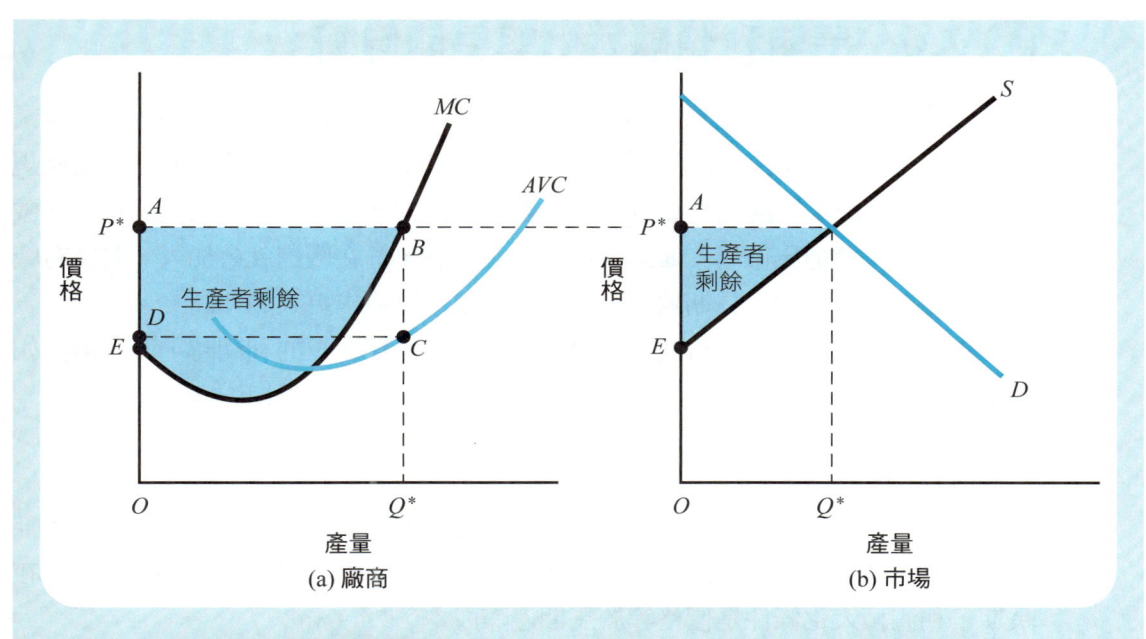

圖 7.8　短期生產者剩餘

圖 (a)：生產者剩餘是產量介於 O 與 Q* 之間，市場價格與邊際成本曲線所圍成的面積。圖 (b)：生產者剩餘是市場供給曲線與 P* 所圍成的面積。

　　圖 7.8(b) 顯示市場的生產者剩餘。由於市場供給曲線是個別廠商供給曲線 (邊際成本曲線) 的水平加總，市場的生產者剩餘是個別廠商生產者剩餘的加總。在圖 7.8(b) 中，S 代表市場供給曲線。生產者剩餘是產量介於 O 與 Q* 之間，市場價格與供給曲線所圍成的面積。

邊做邊學習題 7-4

生產者剩餘

(1) 假設牛奶廠商的生產者剩餘是 $Q^s = 10P$，在市場價格為 20 元的生產者剩餘是多少？當價格從 20 元上升至 21 元時，生產者剩餘變動數量為何？

(2) 依據「邊做邊學習題 7-2」第 (2) 題，若市場存在 15 家相同規模廠商，請問在市場價格為 25 元時的生產者剩餘？

類似問題：基礎題 7

7.6 長期利潤極大化與長期均衡

長期與短期的區別在於短期至少有一個生產因素,如工廠規模固定不變及廠商數目固定。長期是指所有生產因素都可變動的期間,廠商可自由調整生產規模。在第 7.1 節中討論完全競爭的特性之一是自由進出市場。如果廠商在長期蒙受損失,會選擇退出市場;如果市場有超額利潤,潛在廠商就會加入。若原有廠商在短期有超額利潤,長期就會調整生產規模,以追求更大的利潤。

本節分成兩個部分。首先,探討完全競爭市場存在正的利潤時,原有廠商如何追求利潤極大。然後,再探討新廠商加入後,如何達到長期均衡。

長期利潤極大化

廠商在短期與長期追求利潤極大化的條件,都是價格等於邊際成本。兩者唯一的區別是,在短期,利潤極大化條件是價格等於短期邊際成本,$P=MC$;在長期,利潤極大化條件是價格等於長期邊際成本,$P=LMC$。

我們以圖 7.9 來說明長期利潤極大化下的廠商行為。在圖 7.9 中,廠商面對水平的需求曲線 (假設市場價格是 10 元),價格高於短期平均成本 ATC_1。廠商追求最大利潤,會選擇在 $P=MC$ (D 點) 處生產 Q_1 單位。此時,利潤為正,等於面積 $ABCD$。

若價格仍維持在 10 元,原有廠商會沿長期平均成本曲線擴充工廠規模,成本可以降低,利潤因而增加。長期利潤極大化是在 $P=LMC$ 處,即 E 點的地方生產。此時,生產規模擴充至 ATC_2,產量也增加到 Q_2 單位,利潤等於面積 $AEFG$。原有廠商的最適產量 (Q_2) 超過短期最適產量 (Q_1),長期利潤也大於短期利潤。

當然,市場價格愈高,廠商賺取的利潤就愈多;反之,市場價格愈低,廠商的長期利潤就愈少。當價格觸及長期平均成本最低點時,廠商會生產 Q^* 單位,此時的經濟利潤等於零。

從以上的討論中,我們可以得到完全競爭廠商長期供給曲線:長期邊際成本高於長期平均成本的部分,原因是廠商不會在價格低於長期平均成本以下的地方生產,沒有廠商可以忍受長期虧損。因此,長期平均成本的最低點,是競爭性廠商長期的歇業點。

請注意:建構長期供給曲線並未討論平均非固定沉沒成本。在長期,若廠商的生產數量是零,所有的成本都可以避免,亦即長期成本皆為非沉沒成本。長期平均成本 LAC,平均非沉沒成本 $ANSC$,以及平均變動成本 AVC 都是相同的概

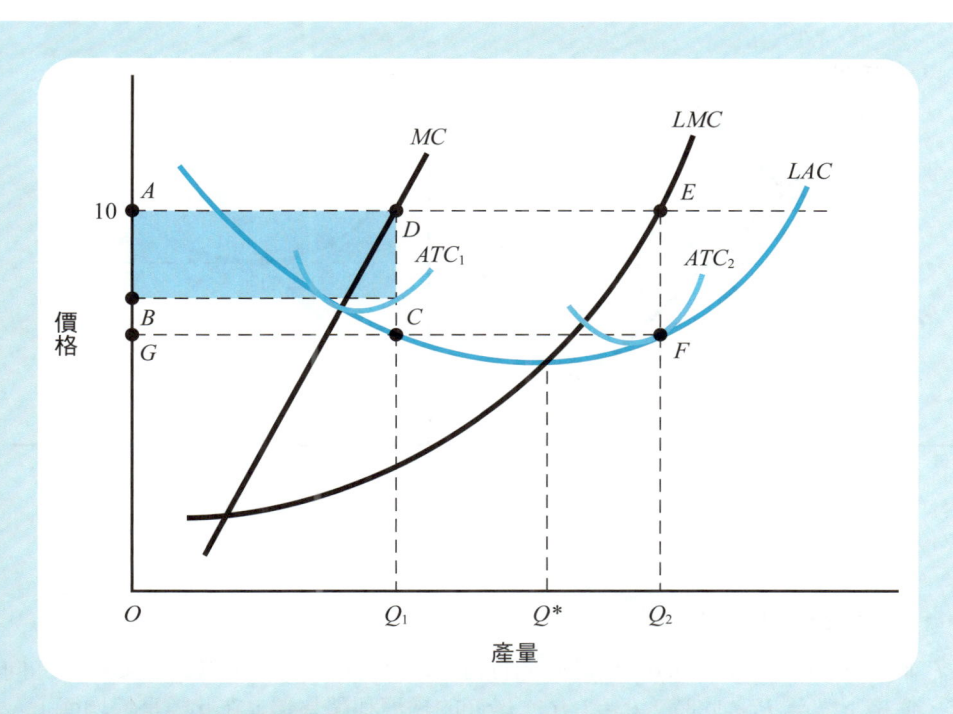

圖 7.9 長期利潤極大化

當原有廠商在短期享有超額利潤時，長期會調整生產規模至 $P=LMC$，此時利潤達到極大化。

念；亦即，$LAC=ANSC=AVC$，歇業法則變成：

$$P<LAC$$

長期競爭性均衡

上一節討論的完全競爭廠商長期行為並不完整。廠商在長期除了能夠調整工廠規模外，還有新廠商的自由加入或舊廠商退出這個產業。當別的廠商見到這個產業的廠商賺取利潤時，就會相繼投入資源進這個市場。新廠商的加入會使總產量提高，市場供給曲線向右移動，如圖 7.10(a) 所示。

在圖 7.10(a) 中，供給曲線由 S_1 右移至 S_2，均衡價格由 P_1 下跌至 P_2。對廠商而言，如果 P_2 仍然高於長期平均成本，則會有更多廠商加入，直到價格 P_2 等於長期平均成本，才會沒有廠商加入。此時，經濟利潤等於零；相反地，當市場價格過低時，有些廠商不堪虧損，選擇在長期退出市場。市場供給曲線向左移動，導致市場價格上升，這種調整會持續至 $P=LAC$ 時才會停止。因此，完全競爭的長期均衡必須符合以下三個條件：

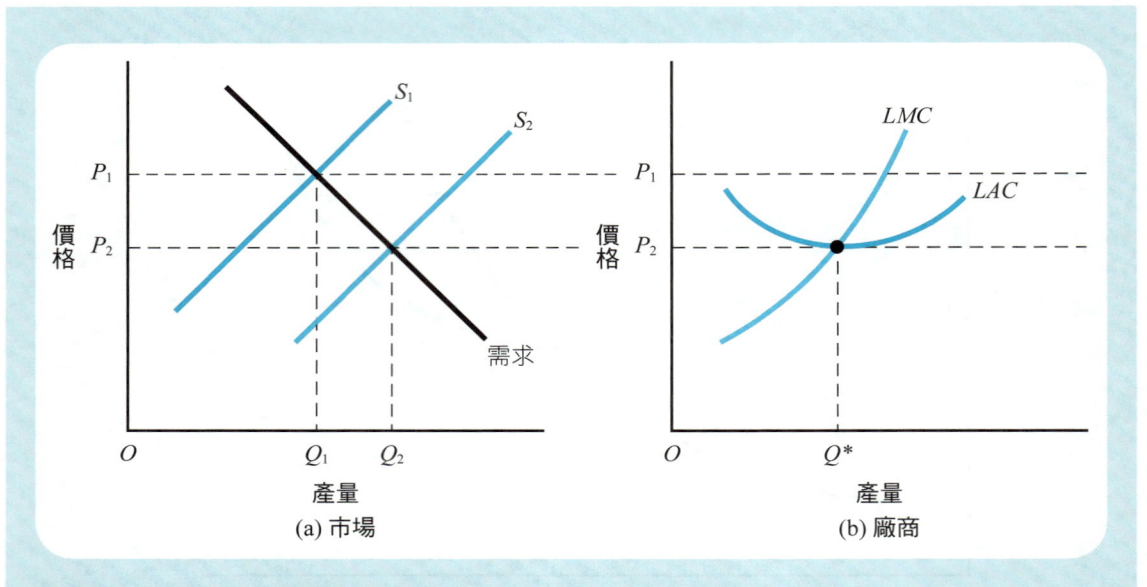

圖 7.10　長期競爭性均衡

當價格為 P_1 時，廠商享有超額利潤。新廠商見有利可圖會開始加入，市場供給曲線由 S_1 向右移至 S_2，價格下跌至 P_2。此時，$P_2 = LAC$，廠商的經濟利潤為零，在此競爭性均衡下，廠商不會加入或退出這個產業。

1. 競爭性廠商選擇工廠規模及產量水準，使長期利潤極大；亦即，必須符合：

$$P = LMC$$

2. 經濟利潤等於零。在長期，競爭性廠商沒有誘因加入或退出這個產業；亦即，必須符合：

$$P = LAC$$

3. 市場供給等於市場需求。價格可自由調整至消費者願意購買的數量，恰好等於廠商願意提供的數量；亦即，必須符合：

$$D = S$$

簡單地說，長期均衡可以寫成 $P = LAC = LMC = ATC = MC$。若完全競爭廠商的成本結構並不相同，如光華商場的商家店面有些位置較好，有些則位於巷弄內的二樓。位置比較好的商家人潮不斷，銷貨收入增加，使得會計利潤也上升。然而，若考慮土地使用的經濟成本，位置較佳店面的經濟利潤並不一定高於巷弄內的競爭者。因此，完全競爭廠商的會計利潤可能為正，但經濟利潤一定會等於零。

邊做邊學習題 7-5

長期競爭性均衡

(1) 稻米市場為一完全競爭市場，所有稻農的成本都相同，長期平均成本曲線 $LAC = 40 - Q + 0.01Q^2$，邊際成本 $MC = 40 - 2Q + 0.03Q^2$。市場需求曲線是 $Q^d = 25,000 - 1,000P$，請求出廠商的長期均衡數量、價格及廠商家數。

(2) 小麥市場為一完全競爭市場，所有麥農的成本皆相同，長期總成本函數 $TC = Q^2 + 4$，市場總需求函數 $Q = 400 - 10P$，請求出市場均衡價格與數量、個別廠商產量利潤及廠商家數。

類似問題：基礎題 8

7.7 長期市場供給曲線

短期市場供給曲線是在任一價格下，個別廠商供給曲線的水平加總。長期供給曲線告訴我們，在所有生產因素（工廠規模與工廠數目）都可調整下，廠商在不同價格所願意供給的商品數量。長期市場供給曲線的推導過程與短期並不相同，因為就長期而言，市場價格改變，會導致某些廠商加入或退出市場，廠商數目的變動，使水平加總時不知道要加入哪些廠商，因此供給曲線的加總變得不可能。

在長期，所有生產因素皆可調整，因此長期市場供給曲線的形狀會受生產因素價格的影響。當整個產業的產量提升時，廠商會增加對生產因素的僱用，如股票市場大漲，券商會增加對營業員及設備的需求。至於是否造成生產因素價格波動，還要看因素使用量占整個生產因素使用量的比例而定。

基於上述的看法，長期供給曲線可以分成三種情況來分析：固定成本產業 (constant-cost industry)、遞增成本產業 (increasing-cost industry) 和遞減成本產業 (decreasing-cost industry)。

情況1：固定成本產業

固定成本產業是指，整個產業的生產數量增加或減少時，生產因素價格及其它生產成本不受影響，廠商的長期平均成本曲線不會隨產量增減而變動。我們用圖 7.11 來說明固定成本產業下市場供給曲線的建構。

假設市場一開始的均衡在 A 點，價格為 P_1，產量為 Q_1。競爭廠商面對市場價格，選擇在 $P_1 = MC$ 生產 Q_1，D 點為長期均衡，經濟利潤等於零。若市

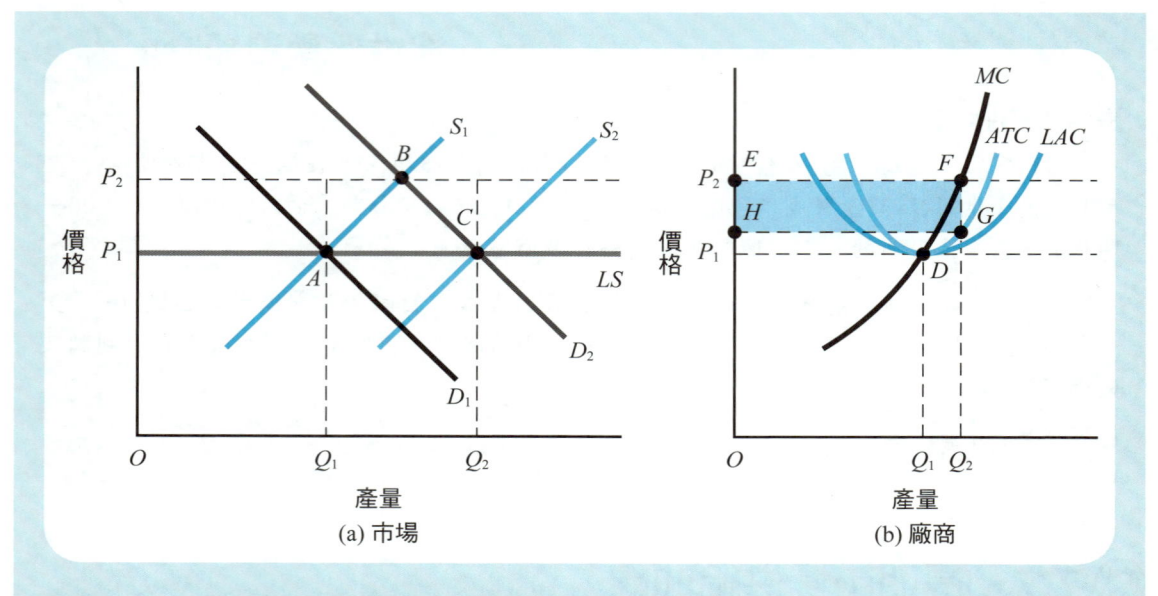

圖 7.11　固定成本產業的長期供給曲線

固定成本產業的長期供給曲線是水平線 LS。當市場需求增加時，導致價格上升，廠商產量由 Q_1 增加至 Q_2，利潤增加面積 EFGH，超額利潤誘使新廠商加入，造成市場供給曲線向右移動，直到廠商的經濟利潤等於零才停止。

場需求突然增加，如政府宣布放寬外資管制，外資湧入造成股票需求增加，需求曲線從 D_1 移至 D_2，市場價格將由 P_1 上升至 P_2，B 點是短期均衡點。在圖 7.11(b) 中，廠商依循利潤極大化的條件，選擇在 $P_2 = MC$ 處生產 Q_2。由於價格 (F 點) 高於短期平均成本 (G 點)，廠商在短期賺取超額利潤，如圖 7.11(b) 的面積 EFGH。

　　正的經濟利潤將吸引新的廠商加入，廠商數目的增加使短期市場供給曲線向右移動，從 S_1 至 S_2，供給增加造成市場價格下跌，現有廠商的利潤跟著降低。這個過程會持續下去，直至價格回到 P_1 為止。圖 7.11(a) 中的 C 點是新的需求與供給曲線的交點，C 點是一個長期均衡點，由於廠商面對 P_1，會選擇在 D 點生產 Q_1，$P = MC = LAC$，長期的經濟利潤為零，所以 D 點是廠商的長期均衡點。

　　圖 7.11(a) 中的 A 點和 C 點都是長期均衡點，連結這兩點可以得到：固定成本產業的長期供給曲線是水平線 LS。這類產業所使用的生產因素數量通常占該生產因素市場比重頗低，譬如，證券公司對商學系畢業學生的需求可能僅占全體商學系畢業生 1%。還有一點值得注意的是，雖然市場產量從 Q_1 增加至 Q_2，每家廠商的產量仍為 Q_1；亦即，產量的擴充來自廠商數目的增加，而非原有廠

商規模的改變。譬如,股市大漲,證券公司以增加據點而非擴充樓地板面積來因應。

情況 2:遞增成本產業

遞增成本產業是指,產業生產數量增加,導致生產因素價格上漲,成本曲線因而上移。當廠商僱用的生產因素是**產業專屬的生產因素** (industry-specific inputs) 時,譬如,股市大漲,證券公司專用的揭示板或股票分析軟體都很難找到替代品,需求增加,很容易造成這些要素投入的價格跟著水漲船高。

圖 7.12 描繪遞增成本產業長期供給曲線的建構過程。假設一開始市場處於長期均衡的 A 點,市場價格為 P_1,產量為 Q_1,廠商的長期均衡點是 D 點。$P_1 = MC = LAC$,廠商的最適產量為 Q_1,經濟利潤等於零。

假設市場需求增加,需求曲線從 D_1 右移至 D_2,D_2 與供給曲線 S_1 的交點決定短期均衡。價格為 P_2,產量為 Q_2,如圖 7.12(a) 的 B 點。在圖 7.12(b) 中,原有廠商面對較高的價格 P_2,會生產較高的產量 Q_2,並賺取比原來高的超額利潤,較高的利潤將誘使新廠商加入市場,市場供給曲線向右移動。

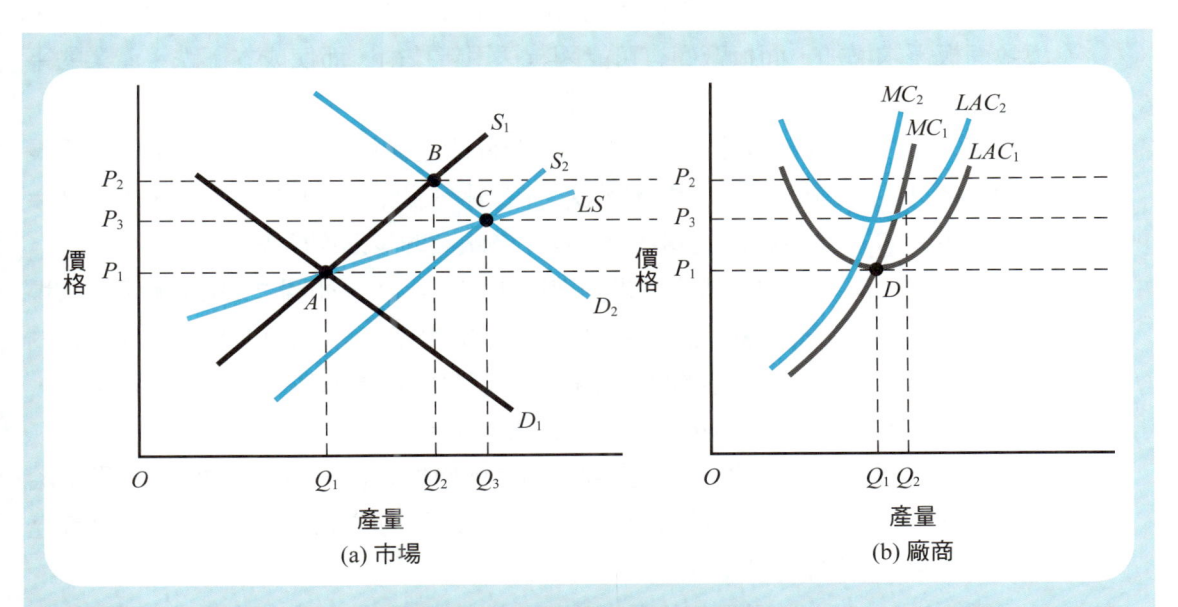

圖 7.12 遞增成本產業的長期供給曲線

長期供給曲線為一正斜率的曲線 LS。當需求增加時,價格上升使廠商利潤增加。新廠商加入市場,對生產因素需求增加,成本曲線因而上移,新的長期均衡在 C 點。連接 A 點和 C 點,可得正斜率的長期市場供給曲線。

然而，新廠商的加入導致產業專屬生產因素需求增加，要素價格上漲，使成本曲線向上移動，如圖 7.12(b) 中的 LAC_1 移至 LAC_2，這個調整過程將持續下去，直到新的需求曲線 D_2 與新的供給曲線 S_2 所決定的市場價格 P_3 為止。新的均衡價格 P_3 等於廠商的長期平均成本和邊際成本，$P_3 = LAC_2 = MC_2$，此為廠商的長期均衡，而 C 點為產業的長期均衡點。

A 點和 C 點都是市場的長期均衡，連接 A 點和 C 點可得：遞增成本產業的長期供給曲線為一正斜率的曲線 LS。正斜率的供給曲線告訴我們，有必要讓市場價格上升，才能誘使廠商在長期提供產品。價格的上升，能夠彌補產業擴充產量所導致的長期平均成本上升，費用增加的部分。

情況 3：遞減成本產業

遞減成本產業是指，產業擴充產量導致生產因素價格下跌，成本曲線下移。譬如，網際網路的普及降低交易成本，在網路尚未出現前，你想到東歐自助旅行，訂機票、找旅館、買鐵路周遊券，可能要耗費好幾個星期。現在透過網路訂票只要幾個小時，如果打算自己開車，車用衛星導航甚至可以提供詳細地圖及路線說明，交易成本降低，自然會使生產成本下降。同樣地，智慧型手機的熱銷，導致面板需求增加，面板廠商有可能因為採用新技術，而使成本下跌。產業的平均邊際成本會隨著市場需求增加而下跌。

圖 7.13 說明遞減成本產業長期供給曲線的建構過程。假設一開始的市場長期均衡在 A 點，價格為 P_1，產量為 Q_1。價格接受廠商面對價格 P_1，選擇在 $P_1 = MC_1$ 處生產 Q_1，由於經濟利潤為零，D 點為廠商的長期均衡點。

如果市場需求增加，造成需求曲線從 D_1 移至 D_2，如圖 7.13(a) 所示。市場價格上升至 P_2，原有的廠商選擇在 $P_2 = MC_1$ 處生產 Q_2，而賺取超額利潤。正的利潤誘使新廠商加入，產業的總產量提高。產量的提高導致生產因素價格下跌，成本曲線由 LAC_1 下移至 LAC_2，如圖 7.13(b) 所示。

這個調整過程將持續下去，直到新的均衡價格為止，即需求曲線 D_2 與供給曲線 S_2 相交的 C 點。因為價格 P_3 通過新的長期平均成本的最低點，此時廠商達到長期均衡，經濟利潤等於零。

圖 7.13(a) 中的 C 點是新的長期均衡。連接 A 點和 C 點可以得到：遞減成本產業的長期供給曲線為一負斜率的曲線 LS。請注意：在遞減成本產業中，平均成本與邊際成本的下跌並非由規模經濟所造成，而是因為產量擴充導致生產因素價格下跌的緣故。

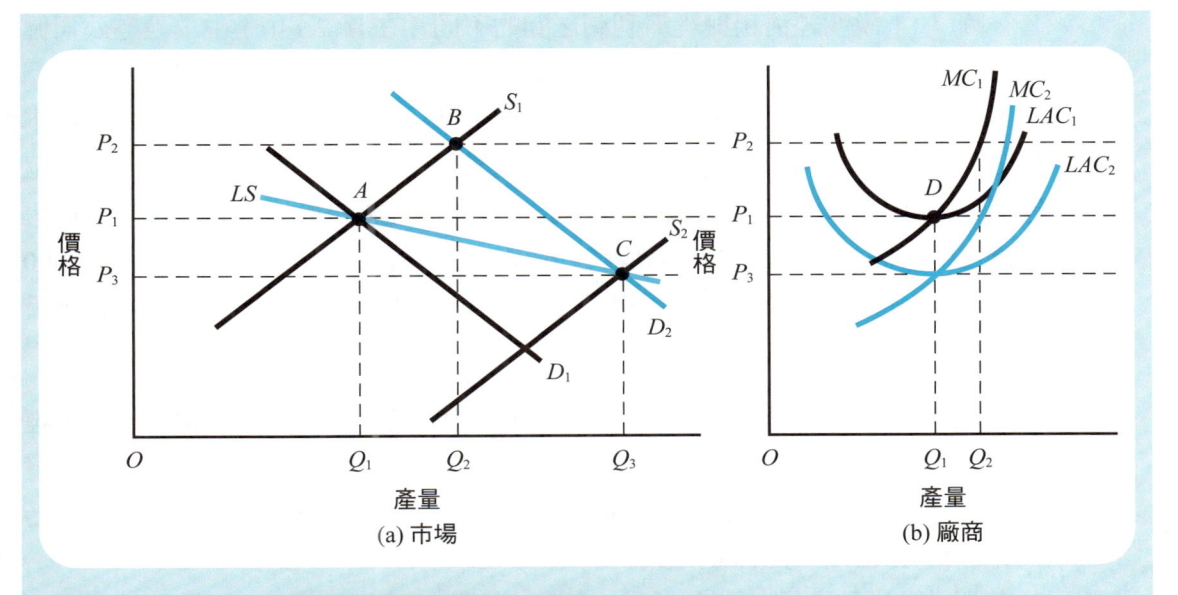

圖 7.13 遞減成本產業的長期供給曲線

長期供給曲線 LS 具負斜率。當需求增加造成價格上升時，利潤上升誘使新廠商加入。另一方面，產量擴充使生產因素價格下跌，新的長期均衡點為 C 點。連結 A 點和 C 點，可得負斜率的長期產業供給曲線。

經濟租

在遞增成本產業的討論中，我們曾經提到產業專屬的生產因素。完全競爭市場內的所有廠商不見得獲得相同生產性資源，在某些產業裡，有些廠商能獲得不尋常的生產性資源。譬如，在稻米產業，就有人可以比別人種出更多的稻子；或在股票市場中，超級營業員每天的業績就是比一般營業員的業績更好。

經濟租 (economic rent) 是指，生產因素擁有者提供不尋常生產因素所獲得的剩餘。具體來說，經濟租等於廠商願意支付給生產因素的最高金額，與生產因素保留價值之間的差額。

$$經濟租 = A - B$$

其中 A 為廠商願意支付給生產因素的最高金額，B 為保留價值，即生產因素在次佳選擇所得到的報酬

舉例說明經濟租的概念，假設證券公司僱用超級營業員所願意支付的薪資是 70,000 元，即 $A = \$70,000$；而僱用一般營業員所需支付的金額是 40,000 元，即 $B = \$40,000$。僱用超級營業員的經濟租是 30,000 元 ($= \$70,000 - \$40,000$)。

圖 7.14 說明經濟租與經濟利潤之間的不同。在圖 7.14(a) 中，證券公司僱用一般營業員每個月可有 8,000 筆交易，而每筆交易平均價格為 10 元；在圖 7.14(b) 中，超級營業員每個月可帶來 10,000 筆交易，而其平均成本和邊際成本都比一般營業員的成本來得低，因此僱用超級營業員每單位可省下 3 元。經濟租是每單位可省下的金額乘以數量——圖 7.14(b) 的面積 $ABCD=\$30,000$。至於證券公司僱用一般營業員的經濟利潤等於零，而僱用超級營業員的利潤為 30,000 元 $[=(\$10-\$7)\times 10,000]$，經濟租是否與經濟利潤相等？答案必須視超級營業員的薪水而定。

1. 當超級營業員的薪水與一般營業員的薪水相同時，經濟租等於經濟利潤，經濟利潤為 30,000 元。
2. 若超級營業員的薪資漲到 70,000 元，證券公司的經濟利潤等於零，經濟租仍是面積 $ABCD$，為 30,000 元。
3. 若超級營業員的薪資介於 40,000 元和 70,000 元之間，證券公司的經濟利潤會介於 30,000 元與 0 元之間，但經濟租始終是 30,000 元。

因此，如果證券公司之間彼此競爭激烈，超級營業員的薪水接近願意支付的

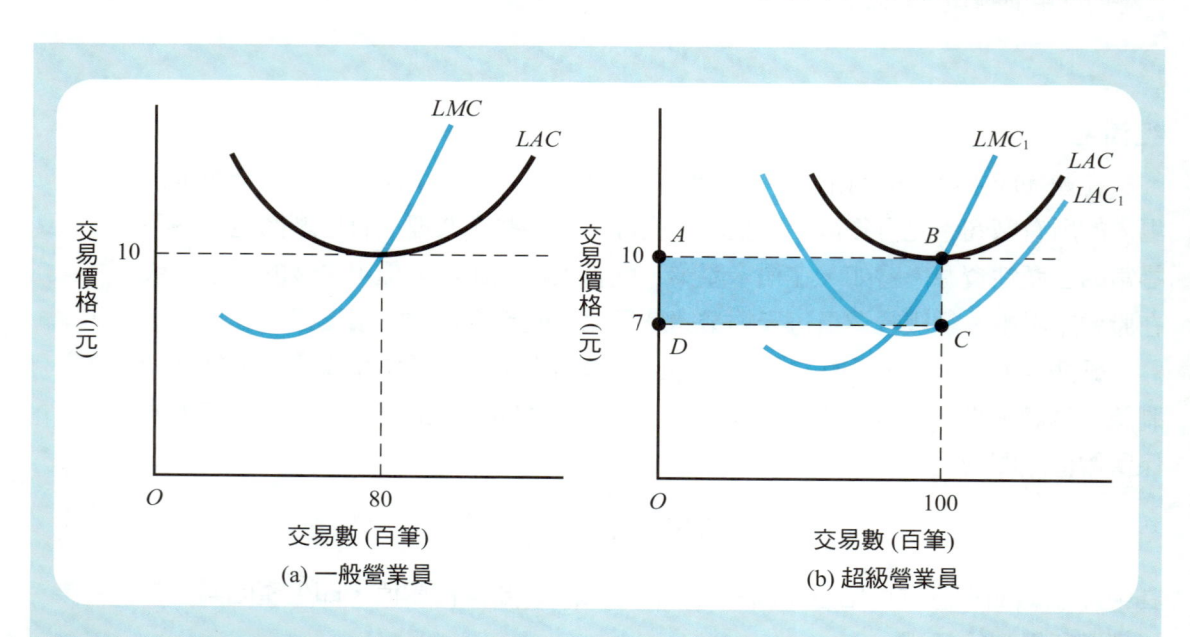

(a) 一般營業員

(b) 超級營業員

圖 7.14　經濟租

超級營業員比一般營業員有較低的 LAC 和 LMC，經濟租是面積 $ABCD$。當所有營業員薪水都是 40,000 元，經濟租等於經濟利潤；當超級營業員薪水是 70,000 元，經濟利潤等於零，經濟租仍為 30,000 元。

最高金額 70,000 元。在這種情況下，證券公司的經濟利潤會因為競租僱用超級營業員而被稀釋。

長期生產者剩餘

前面提到生產者剩餘是市場價格與供給曲線所圍成的面積，或價格與邊際成本所圍成的面積。在長期，廠商可以自由進出市場，且所有的成本都是非沉沒成本，生產者剩餘究竟是什麼？

我們以圖 7.15 來描繪市場的生產者剩餘。假設完全競爭廠商處於遞增成本產業，亦即市場具有正斜率的長期產業供給曲線，如圖 7.15(a) 中的 LS 所示。在長期，廠商的長期平均成本與平均非沉沒成本重疊，所以圖 7.15(b) 只需要畫出一條長期平均成本曲線。我們知道，長期競爭性均衡的廠商經濟利潤為零，價格會通過 LAC 曲線的最低點，因此生產者剩餘＝經濟利潤＝0。如果所有廠商的經濟利潤等於零，則圖 7.15(a) 中的 △ABC 是什麼？

記得上一節討論經濟租時，當廠商競相爭取不尋常生產性資源，結果是生產因素擁有者能夠全部享有經濟租。因此，△ABC 並不是廠商的生產者剩餘 (生產者剩餘等於零)，△ABC 是產業特屬生產因素擁有者的經濟租，而產業的經濟利潤等於零。

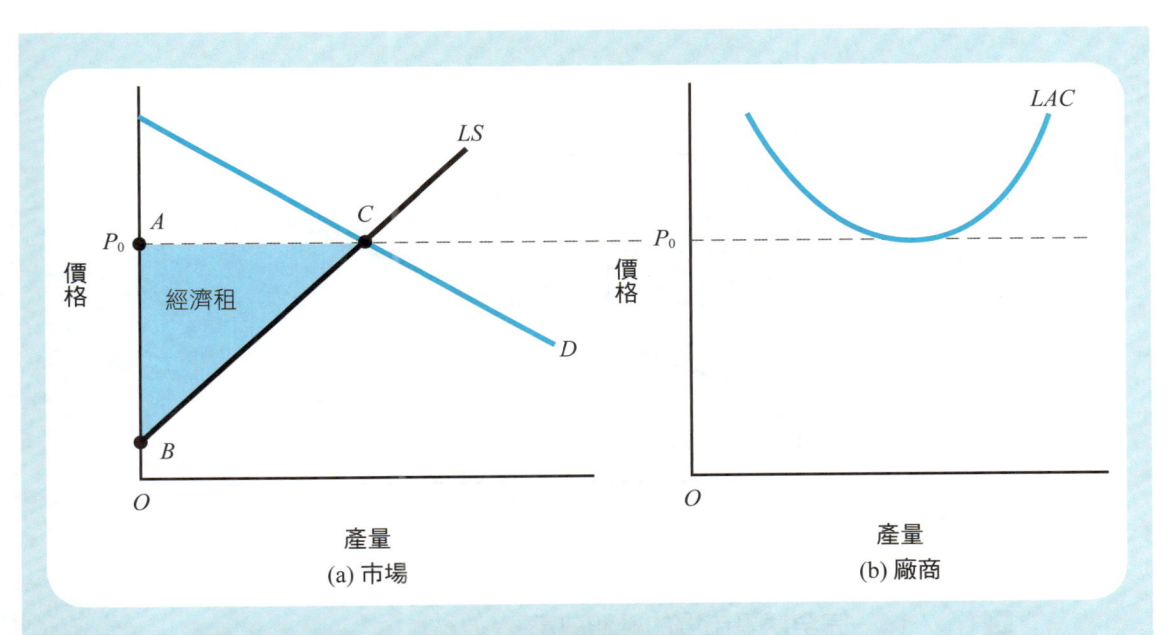

圖 7.15　遞增成本產業的長期生產者剩餘

在長期均衡價格 P_0 下，$P_0 = LAC$，廠商的經濟利潤等於零。市場價格與供給曲線所圍成的面積，是產業特屬生產因素的經濟租。

邊做邊學習題 7-6

生產者剩餘、利潤與經濟租

請說明生產者剩餘、經濟利潤與經濟租之差異。

類似問題：基礎題 10、11

7.8 完全競爭與經濟效率

學習完全競爭市場的目的之一是，觀察在長期均衡時，資源的分配是否有效率？圖 7.16 顯示完全競爭市場的經濟效率。當完全競爭市場，如稻米市場，達到均衡時，市場價格是 1 公斤 10 元，均衡數量為每年 9 百萬公斤。

消費者剩餘衡量消費者得到的總利益，為市場價格與需求曲線所圍成的面積。生產者剩餘衡量生產者銷售商品所得到的利益，係市場價格與供給曲線所圍成的面積。在圖 7.16 中，消費者剩餘為面積 △ACD，而生產者剩餘為面積 △BCD。我們定義社會總剩餘 (total surplus, TS) 為：

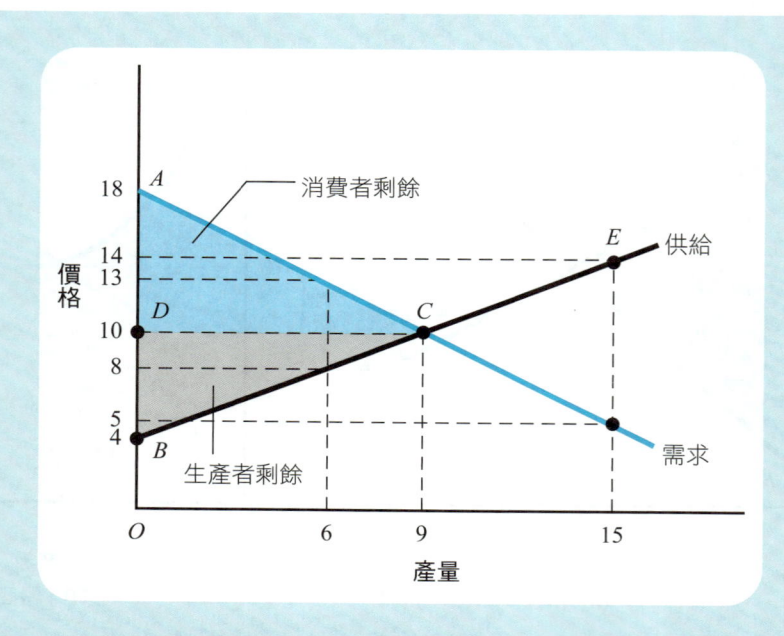

圖 7.16　完全競爭市場的經濟效率

在競爭性均衡時，P＝$10 和 Q＝9，消費者剩餘是面積 △ACD (36 百萬元)，生產者剩餘為面積 △BCD (27 百萬元)，總剩餘為面積 △ABC (63 百萬元)。當供給與需求相等時，經濟效率最大。

社會總剩餘＝消費者剩餘＋生產者剩餘
TS ＝ CS ＋ PS

在圖 7.16 中，消費者剩餘等於 36 (百萬元)，生產者剩餘等於 27 (百萬元)，社會總剩餘為面積 △ABC，等於 63 (百萬元)。當供給與需求相等時，社會總剩餘達到最大，此時的資源分配最有經濟效率。我們想知道，為什麼產量為 9 (百萬公斤) 時，資源分配最有效率？

想像完全競爭市場的產量是 6 (百萬公斤) 的情形。需求曲線告訴我們消費者願意支付每單位 (公斤) 價格 13 元購買 6 百萬公斤的稻米，而供給曲線顯示生產該單位的成本是 8 元。因此，生產 6 百萬公斤稻米，能使總剩餘增加 5 元 (＝$13－$8)。當需求曲線位於供給曲線的上方，增加生產將提高總剩餘。若產量從 6 (百萬公斤) 增加至 9 (百萬公斤)，總剩餘可增加 7.5 (百萬元)。

然而，完全競爭市場產量為 15 (百萬公斤)，是否有經濟效率？需求曲線告訴我們，消費者購買最後 1 單位商品願意支付 5 元；而供給曲線告訴我們，生產最後 1 單位商品的成本是 14 元，生產最後 1 單位商品，將使總剩餘減少 9 元，因此減少生產可使總剩餘增加。當產量從 15 (百萬公斤) 減少至 9 (百萬公斤) 時，總剩餘可增加面積 △BCD 或 27 元。

總結：效率最大的產量會發生在市場供給與需求曲線的交點，任何產量高於或低於均衡產量，都會使總剩餘減少。

邊做邊學習題 7-7

無謂損失的計算

若玫瑰花市場為完全競爭，其供需曲線分別為：

$$P^d = 20 - 2Q^d$$
$$P^s = 2 + Q^s$$

其中 P 為價格，Q^d 和 Q^s 分別為玫瑰花需求與供給數量 (單位：千朵)。

(a) 若政府規定價格下限為 12 元，消費者剩餘與生產者剩餘各是多少？無謂損失又為何？
(b) 若政府制訂價格上限為 6 元，消費者剩餘與生產者剩餘各是多少？無謂損失又為何？
(c) 若政府規定玫瑰花的生產配額為 4 (千朵)，生產者剩餘和消費者剩餘各為何？無謂損失又為何？

類似問題：基礎題 10、11

7.9 應用：貨物稅的衝擊

有了消費者剩餘和生產者剩餘，我們可以用來分析政府在競爭市場課徵**貨物稅** (excise tax) 的福利效果。貨物稅是指政府針對特定物品課徵稅賦，如汽油、酒、香菸或火車票。譬如，我們可能想要知道課徵香菸稅如何影響抽菸人口，如果政府對每包香菸課徵 1 元的貨物稅，消費者購買香菸時是否必須多付 1 元？還是由消費者和生產者共同負擔貨物稅金？若是共同負擔，比例又為何？這些都是本節想要討論的重點。

首先，貨物稅的課徵對象可以是消費者，也可以是廠商。譬如，政府對米酒的課稅，如果是針對買方課稅，買方購買米酒時，必須支付比原來價格更多的錢，米酒需求因而減少，需求曲線向左移動 (由 D_1 左移至 D_2)，如圖 7.17(a) 所示。假設每瓶米酒的稅額是 10 元，需求曲線平行下移 10 元。

如果課稅前，消費者只要支付 30 元，現在就必須支付 35 元才能買到一瓶米酒，因此扣除繳給政府的稅額 10 元後，賣方實際收到的價格是 25 元。在圖 7.17(a) 中，政府稅收等於單位稅收乘以銷售數量，即 $\$10 \times 1,500 = \$15,000$，其

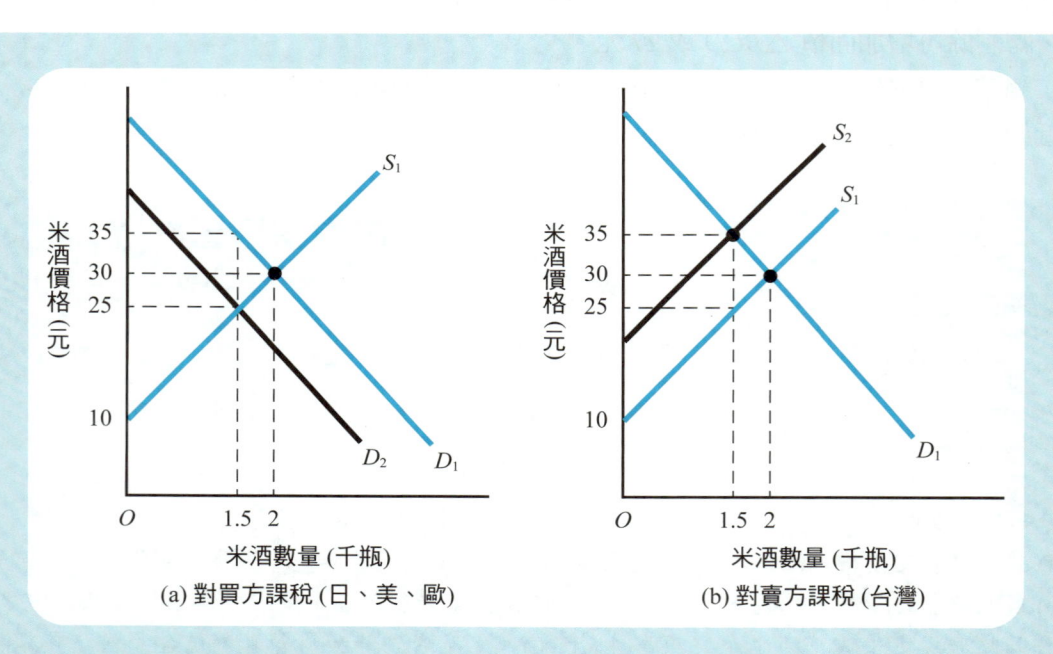

(a) 對買方課稅 (日、美、歐)

(b) 對賣方課稅 (台灣)

圖 7.17 貨物稅課徵

圖 (a)：政府針對買方課稅，需求因而減少，需求曲線左移至 D_2。買方支付的價格是 35 元，賣方收到的價格是 25 元，其中差額 10 元是政府對每瓶米酒課徵的稅額。圖 (b)：政府針對賣方課稅，供給因而減少，供給曲線左移至 S_2。買方支付的價格是 35 元，賣方收到的價格是 25 元，差額 10 元是每瓶米酒的稅額。

中消費者必須負擔的稅收是 ($35－$30)×1,500＝$7,500，而廠商必須負擔的稅收是 ($30－$25)×1,500＝$7,500。

如果針對廠商課稅，賣方成本提高，供給曲線左移 (由 S_1 左移至 S_2)，移動數額等於每瓶稅收 10 元，如圖 7.17(b) 所示。此時，消費者購買一瓶米酒所付的價格是 35 元，這也是廠商收到的價格，但是廠商必須支付其中的 10 元給政府，剩下的 25 元才是實際收到的價格；政府稅收等於單位稅收乘以銷售數量，即 $10×1,500＝$15,000，其中消費者負擔的稅收是 ($35－$30)×1,500＝$7,500，而生產者負擔的稅收是 ($30－$25)×1,500＝$7,500。

從圖 7.17 的分析可得到一個重要結論：不論針對買方或賣方課徵貨物稅，結果都是一樣的；亦即，針對買方與賣方付稅的生產者負擔與消費者負擔都相同。政府稅收是由消費者與生產者共同負擔。在圖 7.17 中，租稅平均落在消費者與生產者身上 (都是 7,500 元)。實際上，這種情況很少發生。

若需求相對有彈性，而供給相對無彈性，如圖 7.18(a) 所示，生產者將負擔大部分的稅額。理由是：買方對價格敏感度很高，價格稍微上漲，購買數量就會減少；相對地，賣方對價格敏感度較低，價格下跌，生產數量卻無法減少。譬如，政府對奢侈品 (如珠寶) 課稅，有錢人可轉移消費，改到歐洲旅遊而不購買珠寶。但珠寶廠商和員工卻必須面對消費數量減少的殘酷事實。所以，若供給相對無彈性，生產者負擔較大。

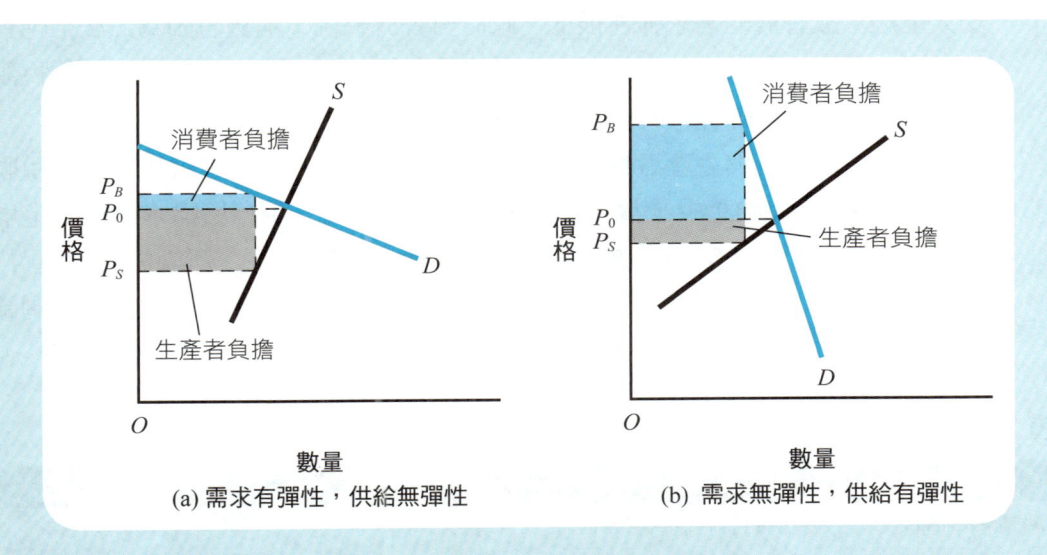

圖 7.18 彈性與稅賦

圖 (a)：供給無彈性，廠商收到的價格 (P_S) 下跌很多，而消費者所支付的價格 (P_B) 只上升一點，生產者負擔較多的稅。圖 (b)：需求無彈性，買方支付的價格 (P_B) 上升很多，而廠商所付的價格 (P_S) 只下降一點，消費者負擔較多的稅。

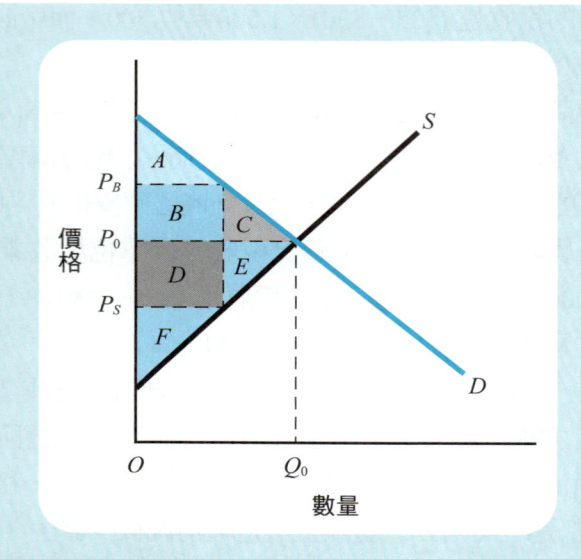

圖 7.19　課稅的福利效果

課徵貨物稅會讓消費者剩餘減少面積 $B+C$，而生產者剩餘減少面積 $D+E$，政府稅收是面積 $B+D$，由於減少的福利超過政府稅收，無謂損失是面積 $C+E$。

若需求相對無彈性，而供給相對有彈性，如圖 7.18(b) 所示，消費者將負擔大部分的稅額。理由是：買方對價格較不敏感，而賣方比較敏感。譬如，香菸會讓人上癮，故香菸的需求彈性很低。政府對香菸課稅，消費者因為無法拒絕香菸的誘惑，願意支付較高的價格，必須負擔大部分的稅，廠商則負擔較低的稅額。所以，當需求相對無彈性時，消費者負擔較大。

既然在消費者與生產者身上課徵貨物稅的結果相同，現在就可以討論稅收的福利效果。在圖 7.19 中，當政府尚未課徵貨物稅時，供給與需求曲線決定均衡價格 P_0 與數量 Q_0。消費者剩餘是需求曲線與均衡價格 (P_0) 所圍成的面積 $A+B+C$，生產者剩餘是供給曲線與均衡價格 (P_0) 所圍成的面積 $D+E+F$，總剩餘是面積 $A+B+C+D+E+F$，如表 7.1 第二欄所示。

表 7.1　課徵貨物稅的福利效果

項目	課徵貨物稅前	課徵貨物稅後	剩餘的變動
消費者剩餘	$A+B+C$	A	$-(B+C)$
生產者剩餘	$D+E+F$	F	$-(D+E)$
政府稅收	0	$B+D$	$+(B+D)$
總剩餘	$A+B+C+D+E+F$	$A+B+D+F$	$-(C+E)$

註：剩餘的變動等於課徵貨物稅後剩餘減去課徵貨物稅前剩餘。本表根據圖 7.19 製作。

實例與應用

個人所得稅的福利效果

個人所得稅是政府針對個人所得加以課稅。在台灣，每年 5 月份必須申報個人所得稅。一般而言，勞動所得占個人所得的比例很高。如同貨物稅，所得稅的課徵存在著無謂損失。但是，無謂損失的大小與勞動供給彈性有關。

下圖提供兩種不同的勞動供給曲線。圖 (a) 的勞動供給曲線陡峭，供給彈性相對較小。彈性較小的供給曲線表示不論薪水多寡，大部分的勞工都是全職工作者。所以，當勞動供給的工資彈性很小時，課稅只會造成少量的無謂損失。

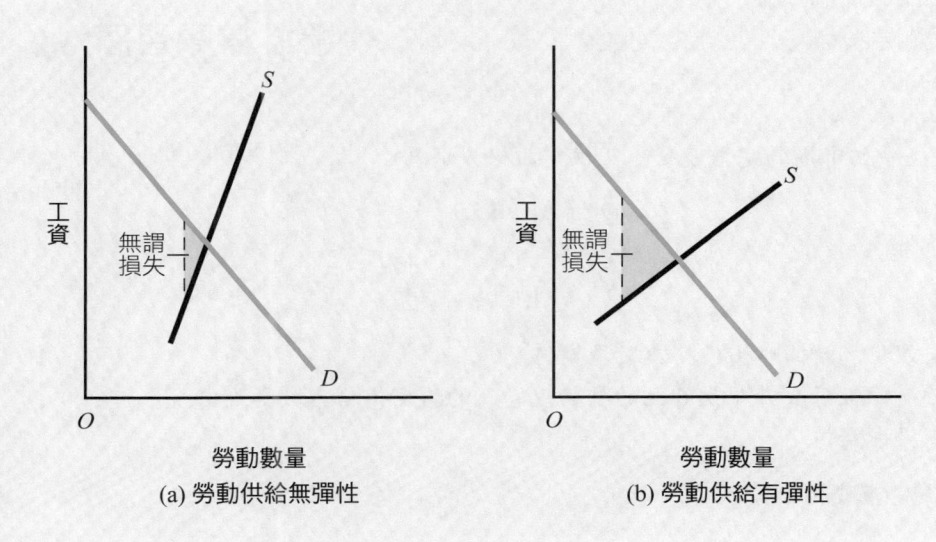

(a) 勞動供給無彈性

(b) 勞動供給有彈性

課徵所得稅的福利效果

勞動供給愈有彈性，無謂損失愈大；勞動供給彈性愈小，無謂損失愈小。

圖 (b) 勞動供給曲線平坦，彈性相對較大。雖然有許多屬全職工作者，但是仍有人會在高工資誘惑下，加入勞動市場，如家庭主婦 (夫)、屆齡退休者、彈性工作者 (如 SOHO 族) 等。如果所得稅率太高，導致稅後工資太低，這群人必定不願出來工作，所造成的無謂損失也會較大，因此供給愈有彈性，無謂損失愈大。

當政府課徵貨物稅後，消費者所付的價格由 P_0 上升至 P_B，消費者剩餘是需求曲線與價格 P_B 圍成的面積 A；生產者所收到的價格由 P_0 下跌至 P_S，生產者剩餘是 P_S 與供給曲線圍成的面積 F；而政府課徵貨物稅的收入等於面積 $B+D$。總剩餘等於面積 $A+B+D+F$，包括消費者剩餘、生產者剩餘及政府稅收。

表 7.1 的第四欄是比較課徵貨物稅前後的福利變動情形。消費者剩餘減少面積 B (價格提高，引起消費者福利減少的部分)，與面積 C (消費數量減少，引起消費者福利減少的部分)。生產者剩餘減少面積 D (價格下跌，引起生產者福利減少的部分)，與面積 E (銷售數量減少，引起生產者福利減少的部分)。政府稅收則增加面積 $B+D$ (B 是消費者剩餘，D 是生產者剩餘)。現在將這三部分淨變動相加後發現，整個社會總福利減少面積 $C+E$，所以政府課徵貨物稅會引起無謂損失，即面積 $C+E$。**無謂損失** (deadweight loss) 代表社會總剩餘的減少，並沒有被生產者、消費者或政府所擁有。

邊做邊學習題 7-8

生產者負擔

假設牛奶市場為完全競爭，其供需曲線分別為：

$$Q^d = 10 - 0.5P$$

$$Q^s = \begin{cases} -2+P, & \text{若 } P \geq 2 \\ 0, & \text{若 } P < 2 \end{cases}$$

(a) 若未課稅，請問均衡價格與數量為何？
(b) 若政府課徵每公升牛奶 6 元的貨物稅，新的均衡價格與數量為何？
(c) 無謂損失為何？

類似問題：基礎題 11

7.10 應用：關稅與進口配額的福利效果

當某種商品的國內價格高於**世界價格** (world price) 時，國內就會進口這個商品。以小麥為例，台灣生產小麥的成本超過國外生產小麥的成本，所以小麥的國內售價高於國際售價，台灣是小麥進口國。相較於國際市場，台灣市場規模很小，應該是小麥的價格接受者。因此，國內小麥市場面對的是水平的國際小麥供給曲線。水平供給曲線的經濟意義是：無論台灣購買多少數量，都不會影響世界價格。

圖 7.20(a) 是台灣小麥的進口圖形。因為小麥的世界價格 (P_W) 低於小麥的國內價格 (P_0)，國內除了自己生產 Q_S 數量外，還會進口 $Q_D - Q_S$ 的小麥。圖 7.20(a) 比較開放小麥進口前後的福利效果，開放進口以前，均衡小麥價格是 P_0，數量

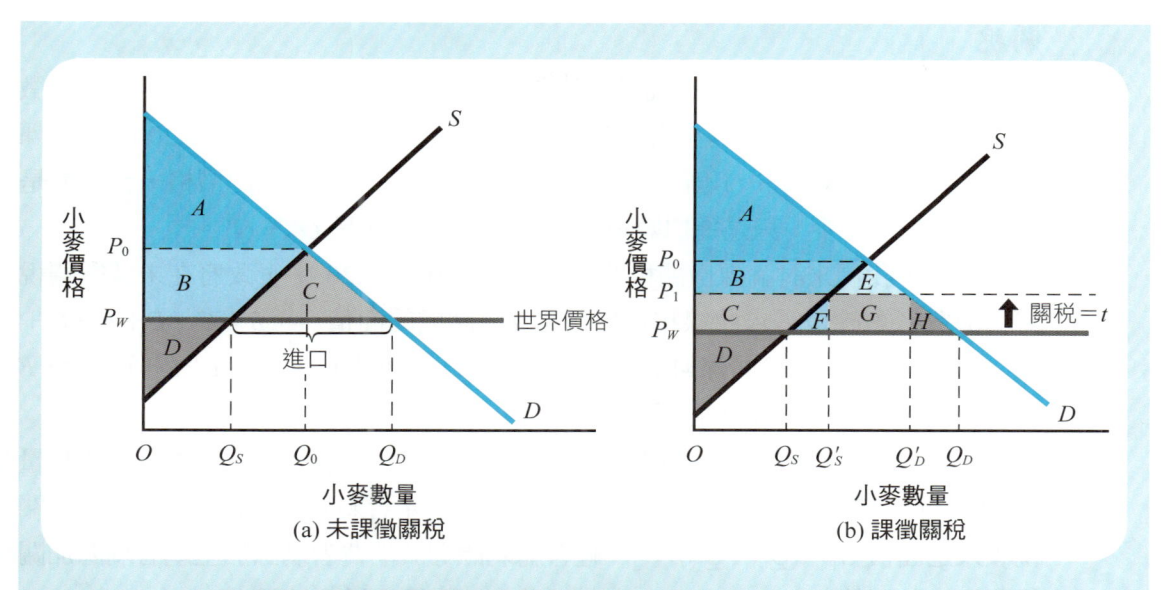

圖 7.20　小麥進口與進口關稅的福利效果

圖 (a)：進口但不課徵進口關稅。因為世界價格 (P_W) 低於國內價格 (P_0)，台灣會進口小麥 $Q_D - Q_S$，福利增加面積 C。圖 (b)：小麥進口並課徵進口關稅。對進口課徵關稅，價格會上漲至 P_1，進口數量減少至 $Q'_D - Q'_S$，而無謂損失等於面積 $F + H$。

是 Q_0，消費者剩餘是面積 A，生產者剩餘是面積 $B + D$。總剩餘是供給與需求曲線圍成面積，即面積 $A + B + D$；台灣開放小麥進口後，市場價格降低到 P_W，消費數量增至 Q_D，而國內小麥的生產數量在 Q_S。開放小麥進口後的消費者剩餘是面積 $A + B + C$，生產者剩餘是面積 D，而總剩餘等於面積 $A + B + C + D$。

表 7.2 的第四欄描述開放小麥進口前後的福利變動情形。消費者剩餘增加面積 B 與面積 C（價格下跌，消費者福利提高）；生產者剩餘減少面積 B（價格下降，引起生產者福利減少）；社會總剩餘淨增加面積 C。從整個國家的角度觀察，開放進口能夠增加社會總福利；但從個別角度觀察，消費者的福利增加，而生產者的福利減少。

表 7.2　開放進口的福利效果

項目	開放進口前	開放進口後	剩餘的變動
消費者剩餘	A	$A + B + C$	$+(B + C)$
生產者剩餘	$B + D$	D	$-B$
總剩餘	$A + B + D$	$A + B + C + D$	$+C$

註：剩餘的變動等於開放進口後的剩餘減去開放進口前的剩餘。本表根據圖 7.20(a) 製作。

關稅

關稅 (tariff) 是指對進口商品課稅。假設政府決定對每單位的小麥進口課徵關稅 t。此時，國內面對的小麥價格不再是 P_W，而是 P_W+t。在圖 7.20(b) 中，課稅後的價格 P_1 ($=P_W+t$) 仍是一條水平線。由於 P_1 仍低於國內價格，台灣還是會從國外進口小麥，只是進口數量不再是 Q_D-Q_S，而是 $Q'_D-Q'_S$。

接著，我們來討論課徵關稅的福利效果。在圖 7.20 中，政府在未課徵關稅前，消費者剩餘是需求曲線和世界價格 P_W 圍成的面積 $A+B+C+E+F+G+H$；生產者剩餘是供給曲線與 P_W 圍成的面積 D；總剩餘是面積 $A+B+C+D+E+F+G+H$。此時，政府並無關稅收入。

政府對進口商品課徵關稅後，市場價格成為 P_1，生產數量是 Q'_S，消費數量為 Q'_D。消費者剩餘現在變成面積 $A+B+E$，生產者剩餘是面積 $C+D$，政府關稅收入是面積 $G[=(Q'_D-Q'_S)\times t]$，社會總剩餘等於消費者剩餘加生產者剩餘加關稅收入，為面積 $A+B+C+D+E+G$，表 7.3 整理出這些結果。

從表 7.3 的第四欄得知，針對進口商品課徵關稅會有無謂損失，即圖 7.20(b) 中的面積 $F+H$。關稅、貨物稅和所得稅的福利分析相同，都會扭曲資源分配，讓效率未達最適境界。面積 F 是價格上漲，導致廠商過度生產(由 Q_S 增加至 Q'_S) 的福利損失；而面積 H 是價格上漲，導致消費不足(由 Q_D 減少至 Q'_D) 的福利損失。

進口配額

進口配額 (import quota) 是政府對進口數量加以設限，導致供給減少，價格提高。譬如，美國貿易部為了防止台灣出口太多紡織品，損害美國紡織業，曾對紡織品進行配額管制，擁有配額的貿易商才准許出口紡織品到美國。

在圖 7.21 中，假設紡織品的世界價格是 P_W，由於進口數量太多，美國貿易部決定實施配額措施，限制紡織品只能進口 $Q'_D-Q'_S$ 的數量，因此供給曲線變成 P_WeS_1 (國內供給＋配額數量)，國內需求仍然不變，而實施進口配額後的新均衡

◁ 表 7.3　**課徵關稅的福利效果**

項目	課徵關稅前	課徵關稅後	剩餘的變動
消費者剩餘	$A+B+C+E+F+G+H$	$A+B+E$	$-(C+F+G+H)$
生產者剩餘	D	$C+D$	$+C$
關稅收入	0	G	$+G$
總剩餘	$A+B+C+D+E+F+G+H$	$A+B+C+D+E+G$	$-(F+H)$

註：剩餘的變動等於課徵關稅後的剩餘減去課徵關稅前的剩餘。本表根據圖 7.20(b) 製作。

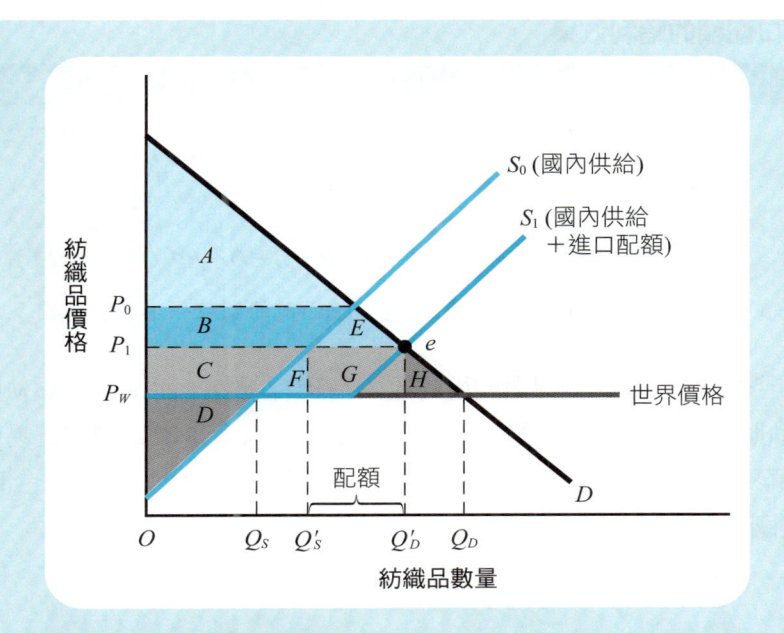

圖 7.21　進口配額的福利效果

實施進口配額的供給曲線是 $P_W eS_1$，價格是 P_1，進口數量是 $Q'_D - Q'_S$，這也是配額數量，無謂損失為面積 $F+H$。

是 e 點。

在 e 點，價格由原來價格 P_W 上升至 P_1，國內消費數量由未實施進口配額的 Q_D 下降至 Q'_D，國內生產量由未實施進口配額前的 Q_S 上升至 Q'_S。我們試著比較進口配額實施前後的福利效果。

在圖 7.20 中，政府尚未實施進口配額前，消費者剩餘是需求曲線與世界價格圍成的面積 $A+B+C+E+F+G+H$，生產者剩餘是供給曲線與世界價格圍成的面積 D，總剩餘為面積 $A+B+C+D+E+F+G+H$。

政府實施進口配額後，價格上升至 P_1。消費者剩餘是需求曲線與價格 P_1 圍成的面積 $A+B+E$；生產者剩餘是供給曲線 $(P_W eS_1)$ 與價格 P_1 所圍成的面積 $C+D$；擁有進口配額執照者的剩餘等於配額數量 $(Q'_D - Q'_S)$ 乘以 $P_1 - P_W$，也就是面積 G。

總剩餘現在等於消費者剩餘加生產者剩餘加執照擁有者剩餘，即面積 $A+B+C+D+E+G$，這些結果列於表 7.4。

表 7.4 的第四欄剩餘的變動面積是 $F+H$，這是政府實施進口配額後所造成的無謂損失，這個結論與課徵關稅的結論相同。面積 F 是過度生產引起生產者剩餘的減少，而面積 H 是消費不足引起消費者剩餘的減少。實際上，兩種政策

◁ 表 7.4　實施進口配額的福利效果

項目	實施進口配額前	實施進口配額後	剩餘的變動
消費者剩餘	$A+B+C+E+F+G+H$	$A+B+E$	$-(C+F+G+H)$
生產者剩餘	D	$C+D$	$+C$
執照擁有者剩餘	0	G	$+G$
總剩餘	$A+B+C+D+E+F+G+H$	$A+B+C+D+E+G$	$-(F+H)$

註：剩餘的變動等於實施進口配額後的剩餘減去實施進口配額前的剩餘。本表根據圖 7.21 製作。

的福利分析還是有些差異。課徵關稅的收入為政府所有，而進口配額執照的收入卻是擁有執照者所有。一般來說，進口配額執照擁有者是出口國的貿易商，而非進口國的貿易商，因此課徵進口配額後的部分剩餘會屬於出口國 (如台灣)，而非進口國 (美國)。

總結

▸ 完全競爭市場的特性為：買賣雙方人數眾多、同質商品、完全資訊及廠商可自由進出市場。
▸ 在完全競爭市場下，價格由市場供需決定，個別廠商是價格接受者，面對水平的需求曲線。
▸ 利潤極大化的條件是價格等於邊際成本，$P=MC$，且邊際成本遞增。
▸ 短期利潤極大化的情況有三：(1) $P=MC$，$P>ATC$，利潤為正；(2) $P=MC$，$AVC<P<ATC$，有損失，繼續生產；(3) $P=MC$，$P<ANSC$，有損失，關門歇業。
▸ 廠商的供給曲線是邊際成本高於平均非沉沒成本 ($ANSC$) 的部分。若 $P<ANSC$，廠商的產量為零。短期產業供給曲線是個別廠商供給曲線的水平加總。
▸ 在長期，完全競爭廠商追求利潤極大，選擇在 $P=LMC$ 處生產，競爭性均衡的經濟利潤等於零。
▸ 廠商長期供給曲線是長期平均成本以上的邊際成本曲線。若 $P<LAC$，產量為零。
▸ 長期市場供給曲線有三種不同類型：(1) 固定成本產業下，供給曲線是水平的；(2) 遞增成本產業下，供給曲線為正斜率；(3) 遞減成本產業下，供給曲線為負斜率。
▸ 生產者剩餘是價格與邊際成本曲線所圍成的面積。經濟租是廠商僱用稀少性生產因素所願意支付的最高價格減去保留價值。在長期，經濟利潤等於生產者剩餘；在短期，生產者剩餘大於經濟利潤。
▸ 當競爭市場的供給等於需求時，社會總剩餘達到最大，資源分配最有經濟效率。社會總剩餘是消費者剩餘與生產者剩餘的加總。
▸ 課稅會引起無謂損失，理由是買方支付較高的價格，而消費較低的數量；另一方面，賣方收到較低的價格，而生產較低的數量。

- 供給與需求彈性愈大，無謂損失就愈大。
- 自由貿易會使出口國與進口國的社會總福利增加。
- 進口配額與關稅均會造成無謂損失，損失來自過度生產與消費不足。

問題與計算

基礎題

1. 在一完全競爭市場中，廠商利潤最大之固定成本為 15 元，變動成本為 137 元，邊際收益為 4 元，需求量為 65，請問廠商利潤是多少？

2. 當所有固定成本都是非沉沒成本時，廠商的歇業價格為何？當所有成本都是非沉沒成本時，廠商的歇業價格又為何？

3. 一完全競爭產業包括兩種型態的廠商：A 類型有 100 家廠商和 B 類型有 300 家廠商。A 類型廠商的供給曲線為 $Q^s=2P$，B 類型廠商的供給曲線為 $Q^s=P$，市場需求曲線為 $Q=10,000-500P$。
   (a) 短期市場均衡價格為何？
   (b) A 類型和 B 類型廠商的產量為何？

4. 若火龍果的短期總成本函數為 $STC=Q^3-10Q^2+40Q+196$，請問歇業價格是多少？短期供給曲線為何？

5. 假設一廠商的短期總成本為 $TC=100+20Q+Q^2$，其中固定成本 $FC=100$，變動成本 $VC=20Q+Q^2$，所有的固定成本皆為沉沒成本。
   (a) 平均變動成本最低水準是多少？
   (b) 短期供給曲線為何？

6. 水泥市場為一完全競爭市場。若市場有 300 家相同廠商，每家廠商的短期總成本為：
$$TC=0.1+150Q^2$$
   若市場需求為 $Q^D=60-P$，而所有固定成本皆為沉沒成本，則短期均衡價格為何？

7. 半導體市場有 100 家成本相同的廠商，其短期邊際成本曲線為 $MC=4Q$。若市場均衡價格是 200 元，所有廠商的固定成本皆為沉沒成本，請問個別廠商與市場之生產者剩餘各為何？

8. 假設完全競爭市場需求函數為 $Q=50,000-P$，廠商的長期平均成本為 $LAC=q^2-200q+20,000$，請求出：
   (a) 市場之長期均衡。
   (b) 長期均衡下之廠商家數？

(c) 長期均衡下之廠商長期邊際成本為何？

9. 某產品為完全競爭市場，所有廠商有相同的成本函數：$C = q^2 + 4$，其中 q 為廠商產量。若市場需求函數為 $Q = 120 - P$，其中 Q 為市場數量，P 為市場價格，則長期均衡時市場上的廠商數量是多少？ (101 年高考)

10. 在一完全競爭市場中，供需曲線方程式分別為：

$$Q^d = 200 - 5P^d$$

$$Q^s = 35P^s$$

(a) 請找出未實施價格管制前的均衡價格與數量。
(b) 若價格上限為 $2，請問生產者剩餘、消費者剩餘與無謂損失各是多少？

11. 假設玉米市場為一完全競爭，其供需曲線方程式分別為：

$$Q^d = 10 - P^d$$

$$Q^s = \begin{cases} -4 + P^s, & \text{若 } P^s \geq 4 \\ 0, & \text{若 } P^s < 4 \end{cases}$$

(a) 請問消費者剩餘、生產者剩餘與無謂損失各是多少？
(b) 若政府課徵 $2 的貨物稅，消費者剩餘、生產者剩餘和無謂損失各是多少？

進階題

1. 晶華洗車是台灣完全競爭洗車產業內的一家小廠商，其短期總成本曲線為 $TC = 40 + 10Q + 0.1Q^2$，現行洗車價格為 20 元。
   (a) 晶華洗車利潤最大化的洗車數量是多少？
   (b) 晶華洗車的最大利潤為何？

2. 假設牛肉市場為完全競爭，每一家廠商的成本結構都相同，總變動成本 $TVC = 40Q + 0.5Q^2$，所有的固定成本皆為非沉沒成本且為 50。
   (a) 請找出短期不會生產任何產量的價格。
   (b) 若市場有 12 家廠商，市場需求 $Q = 360 - 2P$，短期均衡價格為何？

3. 若廠商短期總成本曲線為 $TC = 100 + 20Q + Q^2$，邊際成本 $MC = 20 + 2Q$，如果廠商的固定成本中有一部分是沉沒成本 (SFC)，有一部分是非沉沒成本 (NSFC)，請問：
   (a) 假設 $SFC = 36$ 和 $NSFC = 64$，廠商的平均非沉沒成本為何？
   (b) 平均非沉沒成本的最低水準是多少？
   (c) 廠商短期的供給曲線為何？

4. 台灣的蓮霧市場是完全競爭，且每位果農的長期邊際成本 $LMC = 40 - 12Q + Q^2$，而長期平均成本 $LAC = 40 - 6Q + \dfrac{Q^2}{3}$。若市場需求曲線為 $Q^d = 2,200 - 100P$，請問均衡市場價格

為何？在此價格下，個別果農產量為何？果農有多少位？

5. 若廠商生產稻米的生產函數為 $Q=5K\sqrt{L}$，而短期的資本存量 $K=1$，工資 $w=\$5$，資本價格 $r=\$5$，請問：

   (a) 廠商短期的平均成本 (ATC)、變動成本 (AVC) 與邊際成本 (MC) 為何？
   (b) 廠商的短期供給曲線為何？
   (c) 若 $P=\$20$，廠商最適產量為何？
   (d) 若 $P=\$20$，廠商的生產者剩餘為何？

6. 倘若黑麥市場為完全競爭，每家廠商成本相同，成本函數為 $TC=0.1Q^3-2Q^2+30Q$，市場需求函數為 $Q=540-2P$，如果廠商可自由進出，請求市場均衡價格與數量。

7. 考慮證券公司有兩類營業員：超級營業員與一般營業員，此產業估計有 100 位超級營業員。一般營業員的年薪為 144 元 (單位：千元)。證券公司僱用超級營業員的長期總成本為：

$$TC_E(Q)=\begin{cases} 144+\frac{1}{2}Q^2, & \text{若 } Q>0 \\ 0, & \text{若 } Q=0 \end{cases}$$

證券公司僱用一般營業員的長期總成本為：

$$TC_A(Q)=144+Q^2$$

假設市場需求為 $Q^d=7{,}200-100P$。

   (a) 證券公司僱用一般營業員的最小效率規模為何？長期平均成本又為何？
   (b) 證券業之長期均衡價格為何？
   (c) 在此均衡價格，一般營業員與超級營業員之產出是多少？
   (d) 在此均衡價格下，需求量為何？
   (e) 利用 (c) 小題與 (d) 小題的答案，決定僱用一般營業員之長期均衡證券公司家數為何？
   (f) 超級營業員之經濟租為何？

8. 考慮一完全競爭市場的供需曲線分別為：

$$Q^d=20-2P^d$$
$$Q^s=2P^s$$

   (a) 若政府制訂價格上限 3 元，請問供給量為何？
   (b) 若政府改以生產配額 6 單位，請問市場價格為何？
   (c) 上述兩種政策中，何種的無謂損失較大？

9. 牛奶市場為一完全競爭，供需曲線如下所示：

$$Q^d = 20 - 2d$$
$$P^s = 2 + Q^s$$

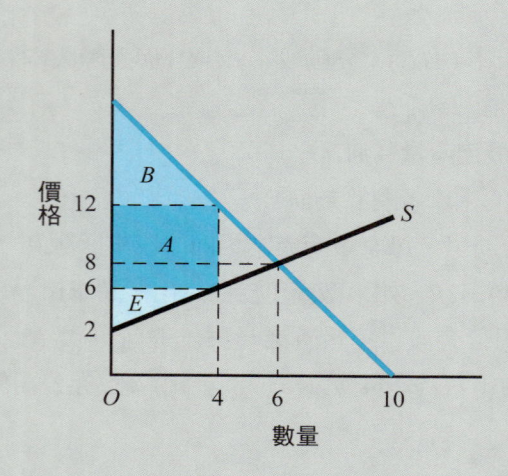

假設政府有三種政策：
- 課徵貨物稅 6 元。
- 價格下限 12 元。
- 生產配額 4 單位。

(a) 消費者剩餘在三種政策下有何不同？
(b) 生產者偏好哪一種政策？
(c) 哪一種政策之無謂損失最小？

10. 若台東冰淇淋市場的供需曲線如下所示：

$$Q^s = 2P$$
$$Q^d = 100 - 2P$$

假設台東縣政府決定針對冰淇淋課稅且計畫的稅收目標為 600 (單位：千元)，請問此目標下之貨物稅為何？

11. 假設台灣半導體市場的供給與需求曲線如下：

$$需求：P = 110 - Q$$
$$供給：P = 10 + Q$$

其中 Q 為半導體晶片生產數量，若世界價格為每顆半導體晶片 30 元，請問：
(a) 若沒有進口，均衡價格和數量為何？生產者剩餘和消費者剩餘是多少？
(b) 若政府開放進口，消費數量及國內供給數量是多少？生產者剩餘及消費者剩餘是多少？
(c) 若政府對每顆進口半導體晶片課徵 10 元關稅，請問國內需求及供給數量是多少？生

產者剩餘、消費者剩餘及政府收入是多少？無謂損失是多少？

12. 假設釋迦市場為完全競爭，供需函數分別為：

$$Q^S = 3P$$
$$Q^D = 400 - P$$

(a) 請求出市場均衡價格與數量。

(b) 若政府對消費者課稅 T，新的需求函數為 $Q^D = 400 - (P + T)$，請問買方支付價格與賣方收到價格為何？

(c) 若從量稅 $T = 300$，請求出無謂損失。

網路習題

1. 股票市場是一個非常近似完全競爭的市場。請至台灣證券交易所網站 https://www.twse.com.tw，點選交易資訊中的統計報表查詢市場交易月報，請問上市公司總市值與投資報酬率為何？請問最近一個月的新開戶數及累計開戶數是多少？

2. 請問美國聯準會升息對股票市場影響為何？請下載 Dow Jones 在 2022 年 5 月後的股價指數資料。

Chapter 8

獨 占

2021 年 10 月 8 日,中國市場監管總局針對美國在中國大陸境內網路餐飲外賣平台服務市場濫用市場支配地位,處以其在 2020 年中國大陸境內銷售額 1,147 億 4,800 萬人民幣 (約新台幣 4,819 億元) 3% 的罰款,計 34 億 4,200 萬人民幣 (約新台幣 144 億元)。

無獨有偶地,2021 年 4 月,中國市場監管總局對阿里巴巴集團在中國境內的壟斷行為,處以 182 億 2,800 萬人民幣 (約新台幣 791 億元) 的罰款。

2021 年 6 月 11 日,美國眾議院提出終止平台壟斷法案 (Ending Platform Monopolies Act),企圖要求科技業者分析業務,並推出平台競爭與機會法案 (Platform Competition and Opportunity Act),禁止大型科技業收購造成威脅的競爭對手,也不得執行可擴大及鞏固其市場力量的收購案。上述法案是眾議院針對數位市集與 Google、蘋果、臉書及亞馬遜 (Amazon),進行 16 個月的調查後所制訂。

從前面的敘述中,我們大概可以得到一些印象。不像完全競爭市場中的廠商對市場價格毫無任何影響,獨占廠商的產出決策與訂價息息相關。當個別廠商能夠影響市場價格時,我們說該廠商擁有市場力量 (market power)。在本章中,我們將學習獨占廠商的訂價策略,以及獨占所造成的社會成本。至於市場中只有一個買者——獨買,將延至第 11 章「生產因素市場」中探討。

8.1　進入障礙

獨占 (monopoly) 是指市場只有一家廠商，銷售的產品並無近似替代品。譬如，在台灣只有一家公司供應自來水——台灣自來水公司。當然，若法令許可，你也可以花數萬元鑿井取用地下水。

因為獨占代表產業中只有一家廠商，所面對的是負斜率的市場需求曲線。獨占與完全競爭恰好是市場結構的兩個極端，完全競爭廠商是價格接受者且長期經濟利潤為零。獨占廠商有能力影響訂價，且因為進入障礙而在長期享有正的經濟利潤。

進入障礙 (barriers to entry) 是指任何能夠阻止新廠商加入市場的機制。一般而言，進入障礙約略可分為兩種：法律障礙與結構障礙。

法律障礙

透過法律保護，廠商可以合法成為產品唯一的提供者，這些法律包括專利、著作權，或政府發給執照。**專利** (patent) 是法律給予新產品發明者，在固定期間內唯一銷售新產品的權利。譬如，威而鋼是由輝瑞 (Pfrizer) 藥廠獨家製造。台灣發明專利權期限為自申請日起算 20 年有效。著作權是用來保護著作權人精神上的創作，包括文學、藝術、科學或其它領域，由國家制訂法律保護。譬如，《哈利波特》(Harry Potter) 的中文版權屬於皇冠文化，任何人均不得翻印；同樣地，微軟的視窗作業系統受到各國著作權法的保護，任何廠商不得生產類似產品。台灣的著作權保護期間，一般是延續到著作人死亡以後的 50 年。

某些國營企業由政府保障唯一具合法經營的權利。雖然其它廠商具有相同的生產技術，但是基於某些利益的考量，政府只准許一家銷售產品或提供服務。譬如，郵局可以辦理遞送郵件和郵政匯款，優比速 (UPS) 就無法辦理匯款；台灣菸酒公司的前身——菸酒公賣局在尚未民營化之前，是台灣唯一合法製造、銷售菸酒的機構。

政府有時會以發給**執照** (license) 的方式來賦予合法經營的權利。譬如，欣桃天然氣公司是唯一一家供應桃園地區天然氣的公司；[1] 律師、會計師及醫師也必須有執照才可以營業。這些執照的目的是確保消費者能夠獲得某種品質的保證。然而，因為執照通常由政府發放，在某種程度上，執照擁有人也合法規避新廠商的競爭。

---

[1] 家庭用管線輸送之天然氣，除原有大台北瓦斯已有管線供氣者外，全交由國軍退除役官兵輔導委員會經營。

結構障礙

當一家廠商提供整個市場產量的生產成本，低於同時有兩家或兩家以上廠商的生產成本時，獨占就會形成。這種獨占非由人為干預，純粹是生產享有規模經濟，我們稱為自然獨占 (natural monopoly)。自然獨占的長期平均成本曲線遞減，如圖 8.1 所示。

任何廠商想要進入市場，都會面臨高固定成本而無法如願。譬如，中華電信擁有最後一哩的用戶迴路所有權，民營固網公司如遠傳電信或台灣大哥大，想要重新開挖道路布建網路並不容易，這種高固定成本自然地形成一種進入障礙。自然獨占的例子還包括電力、自來水、天然氣及鐵路運輸等。另一種結構障礙則源自於正的網路外部性，當一家廠商的產品比另外一家廠商的產品更能夠吸引既定消費者，就會產正的外部性。中國線上購物網站——阿里巴巴天貓在 2021 年 11 月 11 日的「雙 11 狂歡季」訂單達到 58.3 筆 / 秒，創下歷史新高，商品數量遠超過台灣第一大購物平台蝦皮購物的月訂單量的 800 萬。買家足不出戶就可以一站購足生活所需，網路外部性創造顯著的進入障礙。根據 QuestMobile 數據顯示，天貓雙 11 有 29 萬個品牌商家參與，1,400 萬件商品打折，提供 iPhone 手機「降價 600 元人民幣的優惠券」。這對於想要分一杯羹的新拍賣業者來說是不可能的任務。

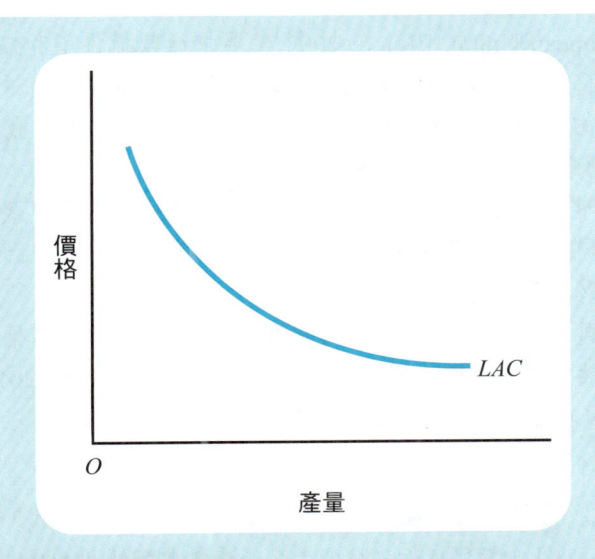

圖 8.1　規模經濟的進入障礙
當廠商在長期平均成本下降的階段生產時，任何一家以上的廠商成本都比他更高，這是一種進入的障礙。

實例與應用

微軟與獨占

　　2013 年 3 月，歐盟執行委員會 (European Commission) 以微軟違反和解承諾，未提供消費者 IE 以外的瀏覽器選擇，6 日開罰 5 億 6,100 萬歐元 (約新台幣 216 億元)。

　　在過去 10 年間，微軟迅速成長為世界上最大的軟體公司。在全球的個人電腦作業系統中，微軟的視窗作業系統占有率超過 95%。微軟的成功有很大一部分來自創新的技術、公司的行銷決策，以及總裁比爾‧蓋茲 (Bill Gates) 的努力。這種成功與強勢是否違反經濟原則或法律？微軟是否從事違反競爭及非法的商業行為？

　　微軟反托拉斯案最早由美國聯邦貿易委員會 (Federal Trade Commission, FTC) 於 1990 年展開調查，到 1993 年 8 月，由美國司法部接手。美國司法部的反托拉斯部門在 1998 年 10 月正式起訴微軟，並成為過去 20 年間最重要的反托拉斯訴訟案。美國聯邦地方法官傑克森 (Thomas Jackson) 在 1999 年 11 月 5 日晚間，發表長達 207 頁的事實認定書，結論中認定微軟確有濫用獨占地位，阻礙產品創新及損害消費者權益的事實。

　　傑克森法官舉出三大論點來證明「微軟享有獨占力」的事實：

1. 微軟在配備英特爾 (Intel) 的個人電腦作業系統市場占有率相當龐大且穩定。
2. 微軟享有優勢的市場地位，使其因市場進入的高度障礙而受到保障。
3. 大多由於受到進入障礙保護的緣故，微軟的客戶缺乏其它有利的選擇。

　　在歐洲，歐盟 (European Union, EU) 在 2003 年要求微軟提供不和媒體播放器搭售的作業系統，因為這會降低其它軟體公司開發與其競爭的多媒體軟體誘因，降低消費者的選擇性。經過多年的纏訟。歐盟執行委員會在 2008 年 2 月判罰微軟近 9 億歐元 (約新台幣 346 億元)，創歐盟 50 年來最高額的反競爭罰款。

　　此外，挪威網頁瀏覽器軟體廠商 Opera 於 2007 年 12 月具狀向歐盟控告微軟妨礙競爭，微軟將瀏覽器搭售作業系統具有絕對優勢，即使有 Google 的 Chrome 與 Firefox，市占率仍有 68%，居全球之冠。

　　微軟在 2009 年曾與歐盟達成協議，承諾讓用戶擁有瀏覽器選擇權，使得微軟免於受罰。不過，微軟雖然在 2010 年 3 月增加瀏覽器選擇功能，卻在 2011 年 2 月更新 Windows 7 時又取消此項功能，聲稱是「技術錯誤」。

資料來源：

1. 行政院公平交易委員會，《競爭政策通訊》，第 4 卷第 1 期、第 8 卷第 3 期，1999 年 10 月 25 日、2004 年 5 月 31 日。整理自行政院公平交易委員會網站 https://www.ftc.gov.tw。
2. 蕭白雪，〈反托拉斯，歐盟罰微軟 246 億〉，《聯合報》，2013 年 3 月 7 日。

另外一種形式的獨占來自廠商擁有關鍵生產因素，這家廠商就擁有形成獨占的市場力量。美國職籃 NBA 擁有全世界最好的明星球員、設備齊全的場館，以及提供待遇優渥的長期合約。譬如，2021 年 8 月 4 日，金州勇士隊 (Golden State Warriors) 與柯瑞 (Stephen Curry) 續約 4 年，價值 2 億 1,500 萬美元的合約，平均薪資約 5,400 萬美元，這使得其它國家的職籃相形見絀，無法與 NBA 競爭。

8.2 短期利潤極大化

作為獨占廠商，如自來水公司，不需要擔心對手降價競爭。由於獨占者就是市場，可以完全控制商品的銷售數量。儘管如此，是否意味著廠商能夠任意索取想要的價格？當然不是，皇冠文化擁有《哈利波特》的中文版權，為什麼一本書不賣 2,000 元？因為購買人數會減少，皇冠文化將得到較低的利潤。

想要極大化利潤，獨占廠商必須判斷其成本及市場需求的特性。依據對成本的瞭解，廠商必須決定商品的生產和銷售數量，然後再從市場需求曲線獲得每單位商品的訂價；換句話說，獨占廠商從市場需求曲線上同時決定商品價格及銷售數量。

平均收入與邊際收入

獨占廠商的平均收入 (average revenue, AR)——銷售每單位商品所收到的價格——可由市場需求曲線來表示；而想要決定利潤極大化的產出水準，廠商也必須知道邊際收入 (marginal revenue, MR)——額外銷售 1 單位商品所增加的總收入。

為了瞭解邊際收入、平均收入和總收入之間的關係，假設羅琳住在德州米德蘭鎮，全鎮居民僅 500 人，唯一的水井在她家後院，每一戶人家都要向她買水。水的需求曲線可以下列方程式表示：

$$需求：P = 20 - Q$$

在表 8.1 中，當水價每加侖是 20 元，沒有人買得起水，羅琳的總收入等於零；在水價為 19 元時，羅琳賣出 1 加侖，總收入等於 19 元；當價格等於 18 元，羅琳賣出 2 加侖的水，總收入則為 36 元。

第四欄是邊際收入，當銷售量從 1 加侖增至 2 加侖時，總收入可增加 17 元；亦即，生產第 2 加侖水的收入是 17 元。最後一欄是平均收入的資料。由於平均收入為總收入除以數量 ($AR = TR/Q$)，總收入等於價格乘以數量 ($TR = P \times Q$)，因此平均收入即為商品價格 ($AR = P$)。從表 8.1 可知，第一欄與最後一

表 8.1　獨占廠商的平均收入與邊際收入

價格 (P)	數量 (Q)	總收入 (TR)	邊際收入 (MR)	平均收入 (AR)
$20	0	$0	—	—
19	1	19	$19	$19
18	2	36	17	18
17	3	51	15	17
16	4	64	13	16
15	5	75	11	15
14	6	84	9	14
13	7	91	7	13
12	8	96	5	12
11	9	99	3	11
10	10	100	1	10

欄的數字完全相同。

　　比較表 8.1 第四欄與第五欄發現，除了第 1 加侖外，邊際收入始終小於平均收入。這是因為產品銷售增加 1 單位，價格必須下跌，在這種情形下，所有的商品銷售收入都會減少。譬如，當水由 1 加侖增加至 2 加侖，而價格從 19 元降低至 18 元時，邊際收入等於 17 元，是額外銷售 1 加侖水所增加的收入 18 元減去銷售第 1 加侖水的收入損失 1 元 (本來可賣 19 元，現在只能賣 18 元)，因此邊際收入 17 元小於平均收入 18 元。

　　圖 8.2 是將表 8.1 的平均收入與邊際收入繪在圖形上。獨占廠商面對的市場需求曲線是廠商的平均收入，因此 $P=AR=D=20-Q$。請注意：需求曲線斜率為負，且邊際收入曲線會在平均收入曲線的下方，$MR<AR$。如果需求曲線是一條直線，邊際收入曲線的斜率是需求曲線斜率的 2 倍 (絕對值)。邊際收入是總收入曲線的斜率，當邊際收入等於零時，總收入達到最大，亦即：

$$TR=PQ=(20-Q)\times Q=20Q-Q^2$$

$$MR=\frac{\Delta TR}{\Delta Q}=20-2Q$$

　　當 $MR=0$ 時，$Q=10$，$TR=100$，從表 8.1 中也可以知道，當 $Q=10$ 時，羅琳的收入最高。

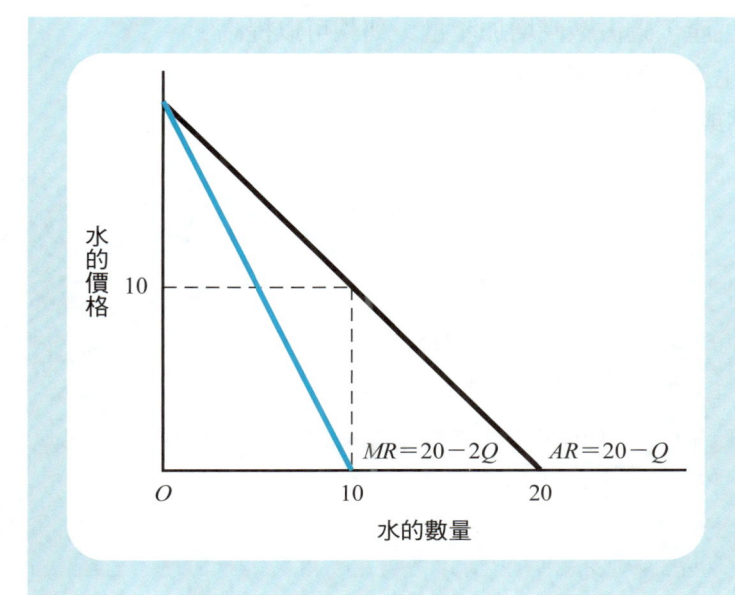

圖 8.2 平均收入與邊際收入

當平均收入曲線為 $P=20-Q$ 時，邊際收入曲線為 $P=20-2Q$。邊際收入小於平均收入，且斜率為平均收入曲線斜率的 2 倍。

短期利潤極大化

在考慮羅琳的收入後，現在可以討論獨占廠商短期的生產與訂價行為。想要追求利潤極大化，除了收入的資料外，還需要成本的資訊。假設羅琳鑿井取水的成本為：

$$TC = 10 + Q^2$$

獨占廠商的利潤函數可寫成：

$$\pi(Q) = TR - TC = (20Q - Q^2) - (10 + Q^2)$$

在第 7 章中，完全競爭廠商追求利潤極大的條件為 $MR = MC$，這也是獨占廠商追求利潤極大化的條件。為什麼？我們可以從圖 8.3 中得到答案。

圖 8.3(a) 畫出表 8.1 的總收入和總成本，以及相關的利潤；圖 8.3(b) 則顯示邊際收入和邊際成本。當產量處於較低的水準，如 $Q=2$ 時，總收入 $TR=36$，總成本 $TC=14$，而利潤 $\pi=22$。廠商增加生產，利潤會隨之增加 (如 $Q=3$ 時，$\pi=32$)。從圖 8.3(b) 來看，當商品數量較低時，獨占廠商的邊際收入大於邊際成本。

相反地，當產量處於較高水準，如 $Q=7$ 時，總收入 $TR=91$，總成本 $TC=59$，而利潤 $\pi=32$。若獨占廠商減少產量，利潤能夠隨之增加 (如 $Q=6$ 時，$\pi=38$)。從圖 8.3(b) 來看，商品數量較高時，獨占廠商的邊際收入小於邊際成本。

綜合上面的討論，我們可知：

1. 若廠商在 $MR > MC$ 處生產，獨占廠商增加產量，利潤可以提高。
2. 若廠商在 $MR < MC$ 處生產，獨占廠商減少產量，利潤可以提高。
3. 獨占廠商無法藉由提高或降低產量來增加利潤的唯一情況是 $MR = MC$。

邊做邊學習題 8-1

利潤極大化

(1) 假設華航飛台北—高雄航線是獨占，市場需求曲線為 $Q = 1,000 - 20P$。飛航台北—高雄的邊際成本固定為 $8，請求出利潤極大化價格。

(2) 騰訊面對的市場需求為 $P = 1,000 - 10Q$，而其邊際成本 $MC = 100 + 10Q$，請求出利潤極大化價格與產量。

類似問題：基礎題 1

因此，我們的結論是，在獨占廠商利潤極大化的產量，邊際收入一定等於邊際成本；亦即，若 Q^* 為利潤極大化的產量，則獨占廠商利潤極大化的條件為：

$$MR(Q^*) = MC(Q^*)$$

在圖 8.3(b) 中，邊際收入與邊際成本曲線相交所決定的產量 $Q = 5$ 是利潤極大化的產量。這個條件也可以從圖 8.3(a) 中觀察到。在圖 8.3(a) 中，當 $Q = 5$ 時，利潤函數達到最高水準；換言之，利潤函數斜率等於零的產量下，利潤達到最大。若以數學式來表示利潤函數的斜率，可寫成：

$$\frac{\Delta \pi}{\Delta Q} = \frac{\Delta TR}{\Delta Q} - \frac{\Delta TC}{\Delta Q} = MR - MC$$

因此，利潤極大化的條件是 $MR - MC = 0$，或 $MR = MC$。現在回到我們的例子，$MR = 20 - 2Q$，$MC = 2Q$，若 $MR = MC$，可得：

$$20 - 2Q = 2Q$$

經過整理，可以得到獨占廠商利潤極大化的產量 Q^* 為：

$$Q^* = 5$$

請注意：利潤極大化的產量是由圖 8.3(b) 中的 E 點決定，但價格對應的是 B 點的 15 元，而非 E 點的 10 元。B 點是在市場需求曲線而非邊際成本曲線上，故獨占廠商的短期均衡價格會大於邊際成本，這個結論與完全競爭廠商的短期均衡

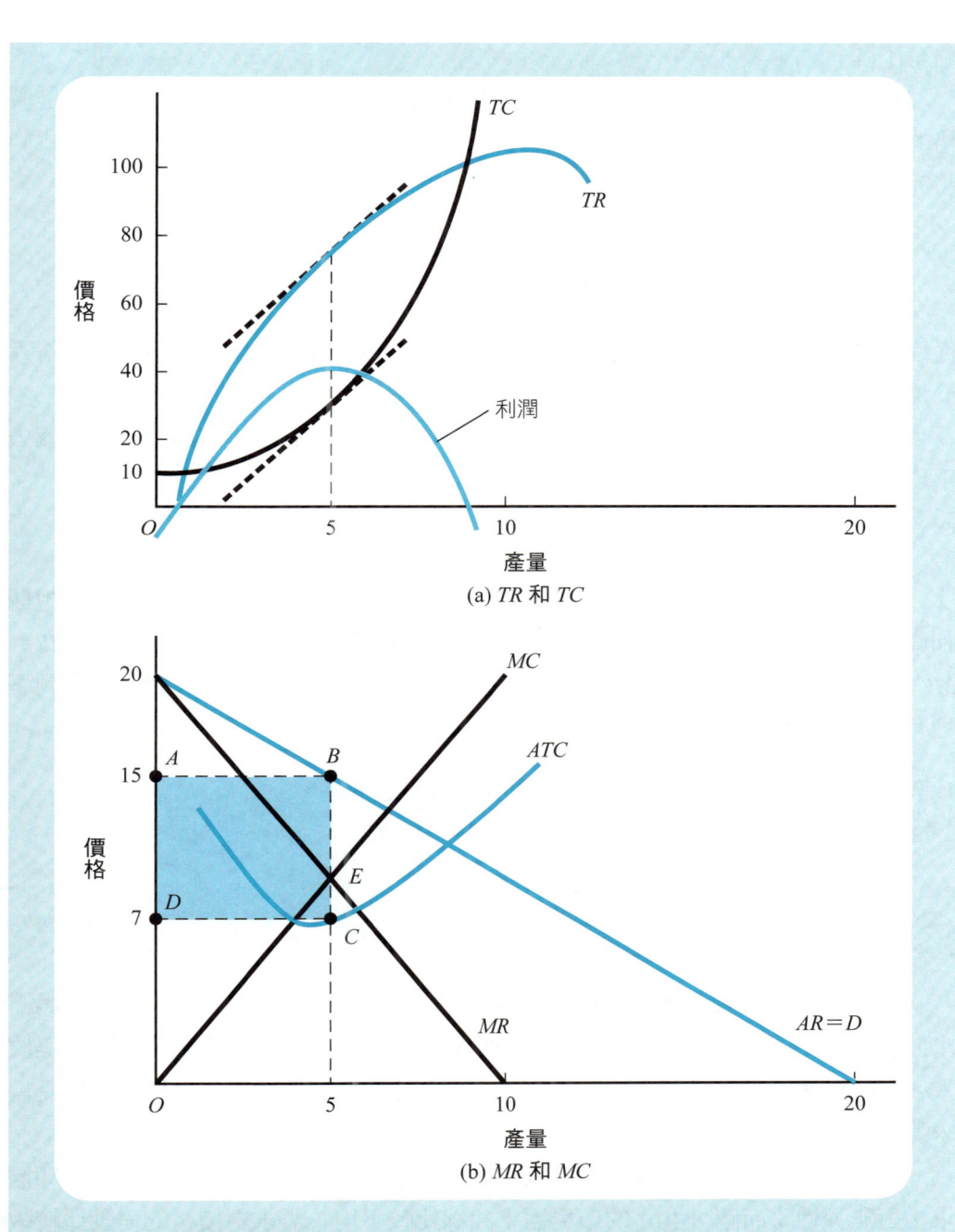

圖 8.3　利潤極大化

圖 (a)：顯示總收入、總成本和利潤函數。邊際收入是總收入曲線的斜率，而邊際成本是總成本曲線的斜率。利潤極大化的產量在 $Q=5$ 的地方，總成本曲線與總收入曲線在 $Q=5$ 時相互平行。圖 (b)：顯示邊際收入和邊際成本曲線。當邊際收入等於邊際成本時，決定利潤極大化的產量 $Q=5$，而在 $Q=5$ 時，獨占廠商將價格訂為 15 元。

略有不同。

在完全競爭市場中，儘管 $MR=MC$ 為利潤極大化的條件，但由於廠商是價格的接受者，面對的需求曲線是一條水平線，所以價格等於邊際收入。現在我們將完全競爭與獨占的短期均衡條件整理如下：

$$完全競爭廠商：P=AR=MR=MC$$
$$獨占廠商：P=AR>MR=MC$$

從以上的條件中，我們清楚地看到：在利潤極大的產量下，競爭性廠商的價格等於邊際成本，而獨占廠商的價格大於邊際成本。

至於獨占廠商的利潤是圖 8.3(b) 中的面積 $ABCD$。記得：利潤等於價格減去平均成本，再乘以最適產量：

$$\pi=(P-ATC)\times Q^*$$

當最適產量 $Q^*=5$ 時，平均成本是 7 元，如圖 8.3(b) 中的 C 點所示。短期利潤等於 $(\$15-\$7)\times 5=\$40$。因此，獨占廠商追求利潤極大化會選擇在 $MR=MC$ 的地方生產，只要 $P>ATC$，就享有正的經濟利潤。同理，我們可以得到下列有關獨占廠商短期均衡的另外兩種情況：

1. $MR=MC$，$AVC<P<ATC$，遭受虧損，仍繼續生產。
2. $MR=MC$，$P<AVC$，遭受虧損，暫時關門歇業。

8.3 反彈性訂價法則

我們剛剛看到獨占廠商利用 $MR=MC$ 的條件決定產量，然後再利用市場需求曲線決定商品售價，但實務上，管理階層並不清楚公司的邊際成本和邊際收入，有時候廠商是以成本再加上一個固定百分比作為訂價策略，這個差額是受需求彈性的影響，讓我們用圖形加以說明。

圖 8.4(a) 中的市場需求曲線比較陡峭，需求對價格的變動較不敏感，亦即需求相對無彈性；而圖 8.4(b) 的市場需求曲線比較平坦，需求對價格的變動比較敏感，也就是需求相對有彈性。兩個市場的利潤極大化價格都是 P^*。

比較兩個獨占市場，我們發覺利潤極大化價格與邊際成本的差額，稱為加成 (markup)，在需求相對無彈性時，加成幅度較大；而在需求較有彈性情況下，加成幅度較小。

為什麼需求彈性較大，加成幅度就較小？在現實生活中，任何獨占廠商常會

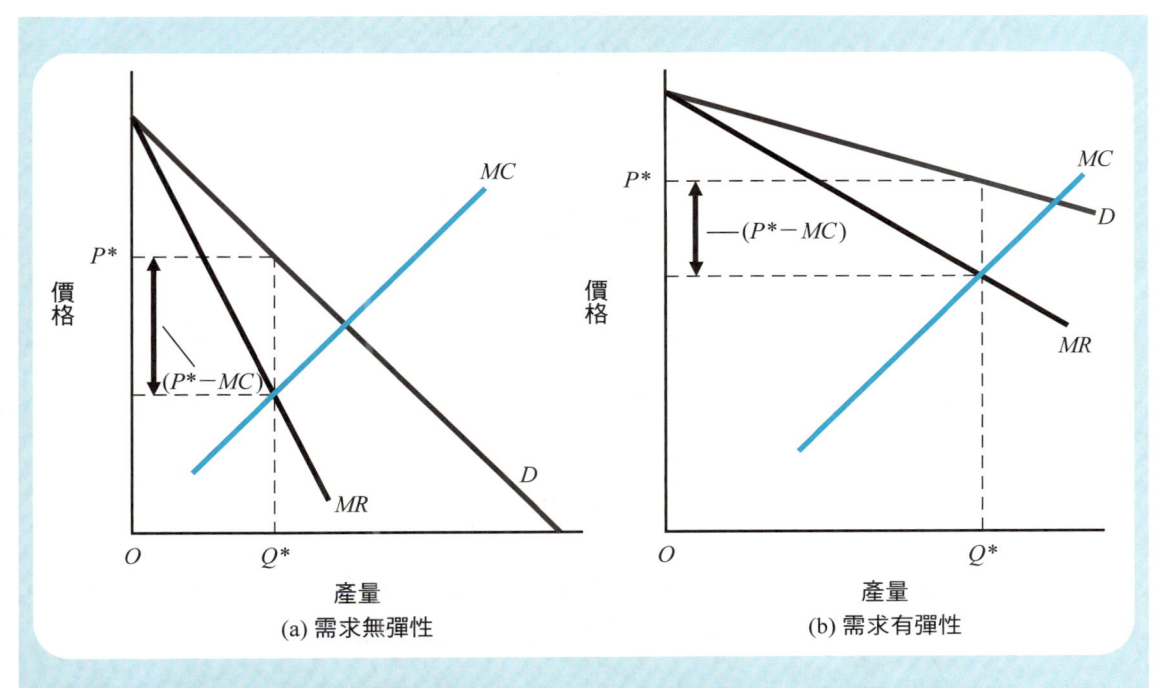

圖 8.4　需求彈性與加成

圖 (a)：市場需求相對無彈性，價格超過邊際成本的部分視為加成，$P-MC$ 的差額較大。
圖 (b)：市場需求相對有彈性，$P-MC$ 的差額較小。

面臨潛在廠商某種程度的競爭，如郵局的遞送服務受到快遞業者的強力競爭；中華電信的長途電話業務面臨台灣大哥大等業者的鯨吞蠶食。若獨占廠商的商品有非常相似的替代品，消費者對價格變動相對比較敏感，譬如，中華電信的行動電話費率漲價，消費者會改用台灣大哥大。因此，獨占廠商不太可能在邊際成本上加成太多。

推導反彈性訂價法則

現在讓我們用方程式來說明需求彈性與加成幅度之間的關係。首先，從邊際收入的式子開始：

$$MR = \frac{\Delta(PQ)}{\Delta Q}$$

請注意：市場需求曲線斜率為負，意味著價格與數量之間呈現反向關係。譬如，$P=a-bQ$，$\Delta P/\Delta Q=-b<0$，上式可改寫成：

$$MR = P + Q\frac{\Delta P}{\Delta Q}$$

若將 P 提出，可得：

$$MR = P\left(1 + \frac{Q}{P}\frac{\Delta P}{\Delta Q}\right)$$

記得：需求彈性 e_d 等於 $\frac{\Delta Q}{\Delta P}\frac{P}{Q}$，因此 $\frac{Q}{P}\frac{\Delta P}{\Delta Q}$ 是需求彈性的倒數，$1/e_d$。將此關係式與上式結合，可得：

$$MR = P\left(1 + \frac{1}{e_d}\right)$$

上式告訴我們，邊際收入受價格與需求彈性的影響，不要忘記，需求價格彈性 e_d <0，故 $MR<P=AR$。另外，上式也透露下列重要的關係：

1. 當需求有彈性時，e_d 絕對值大於 1 的情況下，邊際收入為正。
2. 當需求無彈性時，e_d 絕對值介於 0 與 1 之間，邊際收入為負。
3. 當需求是單一彈性時，e_d 絕對值等於 1，邊際收入等於零。

　　邊際收入與需求彈性，給我們另外一種表示獨占廠商利潤極大化條件的方式。由於廠商追求最大利潤需要 $MR=MC$，亦即，

$$P\left(1 + \frac{1}{e_d}\right) = MC$$

將上式集項，重新整理，我們可以得到：

$$\frac{P-MC}{P} = -\frac{1}{e_d}$$

其中 P 和 MC 代表利潤極大化下的價格與邊際成本；$P-MC$ 是價格超過邊際成本的部分，即加成；$(P-MC)/P$ 是加成占價格的百分比。我們將上式稱為<u>反彈性訂價法則</u> (inverse elasticity pricing rule, IEPR)。

　　IEPR 說明獨占廠商的最適加成等於需求價格彈性倒數的負數。請注意：加成的數值為正，因為需求價格彈性為負值。具體來說，IEPR 總結獨占廠商訂價行為與需求彈性之間的關係：獨占廠商面對的商品需求價格彈性愈大，價格超過邊際成本的幅度就愈小。

Chapter 8 獨占

完全競爭廠商的加成幅度為何？競爭性廠商是價格接受者，面對一條完全水平的需求曲線，其需求價格彈性為負無窮大 ($-\infty$)，意味著 $-1/e_d = 0$。因此，完全競爭廠商利潤極大化的價格等於邊際成本。

邊做邊學習題 8-2

利用 IEPR 計算獨占廠商的最適價格

Cama 咖啡專賣店煮拿鐵咖啡的邊際成本是 1 元，市場需求彈性固定為 -1.3。如果 Cama 想要從銷售拿鐵咖啡中得到最大利潤，請問 Cama 的拿鐵售價應制訂為多少？

類似問題：基礎題 2

獨占廠商不會在需求無彈性的區域生產

追求利潤極大的獨占廠商一定會選擇在需求有彈性的區域生產，圖 8.5 說明這個事實。

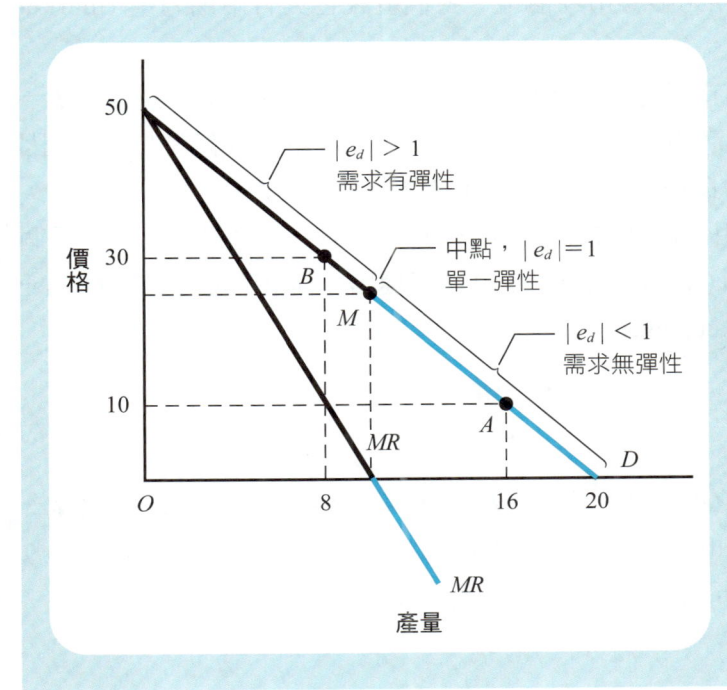

假設廠商一開始選擇在 A 點生產，$Q=16$ 和 $P=10$，總收入 $TR = P \times Q = 160$ 元。A 點是在需求無彈性的區域，藉由降低產量和提高售價，往 B 點移動，獨占廠商的利潤可以提高。在 B 點，產量為 8，價格為 30 元，總收入 $TR = P \times Q = 240$ 元。同理，任何位於需求無彈性區域的生產點，獨占廠商始終能夠找到需

圖 8.5 獨占廠商不會在需求無彈性的區域生產

A 點位於需求無彈性的區域，$P=10$、$Q=16$ 和 $TR=160$。藉降低產量和提高售價，如移到 B 點，總收入從 160 元增加至 240 元。因此，獨占廠商追求利潤極大，會選擇在中點以上的需求曲線訂價和生產。

求有彈性區域的生產點，而享有更高的經濟利潤。

除了從圖形觀察外，我們也可以利用 IEPR 來達到相同的結論。要瞭解為何如此，記得 $MR = P\left(1 + \dfrac{1}{e_d}\right)$。獨占廠商如果追求利潤極大，會選擇在 $MR = MC$ 大於零的地方生產，MR 大於零意味著 $P\left(1 + \dfrac{1}{e_d}\right)$ 大於零，但是要 $1 + \dfrac{1}{e_d}$ 大於零，需求彈性必須介於 -1 與 $-\infty$ 之間；也就是需求價格彈性的絕對值大於 1，需求是相對有彈性。因此，IEPR 隱含追求利潤極大的獨占廠商，一定會在需求有彈性的區域生產和訂價。

邊做邊學習題 8-3

廠商選擇在需求彈性大於 1 的區域生產

在何種條件下，追求最大利潤與追求最高營收的獨占廠商會索取相同價格？

類似問題：基礎題 3

量化市場力量：Lerner 指數

中華電信獨占最後一哩的用戶迴路，所以中華電信有決定電路費價格的能力。當一家廠商有能力能夠影響市場價格，我們會說它具有**市場力量** (market power)。

完全競爭廠商並沒有市場力量，因為競爭性廠商是價格接受者，選擇在 $P = MC$ 的地方生產。獨占廠商的利潤極大化價格超過邊際成本，具有獨占力量。因此，一個衡量市場力量的良好指標是價格超過邊際成本的程度。

具體而言，我們利用價格減去邊際成本的加成比率來計算獨占力量。這個衡量指標是經濟學家勒那 (Abba Lerner) 在 1934 年提出，稱為**市場力量的 Lerner 指數** (Lerner index of market power)：

$$L = \dfrac{P - MC}{P}$$

Lerner 指數介於 0 與 1 之間。對完全競爭廠商而言，$P = MC$，Lerner 指數等於零。任何不屬於完全競爭的產業，L 會大於零。Lerner 指數愈大，市場力量也愈大。IEPR 告訴我們，Lerner 指數與需求價格彈性成反比：

$$L = \frac{P-MC}{P} = -\frac{1}{e_d}$$

上式中的 e_d 是廠商面對商品需求曲線的彈性，而非市場需求曲線的彈性。如果需求彈性是 -0.1，則市場力量的程度是 10。一般來說，在獨占市場均衡時，Lerner 指數與需求彈性存在反向關係。如果獨占市場面臨替代產品強力的競爭，如中華電信的簡訊費率面臨台灣大哥大和遠傳電信的強力競爭，Lerner 指數就會很低，市場力量會比較薄弱。

Lerner 指數在實務的運作上有些缺點。譬如，廠商通常並不清楚自己的邊際成本是多少，此時可用平均變動成本來計算 Lerner 指數。另外，為逃避政府的審查，有時廠商的訂價會低於最適價格，Lerner 指數就無法衡量真正的獨占力量。最後，Lerner 指數忽略學習曲線與需求變動對售價的影響。

邊做邊學習題 8-4

Lerner 指數

一獨占廠商銷售產品的總成本函數 $TC = 1{,}200 + 0.5Q^2$，對應的邊際成本函數 $MC = Q$，市場需求曲線為 $P = 300 - Q$。請求出：
(a) 利潤極大化的產量與價格。
(b) 利潤極大化價格的需求價格彈性，並求出 Lerner 指數。

類似問題：基礎題 4

8.4 比較靜態分析

我們已經知道獨占廠商追求利潤極大化的訂價法則，以及需求價格彈性在價格制訂上所扮演的角色，現在我們可以來檢視需求或成本變動，如何影響獨占廠商的訂價及生產行為。

需求的移動

圖 8.6 顯示市場需求變動如何影響獨占廠商的均衡，假設一開始的市場需求是 D_1，對應的邊際收入曲線是 MR_1，利潤極大化的價格和產量分別為 P_1 和 Q_1。如果因為某個突發事件造成市場需求曲線向下移動，新的需求曲線和邊際收入曲線分別為 D_2 和 MR_2。請注意：MR_2 和 MC 的交點正是 MR_1 與 MC 的交點；亦即，利潤極大的產量相同，$Q_1 = Q_2$。但是，價格下跌至 P_2。

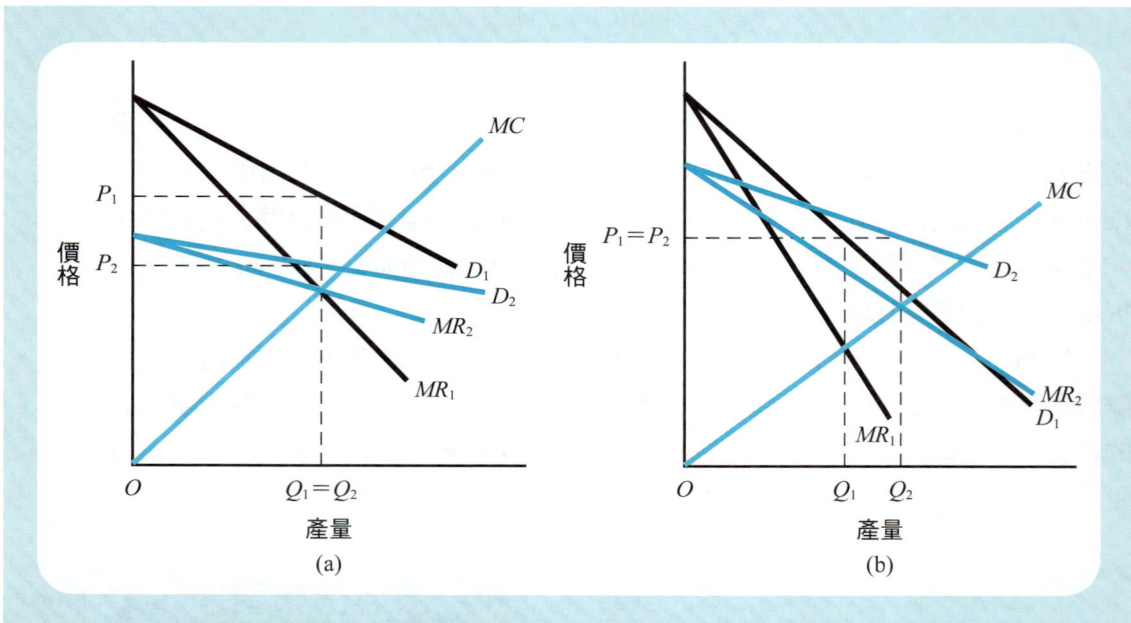

圖 8.6 比較靜態分析：需求的移動

需求移動顯示獨占廠商沒有供給曲線。圖 (a)：廠商在同一數量下，索取不同價格。圖 (b)：廠商在同一價格下，生產不同數量。

在圖 8.6(b) 中，新的需求曲線和邊際收入曲線也是 D_2 和 MR_2，MR_2 和 MC 的交點是在原均衡點的右邊，因此利潤極大的產量由 Q_1 增加至 Q_2，然而兩者的均衡價格是相同的，$P_1 = P_2$。

一般來說，需求的增加會造成價格和數量同時增加，但圖 8.6 的特殊情況告訴我們，獨占廠商的比較靜態分析結果與完全競爭並不相同：獨占廠商沒有供給曲線。在完全競爭市場中，廠商在不同價格下，提供特定的商品數量；而在獨占市場，廠商可能在不同價格下，生產同一數量，如圖 8.6(a) 所示；或在同一價格下，提供不同的數量，如圖 8.6(b) 所示。

課稅的變動

在第 7 章中討論政府對競爭廠商的產量課稅時，市場價格上漲的幅度小於稅額，稅賦由生產者和消費者共同負擔。在獨占市場中，課徵從量稅的分析有些不同，圖 8.7 可以證實這個論點。

假設政府對每單位的產量課徵 t 元的稅賦，以致廠商每銷售一單位商品就必

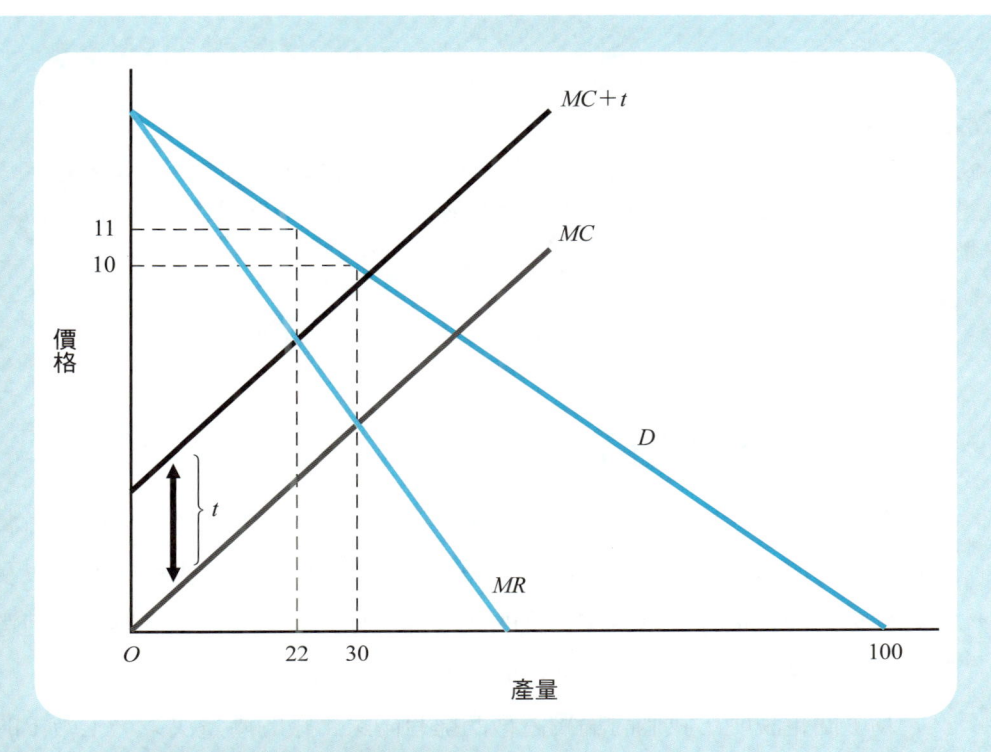

圖 8.7　比較靜態分析：課稅的影響

政府課徵 t 元的從量稅導致邊際成本曲線上移至 $MC+t$。均衡產量從 30 單位減至 22 單位，均衡價格從 10 元上漲至 11 元，廠商的總收入減少。

須繳 t 元的稅額給政府，因此廠商的邊際 (與平均) 成本上升 t 元，成為 $MC+t$，利潤極大化的條件變成：

$$MR=MC+t$$

在圖 8.7 中，原來的均衡價格和數量為 10 元和 30 單位，新的均衡價格和數量為 11 元和 22 單位，邊際成本曲線上移的結果，導致較高的價格和較低的數量。由於獨占廠商始終在市場需求有彈性的區域生產，課徵從量稅將使廠商的總收入減少。[2] 所以，如果四家無線電視台聯播 2012 年冬季奧運，政府課徵貨物稅，造成四家總收益減少，我們可以斷定四家無線電視台有聯合壟斷的事實。

---

[2] 在平迪克 (Robert S. Pindyck) 及魯賓菲爾德 (Daniel L. Rubinfeld) 於 2005 年出版的《個體經濟學》(*Microeconomics*) 第 10 章中提到，若市場需求曲線為固定彈性且邊際成本為一水平線，最適價格將是邊際成本的 2 倍，政府課徵 t 元從量稅，使邊際成本為 $MC=t$，則新的最適價格為 $2(MC+t)$；換言之，課稅後的價格上升幅度超過稅額 t。

邊做邊學習題 8-5

比較靜態分析：課徵從量稅

假設一獨占廠商面對需求價格彈性恆為 -4 的需求曲線，且其邊際成本為每單位 10 元。若政府向該獨占廠商課徵每單位 5 元的從量稅，則消費者購買 1 單位所必須付出的價格會如何變動？

類似問題：基礎題 5

8.5 多廠獨占

獨占是指市場只有一家廠商，一家廠商不是只有一家工廠。譬如，台灣電力公司的火力發電，有北部的林口火力發電廠、中部的通霄火力發電廠，以及南部的大林火力發電廠等。當每家工廠的成本都不相同時，獨占廠商應該如何選擇利潤極大的產量及價格？各家工廠之間的產量應該如何分配？

為了簡化說明，我們討論獨占廠商擁有兩家工廠的產量決策，工廠 1 的邊際成本是 MC_1，工廠 2 的邊際成本為 MC_2。想要找到利潤極大化的產量有以下三個步驟：

步驟 1：首先，我們要建構**多廠獨占邊際成本曲線** (multi-plant marginal cost, MC_T)。MC_T 是個別工廠邊際成本曲線的水平加總。譬如，在邊際成本每單位是 40 元時，工廠 1 生產 30 單位的商品，工廠 2 生產 50 單位的商品，因此當獨占廠商邊際成本是 40 元時，總產量是 80 單位。

步驟 2：找出獨占廠商利潤極大化的產出水準。這個答案很容易得到，獨占廠商會在邊際收入等於邊際成本的地方，$MR = MC_T$，實現最大利潤。在圖 8.8 中，總產量等於 40 單位時，獨占廠商有最大利潤，對應這個產量的最適價格是 40 元。

步驟 3：從 $MR = MC_T$ 的交點，畫一條水平線，可以得到最適邊際收入 $MR^* = \$20$。在 $MR^* = \$20$ 時，工廠 1 生產 15 單位的產量，工廠 2 生產 25 單

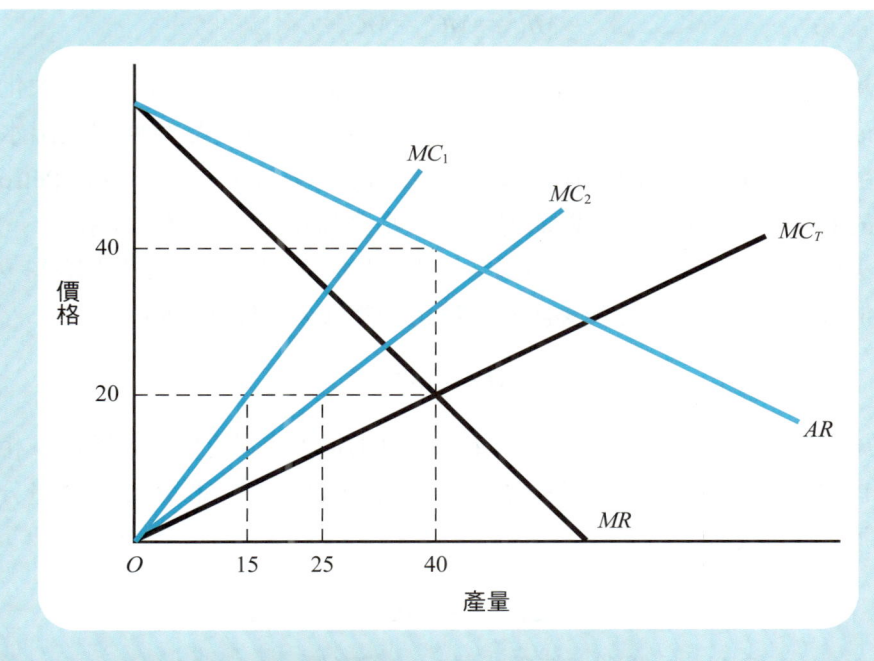

圖 8.8 兩家工廠的利潤極大化

兩家工廠獨占廠商的邊際成本為 MC_T。獨占廠商追求利潤極大化的條件是 $MR = MC_T$，生產 40 單位的商品，其中工廠 1 生產 15 單位，工廠 2 生產 25 單位，利潤極大化的價格為 40 元。

位的產量,[3] 亦即：

---

[3] 令 Q_1 和 TC_1 為工廠 1 的產量及總成本，Q_2 及 TC_2 為工廠 2 的產量及總成本，總產量 $Q_T = Q_1 + Q_2$。多廠獨占的利潤函數可寫成：

$$\pi = PQ_T - TC_1(Q_1) - TC_2(Q_2)$$

利潤極大化的一階條件為：

$$\frac{\Delta \pi}{\Delta Q_1} = \frac{\Delta (PQ_T)}{\Delta Q_1} - \frac{\Delta TC_1(Q_1)}{\Delta Q_1} = 0$$

$$\frac{\Delta \pi}{\Delta Q_2} = \frac{\Delta (PQ_T)}{\Delta Q_2} - \frac{\Delta TC_2(Q_2)}{\Delta Q_2} = 0$$

或

$$MR(Q_T^*) = MC_1(Q_1^*)$$
$$MR(Q_T^*) = MC_2(Q_2^*)$$

將上面兩式合併，可得：

$$MR(Q_T^*) = MC_1(Q_1^*) = MC_2(Q_2^*)$$

$$MR^* = MC_1 = MC_2$$

多廠獨占利潤極大化的三個步驟，也可以應用到卡特爾的利潤極大化。**卡特爾** (cartel) 是一群相互勾結的生產者，同意共同制訂商品價格與產出水準。卡特爾通常是國際性組織，如石油輸出國家組織 (Organization of the Petroleum Exporting Countries, OPEC)，成員包括沙烏地阿拉伯、伊朗、委內瑞拉等。

當卡特爾依照約定共同決定市場價格和產量時，就像是一家獨占廠商，因此卡特爾追求利潤極大的條件與多廠獨占追求利潤極大的條件相同：

$$MR = MC_T$$

至於卡特爾在各成員國之間分配產量的原則是：成員之間的邊際成本相等。如果 OPEC 只有三個會員，其邊際成本分別為 MC_1、MC_2 和 MC_3。產量分配必須滿足下列條件：

$$MR^* = MC_1(Q_1^*) = MC_2(Q_2^*) = MC_3(Q_3^*)$$

其中 Q_1^*、Q_2^* 和 Q_3^* 是個別卡特爾成員的最適產量。

邊做邊學習題 8-6

多廠獨占

假設鴻海在面板產業為獨占，面對的需求曲線為 $P = 120 - 3Q$，鴻海在台灣有兩家工廠：土城廠和台南廠。土城廠的邊際成本曲線為 $MC_1 = 10 + 20Q_1$，台南廠的邊際成本曲線為 $MC_2 = 60 + 5Q_2$。請求出：
(a) 鴻海的最適面板價格與產量。
(b) 兩家工廠的分配產量。

類似問題：基礎題 6

8.6 獨占廠商的長期

獨占廠商可以在短期享有正的經濟利潤，除非長期不再享有獨占優勢，否則長期可享有更高的利潤。原因是他可以調整生產規模，降低生產成本，擴大價格與平均成本間的差距，利潤幅度因此增加。完全競爭廠商的長期行為則大不相同，由於在長期，競爭性廠商可自由進出市場，藉由廠商數目的調整，經濟利潤等於零。

另一方面,獨占廠商在短期遭受虧損,可以在長期藉由尋找更有效率的生產規模,或是藉由強力廣告促銷商品來提高市場需求,轉虧為盈。如果這些手段都無法奏效,任何獨占廠商都無法在長期忍受虧損,只好關門大吉。因此,獨占廠商的長期均衡條件可整理成:

1. $MR=LMC$ 且 $P>LAC$,利潤為正。
2. $MR=LMC$ 且 $P<LAC$,利潤為負,退出市場。

圖 8.9 顯示獨占廠商的長期均衡。假設一開始,廠商的生產規模是 ATC_1,短期利潤極大的條件是 $MR=MC_1$,廠商選擇在 A 點生產 Q_1,價格訂在 P_1,廠商享有超額利潤。在長期,獨占廠商可以沿著長期平均成本曲線向下移動,尋求更低成本的生產方式。獨占廠商追求長期利潤極大,會在邊際收入與長期邊際成本相等之處——B 點生產。長期利潤極大化的產量是 Q_2,價格為 P_2,而利潤為價格超過長期平均成本的差額再乘以產量 Q_2,即圖 8.9 中陰影面積的部分。

廠商選擇的生產規模 ATC_2 低於原先的生產規模 ATC_1,產量擴增加上平均成本下降,使獨占廠商在長期享有更高的經濟利潤。

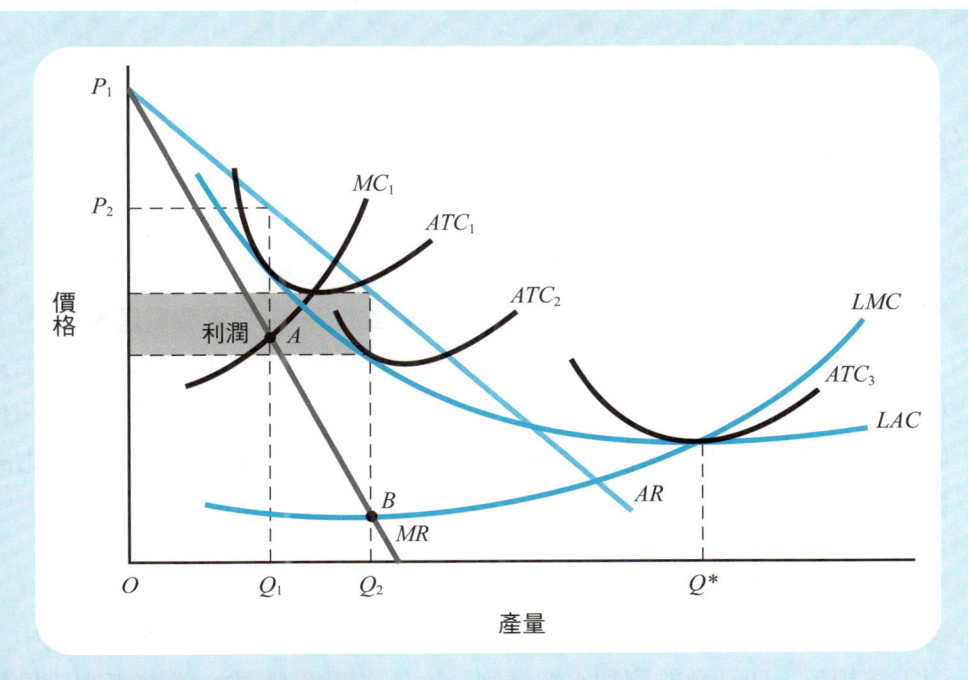

圖 8.9 獨占廠商的長期均衡

獨占廠商的短期均衡在 A 點,價格為 P_1,產量為 Q_1,廠商享有正的利潤。在長期時,廠商可調整生產規模至 ATC_2,此時長期均衡在 B 點,價格為 P_2,產量為 Q_2,廠商在長期的經濟利潤比短期更高。

請注意：完全競爭廠商在長期會選擇在 LAC 的最低點生產，故經濟利潤為零。獨占廠商並未在長期平均成本的最低點生產，即獨占廠商並沒有在最小效率規模水準下生產，這些長期利潤是屬於原來的獨占廠商所擁有。如果開放市場競爭，新加入廠商必須付出更高的代價才能留在市場，這個代價反映獨占廠商未來一連串利潤的現值總和，因此新廠商無法賺取超額利潤，只有原來廠商能夠享有正的利潤。

邊做邊學習題 8-7

長期均衡

若獨占廠商長期均衡產量恰在長期平均成本的最低點，則下列對該均衡的敘述何者正確？
(a) $P=LMC$。
(b) $AR=LMC$。
(c) $MR=LAC$。
(d) 利潤為零。

類似問題：基礎題 7

8.7 獨占的福利分析

因為進入障礙，獨占廠商在長期享有超額利潤。如以圖 8.10 來比較完全競爭市場與獨占市場的生產與效率，我們知道完全競爭選擇在供給與需求，或價格等於邊際成本的地方生產，均衡市場價格是 25 元，而均衡數量是 50 單位。

為了簡化分析，假設獨占與完全競爭面對同樣的需求與成本。獨占追求利潤極大化，會在 $MR=MC$ 之處生產，均衡價格是 40 元，均衡數量是 30 單位。從圖 8.10 中可以看出，獨占的均衡價格高於完全競爭的均衡價格，而獨占的均衡數量低於完全競爭的均衡數量。

獨占的無謂損失

現在我們可以來討論獨占與完全競爭的福利效果，在完全競爭市場中，供給與需求相等，使社會的福利水準達到最大。在圖 8.10 中，消費者剩餘是價格與需求曲線圍成的面積 $A+B+C$，生產者剩餘是價格與供給曲線圍成的面積 $E+F+G$，完全競爭均衡的總剩餘為面積 $A+B+C+E+F+G$。

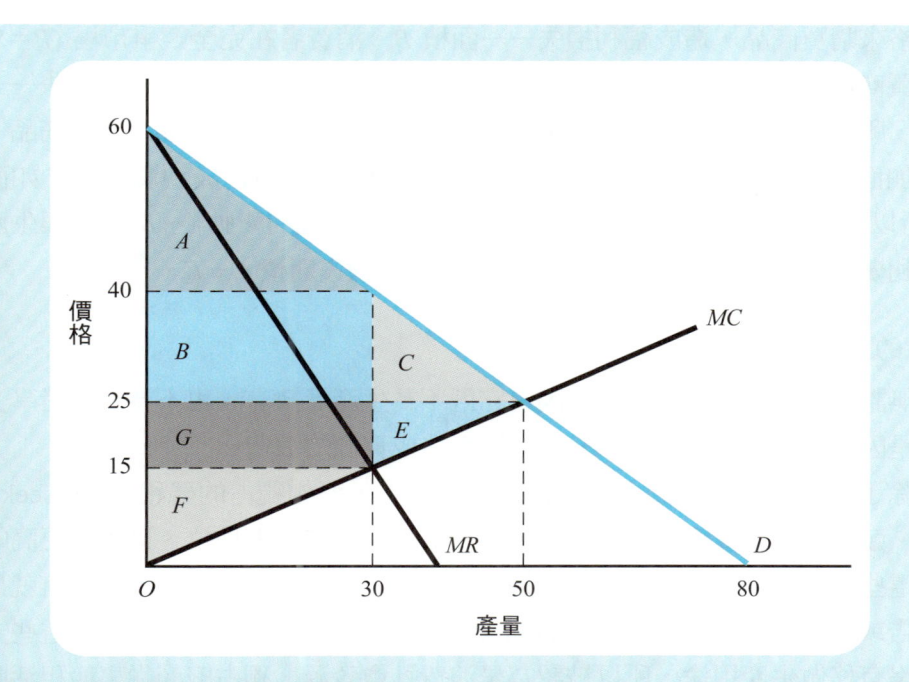

圖 8.10 獨占的無謂損失

獨占廠商利潤極大的產量為 30 單位，價格為 40 元，消費者剩餘是 A，生產者剩餘是 $B+G+F$；在完全競爭市場，均衡價格是 25 元，數量是 50 單位，消費者剩餘是 $A+B+C$，生產者剩餘是 $G+E+F$。兩者相較之下，獨占的無謂損失是 $C+E$。

在圖 8.10 中，獨占的消費者剩餘是價格 ($40) 與需求曲線圍成的面積 A。生產者剩餘是價格與邊際成本曲線圍成的面積 $B+G+F$。獨占的總剩餘是面積 $A+B+G+F$。

表 8.2 比較完全競爭與獨占的福利水準。表 8.2 的最後一欄指出，完全競爭的福利水準高於獨占的福利水準，多出的面積為 $C+E$，這個差異稱為獨占的無謂損失。

獨占無謂損失發生的原因是：消費者在獨占市場比在完全競爭市場支付更高

表 8.2 獨占市場的無謂損失

項目	完全競爭	獨占	剩餘的變動
消費者剩餘	$A+B+C$	A	$-B-C$
生產者剩餘	$E+F+G$	$B+F+G$	$B-E$
總剩餘	$A+B+C+E+F+G$	$A+B+F+G$	$-C-E$

的價格來購買商品,造成福利損失——面積 B。消費者在完全競爭市場 (P=$25) 會購買商品,但在獨占市場 (P=$40) 不會購買商品,因而造成福利損失——面積 C,所以消費者剩餘損失面積 B+C。生產者以較高價 (P=$40) 出售商品,福利增加面積 B。另一方面,銷售量減少 (50−30),進而造成利潤損失,如面積 E,所以生產者剩餘的福利增加 B−E。將消費者的福利變動 (−B−C) 與生產者的福利變動 (B−E) 加總,可得社會福利水準淨損失面積 C+E。

獨占的社會成本

無謂損失是一種社會成本,因為它既不為生產者擁有,也不為消費者享受,純粹是因為產量太低,產能未充分利用而造成資源的浪費。

除了無謂損失外,獨占還有其它社會成本,譬如獨占的競租 (rent seeking) 支出。競租是個人或廠商花費大筆金錢來取得或維持獨占地位,以賺取更高的利潤,這些手段包括國會遊說活動,捐贈競選經費來阻止潛在競爭者,還有就是刊登廣告或從事公益活動來逃避反托拉斯法 (antitrust law) 的指控。通常這些支出因為沒有移做生產用途,所以被認為是浪費社會資源。獨占廠商從事競租活動,來維繫其獨占地位。圖 8.10 中之面積 C+E 代表無謂損失的下限,而面積 B+C+E+F+G 則為其上限。

其次,獨占廠商無須面臨市場強烈競爭,心態比較保守,對新科技接受較緩慢,且缺乏創新誘因。譬如,美國郵局 (United States Postal Service, USPS) 的包裹遞送業務面臨 UPS 的低價競爭,已喪失 95% 的業務量;在信件業務則面臨網際網路電子郵件、LINE 和傳真的普及,逐漸喪失領導地位。郵局的獨占地位正受到新興快遞公司及科技的挑戰。

第三則是缺乏競爭讓管理鬆散、組織肥胖。獨占廠商即使不在最低成本處生產,公司仍享有超額利潤,這會造成公司主管怠惰、貪圖享受且浪費資源,如公款私用。李賓斯坦 (Harvey Leibenstein) 教授稱發生在獨占的組織鬆弛 (organizational slack) 現象為 X 型無效率 (X-inefficiency),X 型無效率大都是因資源擁有者缺乏動機而造成公司產出的減少,他認為獨占沒有效率是肇因於管理階層鬆散、不夠努力。

有些經濟學家認為獨占不全然沒有優點,如專利權的存在會鼓勵廠商從事創新。完全競爭廠商通常規模較小,且無力從事研究發展;獨占廠商因為專利而享有超額利潤,利潤可以用來從事研發創新。雖然基礎研究成果不見得百分之百商品化,但是一旦有商品成功上市,廠商產量增加會使平均成本下跌,社會大眾即可獲益,著名的愛滋病雞尾酒療法便是一例。

Chapter 8 獨占

此外，自然獨占是指市場由一家廠商供應的成本比兩家或兩家以上供應的成本要來得低，電力供應、有線電視、天然氣和自來水等都有自然獨占的特性。當廠商生產享有規模經濟時，擴大生產很容易就達到最小效率規模。

邊做邊學習題 8-8

獨占的福利成本

(1) 北平都一處在製作年糕是一獨占廠商，所面對的市場需求曲線為 $P = 100 - 2Q$，而製作年糕的邊際成本是 $MC = \dfrac{Q}{2}$。

(a) 請計算利潤極大化之獨占最適價格與產量。
(b) 若年糕市場為完全競爭且其供給曲線為 $P = \dfrac{Q}{2}$，請算出最適價格與數量。
(c) 比較獨占與邊際訂價法之生產者與消費者剩餘，請問獨占之無謂損失為何？
(d) 若市場需求變成 $P = 180 - 4Q$，獨占的無謂損失又為何？

(2) 如果騰訊的產品需求及邊際成本函數如下：

$$P = 1{,}000 - 10Q$$
$$MC = 100 + 10Q$$

請問：
(a) 福利極大化之產量及價格為何？
(b) 獨占的無謂損失是多少？

類似問題：基礎題 8

8.8 獨占的管制

獨占廠商具有市場力量，廠商的產品訂價高於完全競爭市場的產品價格，獨占下的產量小於完全競爭下的產量。價格大於邊際成本的結果，造成資源配置沒有效率，社會發生無謂損失。有關獨占所發生的種種問題，政府可有幾種選擇加以糾正：

1. 管制：政府可針對獨占事業的工作環境安全和健康與否進行管制，也可針對產品的售價、生產數量、品質及進出市場的標準加以規範，稍後將詳細探討管制的優劣。
2. 反托拉斯法：立法目的是防止廠商有壟斷市場的行為，以及確保公平競爭

的環境。美國第一個反托拉斯法是 1890 年的雪曼反托拉斯法案 (Sherman Antitrust Act)，目的在防止任何壟斷市場的行為發生，以及阻止任何妨礙交易的情形出現。雪曼反托拉斯法案的通過是因為當時製糖、菸草和石油製造業為增加銷售量而形成托拉斯 (trust)。這個組織壟斷整個市場，使產品價格大幅上升，造成農民生計日益艱困。

在 1914 年，美國分別通過克萊頓法案 (Clayton Act) 和聯邦貿易委員會法案 (Federal Trade Commission Act)。這三個法案構成美國反托拉斯法的基本架構。

我國於民國 80 年 2 月 24 日通過公平交易法，並在民國 81 年 1 月 27 日成立行政院公平交易委員會。公平交易法的立法宗旨是維護交易秩序與消費者利益，確保公平競爭，促進經濟安定與繁榮。

公平交易法的架構分成兩大部分：

(1) 規範反托拉斯行為：包括獨占行為、結合行為和聯合行為之定義、處分、禁止、例外等。

(2) 規範不公平競爭行為：包括維持轉售價格行為、妨礙公平競爭行為、虛偽不實廣告行為、其它足以影響交易秩序的欺罔或顯失公平行為的禁止及罰則。

如果社會有發生違反公平交易法的規定，而危及公共利益時，公平交易委員會得依檢舉或自身之權責調查處理。

3. 標售獨占權利：政府可以邀集私人業者來競爭自然獨占的權利。政府相關單位可在報章或上網詳細公告標準內容，譬如，消防、垃圾處理等，而由出價最低者或最接近底價者得標，這種作法可減少無謂損失。得標廠商為了提高本身利潤，也會努力降低成本，讓資源有效利用，譬如，台灣高速鐵路的 BOT 案，即由中華高鐵與台灣高鐵競標；運動彩券則由台北富邦銀行、中國信託銀行等競標。

4. 不加任何干涉：在第 7 章中討論政府政策與效率時，任何不尊重市場機能的政策都會引來社會無謂損失。有些經濟學家認為任何干涉和企圖改進獨占的效率損失，本身就會引起另外一種福利損失，最好的方法是由市場那一隻看不見的手來主導。

政府的管制

反托拉斯法的目的之一為禁止廠商有聯合壟斷的行為，政府的管制是對既存的獨占事業予以規範；換句話說，獨占的存在有其經濟理由，我們從兩個角度加以說明。

首先，從公眾利益的角度觀察，獨占廠商通常享有超額利潤。政府對價格與數量適當規範，可以增進社會福利。尤其是自然獨占事業，享有規模經濟，與其由多家小廠供應，不如由一家廠商獨家供應的生產效率來得高些。譬如，自來水公司及地區性的天然氣公司都是由一家廠商來供應這個地區所有的客戶需求。

其次，從廠商利益的角度觀察，任何能夠增加廠商利潤的獨占事業，廠商會盡力促請立法限制其它廠商競爭或阻止新廠商進入，理由包括惡性競爭影響消費者權益。譬如，不肖計程車業者的犯罪行為，如搶奪或傷害，讓許多大城市採取管制措施。其次，管制能夠確保服務品質，特別是像醫生、律師、建築師等需要執照的行業。如果沒有適當管制，可能會發生無照行醫或非合格建築師的情形。

政府對於自然獨占採取價格管制方式，可以分為兩種：(1) 邊際成本訂價法 (marginal cost pricing principle)；(2) 平均成本訂價法 (average cost pricing principle)。通常，自然獨占廠商的固定成本較高，當廠商擴充產量增加時，所分攤的平均成本會逐漸減少，故長期平均成本 (LAC) 曲線是負斜率的，如圖 8.11 所示。

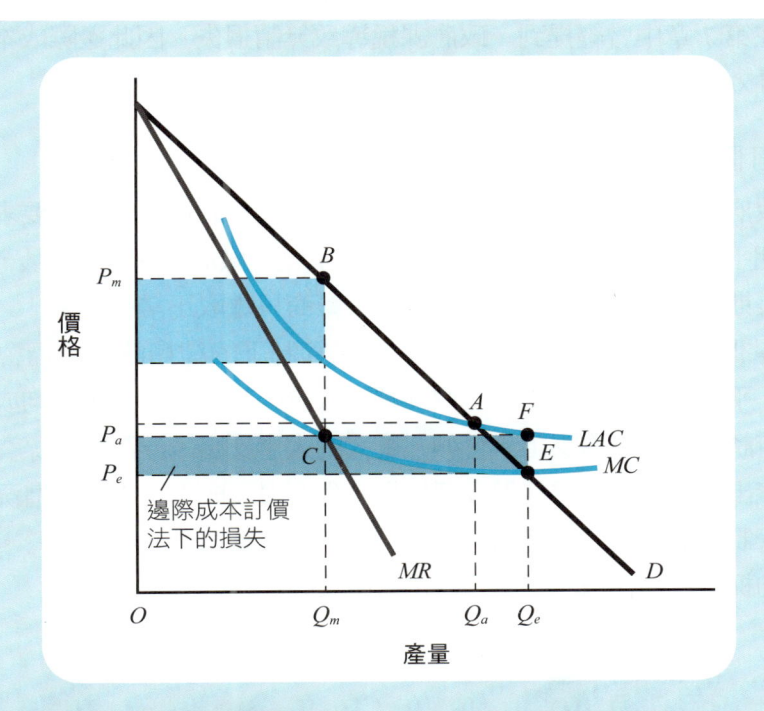

圖 8.11　獨占的價格管制

政府價格管制有兩種方式：(1) 邊際成本訂價法：$P=MC$，均衡點在 E 點，產量是效率產量 Q_e，此時廠商有損失；(2) 平均成本訂價法：$P=LAC$，此時廠商利潤等於零，只賺取正常利潤。

如果政府未進行任何管制，廠商追求利潤極大化，會選擇 $MR=MC$ 的交點生產，產量為 Q_m，價格是 P_m。儘管享有獨占利潤，卻因為價格 (B 點) 大於邊際成本 (C 點)，資源分配沒有效率，而有無謂損失。如果產量能夠提高，消費者的福利可以獲得改善。因此，政府可要求獨占依循邊際成本訂價法或平均成本訂價法兩種方式生產。

邊際成本訂價法

如果政府著眼於公眾利益，希望獨占廠商的生產能夠符合經濟效率，就會要求廠商在價格等於邊際成本 ($P=MC$) 處生產，此時社會的總剩餘達到最大。廠商價格訂在 P_e，產量在 Q_e，如圖 8.11 所示。

當廠商生產享有規模經濟時，邊際成本會低於長期平均成本。譬如，有線電視的變動成本只是服務人員將纜線接通的成本。如果廠商在 Q_e 生產，長期平均成本 (F 點) 超過邊際成本 (E 點)，獨占廠商在長期會遭受經濟損失。

當然，任何廠商都無法長期忍受虧損，政府要讓獨占廠商能夠生存，只有對其加以補貼一途。然而，補貼會衍生一個問題：政府必須靠稅收來補貼獨占廠商的虧損。在第 7 章中曾經提到，政府課稅導致無謂損失，因此邊際成本訂價法是政府在犧牲效率前提下，讓獨占享有經濟效率。

平均成本訂價法

如果政府不想補貼，又希望消費者能夠享有較多的福利，它會要求廠商在價格等於長期平均成本 ($P=LAC$) 處生產。在 A 點，廠商生產 Q_a 產量，此時價格剛好通過長期平均成本，經濟利潤等於零，廠商只賺取正常利潤。

當產量低於 Q_a 時，社會總剩餘大於無管制下的總剩餘，但仍會有無謂損失。另外，平均成本訂價法還有一個問題：政府強制獨占廠商按平均成本訂價，廠商將沒有誘因節省成本支出。譬如，龐大的人事支出、浮濫的交際費用，或假借考察名義出國旅遊等。這種現象同樣會發生在邊際成本訂價法的情況。

除了管制自然獨占的價格以外，政府可將民間獨占企業收歸國營。許多歐洲國家政府均採行此種作法，如法國將電信產業收歸國營就是一例。

8.9 差別訂價

到目前為止，我們說明獨占廠商對所有的消費者索取相同的價格。當獨占廠商面對負斜率需求曲線時，利潤極大化的價格高於邊際成本，廠商的生產者剩餘較完全競爭下的生產者剩餘多，但社會總剩餘卻減少。擁有市場力量的獨占廠商

是否能夠針對不同消費者,藉著索取不同的價格來奪取更多的剩餘?答案是:獨占廠商可以藉由差別訂價來獲取更多剩餘。

差別訂價 (price discrimination) 是對不同消費者購買同樣的商品,索取不同的價格。譬如,航空公司對於價格敏感者,如家族旅遊,以事先訂位的較低價格吸引乘客;或為願意付高價、急需搭機的商務旅行者保留部分機位;或是像超市販賣食品所提供的數量折扣,買大包裝或一次購買較多數量者可以享有較低單價的優惠。

差別訂價的條件

廠商如何能夠分辨不同的消費者而實施差別訂價?差別訂價的成立必須符合下列四個條件:

1. 廠商要有控制價格的能力。若銷售同質產品,完全競爭廠商規模小,任意提高價格會喪失所有顧客,故無法實施差別訂價;獨占廠商卻不同,他面對負斜率的需求曲線,對商品售價有部分的影響力,所以是價格制訂者。
2. 至少有兩群或兩群以上需求彈性不同的消費者,且廠商擁有消費者願意支付價格的資訊。譬如,老年人與年輕人的消費能力不同,通常老年人對價格的敏感度比年輕人高。
3. 廠商要有能力分辨不同消費者。廠商可依據時間、地域、數量、證件等特性來區隔市場。譬如,早場電影與午夜電影消費族群不同,電影院可依進場時間來區分消費者;同樣的香蕉,銷往日本與銷往歐洲的市場價格不同;台北市的公車可以用證件來區分軍警、學生及一般乘客。
4. 廠商有能力防止產品轉售。雖然廠商能夠區隔市場,但若無法禁止商品轉售,民眾就可以買低賣高,從事套利行為。譬如,為防止轉售行為,特惠機票的代號 (class) 與一般機票代號不同。

差別訂價的例子

在美國有許多餐館會提供折扣給老年人,台灣有些餐廳也是如此。譬如,台北市的凱達大飯店,65 歲以上貴賓給予 8 折優惠。65 歲通常是處於退休階段,而退休金收入往往不及一般上班族的薪資收入,因此老年人對商品價格的敏感度會比較高,也就是需求的價格彈性比較大。

另外,航空公司也深諳此道,對於老年人提供若干優惠。一般上班族因為工作需要,常常必須在第一時間和顧客見面,為了應付突發狀況及避免錯失商機,再加上公司會支付機票費用,因此上班族對機票需求彈性較小;相反地,退休者

沒有時間急迫性，旅行不但可以事先規劃，還可以選擇不同的交通工具，如果機票太貴，就選擇乘坐巴士。因此，美國國內航線會針對顧客族群與預訂時間早晚進行差別訂價，如從華盛頓首府到舊金山的來回機票，經濟艙票價是 1,531 美元，如果在兩個星期前預訂並渡過星期六，經濟艙票價可以低到 205 美元。

折價券 (coupon) 是另外一個例子。像賣場或速食店會提供特價商品的折價券，憑券可購買到比市價便宜 30% 到 50% 的商品。這些賣場為什麼不乾脆降價，卻要如此大費周章？答案是折價券讓廠商可以區隔市場，進行差別訂價。廠商知道並不是所有的消費者都願意花時間蒐集折價券，有些人覺得時間就是金錢，花費時間注意各種折價券成本太高，這些人對價格的敏感度較低。

有些廠商則利用**事後折扣** (rebate) 來進行差別訂價。譬如，先前向 Verion Wireless 購買 iPhone 7，寄回包裝即可現抵 100 美元；有些則是在產品包裝上印製折價券，只要郵寄回公司，就可以得到現金回饋。

一般的量販店通常會進行**數量折扣** (quantity discount)。譬如，購買 5 公升裝沙拉油和 1 公升裝沙拉油價錢不一樣；零買 1 罐可口可樂要 15 元，一次買 24 罐就只要 240 元；便利商店則採用買一送一，或以購買第二件相同商品享有折扣的方式來促銷。

還有一種是尖峰—離峰訂價法，是在不同時段向消費者收取不同的價格。遊樂場每逢週末人潮擁擠，邊際成本較高，可收取較高的門票價格；而在平時週間顧客稀少，遊樂場會給予適當優惠，如門票折扣以招徠顧客。早晚場電影、尖峰離峰用電，都屬於這種差別訂價。

差別訂價有三種基本類型，在此將逐一探討。

第一級差別訂價

第一級差別訂價 (1st degree price discrimination) 是廠商針對各個消費者，索取每一單位商品的保留價格 (即消費者願意支付的最高價格)。譬如，每年 6 月會計師完成客戶的各項財務報表，他們很清楚地知道客戶願意支付簽證費用的多寡；一個好的房屋仲介知道如何分辨購屋客戶僅需提供一點折扣，或是想要更低價格。

第一級差別訂價又稱為**完全差別訂價** (perfect price discrimination)，完全差別訂價是依據每一個消費者願意付出的價格來制訂商品價格。從第 7 章中的討論得知，需求曲線上的每一個點正是衡量消費者願意支付的價格。譬如，有一名女子向整型醫生要求整容，假設她願意付 10 萬元，醫生會向她索取 10 萬元，並獲得所有消費者剩餘；若另一名女子願意花 9.9 萬元整型，則醫生會向她索取 9.9 萬

元,並將消費者剩餘完全占為己有。如果你能夠完全差別訂價,每一單位商品的價格將等於消費者所購買單位商品的保留價格。

如果商品的需求曲線與邊際成本,如圖 8.12 所示。廠商的銷售數量是多少?只要價格大於邊際成本,廠商就享有超額利潤。因此,最適銷售數量為 Q_1,因為超過 Q_1,每多賣一單位商品,邊際成本超過收到的價格,利潤反而減少。具體來說,實施第一級差別訂價的條件是廠商選擇在 $P=MC$ 處生產。

在圖 8.12 中,如果獨占廠商採取單一訂價方式,商品價格訂在 P_m,想要生產和銷售的數量在 Q_m,生產者剩餘為面積 $B+E+H$。獨占廠商並沒有獲取所有的剩餘,因為沒有得到消費者剩餘,即面積 A。無謂損失為面積 $F+G$,是一種福利損失,並不為生產者所擁有。

表 8.3 顯示,獨占廠商實施完全差別訂價的產量為 Q_1,商品價格為 P_1,生產者剩餘是需求曲線與邊際成本曲線圍成的面積 $A+B+E+F+G+H$。值得注意的是,消費者沒有任何剩餘,因為生產者已獲得所有剩餘,無謂損失也不見了。所以,完全差別訂價的社會總剩餘達到最大,資源分配已達效率境界。

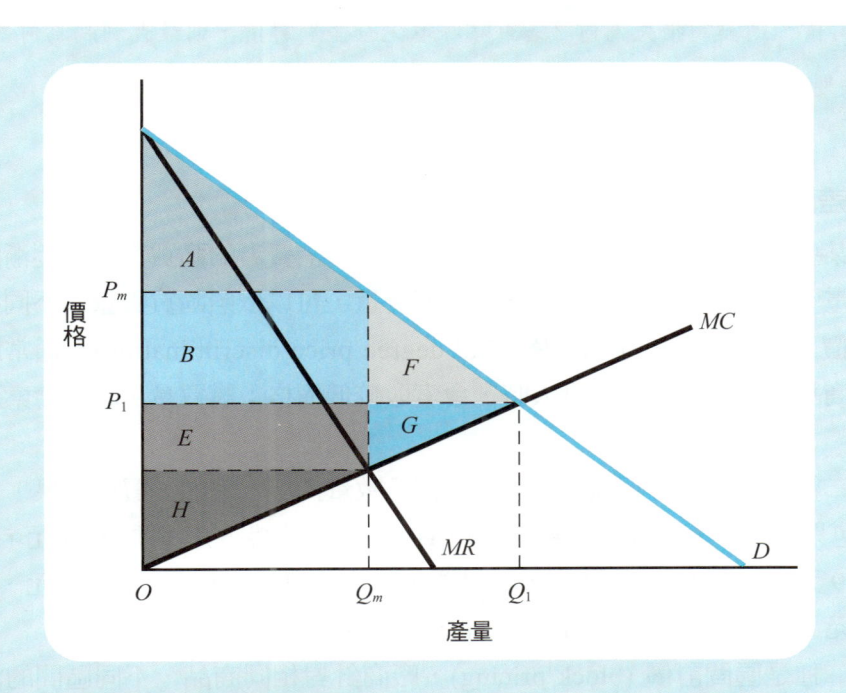

圖 8.12 第一級差別訂價

追求利潤極大化的獨占廠商索取單一價格會生產 Q_m,並索取 P_m 的價格,生產者剩餘是 $B+E+H$。若廠商實施第一級差別訂價,價格會在 P_1,產量則為 Q_1,生產者剩餘為 $A+B+E+F+G+H$,沒有消費者剩餘,也沒有無謂損失。

▷ 表 8.3　第一級差別訂價

項目	單一價格	第一級差別訂價
消費者剩餘	A	0
生產者剩餘	$B+E+H$	$A+B+E+F+G+H$
總剩餘	$A+B+E+H$	$A+B+E+F+G+H$
無謂損失	$F+G$	0

邊做邊學習題 8-9

獨占的差別訂價

(1) 台灣自來水公司的變動成本為 $VC=Q^2$，邊際成本為 $MC=2Q$，且面臨的市場需求曲線為 $P=40-3Q$（固定成本＝0）。
(a) 若自來水公司制訂單一價格來追求利潤極大化，請問最適價格為何？
(b) 若自來水公司實施完全差別訂價，利潤可增加多少？

(2) 如果蘇寧的產品需求函數為 $P=120-10Q$，總成本為 $20Q$，政府給予蘇寧特許，若採取無差別訂價，則無謂損失為何？若蘇寧採取完全差別訂價，則最大利潤為何？

類似問題：基礎題 9

第二級差別訂價

在某些市場裡，消費數量超過一定門檻後，消費者的購買意願會逐漸降低，如水、電、瓦斯等。如果廠商希望刺激消費量，可以依照購買數量的不同，採取差別訂價，此即**第二級差別訂價** (2nd degree price discrimination)。通常廠商銷售同一商品，當消費者購買量大時，會索取較低價格；購買量少時，會索取較高價格。

第二級差別訂價有兩種方式。第一種是數量折扣，譬如，買可樂果，1 包 40 元，3 包只要 100 元；光華商場的空白 DVD，100 片裝的售價是 600 元，單買 1 片則要 9 元。以圖 8.13(a) 為例，如果買 100 片空白 DVD 價格是 600 元，平均 1 片是 6 元；如果買 500 片，價格是 2,000 元，平均 1 片是 4 元。

第二種是**區間訂價** (block pricing)，廠商針對相同商品，不同區間的消費數量，索取不同的價格，這是電力公司、自來水公司及天然氣公司常採取的方式。以圖 8.13(b) 為例，假設自來水公司享有規模經濟，產量愈大，平均成本愈低，自來水公司可以採取區間訂價的方式來進行差別訂價。當消費數量低於 Q_1 時，廠商針對每單位商品索取價格為 P_1；當消費數量介於 Q_1 和 Q_2 之間，廠商針對

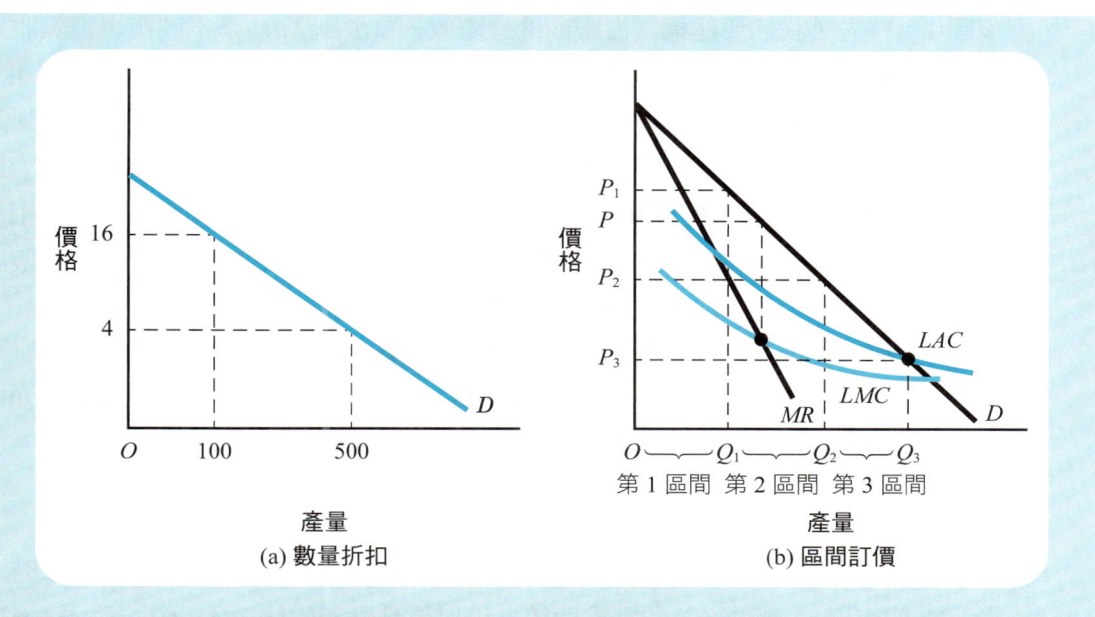

圖 8.13 第二級差別訂價

圖 (a)：數量折扣的圖形。消費者購買量大，平均價格下跌。圖 (b)：區間訂價的圖形。消費者的消費量在 O 到 Q_1 之間，廠商針對每單位索取價格為 P_1；在 Q_1 至 Q_2 之間，廠商針對每單位索取價格為 P_2；在 Q_2 至 Q_3 之間，廠商針對每單位索取價格為 P_3。

每單位商品索取價格為 P_2；當消費數量介於 Q_2 與 Q_3 之間，廠商針對每單位商品索取價格為 P_3。

這種差別訂價一方面可以增加消費者福利；另一方面又可提高廠商利潤：不同區間的平均價格 $(P_1+P_2+P_3)/3$ 低於單一訂價 P。區間訂價的消費者剩餘比單一訂價的消費者剩餘來得高，從圖形觀察，價格等於 P_3 的消費者剩餘大於價格等於 P 的消費者剩餘 (即獨占廠商利潤極大化的單一價格)。區間訂價的生產者利潤比單一訂價的生產者利潤來得高，觀察圖形，價格等於 P_1 和 P_2 的利潤總和大於價格等於 P 的利潤。

第三級差別訂價

第三級差別訂價 (3rd degree price discrimination) 是廠商依不同的消費者需求，將顧客區分成兩個或兩個以上的市場，並對不同市場的消費者收取不同的價格。市場上最常見的第三級差別訂價形式的例子，包括：機票 (一般乘客與學生特惠票)、衛生紙 (舒潔與家樂福自有品牌)、學生與年長者的折扣等。

以凱達大飯店為例，顧客可以分成兩群：老年人及一般顧客。凱達大飯店針對不同族群顧客應該制訂什麼樣的價格？我們用下列三個步驟加以說明：

步驟 1：首先，我們要建構獨占廠商的邊際收入 MR_T，MR_T 是不同市場邊際收入曲線的水平加總。以圖 8.14 為例，在邊際收入每單位是 20 元時，第 1 個市場的產量是 20，第 2 個市場的產量是 30。因此，當獨占廠商 (凱達大飯店) 的邊際收入是 20 元時，產量為 50 單位。

步驟 2：找出獨占廠商利潤極大化的產量；亦即，在邊際成本與邊際收入相等時，$MR_T = MC$，獨占廠商的利潤達到最大。在圖 8.14 中，凱達大飯店利潤極大化的顧客人數為 50，對應這個產量的最適邊際收入是 20 元。

步驟 3：從 $MR_T = MC$ 的交點畫一條水平線到縱軸，可得最適邊際收入 $MR_T^* = 20$。在 $MR_T^* = 20$ 時，第 1 個市場 (一般顧客) 的產量 (顧客人數) 是 20，第 2 個市場 (老年人) 的產量 (顧客人數) 是 30，[4] 亦即，

$$MR_1 = MR_2 = MR_3$$

不同市場的邊際收入必須相等且等於獨占廠商的邊際成本。當 $Q_1^* = 20$ 時，從第 1 個市場 (一般顧客) 的需求曲線，可以得到最適價格 $P_1^* = 50$；當 $Q_2^* = 30$ 時，從第 2 個市場 (老年人) 的需求曲線，能夠得到最適價格 $P_2^* = 30$。從圖 8.14 來看，凱達大飯店向每位老年人索取的價格 ($P_2 = \$30$)，是一般顧客給付價格 ($P_1 = \$50$) 的 6 折。我們也可以利用 IEPR 來說明這個事實。

獨占廠商實施第三級差別訂價，利潤極大化的條件為 $MR_1 = MR_2 = MC$，

---

[4] 我們可以找出獨占廠商實施第三級差別訂價後，利潤極大化的條件。令 P_1 是對第 1 個市場消費者所收取的價格，P_2 為對第 2 個市場消費者索取的價格。由於只有一家工廠，故總成本為 $TC(Q_T)$，其中 $Q_T = Q_1 + Q_2$。利潤函數可寫成：

$$\pi = P_1 Q_1 - P_2 Q_2 - TC(Q_T)$$

利潤極大化的一階條件為：

$$\frac{\Delta \pi}{\Delta Q_1} = \frac{\Delta(P_1 Q_1)}{\Delta Q_1} - \frac{\Delta TC(Q_T)}{\Delta Q_1} = 0$$

$$\frac{\Delta \pi}{\Delta Q_2} = \frac{\Delta(P_2 Q_2)}{\Delta Q_2} - \frac{\Delta TC(Q_T)}{\Delta Q_2} = 0$$

或

$$MR_1(Q_1^*) = MC(Q_T^*)$$
$$MR_2(Q_2^*) = MC(Q_T^*)$$

將上面兩式合併，可得：

$$MR_1(Q_1^*) = MR_2(Q_2^*) = MC(Q_T^*)$$

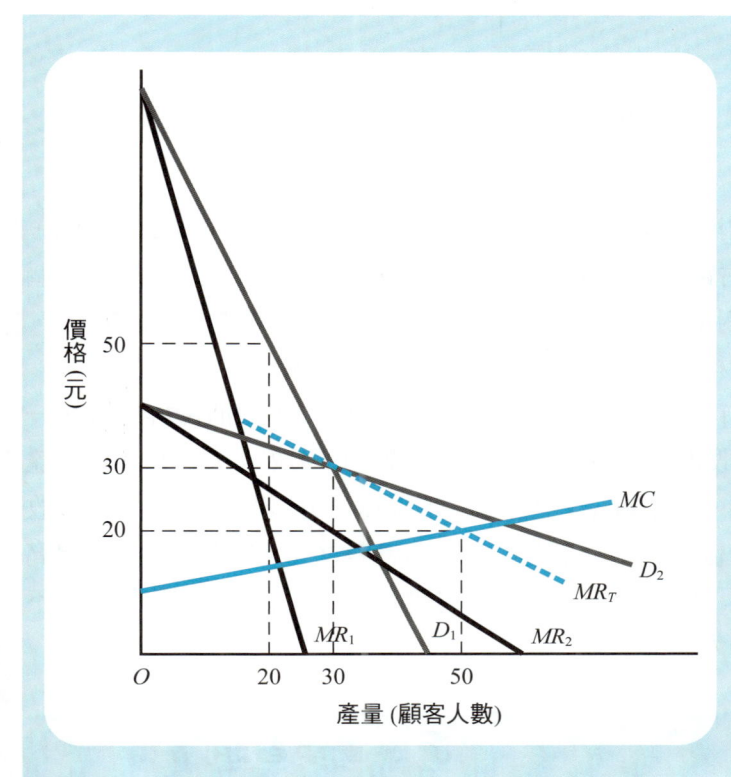

圖 8.14 第三級差別訂價

獨占廠商會在 $MR_T = MC$ 的地方生產。第 1 個市場的最適價格和產量為 50 元和 20。第 2 個市場的最適價格和產量分別為 30 元和 30。需求價格彈性愈小,意味著消費者對價格較不敏感,廠商可制訂較高的價格。

其中

$$MR_1 = P_1\left(1 + \frac{1}{e_1}\right), \quad MR_2 = P_2\left(1 + \frac{1}{e_2}\right)$$

e_1 和 e_2 分別為獨占廠商在第 1 個市場 (一般顧客) 與第 2 個市場 (老年人) 所面對的需求價格彈性。當 $MR_1 = MR_2$ 時,

$$P_1\left(1 + \frac{1}{e_1}\right) = P_2\left(1 + \frac{1}{e_2}\right)$$

或

$$\frac{P_1}{P_2} = \frac{1 + \frac{1}{e_2}}{1 + \frac{1}{e_1}}$$

如果第 1 個市場的需求彈性是 $-\frac{10}{7}$,且第 2 個市場的需求彈性是 -2,則

$$\frac{P_1}{P_2}=\frac{1-\frac{1}{2}}{1-\frac{7}{10}}=\frac{5}{3}$$

換言之，當第 1 個市場的消費者 (一般顧客) 對 (飲茶) 價格比較不敏感時 (亦即，需求價格彈性較小)，獨占廠商能夠索取較高的價格 ($P_1=\$50$)；反之，當第 2 個市場的消費者 (老年人) 對 (飲茶) 價格比較敏感時 (亦即，需求價格彈性較大)，獨占廠商將索取較低的價格 ($P_2=\$30$)，需求價格彈性與最適價格成反比。

請注意：儘管兩個市場價格有差異，但凱達大飯店向不同消費群的最後一個客人收取的價格 (邊際收入) 都等於 20 元 (邊際成本)。$MR=MC=\$20$ 是凱達大飯店利潤極大的生產點。若多賣 1 客點心給一般顧客，則邊際成本大於邊際收入，利潤會減少；如果少賣 1 客點心給老年人，則邊際收入大於邊際成本，提高銷售量可增加利潤。所以，凱達大飯店若不分消費族群，訂定同一價格，利潤不會比差別訂價的利潤來得大。

邊做邊學習題 8-10

第三級差別訂價

雄獅旅行社對商務與休閒旅客實施第三級差別訂價，休閒旅客之需求彈性為 -3，而商務旅客之需求彈性為 -1.5。若雄獅旅行社的邊際成本固定為 5 元，每一種旅客的最適價格為何？

類似問題：基礎題 10

跨期差別訂價

前面討論三種基本類型的差別訂價，都是廠商在同一個時點上實施差別訂價。事實上，有些商品或服務的價格在不同的季節或日子有不同的收費，我們稱為跨期差別訂價 (intertemporal price discrimination)。譬如，許多消費者希望自己走在潮流的尖端，擁有最新的智慧型手機、購買最新的電腦或觀賞首輪電影，廠商知道消費者願意付高價早一點消費，因此利用時間作為篩選機制，新進商品的價格將高人一等。

想要知道廠商如何採行跨期差別訂價，想像台灣廠商鴻海 InFocus 如何制訂高畫質、有 2100 萬畫素的照相手機售價。圖 8.15(a) 是一小群追求時髦流行，且不願意等待的消費者 (領先潮流者)，廠商面對的需求曲線比較陡峭，價格相對無

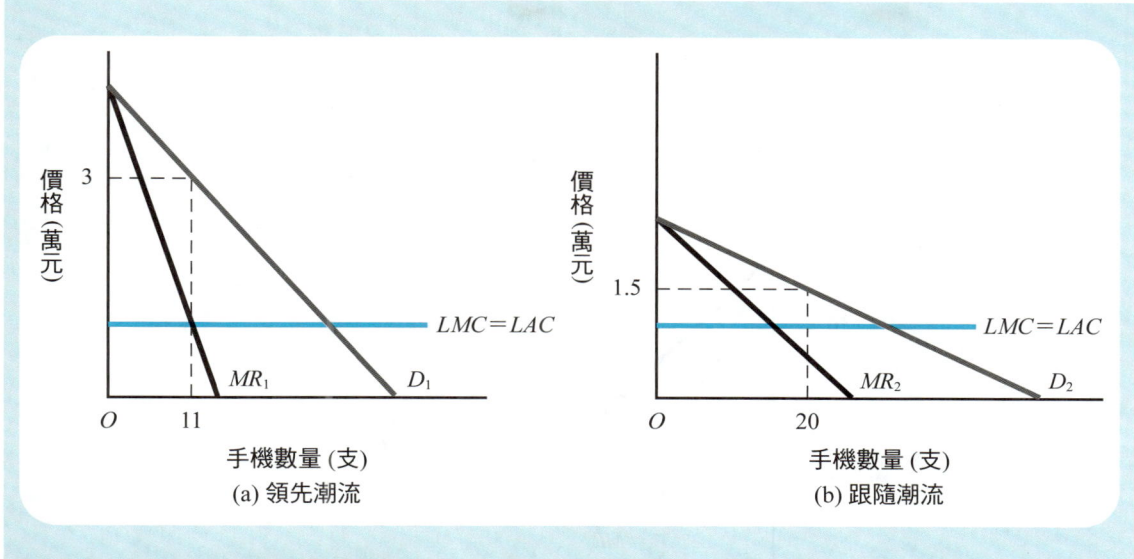

圖 8.15 跨期差別訂價

隨著時間經過，藉由制訂不同價格，將消費者分成兩群。廠商從不願等待的顧客身上獲取消費者剩餘。稍後，再以降價來吸引普羅大眾。

彈性；圖 8.15(b) 是寧可等待價格下降才會購買的廣大消費者群 (跟隨潮流者)，廠商面對的需求曲線比較平坦，價格相對有彈性。

廠商的訂價策略是一開始將產品訂在高價，如一支手機 3 萬元 ($P=\$3$)，銷售的對象是走在時代尖端的消費者。過了幾個月，甚至 1 年後，當高畫質照相手機比較普遍後，廠商可以調降價格，如 $P=\$1.5$，銷售給普羅大眾。從圖 8.15 中，我們可以看到廠商對領先潮流消費者索取高價，可以獲取較多的消費者剩餘。跨期差別訂價模型還可以應用在首輪電影與二輪電影、精裝本與平裝本、大尺寸液晶螢幕、筆記型電腦及數位相機的訂價行為上。

尖峰訂價

有時候廠商的目的不在獲取更多的消費者剩餘，而是藉由將價格訂在接近邊際成本，以增加經濟效率。對某些商品或服務而言，尖峰時段的需求量非常大，如盛夏的午後用電、上班時間的長途電話使用、暑假時間游泳池和遊樂場設施的使用。由於產能有限，尖峰時段的邊際成本會比較高，因此尖峰時段的商品價格也應該較高。

圖 8.16 說明這個事實，D_1 是尖峰時段的需求曲線，MR_1 為對應的邊際收入曲線，D_2 是離峰時段的需求曲線，MR_2 為對應的邊際收入曲線。在每一個時

圖 8.16　尖峰訂價

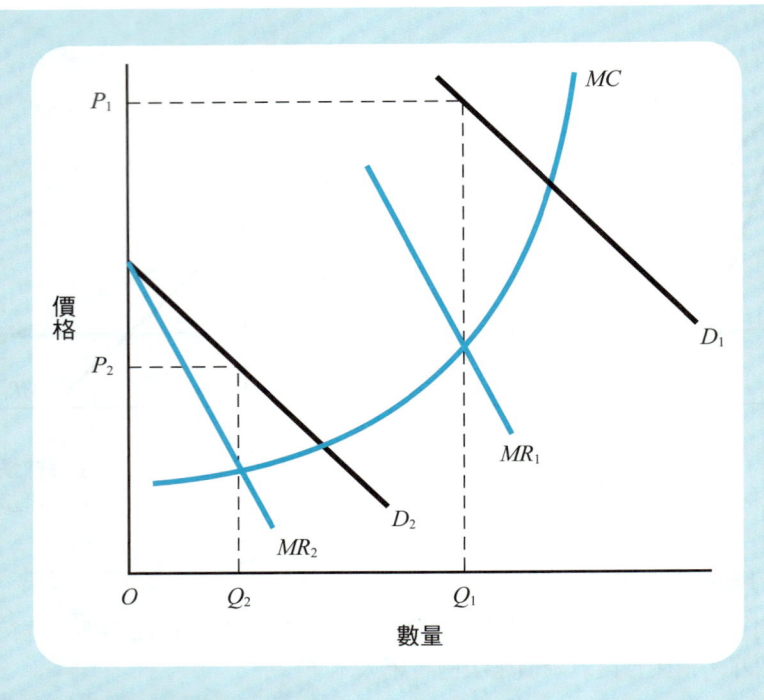

消費者在尖峰時段對商品或服務的需求非常大，廠商在尖峰時段索取高價，不僅能帶來較多利潤且較有效率。

段，廠商依據邊際收入等於邊際成本的原則，分別在尖峰時段索取較高的價格 P_1，以及在離峰時段收取較低的價格 P_2，這種訂價策略的獲利高於獨占廠商在單一訂價的利潤。此外，也比較有效率，因為價格比較接近邊際成本，無謂損失也較小。

請注意：**尖峰訂價法** (peak-load pricing) 與第三級差別訂價並不相同。第三級差別訂價是廠商有相同的生產成本，利潤極大化的條件是 $MR_1(Q_1) = MR_2(Q_2) = MC(Q_T)$；相反地，尖峰訂價法的邊際成本在不同時段並不相同，譬如，劍湖山樂園暑假時期與開學後的營運成本大不相同，暑假的成本並不會影響到 10 月的營運成本。因此，各個時段的最適產量決策相互獨立，由各自的邊際收入與邊際成本決定：$MR_1(Q_1) = MC(Q_1)$ 和 $MR_2(Q_2) = MC(Q_2)$。威秀影城可以依據早場或晚場的需求與成本，分別決定早場與晚場的電影票價。

兩段訂價

兩段訂價 (two-part tariff) 與第二級差別訂價類似，提供另外一種獲取消費者剩餘的方式。要求消費者在使用前必須先支付一筆固定費用，如台灣大哥大的月

租費 200 元——即使你從未打過一通電話，每個月還是要付月租費，這個費用有時稱為基本訂價；而且消費者每打一通電話，會視通話時間的長短另行計費，如台灣大哥大每秒通話費為 0.08 元。

兩段訂價可以應用到其它地方，如網球、高爾夫球或健身俱樂部等。獨占廠商應該如何制訂基本訂價與使用費？應該制訂低入會費和高使用費，還是高入會費和低使用費？

假設市場中所有的消費者都完全相同，以行動電話為例，每個消費者對行動電話通訊服務的需求，如圖 8.17 所示。電信公司的邊際成本是每秒 0.08 元，在此費率下，消費者每個月打電話的時間是 2 小時。

如果廠商的目標是盡可能地獲取消費者剩餘。在這種情況下，答案變得很簡單：將使用費訂在邊際成本處，$P = MC = \$0.08$，並且讓基本訂價等於或略低於消費者剩餘 (CS)。只要消費者支付 CS (或略低於 CS) 且 $P = MC$，廠商可以獲取所有的消費者剩餘，而使利潤增加。請注意：圖 8.17 的社會福利水準達到最大，資源分配最有效率，無謂損失等於零。

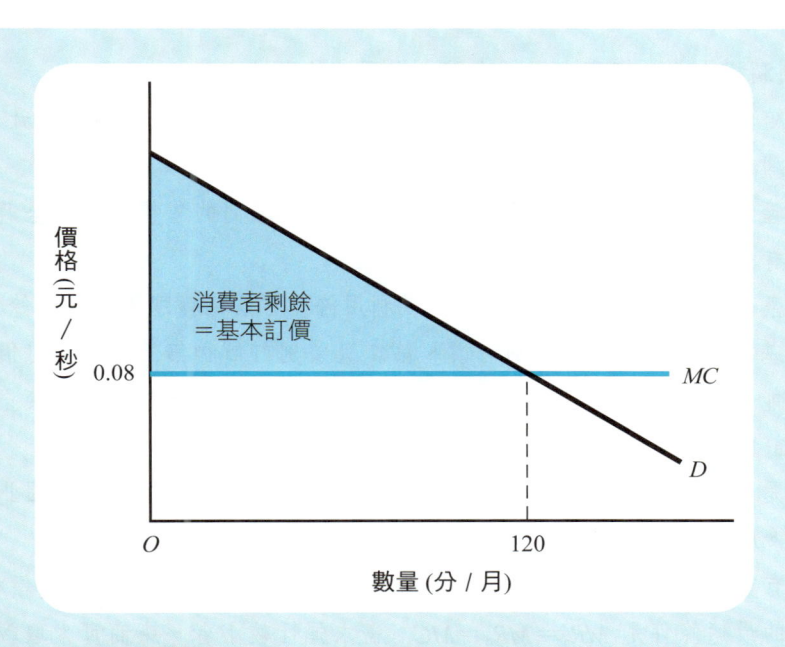

圖 8.17　兩段訂價

每個消費者對行動電話通訊服務的需求曲線是 D，電信公司每秒的邊際成本是 0.08 元。只要基本訂價低於消費者剩餘，電信公司可將價格訂在 $P = \$0.08$，獲取大部分的消費者剩餘。

邊做邊學習題 8-11

兩段訂價

假設某一地區性獨占有能力執行兩段訂價，而某代表性個人之需求函數為：

$$Q^d = 100 - P$$

說明當此一獨占者之邊際成本 $MC = 20$ 時，其利潤極大的 F 與 P^* 為何？

註：F 為消費前需支付的固定費用，P 為每次使用需支付的單價。

類似問題：基礎題 11

總結

- 獨占是市場只有一個賣方，銷售的產品沒有近似的替代品。廠商面對負斜率的需求曲線。
- 獨占廠商利潤極大化的條件是，邊際收入等於邊際成本。
- 反彈性訂價法則說明利潤極大化價格與邊際成本的差距；亦即，加成幅度除以價格等於負需求彈性的倒數。
- IEPR 隱含追求利潤極大化的廠商會選擇在需求有彈性的區域生產。
- 獨占廠商沒有供給曲線。政府對獨占廠商課徵從量稅，導致產量減少，價格上升。
- 多廠獨占追求利潤極大化的條件是 $MR = MC_1 = MC_2$。
- 獨占廠商的均衡產量小於完全競爭廠商的均衡產量，獨占廠商的售價高於完全競爭廠商的售價，故獨占會有無謂損失。
- 具有市場力量的廠商有能力影響市場價格，可以利用許多方法來獲取更多的剩餘。
- 差別訂價有三種基本類型：第一級差別訂價、第二級差別訂價和第三級差別訂價。廠商必須有控制價格的能力，掌握消費者購買不同商品願意支付價格的資訊，以及禁止轉售，才能成功進行差別訂價。
- 第一級差別訂價是廠商對每一單位收取的價格等於購買該單位的保留價格，因此邊際收入與需求曲線重疊。廠商選擇在 $P = MC$ 處生產，並獲得所有的消費者剩餘。
- 第二級差別訂價有數量折扣與區間訂價兩種方式，消費者在某一區間給付特定價格。
- 第三級差別訂價的最適條件是 $MR_1 = MR_2 = MC$。需求彈性較小者，廠商可索取較高價格；需求彈性較大者，廠商索取較低的價格。
- 兩段訂價是另外一種獲取消費者剩餘的方式。消費者必須給付基本訂價，且每使用 1 單位還需給付使用費。
- 尖峰訂價比跨期差別訂價更有經濟效率。

問題與計算

基礎題

1. 假設滴滴行的產品需求函數為 $P=1,850-0.08Q$，總成本 $TC=500,000+50Q+0.02Q^2$，請求出利潤極大化價格與產量。

2. 假設某獨占廠商估計消費者對其產品的需求彈性為 -5，並已知此獨占廠商的平均變動成本函數 $AVC=500$，試計算此一獨占廠商的最適訂價應為多少？

3. 某獨占廠商的反需求曲線為 $P=60-6Q$，請問其最大的營收是多少？

4. 天文公司的產品單價訂為 30 元，邊際成本為 20 元。開心公司的產品 (不一定是相同產品) 單價訂為 40 元，邊際成本為 30 元，則根據 Lerner 的定義，哪一家公司的壟斷能力較強？

5. 某一獨占廠商的生產邊際成本為 5 元，其所面對需求為 $P=1,005-0.5Q$，其中 P 為價格，Q 為產量。獨占廠商的銷售量為何？如果政府針對每一單位產品課徵 1 元的貨物稅，則獨占者的銷售量如何變化？

6. 假設芒果公司為一獨占，市場需求為 $Q=60-\dfrac{P}{2}$，芒果公司有兩家工廠，成本分別為 $C_1=2Q_1^2$ 及 $C_2=Q_2^2$，請求出利潤極大化之 Q_1 及 Q_2。

7. 假設台灣高鐵為一獨占廠商，其：

    短期總成本函數：$STC=0.15Q^2+10$
    長期總成本函數：$LTC=2Q$
    需求函數：$Q=12-P$（Q 的單位為每人/每公里）

    (a) 請求出短期最適訂價與產量。
    (b) 請計算長短期利潤。

8. 牛奶的需求曲線為 $P=100-Q$，獨占廠商之邊際成本曲線 $MC(Q)=Q$。若 $Q\leq 30$，市場最大的供給量為 $Q=30$，也就是當 $Q>30$ 時，邊際成本是無窮大。

    (a) 利潤極大化的價格為何？
    (b) 無謂損失是多少？

9. 台灣微軟為一獨占廠商，所面對的市場需求為 $P=20-Q$，總成本曲線為 $TC=24+Q^2$，若固定成本為沉沒成本。請問：

    (a) 微軟實施單一售價的最適價格為何？利潤與生產者剩餘又為何？
    (b) 微軟實施完全差別訂價的最適價格為何？利潤與生產者剩餘又為何？

10. 某獨占廠商在鄉村及都市採差別訂價策略。若都市消費者的需求彈性為 -3，鄉村消費者的需求彈性為 -2，請問在都市訂價為 450 元，則在鄉村訂價應為多少？

11. 一獨占廠商的成本為 $C(Z)=F+50Z$，其中 F 為固定成本，而邊際成本 $MC=50$。若市場只有一位顧客，且需求函數為 $P=60-Z$。
    (a) 請問追求利潤極大化之價格為何？想要賺取正經濟利潤之最小 F 為何？
    (b) 若訂價策略改成 $P=MC$，請問最適數量為何？
    (c) 現在若廠商想要索取基本費 (subscription fee, S) 和使用費 (usage fee)。若你制訂的使用費如 (b) 小題所示，請問此廠商向顧客索取之最高基本費是多少？
12. 一獨占廠商面對固定的需求價格彈性為 -2。假設邊際成本也是固定在 10 元，若邊際成本上升 50%，請問利潤極大化的價格是否也會上升 50%？
13. 「如果市場需求相同且為一條負斜率的直線，在邊際成本固定下，獨占的產量是完全競爭市場產量的二分之一。」請評論之。
14. 假設南澳神祕海灘在平日有較低需求：

$$P_1=2-0.001Q_1$$
$$MR_1=20-0.002Q_1$$

假日需求較高：

$$P_2=20-0.01Q_2$$
$$MR_2=20-0.02Q_2$$

假設邊際成本不論平日、假日均為 $MC=1+0.004Q$，請問若採取尖峰訂價法，平日及假日的最適價格與產量為何？

15. 倘若字母公司為獨占，邊際成本為 C，而市場需求為 $P=a-bQ$。若字母公司採取第一級差別訂價，請求出均衡產出及相關社會福利。

進階題

1. 若一獨占廠商的成本與需求資料如下：固定成本為 1,400 元，變動成本為 Q^2，市場需求曲線為 $P=\$120-2Q$，沉沒成本為 600 元。廠商預期可見的未來，成本與需求不變。
   (a) 利潤極大化水準為何？
   (b) 短期應繼續營業或關門歇業？
2. 中華電信面臨的需求曲線為 $Q=100P^{-2}$，若邊際成本固定為 10 元，請問最適產品訂價是多少？若需求曲線改成 $Q=100P^{-5}$，最適價格又是多少？
3. 中華電信的需求曲線為 $C=F+20Q$，市場需求為 $P=60-Q$。當中華電信價格訂在 30 元時，經濟利潤為 0，若中華電信想要追求最大利潤，價格應訂在何處？
4. 假設獨占廠商面對的需求函數為：

$$Q=1,000P^{-2}$$

若邊際成本 $MC=\$100$，請問獨占廠商的最適價格及最適加成為何？

5. 假設獨占廠商面對的需求曲線：

$$Q=100P^{-2}$$

邊際成本固定為 $MC=\$50$，請問利潤極大化價格是多少？獨占廠商是否在需求價格彈性大於 1 之處生產？

6. 一獨占廠商面對國內與國外的市場需求曲線如下所示：

$$國內：Q=100P^{-2}$$
$$國外：Q=100P^{-5}$$

請求出國內與國外的 Lerner 指數？何者的市場力量較大？

7. 中華電信面臨的市場需求曲線為 $Q=500-4P$。請問：
   (a) 若中華電信為一獨占廠商，且其面對的邊際成本固定在 25 元，請求出中華電信追求利潤極大化的價格。
   (b) 若中華電信的邊際成本上升至 45 元，請問利潤極大化價格會上升或下降？總收入會增加或減少？

8. 若一獨占廠商面臨的需求曲線為 $P=a-bQ$，邊際成本為 $MC=c+eQ$，假設 $a>c$ 與 $2b+e>0$。
   (a) 請求出利潤極大化之價格與產量。
   (b) 若 c 上升 (MC上升) 或 a 下跌 (需求減少)，均衡數量會增加或減少？

9. 假設一獨占廠商擁有兩家工廠，分別以 A 和 B 表示。個別總成本函數為：

$$TC_A=4Q_A^2+5，Q_A\geq 0$$
$$TC_B=2Q_B^2+10，Q_B\geq 0$$

此獨占者面對的市場需求函數為：

$$Q=60-0.5P，其中 Q=Q_A+Q_B$$

   (a) 試求獨占者利潤極大化的產量與利潤各為多少？
   (b) 現在若政府對此商品課徵每單位 20 元的從量稅，則利潤極大化的產量與利潤各為多少？

10. 台灣電力公司的市場需求為 $P=64-\dfrac{Q}{7}$，有三家電廠供應電力，相關之邊際成本函數為：

$$MC_1(Q_1)=4Q_1$$
$$MC_2(Q_2)=2+2Q_2$$
$$MC_3(Q_3)=6+Q_3$$

(a) 請求出各電廠的最適價格與數量。

(b) 若 $MC_2(Q_2)=4$，(a) 小題的答案有何變化？

11. 假設一獨占廠商的邊際成本固定為 2 元，且面對的需求曲線為 $P=20-Q$，固定成本為零。

    (a) 若無差別訂價，請問最適價格與數量為何？生產者剩餘又是多少？

    (b) 若實施第一級 (完全) 差別訂價，生產者剩餘是多少？

    (c) 若實施第二級 (區間) 差別訂價，譬如，前 9 個單位，以每單位 11 元出售，而每多 1 單位則以 8 元售出，請問第二個區間的價格及數量為何？生產者剩餘又是多少？

12. 假設宏達電的專利穿戴型裝置邊際成本為 10 元，且無固定成本，歐洲與美國對穿戴型裝置分別為 $Q_E=70-P_E$ 及 $Q_U=110-P_U$。

    (a) 若宏達電能夠實施第三級差別訂價，兩個市場追求利潤極大化的價格為何？

    (b) 倘若差別訂價違反現行法令，宏達電只能索取單一價格，請問最適價格為何？

    (c) 實施與未實施差別訂價之生產者與消費者剩餘是多少？

13. LINE 是一家銷售通訊應用軟體給企業用戶的公司。每家企業對 LINE 的需求為 $P=70-0.5Q$，軟體開發的邊際成本等於 10 元，假設固定成本為零。

    (a) 若 LINE 以單一價格銷售，請問最適價格與數量是多少？利潤極大化水準為何？

    (b) 若 LINE 採取區間訂價，以 (a) 小題之最適價格為第一區間售價，請求出第二區間的最適價格與數量，LINE 之利潤又增加多少？

14. 電力公司的固定成本為 1,200 元，邊際成本固定為 2 元。若電力市場有 100 個消費者，都具有相同的需求曲線 $P=10-Q$。倘若政府想要制訂兩階段費率，其中 S 為基本電費，m 為每度電費。請問使消費者加生產者剩餘最大，且讓經濟利潤為零之 S 和 m 為何？

15. 若市場需求彈性是 $|e|=3$，政府針對獨占廠商螞蟻課徵 10 元的從量稅，請問稅後價格上漲多少？

網路習題

1. 折價券是廠商實施第三級差別訂價的工具之一。你是否有蒐集折價券的習慣？請至麥當勞網站 https://www.mcdonalds.com.tw，下載最新的優惠資訊。

2. 行政院公平交易委員會的成立宗旨在維護交易秩序與消費者利益，執行公平交易法規。請至公平交易委員會網站 https://www.ftc.gov.tw，下載新聞稿，查詢最新一則違反公平交易法的事件及公司名稱。

Chapter 9

寡占與壟斷性競爭

國內油品市場自由化後，台塑石化於 2000 年 9 月正式上市，進口油品亦於 2002 年陸續加入市場，國內油品市場開始進入戰國時代。根據群益證券整理，2002 年國內四大供應商的市場占有率為中油 69.3%、台塑石化 28.4%、埃索 1.2% 和台灣聯合環球石油 1.1%。但是到了 2003 年 12 月 12 日，全國加油站合併台灣埃索環球石油公司 (ESSO) 在台灣的 3 座直營站，台灣埃索至此全面退出台灣油品市場。因為台灣油品零售市場無法提供公平競爭環境，進口商進口油品必須負擔 11% 進口關稅。

依據 2020 年的中油年報，台灣有 2,494 座加油站，中油掌握的行銷通路，包括自營、合作及加盟，共計 1,898 座，市場占有率達八成以上。至於在汽油、航空燃油、柴油及燃料油，市場銷量占有率分別達到 79.5%、63.6%、77.4% 及 94.9%。

面對中油的強力競爭，台塑石化供油的全國、台亞及鯨世界加油站，分別與各商業銀行聯名推出刷卡加油優惠。譬如，聯邦加油聯名卡，週三加油每公升降 2.8 元，自助加油每日每公升降 1.8 元；玉山銀行商務御璽卡及台北富邦台灣大哥大聯名卡最高可以享有 5% 回饋。

這個例子說明本章一些重要的概念。台塑石化與中油的競爭說明—市場存在少數廠商之間的互動。雖然兩家廠商銷售性質極為相近的產品，但有許多消費者對中油和台塑石化有強烈的品牌忠誠度。早期，台塑石化為了搶占市場，降價的幅度比中油大，亦步亦趨的價格策略加上深受消費者歡迎的贈品，在很短的期間

內，台塑石化便在市場上建立知名度。隨著台灣埃索退出台灣油品市場，中油和台塑石化的價格戰逐漸消弭。中油與台塑石化調整國內油價時，給一般消費者的感覺都是無論調漲或調降，調整的金額似乎都相同，只是實施的時間一前一後，相差 1 小時而已。公平交易委員會在 2004 年也曾認定中油、台塑石化有聯合調價行為，分別處以 650 萬元罰款。

本章最主要的目標是協助瞭解，一市場存在少數廠商，銷售不完全相同的商品，彼此之間相互競爭的行為。主要討論兩個市場：寡占市場和壟斷性競爭。

9.1 市場結構的分類

市場結構有兩個重要的構面：廠商家數與產品差異程度。圖 9.1 顯示出不同特性的組合會有不同的市場結構。從圖左端的完全競爭市場，有為數眾多的廠商，銷售幾乎完全相同的商品 (同質產品)；到寡占 (oligopoly) 市場，只有少數的廠商，銷售完全相同 (同質寡占) 和特色不同 (異質寡占) 的商品；再到另外一端的獨占市場，只有一家廠商。而市場存在許多廠商，且銷售性質略有不同的商品 (異質商品)，則為壟斷性競爭 (monopolistic competition)。

完全競爭與獨占市場已在前面章節討論。本章的重點在於寡占和壟斷性競爭市場。寡占是指市場只有少數廠商，銷售同質或異質產品，特色如下：

1. 廠商家數不多，主要廠商擁有市場力量。
2. 存在進入障礙。寡占廠商通常需要龐大的資本投入。譬如，原油進口需要港口設施、煉油需要煉油廠、輸送石油需要車隊，這些固定資本相當可觀，新廠商不易進入此種產業。
3. 產品可為同質或異質。寡占廠商可以生產近乎相同的產品，如鋼鐵和水泥。另外，寡占廠商也生產彼此可以相互替代的產品，如汽車和報紙。
4. 廠商間交互影響 (interdependence)。寡占廠商彼此相互依存和相互競爭。譬如，2021 年 10 月 25 日，中油首先宣布汽油調漲 6 角，98 無鉛汽油價格將漲破 33 元，台塑石化隨後跟進調漲相同幅度。

因為寡占廠商相互影響的方式有許多種，個體經濟學並沒有提供一個確定的模型來分析寡占市場，因此依照廠商視其對手反應的情形，而有不同的模型，如圖 9.1 下半部所示。以下將就同質寡占和異質寡占的幾個重要模型予以介紹。

壟斷性競爭是市場存在許多廠商，且銷售異質產品，雖然產品有差異性，但

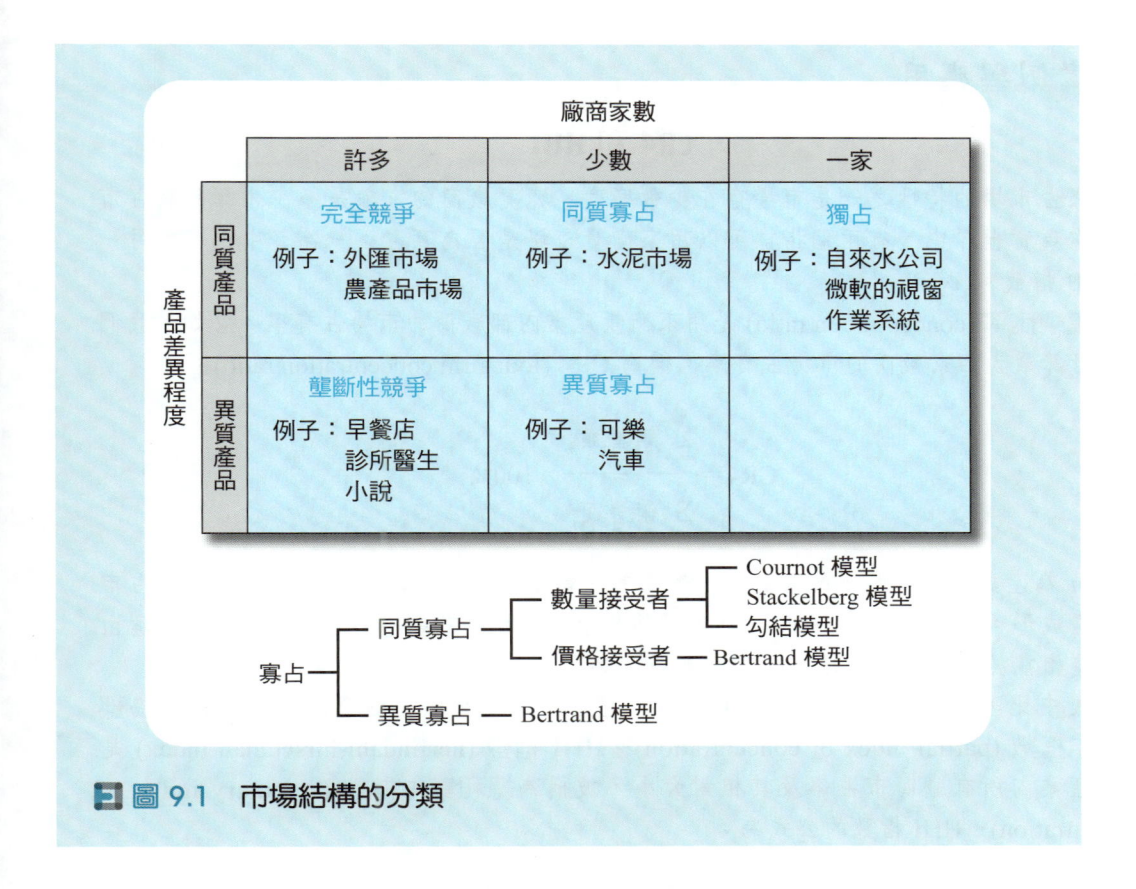

	廠商家數		
	許多	少數	一家
同質產品	完全競爭 例子：外匯市場 　　　農產品市場	同質寡占 例子：水泥市場	獨占 例子：自來水公司 　　　微軟的視窗 　　　作業系統
異質產品	壟斷性競爭 例子：早餐店 　　　診所醫生 　　　小說	異質寡占 例子：可樂 　　　汽車	

寡占
- 同質寡占
  - 數量接受者
    - Cournot 模型
    - Stackelberg 模型
    - 勾結模型
  - 價格接受者 — Bertrand 模型
- 異質寡占 — Bertrand 模型

圖 9.1　市場結構的分類

壟斷性競爭廠商生產的商品，彼此之間容易互相替代。譬如，在洗髮精市場，你不用飛柔，還可以用海倫仙度絲或麗仕來替代。

9.2　同質寡占

　　同質寡占是指市場存在少數廠商，生產近乎相同或完全相同的產品，因為廠商的家數很少，每家廠商的決策都會影響其它廠商的利潤。譬如，在台灣的油品市場，台塑石化知道銷售汽油的利潤將會受到競爭廠商 (如中油) 產量的影響，如果中油增加油品產量，市場價格將會下跌；若減少產量，汽油價格會上升。因此，寡占市場的一個主要特性是：廠商之間彼此依存程度的高低將影響廠商的行為。

　　一般來說，寡占廠商彼此相互影響的方式有許多種，個體經濟學提供許多不同的寡占模型：若廠商主要的依據是以競爭對手的產量決策為主，寡占模型有 Cournot 模型、Stackelberg 模型和勾結模型；若廠商主要的依據是以對手的訂價決策為主，寡占模型有 Bertrand 模型。以下將簡單介紹這些模型。

實例與應用

CR4 和 HHI

寡占市場的特性之一是市場存在少數廠商。究竟廠商的家數是多少才算是寡占市場？在現實世界中，有兩個指標可以用來衡量市場是否為寡占：一為集中比率；另一為 HHI 指數。

集中比率 (concentration ratio) 是用來衡量產業內部廠商的市場占有率。譬如，我們可以計算最大四家廠商的市場占有率，稱為 CR4 (four-firm concentration ratio)：

$$CR4 = \frac{\sum_{i=1}^{4} 銷售額_i}{\sum_{i=1}^{n} 銷售額_i} \times 100\%$$

其中 n 為產業內所有廠商的家數。一般而言，當 CR4 接近 40% 時，我們認為寡占市場已經成形；若 CR4 超過 60%，則我們稱此市場為緊密的寡占 (tight oligopoly)。理由是，這相當於四家廠商中每家的市占率為 15%。

集中比率僅注重部分廠商的市占率，它忽略了所有廠商的資訊，因此被稱為部分集中指數 (partial index of concentration)。HHI 指數 (herfindahl-hirschman index) 是衡量產業內所有廠商市占率及其相對大小，被稱為總和集中指數 (summary index of concentration)。HHI 指數的公式為：

$$HHI = \sum_{i=1}^{n} (市場占有率_i)^2$$

其中 n 為產業內所有廠商的家數。美國司法部的反托拉斯部門認為 HHI 等於 1,000，並不是問題；若 HHI 介於 1,500 和 2,500 之間，則寡占市場已然成形；若 HHI 指數大於 2,500，則認定為緊密的寡占。下表是美國 2006 年 12 月網際網路服務供應商 (ISP) 的市場占有率資料。

ISP 公司	用戶人數 (百萬)	市場占有率	HHI 指數
美國線上 (American Online, AOL)	15.2	16.3	266
康卡斯特 (Comcast)	11.0	11.8	139
SBC (AT&T)	8.1	8.7	76
Road Runner	6.6	7.1	49
前 22 家 ISP	69.61	74.8	652.35

資料來源：ISP Planet Market Research.

在 2006 年 12 月，美國前四大 ISP 的 CR4 為 43.9%。這個數字超過 40%，ISP 市場可視為寡占市場。然而，前 22 家 ISP 的 HHI 指數為 652.35，小於 1,000，因此不

被視為寡占市場。為何這兩個指標透露出略有差異的訊息？理由是，除了前 22 家 ISP 外，剩下規模較小的 ISP 提供競爭動力。當前四大業者提高價格時，如在 2001 年 6 月，地球連線 (Earthlink) 將每月連線費用調漲 2 美元，達 21.95 美元。許多小型 ISP 按兵不動，試圖搶占市場。這可能是導致前四大 ISP 訂價能力受限的原因。

寡占的 Cournot 模型

古諾 (Antoine A. Cournot) 在 1838 年的 *Researches into the Mathematical Principles of the Theory of Wealth* 一書中，發表第一個寡占模型。古諾一開始考慮的是雙占市場 (duopoly market)：市場只有兩家廠商生產礦泉水，他假設這兩家廠商生產的礦泉水完全相同，並知道市場的需求。每家廠商必須決定要生產多少，當制訂生產決策時，每家廠商會將競爭者的產量列入考慮，這兩家廠商同時做出生產決策。圖 9.2 所示為 Cournot 模型下廠商的策略行為。

Cournot 模型下廠商的利潤極大化

在 Cournot 模型中，每家廠商會猜測對手的生產數量，然後選擇自己利潤極大的產量。為了使說明更接近現實，假設油品市場有兩家廠商：一家是中油 (廠

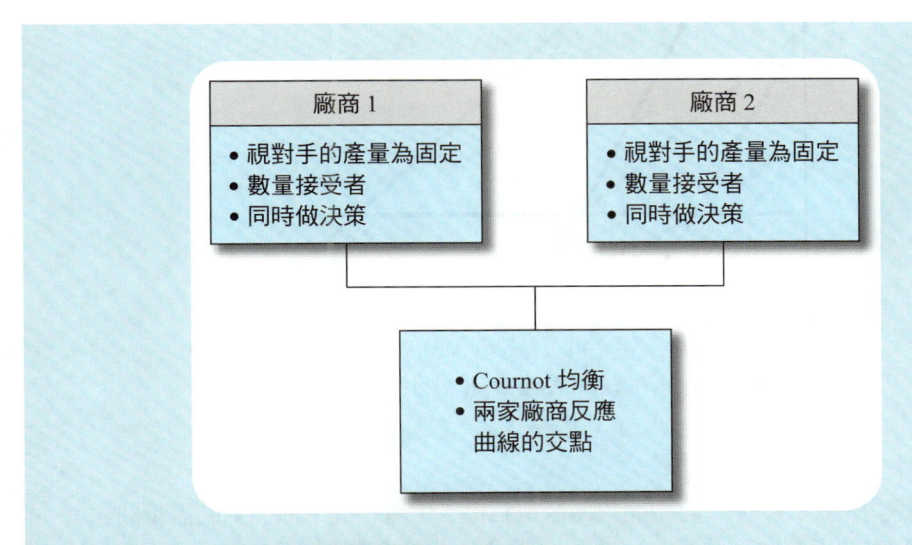

圖 9.2　Cournot 模型下廠商的策略

在 Cournot 模型中，每家廠商自己決定生產多少，同時制訂生產決策。市場供給與需求決定均衡價格。此價格為每家廠商所收取的價格，也等於消費者願意支付的價格。

商 1)；另一家是台塑石化 (廠商 2)。在市場需求已知的情形下，台塑石化先預測中油的油品產量，再選擇一個產量以實現利潤極大化；同理，中油的生產決策也是如此。因此，在 Cournot 模型裡，兩家廠商都是數量接受者。

圖 9.3 顯示中油追求利潤極大化的生產決策。假設市場需求曲線 D_M，代表台塑石化不生產時，中油面對的市場需求曲線；MR_M 為對應的邊際收入曲線。中油追求利潤極大化的油品產量，會選擇在 MR_M 和 M_C 相交的地方；亦即，利潤極大化的油品產量為 40,000 公升。若中油認為台塑石化每個月將生產 40,000 公升，中油的需求曲線是市場需求曲線向左移動 40,000 公升，在圖 9.3 中，以 $D_{(40)}$ 表示，我們稱這種對手產量固定，市場價格和商品數量的關係為剩餘需求曲線。$D_{(40)}$ 對應的邊際收入曲線為 $MR_{(40)}$，中油追求利潤極大化的油品產量為 20,000 公升，因此 20,000 公升為中油面對台塑石化油品產量 40,000 公升的最佳

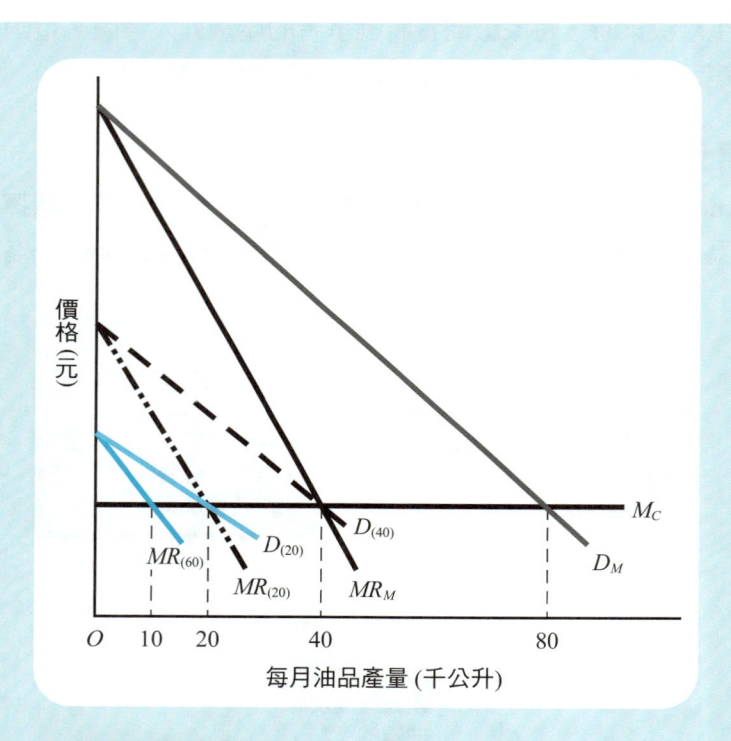

圖 9.3 中油的生產決策

假設市場需求曲線為 D_M，若中油認為台塑石化不生產，則中油面對的需求曲線就是 D_M，對應的邊際收入曲線為 MR_M，利潤極大化的產量為 40,000 公升；若中油認為台塑石化將生產 40,000 公升，中油面對的需求曲線為 $D_{(40)}$，中油利潤極大化的油品產量為 20,000 公升；最後，若中油認為台塑石化將生產 20,000 公升，中油利潤極大化的油品產量為 10,000 公升。

反應 (best reaction)；同理，若中油認為台塑石化將生產 20,000 公升，中油的最佳反應是每個月生產 10,000 公升的汽油。

最後，若中油認為台塑石化將生產 80,000 公升，則中油的邊際收入曲線將與邊際成本曲線相交於縱軸。因此，如果台塑石化生產 80,000 公升，中油將不會生產。

對應台塑石化可能選擇不同油品產量，我們可以找出中油追求最大利潤的油品產量。若中油認為台塑石化不生產，它將生產 40,000 公升；若中油認為台塑石化將生產 40,000 公升，將生產 20,000 公升；若中油認為台塑石化生產 20,000 公升，將生產 10,000 公升。換句話說，台塑石化生產愈多，中油的油品產量愈少，反之亦然。中油利潤極大化的油品產量水準，與其認定台塑石化的油品產量呈現負向關係，我們稱這種對應關係為反應曲線 (reaction curve)。以下我們將用一個例子說明反應曲線與 Cournot 均衡。

Cournot 均衡

Cournot 均衡必須符合中油產量是面對台塑石化油品產量的最佳反應，以及台塑石化油品產量為面對中油油品產量的最佳反應這兩個條件。因為在台塑石化油品產量固定下，中油會選擇利潤極大化的油品產量；同理，在中油油品產量固定下，台塑石化會選擇利潤極大化的油品產量。因此，Cournot 均衡發生在兩條反應曲線的交點。

假設中油和台塑石化面對的油品市場需求曲線為：

$$Q = 53 - P$$

其中 Q 是兩家廠商油品產量的加總，$Q = Q_1 + Q_2$；Q_1 是中油生產的油品數量；Q_2 是台塑石化生產的油品數量；P 為市場價格。為了簡化分析，假設兩家廠商的邊際成本和平均成本是 5 元：

$$MC_1 = MC_2 = 5$$

依據圖 9.2 的說明，中油將台塑石化的油品產量視為固定，其面對的剩餘需求曲線為：

$$P_1 = (53 - Q_2) - Q_1$$

上式的括弧凸顯中油是數量接受者的事實。中油的總收入為：

$$TR_1 = P_1 Q_1 = [(53-Q_2)-Q_1] \times Q_1$$
$$= (53-Q_2)Q_1 - Q_1^2$$

因此，中油的邊際收入 $MR_1 = \dfrac{\Delta TR}{\Delta Q_1}$ 為：

$$MR_1 = (53-Q_2) - 2Q_1$$

當邊際收入等於邊際成本時，可得中油的最佳反應：

$$(53-Q_2) - 2Q_1 = 5 \quad \text{或} \quad Q_1 = 24 - \frac{1}{2}Q_2$$

這是中油的反應曲線。同理，我們可以計算中油油品產量為 Q_1 下的台塑石化最佳反應：

$$Q_2 = 24 - \frac{1}{2}Q_1$$

由於 Cournot 均衡必須同時符合中油最佳反應和台塑石化最佳反應的條件，Cournot 均衡發生在兩條反應曲線相交的地方。當我們聯立求解 $Q_1 = 24 - \dfrac{1}{2}Q_2$ 和 $Q_2 = 24 - \dfrac{1}{2}Q_1$ 時，即可得到均衡產量：

$$Q_1 = Q_2 = 16$$

市場供給量為兩家廠商油品產量的總和，即 $Q = Q_1 + Q_2 = 32$。均衡市場價格發生在市場供給與市場需求的交點，因此均衡價格：

$$P = 53 - (Q_1 + Q_2) = 53 - 32 = 21$$

中油銷售油品的利潤 $\pi_1 = TR_1 - TC_1 = (21-5) \times 16 = 256$。利用相同的邏輯，可以得到台塑石化的利潤是 $\pi_2 = 256$。

圖 9.4 顯示中油和台塑石化的反應曲線及 Cournot 均衡，在圖中，中油的反應曲線是以台塑石化的油品產量來表示；同樣地，台塑石化的反應曲線是中油油品產量的函數。Cournot 均衡發生在兩條反應曲線的交點，在這個均衡中，每家廠商都假設已知的競爭對手油品產量情況下，追求利潤的最大；亦即，Cournot 均衡符合兩家廠商都是最佳反應的條件。

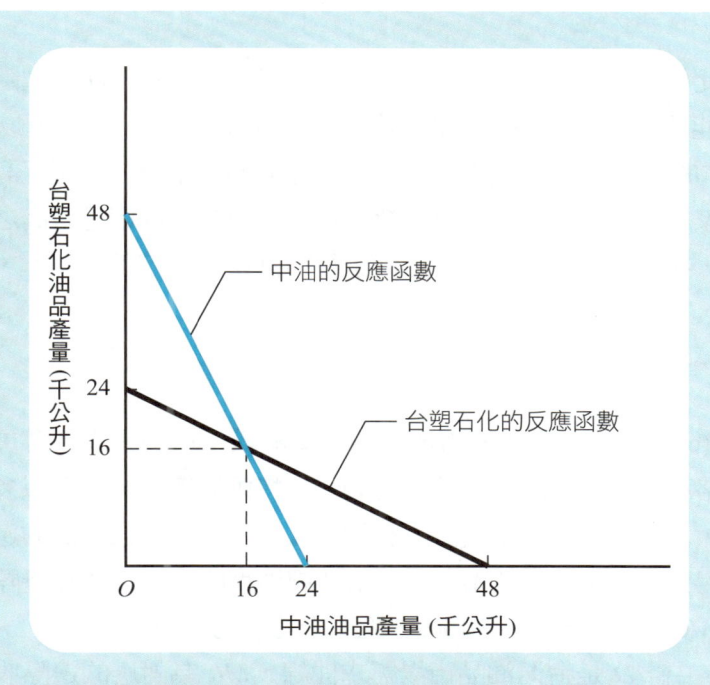

Chapter 9 寡占與壟斷性競爭

圖 9.4　Cournot 均衡

Cournot 均衡發生在台塑石化和中油兩條反應函數的交點，兩家廠商的最適產量均為 16。

邊做邊學習題 9-1

同質商品 Cournot 均衡的計算

(1) 在台灣，中華電信與台灣大哥大幾乎囊括所有寬頻上網市場。假設兩家廠商面對的市場需求曲線為 $P=300-3Q$，且兩家廠商的邊際成本皆為 100。

(a) 若台灣大哥大生產 50 單位產量，則中華電信利潤最大化產量為何？如果是 20 單位，利潤最大化產量又為何？

(b) 請推導兩家廠商的反應曲線。

(c) Cournot 均衡數量與價格為何？

(d) 若兩家廠商勾結，請問均衡價格為何？

(2) 假設蘋果與三星 (Samsung) 在台灣手機市場是雙占，市場需求是 $P=70-Q_1-Q_2$，每家廠商的邊際成本為 10，且無固定成本，請問蘋果與三星的反應函數和 Cournot 均衡價格、數量及利潤為何？

類似問題：基礎題 1

勾結模型

除了彼此相互競爭外，寡占廠商之間也可以互相勾結，聯合壟斷市場。**勾結** (collusion) 能夠讓寡占廠商避免做出傷害共同利益的事，並且可以採取政策來增加利潤。勾結模型可以分成兩種：一種是公開的，廠商之間相互訂定契約，如石油輸出國家組織就是著名的國際卡特爾例子；另外一種則是廠商之間的默契，如價格領導，在台灣的金融市場，台灣銀行通常會先訂定基本利率，各行庫才會跟進。

卡特爾

卡特爾 (cartel) 是商品生產者成立的正式組織，目的是協調會員間的決策，共同制訂價格和產量，以增加會員的利潤。卡特爾組織的行為類似多廠獨占，如在油品市場，若台塑石化和中油訂立契約形成卡特爾，兩家廠商的邊際成本水平加總，可以得到 $MC_T = MC_1 + MC_2$。追求利潤極大的卡特爾會在邊際收入等於邊際成本，即 $MC_T = MR$ 處生產。圖 9.5 說明卡特爾的訂價過程。

在圖 9.5 中，D 是台灣油品市場需求曲線，MR 為對應的邊際收入曲線。假設因為公平交易法放寬限制，中油和台塑石化組成卡特爾。卡特爾的邊際成本 MC_T 是由兩家廠商邊際成本水平加總而得，即 $MC_T = MC_1 + MC_2$。卡特爾追求利潤極大的行為類似多廠獨占追求利潤極大的行為，即邊際收入等於邊際成本，$MR = MC_T$，決定利潤極大的油品產量，$Q = 24$。此時，利潤極大的價格為每公升 29 元，即 $P = 29$。

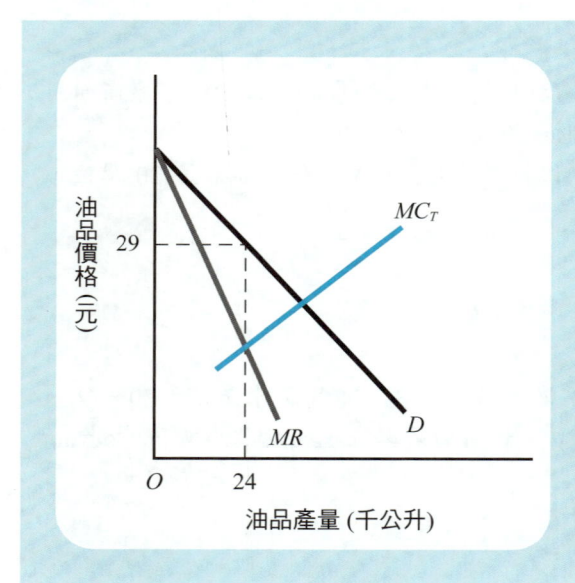

圖 9.5 卡特爾的價格與產量

MC_T 是台塑石化和中油生產油品邊際成本的水平加總，D 為市場需求曲線，MR 是對應的邊際收入曲線。卡特爾追求利潤極大，選擇在 $MR = MC_T$ 處生產。此時價格為 29 元，油品產量為每個月 24,000 公升。

如果每家廠商的成本結構相同，每家廠商會分配到相同的利潤和產量。在圖 9.5 中，台塑石化和中油的油品產量各為 12,000 公升。如果每家廠商的成本結構不同，產量的分配可能依據過去的產量、現在的產能，或每家廠商的談判能力而定。

卡特爾的協議可能因為以下的原因而形同虛設：第一，產業內存在許多生產者時，卡特爾組織很難達成協議；第二，廠商之間的成本結構差異愈大，協議愈難達成；第三，廠商有很強烈的誘因，偷偷多生產一些，或是廠商選擇不加入卡特爾，而儘量銷售其產品；第四，卡特爾的超額利潤容易吸引潛在廠商加入，而打破現有卡特爾組織。

數字例子

讓我們延續上一小節油品市場的數字例子。市場需求曲線是：

$$P = 53 - Q$$

其中 $Q = Q_1 + Q_2$。兩家廠商的邊際成本與平均成本都等於 5 元，

$$MC_1 = MC_2 = 5$$

由於市場需求曲線為一直線，對應的邊際收入曲線為：

$$P = 53 - 2Q$$

當邊際收入等於邊際成本時，卡特爾達到利潤極大。

實例與應用

石油輸出國家組織

世界上最著名的卡特爾是石油輸出國家組織 (OPEC)。OPEC 現有 13 個會員國，包括沙烏地阿拉伯、伊朗、科威特、委內瑞拉、伊拉克、阿爾及利亞、利比亞、奈及利亞、阿拉伯聯合大公國、安哥拉、赤道幾內亞、加彭、剛果共和國。在 1973 年秋天的以阿戰爭，和 1979 年到 1980 年的伊朗革命，OPEC 成功地將石油從 1973 年每桶 2.5 美元提高到 1980 年每桶超過 40 美元。然而，能源節約和石油擴產，使 OPEC 占全球石油產量的比率從 1974 年的 55% 下降至 2001 年的 37%。在 1980 年代，油價維持在每桶 15 美元到 20 美元之間。2003 年美國入侵伊拉克加上亞洲原油需求大增，油價從 2000 年 7 月的 28.38 美元上升至 2008 年 7 月的 146.02 美元；新冠肺炎也導致原油需求減少。從油價的歷史來看，OPEC 在長期無法控制原油的供給，在大部分的時間裡，油價確實反映市場狀況。

$$53-2Q=5 \quad 或 \quad Q=24$$

因為兩家廠商的邊際成本相同，市場均衡數量可以平均分給中油和台塑石化，所以 $Q_1=Q_2=12$，將 $Q=24$ 代入市場需求函數，可得均衡價格為：

$$P=53-24=29$$

卡特爾追求利潤極大的油品價格為每公升 29 元，均衡油品產量為每個月 24 (千公升)。

價格領導

在某些產業裡，有時一家大廠商占有大部分的市場，且與市場占有率低的小廠商相互競爭，經濟學家稱此單一廠商為**強力廠商** (dominant firm)。譬如，中鋼是台灣鋼鐵市場的強力廠商，至於其它的小廠商則稱為**邊緣廠商** (competitive fringe)。

在價格領導模型中，強力廠商設定價格以追求利潤極大化，並允許邊緣廠商在這個價格下，銷售所有他們想要銷售的商品數量，然後強力廠商再銷售市場剩餘需求的部分。因此，這些產業內的邊緣廠商是價格接受者，而強力廠商為價格決定者。讓我們以圖 9.6 來說明價格領導模型。

首先，強力廠商的剩餘需求曲線 D_D 是由市場需求 D_M 減去邊緣廠商供給 S_F 而得。當價格等於 55 元時，強力廠商的剩餘需求縮減至零，邊緣廠商供應整個市場需求；而當價格低於 25 元時，邊緣廠商不會提供任何數量，強力廠商供應整個市場需求。

其次，強力廠商追求利潤極大化的價格和數量，是在邊際收入曲線 MR_D 和邊際成本曲線 MC_D 相交的地方，如 E 點。圖 9.6 顯示強力廠商制訂的商品價格為 45 元，在此價格下，市場需求是每年 90 單位，邊緣廠商每年提供 40 單位，而強力廠商每年提供 50 單位的商品。

在 1970 年代，沙烏地阿拉伯曾是原油的價格領導者，負責制訂原油價格，並滿足原油剩餘需求的部分。然而，許多原油出口國並未遵守配額且以折扣價格銷售原油，因此沙烏地阿拉伯在全球的市場占有率大幅下滑。身為全球最大的原油出口國和最大的儲油國，沙烏地阿拉伯在 1986 年大幅增加原油產量，導致每桶原油價格降低至 10 美元以下。其它國家受到教訓後，重建產油秩序，原油價格在 1992 年回復至每桶 22 美元。

圖 9.6　價格領導

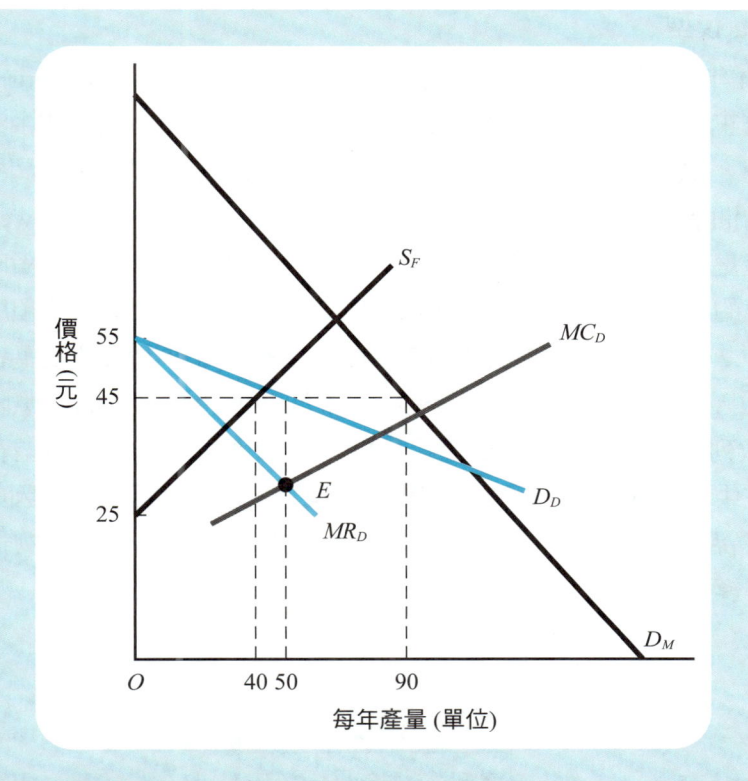

強力廠商的剩餘需求曲線 D_D，是由市場需求曲線 D_M 減去邊緣廠商供給曲線 S_F。強力廠商追求利潤極大化，是在邊際收入 MR_D 和邊際成本 MC_D 相等的地方，即 E 點，此時均衡價格為 45 元。在這個價格下，市場需求為 90 單位，邊緣廠商供給 40 單位，而強力廠商供給 50 單位。

邊做邊學習題 9-2

價格領導計算

假設台灣黃金市場的需求曲線為 $Q^d = 100 - 10P$，台灣黃金市場由一家廠商：金瓜石獨大，邊際成本固定為 5 元。同時，此產業包括 200 家小公司，邊際成本為 $MC = 5 + 100q$。

(a) 請問邊緣廠商的供給曲線方程式為何？
(b) 強力廠商的剩餘需求曲線為何？
(c) 強力廠商的利潤極大化產量及市場價格為何？市場占有率又為何？

類似問題：進階題 6

Stackelberg 模型

在 1934 年,德國經濟學家斯塔克爾貝格 (Heinrich von Stackelberg) 對 Cournot 模型做出修正。斯塔克爾貝格假設雙占市場中的其中一家廠商,如中油,知道另外一家廠商,如台塑石化的策略,並且選擇自己的產出,以追求利潤極大。這個例子裡,中油稱為**領導者** (leader),而台塑石化則稱為**跟隨者** (follower)。領導者率先決定產量,並且已將跟隨者的反應考慮在內;跟隨者觀察領導者的產出後,再決定自己的產出。讓我們以圖 9.7 來說明 Stackelberg 模型的決策順序。

在圖 9.7 中,假設中油是油品市場的領導者,由於中油是領導者,因此沒有反應函數。在追求利潤極大的過程中,中油知道台塑石化的反應函數,並將此反應函數列入產出決策,以決定最適的價格和產量。其次,台塑石化是跟隨者,必須在中油的油品產量水準決定後,再決定自己的油品產量,因此台塑石化視中油的油品產量為固定。讓我們以前述中油和台塑石化的數字例子,來說明 Stackelberg 模型。

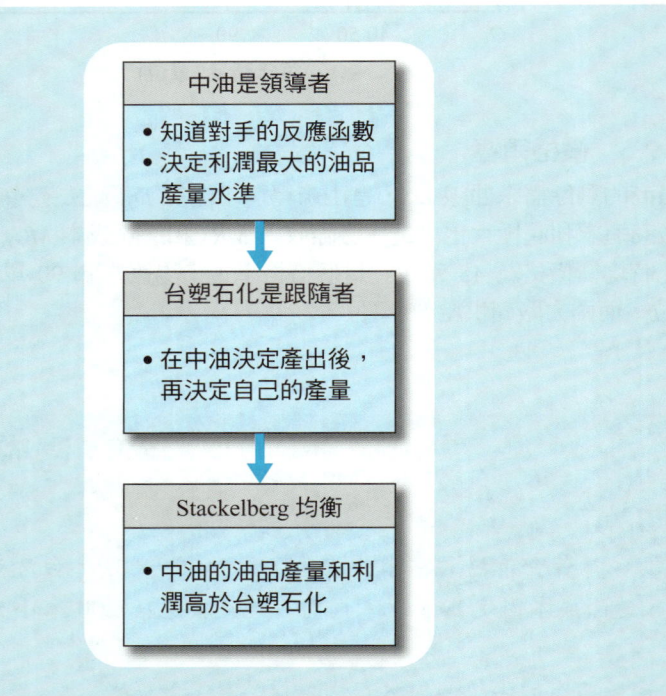

```
┌─────────────────────┐
│    中油是領導者      │
├─────────────────────┤
│ • 知道對手的反應函數  │
│ • 決定利潤最大的油品  │
│   產量水準           │
└──────────┬──────────┘
           ↓
┌─────────────────────┐
│   台塑石化是跟隨者    │
├─────────────────────┤
│ • 在中油決定產出後,  │
│   再決定自己的產量    │
└──────────┬──────────┘
           ↓
┌─────────────────────┐
│   Stackelberg 均衡   │
├─────────────────────┤
│ • 中油的油品產量和利  │
│   潤高於台塑石化      │
└─────────────────────┘
```

圖 9.7 Stackelberg 模型的決策順序

假設在雙占市場中,中油是領導者,知道對手的反應函數;台塑石化是跟隨者,跟隨中油的油品產量再決定自己的油品產量。Stackelberg 均衡為領導者的利潤超過跟隨者的利潤。

數字例子

油品市場的需求曲線為 $P = 53 - Q$，其中 $Q = Q_1 + Q_2$，Q_1 是中油生產的油品數量，Q_2 是台塑石化生產的油品數量。假設兩家廠商的邊際成本都是 5 元，$MC_1 = MC_2 = 5$。

首先，中油是領導者，台塑石化是跟隨者。中油知道台塑石化的反應函數為：

$$Q_2 = 24 - \frac{1}{2} Q_1$$

其次，中油會將台塑石化的最佳反應考量在內。因此，將台塑石化的反應函數代入中油的剩餘需求函數裡，

$$P_1 = (53 - Q_2) - Q_1 \quad 或 \quad P_1 = \left(53 - 24 + \frac{1}{2} Q_1\right) - Q_1$$

$$P_1 = 29 - \frac{1}{2} Q_1$$

中油的總收入函數為：

$$TR_1 = P_1 Q_1 = \left(29 - \frac{1}{2} Q_1\right) \times Q_1$$

$$= 29 Q_1 - \frac{1}{2} Q_1^2$$

因此，中油的邊際收入函數 $MR_1 = \frac{\Delta TR_1}{\Delta Q_1}$ 是：

$$MR_1 = 29 - Q_1$$

當邊際收入等於邊際成本時，可得中油利潤極大化的油品產量水準：

$$29 - Q_1 = 5 \quad 或 \quad Q_1 = 24$$

由於台塑石化是跟隨者，將中油的油品產量 $Q_1 = 24$ 視為固定，從台塑石化的反應函數裡，可以得到台塑石化的油品產量水準：

$$Q_2 = 24 - \frac{1}{2} \times 24 = 12$$

將 $Q_1=24$ 和 $Q_2=12$ 代入市場需求函數,可得最適價格 P 為:

$$P=53-(24+12)=17$$

中油銷售油品的利潤為 $\pi_1=TR_1-TC_1=(17-5)\times 24=288$。利用相同的邏輯,可得到台塑石化的利潤是 $\pi_2=(17-5)\times 12=144$。

中油的油品產量和利潤是台塑石化的 2 倍,領導者率先決定產量,能夠讓領導者得到先行優勢。比較 Cournot 模型和 Stackelberg 模型的均衡結果可以發現:在 Cournot 模型裡,中油和台塑石化的油品產量都是 16 (千公升),利潤都是 256 元。在 Stackelberg 模型裡,中油的油品產量是 24 (千公升) 和利潤是 288 元,而台塑石化的產量是 12 (千公升) 和利潤是 144 元。因此,領導者利潤的增加是以跟隨者利潤的減少為代價。當然,如果中油是跟隨者,而台塑石化是領導者,台塑石化的產量和利潤分別是 24 (千公升) 和 288 元,而中油的產量和利潤則為 12 (千公升) 和 144 元。

圖 9.8 顯示 Stackelberg 模型的均衡。如果在雙占市場裡,中油是領導者和台塑石化是跟隨者,中油和台塑石化的油品產量分別為 24 (千公升) 和 12 (千公

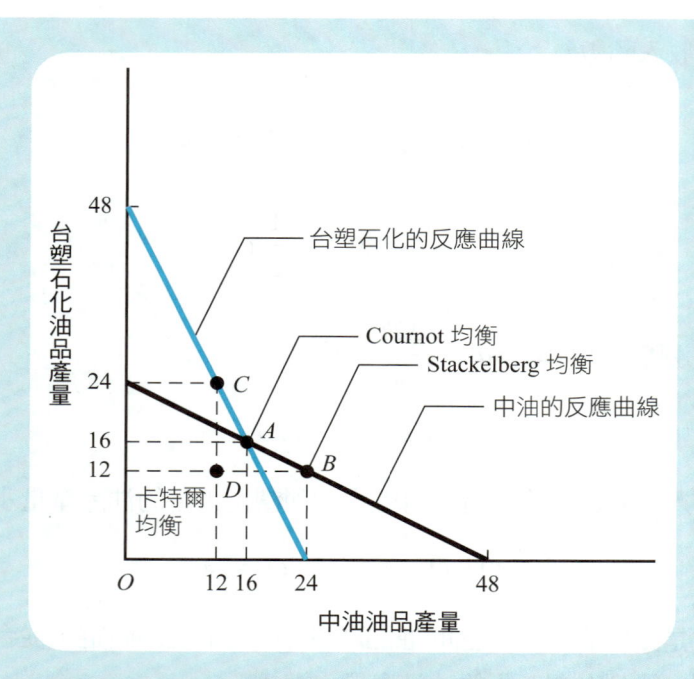

圖 9.8　Stackelberg 模型的均衡

當中油是領導者,台塑石化是跟隨者時,B 點為 Stackelberg 均衡;相反地,當中油是跟隨者,台塑石化是領導者時,C 點是 Stackelberg 均衡;若台塑石化和中油都是跟隨者,A 點是 Cournot 均衡;如果兩家廠商相互勾結,D 點為卡特爾均衡。

升)，如 B 點；相反地，如果中油是跟隨者而台塑石化是領導者，中油和台塑石化的油品產量分別為 12 (千公升) 和 24 (千公升)，如 C 點。B 點和 C 點都是 Stackelberg 均衡。如果中油和台塑石化皆視對手的油品產量固定，即中油和台塑石化都是跟隨者，兩家廠商各自生產 16 (千公升)，此為 Cournot 均衡，如圖 9.8 中的 A 點所示。最後，如果中油和台塑石化相互勾結，形成卡特爾，則兩家廠商會各自生產 12 (千公升)，此為卡特爾均衡，如圖 9.8 中的 D 點所示。

邊做邊學習題 9-3

同質商品 Stackelberg 均衡的計算

(1) 考慮一寡占汽車市場，車商選擇數量。市場需求曲線為 $P=280-2(X+Y)$，其中 X 為裕隆產量，而 Y 為豐田產量，兩家廠商的邊際成本都是 40。
(a) 請問兩家車商之 Cournot 均衡的數量與利潤為何？
(b) 當裕隆為領導者，Stackelberg 均衡為何？均衡市場價格為何？各家車商的利潤為何？

(2) 承「邊做邊學習題 9-1」第 (2) 題，若蘋果為領導者，Stackelberg 均衡為何？均衡價格又為何？

類似問題：基礎題 4

Bertrand 模型

法國數學家伯特蘭 (Joseph Bertrand) 在 1883 年溫習 Cournot 模型時，提出對 Cournot 模型的批評。他認為一個合理的寡占模型是每家廠商各自選擇自己的價格，並將對手的價格視為固定；一旦廠商選擇好價格，會調整生產來滿足市場需求。伯特蘭認為古諾的數量接受者假設並不切實際，價格接受者是一個較好的假設。

讓我們以前面的數字例子來說明 Bertrand 均衡。在中油和台塑石化的油品市場例子裡，市場需求為：

$$P=53-Q$$

其中 $Q=Q_1+Q_2$，Q_1 為中油的油品產量，Q_2 為台塑石化的油品產量。注意：油品是同質產品。其次，兩家的邊際成本都是 5 元：

$$MC_1=MC_2=5$$

Cournot 均衡為每公升 21 元，每家廠商的油品產量等於 16 (千公升)，各自的利潤都是 256 元。

實例與應用

數量分配及限制競爭

中華民國養火雞協會於民國 101 年 7 月 24 日發函，內容謂：「為調節火雞產銷秩序，……建議暫時停止供應貴畜牧場雛火雞，若有雛火雞需求，請來電協商，經同意後再行恢復供應。」

公平交易委員會調查，民國 101 年 5 月至 7 月間檢舉人為促銷其火雞肉，對全國多家火雞肉飯業者，以較優惠價格銷售火雞，影響其它業者生意。其它業者為維持火雞銷售價格，要求雛火雞供應業者停止供應檢舉人雛火雞。

火雞銷售價格是由個別銷售業者自行決定，如有業者藉由聯合限制銷售價格，構成違反公平交易法第 7 條第 1 項所謂聯合行為態樣之一。公平交易委員會經審酌該事業經營規模，並未對市場造成重大損失，決議各處以 5 萬元罰鍰。

資料來源：
郭安琪，〈火雞銷售業者共同要求雛火雞供貨業者停止供貨給特定業者，違反！〉，《公平交易通訊》，第 55 期，2014 年 1 月。

在 Bertrand 模型裡，中油和台塑石化選擇價格來相互競爭，兩家廠商將選擇何種價格，以及賺取多少利潤？不要忘記，中油和台塑石化加油站所提供的汽油品質完全相同，消費者加油只會選擇最低價格。譬如，中油加油站 95 無鉛汽油每公升 21 元，台塑石化只要將 95 無鉛汽油的售價略為調降至每公升 20 元，便可以接收所有中油的客戶。

然而，$P_1=21$ 和 $P_2=20$ 並不是均衡價格。在這種價格下，中油也可以削價來搶走台塑石化的客戶。事實上，只要價格超過邊際成本，其中一家廠商始終能以削價的手段來提高自己的利潤，這隱含 Bertrand 均衡是每家廠商讓商品售價等於邊際成本。以數學式表示，Bertrand 均衡可寫成：

$$P = MC_1 = MC_2$$

在這個價格下，沒有任何一家廠商能夠變動價格，且比以前過得更好。因此，在油品市場的例子中，Bertrand 均衡：$P=MC_1=MC_2=5$，市場需求為 48 (千公升)。若兩家成本結構相同，每一家廠商的產量為 24 (千公升)。由於價格等於平均成本，中油和台塑石化的利潤都是零。

從上面的分析得知，當廠商策略由數量競爭改成價格競爭時，Bertrand 均衡的結論為：

1. 廠商利潤為零，$\pi_1 = \pi_2 = 0$。
2. 價格等於邊際成本，$P = MC_1 = MC_2$。

以上的結果和完全競爭模型的結論相同。

邊做邊學習題 9-4

同質商品 Bertrand 均衡的計算

假設台灣寬頻上網的市場需求為：

$$P = 12 - Q$$

其中 $Q = Q_1 + Q_2$，Q_1 為 HiNet 寬頻的產量，而 Q_2 為台灣大寬頻的產量。又假設兩家公司的邊際成本都等於零。

(a) Bertrand 均衡的產量和價格為何？
(b) Bertrand 均衡的每一家廠商利潤是多少？

類似問題：基礎題 6

9.3 異質寡占

異質寡占是指市場存在少數廠商，銷售品質不同的商品。譬如，在啤酒市場，存在台灣啤酒、海尼根啤酒、青島啤酒或朝日啤酒，消費者認為它們之間的口味是有差異的；同樣地，在咖啡市場，星巴克的拿鐵咖啡和西雅圖極品的拿鐵咖啡並不相同，有些消費者認為兩者之間是無法替代的，即使星巴克拿鐵咖啡的價格較貴，某些顧客還是有品牌忠誠度。

經濟學家將異質商品分成兩種型態：垂直差異商品和水平差異商品。**垂直差異** (vertical differentiation) 是討論商品間的優越性或劣等性，當消費者覺得一商品比另一商品好時，兩商品是垂直差異。大同電鍋與其它品牌電鍋是垂直差異，因為大同電鍋非常耐用，使得大同電鍋雖然比其它品牌電鍋貴，銷路仍然一路長紅。**水平差異** (horizontal differentiation) 是討論商品間的替代性，當 A 商品和 B 商品價格相同，某些消費者覺得 B 商品不是 A 商品的良好替代品，而持續購買 A 商品，甚至在 A 商品價格高於 B 商品價格情況下，消費者仍忠於 A 商品。在 7-ELEVEN 中，百事可樂和可口可樂的售價相同，都是 18 元。但有些消費者就是喜歡可口可樂，而認為百事可樂不是可口可樂的近似替代品。

水平差異對寡占市場和壟斷性競爭市場是相當重要的概念。當廠商銷售水平

差異商品時,市場需求曲線為負斜率。若商品之間的替代程度較高,如台灣的瓶裝茶飲品市場中,消費者對御茶園與茶裏王感受差異不大,市場需求曲線比較平坦;多喝水稍微調降售價,會使悅氏礦泉水的需求顯著下跌,我們稱這類商品為微弱水平差異的商品市場;相反地,若商品之間的替代程度較低,市場需求曲線較陡,則為強烈水平差異,如台灣的啤酒市場。

Bertrand 模型

同質商品的 Bertrand 均衡是指,廠商生產品質完全相同的商品,價格競爭的結果讓每家廠商的利潤等於零。這個結論在異質商品或生產成本不同的假設下不會成立。現在讓我們以啤酒市場的例子,來說明異質商品的 Bertrand 價格競爭模型。

假設台灣的啤酒市場為一雙占市場,由台灣啤酒和海尼根啤酒兩家廠商來提供。其需求曲線如下:

$$台灣啤酒:Q_1 = 100 - 4P_1 + 2P_2$$
$$海尼根啤酒:Q_2 = 80 - 4P_2 + 2P_1$$

這些需求函數隱含台灣啤酒和海尼根啤酒是水平差異:當台灣啤酒提高售價時,台灣啤酒的需求量下跌;而當海尼根啤酒調高售價時,台灣啤酒的需求量上升。同時,假設台灣啤酒和海尼根啤酒的邊際成本分別是 5 元與 4 元。

Bertrand 模型認為兩家廠商同時設定啤酒價格,每家廠商將對手的售價視為固定,再來選擇自己的價格。讓我們先來考慮台灣啤酒的決策行為。首先,台灣啤酒面對的剩餘需求曲線為:

$$Q_1 = (100 + 2P_2) - 4P_1$$

括弧內是凸顯台灣啤酒視海尼根啤酒價格 P_2 為固定的事實。讓我們將上式寫成 P_1 是 Q_1 的函數:

$$P_1 = \left(25 + \frac{1}{2}P_2\right) - \frac{1}{4}Q_1$$

台灣啤酒的總收入曲線可寫成:

$$TR_1 = P_1 Q_1 = \left(25 + \frac{1}{2}P_2\right)Q_1 - \frac{1}{4}Q_1^2$$

對應的邊際收入曲線為：

$$MR_1 = \left(25 + \frac{1}{2}P_2\right) - \frac{1}{2}Q_1$$

當邊際收入等於邊際成本時，可以得到台灣啤酒利潤極大化的產量：

$$\left(25 + \frac{1}{2}P_2\right) - \frac{1}{2}Q_1 = 5 \quad 或 \quad Q_1 = 40 + P_2$$

將上式代入台灣啤酒的需求函數，可以得到利潤極大化的價格：

$$P_1 = \left(25 + \frac{1}{2}P_2\right) - \frac{1}{4}(40 + P_2) \quad 或 \quad P_1 = 15 + \frac{1}{4}P_2$$

這是台灣啤酒的反應函數。利用相同的邏輯，海尼根啤酒的反應函數為：

$$P_2 = 12 + \frac{1}{4}P_1$$

　　台灣啤酒和海尼根啤酒的反應曲線如圖 9.9 所示。台灣啤酒的反應曲線說明，利潤極大化的價格如何受海尼根啤酒價格的影響；海尼根啤酒的反應曲線則說明，利潤極大化的價格如何受台灣啤酒價格的影響。請注意：兩條反應曲線都具有正斜率，這表示台灣啤酒降價，海尼根啤酒也會以降價來回應。Bertrand 均衡與 Cournot 均衡相同，必須符合台灣啤酒最佳反應及海尼根啤酒最佳反應的兩個條件。因此在圖 9.9 中，Bertrand 均衡發生在兩條反應函數的交點。

$$P_1 = 19.2 \quad 和 \quad P_2 = 16.8$$

將這些均衡價格代回需求函數中，可以計算出台灣啤酒和海尼根啤酒的均衡銷售數量：

$$Q_1 = 100 - 4(19.2) + 2(16.8) = 56.8$$
$$Q_2 = 80 - 4(16.8) + 2(19.2) = 51.2$$

台灣啤酒的銷售數量為 56.8 (百萬罐)，而海尼根啤酒的銷售數量為 51.2 (百萬罐)。

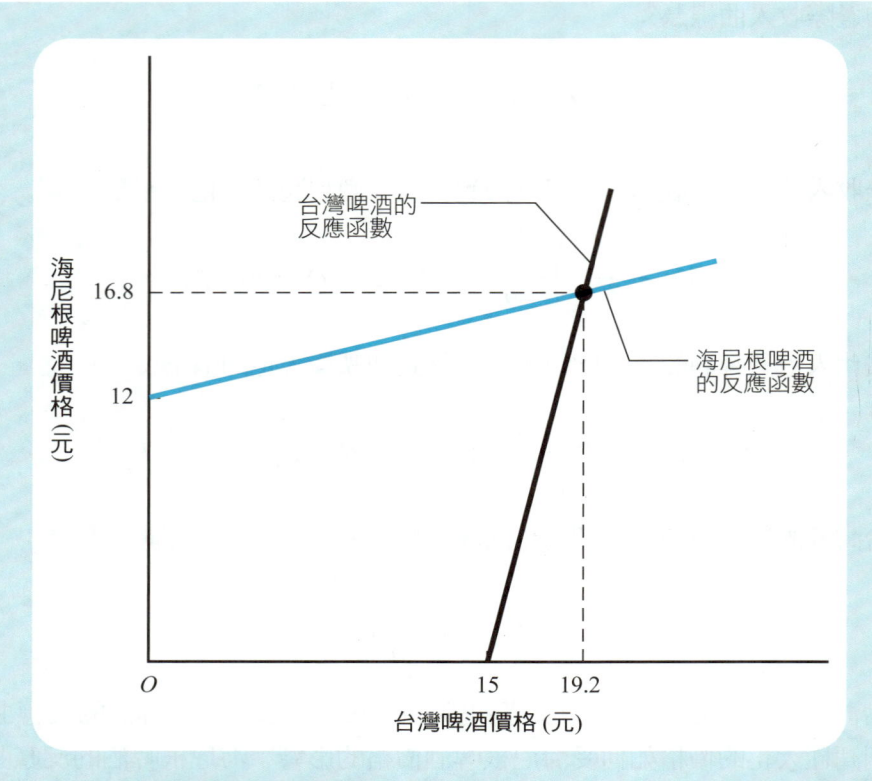

圖 9.9　異質商品的 Bertrand 均衡

Bertrand 均衡是兩條反應函數的交點。台灣啤酒的價格為每罐 19.2 元，而海尼根啤酒的價格為每罐 16.8 元。

實例與應用

價格僵固

　　寡占市場中由於廠商相互依存的特性，常常發生強烈的價格競爭。譬如，台塑石化在 2003 年 4 月 4 日宣布降價 1 元，中油隨即跟進，台灣埃索則打算以降價 2.5 元來反擊。然而，在現實社會中，我們也常觀察到某些商品價格，往往維持在某一水平很長一段時間。譬如，《蘋果日報》(紙本報紙現已停刊) 為搶占市場占有率，在 2003 年 5 月 2 日以 5 元創刊上市，而造成洛陽紙貴。在促銷期後，一份報紙售價恢復為 10 元，再調升至 15 元，與其它大報相同價格且已經維持一段時間。儘管國際紙漿價格時有波動，但報紙和雜誌的價格卻每隔幾年才會調整，這種現象稱為價格僵固 (sticky prices)。

　　經濟學家斯威齊 (Paul Sweezy) 在 1939 年提出拗折需求曲線模型 (kinked demand

curve model）來解釋價格僵固現象，認為競爭對手的行為是跟跌不跟漲。如果寡占廠商提高售價，其它廠商將不會跟進，漲價的廠商將損失大部分的顧客；另一方面，如果寡占廠商調降售價並不會增加市場占有率，因為競爭對手將會跟著降價。因此，斯威齊認為寡占廠商面對的需求曲線，在價格上漲時是相當有彈性，而在價格下降時則是相當無彈性；換言之，寡占廠商面對的需求曲線在**既定價格** (established price) 下是拗折的。基於這個原因，即使面對需求和成本的變動，寡占廠商依然傾向維持固定的價格。

邊做邊學習題 9-5

異質商品 Bertrand 均衡的計算

(1) 華航與長榮飛台北到上海航線，需求曲線分別為 $Q_C = 1,000 - 2P_C + P_E$ 及 $Q_E = 1,000 - 2P_E + P_C$，其中 Q_C 與 Q_E 分別為華航與長榮每天的載客量。假設每位旅客的邊際成本為 10 元。

(a) 若華航將機票價格訂為 200 元，請問長榮的需求曲線與邊際收入曲線為何？長榮利潤最大化價格為何？

(b) 若華航將機票價格訂為 400 元，請重複 (a) 小題。

(c) 請推導華航及長榮的反應函數。

(d) 市場之 Bertrand 均衡為何？

(2) 如果舒潔與春風衛生紙的市場需求，分別為 $Q_1 = 110 - 2P_1 + P_2$ 及 $Q_2 = 110 - 2P_2 + P_1$，且邊際成本為 10 元，請問 Bertrand 均衡價格為何？

類似問題：基礎題 6

9.4　壟斷性競爭

根據圖 9.1 市場結構的分類，壟斷性競爭是指市場存在許多廠商，銷售品質不同的商品。異質產品是指性質相似但不相同的商品。壟斷性競爭市場的例子有香菸、洗髮精、眼鏡行、學校附近的餐廳、便利商店等。

產品的差異可以是品牌形象、地點、服務的不同或實質的差異。某些產品可能完全相同，但廠商強調服務的不同。譬如，iPhone 在台灣有直營門市與代理商，幾乎全台能看到、買到 iPhone 的地方都是代理商，譬如，燦坤、STUDIO A 及德誼。代理商因為行銷優惠，可以拿到較佳價格、產品組合及贈品。品牌形象的不同也會造成產品差異性。許多運動用品廠商會找一些知名運動員代言，企圖

建立顧客忠誠度。譬如，Nike 花 10 億美元請詹姆士 (LeBron James) 終身代言籃球鞋。此外，學校附近的餐廳是一種實質的差異。如士林夜市附近有三家賣生煎包的攤販，但消費者總是知道去哪一家排隊；連鎖速食店中，吉野家以日式丼飯為主，而肯德基 (Kentucky Fried Chicken, KFC) 是以美式炸雞為主。因此，壟斷性競爭市場的特性有三個：

1. 市場有許多買方和賣方，廠商的規模都較小。
2. 廠商生產水平差異商品，消費者視廠商的產品為不完全替代。
3. 廠商可以自由進出市場，有利潤時，潛在廠商會加入；有虧損時，現有廠商可以退出。

短期與長期均衡

異質產品的特性讓壟斷性競爭廠商擁有力量，因此廠商面對的是負斜率的商品需求曲線，這個結論和獨占廠商相同，邊際收入會小於平均收入。另一方面，由於產品差異不大，近似替代產品很多，這個特性比較接近完全競爭廠商的需求曲線 (水平)。因此，壟斷性競爭廠商面對的商品需求曲線介於完全競爭與獨占廠商的需求曲線之間，一條較平坦的商品需求曲線。

以圖 9.10 為例。壟斷性競爭廠商追求利潤極大化，會選擇邊際收入等於邊際成本的交點—— e 點生產。當產量是 Q_0 時，對應的價格是需求曲線上的 a 點。在圖 9.10(a) 中，當壟斷性競爭廠商追求短期利潤極大化生產 Q_0 時，價格 (a 點) 高過平均成本 c 點，此時廠商享有正的利潤，如圖 9.10(a) 的陰影面積所示。在圖 9.10(b) 中，當廠商生產最大利潤的產量 Q_0 時，價格 (a 點) 低於平均成本 (c 點)，但高於平均變動成本 (b 點)，雖然短期遭遇損失，但繼續生產仍可回收部分固定成本，因此廠商會選擇繼續生產。在圖 9.10(c) 中，當廠商生產均衡產量 Q_0 時，價格 (a 點) 低於平均變動成本 (b 點)，若選擇繼續生產，只會讓損失持續擴大，理由是不但連固定成本無法回收，也無法支應變動成本的金額。

壟斷性競爭市場的特性之一是，廠商可以自由進出市場。短期內，廠商享有超額利潤，潛在競爭者就會在長期加入這個市場。雖然各家產品存在差異性，但新廠商的產品仍然與現有產品相似，如洗髮精廠商會推陳出新來攻占市場，有時是強調去頭皮屑，有時則是強調柔順好梳理。所以，原有壟斷性競爭廠商會有部分客戶流失，且面對的商品需求會減少，導致需求曲線左移，只要市場存在正的利潤，新廠商就會不斷加入，直到所有廠商只能賺取正常利潤才會停止。同理，短期廠商遭遇損失時，有些廠商會選擇在長期離開市場。因此，顧客流向留下的廠商，每一廠商的需求因而增加，需求曲線右移，直到經濟利潤等於零時，廠商退出市場的動作才會停止。

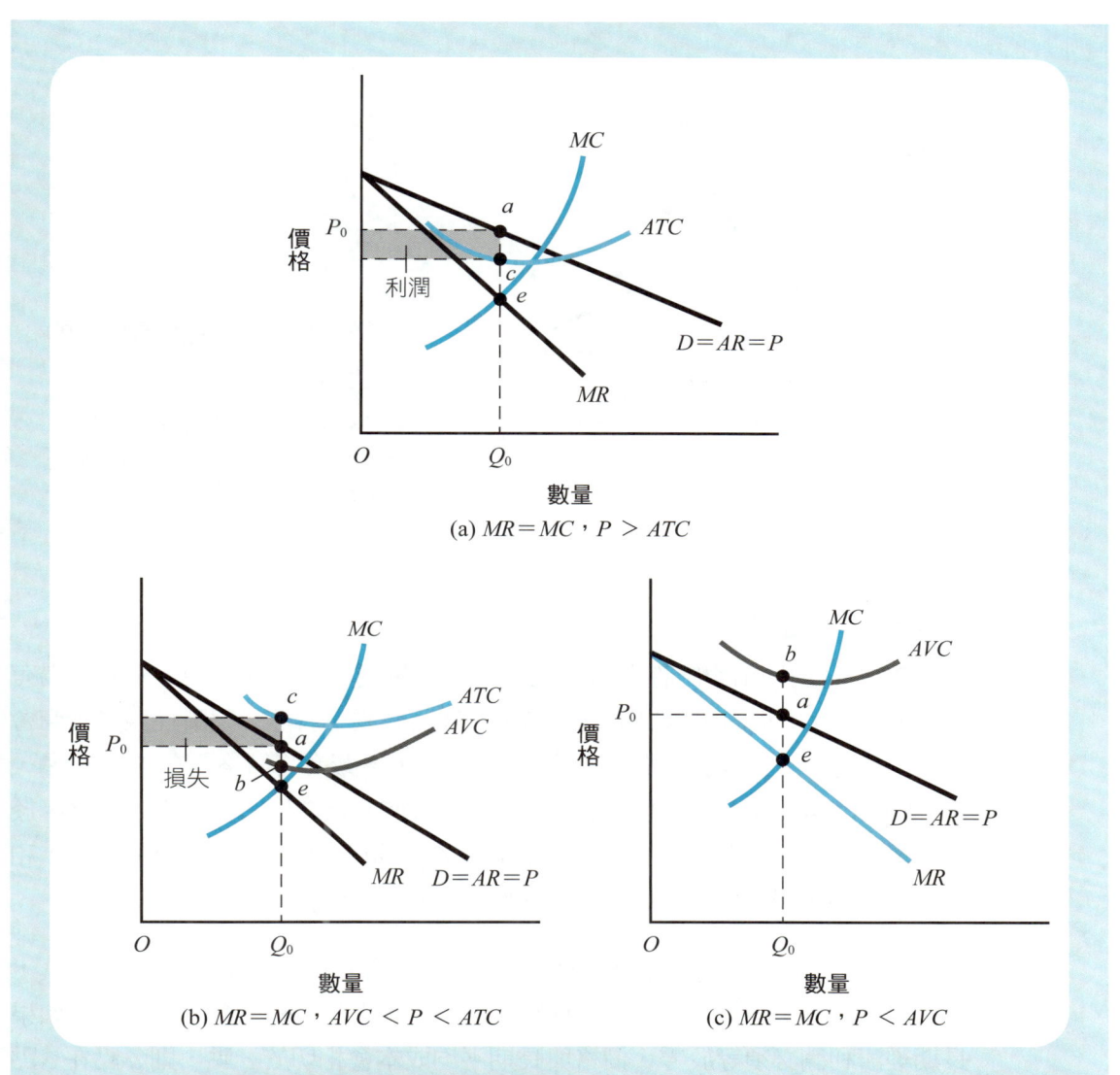

Chapter 9 寡占與壟斷性競爭

(a) $MR=MC$，$P>ATC$

(b) $MR=MC$，$AVC<P<ATC$

(c) $MR=MC$，$P<AVC$

圖 9.10 壟斷性競爭廠商的短期均衡

壟斷性競爭廠商的短期均衡與獨占廠商的短期均衡條件相同。圖 (a)：$MR=MC$，$P>ATC$，廠商有正的利潤。圖 (b)：$MR=MC$，$AVC<P<ATC$，廠商有損失，繼續生產。圖 (c)：$MR=MC$，$P<AVC$，廠商有損失，暫時歇業。

以圖 9.11 為例，在長期，廠商追求利潤極大化，選擇在 e 點生產 Q，此時價格和長期平均成本在 a 點相切，經濟利潤等於零。請注意：在此假設廠商的長期成本不會隨著需求的增減而有變動，如果某些廠商具有獨特品牌且生產成本並不相同，很可能這些廠商在長期可以有小額經濟利潤。一般而言，自由進出的特性讓壟斷性競爭廠商的長期經濟利潤等於零。

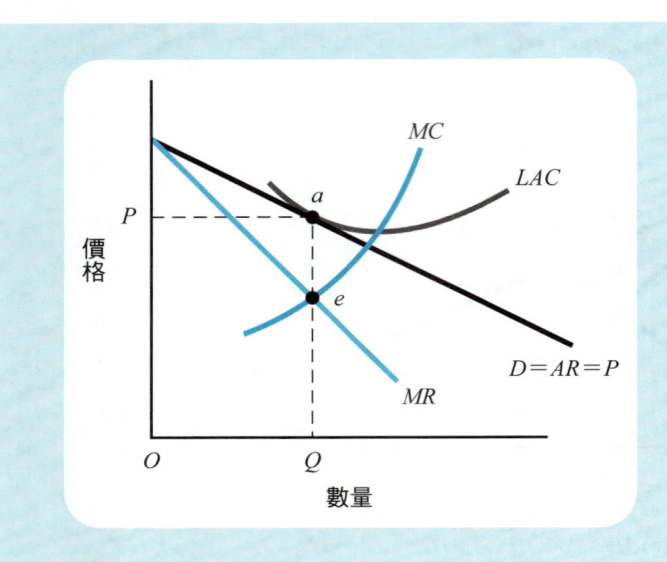

▶ 圖 9.11 壟斷性競爭廠商的長期均衡

因為廠商可以自由進出，壟斷性競爭廠商的長期經濟利潤等於零，$P=LAC$。

壟斷性競爭與效率

圖 9.12 分別列出壟斷性競爭與完全競爭的長期均衡。在長期，兩個市場有一個相同的特性：廠商可以自由進出市場，經濟利潤等於零，壟斷性競爭廠商會在 a 點──邊際收入等於邊際成本的地方生產 Q_m。廠商將價格訂在 P_m (b 點)，如圖 9.12(a) 所示。在圖 9.12(b) 中，完全競爭廠商的長期均衡在 e 點，價格等於邊際成本等於長期平均成本，廠商的產量為 Q_0。如果從技術效率 (生產效率) 和經濟效率 (分配效率) 觀點進行比較，兩個市場有以下的差異：

1. 生產效率。從圖 9.12(a) 觀察，Q_m 並非長期平均成本最低點下的產量 Q_{MES}，理由是產品差異性讓壟斷性競爭廠商在長期面對的需求曲線是負斜率。如果長期經濟利潤必須等於零，價格與長期平均成本會相切於 a 點，則 a 點在 c 點左邊 (因為 c 點的斜率等於零)，所以壟斷性競爭廠商的產量 Q_m 小於長期平均成本最低點的產量 Q_{MES}。長期平均成本最低點的生產規模，稱為**最小效率規模** (minimum efficiency scale, MES)，而 Q_{MES} 是長期平均成本最低點的產量。

   壟斷性競爭廠商選擇生產 Q_m，而不生產 Q_{MES}，代表長期時資源未達生產效率，此一現象稱為**產能過剩** (excess capacity)。相對地，完全競爭廠商的長期均衡是在長期平均成本的最低點生產，Q_e 是最小效率規模產量。在 Q_e，產能充分利用，已達生產效率。

2. 分配效率。完全競爭與壟斷性競爭長期均衡的第二個差異在於，價格與邊際成本的關係。在圖 9.12(b) 中，完全競爭廠商的價格等於邊際成本。在圖

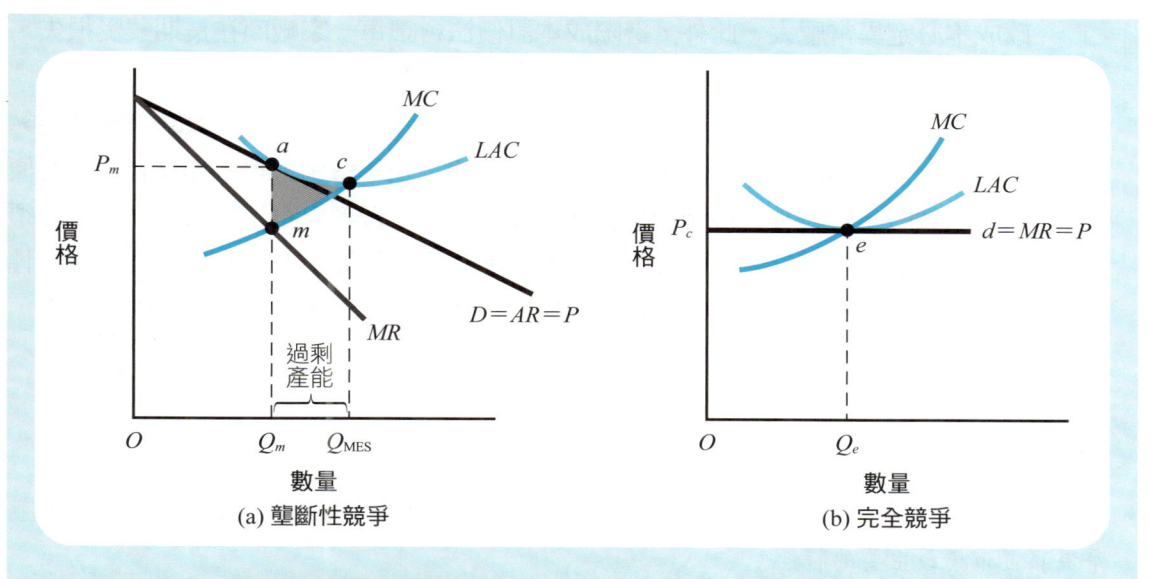

圖 9.12　壟斷性競爭與完全競爭

圖 (a)：壟斷性競爭廠商的長期均衡在 m 點，價格在 a 點。圖 (b)：完全競爭廠商的長期均衡在 e 點。若比較兩個市場的效率會發覺有兩點不同：(1) 壟斷性競爭在 Q_m 生產，且產量小於最低長期平均成本下的產量 Q_{MES}，Q_{MES} 為最小效率規模的產量。完全競爭在 Q_e 生產，是長期平均成本最低點也是最小效率規模產量 Q_{MES}；(2) 壟斷性競爭的市場價格高於邊際成本，完全競爭的市場價格等於邊際成本。

9.12(a) 中，壟斷性競爭廠商的價格在 a 點，邊際成本在 m 點，所以價格大於邊際成本。

價格是消費者衡量最後 1 單位產量的邊際價值。如果邊際價值大於邊際成本，代表廠商增加產量，會讓消費者剩餘和生產者剩餘增加；亦即，當價格等於邊際成本時，社會總剩餘最大，社會已達分配效率。所以完全競爭市場有分配效率，而壟斷性競爭市場沒有分配效率，無謂損失是面積 amc。

如果壟斷性競爭廠商沒有生產效率和分配效率而有無謂損失，政府是否應該加以管制？在第 8 章討論自然獨占時，贊成應該管制的理由為自然獨占由一家廠商供給的成本較低，為了避免惡性競爭，影響消費者權益及提供一致的服務，市場由一家廠商來提供產品是最適情況。

壟斷性競爭與獨占不同之處，在於壟斷性競爭市場有許多廠商，銷售異質產品，但產品間差異不大，消費者有許多近似替代品可以選擇。如果政府進行管制，要求每一家廠商實施邊際成本訂價法，面對為數眾多的廠商，政府的管制行

政成本必定異常龐大。此外，邊際成本訂價法會讓每一家廠商在長期蒙受損失，政府如何進行補貼來挽救所有廠商？這肯定是一個不可能的任務。

況且新廠商會帶來**產品多樣性** (product variety) 的好處，多數的消費者能夠選擇不同種類與品牌的產品，而且會有不同的認知。舉例來說，如果有一半的便利商店關門，好讓其它廠商能夠發揮產能效用，消費者會有什麼看法？如果必須走 20 分鐘才能有一家便利商店，許多消費者就會覺得很不方便。因此，壟斷性競爭廠商的無謂損失成本如果低於政府的行政成本及消費者損失多樣性的成本，管制並不是最佳解答。

總結

- 寡占市場是市場只有少數廠商，銷售同質或異質產品，且有進入障礙。相互依存且相互競爭為寡占市場最主要的特性。
- 寡占的 Cournot 模型，廠商視競爭對手的產量為固定，並同時決定自己的產出。Cournot 模型的利潤比完全競爭時高，但比獨占時低。
- 寡占的勾結模型包括卡特爾和價格領導。卡特爾類似多廠獨占，追求利潤極大化的條件是邊際收入等於邊際成本。價格領導是市場存在一強力廠商，由其制訂市場價格，而小廠可在以現行價格下，銷售想要銷售的商品數量。
- 寡占的 Stackelberg 模型，是由一家廠商先制訂價格，另外一家廠商接受這個價格。
- 同質商品的 Bertrand 均衡，價格等於邊際成本。在異質商品的 Bertrand 模型，價格超過邊際成本。
- 壟斷性競爭是市場存在許多廠商，銷售異質產品，且可以自由進出。
- 壟斷性競爭市場的短期均衡與獨占短期均衡的條件相同，而壟斷性競爭市場的長期均衡與完全競爭長期均衡相同：經濟利潤等於零。

問題與計算

基礎題

1. 中油與台塑石化的市場需求曲線為 $P = 100 - Q_1 - Q_2$，其中 Q_1 為中油產量，Q_2 為台塑石化產量。兩家廠商的邊際成本皆為 10 元。
   - (a) 請問當台塑石化生產 50 單位汽油時，中油之利潤最大化產量是多少？
   - (b) 請推導中油之反應函數。
   - (c) 請算出市場之 Cournot 均衡數量與價格。

2. 假設泡麵的市場需求為 $Q=200-P$。若整個市場有 10 家廠商，其邊際成本固定為 40 元。請問市場的 Cournot 均衡價格為何？各廠商的 Cournot 均衡數量為何？
3. 蘋果的 iPhone 13 深受消費者喜愛。假設蘋果的邊際成本固定為 4，且市場需求是 $Q=200-2P$。
   (a) 若蘋果為獨占廠商，請求出最適價格、數量和利潤。
   (b) 現在假設市場存在 12 家邊緣廠商，各廠商的成本為 $TC(q)=3q^2+20q$，請求出邊緣廠商的供給曲線。(提示：價格接受廠商在歇業點以上沿著 MC 曲線生產。)
   (c) 若蘋果為一強力廠商且面臨邊緣廠商的競爭，蘋果的最適 iPhone 13 數量是多少？邊緣廠商的產出為何？市場價格與蘋果的利潤為何？
4. 考慮一速食店市場之需求為 $P=18-X-Y$，其中 X 為肯德基炸雞產量，Y 為麥當勞炸雞產量。肯德基邊際成本為 3 元，而麥當勞邊際成本為 6 元。
   (a) 請找出市場之 Cournot 均衡產出為何？兩家業者之利潤又為何？
   (b) 若肯德基為領導者。請問兩家業者之利潤為何？
5. 假設某產品的市場需求函數為 $Q=1-P$，且生產成本為 0。如果只有一家廠商生產該產品，使其利潤極大化之最適訂價為何？如果有兩家廠商同時生產該產品且在市場中進行價格競爭，每家廠商的均衡訂價是多少？
6. 假設麥當勞與漢堡王是台灣市場賣漢堡的唯二廠商，兩家的產品略有不同，為了簡化分析，假設兩家的邊際成本均為零。

$$麥當勞需求：Q_1=100-3P_1+P_2$$
$$漢堡王需求：Q_2=100-3P_2+P_1$$

   (a) 請求出麥當勞與漢堡王的價格反應函數。
   (b) Bertrand 均衡價格為何？各家廠商的利潤又為何？
7. 在寡占的 Cournot 模型中，如果政府決定針對廠商課徵利潤稅，對廠商利潤極大化的價格影響為何？
8. 請說明一壟斷性競爭廠商的產能過剩為何與產品自身的需求價格彈性呈現反向關係。
9. 假設一同質商品雙占廠商面對的市場需求函數是 $P=300-3Q$，其中 $Q=Q_1+Q_2$，兩家廠商都有相同的邊際成本 $MC=100$。
   (a) 請求出兩家廠商的反應函數。
   (b) Stackelberg 均衡數量是多少？
10. 承上題，在 Stackelberg 模型中，
    (a) 如果兩家廠商都是跟隨者，Stackelberg 均衡數量和價格為何？
    (b) 如果兩家廠商都是領導者，Stackelberg 均衡數量和價格為何？

11. 如果蘋果與三星兩家廠商囊括台灣手機市場，市場需求為 $P=70-Q_1-Q_2$，邊際成本為 10，固定成本為 0。若兩家勾結，請問利潤極大化之產量、價格及利潤是多少？
12. 一壟斷性競爭廠商面對的需求曲線為 $P=24-Q$，若邊際成本為 4，且利潤為 0，請問固定成本是多少？

進階題

1. 萬歲牌與元本山在台灣開心果市場相互競爭，萬歲牌非常有效率地生產開心果，邊際成本很低，$MC_A=1$；元本山的邊際成本較高，$MC_B=10$。若市場需求為 $P=100-Q$，請問兩家廠商的 Cournot 均衡價格與數量及相關利潤水準為何？

2. 台灣大寬頻與 HiNet 寬頻為同質寡占，面對的市場需求為 $Q=100-\frac{1}{3}P$，其中 $Q=Q_1+Q_2$。兩家廠商的邊際成本均固定在 100。
   (a) 在 HiNet 寬頻每年生產 50 單位產出下，台灣大寬頻利潤極大化的產量是多少？
   (b) 請推導台灣大寬頻與 HiNet 寬頻的反應函數。
   (c) Cournot 均衡價格與數量是多少？
   (d) 若市場為完全競爭，均衡價格為何？
   (e) 若兩家廠商勾結成獨占，均衡價格為何？
   (f) 若台灣大寬頻的 $MC=100$，而 HiNet 寬頻的 $MC=90$，Cournot 均衡價格與數量為何？

3. 假設連鎖超商為寡占市場，且有 4 家廠商：7-ELEVEN、全家、萊爾富及 OK。市場需求曲線為 $P=15-Q$，各家的邊際成本假設固定為 $MC=5$。
   (a) 若每家連鎖超商的固定成本為零，請問 Cournot 均衡價格與數量是多少？各家利潤又是多少？
   (b) 如果 7-ELEVEN 和全家合併，但其 MC 仍為 5 元，請問新的 Cournot 均衡價格與數量是多少？合併後的利潤又是多少？

4. 假設台灣汽車市場有 5 家車商，每家車商的邊際成本固定為 10 元，若市場的需求價格彈性為 -3，請問在 Cournot 均衡下的 Lerner 指數為何？

5. 假設市場需求為 $P=70-2Q$，每家廠商的邊際成本固定為 10 元，且無固定成本。
   (a) 若市場為完全競爭，均衡價格與數量為何？
   (b) 若市場由獨占廠商所掌控，均衡價格與數量為何？利潤是多少？
   (c) 假設浩角與翔起為 Cournot 雙占，請問 Cournot 均衡價格為何？市場產出與兩人的利潤為何？

6. 若泡麵市場需求為 $Q=200-P$，而統一為強力廠商，邊際成本 40 元，其它 9 家廠商則為邊緣廠商，邊際成本曲線為 $MC=40+10q$。為了方便分析，假設廠商的固定成本為零。
   (a) 請問邊緣廠商之供給曲線為何？

(b) 統一面臨的剩餘需求曲線為何？
(c) 統一利潤最大價格與數量是多少？統一的市占率為何？
(d) 若邊緣廠商不是 9 家，而是 18 家，請重複 (a) 小題到 (c) 小題。

7. 在一雙占的寬頻上網市場中，市場需求函數為：

$$P = 12 - Q$$

其中 $Q = Q_1 + Q_2$，Q_1 為 HiNet 寬頻的產量，Q_2 為台灣大寬頻的產量。假設兩家的邊際成本為零，

$$MC_1 = MC_2 = 0$$

(a) 若 HiNet 寬頻為領導者，台灣大寬頻為跟隨者，請求出 Stackelberg 均衡產量、價格和利潤。
(b) 若 HiNet 寬頻為跟隨者，台灣大寬頻為領導者，請求出 Stackelberg 均衡產量、價格和利潤。
(c) 若 HiNet 寬頻和台灣大寬頻都是跟隨者，請計算兩家廠商的最適產量、價格和利潤。
(d) 若 HiNet 寬頻和台灣大寬頻都是領導者，請計算兩家廠商的最適產量、價格和利潤。

8. 假設星巴克拿鐵咖啡與伯朗拿鐵咖啡的需求曲線，分別為 $Q_1 = (64 - 2P_2) - 4P_1$ 與 $Q_2 = (50 + P_1) - 5P_2$。星巴克的邊際成本為 5 元，而伯朗咖啡的邊際成本為 4 元。
(a) 當伯朗拿鐵咖啡每杯 8 元，星巴克拿鐵咖啡利潤極大化價格為何？
(b) 星巴克拿鐵咖啡的反應函數為何？
(c) Bertrand 均衡下星巴克與伯朗之利潤極大化價格和數量為何？

9. 台北市的江浙菜餐廳是壟斷 (獨占) 性競爭，假設餐廳 (現有及潛在) 成本函數 $TC = 10Q + 40,000$。若台北有 10 家江浙菜餐廳，每家的需求函數為 $Q = \frac{1}{10}(40,000,000)P^{-5}\bar{P}^{-4}$，其中 P 為每道菜的價格，而 $\bar{P}$ 為每道菜的平均價格。每家餐廳在自行決定每道菜價格時，視其它餐廳價格固定。
(a) 請問餐廳的需求價格彈性為何？
(b) 追求利潤極大化下，每道菜的價格是多少？
(c) 台北市的江浙菜餐廳最適家數為何？

10. 假設學校附近的餐廳是壟斷 (獨占) 性競爭，每家餐廳都相同，且邊際成本都相同，每單位 100 元，固定成本為 300,000 元。由於每家餐廳面臨需求價格彈性為 -2，且 IEPR 隱含利潤極大化價格為 $\frac{P - MC}{P} = -\frac{1}{e_d}$，即 $\frac{P - 100}{P} = \frac{1}{2}$ 或 $P = 200$，若每家餐廳相同，

將平分市場需求 96,000 單位。

(a) 請問長期均衡的餐廳家數為何？

(b) 若需求價格彈性為 －4，且利潤極大化價格為 400 元，餐廳家數又為何？

11. 若台灣的速食業者只剩下麥當勞與肯德基提供炸雞，麥當勞的成本函數為 $C(Q_A)=5Q_A$，肯德基的成本函數為 $C(Q_B)=8Q_B$，炸雞的需求曲線為 $Q(P)=100-5P$。請問：

(a) 若麥當勞與肯德基以 Cournot 模型競爭，兩家業者各自生產多少？市場價格又是多少？

(b) 若麥當勞與肯德基以 Bertrand 模型競爭，兩家業者各自生產多少？市場價格又是多少？

12. 假設某同質雙占產業中，市場需求為 $Q=100-P$，個別廠商的總成本函數分別為 $TC_1=9Q_1$，$TC_2=10Q_2$，請求出 Bertrand-Nash 均衡為何？

13. 若一壟斷性競爭廠商面對的需求曲線為 $P=(100-n)-2q$，其中 n 為廠商家數，成本函數為 $TC=q^3-10q^2+100q$，請問長期均衡的廠商家數為何？

網路習題

1. 中央銀行的重貼現率一向都是貨幣市場的利率指標，重貼現率並非每天都調整，它是一個很好的價格領導。請至中央銀行網站 https://www.cbc.gov.tw，下載最近一期的重貼現率資料。請問最近兩期的重貼現率調整時間為何？

2. 為了建立合理的公平交易制度，行政院公平交易委員會作為主管機關，必須建立完善的市場競爭規範，去除不必要的進入障礙。請至公平交易委員會網站 https://www.ftc.gov.tw，下載最近一期的《公平交易通訊》，試舉出一則聯合壟斷的案例。

Chapter 10

賽局理論與策略行為

在希臘神話中,海倫是人世間最美麗的女子,奧德修斯是海倫眾多追求者之一。為了避免衝突,海倫的追求者協議由她自己來挑選丈夫,落選者要無條件退出,並支持她所選擇的男子,而海倫沒有挑中奧德修斯。當她結婚後,特洛伊人從希臘誘拐了海倫。海倫的丈夫請那些曾經發誓要支持她的男人跟他一起上戰場,但是奧德修斯不想遵守這個誓言,因為他已經擁有美滿的婚姻與剛出生的兒子,而且神諭告訴他:如果他去打仗,將在 20 年內回不了家。

當希臘人找上奧德修斯,他為了躲避徵召,裝瘋賣傻,把田亂耕。在所有希臘人打算因奧德修斯奇怪的舉動打退堂鼓時,唯獨帕拉米狄斯懷疑奧德修斯在演戲。為了證明奧德修斯是正常人,他便將奧德修斯剛出生的兒子放在犁的前面,要是奧德修斯繼續耕田,就會殺死自己的兒子;如果奧德修斯真的瘋了,就不會擔心或注意兒子的安危。由於奧德修斯並沒有發瘋,所以他沒有繼續耕田,而露出馬腳。

賽局理論是個體經濟學的分支,探討聰明又自利的人如何在策略性布局中採取行動及與對手互動。在《木馬屠城記》的例子中,帕拉米狄斯和奧德修斯是賽局中的參賽者。帕拉米狄斯使奧德修斯必須付出很高的代價才能圓謊,靠著提高奧德修斯圓謊的代價,而改變奧德修斯的行為,使對方露出破綻,因此奧德修斯不得不加入希臘的軍隊去攻打特洛伊。不幸的是,雖然希臘人打敗特洛伊人,但一切都被神諭料中,奧德修斯漂泊在外 20 年才回到妻兒身邊。

賽局理論能夠幫助我們瞭解廠商在市場競爭的決策行為,並可運用到其它的

社會互動，包括：廣告、拍賣、國家間的政治結盟等。我們已經在第 9 章中學習到賽局理論的例子，如 Cournot、Stackelberg、Bertrand 和勾結等模型。本章的目的在介紹一些賽局的基本觀念和工具，使你有能力分析日常生活所發生的競爭互動。

10.1 賽局理論的元素和分類

1944 年，馮紐曼 (J. Von Neumann) 教授和摩根斯坦 (O. Morgenstern) 教授共同發表《賽局理論與經濟行為》(*Theory of Games and Economic Behavior*)，書中探討廠商間策略性行為。假設你上網參加線上遊戲對打，以橋牌為例，在不知對手是誰的情況下，你必須從叫牌中瞭解各家的點力、張數分配情形。在打牌過程中，必須熟記對手所出每一張牌的大小、花色及對手出牌的暗號，如此才能夠打到一副最佳合約的牌。

賽局理論的元素

賽局理論 (game theory) 又稱為遊戲理論，是研究參賽者 (廠商) 面臨各種策略的行為。任何賽局都有三個基本元素：

1. 參賽者 (players) 和遊戲規則 (rules)。
2. 策略 (strategies)。
3. 報酬 (payoffs)。

我們以下面的例子來說明為何這三個元素可以構成賽局理論的基礎。在 2020 年，台灣正式迎來 5G，5G 擁有「大寬頻、低遲延、廣連結」三大特性，遠優於一般 4G 傳輸速率。台灣之星推出比三大電信業者更便宜 400 元的 5G 吃到飽專案，只要月繳 999 元即可 5G 不限速吃到飽，讓消費者體驗雲端遊戲及私人網路 (private network) 的應用需求。

若將 5G 大戰的例子當成賽局，三個基本元素為何？首先，參賽者是兩家電信業者：中華電信和台灣之星。策略是指降價促銷或不降價促銷；報酬則是策略選擇下的市場占有率。

賽局理論的分類

在現實生活中，廠商與廠商之間的互動情境並不一定相同，因此有許多不同類型的賽局出現。接下來我們簡單介紹幾種賽局形式。

1. 同時行動賽局或依序行動賽局。**同時行動賽局** (simultaneous moves game) 是指參賽者之間同時行動。譬如，在世界盃 (World Cup) 足球賽冠軍決賽中，阿根廷和德國的對壘，雙方教練同時下達戰術。在同時行動賽局中，你必須猜測對手現在會採取什麼行動；相對地，對手也正在考量你會如何因應。**依序行動賽局** (sequential moves game) 是指一位參賽者會比另一位參賽者先採取行動。譬如，西洋棋是白棋先行，黑棋次之，白棋再行。在依序行動賽局中，參賽者必須思考，如果我這樣做，對手會如何反應？你對未來結果的預期將主宰現在的反應。
2. 合作賽局與非合作賽局。**合作賽局** (cooperative game) 是指參賽者的協議具有強制性。如果缺乏強制力，參賽者會以自己的利益為準則而採取行動，則稱為**非合作賽局** (noncooperative game)。一個不合作賽局的例子是澳洲鳥類的演化賽局。雄鳥在樹上建築複雜的鳥巢吸引雌鳥，而雌鳥對築巢的位置很挑剔，因為這樣，雄鳥通常會外出找尋並毀滅其它雄鳥的巢。當雄鳥外出時，就必須承擔自己的鳥巢也會被毀壞的危險。一個合作賽局的例子是，2021 年 10 月 22 日，全聯砸下 130 億元收購大潤發，取得 95.97% 的股權。雙方合併後，資源整合及加速全聯通路布局，發展一站式生鮮電商，拚規模經濟。合作賽局與非合作賽局的區別在於，合作賽局是指參賽者共同行動且受到約束，而非合作賽局是指參賽者可以個別行動。
3. 零和賽局與非零和賽局。**零和賽局** (zero-sum game) 是指參賽者一方的勝利是另一方的損失。在棒球比賽中，統一獅的勝利就代表富邦悍將的失敗。**非零和賽局** (nonzero-sum game) 是指參賽者的利益可以共享。譬如，異業聯盟可結合各方長處產生綜效，創造出更大的利益。新冠肺炎蔓延，推動各行各業加速數位轉型。譬如，家樂福與 Foodpanda 合作，不只送餐，還可送日常用品，對雙方而言，雙方的「粉專」可以互換，勾勒出最好的消費數據；同樣地，全家導入珍煮丹，推出兩款限定商品，帶來新商機。

10.2 同時行動賽局

讓我們先從最簡單的賽局——單次同時行動賽局，來介紹賽局理論的重要觀念，這種賽局是兩個或兩個以上的參賽者同時間做單獨一次的決策。因為亞洲禽流感和美國狂牛症引起消費者的疑慮，專賣雞肉商品的肯德基在 2020 年首次推出花生起司培根蛋堡。因應肯德基的來勢洶洶，麥當勞推出新商品蕈菇起司嫩蛋焙果堡，對陣意味濃厚。圖 10.1 為兩家速食店進行廣告策略的可能利潤組合。

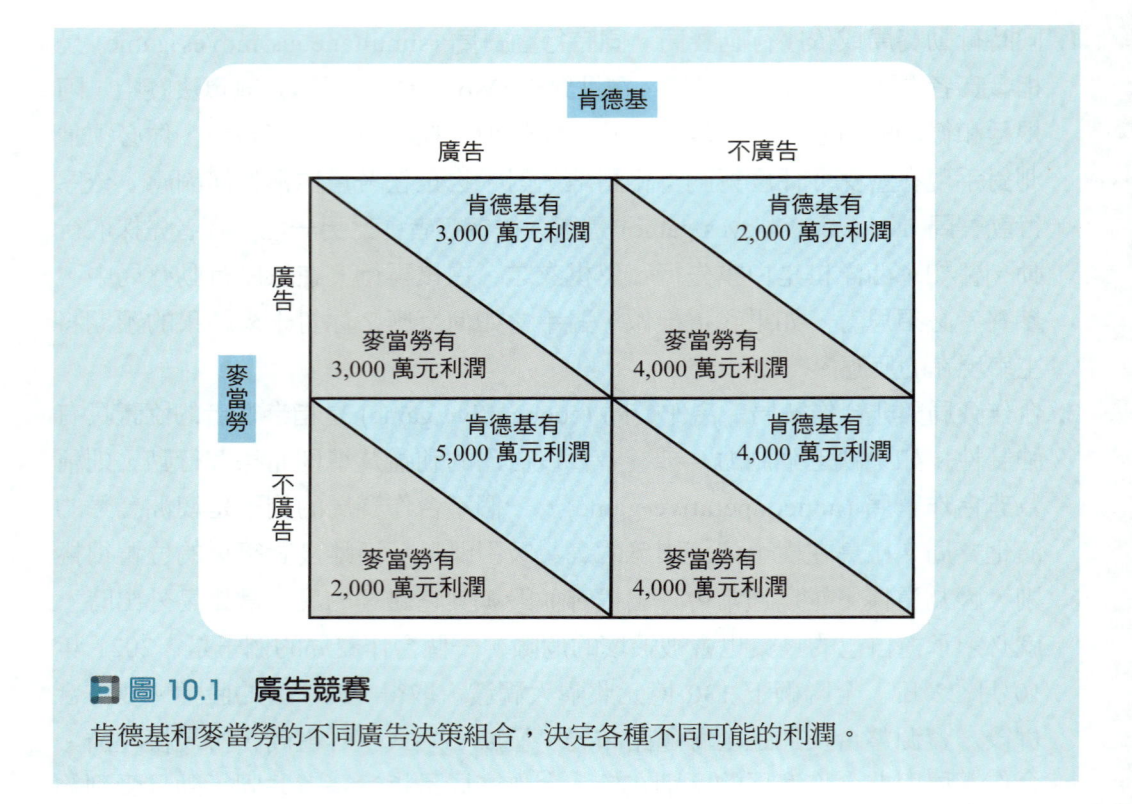

```
                        肯德基
              廣告              不廣告
         ┌──────────────┬──────────────┐
         │ 肯德基有     │ 肯德基有     │
         │ 3,000 萬元利潤│ 2,000 萬元利潤│
     廣告 │              │              │
         │ 麥當勞有     │ 麥當勞有     │
         │ 3,000 萬元利潤│ 4,000 萬元利潤│
麥當勞   ├──────────────┼──────────────┤
         │ 肯德基有     │ 肯德基有     │
         │ 5,000 萬元利潤│ 4,000 萬元利潤│
    不廣告│              │              │
         │ 麥當勞有     │ 麥當勞有     │
         │ 2,000 萬元利潤│ 4,000 萬元利潤│
         └──────────────┴──────────────┘
```

圖 10.1　廣告競賽

肯德基和麥當勞的不同廣告決策組合，決定各種不同可能的利潤。

　　肯德基和麥當勞是廣告賽局中的兩個參賽者，兩家速食業者可以有兩種策略──廣告或不廣告，因此我們有四種結果，這些結果構成圖 10.1 的**報酬矩陣** (payoff matrix)。在單次、同時行動賽局中，參賽者的策略非常簡單：它們只有一個決策。

　　圖 10.1 中的每一個組合代表不同策略組合下，每位參賽者預期獲得的金額。譬如，在左上角的組合中，第一個數字是麥當勞每年的獲利，第二個數字是肯德基每年的利潤。如果麥當勞和肯德基決定同時廣告，它們分別賺取 3,000 萬元的利潤。

Nash 均衡

　　賽局理論尋求下列問題的答案：一個賽局的可能結果為何？賽局理論利用 **Nash 均衡** (Nash equilibrium) 的概念來確認賽局的可能結果。Nash 均衡是指在其它參賽者策略選定情況下，每個參賽者選擇報酬最高的策略。在圖 10.1 的廣告競賽中，各家速食業者的 Nash 均衡策略是「廣告」。

◆ 假設肯德基決定廣告，麥當勞的最佳策略是廣告。如果麥當勞決定廣告，每年可獲得 3,000 萬元利潤，但是如果肯德基決定不廣告，每年只剩 2,000 萬元

利潤。
- 假設麥當勞決定廣告，肯德基的最佳策略是廣告。如果肯德基決定廣告，每年可獲得 3,000 萬元利潤，但是如果肯德基決定不廣告，每年只剩 2,000 萬元利潤。

Nash 均衡是聶徐 (John F. Nash) 於 21 歲時，在他的 27 頁博士論文中揭露的概念，這個概念成為所有非合作賽局的均衡解。他在 30 歲即將擔任麻省理工學院 (Massachusetts Institute of Technology, MIT) 教授前罹患妄想型精神分裂症，直到 1994 年獲頒諾貝爾經濟學獎，才奇蹟似地從妄想世界中甦醒。Nash 均衡是最佳策略的集合，沒有參賽者會片面改變策略。譬如，若麥當勞預期肯德基不會廣告，而自己決定廣告，則肯德基在追求自我利潤最大的情況下，會推翻麥當勞的預期，而決定廣告，這會造成麥當勞的利潤從每年 4,000 萬元減少至每年 3,000 萬元。

囚犯兩難

賽局理論中有一個非常著名的例子——囚犯兩難 (prisoner's dilemma)，這是一個非合作賽局的例子。讓我們以一個假想的情境來說明囚犯兩難賽局。

有一對鴛鴦大盜：志明和春嬌，在臨檢時被查獲藏有安非他命。由於罪證確鑿，檢察官求刑 2 年。警方同時懷疑他們涉及多起銀行搶案，卻苦無證據，因此決定隔離偵訊，並分別給予以下的條件：現在是判刑 2 年，即將發監服刑；如果你承認涉及銀行搶案，並指證同伴涉案，可以轉為污點證人並獲無罪釋放，你的同伴將依罪行求刑 20 年；如果兩人都主動承認涉案，檢察官則依自首處分從輕量刑，各判處 5 年徒刑。

志明和春嬌馬上面臨的困難抉擇是：認罪或不認罪？圖 10.2 整理出他們的選擇及可能的結果。在這個報酬矩陣中，參賽者是志明和春嬌。策略是承認搶劫或否認搶劫。可能的報酬是圖 10.2 中的四種結果：各判刑 2 年；各判刑 5 年；一人判刑 20 年，另一人無罪開釋。至於遊戲規則是警方採隔離偵訊。

如果兩人都不招認，結果對雙方最有利。但問題是他們不會這麼做，而是各懷鬼胎。志明的推理如下：只要春嬌不漏口風，自己的最佳策略是承認搶劫，不需坐牢，理由是承認搶劫便會無罪開釋，否認搶劫則會被判 2 年。如果春嬌承認搶劫，志明的最佳策略還是承認搶劫，因為否認搶劫將判刑 20 年，承認搶劫便只判刑 5 年。因此，不管春嬌招不招認，志明最好都跟警方坦白，結果是判處 5 年徒刑。

當然，春嬌也會有同樣的誘因。她面對和志明一樣的情境，且推理與志明相

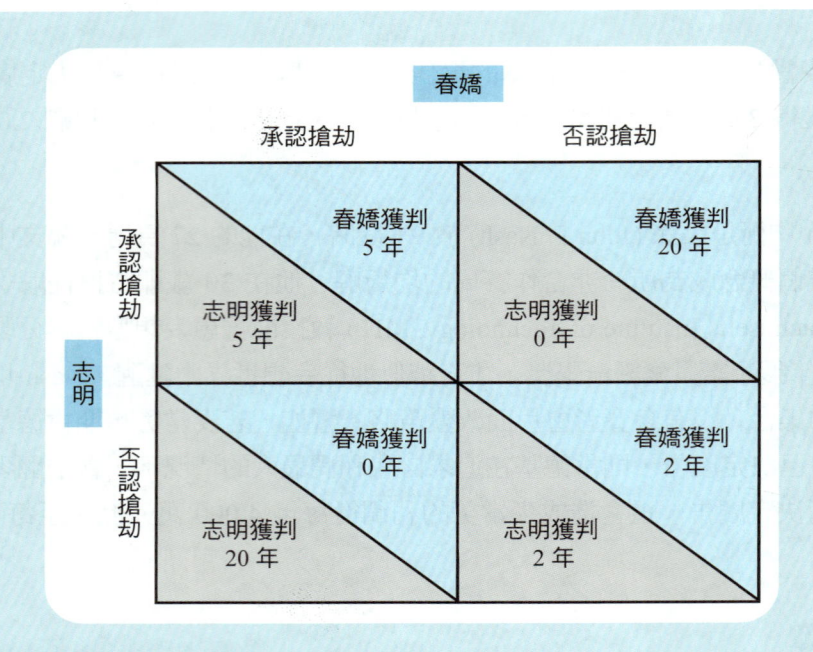

	春嬌承認搶劫	春嬌否認搶劫
志明承認搶劫	春嬌獲判 5 年 / 志明獲判 5 年	春嬌獲判 20 年 / 志明獲判 0 年
志明否認搶劫	春嬌獲判 0 年 / 志明獲判 20 年	春嬌獲判 2 年 / 志明獲判 2 年

圖 10.2　囚犯兩難

警方懷疑兩人涉及銀行搶案。志明與春嬌的刑期取決於兩人是承認搶劫、否認搶劫及同伴的策略。

同。於是兩個人都承認搶劫，雙雙被判刑 5 年。這個結果並不是最好的結局，因為對兩人最好的結果應該是，兩人都抵死不認帳，只會各判 2 年。這正是經濟學裡最有趣的現象：理性的個人會追求自己的最大利益，可是所做的事反而對自己不利，貪婪也未必能為自己帶來好處。

這個模型與現實情況有驚人的相似。可再生資源就是一種囚犯兩難，以大西洋的旗魚為例，如果每季的漁獲量都設限，旗魚數量可維持穩定，甚至還會成長，但問題是這個世界上沒有人擁有旗魚這項資源，因此每艘漁船面臨囚犯兩難的困境，而極盡所能地捕魚，結果可想而知。

優勢策略與劣勢策略

我們如何能決定賽局中的最佳策略？在同時行動賽局中，尋找 Nash 均衡的第一個步驟是尋找優勢策略；第二個步驟則是尋找劣勢策略。優勢策略 (dominant strategy) 是指不管對手的選擇如何，參賽者會選擇對自己最有利的策略。在囚犯兩難的例子裡，志明的優勢策略就是承認搶劫。無論春嬌做何種決定，只要志明認罪就可以少蹲幾年苦窯。利用同樣的邏輯，春嬌的優勢策略也是承認搶劫。在

實例與應用

囚犯兩難的台灣產業

賽局理論是一種策略思考，透過對自己最有利策略的推估，尋找自己的最大利益，從而在競爭中生存。在很多產業裡，特別是競價促銷的廝殺，囚犯兩難不斷出現。譬如，台灣的 DRAM 產業為了搶奪市場，加上韓國三星的惡性殺價，而採取削價手段，2012 年 3 月，茂德科技的股票下市，又因為經營困難，向科學園區管理局申報裁員 1,300 人。

囚犯兩難的出發點就是，廠商先將自己的利益放在整體產業或其它競爭者之前。半導體產業是另外一個囚犯兩難的例子，在 2021 年，台積電的最大對手——美國晶片大廠英特爾，宣布將主攻先進製程晶圓代工服務，已拿下高通 (Qualcomm) 及亞馬遜 (Amazon) 兩大客戶的訂單，也宣布與微軟、Google 合作推出新產品，提供 ARM 架構晶片，搶奪台積電客戶訂單的意圖不言可喻。

囚犯兩難的賽局中，兩位參賽者都有優勢策略——都承認搶劫，這也是囚犯兩難賽局的 Nash 均衡。

在有些賽局中，可能只有一位參賽者擁有優勢策略，賽局是否有 Nash 均衡？讓我們以第二次世界大戰的俾斯麥海戰役為例，俾斯麥海是西南太平洋中巴布亞紐幾內亞與俾斯麥群島中間的海域。1943 年，日本艦隊司令奉命運送軍隊與補給到紐幾內亞，日本有兩條路線可供選擇：下雨的北線和晴天的南線。日本艦隊的航程是 3 天，而美國的偵察機一次只能偵察一條路線。

圖 10.3 描述美國空軍在不同情況下的攻擊天數，這是一個零和賽局，美國偏好比較多的攻擊天數，而日本偏好比較少的天數。圖 10.3 中的數字愈大對美國愈有利；反之，則對日本愈有利。在這個賽局中，美國沒有優勢策略，因為如果日本選擇北線，美國最好選擇北線；若日本選擇南線，則美國最好也選擇南線 (攻擊 3 天，而非 2 天)。

相反地，日本有優勢策略。如果美國偵察機選擇南線，日本最好選下雨的北線 (美國空軍只有 1 天的攻擊時間)；如果美國偵察機走北線，則日本走哪一條路線都一樣 (美國空軍有 2 天的攻擊時間)，因此北線是日本的優勢策略。在知道日本會走北線的條件下，美國採取的最佳策略是，派遣偵察機到北線，而 Nash 均衡發生在圖 10.3 報酬矩陣中的左上格，雙方都選擇北線，美國得到 2 天的攻擊時間。我們並不清楚當時美國和日本艦隊司令是怎麼想的，但卻知道當時的結果跟賽局理論的預測一樣，日本艦隊走北線，美國也偵察北線，所以 2 天的攻擊造

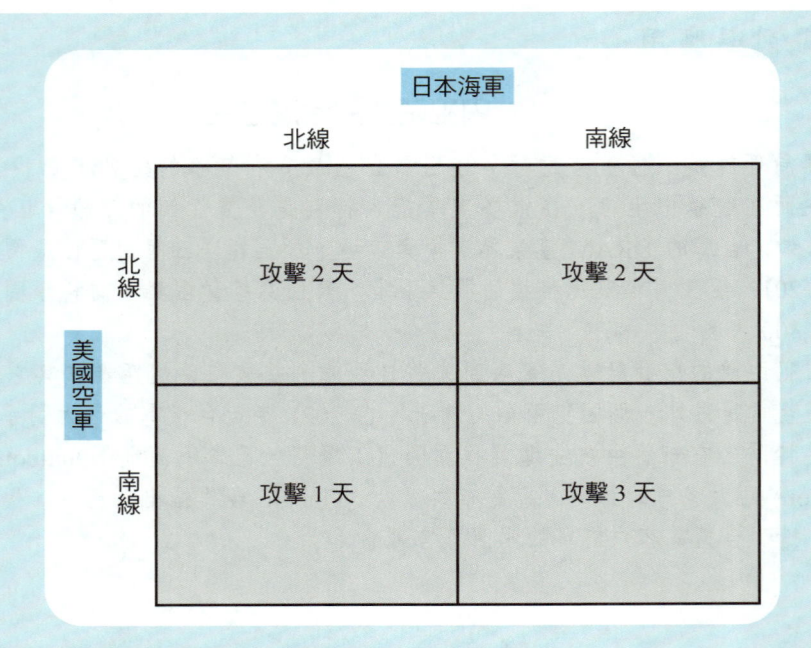

	日本海軍	
	北線	南線
美國空軍 　北線	攻擊 2 天	攻擊 2 天
美國空軍 　南線	攻擊 1 天	攻擊 3 天

圖 10.3　俾斯麥海戰：零和賽局

在這個賽局裡，只有日本有優勢策略，美國是根據日本的決策而決定自己的最佳策略。

成日本艦隊遭受重大損失。

劣勢策略 (dominated strategy) 是優勢策略的相反，是指不論對手的策略為何，當參賽者有另外一個策略能夠帶來更高的報酬時，此一策略即為劣勢策略。在圖 10.3 中，若參賽者只有兩個策略：其中一個是優勢策略；另外一個必定是劣勢策略。在大型的賽局裡，即使沒有優勢策略，也會存在劣勢策略。藉由除去劣勢策略，可以減少賽局中策略的數目，或是能讓某位參賽者產生優勢策略，讓我們用一個例子來說明這個觀念。

假設淡水小鎮的居民都喜歡吃拉麵，鎮上只有兩家日本拉麵店：豚人和一蘭拉麵。每家店都要選取拉麵的價格：高價、中價和低價。圖 10.4 顯示這些策略下的報酬。譬如，當豚人選擇中價，一蘭拉麵選擇高價時，豚人每週可以賣出更多碗拉麵，利潤是 70,000 元，而一蘭拉麵因為價格較高，每週利潤為 30,000 元，如圖 10.4(a) 所示。

在這個賽局裡，沒有一個參賽者有優勢策略。請注意：當一蘭拉麵選擇中價或高價時，豚人的最佳決策是中價；可是當一蘭拉麵選擇低價時，豚人的最佳策略仍是中價。利用相同的邏輯，一蘭拉麵也是如此。中價是面對豚人採取高價或

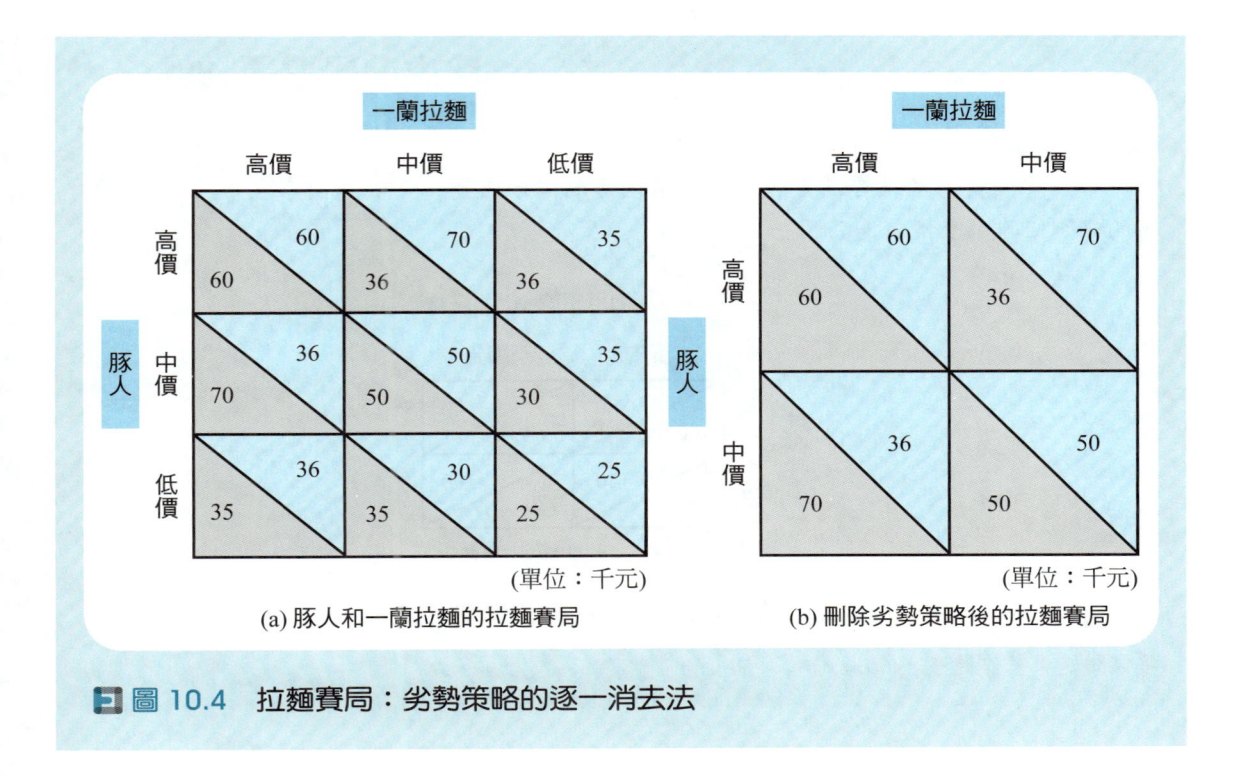

圖 10.4　拉麵賽局：劣勢策略的逐一消去法

(a) 豚人和一蘭拉麵的拉麵賽局

(b) 刪除劣勢策略後的拉麵賽局

中價的最佳策略，而高價是面對豚人採低價的最佳策略。因此，沒有優勢策略，似乎令人沮喪。

然而，我們可以尋找劣勢策略。對每位參賽者而言，低價都是劣勢策略，不論一蘭拉麵如何選擇，豚人選擇中價會比低價好。當一蘭拉麵選擇高價策略時，豚人選擇中價可得到 70,000 元，但低價只有 35,000 元；當一蘭拉麵選擇中價策略時，豚人選擇中價可得到 50,000 元，但低價只有 35,000 元；當一蘭拉麵選擇低價策略時，豚人選擇中價可得到 60,000 元，但低價只有 25,000 元。同樣地，不論豚人如何選擇，一蘭拉麵選擇高價與中價都比低價為佳。

因為兩家店都不會採取低價策略，我們可以減少賽局的策略數目，讓參賽者只剩下兩個策略：高價與中價；也就是說，圖 10.4(a) 的 3×3 報酬矩陣縮減成圖 10.4(b) 的 2×2 報酬矩陣。

在圖 10.4(b) 簡化賽局裡，中價策略成為兩位參賽者的優勢策略，從豚人的觀點來看，採中價策略的利潤為 70,000 元 (面對高價) 及 50,000 元 (面對中價)。這會比採高價的利潤為 60,000 元 (面對高價) 及 36,000 元 (面對中價) 來得好。同理，一蘭拉麵的優勢策略也是選擇中價策略。因此，拉麵賽局的 Nash 均衡是兩家店都會採取中價，且每週賺取 50,000 元的利潤。

邊做邊學習題 10-1

劣勢策略與 Nash 均衡

台灣啤酒與海尼根啤酒是台灣銷售前兩名的啤酒廠商，下表為兩家在不同廣告策略下的報酬矩陣，表格內為利潤。

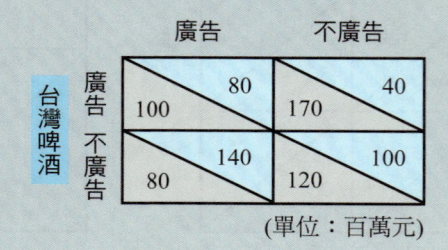

	海尼根啤酒 廣告	海尼根啤酒 不廣告
台灣啤酒 廣告	100 \ 80	170 \ 40
台灣啤酒 不廣告	80 \ 140	120 \ 100

(單位：百萬元)

此賽局之 Nash 均衡為何？此賽局是否為囚犯兩難賽局的範例？

類似問題：基礎題 3

超過一個以上 Nash 均衡的賽局

到目前為止，在你的印象中賽局只有唯一一個 Nash 均衡，事實並非如此。在某些賽局中，會有超過一個以上的 Nash 均衡。一個多重均衡的典型例子是膽小鬼賽局。在 1950 年代，有兩個年輕人為了證明自己的男子氣概，在午夜的街道兩端以極危險的高速對向急駛，若其中有一輛車子突然轉向，即證明另一輛未轉向的車子有男子氣概；如果兩人都突然轉向，則沒有人是英雄，也不會是膽小鬼；若兩人都不轉向，結果是互相對撞，可能受重傷或甚至死亡。

圖 10.5 描述兩個年輕人霆鋒和奕迅玩膽小鬼賽局的報酬。這個賽局有兩個 Nash 均衡：第一個是霆鋒突然轉向，而奕迅未轉向；另外一個是霆鋒不轉向，而奕迅突然轉向。要證明第一個是 Nash 均衡，請注意：若霆鋒突然轉向，奕迅不轉向 (10) 會比突然轉向 (0) 來得好。同理，如果霆鋒選擇不轉向，奕迅最好轉向 (−10)，而非不轉向 (−20)。

因此，膽小鬼賽局有四個特色：第一，每個參賽者都有一個「強硬」的策略和一個「軟弱」的策略；第二，在只有兩個策略的賽局中，均衡時只有一個參賽者是膽小鬼；第三，每位參賽者都偏好別人是膽小鬼的均衡；第四，雙方均採取強硬態度是最壞的結果。

膽小鬼賽局在現實生活中是否可能發生？斯諾 (John Snow) 教授曾經提出兩文化對抗賽局。某所大學想要改建老舊的演講廳，分別有理學院和人文社會學院

圖 10.5 膽小鬼賽局

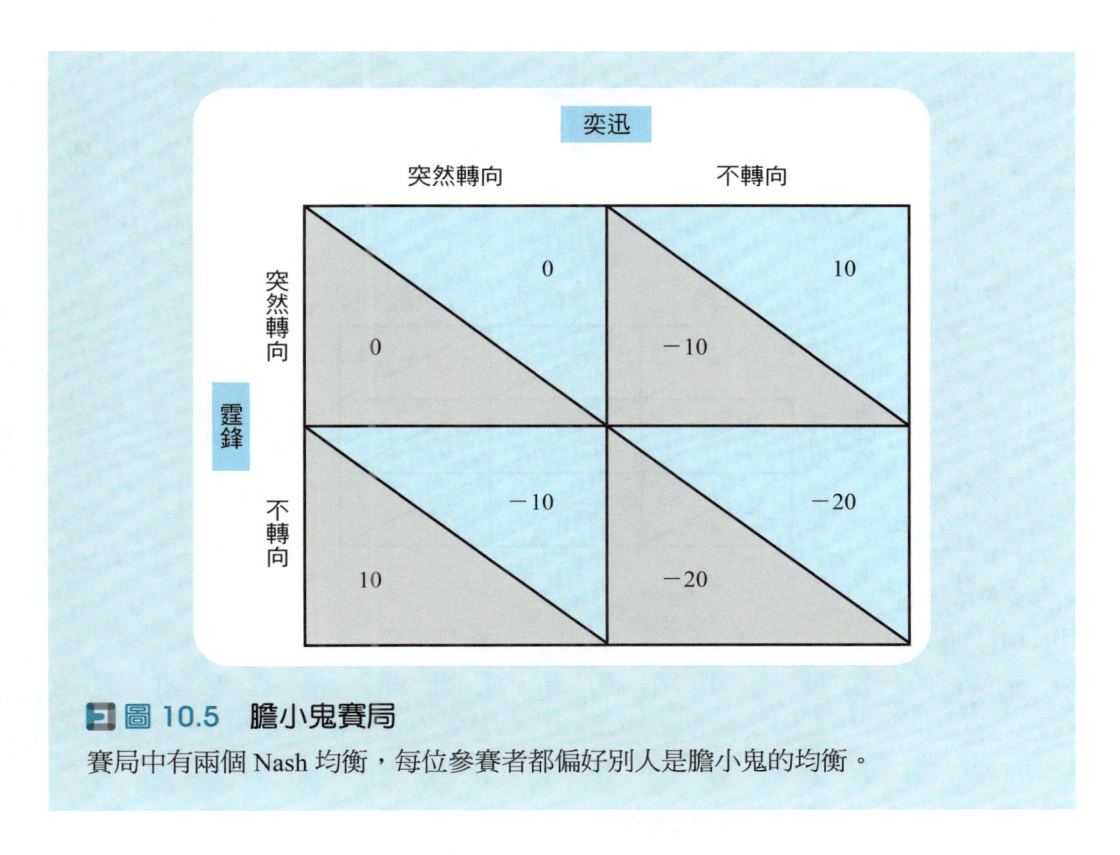

	奕迅 突然轉向	奕迅 不轉向
霆鋒 突然轉向	0 / 0	10 / −10
霆鋒 不轉向	−10 / 10	−20 / −20

賽局中有兩個 Nash 均衡，每位參賽者都偏好別人是膽小鬼的均衡。

想要爭取改建成實驗室或小劇場，校長願意花資金重建，卻只能答應其中一方的要求，因此若兩個學院有不同的意見，則改建不會成功。這個賽局並沒有優勢策略，而有兩個 Nash 均衡：不論是實驗室或小劇場，必須同時獲得理學院和人文社會學院的同意。

邊做邊學習題 10-2

超過一個以上的 Nash 均衡

(1) 在《雷神索爾 2：黑暗世界》(*Thor: The Dark World*) 中，索爾要對抗黑暗精靈，下表為兩人對戰的報酬矩陣。

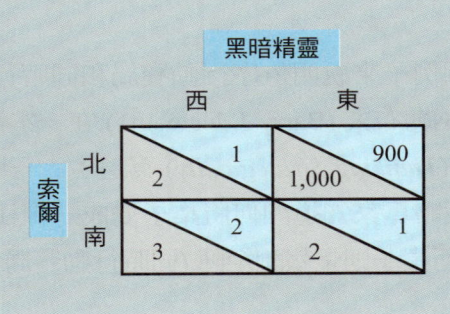

	黑暗精靈 西	黑暗精靈 東
索爾 北	2 / 1	1,000 / 900
索爾 南	3 / 2	2 / 1

請問賽局是否存在 Nash 均衡？是否存在超過一個以上的 Nash 均衡？

(2) 漫威電影《永恆族》(*Eternals*) 中，天神族與變異族長期敵對，他們在地球上爭戰的報酬如下：

	變異族主動	變異族被動	變異族折衷
天神族 主動	1, 0	1, 2	2, -1
天神族 折衷	1, 1	1, 0	0, -1
天神族 被動	-3, -3	-3, -3	-3, -3

(a) 請問劣勢策略為何？
(b) 請問 Nash 均衡為何？

類似問題：基礎題 6

10.3 依序行動賽局

在**依序行動賽局** (sequential move game) 中，一位參賽者比另一位參賽者先採取行動。每次行動時，第二位參賽者都會考慮第一位行動者所採取的策略，也會考慮目前的行動如何影響對手及自己未來的行動。

依序行動賽局的例子不勝枚舉，政商界的互動行為常有這類特質。政界的例子包括：立法委員的選舉——新參選人決定是否投入選戰、現任者決定是否採取媒體文宣。此外，在 2014 年 11 月 7 日舉行台北市長選舉電視辯論的交叉詰問中，柯文哲問連勝文：「敢不敢公布財產、收入給社會檢驗？」連勝文答：「按照選委會公告來做財產申報。」並提問：「我們如何幫台北市做什麼？」這段詰問便是一個典型的依序行動賽局例子——依照對未來後果的預期，決定目前的行動。

讓我們舉一個例子來說明依序行動賽局和同時行動賽局的不同。迪克西特 (Avinash Dixit) 與納勒布夫 (Barry J. Nalebuff) 在一本暢銷且令人激賞的賽局理論書籍《策略思維》(*Thinking Strategically*) 寫道：「一個聰明的木匠能將樹變成桌子；一個機靈的策略專家知道如何將桌子變成一棵樹。」句中的樹是指賽局樹 (依序行動賽局)，而桌子則是報酬矩陣 (同時行動賽局)。

假設義美總經理轉投資咖啡廳「咖博館 Coffee Museum」，估計對現有業者將造成衝擊，並將與星巴克有硬碰硬的正面接觸。星巴克可以有兩種方式因應：進行價格戰，或達成和解；義美可以大規模或小規模的方式加入市場。圖 10.6 顯示義美與星巴克在不同市場策略下的報酬矩陣。

如果星巴克和義美同時選擇市場策略，Nash 均衡為星巴克選擇進行「價格戰」，而義美選擇「大規模」進入市場。在這個連鎖咖啡店的賽局中，星巴克並沒有優勢策略，只有義美有優勢策略：大規模進入市場。依據義美的最佳選擇，星巴克的反應是進行價格戰。理由是：進行價格戰的利潤為 12 (百萬元)，而達成和解的利潤為 10 (百萬元)。因此，同時行動賽局的 Nash 均衡在右下角；義美的利潤是 2 (百萬元)，而星巴克的利潤是 12 (百萬元)。

現在我們將同時行動的連鎖咖啡店賽局改成依序行動賽局。假設義美能夠在星巴克做決策前先行制訂決策，因此義美是第一個行動者，而星巴克是第二個行動者。我們以賽局樹來分析依序行動賽局，賽局樹由節點和分支所構成，通常是由左而右，畫出每位參賽者可能選擇的所有策略、已選擇策略的順序，以及賽局

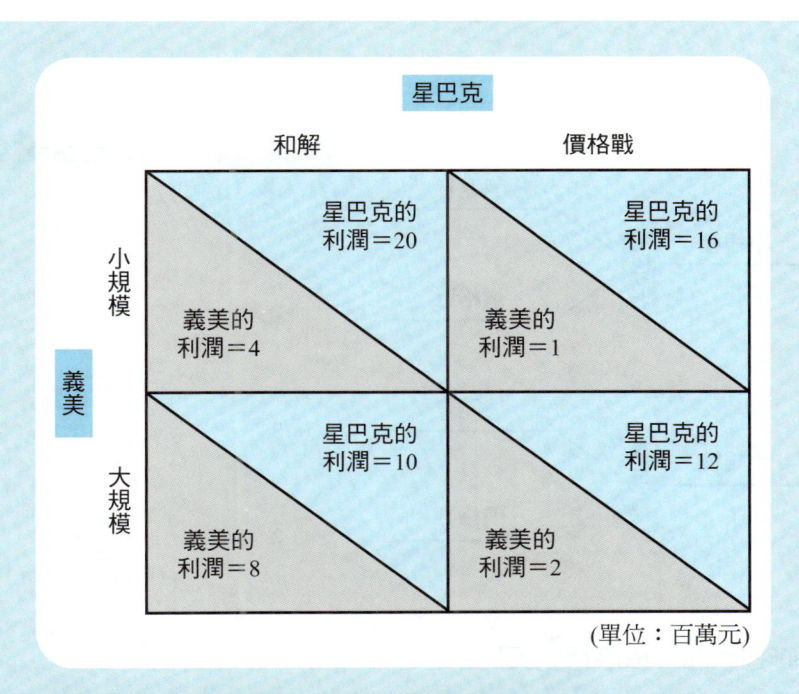

	星巴克 和解	星巴克 價格戰
義美 小規模	星巴克的利潤＝20 / 義美的利潤＝4	星巴克的利潤＝16 / 義美的利潤＝1
義美 大規模	星巴克的利潤＝10 / 義美的利潤＝8	星巴克的利潤＝12 / 義美的利潤＝2

(單位：百萬元)

圖 10.6 咖啡連鎖店賽局：同時行動賽局
若星巴克和義美同時決定連鎖咖啡店的市場策略，Nash 均衡為義美「大規模」進入市場，星巴克選擇「價格戰」。

所有可能的結果。

由於義美為第一個行動者,我們以最左邊的分支代表義美的進入決策:大規模或小規模。針對義美每一個可能的行動,我們再畫出星巴克可能採取的行動。

反推法 (backward induction) 可以用來求解依序行動賽局。反推法是從思考所有最後可能結果,找出參賽者在各分支的最適決策,然後順著賽局樹的尾端反推到起始點。運用反推法在連鎖咖啡店賽局,我們必須找出星巴克面對義美兩個策略:大規模與小規模的最適策略 (如圖 10.7 所示)。

◆ 假設義美選擇「大規模」,星巴克的最適策略是進行「價格戰」。
◆ 假設義美選擇「小規模」,星巴克的最適策略是達成「和解」。

當我們在賽局樹中由後往前推時,假設義美預期星巴克會選擇最適策略。在預期已知情形下,我們可以找到義美最大利潤的策略。在此,進行的方式是:從星巴克的最適反應來確認義美從每個策略所得到的最大利潤。

◆ 在星巴克最適策略已知的情形下,若義美選擇「小規模」進入,利潤為 4 (百萬元)。

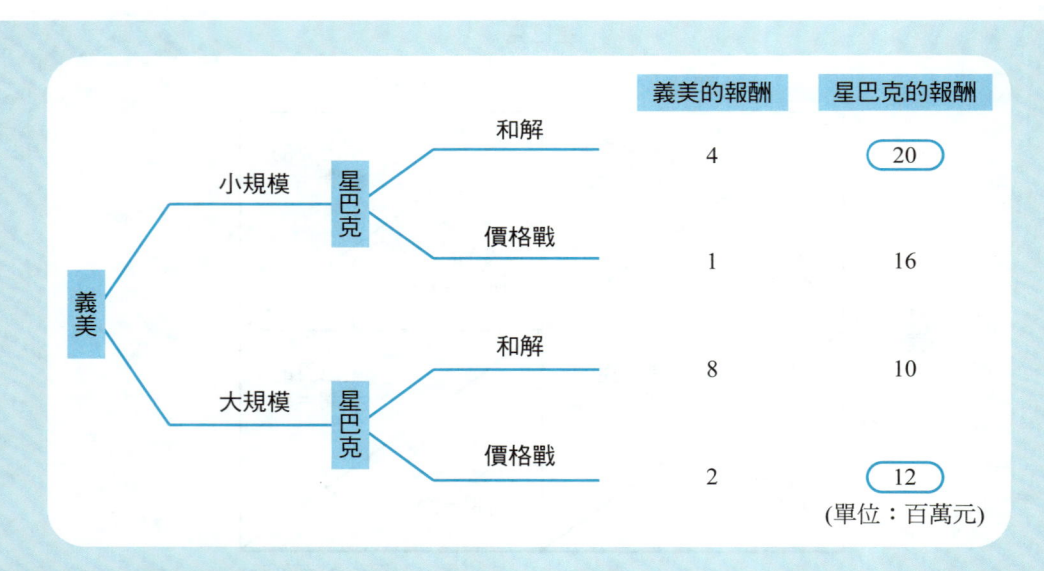

義美		星巴克		義美的報酬	星巴克的報酬
	小規模	星巴克	和解	4	20
			價格戰	1	16
	大規模	星巴克	和解	8	10
			價格戰	2	12

(單位:百萬元)

圖 10.7 咖啡連鎖店:依序行動賽局

義美是第一個行動者,先決定以小規模或大規模進入市場,然後星巴克以達成和解或進行價格戰方式回應。Nash 均衡為義美選擇小規模進入,而星巴克則是達成和解。

◆ 在星巴克最適策略已知的情形下，若義美選擇「大規模」進入，利潤為 2 (百萬元)。

比較上述兩種策略下的利潤，我們發現義美選擇「小規模」進入的策略能夠實現最大利潤。因此，依序行動賽局的 Nash 均衡是義美選擇「小規模」，而星巴克選擇「和解」，義美的利潤是 4 (百萬元)，而星巴克的利潤是 20 (百萬元)。

這個結果與同時行動賽局的均衡結果並不相同，因為在依序行動賽局中，廠商的決策問題與時間有關：星巴克能夠看到義美的決策，而義美會依賴星巴克的理性反應，因此義美能夠藉由自己選擇小規模進入市場，迫使星巴克的最佳反應是達成和解。相反地，在同時行動賽局中，無法事先得知星巴克與義美的決定，因而無法逼迫星巴克達成和解。義美選擇第一個行動的結果是享有更高的利潤。

義美如何能夠事先成為小規模的連鎖咖啡店？一個方法是簡單發表一封公開信，表明對市場的期望有限，且沒有任何擴大規模的計畫；另一個方法是修正產品特色，經營較有特色的市場，如精緻餐點，訴求商務客人。即使在同時行動賽局「大規模」進入是優勢策略，藉由搶先行動，你可以過得更好，並且讓報酬者的「桌子」變成一棵「樹」(賽局樹)。

邊做邊學習題 10-3

產能擴充賽局

(1) 假設你是小米的董事長，正計畫進入韓國手機市場，並將與龍頭三星硬碰硬。三星可選擇價格戰或容納策略，而小米可選擇以大規模或小規模進入韓國市場。下表顯示小米與三星的報酬。

	三星 容納策略	三星 價格戰
小米 小規模	4 , 20	1 , 16
小米 大規模	8 , 10	2 , 12

請問小米應該以小規模或大規模進入韓國市場？

(2) 全家與 7-ELEVEN 便利超商最近採取和知名麵包異業結盟，報酬矩陣如下：

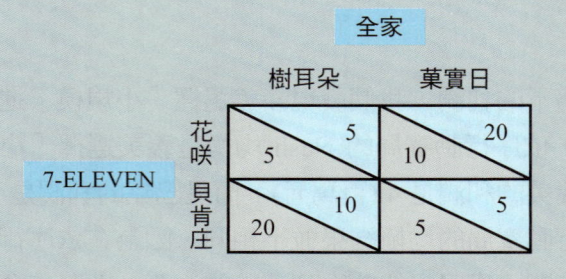

		全家	
		樹耳朵	菓實日
7-ELEVEN	花咲	5 \ 5	20 \ 10
	貝肯庄	10 \ 20	5 \ 5

請問：
(a) 賽局的 Nash 均衡為何？
(b) 若 7-ELEVEN 先採取異業結盟策略，請問 Nash 均衡為何？

類似問題：基礎題 7

10.4 策略行動

西班牙的柯特茲 (Hernán Cortéz) 是征服墨西哥阿茲特克帝國的英雄。當柯特茲登陸墨西哥時，命令部下摧毀所有的船隻。柯特茲認為求勝的唯一方法是排除撤退後路，於是便自沉船隻，西班牙軍隊只好奮戰求勝。依據史書記載：「柯特茲曾說我們除了上帝以外沒有任何外援，我們沒有船隻回到古巴，因此我們必須依賴自己的寶劍與堅毅求勝的心。」

柯特茲決意鑿穿船隻是策略行動的一個例子。**策略行動** (strategic moves) 是指在賽局中先採取行動改變競爭對手的行動和規則，以做出對自己有利的選擇。策略行動最重要的特色是特意限制自己的選擇自由。譬如，英國古代的法律規定，屈服海盜勒索的居民會受到處罰，如果沿岸居民只是告訴海盜，他們絕對不能給錢，海盜一定不會相信，但這條法令卻徹底斬斷給海盜金錢的後路，讓他們的話變成可信。

策略行動會改變原來賽局的規則，製造出一個兩階段的賽局，其中第二階段是原來的賽局，而第一階段的行動引導參賽者在第二階段的行動。通常，策略行動分成三類：承諾、威脅和保證。這三種策略行動的目的是企圖改變第二階段的結果，以得到對自己有利的選擇。

在商場上，每天都有許多策略行動的例子。信用卡的加油回饋戰，如聯邦加油聯名卡週三每公升加油降 2.8 元，台新銀行是否跟進？全美最大有機超市全食超市 (Whole Food) 在 2014 年 11 月 7 日公布與蘋果 Apple Pay 行動支付平台合作數據，3 週來約有 15 萬件交易筆數，代表 Apple Pay 吸引到正確的消費族群，

並且消除消費者對資料是否安全的疑慮，另一網路零售巨人阿里巴巴是否應該跟進？以及商品相容性的問題 (是否應該讓我們的商品和競爭對手相容？)。這些範例指出，參賽者的策略行動都將影響日後競爭對手的行動。

要讓策略行動順利運作，必須是可信且無法轉向的。在連鎖咖啡店賽局中，星巴克必須觀察且明瞭，義美承諾「小規模」進入市場的策略，否則這個行動不會影響到星巴克的決策。不可轉向是讓策略行動值得信賴的必要條件，星巴克必須相信義美不會違背當初「小規模」進入的策略。另外一個可信度的例子則是，在第二次世界大戰時，日本軍人駕駛自殺式戰鬥機只帶單程油料去攻擊美國船隻，因為他們知道沒有退路，所以會奮戰到底。歐盟在朝向單一貨幣之前，曾允許各國保有自己的貨幣，但是固定匯率制度使歐元成為大家接受的貨幣，這種制度讓歐盟會員國相信聯盟，並更願意追求聯盟整體的利益。

威脅

威脅 (threat) 是指如果你不跟我合作，我將懲罰你。讓我們用美國與日本貿易摩擦的例子，來說明威脅如何改變對手的期望，使對方的行動對自己有利。圖 10.8 描述貿易賽局的報酬矩陣，對美國而言，最佳結果是雙方都開放，而雙方都封閉是最差的結果；至於日本，最佳的結果是美國開放市場和日本封閉，最差的結果則是美國封閉和日本開放市場。在這場賽局中，美國的優勢策略是「開放」市場，而日本的優勢策略是「封閉」市場，因此賽局的 Nash 均衡是美國開放和日本封閉，報酬是 3：4，符合一般人對貿易政策的印象。

日本在均衡時已得到最佳結果，所以無須嘗試任何策略行動。然而，美國的報酬可以嘗試獲得 4 而不是 3。若美國選擇**反應規則** (response rule) 是「如果你封閉市場，我們也封閉市場」，威脅的策略行動使賽局變成兩階段賽局，如圖 10.9 所示。第二階段的賽局與圖 10.8 相同，如果美國不進行威脅的策略行動，均衡結果是美國開放市場和日本封閉市場；相反地，若美國使用威脅的手段，即美國第一個行動，在第二階段只有日本有自由選擇權。利用反推法，我們可以得到面對日本的策略，美國可能報酬為：

◆ 若日本封閉，美國的最適反應也是封閉，則美國報酬為 1，日本報酬為 2。
◆ 若日本開放，美國的最適反應也是開放，則美國報酬為 4，日本報酬為 3。

面對美國的可能報酬，日本的最適策略為「開放」市場，且美國可以得到最高的報酬 4。因此，用反推法的邏輯可知，美國在第一階段採取威脅手段比較有利。

美國有一些方法可以讓威脅變得可信。譬如，國會立法在適當時機執行威脅行動、向世界貿易組織申訴，或是由美國商務部執行貿易保護主義政策等。

圖 10.8　貿易賽局

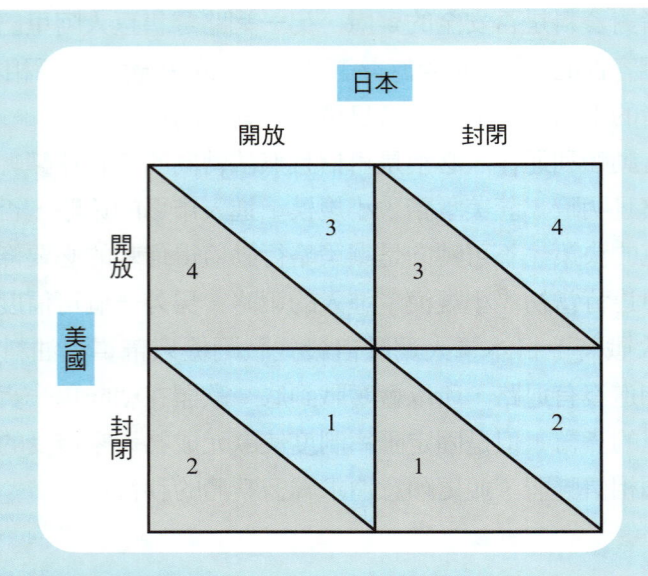

日本和美國都有優勢策略，Nash 均衡為美國採「開放」政策，而日本採「封閉」政策。

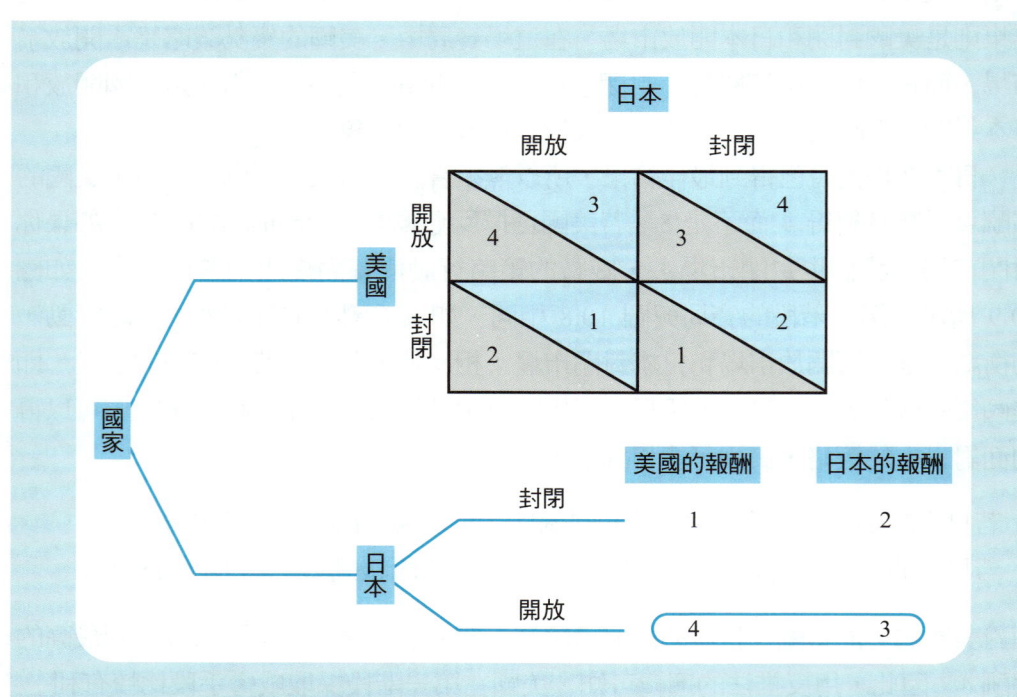

圖 10.9　貿易賽局策略行動

策略行動下的 Nash 均衡為日本和美國都採取開放市場的政策。美國採取威脅手段，可得到較佳的結果。

承諾

承諾 (commitment) 是指如果你的行動符合我的意願，我會獎勵你。譬如，在囚犯兩難賽局中，檢察官承諾，如果志明承認搶劫並供出春嬌犯案，則成為污點證人，轉為無罪開釋。圖 10.10 顯示膽小鬼賽局的兩階段賽局樹。在第一階段霆鋒的決策為是否要承諾，如果他不做任何承諾，情況回到圖 10.5 的同時行動賽局。此時，賽局有兩個 Nash 均衡，分別是右上角和左下角。霆鋒只有在其中一個均衡有最佳報酬：10。

如果霆鋒選擇不轉向，則在第二階段的賽局中，霆鋒的策略只有「不轉向」。利用反推法，奕迅的最佳策略為「突然轉向」，賽局的均衡讓霆鋒得到最佳的結果。因此在第一階段，霆鋒發覺做承諾是最好的。策略行動讓他享有最佳報酬，而不做任何承諾，卻有舉棋不定的結果。

口頭承諾並不值得信賴，可信的承諾才能達到最佳的報酬。如何達到可信的承諾呢？迪克西特和納勒布夫曾建議八個不同的方法，包括：建立聲譽、訂定契約、斷絕通訊、斬斷後路、透過第三者達成協商等。在膽小鬼賽局中，如果霆鋒在每次的比賽都是不轉向，已經建立勇敢的聲譽，這會成為他行動的承諾。

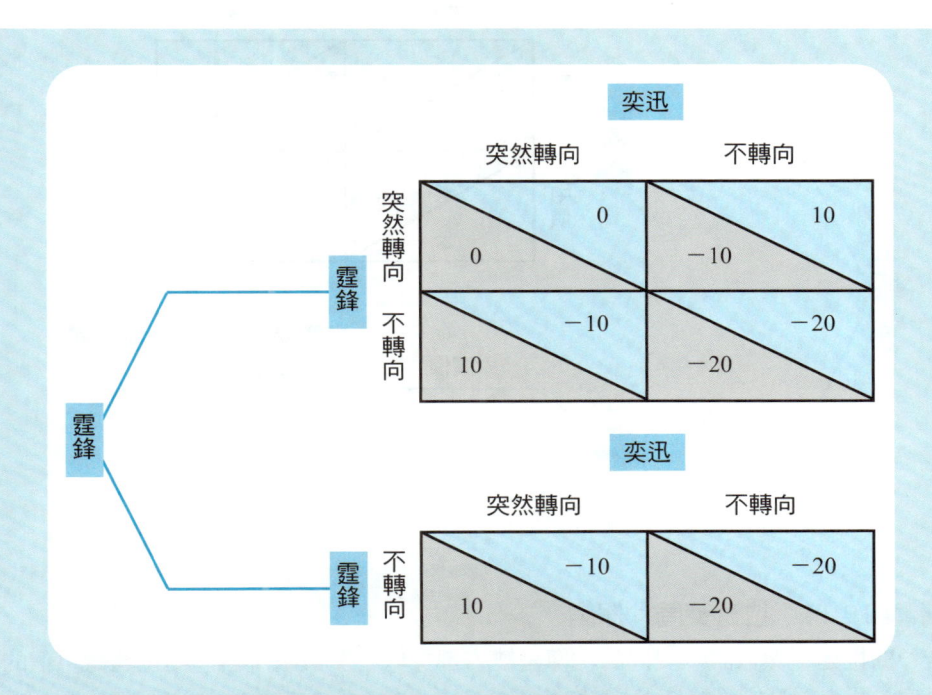

圖 10.10 膽小鬼賽局：限制行動，選擇的承諾

若霆鋒不做承諾，賽局有兩個 Nash 均衡：霆鋒轉向，奕迅不轉向；和霆鋒不轉向，奕迅轉向。若霆鋒執行承諾，賽局只剩一個均衡：霆鋒不轉向，奕迅轉向，承諾將使霆鋒得到最佳報酬。

保證

威脅與承諾的共同特徵是參賽者的行動貫徹到底，限制選擇自由的結果，是得到對自己有利的結果。除了這兩個反應律外，還有一些其它的行動可以傳遞訊息，我們稱為保證和警告。當執行「威脅」的策略行動對你比較有利時，我們稱此為**警告** (warning)。譬如，2014 年 6 月 10 日，以 SYM 三陽機車聞名的三陽工業在開股東會前，提出市場派推出之候選人沒有任何相關專業背景，並未展現增進股東價值能力，向市場派宣戰。[1]

另一方面，當執行「承諾」的策略行動對你比較有利時，我們稱此為**保證** (assurance)。在第 10.2 節的拉麵賽局中，如果沒有策略行動，Nash 均衡是豚人和一蘭拉麵都採取中價策略，雙方的報酬都是 50,000 元。然而，從圖 10.11 觀察，兩家店都採取高價，將有更高的報酬；換言之，如果其中一家做出可信的保證：「如果你採高價，我也採高價」，雙方即可達到合作的結果。

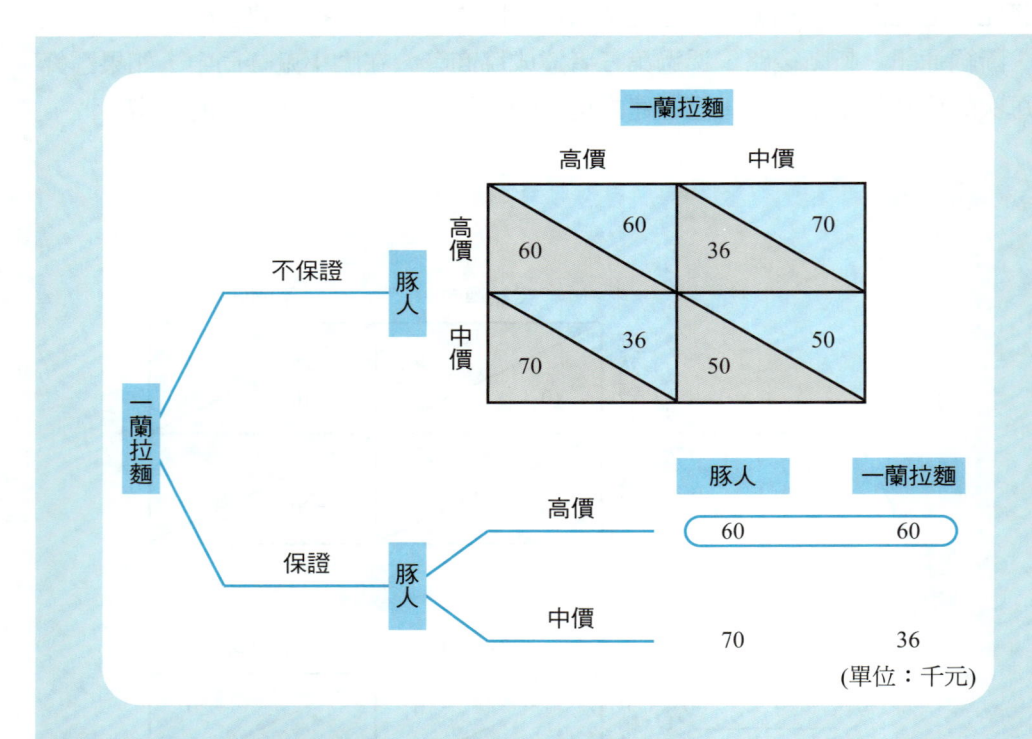

圖 10.11　拉麵賽局：保證

若一蘭拉麵不做保證，賽局的均衡是雙方都採取中價策略；若一蘭拉麵做可信的保證，豚人採高價策略為 Nash 均衡。

---

[1] 資料來源：鉅亨網，2014 年 6 月 10 日。

譬如，如果一蘭拉麵做保證，而豚人知道選擇高價策略時，一蘭拉麵也會跟進採高價策略，兩家店的報酬都是 60,000 元；相反地，如果豚人選擇中價策略，一蘭拉麵也會選擇中價策略，結果兩家店的利潤都是 50,000 元。顯然，豚人比較喜歡高價策略。我們可以利用兩階段賽局樹來說明保證的結果。

如果一蘭拉麵不做任何保證，賽局的均衡是雙方都採取中價策略，這並不是最好的結果。如果一蘭拉麵做出可信的保證，豚人在第二階段是第一個行動者，所以一蘭拉麵採取高價策略是最佳反應。問題是：一蘭拉麵要如何做出可信的承諾？其中一個方式是以契約清楚寫下將採高價策略，並請豚人的老闆做見證，這麼做可以移除第二階段的欺騙行為。

10.5 重複賽局

在第 10.2 節的囚犯兩難賽局中，這對鴛鴦大盜明明知道死不認罪的結局最好，但因為被隔離偵訊，最後的結果是雙方都承認搶劫而被判重刑，這是一個典型的非合作賽局範例，罪犯可能一生中只有一次機會來決定是否俯首認罪，但在現實生活中，廠商之間的競爭可能每週都在進行。麥當勞和肯德基都會不定期推出促銷策略來提高自己的利潤。參賽者之間行動和報酬一再持續，稱為**重複賽局** (repeated game)。

我們以圖 10.12 的拉麵賽局來說明重複賽局的衝擊。圖 10.12 的拉麵賽局是複製圖 10.4(b) 刪除劣勢策略後的報酬矩陣。這是一個囚犯兩難，對每一位參賽者而言，「中價」是優勢策略。但是當兩位參賽者選擇相互「合作」時，參賽者的集體利潤極大化。在單次賽局中，Nash 均衡是指雙方都採「作弊」的策略。

現在假設兩位參賽者將重複地玩這個賽局，在這種情形下，有可能兩位參賽者達到的均衡是雙方相互合作。要瞭解為何如此，假設兩家店剛開始是合作模式，且以高價銷售。如果一蘭拉麵違反合作模式，利潤可以從 60,000 元上升到 70,000 元，為期 1 週，則對手豚人就沒有理由繼續合作，一旦合作瓦解，一蘭拉麵的利潤從 60,000 元減少到 50,000 元。為了獲得 1 週 10,000 元的利潤，一蘭拉麵破壞合作的代價是接下來的每週都損失 10,000 元。

有限次的重複賽局

囚犯兩難的解答其實並沒有那麼簡單。譬如，某件商品在兩家商店只賣 10 週。兩家店都會用反推法來決定每週的訂價。從第 10 週開始，他們知道彼此不會再交手，豚人會以欺騙作為優勢策略；同理，一蘭拉麵也是如此。如果兩家店

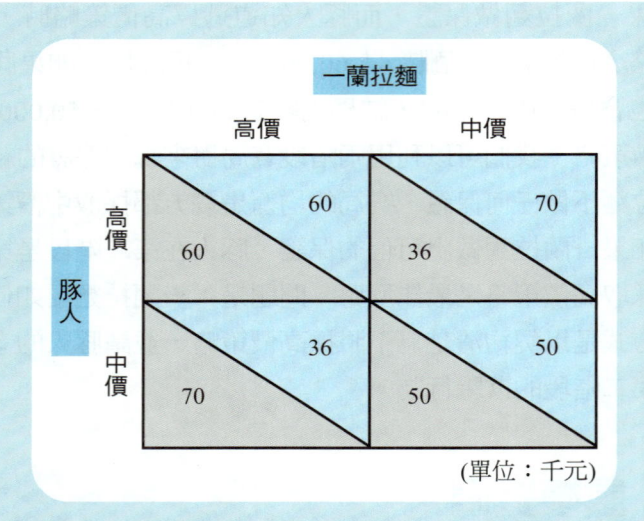

	一蘭拉麵	
	高價	中價
豚人 高價	60 \ 60	70 \ 36
豚人 中價	36 \ 70	50 \ 50

(單位：千元)

圖 10.12　拉麵賽局：重複賽局

如果豚人和一蘭拉麵雙方只有一次競爭，均衡為兩家店都採中價策略，報酬各為 50,000 元。如果豚人和一蘭拉麵雙方持續競爭，均衡為兩家店都採高價，利潤各為 60,000 元。

都知道第 10 週會互相欺騙，第 9 週也會欺騙，同樣的邏輯可以應用到第 8 週、第 7 週、第 6 週、……，一直到第 1 週。結果兩家店在理性的盤算下，一開始就採取不合作策略，直到最後 1 週為止。因此，在有限次的重複賽局裡，Nash 均衡為兩家店都採中價策略，利潤各為 50,000 元。

無限次的重複賽局

在重複賽局中，參賽者的策略會受前一回合結果的影響，稱為**觸發策略** (trigger strategy)。使用觸發策略的參賽者，只要對手合作，就會跟進合作；但如果對手背叛，將會觸發一段懲罰期。兩個最有名的觸發策略是：

◆ **以牙還牙策略** (tit-for-tat strategy)：對手合作，你就合作；對手欺騙，你就欺騙。譬如，對手在這個星期選擇合作，你在下個星期也會採合作策略；如果對手 2 個星期都不合作，接下來的 2 個星期，你也不會合作。

◆ **嚴格反制策略** (grim trigger strategy)：對手作弊一次，將使你在接下來的賽局都選擇不合作的策略。

想像當豚人採用以牙還牙策略時，重複賽局是如何進行的：

1. 當豚人採用以牙還牙策略時,欺騙一次是否划算?如果一蘭拉麵選擇欺騙一次,然後再回到合作模式,這個策略讓一蘭拉麵在第 1 週獲得額外 10,000 元的利潤 (合作的報酬是 60,000 元,相對於不合作的報酬是 70,000 元),但在第 2 週少掉 24,000 元的利潤 (一蘭拉麵合作的報酬是 36,000 元,相對於豚人不合作的報酬是 70,000 元)。想要比較第 1 週的 10,000 元和第 2 週的 24,000 元,我們必須利用現值的概念,也就是 24,000 元的現值為:

$$PV = \frac{\$24,000}{1+r}$$

從一蘭拉麵的角度看,只有當 $10,000 > $24,000/(1+r),或 $r=140\%$,欺騙一次才有利可圖。換句話說,當豚人採取以牙還牙策略時,一蘭拉麵的週報酬率超過 140%,才會選擇欺騙一次。然而,這是不可能發生的。因此,以這場賽局的報酬結構,一蘭拉麵最好還是繼續合作。

2. 當豚人採用以牙還牙策略時,永久欺騙是否划算?一蘭拉麵選擇永久欺騙,第 1 週會得到 10,000 元,但接下來的每週都將損失 10,000 元,永久的欺騙是否划算?想要比較第 1 週的利潤 10,000 元,與未來每週的損失 10,000 元,我們先求出未來損失的現值總和:

$$PV = \frac{\$24,000}{(1+r)} + \frac{\$24,000}{(1+r)^2} + \frac{\$24,000}{(1+r)^3} + \frac{\$24,000}{(1+r)^4} + \cdots$$

上式的 r 為報酬率,而 $1/(1+r)$ 為貼現因子。由於 $1/(1+r)$ 小於 1,無窮級數定律告訴我們未來損失的現值為 $10,000/r$。現在,我們可以進行比較。如果 $10,000 > $10,000/r$,也就是 $r=100\%$,一蘭拉麵就可以放心地永久欺騙下去。對拉麵店而言,100% 的報酬率似乎不太可能實現,所以當豚人採用以牙還牙策略時,一蘭拉麵最好不要欺騙對手。

總之,重複賽局中採取以牙還牙策略的 Nash 均衡為:兩家店都採取「高價」策略,一蘭拉麵和豚人的利潤都是 60,000 元。請注意:以牙還牙策略是觸發策略中比較「仁慈」的一種,因此嚴厲反制策略的均衡還是雙方維持合作。

儘管在有限次重複賽局的均衡是不合作,但在現實生活中或許有合作的可能性。譬如,如果競爭對手認為我正採用以牙還牙策略,且會盲目地執行高價策略,則當時間夠長時,對手會維持高價到最後 1 週。此外,在部分的店長不知道競爭將持續多久,這也會使得合作成為一個好的策略。在某些產業中,特別是那些只有少數幾家在穩定需求和成本狀況下競爭的廠商,合作會持續下去,水表產業即為一例。

總結

- 賽局理論假設決策者是理性的，有三個基本元素：參賽者、策略和報酬。
- Nash 均衡是在其它參賽者策略選定情況下，每位參賽者會選擇最高報酬的策略。優勢策略是指不論對手如何選擇，參賽者會選擇對自己最有利的策略；劣勢策略是指不論對手如何選擇，參賽者有另外一個策略能夠帶來更高的報酬。
- 囚犯兩難說明即使選擇合作行動的集體利益最大，參賽者會選擇非合作行動。
- 依序行動賽局，參賽者輪流行動。第一個行動者能夠擁有策略價值。策略行動是指一開始你先改變自己行為的策略，競爭者採取的行動對你比較有利。
- 策略行動可以限制選擇的自由，可分為威脅、承諾和保證。
- 在重複囚犯兩難賽局裡，參賽者在均衡時會選擇相互合作。在無限次重複賽局，參賽者衡量利益和成本，將可得到相互合作是最佳的結論。

問題與計算

基礎題

1. 大多數國家均投入龐大預算於軍事支出，卻鮮有戰爭發生。對世界而言，這是資源的淨浪費，請用賽局理論解釋此現象。
2. 即使賽局沒有優勢策略，是否仍有 Nash 均衡？即使參賽者沒有劣勢策略，是否賽局仍有 Nash 均衡？
3. 在台北飛新加坡的航線上，有兩家廉價航空彼此相互競爭。亞洲航空與老虎航空正思考是否提供累積哩程計畫，下圖為兩家航空公司的利潤(百萬新幣)。

	老虎航空 有累積哩程	老虎航空 無累積哩程
亞洲航空 有累積哩程	200 / 160	340 / 80
亞洲航空 無累積哩程	160 / 280	240 / 200

(a) 請問兩家航空公司是否存在優勢策略？
(b) 是否存在 Nash 均衡？

(c) 請問此賽局是否為囚犯兩難賽局的一種？

4. 假設市場對總舖師的需求為 $P=130-Q$。
   (a) 若阿海師與阿基師相互競爭且邊際成本為 10，請找出 Cournot 均衡數量與利潤。
   (b) 若市場共有一位總舖師，邊際成本為 10，請找出獨占之利潤與產量。
   (c) 利用 (a) 小題與 (b) 小題之答案，建構 2×2 報酬矩陣，產量策略為 Cournot 均衡數量或 1 年的獨占最適數量？
   (d) Nash 均衡為何？

5. 下列棒球賽局中是否存在優勢策略？兩位參賽者是否有劣勢策略？賽局的 Nash 均衡為何？

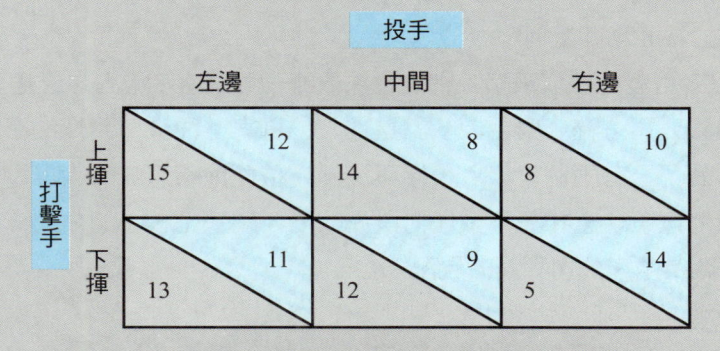

	投手		
	左邊	中間	右邊
打擊手 上揮	15 / 12	14 / 8	8 / 10
打擊手 下揮	13 / 11	12 / 9	5 / 14

6. 看準非洲龐大的商機，蘋果與三星計畫在非洲設立據點，但先期的基礎設施投入金額異常龐大，其報酬矩陣如下圖所示。

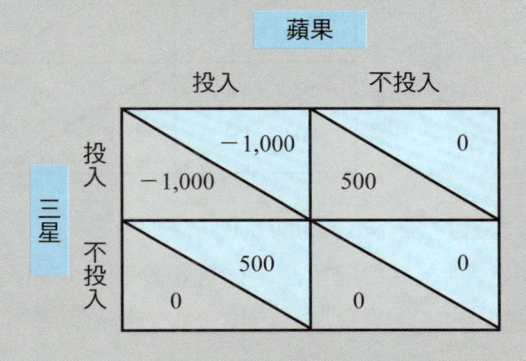

	蘋果	
	投入	不投入
三星 投入	−1,000 / −1,000	500 / 0
三星 不投入	0 / 500	0 / 0

請找出賽局的 Nash 均衡。

7. 有兩家麵包店：一家叫福力，另一家叫吳保春，兩家互為競爭對手，下圖中的數字為各家之利潤。

吳保春

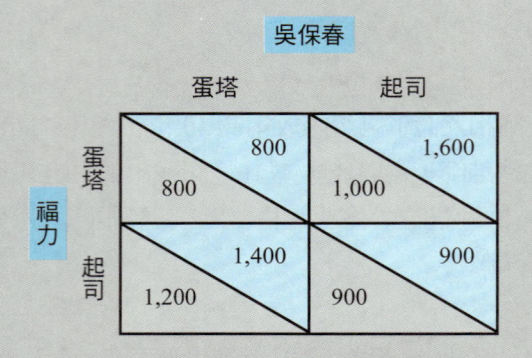

	蛋塔	起司
福力 蛋塔	800 \ 800	1,600 \ 1,000
福力 起司	1,400 \ 1,200	900 \ 900

(a) 每一家店是否都有優勢策略？
(b) 此賽局之 Nash 均衡為何？
(c) 如果吳保春可優先採取策略，則它會採取哪一個策略？福力之最適反應又如何？

8. 有兩家輸油管公司：統一與台塑，計畫進入一標案：從港口到煉油廠的輸油管工程。台塑是較大的公司，有兩個策略：積極與消極。積極策略意味著大舉增添設備，擴大市場占有率；而消極策略意味著不做任何設備改變。統一是較小的公司，亦有積極和消極兩種策略，下圖為兩家公司利潤的現況。

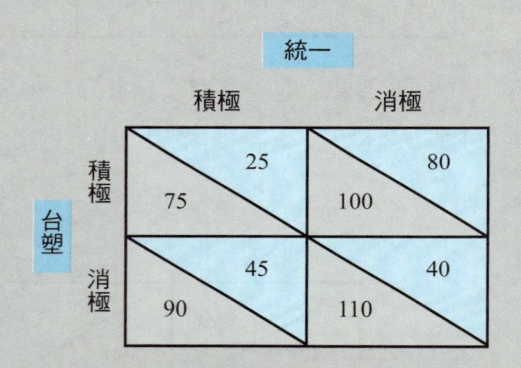

統一

	積極	消極
台塑 積極	25 \ 75	80 \ 100
台塑 消極	45 \ 90	40 \ 110

(a) 若兩家公司決定同時行動，Nash 均衡為何？
(b) 若台塑決定先採取行動，且信守承諾，最適策略為何？而統一的策略又為何？

9. 價格戰的威脅可否阻止潛在競爭者加入市場？現有廠商可採取何種行動，使得威脅變成可信？

10. 策略行動會限制選擇的自由，但卻帶給參賽者優勢，為什麼？策略行動如何讓談判的一方占有優勢？

11. 假設蘋果與三星有兩種策略：高階機種與低階機種，相關報酬矩陣如下：

Chapter 10 賽局理論與策略行為

三星報酬矩陣（列為蘋果，欄為三星；每格左下為蘋果報酬，右上為三星報酬）：

	三星 高階	三星 低階
蘋果 高階	15, 15	10, 20
蘋果 低階	25, 5	0, 0

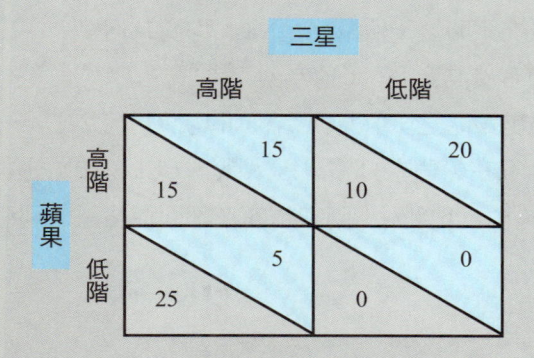

請問：

(a) 賽局之 Nash 均衡為何？

(b) 如果雙方採取混合策略 (mixed strategy)，則 Nash 均衡為何？

進階題

1. 台灣啤酒與海尼根啤酒是台灣銷售量前兩名的啤酒廠商，下圖是兩家廠商在不同價格下的報酬矩陣，各個方格內為相關的利潤。

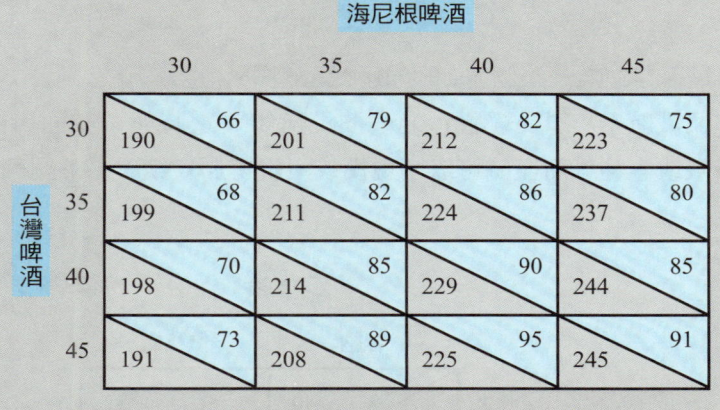

海尼根啤酒報酬矩陣（列為台灣啤酒價格，欄為海尼根啤酒價格；每格左下為台灣啤酒利潤，右上為海尼根啤酒利潤）：

	30	35	40	45
30	190, 66	201, 79	212, 82	223, 75
35	199, 68	211, 82	224, 86	237, 80
40	198, 70	214, 85	229, 90	244, 85
45	191, 73	208, 89	225, 95	245, 91

(a) 請問台灣啤酒是否有優勢策略？海尼根啤酒是否有優勢策略？

(b) 台灣啤酒和海尼根啤酒是否有劣勢策略？請找出劣勢策略。

(c) 賽局的 Nash 均衡為何？

2. 考慮下列賽局，其中 $x>0$。

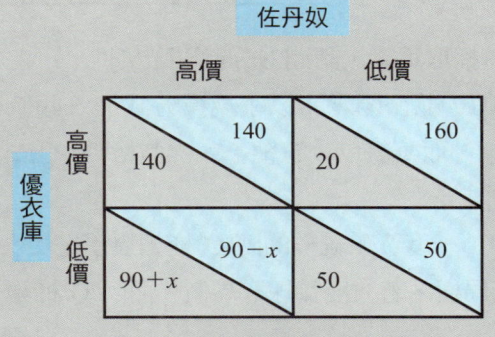

佐丹奴報酬矩陣（列為優衣庫，欄為佐丹奴；每格左下為優衣庫報酬，右上為佐丹奴報酬）：

	佐丹奴 高價	佐丹奴 低價
優衣庫 高價	140, 140	20, 160
優衣庫 低價	$90+x$, $90-x$	50, 50

(a) 兩家廠商均有優勢策略之 x 值為何？Nash 均衡為何？
(b) 若只有一家廠商有優勢廠商，x 值為何？
(c) 兩家廠商均無優勢策略之 x 值為何？Nash 均衡為何？

3. 若 7-ELEVEN 和全家在暑假主打霜淇淋大戰，7-ELEVEN 主推北海道十勝霜淇淋，而全家推出 NISSEI 霜淇淋，下圖列出兩家超商在不同價格下的利潤。

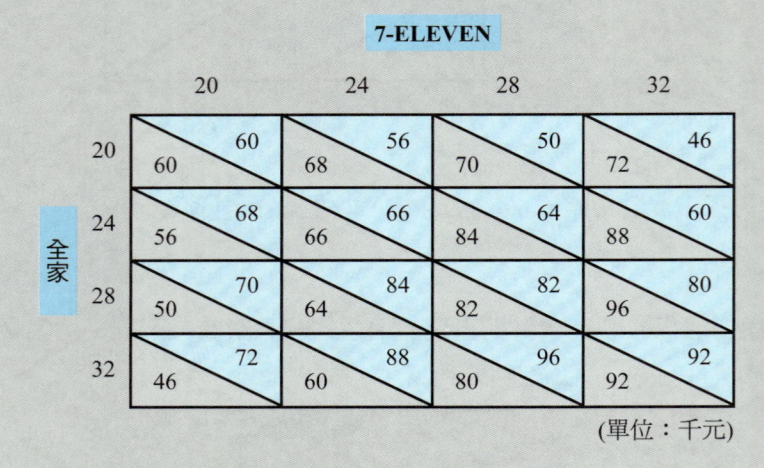

7-ELEVEN

	20	24	28	32
全家 20	60 \ 60	56 \ 68	50 \ 70	46 \ 72
全家 24	68 \ 56	66 \ 66	64 \ 84	60 \ 88
全家 28	70 \ 50	84 \ 64	82 \ 82	80 \ 96
全家 32	72 \ 46	88 \ 60	96 \ 80	92 \ 92

(單位：千元)

請問此賽局是否存在唯一一個 Nash 均衡？請解釋。

4. 假設亞航（廉價航空）想要經營台北—澳洲航線，這將與華航面對面競爭。華航策略有二：價格戰或容納；而亞航可以小規模或大規模加入競爭，下圖列出兩家航空公司的利潤。

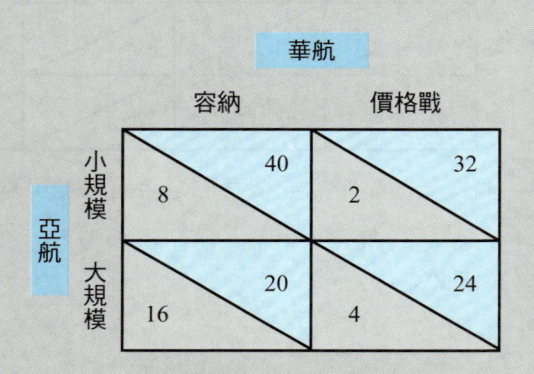

華航

	容納	價格戰
亞航 小規模	8 \ 40	2 \ 32
亞航 大規模	16 \ 20	4 \ 24

(a) 若華航與亞航同時採取策略，請問 Nash 均衡為何？
(b) 若亞航先採取行動，並公開承諾以小規模方式加入此航線。請分析亞航先以「小規模」或「大規模」，而華航以「容納」或「價格戰」方式回應之依序行動賽局。亞航獲利是否因而增加？

5. 在台灣的泡麵市場中，一度贊和統一的阿 Q 桶麵幾乎是雙占廠商。下圖為兩家廠商採取高價和低價策略的賽局樹，若一度贊採取高價，而阿 Q 桶麵也採取高價，則阿 Q 桶麵的

利潤是 100 元，而一度贊的利潤也是 100 元。

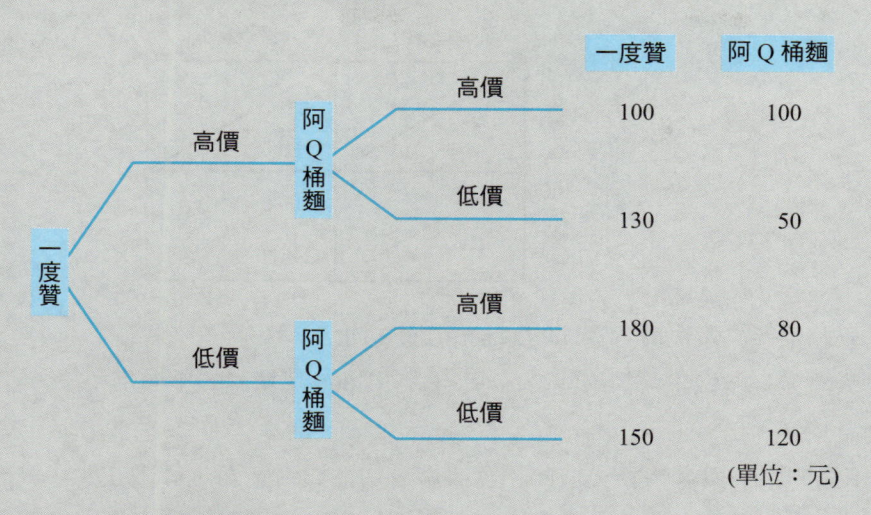

	一度贊	阿 Q 桶麵
一度贊 高價 → 阿Q桶麵 高價	100	100
一度贊 高價 → 阿Q桶麵 低價	130	50
一度贊 低價 → 阿Q桶麵 高價	180	80
一度贊 低價 → 阿Q桶麵 低價	150	120

(單位：元)

請問賽局的 Nash 均衡為何？

6. 假設宏達電與三星在中國相互競爭，下圖為兩家公司的報酬。在目前產能 (不擴產) 下，三星利潤為 40 元 (百萬人民幣)，而宏達電賺 18 元 (百萬人民幣)。兩家公司均考慮擴產，三星可考慮小或大規模擴產，而宏達電僅能考慮小規模擴產。

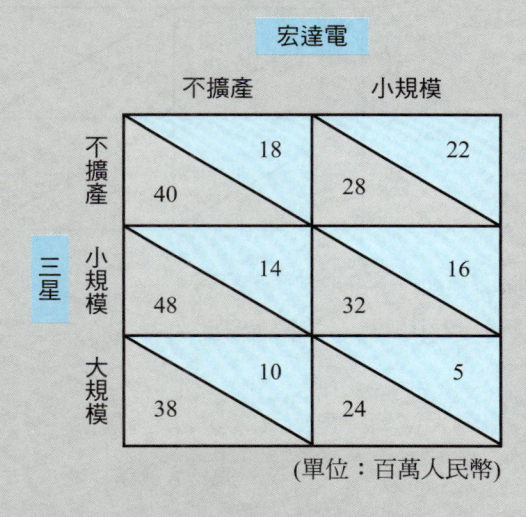

	宏達電 不擴產	宏達電 小規模
三星 不擴產	40 , 18	28 , 22
三星 小規模	48 , 14	32 , 16
三星 大規模	38 , 10	24 , 5

(單位：百萬人民幣)

(a) 若兩家公司同時採取行動，是否存在 Nash 均衡？此賽局是囚犯兩難的範例嗎？
(b) 若採依序行動，三星是否具有先行者優勢？
(c) 若宏達電有機會先採取行動，是否應該先行？

7. 台灣的大立光科技公司為蘋果 iPhone 的手機代工業者，假設蘋果是大立光科技的唯一客戶，大立光可生產 1,000 萬像素或 3,000 萬像素的手機，而蘋果有高價和低價兩種選擇，下圖為報酬矩陣。

蘋果

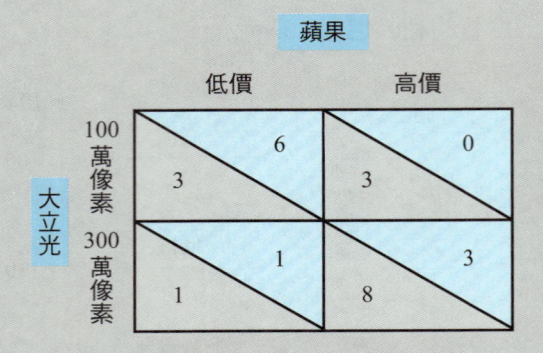

		低價	高價
大立光	100萬像素	3 \ 6	3 \ 0
	300萬像素	1 \ 1	8 \ 3

(a) 如果蘋果領先做決策，賽局的 Nash 均衡為何？

(b) 若大立光科技做出可信的威脅，承諾關閉 1,000 萬像素的手機生產線，賽局的 Nash 均衡為何？

8. 寡占市場的中油與台塑石化彼此相互競爭，中油與台塑石化計畫在明年擴充產能，若採取積極策略，目標在於擴大市占率；若採消極策略，則為固守市場占有率。下圖為中油與台塑石化的報酬矩陣。

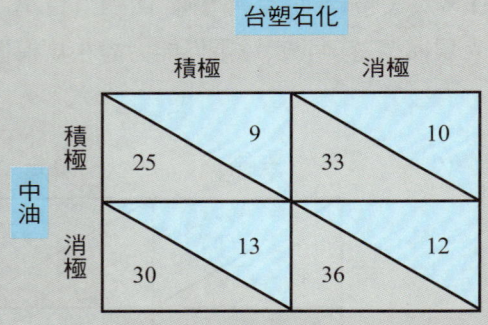

台塑石化

		積極	消極
中油	積極	25 \ 9	33 \ 10
	消極	30 \ 13	36 \ 12

(a) 若兩家廠商同時採取行動，Nash 均衡為何？

(b) 若中油先採取行動且承諾信守產能擴充策略，中油的最適策略為何？台塑石化的最適策略又為何？

9. 下圖為光纖網路業者台灣大寬頻與遠傳大寬頻的報酬矩陣。

遠傳大寬頻

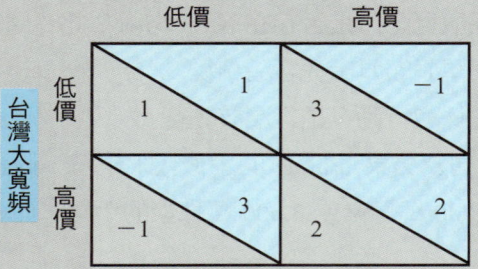

		低價	高價
台灣大寬頻	低價	1 \ 1	3 \ −1
	高價	−1 \ 3	2 \ 2

(a) 台灣大寬頻與遠傳大寬頻是否有優勢策略？

(b) 賽局的 Nash 均衡為何？

(c) 若此賽局為無限次重複賽局，台灣大寬頻在第 1 期採合作策略，而遠傳大寬頻在下一期採不合作策略，請寫出開始 5 期的報酬。

10. 假設純美和如花打算夏天到翡翠灣賣冷飲，海灘長 100 公尺，兩人銷售的飲料價格相同，因此顧客會向最近的攤位購買，如花會選擇在哪裡擺攤？純美又會選擇在何處擺攤？

11. 大同電鍋和象印電鍋為台灣銷售最好的兩家廠商，下圖為不同品牌電鍋售價下各廠商的利潤。

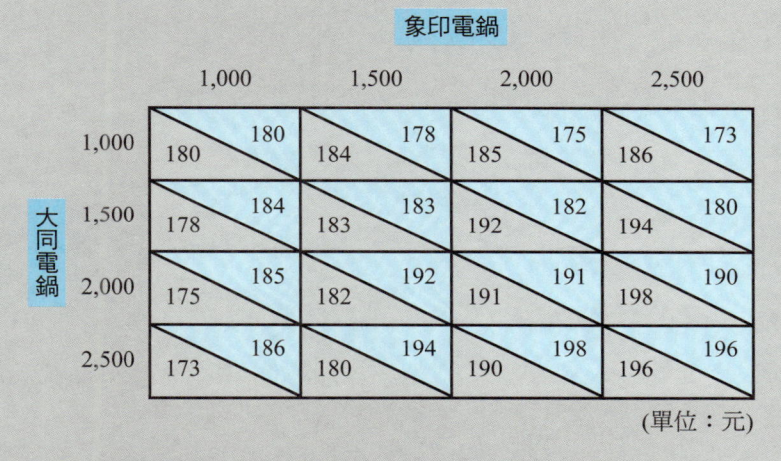

	象印電鍋 1,000	象印電鍋 1,500	象印電鍋 2,000	象印電鍋 2,500
大同電鍋 1,000	180 / 180	178 / 184	175 / 185	173 / 186
大同電鍋 1,500	184 / 178	183 / 183	182 / 192	180 / 194
大同電鍋 2,000	185 / 175	192 / 182	191 / 191	190 / 198
大同電鍋 2,500	186 / 173	194 / 180	198 / 190	196 / 196

(單位：元)

(a) 請問大同電鍋的優勢策略為何？象印電鍋的優勢策略為何？

(b) 大同電鍋和象印電鍋是否有劣勢策略？

(c) 在剔除劣勢策略後，是否仍有劣勢策略？

(d) 請問 Nash 均衡為何？

12. 全聯與家樂福計畫在板橋、淡水及新莊重劃區設置新據點，報酬矩陣如下所示：

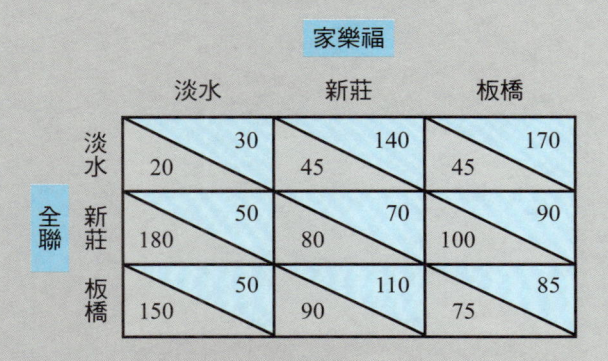

	家樂福 淡水	家樂福 新莊	家樂福 板橋
全聯 淡水	30 / 20	140 / 45	170 / 45
全聯 新莊	50 / 180	70 / 80	90 / 100
全聯 板橋	50 / 150	110 / 90	85 / 75

如果全聯先設置據點，請問賽局均衡為何？

網路習題

1. 請在 Google 網站 https://www.google.com 的搜尋框中，鍵入 prisoner's dilemma (囚犯兩難或囚犯困境)，試舉兩個應用例子。
2. 在網站 gametheory.online 裡，可以上網玩囚犯兩難與囚犯兩難重複賽局。在囚犯兩難賽局中，每位參賽者可玩 25 回，請詳讀網頁裡的說明，請問你選擇何種策略？

Chapter 11

生產因素市場

美國《富比士》(*Forbes*) 雜誌公布 2021 年到 2022 年 NBA 球星總收入，小皇帝詹姆士以 1 億 1,120 萬美元居冠；金州勇士隊的柯瑞次之，收入為 9,280 萬美元。詹姆士是企業主最愛的代言人，各式商業活動收入高達 7,000 萬美元，位居 NBA 球星第 1 名。

詹姆士在 2020 年 12 月 3 日與洛杉磯湖人隊 (Los Angeles Lakers) 完成 2 年頂薪續約 8,500 萬美元，他每年場外收入大約 7,000 萬美元。根據統計，聯盟 2021 年的頂薪合約大幅提高；這使得詹姆士以短期簽約來實現長期最大化利益。

一個高中畢業生 (如詹姆士) 選擇進 NBA 打球，和選擇在 7-ELEVEN 打工的待遇一定不同。是不是因為 Nike 的老闆比統一企業的老闆有錢？還是因為洛杉磯湖人隊的球員人數比 7-ELEVEN 便利商店員工人數少？為什麼 2021 年超級盃足球賽每 30 秒廣告要價 500 萬美元，遠高於 6 點卡通影片時段的廣告費用？上述的例子，除了商品 (如 NBA 比賽、周邊商品、運動用品) 外，還提到生產因素 (factors of production)。經濟學教科書裡提到的生產因素，包括：勞動、土地、資本及管理才能，勞動的報酬是工資，資本的報酬是利潤和利息，土地的報酬是租金。一個人的所得就是工資、利潤、利息和租金的總和。

本章的主題是生產因素市場，也就是要素供給和需求的決定。除了要素供需的一般討論外，勞動市場是另外一個討論重點，下一章則將探討資本市場。

11.1 利潤極大化條件

在商品與服務市場裡，消費者是商品與服務的需求者，而廠商是商品與服務的供給者。家計單位消費商品與服務，以達到最大效用。廠商生產商品與服務是為了追求最大利潤。在生產因素市場中，消費者是生產因素的供給者，而廠商是生產因素的需求者。家計單位提供生產因素以達最大效用，而廠商購買生產因素以追求最大利潤。

儘管生產因素市場和商品市場都由供需決定價格與數量，但兩個市場卻有一個重要區別：家計單位可以去麥當勞享受超值全餐，廠商本身卻不會消費資本或勞動。廠商需要生產因素的理由，是因為消費者需要廠商生產的產品，這是一種**引申需求** (derived demand)，也就是對商品的需求引申出廠商對生產因素的需求。譬如，麥當勞對牛肉的需求源自消費者購買大麥克；湖人隊對詹姆士的需求，引申自觀眾喜歡職業籃球的刺激和精采。如果家計單位對商品與服務的需求愈高，廠商對生產因素的需求隨之增加，生產因素的價格也就水漲船高。當觀眾愈喜歡看詹姆士打球，詹姆士的年薪也就愈高。

討論生產因素市場均衡之前，讓我們先來觀察廠商追求利潤極大化下的生產因素僱用。在前面提到廠商的生產成本時，在產量既定的情況下，廠商追求成本極小的最適條件為：

$$\frac{MP_L}{w}=\frac{MP_K}{r} \tag{11.1}$$

其中 MP_L 是勞動邊際產量，MP_K 是資本邊際產量，w 是工資，r 是資本的租賃價格。上式指出：廠商為了追求成本極小，每 1 塊錢花在僱用勞動所得到的邊際產量，必須等於每 1 塊錢僱用資本所得到的邊際產量。假如 $MP_L=5$ 和 $MP_K=4$，而 $w=r$，麥當勞最後 1 塊錢僱用勞動所得到的產量 (5 個漢堡) 高於僱用資本所得到的產量 (4 個漢堡)，因此廠商會多僱用勞動而少僱用資本。

若將式 (11.1) 的分子分母顛倒，可得：

$$\frac{w}{MP_L}=\frac{r}{MP_K}=MC \tag{11.2}$$

其中 w/MP_L 代表廠商增加 1 單位勞動僱用的總成本變動量。假設麥當勞 1 名員工的時薪為 100 元，這位員工每小時可生產 5 個漢堡，麥當勞生產 1 個漢堡的邊

Chapter 11　生產因素市場

際成本為 20 元，因此 $w/MP_L = MC$。[1] 利用相同的邏輯，$r/MP_K = MC$。

當廠商在商品與服務市場追求利潤極大化時，一階條件為邊際成本 (MC) 等於邊際收益 (MR)。因此，式 (11.2) 可以改寫成：

$$\frac{w}{MP_L} = \frac{r}{MP_K} = MC = MR$$

或

$$MP_L \times MR = w \quad (11.3)$$
$$MP_K \times MR = r \quad (11.4)$$

式 (11.3) 和式 (11.4) 說明，廠商追求利潤極大化的法則：廠商應該僱用勞動，直到勞動的邊際產量乘以商品的邊際收益等於工資為止；同樣地，廠商應該僱用資本，直到資本的邊際產量乘以商品的邊際收益等於資本的租賃價格為止。

11.2　完全競爭的生產因素市場

正如同完全競爭下的商品市場，完全競爭下的生產因素市場裡有為數眾多的買方與賣方，生產因素的品質完全相同，以及廠商可自由進出市場。由於品質完全相同，加上為數眾多的廠商，個別廠商都是生產因素價格的接受者，而生產因素的價格是由市場的供給和需求共同決定。本節將介紹生產因素市場的供給和需求行為，讓我們以勞動市場為例。

邊際產值

麻衣在台東初鹿鄉的牧場飼養乳牛，生產新鮮牛奶。假設牛奶市場是一完全競爭市場，所以麻衣牧場是牛奶的價格接受者。同時，由於台東勞動力充足，麻衣牧場不管僱用多少工人，都不會影響牛奶工人的工資水準，所以擠牛奶工人是完全競爭。換句話說，麻衣牧場在勞動市場也是價格接受者。當麻衣牧場追求利潤極大化時，因為產品價格和生產因素價格均為固定，牧場只要決定牛奶產量和工人僱用數量就可以確保利潤極大化。

表 11.1 說明麻衣牧場的勞動需求行為。在表 11.1 中，第一欄為擠牛奶工人的僱用數量 (L)，第二欄是每日牛奶生產數量 (單位：公升)。第三欄是勞動邊際產量，是多僱用 1 名工人所增加的牛奶數量，定義成總產量的增加量除以勞動的增加量。表 11.1 的勞動邊際產量先隨工人數目的增加而增加，這是邊際報酬遞

---

[1] $\dfrac{w}{MP_L} = \dfrac{\Delta TC/\Delta L}{\Delta Q/\Delta L} = \dfrac{\Delta TC}{\Delta L} \dfrac{\Delta L}{\Delta Q} = \dfrac{\Delta TC}{\Delta Q} = MC$。

表 11.1　麻衣牧場的勞動邊際產值

勞動 (L)	總產量 (Q)	勞動邊際產量 (MP_L)	商品價格 (P)	總收入 (TR)	勞動邊際產值 (VMP_L)	工資 (w)
0	0	—	$50	0	0	0
1	10	10	50	$500	500	$400
2	22	12	50	1,100	600	400
3	32	10	50	1,600	500	400
4	40	8	50	2,000	400	400
5	46	6	50	2,300	300	400

增。當僱用第 3 位工人時，邊際產量開始遞減。僱用工人的數目愈多，額外生產的牛奶數量愈少，這是邊際報酬遞減。

第四欄是牛奶每公升的價格，因為牛奶市場是完全競爭，麻衣牧場面對固定的市場價格，$P=50$。第五欄是總收入 (TR) 等於第四欄的商品價格 (P) 乘以第二欄的總產量 (Q)。第六欄是勞動邊際產值 (value of the marginal product, VMP_L)，定義成僱用 1 單位勞動，所能增加的總收入。以數學式表示可寫成：

$$勞動邊際產值 = \frac{總收入增加量}{勞動的增加量}$$

或

$$VMP_L = \frac{\Delta TR}{\Delta L} = \frac{\Delta TR}{\Delta Q} \times \frac{\Delta Q}{\Delta L} = MR \times MP_L = P \times MP_L \tag{11.5}$$

式 (11.5) 的勞動邊際產值等於邊際收入 (MR) 乘以勞動邊際產量 (MP_L)。在完全競爭市場中，廠商面對水平的需求曲線，價格等於邊際收入。因此，當廠商面對完全競爭的商品市場時，勞動的邊際產值等於商品價格 (第四欄) 乘以勞動邊際產量 (第三欄)。最後一欄是麻衣牧場僱用擠牛奶工人所支付的工資。

假設勞動市場是完全競爭，不管麻衣牧場僱用多少工人都不會影響市場工資，因此廠商面對的工資曲線是一水平線，如圖 11.1 所示。當麻衣僱用第 1 位工人時，增加的收入是 500 元，而所增加的成本是 400 元。所以僱用第 1 位工人可獲利 100 元，因此麻衣牧場會僱用第 1 位工人。同樣地，僱用第 2 位工人的邊際產值 (600 元) 大於邊際成本 (400 元)，正的利潤 (200 元) 讓牧場願意僱用第 2 位工人。第 3 位和第 4 位工人仍可為牧場帶來正的利潤。當第 5 位工人被僱用時，邊際產值 (300 元) 小於工資 (400 元)，牧場的利潤減少 100 元。因此，當多僱用 1 單位勞動所增加的收入大於所增加的成本，廠商會繼續僱用勞工。只有當勞動邊際產值等於工資 ($VMP_L = w$) 時，廠商才會停止僱用。

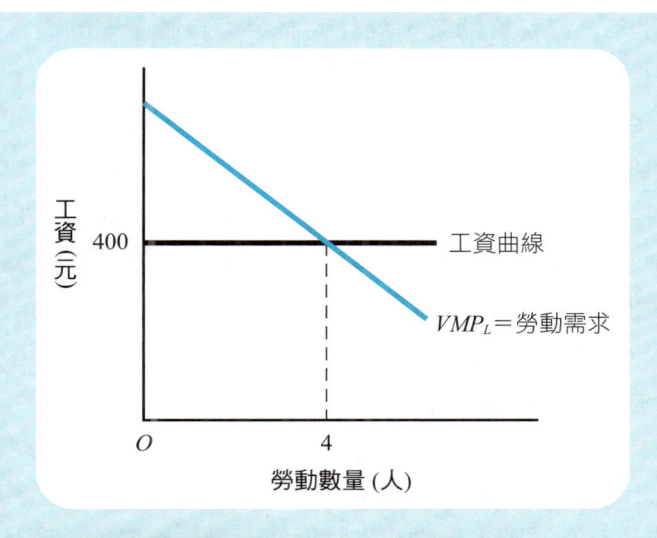

圖 11.1　個別廠商的勞動需求

當工資與勞動邊際產值的交點時，決定利潤極大化的勞動僱用數量為 4 位工人，其中 VMP_L 是完全競爭廠商的勞動需求曲線。

以圖 11.1 來看，當勞動邊際產值大於工資時，廠商僱用勞工可增加利潤；相反地，當勞動邊際產值小於工資時，廠商僱用勞工，利潤便減少。因此，廠商追求利潤極大的勞動僱用量，發生在勞動邊際產值與工資曲線的交點。當市場工資是 400 元時，麻衣牧場願意僱用 4 人。同樣地，市場工資是 300 元時，麻衣牧場願意僱用 5 人。任何工資曲線與勞動邊際產值的交點都代表廠商願意僱用的勞動數量，因此勞動邊際產值是完全競爭商品市場下，廠商的勞動需求曲線。

市場需求曲線

在商品市場中，市場需求是個別消費者需求的水平加總。譬如，牙刷市場只有三個消費者：燕姿、金燕和秀文，牙刷的市場需求是燕姿、金燕和秀文三個人需求的水平加總。同樣地，生產因素的市場需求是不同產業間對特定生產因素需求的水平加總，其推導過程與商品市場需求的推導過程並不全然相同，理由是生產因素價格下跌，不僅造成廠商的需求增加，也會使產業成本下跌，產品供給增加和價格下跌。價格下跌進而造成邊際收入和邊際產值下跌，生產因素的需求曲線因而向下移動。

生產因素市場需求推導必須經過兩個步驟：第一，先決定是同一產業內各廠商的需求；第二，將各產業的生產因素需求水平加總。譬如，程式設計師的需求是來自各個遊戲軟體廠商的需求，然後再加總遊戲軟體業、IC 設計業、防毒軟

體業、繪圖設計業、資料倉儲業、統計軟體業等整體產業的需求。讓我們以圖 11.2 為例，說明勞動市場需求曲線的推導。

圖 11.2(a) 是完全競爭廠商的勞動需求曲線。當工資是 400 元時，麻衣牧場願意僱用 4 個擠牛奶工人。如果市場工資從 400 元降至 300 元，麻衣牧場願意僱用的人數會從 4 人增加至 6 人。然而，工資下跌造成產業內其它廠商勞動僱用量的增加，整個產業的商品供給數量增加，導致商品價格下跌。當商品價格下跌時，勞動邊際產值 (等於價格乘以邊際產量) 減少，邊際產值曲線經 VMP_L 向下移至 VMP_L'。就單一廠商 (麻衣牧場) 而言，價格下跌使牛奶收入減少，所以在工資 300 元時，麻衣牧場只願意僱用 5 人。

圖 11.2(b) 中的 D_1 是未考慮商品價格下跌，個別廠商勞動需求的水平加總。D_0 才是產業真正的勞動需求曲線。當工資等於 400 元時，產業的勞動需求為 L_0；當工資下跌至 300 元時，勞動成本降低使產量供應增加，產品價格下跌的結果，使產業的勞動需求數量增加至 L_1 而非 L_2。圖 11.2(b) 的產業勞動需求曲線 D_0 表示第一步驟已經完成。第二步驟只是將各產業的勞動需求曲線水平加總，即可得到市場的勞動需求曲線。由於產業的勞動需求曲線具負斜率，市場的勞動需求曲線也會是負斜率。這個結論類似商品市場的需求法則，不僅適用於勞動市場，也適用於資本市場和土地市場。

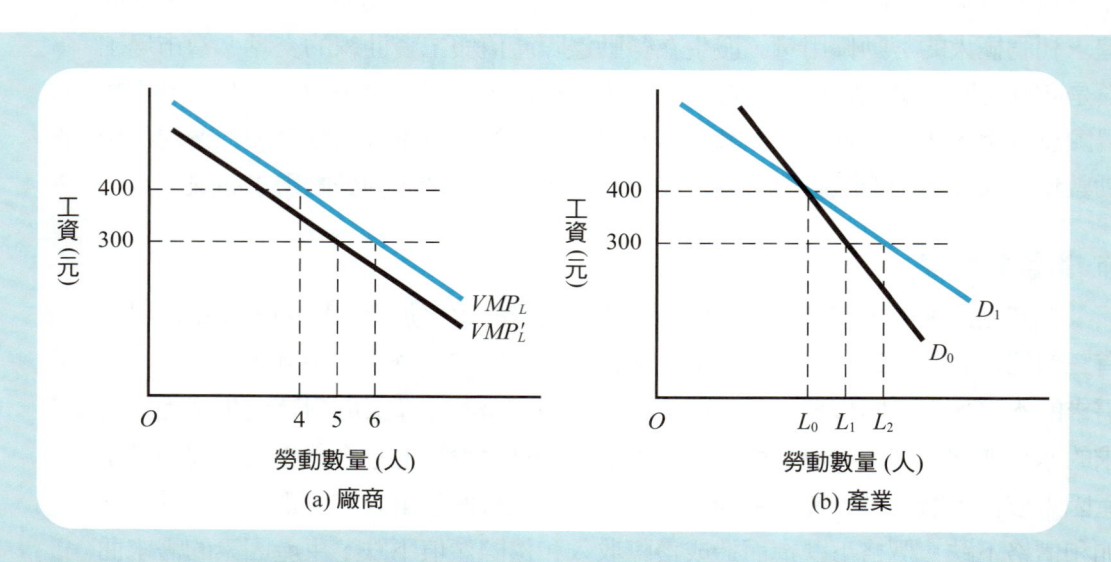

圖 11.2 產業的勞動需求

圖 (a)：當工資是 400 元時，廠商的勞動需求是 4 位工人。當工資下跌時，產業的勞動需求增加，產品供給增加，價格下跌，因此 VMP_L 向下移動 (由 VMP_L 下移至 VMP_L')。當工資等於 300 元時，廠商僱用 5 位工人。圖 (b)：D_1 是未考慮價格下跌之勞動需求曲線，D_0 才是產業真正的勞動需求曲線。

市場供給曲線

在完全競爭的商品市場中，供給曲線是個別廠商供給曲線的水平加總。同樣地，生產因素市場的供給曲線是個別家計單位因素供給曲線的水平加總。譬如，小鎮上有三個會計師：靜香、胖虎和大雄，會計師市場的勞動供給就是靜香、胖虎和大雄勞動供給的水平加總。以下我們先從個別勞動供給談起，再來討論市場供給曲線。

個別勞動供給

勞動供給是家計單位追求效用最大情況下，工作與休閒時間的最適配置。家計單位 1 天 24 小時的運用，約略分為三大類：第一是從事市場活動——去公司上班或到工廠工作，也就是所謂的勞動供給；第二是從事非市場活動——在家中從事生產活動，如煮飯、洗衣、照顧老年人等；第三是休閒——不從事任何生產活動，如逛街、看電影、釣魚等。若將消費與休閒兩種活動同時考慮，消費者的目標是如何在時間和所得限制下，尋找最適的消費與休閒的組合，以達到滿足程度最大。

實例與應用

職棒大聯盟的球員是否依據邊際產量支薪？

曾在日本職棒樂天金鷲隊創下單季 24 勝 0 敗的「神之子」田中將大，在 2014 年以 7 年 1 億 5,500 萬美元 (約新台幣 47 億元) 加盟美國職棒紐約洋基隊 (New York Yankees)。此舉打破達比修有 6 年 6,000 萬美元的紀錄，並讓田中將大成為大聯盟史上最貴的菜鳥。

美國職棒大聯盟 (Major League Baseball, MLB) 的球員薪水與他們的生產力是否相符？老闆花大筆鈔票的目的與球員的表現、薪資是否一致？史卡利 (G. W. Scully) 為第一位針對職棒球員薪水及其貢獻的邊際生產收入 (marginal revenue product, MRP) 是否相等進行研究的學者，他於 1974 年在《美國經濟評論》(*American Economic Review*) 發表的一篇文章中指出，依據 1968 年到 1969 年的球季資料，球員的薪資僅占其邊際生產收入的 10% 到 20%。

在下頁表格中，資質平庸的球員會降低球團的利潤，一般球員的薪資遠低於他們的邊際生產收入，而球星收到的報酬遠不及其 MRP 的六分之一。因此，獨買剝削存在於一般球員和球星當中，而二流球員是剝削球隊的人。推究原因，可能是保留條款惹的禍。保留條款使球員成為簽約球隊的財產，除非被交易出去，球員只能接受球團提供的薪資；結果，保留條款消除所有僱用和薪資方面的競爭，造成球團老闆具有與球員談判新契約的獨買力。這種球團老闆的卡特爾行為就像是獨買廠商，進行對球員的獨買剝削。

1969 年 MLB 的球員薪水和 MRP

球員型態	素質	淨 MRP	薪資 (美元)
打擊者	平庸	−32,300	15,200
	一般	129,500	28,000
	球星	313,900	47,700
投手	平庸	−13,400	13,700
	一般	159,900	31,800
	球星	397,000	61,000

在 1975 年，保留條款不再有效，球員為某支球隊效力 6 年後，可以成為自由球員 (free agent)，並得與球團協商薪資。如同理論所預測，競爭使薪資大幅調升，並減弱球團的獨買能力。譬如，桑默 (Summer) 與昆頓 (Quinton) 在 1982 年的研究指出，成為自由球員後的明星投手，在 1980 年的 MRP 接近 300,000 美元，而所收到的薪水是 258,000 美元。即使經過通貨膨脹調整後，薪水也是 1969 年明星投手的 2 倍。

麥克唐納 (MacDonald) 與雷諾斯 (Reynolds) 於 1994 年的研究中指出，在 1986 年到 1987 年球季，年資較長 (2 年以上) 的球員，他們的薪資與 MRP 相符。一般來說，打擊者的薪資與 MRP 相等，獨買剝削為零。投手的薪資超過 MRP，反而剝削球團老闆和觀眾。至於在新手的部分，他們的報酬遠低於 MRP。新手的薪資僅占其生涯 MRP 的 21%，這個結果不僅適用於打擊者，也適用在投手身上。兩位教授對資深投手薪資過高的現象 ($w>$MRP)，所提出的解釋為：在投手容易受傷和較短生涯的事實中會過度出價、觀眾的偏愛、投手面臨高度壓力，或是薪資結構的失衡現象所引起。

耶勒馬茲 (Yolmaz) 與查特吉 (Chatterjee) 在 2003 年中對球員薪資、表現與球團老闆目標是否相符的研究裡發現，球員的技巧、高薪資正是符合球團老闆的期望，可以增加勝率和觀眾進場人數，其中全壘打數、保送次數和打擊率是球員與老闆雙方對勝率和高薪資的認知，因此球員的薪資與其表現相符。

資料來源：

1. G. W. Scully, "Pay and Performance in Major League Baseball," *American Economic Review*, December 1974.
2. P. M. Summer and N. Quinton, "Pay and Performance in Major League Baseball: The Case of First Family of Free Agent," *Journal of Human Resources*, Summer 1982.
3. Don N. MacDonald and Morgan O. Reynolds, "Are Baseball Players Paid their Marginal Product?" *Managerial and Decision Economics*, Vol. 15, 1994.
4. M. R. Yolmaz and Sangit Chatterjee, "Salaries, Performance, And Owners' Goals In Major League Baseball: A View Through Data," *Journal of Managerial Issues*, Summer 2003.

圖 11.3(a) 分別列出補習班名師阿亮，面對老闆提供的不同薪資方案：鐘點費 2,000 元、3,000 元和 4,000 元的休閒與消費組合。當鐘點費是 2,000 元時，阿亮選擇 40 小時的工作和 80 小時的休閒 (a 點)；當鐘點費是 3,000 元時，阿亮選擇 50 小時的工作和 70 小時的休閒 (b 點)；當鐘點費是 4,000 元時，阿亮選擇 38 小時的工作和 82 小時的休閒 (c 點)。

由 a 點到 b 點是工作時間的增加，而從 b 點到 c 點則是工作時間的減少。如果將鐘點費和工作時間的關係繪在圖形上，可得圖 11.3(b) 的勞動供給曲線。當工資增加時，勞動供給一開始會增加 (a 點到 b 點)，然後再減少 (b 點到 c 點)。因此，圖 11.3(b) 是一後彎的勞動供給曲線 (backward-bending labor supply curve)。

後彎的供給曲線可解釋如下：當阿亮剛開始在補習班授課時，沒有很大的知名度，當老闆提高鐘點費時，阿亮會想多賺點錢，少休息一些，所以替代效果大

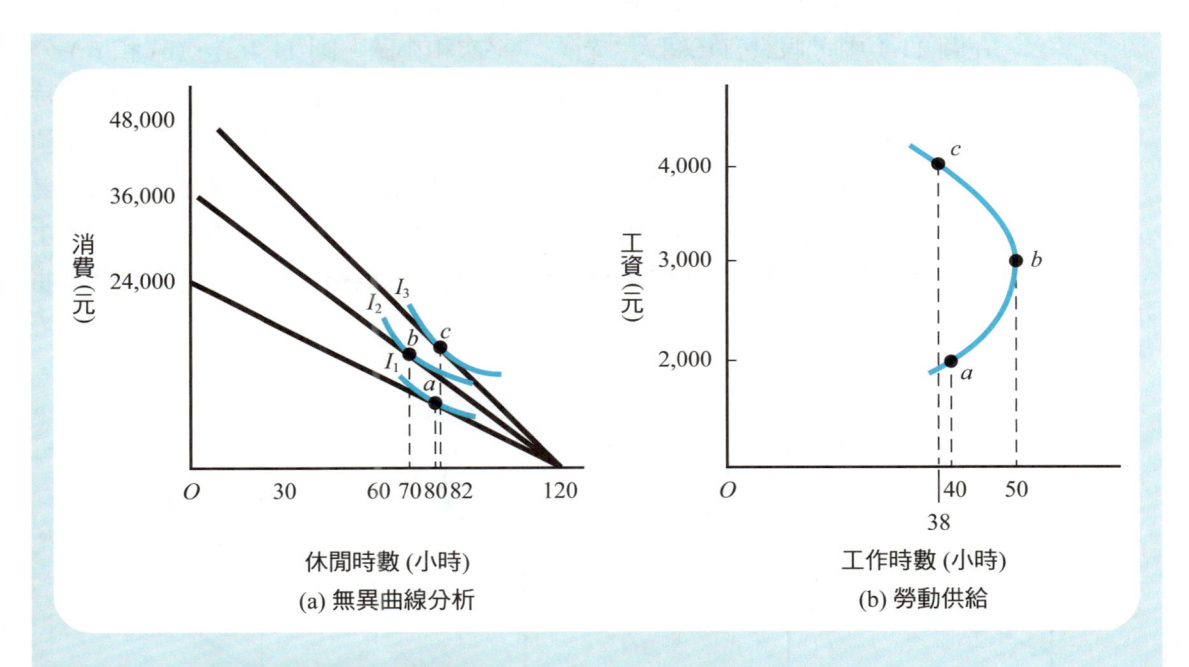

圖 11.3　阿亮的勞動供給曲線

圖 (a)：a 點，阿亮每週工作 40 小時，每小時工資是 2,000 元；b 點，阿亮每週工作 50 小時，每小時工資是 3,000 元；c 點，阿亮每週工作 38 小時，每小時工資是 4,000 元。圖 (b)：a 點到 b 點意味著正斜率的勞動供給曲線，此時替代效果大於所得效果；從 b 點到 c 點是負斜率的勞動供給曲線，此時所得效果大於替代效果。

於所得效果，勞動供給隨工資上漲而增加 (a 點到 b 點)。經過時間的錘鍊，阿亮累積相當知名度後，財富也逐漸累積。當老闆再度調高工資時，阿亮會比較注重休閒與家庭生活，而不願南北奔波，汲汲於賺錢，這個階段的所得效果超過替代效果 (b 點到 c 點)。勞動供給隨工資上升而減少，所以是負斜率的勞動供給曲線。因此，當替代效果大於所得效果，勞動供給曲線具正斜率；而當替代效果小於所得效果時，勞動供給曲線具負斜率。就個人而言，後彎的勞動供給曲線經常發生。

勞動市場供給

勞動市場供給是市場內每個人勞動供給的水平加總。雖然個人勞動供給曲線有後彎現象，但經水平加總後，市場供給曲線可能在相當高的工資水準才開始後彎；也就是說，隨著工資水準的調高，家庭內成員投入勞動市場的意願會較高，所以勞動市場供給曲線可視為正斜率，如圖 11.4(d) 所示。

在圖 11.4 中，假設有三個人：新一、平次和小蘭。圖 11.4(a)、(b) 和 (c) 分別代表三人的勞動供給曲線。在圖 11.4(a) 中，新一的勞動供給曲線在工資 w_1 時開始後彎。在圖 11.4(b) 中，平次的勞動供給曲線在工資 w_2 時開始後彎。在圖 11.4(c) 中，小蘭的勞動供給曲線在工資 w_3 時，開始後彎。圖 11.4(d) 是勞動市場供給，等於新一、平次和小蘭三人勞動供給的水平加總，在較高的工資水準下才會開始後彎。經濟社會的勞動市場包含許多人的勞動供給，所以勞動市場供給曲線可視為正斜率的曲線。

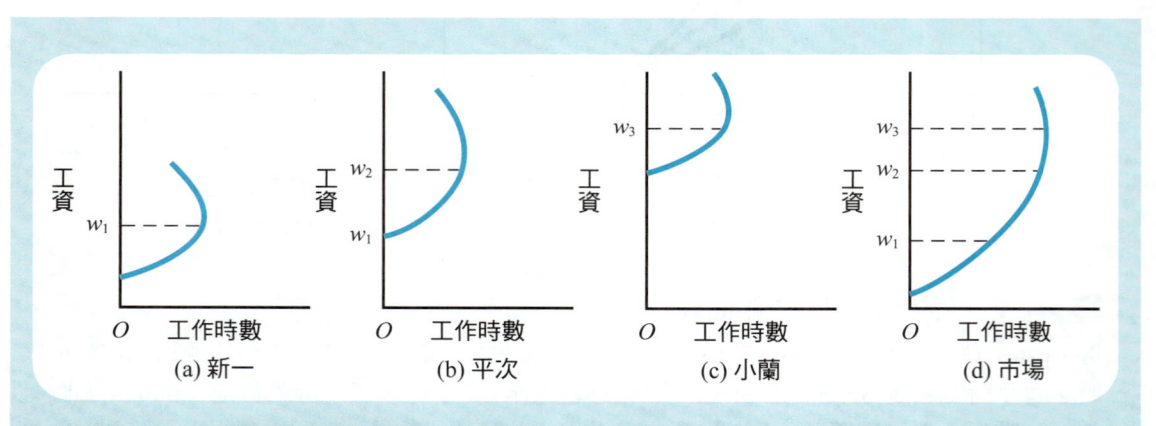

圖 11.4　勞動市場供給曲線

圖 (a)、(b) 與 (c) 分別代表新一、平次和小蘭的勞動供給曲線，分別都有後彎現象。市場供給是三人勞動供給的水平加總。在大部分的工資水準下，是正斜率的勞動供給曲線。

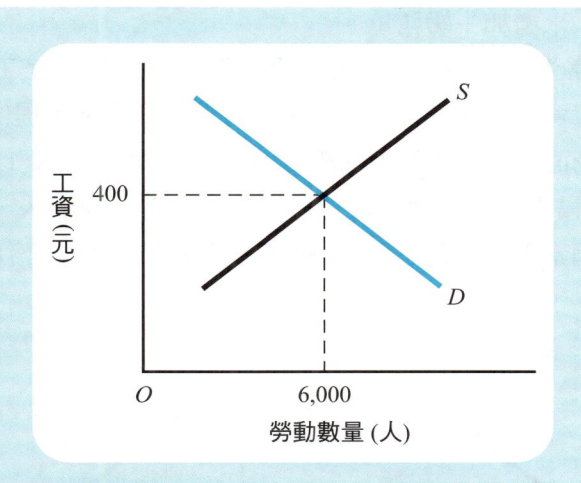

圖 11.5　勞動市場均衡

當供給等於需求時，決定均衡工資 400 元和均衡勞動數量 6,000 人。

完全競爭下的生產因素市場均衡

勞動市場的均衡條件與商品市場的均衡條件相同。當勞動供給等於勞動需求時，決定均衡工資和均衡勞動數量，如圖 11.5 所示。

在圖 11.5 中，S 代表擠牛奶工人的勞動供給曲線，D 代表台東地區牧場對擠牛奶工人的需求曲線。供給和需求曲線的交點決定擠牛奶工人的日薪是 400 元，此時勞動市場的均衡就業數量是 6,000 人。如果台東地區有 15 家規模相同的牧場，每家牧場將會僱用 400 個工人。

因為勞動市場假設是完全競爭，每家牧場面對水平的工資曲線 400 元。至於生產因素市場中的廠商均衡將有兩種不同情形：(1) 商品市場為完全競爭、生產因素市場為完全競爭；(2) 商品市場為不完全競爭，生產因素市場為完全競爭。以下將依序討論。

完全競爭生產因素市場，完全競爭商品市場

當商品市場是完全競爭時，市場的供給和需求決定商品價格，而廠商是價格的接受者，$P = MR$。此外，商品價格會影響生產因素需求，因為 $VMP_L = P \times MP_L$。當商品的售價上升時，廠商的利潤增加，廠商會選擇多僱用勞工來生產，導致勞動需求增加。譬如，在牛奶市場中，麻衣牧場視牛奶價格為固定，生產利潤最大的牛奶數量。如果研究發現多喝牛奶可以防癌，牛奶售價因而提高，麻衣牧場的牛奶銷售收入可以增加，為了因應突如其來的需求，麻衣牧場會僱用

更多的擠牛奶工人來增加牛奶產量。

另一方面,當生產因素市場為完全競爭時,家計單位是工資的接受者。市場供需決定均衡工資 400 元,任何一個人在這個工資水準下提供勞動,如圖 11.6 所示。因此,廠商面對的勞動供給曲線 S_L 為一水平線。在圖 11.6(b) 中,當勞動供給 S_L 等於勞動需求 VMP_L 時,決定均衡的勞動數量 400 人。在此,我們將廠商在商品與生產因素市場皆為完全競爭的均衡條件,總結如下:

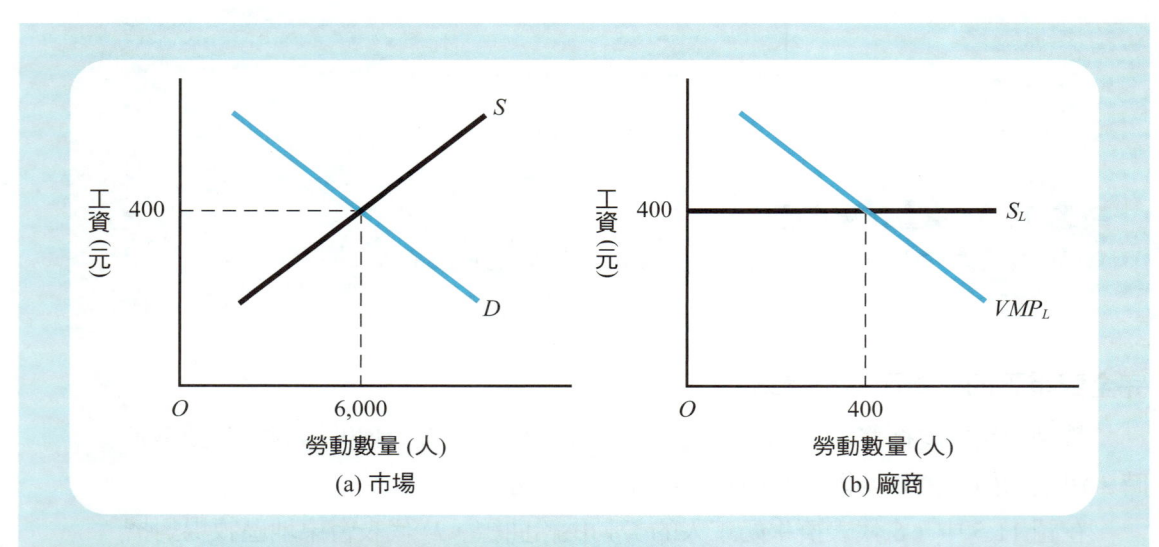

圖 11.6 商品和生產因素市場皆為完全競爭

圖 (a):勞動供給和需求決定市場均衡工資 400 元,就業量為 6,000 人。圖 (b):廠商接受 400 元的工資,並僱用 400 人。

邊做邊學習題 11-1

完全競爭生產因素市場,完全競爭商品市場

假設商品市場與勞動市場皆為完全競爭,若商品價格為 10 元,工資為 100 元,廠商在不同勞動僱用量的產量如下:

勞動僱用量	1	2	3	4	5	6	7	8	9
總產出	12	26	42	57	70	82	92	100	107

類似問題:基礎題 1

- 商品與服務市場：$P=MC=\dfrac{w}{MP_L}$。
- 生產因素市場：$P\times MP_L=VMP_L=w$。

完全競爭生產因素市場，不完全競爭商品市場

邊際生產收入

當銷售的商品，如汽車、披薩、洗髮精，不屬於完全競爭，而是不完全競爭市場時，廠商是價格制訂者而非接受者。不完全競爭市場，是指包括獨占、寡占和壟斷性競爭三種市場。在不完全競爭市場，廠商面對的需求曲線不再是水平，而是負斜率，所以價格會大於邊際收入。式 (11.5) 的價格等於邊際收入是完全競爭市場下的條件。在不完全競爭市場中，式 (11.5) 必須改寫成：

$$MRP_L=\dfrac{\Delta TR}{\Delta L}=\dfrac{\Delta TR}{\Delta Q}\dfrac{\Delta Q}{\Delta L}=MR\times MP_L \tag{11.6}$$

式 (11.6) 中，等號的左邊是**勞動的邊際生產收入** (marginal revenue product of labor, MRP_L) 定義成多增加 1 單位勞動，能夠額外增加的總收入。等號的右邊是多增加 1 單位產量能夠額外增加的總收入 (MR) 乘以多增加 1 單位勞動，能夠額外增加的總產量 (MP_L)。因為邊際收入小於價格，勞動的邊際生產收入 (MRP_L) 小於勞動的邊際產值 (VMP_L)，如圖 11.7 所示。

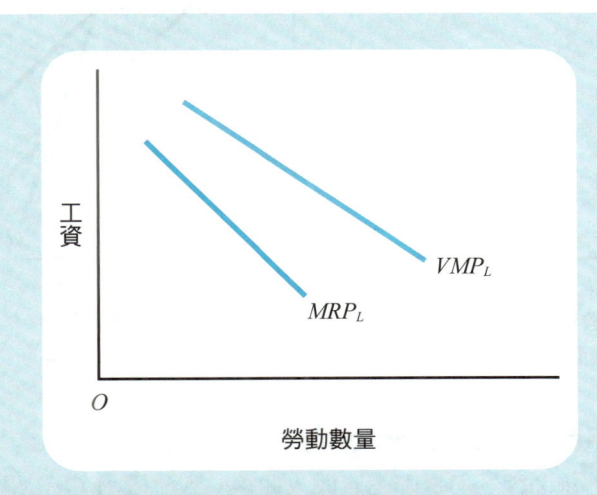

圖 11.7　勞動的邊際產值與勞動的邊際生產收入

勞動的邊際產值高於勞動的邊際生產收入，因為 $VMP_L=P\times MP_L$，而 $MRP_L=MR\times MP_L$，在不完全競爭市場中，$P>MR$。

市場需求曲線

想要推導出廠商的勞動需求曲線，圖 11.1 的邏輯仍可適用。讓我們以圖 11.8(a) 為例，當市場工資是 w_1 時，廠商會僱用 l_1 的勞動數量。因為在 l_1 的左邊，廠商僱用 1 單位勞動所增加的收入大於增加的成本，廠商的獲利會增加；相反地，在 l_1 的右邊，工資超過勞動邊際生產收入，廠商的利潤減少。所以，在 w_1 的工資下，廠商僱用 l_1 的利潤極大化。同理，市場工資是 w_2 時，廠商僱用 l_2 數量的勞動可得利潤極大化。因此，圖 11.8(a) 的勞動邊際生產收入是不完全競爭廠商的勞動需求曲線。

至於在不完全競爭的商品市場中，所有廠商對生產因素的市場需求曲線則有兩種不同的推導過程：第一種情況是，如果廠商在商品市場為獨占，生產因素的市場需求是個別廠商生產因素需求的水平加總，理由是商品價格下跌對生產因素需求的衝擊已列入 MRP 的考慮內；第二種情況是，商品市場包含寡占或壟斷性競爭廠商。當市場工資下跌時，這些廠商會僱用更多的勞動，並生產更多的商品。商品供給增加，導致商品價格下跌，價格下跌進而造成廠商的勞動需求曲線 MRP_L 向下移動，如圖 11.8(b) 的 MRP_L 下移至 MRP_L'，連結 A 點和 B 點可以得到生產因素的市場需求曲線。

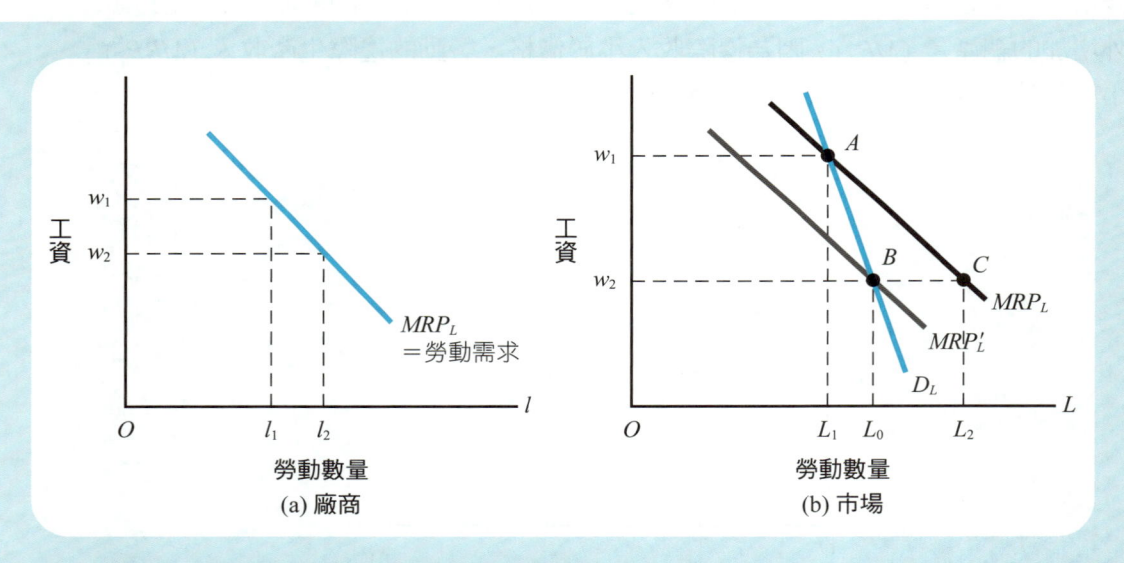

圖 11.8　不完全競爭商品市場下的勞動需求

圖 (a)：個別廠商的勞動需求曲線，與邊際生產收入曲線一致。圖 (b)：市場需求曲線，當工資下跌時，商品供給增加，價格下跌，使得 MRP_L 下移至 MRP_L'。D_L 為生產因素的市場需求曲線。

綜合以上的討論，我們知道不完全競爭商品市場內的廠商，面對一條負斜率的生產因素市場需求曲線，這個結論不僅適用於勞動，還適用在資本和土地等生產因素上。

市場均衡

當商品市場為不完全競爭時，廠商面對的商品價格大於邊際收入，$P > MR$ 及 $VMP_L < MRP_L$。廠商面對的勞動需求曲線是圖 11.9(b) 的 MRP_L 而非 VMP_L。譬如，在賣披薩的市場中，有必勝客 (Pizza Hut)、達美樂 (Domino's)、拿坡里，和近來相當流行的手工窯烤披薩。各家的披薩口味並不相同，導致廠商對自己的披薩價格有部分決定能力。價格愈低，披薩銷售數量愈多，隨之而來的邊際收入也遞減。因此，額外僱用 1 單位勞工所能增加的收入 $MRP_L < VMP_L$。

另一方面，披薩店的員工可以是打工的學生，來源不虞匱乏，故勞動市場可視為完全競爭。勞動市場中的供給和需求，共同決定每小時的薪資為 120 元，如圖 11.9(a) 所示。對任何一個人而言，願意接受這個時薪則去必勝客打工，因此廠商面對的勞動供給曲線為一水平線。

在圖 11.9(b) 中，當勞動供給 S_L 和勞動需求 MRP_L 相交時，決定均衡勞動僱用數量 20 人。我們將廠商在生產因素市場為完全競爭，而在商品市場為不完全競爭的均衡條件，總結如下：

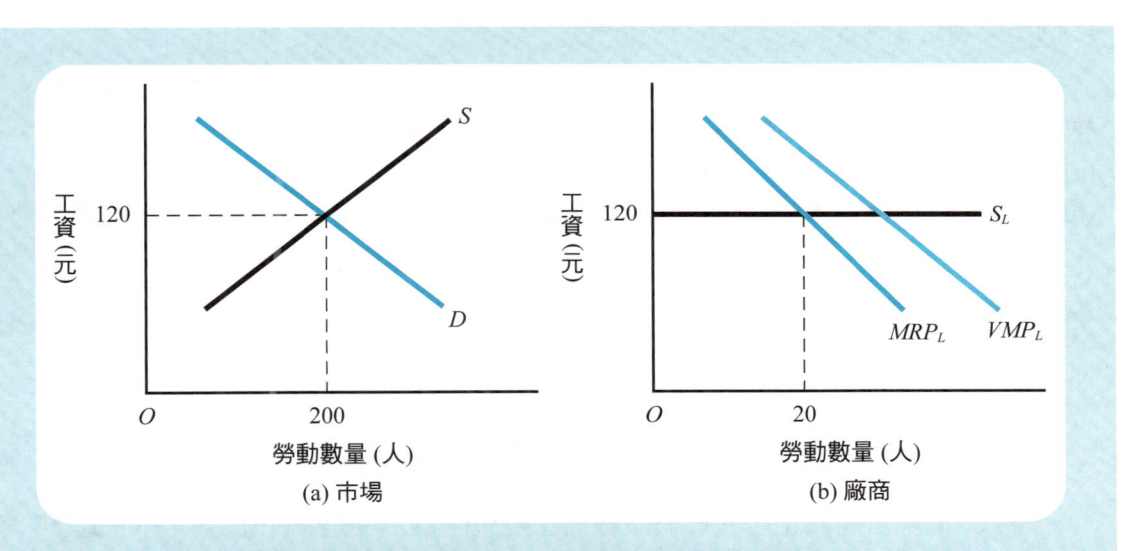

圖 11.9 完全競爭生產因素市場，不完全競爭商品市場的均衡

圖 (a)：勞動供給和勞動需求共同決定均衡工資 120 元。圖 (b)：廠商接受 120 元的工資，S_L 為水平的勞動供給曲線，均衡勞動僱用數量為 20 人。

- 商品與服務市場：$P > MR = MC = \dfrac{w}{MP_L}$。
- 生產因素市場：$VMP_L > MRP_L = w$。

羅賓遜 (Joan Robinson) 在 1933 年出版的 *The Economics of Imperfect Competition* 一書中指出，勞動所創造的市場價值 VMP_L 超過 MRP_L (在均衡就業量下，$w = MRP_L$) 的部分，稱為**獨占剝削** (monopolistic exploitation)。

邊做邊學習題 11-2

完全競爭生產因素市場，不完全競爭商品市場

(1) 假設台北地區可麗餅市場的需求函數為：

$$P = 400 - Q$$

同時，假設製作可麗餅的勞動市場供需函數如下：

$$需求：L^d = 800 - w$$
$$供給：L^s = -200 + w$$

位於通化街夜市，可麗餅店的生產函數為 $Q = 100\sqrt{L}$。請求出：
(a) 勞動市場的均衡工資。
(b) 通化街可麗餅店會僱用多少工人？
(c) 可麗餅的價格為何？

(2) 假設腰果市場只有一家廠商供應，生產函數為 $Q(L) = L$，若廠商面對的生產因素市場為完全競爭，腰果產品市場的需求函數為 $P = 20 - Q$。請問：
(a) 勞動邊際產量為何？廠商的 MRP_L 為何？
(b) 若腰果市場的進入障礙很低，大家都能從越南進口，市場成為完全競爭，則廠商的 MRP_L 為何？

類似問題：基礎題 3

11.3　不完全競爭的生產因素市場

截至目前為止，我們假設廠商在生產因素市場是一完全競爭者，這意味著廠商面對的是一條水平的生產因素供給曲線，廠商可以在既定的市場價格下僱用任何數量的生產因素。現在我們來觀察廠商在生產因素市場是不完全競爭的情況，當市場只有一個廠商僱用生產因素時，該廠商為一**獨買** (monopsony) 廠商。譬如，NBA 允許球員與球隊簽約，但是美國女子職業籃球聯盟 (Women's

National Basketball Association, WNBA) 卻只准許球員與聯盟簽約。在這個例子裡，WNBA 是生產因素——籃球球員的唯一購買者。

圖 11.10 顯示獨買廠商面對不同工資水準，所能吸引的勞動數量。譬如，1890 年夏天，劉銘傳架設七堵鐵橋時，有採金經驗的工人中午吃完便當後至基隆河清洗，不料見沙中有金，帶動基隆河沿岸淘金的熱潮，九份即為其中之一。1903 年，顏雲年創辦的雲泉商會統辦礦山業務，提供礦坑所需的勞動力，甚至連金瓜石與牡丹坑的勞工亦仰賴供應。在這個例子裡，雲泉商會是獨買廠商，為了吸引更多和更專業的採礦工人，必須提供更誘人的薪資驅使更多人前來工作。因此，獨買廠商面對的勞動供給曲線為正斜率，如圖 11.10 的 $S_L(AE_L)$ 所示。

圖 11.10 中表格的第一欄和第二欄，是獨買廠商面對的生產因素市場供給曲線 (在此生產因素是指勞動)。TE_L 是廠商僱用不同數量勞工的總支出，定義成 $TE_L = w \times L$。最後一欄的 ME_L 是勞動的邊際支出 (marginal expenditure of labor)，定義成廠商多僱用 1 單位勞動，總成本的增加比率。

$$ME_L = \frac{\Delta TC}{\Delta L} = \frac{\Delta(wL)}{\Delta L} = \frac{w\Delta L + L\Delta w}{\Delta L} = w + L \times \frac{\Delta w}{\Delta L}$$

由於勞動供給曲線為正斜率，$\Delta w/\Delta L > 0$，邊際支出曲線位於勞動供給曲線的上方，$ME_L > S_L$，如圖 11.10 所示。請注意：當廠商在生產因素市場是完全競爭者時，勞動的邊際支出等於工資，而邊際支出曲線與水平的勞動供給曲線重疊。

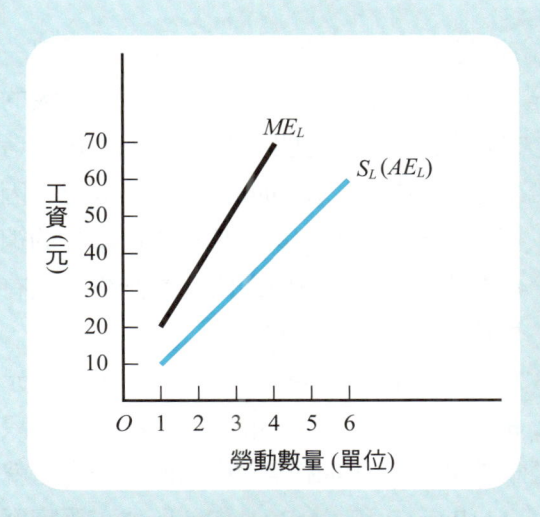

L	w	TE_L	ME_L
1	$10	$10	—
2	20	40	$30
3	30	90	50
4	40	160	70
5	50	250	90

圖 11.10 勞動的邊際支出

就一獨買廠商而言，在任何勞動僱用量下，工資始終低於邊際支出 ME_L。

當一廠商在勞動市場是獨買廠商時，此一獨買廠商追求利潤最大的條件是僱用勞動直到勞動的邊際收入等於勞動的邊際支出為止。如果以數學式表示，可寫成：

$$MRP_L = ME_L \tag{11.7}$$

式 (11.7) 與式 (11.6) 不同的地方在於，式 (11.7) 為追求利潤最大化的一般化條件，適用於廠商在生產因素和商品市場是完全競爭或不完全競爭的情況。式 (11.6) 則適用於廠商在生產因素市場是完全競爭的情況。背後的區別在於：完全競爭的生產因素市場中，$w = ME_L = S_L$。請注意：式 (11.7) 不僅適用在勞動市場，也適用於資本市場。換句話說，獨買廠商追求利潤最大，會僱用資本直到其邊際生產收入等於邊際支出為止，$ME_K = MRP_K$。

不完全競爭生產因素市場，完全競爭商品市場

當商品市場是完全競爭時，市場供需共同決定價格，而廠商是價格接受者，$P = MR$。此外，商品價格會影響廠商對生產因素的需求，而 $VMP_L = MRP_L =$ 勞動需求曲線。另一方面，當生產因素市場是不完全競爭時，廠商必須支付更高的工資才能夠僱用到更多的勞動為他工作。然而，廠商必須對所有的勞工都給付相同的工資，而非只是針對最後一個勞工的僱用支付較高薪資，因此勞工的邊際支出超過生產因素價格 $ME_L > w$。

廠商均衡

在圖 11.11 中，當廠商在商品市場是完全競爭時，$MRP_L = VMP_L$；另一方面，當廠商在生產因素市場是不完全競爭時，$ME_L > S_L$。廠商追求利潤最大的條件為 $MRP_L = ME_L$，如圖 11.11 中的 E 點所示。想要證明 E 點為最適均衡，考慮廠商僱用第 2 位員工時，為公司所帶來的收入為 80 元，而成本只有 40 元，因此僱用第 2 位員工可使廠商利潤提高；相反地，廠商僱用第 4 位員工所增加的總成本 ($80) 超過總收入 ($40)，因此第 4 位員工的僱用只會造成利潤減少。只有在勞動數量等於 3 人時，$MRP_L = ME_L$，即廠商的利潤達到最大。

圖 11.11 也顯示，為了要僱用 3 位勞工，廠商必須支付的工資等於 30 元，這是發生在 $L = 3$ 和勞動供給曲線 S_L 的交點—— B 點。因此，$MRP_L = ME_L$ 只有得到利潤最大下，廠商應該僱用的勞動數量，工資則由勞動供給曲線和均衡就業量的交點決定。請注意：在 $L = 3$ 時，$MRP_L = 60$ 和 $w = 30$。如前所述，羅賓遜稱 MRP_L 超過工資的部分為獨買剝削 (monopsonistic exploitation)。在圖 11.11 中，獨買剝削等於 $VMP_L - w = 30$。如果廠商面對的市場供給曲線的彈性愈小，獨買剝削愈大。

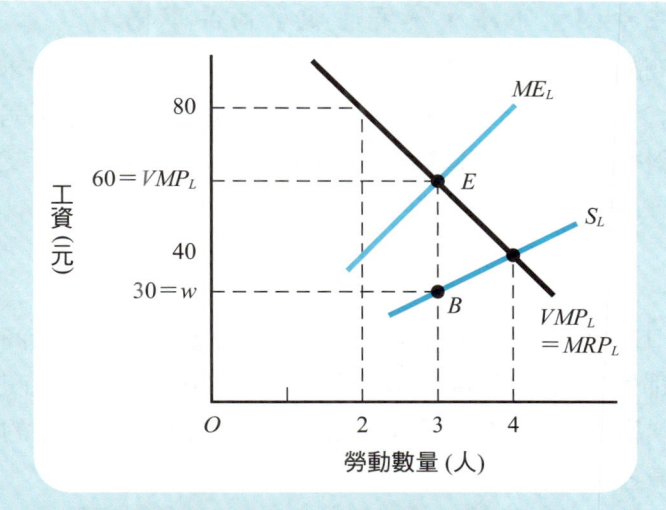

圖 11.11 不完全競爭生產因素市場，完全競爭商品市場

當廠商在商品市場是完全競爭時，$VMP_L = MRP_L$。當廠商在生產因素市場是不完全競爭時，$ME_L > S_L$。追求利潤的均衡條件是 $VMP_L = MRP_L = ME_L > S_L$。廠商會僱用 3 位員工，並付 30 元的工資。

現在我們將廠商在生產因素市場為不完全競爭，而在商品市場為完全競爭的均衡條件總結如下：

- 商品與服務市場：$P = MC = \dfrac{ME_L}{MP_L}$。
- 生產因素市場：$VMP_L = MRP_L = ME_L > w$。

邊做邊學習題 11-3

不完全競爭生產因素市場，完全競爭商品市場

不管採購數量多寡，國防部採買士兵制服的價格為每件 20 元，假設供應商生產士兵衣服的生產函數為 $Q(L) = L$，其中 L 為勞動數量，若生產士兵衣服的供應商在勞動市場為獨買，而勞動供給曲線為 $w = 2L$。

(a) 請問獨買廠商支付的工資 w 是多少？
(b) 若供應商以獨買而非完全競爭方式支付工資，額外賺取的利潤為何？

類似問題：基礎題 8

不完全競爭生產因素市場，不完全競爭商品市場

當廠商是商品市場的不完全競爭者時，面對一條負斜率的需求曲線，因此 $P > MR$ 和 $VMP_L > MRP_L$。另一方面，當廠商在生產因素市場是不完全競爭者時，則面對一條正斜率的生產因素供給曲線。廠商僱用 1 單位勞動所支付的成本大於所給付的薪資，$ME_L > w$。

廠商均衡

正如圖 11.12 所示，廠商追求利潤最大的均衡條件指出，廠商在生產因素市場和商品市場都是不完全競爭時，均衡條件為 $MRP_L = ME_L$。廠商的最適勞動僱用數量為 3 人。廠商所給付的工資是由 $L=3$ 和勞動供給曲線 S_L 的交點——B 點決定，均衡工資等於 30 元。

請注意：本例中的獨買剝削是 MRP_L 超過 w 的部分，$\overline{EB} = \$20$，而獨賣剝削則為 VMP_L 超過 MRP_L 的部分，$\overline{AE} = \$30$。因此，不完全競爭所造成的總剝削為獨買剝削加獨賣剝削，等於 50 元。現在我們可將廠商在商品市場和生產因素皆為不完全競爭的均衡條件，總結如下：

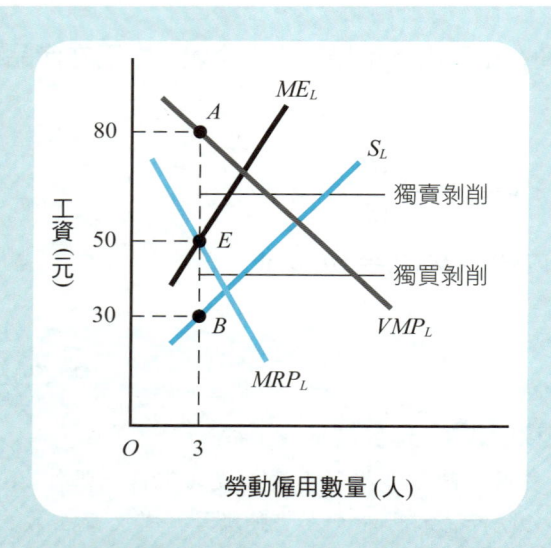

圖 11.12　不完全競爭生產因素市場，不完全競爭商品市場

當廠商在商品市場是不完全競爭時，$VMP_L > MRP_L$；當廠商在生產因素市場是不完全競爭時，$ME_L > w$。廠商均衡為 $MRP_L = ME_L$，均衡在 E 點，廠商僱用 3 人，支付工資 30 元。

- 商品與服務市場：$P > MR = MC = \dfrac{ME_L}{MP_L}$。
- 生產因素市場：$VMP_L > MRP_L = ME_L > w$。

邊做邊學習題 11-4

不完全競爭生產因素市場，不完全競爭商品市場

「獨買剝削是真的剝削，而獨占剝削並非真的剝削。」這個敘述是否正確？

類似問題：基礎題 10

11.4 雙邊獨占

當一個產品或生產因素只有一個買方（獨買廠商）面對一個賣方（獨占廠商），我們稱為**雙邊獨占**（bilateral monopoly）。譬如，19世紀初，九份第二次採金時期，雲泉商會是唯一僱用採金工人的廠商，如果所有的採金工人隸屬於同一個工會，工會可以代表勞工與雲泉商會協商工資、休假、醫療保險等勞工權益。在本例中，雲泉商會是生產因素的獨買廠商，而工會是生產因素的獨占廠商。

雙邊獨占價格與產出的決定

雖然雙邊獨占可能發生在商品市場或生產因素市場，但讓我們以圖 11.13 的勞動市場來說明均衡價格與數量如何決定。在圖 11.13 中，D_L 是賣方（獨占廠商）面對的勞動需求曲線。在本例中，D_L 是工會面對的勞動需求曲線，MR 就是工會的邊際收入曲線。若工會的邊際成本曲線為 MC，如圖所示，工會追求利潤最大的條件為 $MR = MC$；換句話說，工會願意在 15 元的工資水準下，提供 5 位勞工。

想要決定獨買廠商利潤最大化的勞動「購買」數量，我們必須瞭解獨買廠商（雲泉商會）面對的供給曲線，就是獨占廠商（工會）的邊際成本曲線。這條曲線顯示，雲泉商會在不同的工資水準下所願意僱用的勞動數量。此外，雲泉商會的邊際支出曲線高於勞動供給曲線，$ME_L > S_L$。獨買廠商追求利潤最大的均衡是在 MRP_L 和 ME_L 的交點——A 點，此時獨買廠商將僱用 4 位勞工，並給付 8 元的工資。

因此，為追求利潤最大，獨占廠商（賣方）願意以工資 $w = \$15$ 來提供勞動數量 $L = 5$，而獨買廠商願意以 $w = \$8$ 來僱用 $L = 4$。到底結果是如何？答案是不確

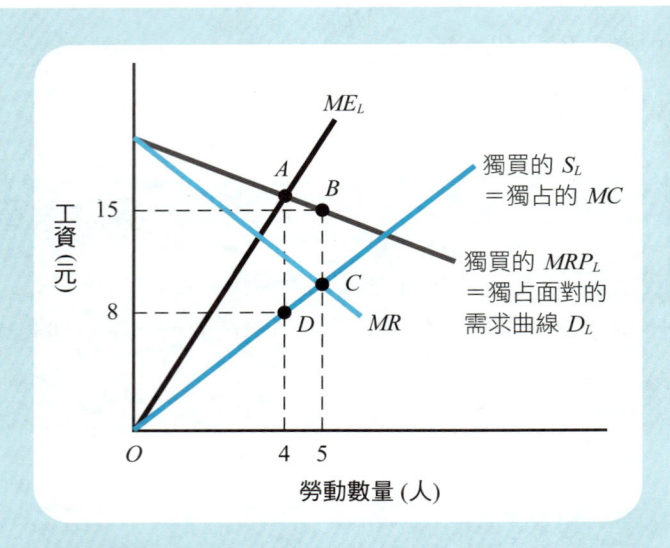

圖 11.13 雙邊獨占

D_L 是獨占廠商面對的需求曲線，獨占廠商追求利潤最大的價格是 15 元 ($MR = MC$)，數量是 5。獨買廠商的供給曲線是 S_L，獨買廠商追求利潤最大的價格是 8 元 ($MRP_L = ME_L$)，而數量是 4。結果是不確定，落在 ABCD 之間。

定，因為勞動數量和工資水準取決於雙方的談判能力。唯一可以確定的是，勞動數量介於 4 人和 5 人之間，而工資介於 8 元和 15 元之間。如果獨占廠商的相對談判能力較強，數量會接近 5 人，而工資愈接近 15 元；相反地，如果獨買廠商的談判能力較強，數量將愈接近 4 人，而工資會愈接近 8 元。

總結

- 廠商追求成本最小的生產因素組合是：僱用生產因素直至每 1 塊錢花在生產因素的邊際產量相等為止，而生產因素價格對邊際產量的比率等於邊際成本。
- 廠商為商品市場的完全競爭者，邊際生產收入 (MRP) 等於邊際產值 (VMP)，而廠商對生產因素的需求曲線即為邊際生產收入。
- 生產因素的市場需求曲線不僅要考慮個別需求曲線的水平加總，還需考慮生產因素價格下跌導致邊際生產收入減少的事實。
- 生產因素的市場供給曲線為個別供給曲線的水平加總。
- 當生產因素市場是完全競爭時，(1) 若商品市場為完全競爭，$VMP = MRP$，廠商的均衡條件為 $VMP = MRP = ME_L = S_L = w$；(2) 若商品市場為不完全競爭，$VMP > MRP$，廠商的均衡條件為 $VMP > MRP = ME_L = S_L = w$。

Chapter 11 生產因素市場

- 獨買是指市場只有一個買者。獨買廠商面對正斜率的生產因素市場供給曲線 S_L，且 $ME_L > S_L$，其追求利潤最大的條件是 $MRP_L = ME_L$。
- 當生產因素市場是不完全競爭時，(1) 若商品市場為完全競爭，$VMP = MRP$，廠商的均衡條件為 $VMP = MRP = ME_L > S_L = w$；(2) 若商品市場為不完全競爭，$VMP > MRP$，廠商的均衡條件為 $VMP > MRP = ME_L > S_L = w$。
- 獨賣剝削是 VMP 超過 MRP 的部分；獨買剝削是 MRP 超過工資 w 的部分。
- 雙邊獨占是指單獨一個買者面對單獨一個賣者的情況，價格與數量的決定並不確定，須視雙方的談判力量而定。

問題與計算

基礎題

1. 假設勞動市場與產品市場皆為完全競爭，而某廠商在不同勞動僱用量下的產量如下表所示：

勞動人數	0	1	2	3	4	5	6
每日總產出 (個)	0	12	22	30	36	41	44

若廠商僱用 5 位勞工，而每個產品的售價為 400 元，則當時市場中每人每日的勞動工資應為多少？ (99 年特考)

2. 「當完全競爭廠商達到長期利潤極大化時，其對生產因素的利用應達到花在各生產因素最後一單位的邊際產量都相等。」請評論之。 (101 年高考)

3. 假設某勞動市場為完全競爭市場，供給與需求函數為：

$$供給：w = 160 + 2L$$
$$需求：w = 220 - L$$

且已知某廠商的生產函數為 $f(L, K) = 5L^{0.5}K^{0.5}$，$\overline{K} = 100$，又其產品需求函數 D 為 $P = 1,000 - 2q$。如果此廠商為產品獨賣，請問：
   (a) 此廠商會生產多少產品？其產品價格是多少？
   (b) 此廠商的 AC_L 及 MC_L 及 MRP_L 和 VMP_L 為何？
   (c) 此廠商會僱用多少勞動？其工資為何？

4. 「當廠商在商品市場比較有競爭力時，勞動需求曲線比較無彈性。」請評論之。

5. 目前中華職棒聯盟規定每年舉辦選秀活動，各隊挑選選手 1 名，選手只能與該隊簽約，

否則就無法加入職棒。如果廢除選秀制度，且每隊可以競相爭取選手，請問薪資會有何改變？

6. 假設鴻海在土城為一完全競爭廠商，只需要一個生產因素：勞動，而其生產函數為 $Q=5L$。若鴻海能夠以每單位 10 元賣出所生產的液晶螢幕，且鴻海面對的勞動供給曲線為 $w=2+2L$，請問鴻海追求利潤最大的勞動僱用量為何？

7. 假設埔心牧場生產的牛奶為完全競爭。勞動為其唯一的生產因素，邊際生產收入 (MRP_L) 為 $w=80-4L$，而勞動供給曲線為 $w=24+3L$，請問利潤最大化之勞動僱用量及工資水準為何？消費者剩餘與生產者剩餘又為何？

8. 假設一廠商在產品市場不管銷售多少數量，單價均為 4 元，且產品只有勞動投入生產，生產函數為 $Q(L)=10L$，其中 L 為勞動，勞動市場為完全競爭，供給價格彈性固定為 3，該廠商在勞動市場為獨買，請問工資給付為何？

9. 花蓮門諾醫院在花蓮是唯一的護理師雇主，且在護理師市場為追求利潤最大的獨買廠商。若護理師的邊際生產收入 (MRP_N) 為 $w=50-2N$，其中 w 為工資率和 N 為護理師僱用數量。護理師的供給曲線為 $w=14+2N$。請問：
(a) 門諾醫院僱用的護理師數量及工資為何？
(b) 獨買廠商的無謂損失是多少？

10. 假設廠商唯一僱用的生產因素是勞動，生產函數是：

$$Q=5L$$

其中 L 是勞動數量 (千小時 / 週)。若獨買廠商面對的商品市場需求方程式為 $P=30-\frac{1}{2}Q$。同時，假設勞動供給方程式如下：

$$L^S: w(L)=2+2L$$

請計算：
(a) 獨買廠商的最適勞動僱用數量和工資。
(b) 獨買剝削和獨賣剝削是多少？

11. 請比較產品市場與生產因素市場在完全競爭與不完全競爭狀態下之均衡就業與工資。

12. 假設台積電在高雄為一獨買廠商 (monopsonist)，面對的勞動供給函數為 $L^2=4w$，而 MRP_L 固定為 $100，請問最適的工資與勞動僱用數量為何？

進階題

1. 假設一商品 (Q) 市場與勞動 (L) 市場皆為獨占，其中商品市場獨賣的邊際收益函數為 $MR=80-2Q$，而勞動市場的需求函數及其邊際成本函數分別為 $w=80-2L$ (w 為工資率) 與 $MC_L=20$，請問：

(a) 商品與生產因素獨占者利潤最大時的利潤是多少？

(b) 若勞動者獨賣與商品獨賣進行垂直合併，由勞動者獨賣買下商品獨賣者，則合併後的總利潤是多少？商品市場的消費者是否因合併而受益？為什麼？

2. 一廠商在生產因素市場和商品市場都是完全競爭，生產函數為 $y=-L^2+10L$。若廠商銷售產品的價格是 \$10 ($P=10$)，而給付的工資為 \$40 ($w=40$)，試問利潤最大化的勞動僱用數量是多少？

3. 假設台揚公司為金瓜石唯一僱用勞工的廠商，邊際生產收入曲線 (MRP_L) 為 $w=100-2L$，礦工的勞動供給曲線為 $w=40+2L$。請問：

(a) 台揚公司會僱用多少位礦工，和給付多少工資？

(b) 消費者剩餘、生產者剩餘及無謂損失為何？

(c) 獨買剝削是多少？

4. 倘若台東初鹿牧場生產的牛奶行銷全國，牛奶市場為一完全競爭市場。台東為當地唯一僱用勞動的廠商，亦即在勞動市場其為追求利潤最大的獨買廠商。勞動的邊際生產收入 (MRP_L) 為 $w=140-4L$，勞動供給曲線為 $w=20+4L$。

(a) 初鹿牧場僱用多少勞動數量？所給付的工資水準為何？

(b) 獨買所造成的無謂損失為何？

5. 一廠商生產稻米，售價為每斤 12 元。稻米只用到一種投入：人力 (L)，生產函數 $Q(L)=L$。勞動市場為完全競爭，且其供給價格彈性固定為 2，稻米生產者在勞動市場為獨買。請問稻米生產廠商在獨買狀況下，比在完全競爭狀況下的工資給付少了多少？

6. 在開放外籍勞工進入台灣後：

(a) 他們對低技術的中國勞工薪資與就業有何影響？請繪圖說明。

(b) 他們對高階人力有何種影響？請繪圖說明。

7. 競爭市場的廠商利用 7,000 元的資本，配合勞動量 L 從事 X 物的生產，勞動投入量與產出量 X 的對應關係如下：

L	0	1	2	3	4	5	6
X	0	20	37	51	62	70	75

請問：

(a) 當每單位產品價格為 100 元，而每單位勞動的工資率是 1,500 元時，該廠商應僱用多少的勞動？同時，其資本的報酬率是多少？

(b) 當工資率由 1,500 元降為 1,000 元時，該廠商又應僱用多少勞動？同時其資本的報酬率是多少？

(c) 當工資率為 1,000 元時，而產品價格由 100 元降為 80 元時，該廠商又應僱用多少勞

動？同時，其資本報酬率是多少？

8. 假設九份雲泉商會的勞動需求方程式是 $L=1,200-10w$，其中 L 是每日所需的礦工人數，w 是日薪；勞動供給曲線為 $L=20w$。請問均衡工資和勞動數量是多少？礦工的經濟租是多少？如果礦工組成工會，請問最適勞動數量和工資是多少？

9. 假設某一獨占廠商的生產函數為 $q=100\sqrt{L}$，所面對的市場需求函數為 $P=840-q$。此廠商為勞動市場上的唯一需求者，而勞動市場的供給函數為 $w=100+2L^{0.5}$，請計算：
   (a) 均衡工資率與僱用量。
   (b) 獨買剝削與獨賣剝削。

10. 在一獨占勞動市場中，獨占廠商僱用一個生產因素——勞動 (L)，而總收入函數為：
$$TR=144+73L-L^2$$
廠商面對的勞動市場供給曲線為：
$$w=13+0.5L$$
   (a) 請求出最適工資和就業水準。
   (b) 在雙邊獨占中，工會所能要求的最高工資是多少？

11. 在「邊做邊學習題 11-2」第 (2) 題中，如果勞動市場的工資 $w_2=\$10$，則在腰果市場為完全競爭或獨占下，其勞動僱用量產量及利潤各是多少？

網路習題

1. 請至行政院主計總處網站 https://www.dgbas.gov.tw，查看最近一期的台灣地區薪資資料。
2. 請至行政院主計總處網站，查看最近一期的台灣地區各行業廠商空缺概況。請問空缺率最高的行業為何？

Chapter 12

資本預算與資本成本

2021 年 10 月 14 日，台積電法說會宣布在日本投資興建特殊製程晶圓廠。2021 年資本支出達 300 億美元，其中約 1 成用在先進封測及光罩，而另外約 8 成採買 EUV (極紫外光) 曝光機，包括：極紫外光光罩盒、設備模組及曝光機真空吸盤，台積電在技術論壇中指出，截至 2020 年為止，採用台積電 EUV 生產技術生產的晶圓，占累積曝光晶圓數的 65%。

在上面的案例中，台積電購買 EUV 是有關公司的長期投資，未來的經濟規模與效益才是貢獻利潤的關鍵。企業應該購買什麼樣的固定資產？我們稱為**資本預算決策** (capital budgeting decision)，資本預算就是有關規劃和管理公司的長期投資過程。在資本預算過程中，財務經理應該找出那些物超所值的投資機會。簡單地說，就是資產帶來現金流量的價值超過資產的投資成本。經常納入考慮的投資機會類型，部分因素取決於公司本身產業的特質。譬如，台灣虎航是否多開一條航線，將是一個重要的資本預算決策；同樣地，對遊戲橘子或網龍等線上遊戲公司而言，是否開發及銷售新的遊戲軟體，也是重大的資本預算決策。

12.1　資本預算的定義

　　資本預算 (capital budgeting) 是指確認、分析和挑選投資計畫，其報酬 (現金流量) 超過 1 年以上的過程。基本上，資本預算是邊際概念的應用：廠商應該選擇邊際收入等於邊際成本的產品生產或投資活動。在資本預算的架構下，這個概念隱含廠商應該從事額外的投資計畫，直到投資所帶來的邊際收入等於邊際成本為止。資本預算的例子不勝枚舉，從銀行決定是否購買或租賃大型電腦、政府是否興建機場捷運，以及台積電應否購買較昂貴及使用年限較長的機器，或較便宜及使用年限較短的機器等。常見的資本預算決策類型有四種：

1. **重置型**：將生產過程中損耗的機器汰舊換新的計畫，屬於重置型投資。
2. **擴充型**：投資購買新機器建設新廠，或進入新的市場。這可分成兩種：一為因應日益增加的市場需求，而增建新廠；另一為切入新市場。譬如，2014 年 3 月 12 日，台達電投入 11 億元興建桃園五廠積極投入儲能產品與機器人的研發生產。董事長海英俊表示，根據研調機構預估，1 年市場可繳出 30% 成長的成績單。
3. **管制型**：投資活動屬於配合政府法令，具強制性或無收益性的計畫。譬如，台塑六輕必須投資建造污水處理系統。
4. **成本降低型**：投資較新的機器設備，以提升營運效率。譬如，將公司的 Pentium 電腦更換成運算速度較快的 Core i7 個人電腦。至於資本預算的決策程序則可見圖 12.1。

　　廠商可以依據不同類型的投資提出計畫。譬如，前述的台灣虎航，母公司華航表示，廉價航空在亞太地區估計會有 20% 的市場，而台灣目前只有個位數，此為台灣虎航商機所在，因而規劃逐年購買新飛機。

　　在提出投資計畫後，要開始對此計畫相關的現金流量大小 (size)、發生時點 (time) 及風險加以評估。當評估一項投資專案時，必須考慮此專案對公司現金流

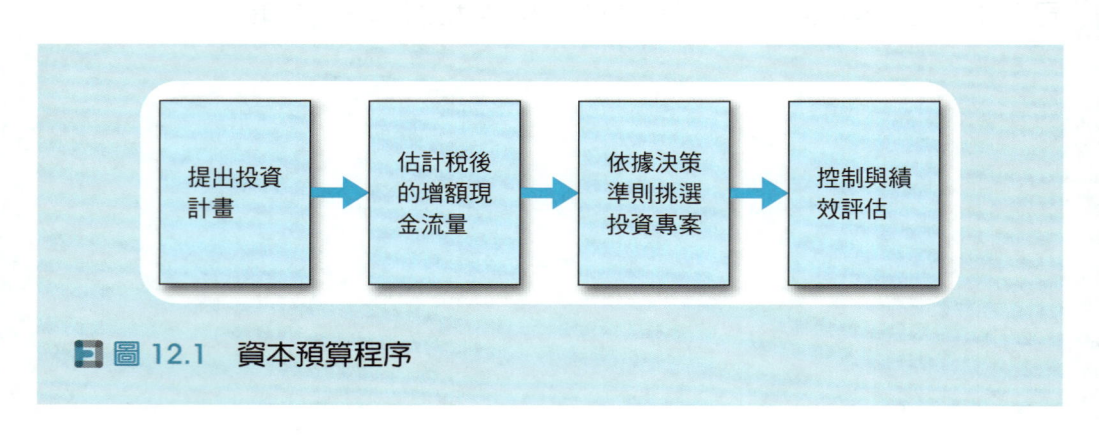

提出投資計畫 → 估計稅後的增額現金流量 → 依據決策準則挑選投資專案 → 控制與績效評估

圖 12.1　資本預算程序

量的影響，以決定這些現金變動是否會增加公司的價值。因此，只有攸關的現金流量 (relevant cash flow) 才列入考量。宏達電在中國推出中階手機，此策略的現金流量才是決定該計畫是否有利的關鍵。此外，未來的現金收入都牽涉到稅收的問題，現金流量對公司的實質貢獻應以稅後作為攸關現金流量。

在完成預估財務報表與專案現金流量後，公司會運用一些方法來分辨哪些是有價值的投資機會，哪些是沒有價值的。這些方法包括淨現值法則、內部報酬率法則、獲利指數法則、還本期間法則、折現還本期間法則，以及平均會計報酬法則等。在這個領域裡，最重要的是淨現值法則。除了以各種方法來評估計畫可行性外，公司還可以用情境分析、敏感度分析和模擬來評估估計值的可靠性。

12.2 資本預算過程

在本節中，我們討論公司如何從投資專案中預估現金流量、如何計算投資專案的淨現值與內部報酬率，以及內部報酬率法則與淨現值法則的比較。

預估現金流量

在資本預算過程中，一項困難的工作是估計投資專案的淨現金流量。淨現金流量是指投資方案存續期間內的現金流入和支出。由於這些支出與流入都是在未來發生，預估收入與支出無可避免地將會牽涉到許多不確定因素。在估計現金流量時，有幾件事情值得注意。

第一，決定現金流量哪些是攸關，哪些則是非攸關。攸關現金流量是指那些因為接受該專案，而直接導致公司未來現金流量的任何變動，所以攸關現金流量稱為專案的增額現金流量 (incremental cash flows)。譬如，台灣高鐵聘請一位財務顧問，專責評估是否應該向海外集資來支付營運所需。顧問費是一種沉沒成本，屬於專案的增額現金流量。

第二，稅是一種現金流出，我們關心稅後的現金流量。

第三，折舊是一種非現金費用，透過稅額來影響現金流量。從稅賦觀點來看，折舊的提列方式會影響資本投資決策，而折舊的提列方式是由稅法規定。

在資本投資決策中，專案的現金流量為：

專案現金流量＝營運現金流量－淨營運資金的變動－資本支出

其中， 營運現金流量＝息前稅前盈餘＋折舊－稅

上式中的淨營運資金是指，專案除了購買長期資產外，廠商還需要投入資金以應

付相關的費用，或是應付存貨與應收帳款的產生。這些金額就是淨營運資金的投資，在專案結束後，賣掉存貨，收回應收帳款，即可回收當初在淨營運資金的投資。

讓我們舉一個例子來說明專案現金流量的估計，假設嘉里大榮物流針對台灣消費者對現煮咖啡喜愛度持續增加，代理義大利國寶意利咖啡 (Illy)，包括：專業烘焙莊園咖啡豆及研磨咖啡粉與膠囊，每磅的製造成本是 2.5 元，每年可銷售 50,000 磅，單價為 4 元，而這類產品只有 3 年的保存期限。

這個專案的固定成本，包括生產設備的租金，每年需要 12,000 元，而且必須投資 90,000 元在製造設備上，為了簡化分析，假設這 90,000 元將在 3 年內全部折舊完畢。最後，這個專案期初必須投入 20,000 元在淨營運資金上，公司稅率是 34%。要回答上述的問題，首先讓我們編製嘉里大榮物流的預估損益表，如表 12.1 所示。

表 12.1 的預估損益表可以用來計算營運現金流量，如表 12.2 所示，嘉里大榮物流代理意利咖啡專案的預估營運現金流量是 51,780 元。

接下來，我們計算淨營運資金的變動及固定資產需求。根據上面的說明，嘉里大榮物流必須先支付 90,000 元購買固定資產，並投資 20,000 元在淨營運資金上。因此，期初的現金支出是 110,000 元。專案結束時，嘉里大榮物流可回收最初投資 20,000 元的淨營運資金，所以第 3 年的現金收入為 20,000 元。表 12.3 整

◁ 表 12.1　預估損益表：嘉里大榮物流代理意利咖啡專案

銷貨	$200,000
變動成本	125,000
固定成本	12,000
折舊	30,000
息前稅前盈餘	$ 33,000
稅 (34%)	11,220
淨利	$ 21,780

◁ 表 12.2　預估營運現金流量：嘉里大榮物流代理意利咖啡專案

息前稅前盈餘	$33,000
折舊	+30,000
稅	−11,200
營運現金流量	$51,780

表 12.3　預估總現金流量：嘉里大榮物流代理意利咖啡專案

	年			
	0	1	2	3
營運現金流量		$51,780	$51,780	$51,780
增額淨營運資金	－$20,000			＋20,000
資本支出	－90,000			
專案現金流量	－$110,000	$51,780	$51,780	$71,780

理嘉里大榮物流代理意利咖啡專案的現金流量。

值得注意的是，嘉里大榮物流代理意利的咖啡專案在期初投入 110,000 元，且在往後 3 年，每年可創造現金收入，分別為 51,780 元、51,780 元和 71,780 元。從表 12.3 得知，預估現金流量已考慮增額現金流量、稅後和折舊的三個特性，能夠為公司在未來帶來一連串的收入，而與會計利潤和淨利是兩回事。

資本投資決策

任何一項投資專案都包括最初的投資，以及未來一連串的營運收入。台灣高鐵公司耗費新台幣數千億元興建高速鐵路，絕不會只營運 1 年，而是數十年。在這段期間內，高鐵公司期望每年能夠帶來收入，不但能夠回收當初的投資成本，更希望能有相當的利潤。因此，廠商在進行資本投資決策時，會比較期初的資本支出和各期的投資收益，當各期收益大於初期支出時，廠商的投資才有利可圖。

如前所述，評估資本投資的方法很多，在此，我們僅簡單介紹其中兩個最重要的概念：淨現值法則和內部報酬率法則。由於這兩種方法都牽涉到未來各期收益與期初支出的比較，如何將未來一連串收入換算成期初價值——現值的概念必須先做釐清。

現值

假設農曆年後，你將紅包 1,000 元存入銀行，1 年後可領回多少錢？如果銀行的存款利率是 10%，1 年後應該可以領回：

$$\$1,000 \times (1+10\%) = \$1,100$$

如果你將紅包存入銀行 2 年，且利率沒有變動，2 年後可領回：

$$\$1,100 \times (1+10\%) = \$1,000 \times (1+10\%)^2 = \$1,210$$

上式中的 1,210 元就是**終值** (future value, FV)，是指在某一利率水準下，今天的

投資金額經過一段時間所能累積的價值。讓我們換一個角度來思考紅包的例子，假設長輩答應明年給你紅包 1,100 元，這個紅包今年的價值是多少錢？若存款利率仍為 10%，1 年後的 1,100 元會是今年的 1,000 元。計算過程如下：

$$\frac{\$1,100}{(1+10\%)}=\$1,000$$

上式中的 1,100 元是終值，1,000 元是現值。**現值** (present value, PV) 是指在某一利率水準下，未來累積的價值，換算成今天的投資金額。經由上面的例子，我們可以知道 1 年後收到 1 元的現值是：

$$PV=\frac{\$1}{(1+r)}$$

上式中的 PV 為現值，r 為**折現率** (discount rate)，$\frac{1}{(1+r)}$ 是**折現因子** (discount factor)，而 1 元為終值。若將現值的觀念推廣到 t 期，則 t 期後 1 元的現值是：

$$PV=\frac{\$1}{(1+r)^t} \tag{12.1}$$

邊做邊學習題 12-1

現值的應用：單期現金流量

妳的富爸爸在妳 19 歲生日時，幫妳開了一個銀行帳戶。此帳戶在 30 歲時會有 15 萬元的存款。若每年的利率是 9%，請問這筆存款的現值是多少？

類似問題：基礎題 1

截至目前為止，都是計算單一終值的現在價值，但是絕大多數的投資都會帶來一連串的收入。譬如，小婉的行動咖啡店今年的營業收入是 50 萬元，明年的營業收入是 100 萬元，後年的營業收入是 200 萬元。3 年的營業的現值，在利率是 10% 時，等於：

$$現值=\$500,000+\frac{\$1,000,000}{(1+10\%)}+\frac{\$2,000,000}{(1+10\%)^2}$$

上式計算可得：行動咖啡店 3 年營業收入的現值是 306 萬 1,983 元。因此，如果 F_0 為今年的收入，F_1 代表明年的收入，F_2 代表後年的收入，⋯，F_n 表示 n 年後

Chapter 12 資本預算與資本成本

的收入,則在利率水準 r 下,多期現金流量的計算公式可當成:

$$PV = F_0 + \frac{F_1}{1+r} + \frac{F_2}{(1+r)^2} + \cdots + \frac{F_n}{(1+r)^n} \qquad (12.2)$$

邊做邊學習題 12-2

現值的應用:多期現金流量

中職選秀狀元與象隊簽下一份 3 年 2,500 萬元的合約,合約內容包括簽約金 200 萬元,第一年結束時收到 500 萬元,第二年結束收到 800 萬元,最後一年結束則收到 1,000 萬元。若折現率為 15%,請問此合約是否值 2,500 萬元?若不值,請問合約價值是多少?

類似問題:基礎題 2

邊做邊學習題 12-3

利用 Excel 計算未來多期現金流量的現值

	A	B	C	D	E	F
1						
2						
3	假設折現率是 8%,1 年後 $200 的現值是多少?2 年後 $800 的現值是多少?					
4	3 年後 $1,600 的現值是多少?4 年後 $3,200 的現值是多少?總現值是多少?					
5						
6	利率:	0.08				
7						
8	年	現金流量	現值	公式		
9	1	$200	$185.19	=PV(B6,A9,:-B9)		
10	2	$800	$685.87	=PV(B6,A10,:-B9)		
11	3	$1,600	$1,270.13	=PV(B6,A11,:-B9)		
12	4	$3,200	$2,352.10	=PV(B6,A12,:-B9)		
13						
14		總現值:	$4,493.28	=SUM(C9:C12)		
15						
16	注意:PV 公式內的負號,代表現金流出。					

類似問題:基礎題 3

淨現值法則

一項投資如果能為股東創造價值，這項投資就是值得進行的。投資專案能創造未來一連串的收入比專案的期初成本要高，也就是說專案創造了價值。讓我們以表 12.4、表 12.5 和表 12.6 來說明淨現值法則。

假設皇阿瑪開設網路咖啡店需要添購一批電腦設備，財務顧問公司提供三種不同的投資方案：

方案甲：投資 100 萬元，明年開始每年預期營業收入是 50 萬元。
方案乙：投資 150 萬元，明年開始每年預期營業收入是 70 萬元。
方案丙：投資 200 萬元，明年開始每年預期營業收入是 85 萬元。

如果機器的使用年限是 3 年，皇阿瑪如何才能知道哪一個是最佳方案？最佳方案的決定有三個步驟：

步驟 1：計算在不同利率水準下，三個方案預期營業收入的總現值。
步驟 2：比較總現值與期初投資支出的高低。
步驟 3：接受正淨現值的投資，否決負淨現值的投資。

表 12.4 整理出財務顧問公司為皇阿瑪開設網路咖啡店所做的三個投資方案建議。表 12.5 則利用式 (12.2) 來計算三個方案，在不同利率水準下的現金流量總現值。舉例來說，方案甲的各期營業收入是 50 萬元，在利率等於 5% 時，總現值為：

$$PV = \frac{\$50}{(1+5\%)} + \frac{\$50}{(1+5\%)^2} + \frac{\$50}{(1+5\%)^3} = \$131.16$$

在利率是 15% 時，方案乙的各期營業收入為 70 萬元，所以 $F_1 = F_2 = F_3 = 70$，現值總和等於：

$$PV = \frac{\$70}{(1+15\%)} + \frac{\$70}{(1+15\%)^2} + \frac{\$70}{(1+15\%)^3} = \$159.83$$

表 12.6 是三個方案的淨現值。**淨現值** (net present value, *NPV*) 定義成投資專案一連串未來現金流量的總現值，減去專案的期初投資支出。若以數學式表示，可寫成：

$$NPV = \sum_{t=1}^{n} \frac{F_t}{(1+r)^t} - C_0 \tag{12.3}$$

表 12.4　各方案的期初投資支出與未來現金流量
(單位：萬元)

投資方案	期初投資金額	現金流量 明年	後年	大後年
方案甲	$100	$50	$50	$50
方案乙	150	70	70	70
方案丙	200	85	85	85

表 12.5　各方案的總現值
(單位：萬元)

投資方案	5%	10%	15%
方案甲	$136.16	$124.34	$114.16
方案乙	190.63	174.08	159.83
方案丙	231.48	211.38	194.07

表 12.6　各方案的淨現值
(單位：萬元)

投資方案	5%	10%	15%
方案甲	$36.16	$24.34	$14.16
方案乙	40.63	24.08	9.83
方案丙	37.48	11.38	−5.07

式 (12.3) 中，F_t 代表 t 期的專案現金流量，r 是折現率，C_0 是專案的期初投資支出。在皇阿瑪開設網路咖啡店的例子裡，淨現值就是表 12.5 的總現值減去表 12.4 第一欄的期初投資金額。譬如，當利率是 10% 時，方案甲的總現值和期初投資金額分別是 124.34 萬元和 100 萬元，因此方案甲在利率為 10% 的淨現值為：

$$NPV = \$124.34 \text{ 萬} - \$100 \text{ 萬} = \$24.34 \text{ 萬}$$

在表 12.6 中，當利率是 5% 時，三個投資方案的淨現值都大於零，意味著三個專案都有利可圖。皇阿瑪會選擇方案乙，因為方案乙的投資報酬最高。當利率是 15% 時，方案丙不值得投資，因為淨現值小於零。皇阿瑪會選擇方案甲，因為方案甲能為股東創造較高的價值。利用相同的邏輯，當利率是 10% 時，皇阿瑪會選擇方案甲，因為方案甲的淨現值最高。

這個例子說明如何使用 NPV，來決定一項資本投資是否值得。例子顯示，如果 NPV 小於零，對股票價值不利；如果 NPV 大於零，對股價影響有利。因

此，資本投資的淨現值法則 (net present value rule) 可彙整如下：

投　資：淨現值大於零。
不投資：淨現值小於零。

回到嘉里大榮物流代理意利咖啡專案的例子，如果必要報酬率是 20%，表 12.3 預估現金流量的 NPV 為：

$$NPV = -\$110{,}000 + \frac{\$51{,}780}{(1+20\%)} + \frac{\$51{,}780}{(1+20\%)^2} + \frac{\$71{,}780}{(1+20\%)^3}$$
$$= \$10{,}648$$

根據這些預估數字，嘉里大榮物流代理意利咖啡專案的投資報酬率顯然超過 20%（為什麼？），嘉里大榮物流應該從事這個投資專案。

邊做邊學習題 12-4

利用 Excel 計算 NPV

	A	B	C	D	E	F
1						
2						
3	假設新光三越百貨有一個為期 5 年的投資案，成本為 $70,000，
4	5 年期間的現金流量分別為 $12,000、$15,000、$18,000、$21,000、$26,000，
5	折現率為 6.77%，淨現值是多少？
6						
7	利率：	0.0677				
8						
9	年	現金流量				
10	0	－$70,000	NPV＝	$74,083.18	＝PV(B7,B1:B15)	(錯誤答案)
11	1	$12,000			＝PV(B7,B11:B15)+B10	(正確答案)
12	2	$15,000				
13	3	$18,000				
14	4	$21,000				
15	5	$26,000				
16						
17	儲存格 E10 內的公式是錯誤的，因為 NPV() 功能是求算現值，而非淨現值。

類似問題：基礎題 4

內部報酬率法則

內部報酬率 (internal rate of return, *IRR*) 是讓專案淨現值等於零的折現率，這個折現率就是內部報酬率。我們稱為「內部」報酬率，是因為這個報酬率只決定於專案的現金流量，無須考慮「外在」報酬率資料的影響。

為了說明 *IRR* 背後的觀念。假設阿莫想開一家日式早餐店，估計投資金額是 70,000 元，未來 5 年的營業收入分別是 12,000 元、15,000 元、18,000 元、21,000 元和 26,000 元，則這項投資的報酬率是多少？

$$NPV = -\$70,000 + \frac{\$12,000}{(1+r)} + \frac{\$15,000}{(1+r)^2} + \frac{\$18,000}{(1+r)^3} + \frac{\$21,000}{(1+r)^4} + \frac{\$26,000}{(1+r)^5} = 0$$

經過計算，報酬率 r 等於 8.66%，其實 r 就是 *IRR*。若開日式早餐店的內部報酬率大於存款利率時，開日式早餐店就是一項有利的投資。報酬率 8.66% 的專案是一項好投資嗎？假設銀行存款利率是 5%，當開日式早餐店的報酬率是 10%，此時開日式早餐店的內部報酬率低於存款利率，代表阿莫開早餐店是一項錯誤的投資。因此，內部報酬率法則可以彙整如下：

投　資：專案的 *IRR* 超過所要求的報酬率。
不投資：專案的 *IRR* 低於所要求的報酬率。

回到嘉里大榮物流代理意利咖啡專案的例子，內部報酬率是讓專案現金流量的總現值等於期初投資金額 110,000 元，也就是：

$$\frac{\$51,780}{1+IRR} + \frac{\$51,780}{(1+IRR)^2} + \frac{\$71,780}{(1+IRR)^3} = \$110,000$$

經過計算，*IRR* 大約是 25.8%。因此，如果要求的報酬率是 20%，嘉里大榮物流應該接受這個投資專案。

邊做邊學習題 12-5

利用 Excel 計算 *IRR*

	A	B	C	D	E	F
1						
2						
3	假設新光三越百貨有一個為期 5 年的投資案其成本為 $70,000，
4	5 年期間的現金流量分別為 $12,000、$15,000、$18,000、$21,000、$26,000，
5	則此投資案的內部報酬率是多少？

(續上頁表)

	A	B	C	D	E	F
6						
7	年	現金流量				
8	0	−$70,000				
9	1	$12,000	IRR=	8.66%	=IRR(B8:B13)	
10	2	$15,000				
11	3	$18,000				
12	4	$21,000				
13	5	$26,000				
14						
15	儲存格 E9 的公式是＝IRR(B8:B13)，注意：第 0 期的現金流量是負的，				
16	代表期初的投入成本。				

類似問題：基礎題 5

邊做邊學習題 12-6

利用 Excel 計算每期付款金額

	A	B	C	D	E	F
1						
2						
3	假設現值為 $2,577，利率是 8%，且期數為 3，請求出年金的每期付款額？				
4	我們可以利用公式 PMT(rate,nper,pv,fv) 來求解：				
5						
6						
7	年金現值		pv	$2,577		
8	付款期數		nper	3		
9	利率		rate	0.08		
10						
11	年金每期付款額			$1,000	=PMT(C9,C8,-C7)	
12						
13	儲存格 D11 的公式是＝PMT(C9,C8,-C7)，年金現值前有負號，因為是現金				
14	流出。				

類似問題：基礎題 6

NPV 和 IRR 的比較

IRR 本質上是從 NPV 推導而得,也將貨幣的時間價值與所有的現金流量考慮在內。雖然借助電腦財務軟體的運算,IRR 很容易求得,卻也有一些負面的評價出現。

IRR 的第一個缺陷是在評估互斥專案時發生。互斥專案 (mutually exclusive projects) 是指由於公司資源有限,常會發生互相排擠的投資計畫。譬如,台積電同時接到三星和小米智慧型手機晶片的大訂單,但是因為產能吃緊,兩筆訂單無法同時接下,所以它們是互斥的。

為了說明 IRR 法則與互斥專案的關係,考慮下列兩個互斥專案的現金流量。

表 12.7 顯示兩個互斥專案的預估現金流量與內部報酬率,兩個方案的期初投資金額都是 100 萬元,方案 A 的 IRR 是 20.3%,而方案 B 是 22.1%。因為這兩個投資專案是互斥的,依據 IRR 法則,似乎方案 B 是較佳的選擇,但這並不一定是正確抉擇。

為了瞭解方案 B 不是最佳投資,表 12.8 是兩個互斥專案在不同折現率下的淨現值。方案 B 的 IRR (22.1%) 比方案 A 的 IRR (20.3%) 高。然而,比較兩者的

表 12.7　互斥專案的現金流量與內部報酬率

	方案 A	方案 B
期初投資	$1,000,000	$1,000,000
第 1 年	−100,000	350,000
第 2 年	0	350,000
第 3 年	500,000	350,000
第 4 年	500,000	350,000
第 5 年	1,400,000	350,000
IRR	20.3%	22.1%

表 12.8　互斥專案的淨現值

折現率	方案 A	方案 B
0%	$1,300,000	$750,000
5%	844,968.57	515,316.83
10%	326,775.37	495,544.89
15%	173,254.28	223,725.65
20%	46,714.25	9,773.66
25%	−58,752	−160,448

◁ 表 12.9　非傳統型現金流量的 NPV

折現率	NPV
0%	−$5
10%	−$1.74
20%	−$0.28
30%	$0.06
40%	−$0.31

NPV，可以發現方案 A 的總現金流量比較高，但是回收較晚。在必要報酬率等於 5% 時，方案 A 的 NPV 較高。依據淨現值法則，方案 A 較佳，即使方案 B 的內部報酬率較高，但是在必要報酬率等於 10% 時，IRR 和 NPV 就沒有衝突，都是方案 B 較佳。

IRR 的另外一個缺陷，發生在非傳統型現金流量的情形。所謂**非傳統型現金流量** (nonconvential cash flows) 是指計畫執行後，仍有現金流出量。譬如，菜頭粿架設一個購物網站，期初投入資金 60 萬元，第 1 年回收 155 萬元，而第 2 年擴大營業，又投入 100 萬元。3 年內，有 2 年的現金流量為負。表 12.9 列出不同折現率下的 NPV。

在表 12.9 中，當折現率從 20% 上升到 30% 時，NPV 由負轉正。如果運用 Excel 計算，可以得到折現率等於 25% 時，NPV 為零，所以 IRR 就是 25%。但是當折現率從 30% 到 40% 時，NPV 由正轉負，所以當折現率等於 33% 時，NPV 也是零，這是多重報酬率，IRR 法則完全失效。若要求的報酬率是 10%，菜頭粿應該投資嗎？這兩個 IRR 都大於 10%，似乎應該投資。但是從表 12.9 來看，折現率小於 25% 時，NPV 為負值，投資是一件愚蠢的事。究竟菜頭粿在什麼時候才能投資？只有在報酬率介於 25% 和 33% 之間，NPV 才是正值。

記得：財務經理的目標是為股東創造價值，從上面的例子來看，不管投資方案的相對報酬率如何，應選擇 NPV 較高的投資案。

IRR 法則還是有一些優點。譬如，菜頭粿架設購物網站的內部報酬率假設是 40%，我們就會傾向接受該投資案，因為不太可能有其它的報酬率這麼高。另外，內部報酬率較容易令人瞭解且易於溝通。譬如，「天堂網路咖啡店的報酬率為 20%」，要比「折現率為 12% 下，NPV 為 45,321 元」來得簡單易懂。

12.3　債券價格

當企業 (或政府) 想要向大眾籌措長期資金時，通常會發行債務證券，我們稱此為債券。**債券** (bond) 是指貸款者每期支付利息，本金在貸款到期時才一次

付清。譬如，台電公司為籌措能源開發所需資金，在民國 104 年 9 月 15 日辦理 103 年第 3 期無擔保公司債，貸款期限 7 年，自發行日起第 6、7 年各還本二分之一，每年付息一次，利率是 1.40%。

普通公司債的面額金額是 100 萬元，因此台電公司每一張債券 1 年需付 14,000 元的利息。由於債券有很多相關術語，讓我們用這個例子來說明一些重要名詞。在台電公司 104 年第 3 期、貸款期限 7 年公司債的例子中，允諾每年支付 14,000 元的固定利息，這種債券上面載明的利息稱為票面利息 (coupon)，貸款結束時所償還的本金稱為債券的面值 (face value)。就像上述的例子，大多數的公司債面值是 100 萬元；在美國，公司債的面值則是 1,000 美元。此外，每年支付的票面利息除以面值，就是債券的票面利率 (coupon rate)。在本例中，因為 $27,900/$1,000,000＝2.79%，所以票面利率是 2.79%。最後，距離償還面值的年數就是債券的到期期限 (maturity)。在台灣，剛發行的公司債到期期限通常是 5 年、7 年和 10 年。

債券價值和收益率

要決定債券在某一特定時點的價值，我們必須知道到期期限、面值、票面利息及類似債券的市場利率。市場對債券所要求的報酬率稱為到期收益率 (yield to maturity, YTM)，有時簡稱為收益率 (yield)。有了這些資料，就可以計算債券未來現金流量的現值，作為債券當前市價的估計值。

為了簡化分析，假設遠東百貨公司想要發行 10 年期債券，債券的票面利息是 80 元，類似債券的收益率是 8%。依據上述的資料，遠東百貨公司將在未來 10 年每年支付票面利息 80 元，在第 10 年，遠東百貨公司將償付 1,000 元給債券持有人。這張債券的市值為何？

債券的現金流量包括兩個部分：票面利息和本金 (到期時償還的面值)。我們分別計算兩個部分的現值，然後再加總。以估計債券的市場價值。首先，在現行利率 8%下，未來 10 年每年票面利息 80 元的現值總和為：

$$現值 = \frac{\$80}{(1+8\%)} + \frac{\$80}{(1+8\%)^2} + \frac{\$80}{(1+8\%)^3} + \cdots + \frac{\$80}{(1+8\%)^{10}}$$

其實，這種在固定期間內，發生在每期期末的一連串固定現金流量，稱為年金 (annuity)。當年金的期數非常大時，上面的計算方式顯得較為繁複。因此，年金的計算可以用一個簡化方式來表示：

$$年金現值 = C \times \frac{1 - [1/(1+r)^t]}{r} \tag{12.4}$$

其中 C 是每期的現金流量，r 是利率，t 是期數。若以遠東百貨公司債券的資料來計算，可得票面利息的年金現值為：

$$年金現值 = \$80 \times \frac{1 - \frac{1}{1.08^{10}}}{0.08} = \$536.81$$

第二部分是債券面值的現值為：

$$現值 = \frac{\$1,000}{(1 + 8\%)^{10}} = \$463.19$$

現在將這兩個部分加起來，得到債券的市值：

$$債券價值 = \$536.81 + \$463.19 = \$1,000$$

這張債券的價值正好等於面值，這並非巧合，因為債券市價是 1,000 元和票面利息為 80 元時，這張債券的市場利率是 8%。如果過了 1 年，期限剩下 9 年，而利率上升至 10%，請問債券的價值是多少？同樣地，債券價值包括兩個部分：票面利息 (年金) 和面值的現值：

$$年金現值 = \$80 \times \frac{1 - \frac{1}{1.10^{9}}}{0.10} = \$460.72$$

$$面值的現值 = \frac{\$1,000}{1.10^{9}} = \$424.10$$

把這兩個部分加起來，可得到債券的價值：

$$債券價值 = \$460.72 + \$424.10 = \$884.82$$

因此，遠東百貨公司債券在市場利率 10% 和票面利率 8% 下，如果到期期限是 9 年，債券的市價約為 885 元。為什麼遠東百貨公司債券的價格低於 1,000 元的面值？因為市場利率是 10%，如果將這張債券看成是只付利息的貸款 1,000 元，遠東百貨公司每年付息 80 元。由於債券支付的利率少於現在的市場利率，投資者只願意用低於面值 1,000 元的價錢購買；否則，投資者寧可將 1,000 元拿來購買利率 10% 的類似債券，賺取 100 元的利息，由於這張債券的市價低於面值，所以稱為 **折價債券** (discount bond)。

相反地，如果市場利率不是 10%，而是 6%，在到期期限 9 年的情況下，1,000 元面值的現值為 591.89 元。票面利息的現值為 544.14 元。債券價格等於

$591.89＋$544.14＝$1,136.03。此時的債券價格超過 1,000 元，這種債券是以溢價出售，稱為**溢價債券** (premium bond)。

零息債券

零息債券 (zero-coupon bond) 是不支付任何票息，而以遠低於面值的價格出售。假設統一企業發行面值為 1,000 元的 10 年期零息債券，發行價格訂為 322 元。在這個價格下，債券的到期收益率是多少？由於債券的利息是 $1,000－$322＝$678。如果債券的收益率為 r，則：

$$\$322=\frac{\$1,000}{(1+r)^{10}}$$

經過計算，得到 r 為 12%。因此，如果你以 322 元購買統一企業 10 年期的公司債，10 年後的償還本金是 1,000 元，表示你可以得到每年 12% 的報酬率。

邊做邊學習題 12-7

債券價格的求算

統一超商在民國 105 年 4 月 24 日發行 7 年期的公司債，票面利率是 14%，每半年付息一次。當時報紙上所揭示的收益率是 16%，請問：
(a) 這張債券的價格是多少？
(b) 有效的年收益率是多少？

類似問題：基礎題 7

12.4　資本成本

現在我們可以來檢視公司如何估計籌措資金的投資成本。一家公司可以透過內部 (保留盈餘) 或對外 (借貸或銷售股票) 來籌措所需資金。譬如，皇阿瑪開設網路咖啡店的資金可向銀行貸款，然而台積電興建 3 奈米晶圓廠的 5,000 億元資金，可能必須藉由發行公司債或銷售股票來籌措。這是資本預算常見的問題。要處理這個問題，首先必須決定攸關現金流量，將它們折現，然後依據淨現值準則來決定投資與否？但是，折現率應該是多少？

在第 12.2 節中，折現率使用的是市場利率。如果我們以國庫券利率來替代市場利率，由於國庫券一般視為無風險資產，因此使用國庫券利率折現的投資專案可視為無風險專案。然而，廠商面對許多的投資專案，不可能每一個都沒有風

險,若專案具有風險,則必要報酬率顯然應該較高。這個必要報酬率,我們稱為**資本成本** (cost of capital)。所以,風險性專案的資本成本會高於無風險報酬率。

本節要介紹的資本成本是**加權平均資本成本** (weighted cost of capital, WACC) 的觀念,反映出整體公司籌措資金的成本,也就是公司以不同形式融通資金所遭遇的必要報酬率,具體來說,包括:負債成本、特別股成本和權益成本三種。

負債成本

負債成本 (cost of debt) 是公司債權人對公司新貸款所要求的報酬率,由於負債成本僅是公司新借款所需支付的利息,可以直接從金融市場中觀察而得。譬如,如果迪士尼 (Disney) 已經有債券流通在外,這些債券的到期收益率 (殖利率) 就是市場對該公司負債要求的報酬率。

有關負債成本的計算,從上一小節的債券價值模型中可得知,債券價格包括兩個部分:票面利息的現值和面值的現值,也就是:

$$債券價值 = C \times \frac{1 - \frac{1}{(1+r)^t}}{r} + \frac{P}{(1+r)^t} \tag{12.5}$$

上式中,C 為票面利息,P 為債券的面值,r 是負債的「稅前」成本。如果票面利息、本金和到期期限的資料都有,求算 r 是一件很簡單的事。由於債券利息可當作費用抵減所得稅,對公司而言,實際的負債成本應該是稅後負債成本,也就是:

$$r_d = r \times (1-t)$$

其中 t 為公司面臨的邊際稅率,r_d 代表稅後負債成本。譬如,迪士尼的稅前負債成本是 6%,邊際稅率是 40%,則稅後負債成本為:

$$r_d = 0.06 \times (1 - 0.4) = 3.6\%$$

值得注意的是,3.6% 是迪士尼新增負債的資金成本,而非既有負債的資金成本。理由是:資本預算決策係針對未來投資專案的評估,既有負債無法反映現行的市場利率水準。

特別股成本

特別股成本 (cost of preferred stock) 是指公司特別股股東對公司新增特別股所要求的報酬率。特別股與普通股的不同之處在於,特別股在股利發行及公司清算後資產分配的順位優於普通股。由於特別股股票只收到固定股利,本質上,

特別股就像永續年金 (perpetuity)，因此特別股的收益率可視為特別股成本，也就是：

$$r_p = D/P_0$$

其中 r_p 代表特別股成本，D 是固定股利，P_0 是特別股現行市場價格。譬如，中國信託金控在 2022 年 4 月 15 日的特別股價格是 47.8 元，每年發放的股利是 1.2 元，中信金的特別股成本是：

$$r_p = \$1.2/\$47.8 = 2.51\%$$

請注意：特別股的股利是稅後淨利的一部分，也就是特別股股利沒有稅前和稅後的概念。此外，如果資本預算過程使用特別股方式籌措所需資金，特別股指的是「新發行」的特別股，而與原先發行的特別股無關。

權益成本

權益成本是最難估計的資本成本，因為我們無法直接觀察到公司股票投資者對其投資所要求的報酬，所以權益成本必須用不同方法估計求得。本節將介紹三種決定權益成本的方法：股利折現模型 (dividend discount model)、資本資產訂價模型 (capital-asset pricing model, CAPM) 及負債成本加風險溢酬模型 (before-tax cost of debt plus risk premium approach)。

股利折現模型

就像是負債成本是由式 (12.5) 的債券評價模型決定，權益成本也可以由股利折現模型決定。股利折現模型是指今天的股價可以表示成未來一連串股利現值的加總，以數學式表示，可寫成：

$$P_0 = \frac{D_1}{1+R} + \frac{D_2}{(1+R)^2} + \frac{D_3}{(1+R)^3} + \cdots \tag{12.6}$$

其中 P_0 代表今天的股價，D_1 為第 1 年所發放的股利，R 是市場投資者所要求的必要報酬率。股利折現模型的推導如下。

假設你手上有一張力積電的股票，1 年後的價格是 70 元，今年力積電發放的股利是 5 元，如果你要求的投資報酬率是 25%，願意用多少錢買力積電的股票？

$$現值 = (\$70 + 5)/(1 + 25\%) = \$60$$

因此，你今天最多願意用 60 元買一張力積電的股票。若 P_0 和 P_1 為今天和 1 年後的股票價格，D_1 為期末發放的股利，在市場投資者要求的必要報酬率 R 下，

今天的股票價格可以寫成：

$$P_0 = (D_1 + P_1)/(1+R) \tag{1}$$

如果我們知道 2 年後的價格和股利為 P_2 和 D_2，1 年後的股價 P_1 可寫成：

$$P_1 = (D_2 + P_2)/(1+R) \tag{2}$$

將式 (2) 的 P_1 代入式 (1)，可得：

$$P_0 = \frac{D_1 + P_1}{1+R} = \frac{D_1 + \dfrac{D_2 + P_2}{1+R}}{1+R} = \frac{D_1}{1+R} + \frac{D_2}{(1+R)^2} + \frac{P_2}{(1+R)^2}$$

利用相同的邏輯，$P_2 = \dfrac{D_3 + P_3}{1+R}$，並將 P_3 代入上式，可得：

$$P_0 = \frac{D_1}{1+R} + \frac{D_2}{(1+R)^2} + \frac{\dfrac{D_3 + P_3}{1+R}}{(1+R)^2}$$

$$= \frac{D_1}{1+R} + \frac{D_2}{(1+R)^2} + \frac{D_3}{(1+R)^3} + \frac{P_3}{(1+R)^3}$$

因此，如果將時間一路往後推，今天的股價可寫成：

$$P_0 = \frac{D_1}{1+R} + \frac{D_2}{(1+R)^2} + \frac{D_3}{(1+R)^3} + \cdots$$

假設公司的股利每年以固定比率 g 成長，上式可以改寫成：

$$P_0 = \frac{D_1}{(1+R)} + \frac{D_2}{(1+R)^2} + \frac{D_3}{(1+R)^3} + \cdots$$

$$= \frac{D_0(1+g)}{(1+R)} + \frac{D_0(1+g)^2}{(1+R)^2} + \frac{D_0(1+g)^3}{(1+R)^3} + \cdots$$

$$= \frac{D_0(1+g)}{R-g} = \frac{D_1}{R-g}$$

重新整理上式，我們可以計算出權益投資者所要求的必要報酬率，也就是權益成本為：

$$R - g = D_1/P_0$$

或
$$r_e = R = D_1/P_0 + g$$

上式中，r_e 為權益成本，由兩個部分組成：第一個是 D_1/P_0，即**股利收益率** (dividend yield)；第二個部分是股利成長率 g。為了說明如何估計 r_e，假設聯詠去年每股股利為 16 元，目前每股市價是 400 元，若股利每年都以 10% 的速率成長，聯詠的權益資本成本是多少？

首先，讓我們求算股利收益率 D_1/P_0：

$$D_1 = D_0(1+g) = \$16 \times (1+10\%) = \$17.6$$

$$股利收益率 = \frac{D_1}{P_0} = \frac{\$17.6}{\$400} = 4.4\%$$

所以，權益成本 r_e 為：

$$r_e = \frac{D_1}{P_0} + g = 4.4\% + 10\% = 14.4\%$$

因此，聯詠的權益成本是 14.4%。

資本資產訂價模型

在金融市場上交易的股票報酬包含兩個部分：第一個部分是股票的預期報酬；第二個部分是非預期報酬。非預期的報酬主要來自 1 年中所發生的意外事件，而這些意外就是投資風險的所在。在財務金融理論中，將意外事件所引發的風險分成兩種：**系統性風險** (systematic risk) 和**非系統性風險** (unsystematic risk)。

系統性風險又稱為市場風險，是在某種程度上影響所有資產的非預期事件，效應遍及整個經濟體系。非系統性風險又稱為獨特風險，是只影響單一資產或一小群資產的非預期事件。我們先歸納一下這些名詞，以便繼續討論：

$$實際報酬 = 預期報酬 + 非預期報酬$$
$$= 預期報酬 + 系統性部分 + 非系統性部分$$

根據定義，非系統性風險是專屬於某一資產。譬如，因為中國政府監管中國叫車平台滴滴出行，所以宣布從紐約證券交易所下市，從 2021 年 6 月 30 日上市到 12 月 3 日下市，股價暴跌 56.8%，避險基金損失達 6,090 萬美元。因此，如果你僅持有一家公司股票，投資價值將受該公司特有事件的影響而波動；另一方面，如果你持有很多公司的股票，投資組合的一些股票價值將因該公司利多消息

而上漲，而另一些股票價值將因該公司利空消息而下跌。所以，分散投資可消除非系統性風險。

非系統性風險可以經由分散投資來消除，而系統性風險卻無法經由分散投資來消除。因為根據定義，系統性風險在某種程度上會影響所有資產。綜合以上的說明，一項資產不管總風險是多少，只由系統性風險的部分來決定資產的預期報酬和風險溢酬。

資本資產訂價模型認為一項風險性投資的預期報酬，受下列三個因素影響：

1. 純粹的貨幣時間價值：以無風險報酬率 r_f 來衡量，是投資在無風險性資產 (如國庫券) 所得到的報酬。

實例與應用

政治利空與系統風險

民國 93 年 3 月 20 日總統大選結束後，落選的一方質疑大選的公平性，聚集凱達格蘭大道多日不散。根據《經濟新報》資料，台股大盤在 3 月 19 日的收盤指數是 6,815.09 點，而在 3 月 22 日收盤指數為 6,359.92 點，當日跌幅達 6.68%，從 3 月 22 日到 3 月 26 日的一週跌幅為 10.01%。

這次台股在選舉爭議後 1 週的重挫，就是典型的「系統性風險」。面對台灣政治板塊的分裂、中共伺機而進的危機，以及外資降低台灣股市投資評等，整個市場陷入非理性的重挫盤面。隨後的當選無效之訴，總統府前的長期抗爭，不確定性只增不減。選前許多投資者看好選後行情，紛紛提高持股，因此適度降低持股以避開後續的「系統性風險」，才是正確處置方式。

就像第 12.4 節中提及投資的總風險，分成系統性風險與非系統性風險。由於非系統風險屬於公司獨特的風險，投資者可藉著分散手中持有股票種類來降低單一公司帶來的風險。然而，系統性風險是市場風險，如經濟狀況的不確定性，會衝擊到所有公司。所以，一項資產的預期報酬視該資產的系統性風險而定，風險愈高，相對資產要求的報酬也愈高。

同樣地，2020 年 3 月，新冠肺炎疫情蔓延，美國標準普爾 (Standard & Poor, S&P) 500 下跌，觸發 7% 的熔斷點，光是 3 月份就發生三次熔斷，一次比一次的跌幅加劇。最後一次是在 3 月 16 日，道瓊工業平均指數 (Dow Jones Industrial Average, DJIA) 暴跌 2,997.10 點，跌幅高達 12.93%，美股的表現也如海嘯般席捲全球股票市場。

資料來源：
1. 保誠投信，〈系統風險衝擊股債平衡為上策〉，聯合新聞網，2004 年 4 月 21 日。
2. BBC News，〈肺炎疫情：美股暴跌一週兩次創造歷史「全球熔斷潮」波及 11 國〉，2020 年 3 月 13 日。

2. 承擔系統性風險的報酬：以市場風險溢酬 $[E(r_m)-r_f]$ 來衡量，這部分是市場承擔系統性風險所得到的報酬。
3. 系統性風險的大小：以 β 來衡量，這部分是衡量特定資產 (股票) 相對平均<u>市場投資組合</u> (market portfolio) 的系統性風險。如果 β 等於 1.5，表示特定資產的系統性風險是一般資產系統性風險的 1.5 倍。

CAPM 不僅適用於個別資產，也適用於個別資產的投資組合，若以數學式表示，CAPM 可以寫成：

$$E(r_e) = r_f + [E(r_m) - r_f] \times \beta$$

其中 $E(r_e)$ 是公司的預期權益報酬率，r_f 是無風險資產報酬率，$E(r_m) - r_f$ 是市場投資組合的風險溢酬，β 是貝它估計值。為了讓 CAPM 和股利折現模型一致，我們省略期望值 E 的符號，因此上式可寫成：

$$r_e = r_f + (r_m - r_f) \times \beta$$

假設台塑公司的 β 值為 0.5，國庫券利率是 2.5%，市場投資組合的報酬率是 5%，台塑公司的權益成本可估計如下：

$$r_e = 2.5\% + 0.5 \times (5\% - 2.5\%) = 3.75\%$$

所以，一般而言，市場預期持有台塑公司股票的報酬率是 3.75%，也就是台塑公司的權益成本是 3.75%。

負債成本加風險溢酬模型

股利折現模型的權益成本估計只適用於發放股利的公司，且沒有考慮風險的衝擊。CAPM 的權益成本估計需要估計兩個數值：市場風險溢酬和貝它係數。如果估計值不甚精確，權益成本的估計也不會精確。這兩個方法都需要用到比較複雜的估計方法，有些人喜歡用「快速而隨性」的方法，這個方法是以負債成本為基礎來估計權益資本成本報酬率。

負債成本加風險溢酬模型認為，權益資本成本等於無風險利率加風險溢酬。具體而言，權益成本受以下三個因素的影響：

1. 無風險利率，以 r_f 表示。
2. 購買公司債相對國庫券的風險溢酬，以 P_1 表示。
3. 購買公司股票相對公司債的風險溢酬，以 P_2 表示。由於股利受公司利潤多寡的影響，一般而言，股票比公司債更具風險，所以股票需要額外的風險溢酬。

依據上述的說明，權益成本可以下式表示：

$$r_e = r_f + P_1 + P_2$$

其中 $P_1 + P_2$ 即是持有公司股票而非政府債券的風險溢酬。譬如，假設國庫券利率是 2.5%，陽明海運的公司債利率是 4%，持有陽明海運股票而非陽明海運公司債的風險溢酬是 3%，則總風險溢酬 r_P 為：

$$r_P = P_1 + P_2 = 3\% + (4\% - 2.5\%) = 4.5\%$$

陽明海運的權益成本可寫成：

$$r_e = 2.5\% + 4.5\% = 7\%$$

加權平均資本成本

一般來說，公司籌措資金的來源包括：保留盈餘、貸款和銷售股票，所以公司資本的邊際成本是不同型態資金成本的加權平均。公司的資本預算決策中使用的折現率，正是加權平均資本成本 (WACC)。讓我們舉一個例子來說明 WACC 如何計算。

假設友達光電最新的資產負債表顯示公司的投資金額，如表 12.10 所示。

表 12.10 列出友達光電投資專案的融資金額及不同型態資金占總投資金額的比例。譬如，友達光電興建 8.5 代面板廠的資金，來自發行公司債、優先股和普通股，投資金額分別是 30 (百萬元)、10 (百萬元) 和 60 (百萬元)。表 12.10 中的最後一欄是資本結構權數，譬如，負債成本權數為 $30/$100＝30%，優先股成本權數為 $10/$100＝10%，普通股權數為 $60/$100＝60%。這些不同資金占總投資金額的比例，我們稱為**資本結構權數** (capital structure weights)。值得注意的是，表 12.10 中的第二欄使用的是市場價值而非帳面價值，理由是財務管理的目標是追求公司股票價值的最大，只有使用市價計算才能符合這個目標。

表 12.11 是友達光電 8.5 代面板廠投資專案的加權平均資本成本計算。第一欄是不同型態資金的成本，譬如，發行公司債的成本是 6%。請注意：負債成本是稅後而非稅前成本。第三欄的加權成本是第一欄的資本成本與第二欄的資本結

表 12.10　友達光電的資本結構權數

項目	投資金額 (百萬元)	占總投資比重
負債	30	30%
優先股	10	10%
普通股	60	60%

Chapter 12 資本預算與資本成本

表 12.11 加權平均資本成本的計算：友達光電投資專案

項目	資本成本	資本結構權數	加權成本
負債	6%	30%	1.8%
優先股	10%	10%	1%
普通股	12%	60%	7.2%
		100%	9%

構權數相乘的結果。最後，我們將加權成本予以加總，即可得到加權平均資本成本，在這個例子是 9%。因此，加權平均資本成本可寫成：

$$WACC = W_d \times r_d + W_p \times r_p + W_e \times r_e$$

上式中，W_d、W_p 和 W_e 分別代表負債、優先股和普通股的權數；r_d、r_p 和 r_e 則為稅後負債成本、優先股成本和普通股成本 (權益成本)。

邊做邊學習題 12-8

WACC 的計算

在 2015 年年底，食品業龍頭統一企業股價為 48 元，在外流通股數為 149 百萬股，股票總價值為 7,152 百萬元 (＝149 百萬×$48)。統一股票的貝它值是 0.68，負債的總面值為 2,516 百萬元，稅前債券成本是 3.43%。依據政府 10 年期債券的收益率，無風險利率是 2.3%。如果統一企業的稅率是 18%，市場風險溢酬是 7%，請問統一企業之 WACC 是多少？

類似問題：基礎題 8

總結

▶ 資本預算是指投資專案可帶來一連串收入的計畫過程。資本預算決策可以是重置型、擴充型或管制型及成本降低型。公司資本預算過程的原則是，額外投資專案的邊際收入等於邊際成本。

▶ 專案的預估現金流量包含三個部分：營運現金流量、淨營運資金的變動及資本支出。

▶ 資本預算的評估準則有 NPV 法則和 IRR 法則。當專案的 NPV 大於零時，公司應該接受投資專案；否則，應該拒絕投資專案。當專案的 IRR 超過公司資本成本，公司應該接受投資專案；否則，應該拒絕投資專案。

▶ 就互斥的投資專案來說，NPV 法則比 IRR 法則更好，公司應該選擇 NPV 較高的投資專案。

▶ 公司的權益成本估計方法有三種：(1) 股利折現模型；(2) CAPM；(3) 負債成本加風險溢酬

模型。
▸ 加權平均資本成本是不同型態資本成本的加權平均。淨現值公式中的折現率應該使用加權平均資本成本。

問題與計算

基礎題

1. 台灣引進單輪電動摩托車，阿亮想要擁有一輛，他手上的現金約有 50,000 元，但車價是 65,000 元。如果阿亮每年投資股票的報酬率是 9%，他必須有多少錢才能在 2 年後買到這輛摩托車？

2. 保誠人壽提供新保單給顧客，此保單是由父母在小孩出生時購買，保單的詳細內容如下：購買者(父母)支付 6 期保險費給保險公司。

期別	1 歲	2 歲	3 歲	4 歲	5 歲	6 歲
保險費	900 元	900 元	1,000 元	1,000 元	1,100 元	1,100 元

小孩 6 歲後就不用再付保險費。當小孩 65 歲時，可收到 500,000 元，如果前 6 年的攸關利率是 12%，接下來的年利率為 8%，請問這張保單值得購買嗎？

3. 摩斯漢堡計畫投資輕食，現金流量如下表所示。若折現率為 10%，請問這些現金流量的現值為何？折現率為 18% 為何？若折現率為 24% 又為何？

年	現金流量
1	$ 950
2	1,040
3	1,130
4	1,075

4. 假設王品集團計畫投資養生鍋，預估方案為：

年	現金流量
0	－$19,500
1	9,800
2	10,300
3	8,600

(a) 若必要報酬率為 10%，王品集團是否該接受此方案？若為 20% 呢？若為 30% 呢？
(b) 請問 IRR 是多少？

5. 假設喬喬投資便當的成本為 500 萬元，往後 4 年的現金收入分別為 100 萬元、200 萬元、300 萬元與 400 萬元，請問內部報酬率 (IRR) 是多少？

6. 假設你打算買一台平板電腦，向銀行貸款 5,000 元，為期 5 年，貸款利率是 9%，請問每一年需要償還銀行多少錢？

7. 假設鴻海的公司債為 22 年期，票面利率是 8%，到期收益率為 9%，若公司債每半年付息一次，請問債券價格為何？

8. 華碩電腦的目標負債/權益比是 0.75，權益成本是 0.75，負債成本是 10%，邊際稅率是 35%，則華碩電腦的 WACC 是多少？

9. 倘若你計畫工作 40 年後退休，期望收入為千萬富翁。若你現在手中有一筆錢，金額為 100,000 元，則每年需有多少投資報酬率才能讓你如願以償？

10. 倘若妳計畫大學畢業後去歐洲旅行，目前就讀大一，打工所得是 35,000 元，而去歐洲自助旅行要 80,000 元，請問每年的報酬率需多少才能達成此一目標？

11. 台北富邦銀行理財專員提供兩個投資建議：方案 A 每年支付 6,000 元，期間達 9 年；方案 B 每年支付 8,000 元，期間達 6 年。當折現率為 5% 時，哪一個方案的現值較高？若折現率為 15%，哪一個方案的現值較高？

12. 小婉向銀行貸款 42,000 元創業，為期 5 年，年利率是 8%，每年還款金額相同，請編製分期償還貸款表。第 3 年支付的利息為何？貸款期間共需支付多少利息？

進階題

1. 假設修正後的折舊表 (MACRS) 如下表所示：

年	3 年	5 年	7 年
1	33.33%	20%	14.29%
2	44.44	32	24.49
3	14.82	19.2	17.49
4	7.41	11.52	12.49
5		11.52	8.93
6		5.76	8.93
7			8.93
8			4.45

瑞儀光電剛以 160,000 元購買並安裝一套新的電腦系統，電腦被歸類為 5 年的財產類別。
(a) 請問各年折舊金額是多少？

(b) 若公司稅率為 34%，4 年後瑞儀光電以 10,000 元出售電腦，賣掉的稅賦是多少？稅後總現金流量是多少？

2. 大霸電子正在評估一項提升效率的 4 年期投資專案，一台新機器的成本為 450,000 元，估計每年可以節省稅前成本 150,000 元。該機器屬於耐用 5 年的 MACRS 財產類別，專案結束時，機器的殘值是 90,000 元；另一方面，大霸電子期初必須投資 18,000 元在零件存貨上，之後每年需要投入 3,000 元在存貨上。若邊際稅率為 35%，折現率是 14%，大霸電子應該購買這台機器嗎？(提示：利用上題的折舊表。)

3. 台化公司需要更新設備，成本為 50,000 元，設備使用年限是 3 年，且每年需要 12,000 元的維修費用。3 年後，這個設備會被替換。若是屬於 3 年的 MARCS 折舊類型，假設稅率是 35%，折現率是 12%，請問：
(a) 第 3 年的折舊稅值是多少？
(b) 每年的稅後維修成本是多少？
(c) 如果該設備在第 3 年的殘值是 $5,000，稅後殘值是多少？

4. 書豪的經紀人代表他與火箭隊協議將來的薪資。球隊提供的薪資結構如下：

年	薪資 (元)
0	8,000,000
1	4,000,000
2	4,800,000
3	5,700,000
4	6,400,000
5	7,000,000
6	7,500,000

所有薪資均一次給付。書豪要求經紀人重新協商，他希望簽約當天立刻收到 900 萬元簽約金，且合約價值提高 75 萬元；還希望簽約 3 個月後就收到第 1 季的薪資，且每季收到一次薪資，每期金額一致。若利率是 4.5% 且每日複利，每季可拿到的薪資是多少？(1 年以 365 天計。)

5. 典型的信用卡發卡銀行的年利率 (annual percentage rate, APR) 為 18%，而且消費者需要每個月支付欠款，請問此種信用卡的實際利率是多少？

6. 假設台電的公司債為 22 年期，票面利率 8%，價格為 960.17 元。若公司債每半年付息一次，請問到期收益率為何？

7. 高雄市政府債券的票面利率為 8%，每半年付息一次，面值為 1,000 元，到期期限為 6 年。若債券目前的售價是 911.37 元，請問到期收益率是多少？有效年收益率又是多少？

8. 味全公司正考慮一項 3 年期的擴張專案，該專案期初固定資產投入 300 萬元，該固定資產在 3 年內以直線折舊法攤提折舊至零，3 年後該資產價值為零，預估該專案每年可創造 170 萬元銷售額，成本為 85 萬元，若稅率為 34%。
   (a) 請問營運現金流量是多少？
   (b) 假設必要報酬率是 15%，專案的 NPV 是多少？
9. 明碁電腦有一特別股流通在外，每年發放 8.5 元的股利，若該特別股目前市價是 350 元，則必要報酬率是多少？
10. 王品的目標負債／權益比是 1.05，WACC 是 9.4%，稅率是 35%。
    (a) 若王品的權益成本是 14%，稅前負債成本是多少？
    (b) 如果你知道稅後負債成本是 6.8%，權益成本是多少？
11. 中油有 11 百萬普通股流通在外。目前股價是每股 68 元。帳面價值是每股 6 元。中油有兩支債券流通在外：第一支債券的面值是 70 百萬元。票面利率 7%，以面值的 93% 成交；第二支債券的面值是 55 百萬元，票面利率 8%，以面值的 104% 銷售。第一支債券在 4 年後到期，第二支債券在 6 年後到期。
    (a) 以帳面價值為計算基礎，中油的資本結構權數為何？
    (b) 以市場價值為計算基礎，中油的資本結構權數為何？
    (c) 帳面價值權數與市場價值權數，哪一個比較攸關？為什麼？
12. 你的聖誕節郵輪之旅過得異常愉快，美中不足的是略微超過預算 10,000 元。你剛收到一份銀行的宣傳，可將年利率 19.8% 的信用卡轉換成新的信用卡，利率只有 6.2%。倘若你打算使用新卡，且每個月還款 200 元，和舊卡相比，可提早多少時間還完欠款？如果轉換需付 2% 的手續費，又將會如何？

網路習題

1. 請至公開資訊觀測站網站 https://mops.twse.com.tw，點選債券，然後再選擇下拉選單中的普通公司債，以及發行機構名稱「開發金」，請問有幾筆資料？信用評等為何？發行期限為何？
2. 請至美國債券報價的網站 https://bondevalue.com，鍵入「AT&T」後按「搜尋」(search)，請問最近一期到期日的票面利率 (coupon) 是多少？到期日為何？價格是多少？

Chapter 13

資本市場

  補習班經濟學名師阿亮打算開創事業第二春,在台北市內湖區開設結合輕食與轉播運動節目的運動輕食館。運動輕食館需要網路、電視、咖啡和店面;輕食需要廚房與設備;咖啡需要咖啡豆、咖啡機和杯子;店面需要裝潢、店租等,這些東西都和資本有關。在經濟學中,資本是指可用來生產商品與服務的機器、設備或工廠。

  這筆開辦費用要如何籌措?資金有許多的來源,譬如,阿亮可以使用自己的儲蓄、向朋友或親戚借錢,或是像其它企業一樣向銀行貸款。銀行是金融機構的一種,接受儲蓄,並將資金借給需要的人,是介於儲蓄者與投資者中間的角色。另外一種金融機構是金融市場,包括:債券市場和股票市場,藉由購買股票或債券,儲蓄者可直接將資金借給需要的人。無論資金的來源為何,阿亮投資運動酒吧所需的資金,一定是來自某人的儲蓄,儲蓄扮演資金供給的角色,而投資則扮演資金需求的角色。

  資本和勞動都是生產因素。從第 11 章的討論中,我們知道生產因素市場的供給與需求決定生產因素的價格和使用量。雖然分析方式相同,但資本與勞動卻有兩個重要的區別:資本具有耐久和時間兩個特性,勞動則無此特性。資本是一種耐久財,如電腦,能夠持續幾年幫助生產或提供服務。勞動和其它原料就不具耐久的特質,譬如:每個月更換菜單,或推出新飲品,原料購買就會不同。此外,投資回收需要時間。廠商制訂投資決策,如購買機器或興建工廠,通常都會比較現在的支出及未來創造的一連串收入。這和勞動僱用的決策不同,廠商只要比較本期勞動的邊際生產收入與本期工資,即可決定是否僱用。

本章的重點著重於資金的供給、需求與價格——利率的決定。在前一章中，已經探討資本投資決策和資本預算過程，本章將借重前一章的討論，探討供需變動如何影響利率決定，有關地租和經濟租則放在最後討論。

13.1　資本與投資的區別

資本 (capital) 是指廠商的廠房、機器設備和存貨等，能夠被用來生產商品與服務的生產因素。通常資本被視為存量 (stock)，也就是廠商擁有的工廠和設備。譬如，阿亮的運動酒吧有 2 台電視共值 100 萬元，我們就說阿亮有資本存量 100 萬元。投資 (investment) 是對工廠廠房、機器設備和存貨的支出，家計單位購買新屋也是投資。通常投資被視為流量 (flow)，也就是廠商在一段時間內購買工廠設備的支出。譬如，因為運動酒吧生意太好，阿亮預備這個月再添購 1 台電視，花費金額是 40 萬元，我們就說阿亮的投資流量是 40 萬元。

存量是固定時點上累積的數量，流量則是一段時間內的數量。舉例來說，今年 1 月 1 日阿亮的運動酒吧有 2 台電視，值 100 萬元，所以資本存量等於 2 台電視或 100 萬元。到了明年 1 月 1 日，阿亮的運動酒吧有 4 台電視，值 200 萬元。所以，明年 1 月 1 日的資本存量等於 4 台電視或 200 萬元。從今年 1 月 1 日到明年 1 月 1 日，電視增加 2 台，我們可以說阿亮今年投資 100 萬元，買進 2 台電視。因此，兩個時點資本存量的差額就是投資流量。

一般個體經濟學教科書提到資本市場時，指的是購買資本設備的可貸資金市場 (loanable fund market)。譬如，2016 年 4 月 2 日，鴻海與日本夏普 (Sharp) 正式簽約，鴻海投資 2,888 億日圓收購夏普普通股，並斥資 999,999 億日圓購買夏普特別股，資金來自於鴻海、鴻準、新加坡子公司 FTP，以及郭台銘個人投資的 SIO 等。在這個例子裡，夏普的堺工廠和機器設備是資本設備，而資金來源則屬於資本預算的範疇。

邊做邊學習題 13-1

存量與流量

下列經濟變數何者為存量？何者為流量？
(a) 財富。
(b) GDP。

(c) 失業人口。
(d) 政府負債。
(e) 政府預算赤字。

類似問題：基礎題 1

13.2　資金供給

　　資金供給來自儲蓄，儲蓄是家計單位的收入和消費間的差額。如果柏毅這個月收入是 10 萬元，消費是 7 萬元，儲蓄就是 3 萬元。儲蓄是為了將來的消費，若將消費者選擇的時間長度拉長，超過 1 期，家計單位面臨的選擇將是：現在消費與未來消費。如果現在消費多、儲蓄少，則將來消費會減少；如果減少現在消費，增加儲蓄的話，將來的消費就可以提高。

　　到底消費者比較重視現在消費還是未來消費？因為沒有耐心等待及對未來充滿不確定性，多數消費者會偏好現在消費。譬如，很多人漏夜排隊購買 iPhone 14 新款手機，其實只要有耐心等到 iPhone 14 正式上市，到處都可以買到；同樣地，台鐵只要推出紀念便當，總是會引起消費者搶購；首輪電影票價是二輪電影票價的 2 倍，也是因為消費者偏好現在消費的緣故。

　　因此，消費者一定要有某種誘因才會延後消費。利息就是消費者放棄本期消費的誘因之一，所以利率 (利息除以儲蓄金額) 反映現在消費的機會成本，利率愈高，代表現在消費的代價愈高。至於利率高低對消費與儲蓄的影響，我們將以無異曲線分析法來說明。

預算限制

　　首先，讓我們來討論家計單位的預算限制。為了簡化分析，假設柏毅的生涯分為兩個階段：青年期與退休期。青年期有工作收入，而退休期並沒有工作收入，柏毅必須仰賴青年期的儲蓄來安享晚年。

　　以圖 13.1 為例，假設柏毅在青年期的工作收入是 100,000 元，如果他選擇在青年期消費 100,000 元，則青年期就不會有儲蓄，退休期自然就沒有任何金額可供消費，如圖中的 A 點所示；如果他選擇青年期不消費，全部都儲蓄起來，就是圖中的 B 點。假設利率 r 是 10%，如果柏毅在青年期儲蓄 100,000 元，到了退休期就可以消費 110,000 元；如果柏毅選擇 D 點，青年期消費 50,000 元並儲蓄 50,000 元，則到了退休期，可供消費的金額是 55,000 元 [＝$50,000×(1＋10%)]。

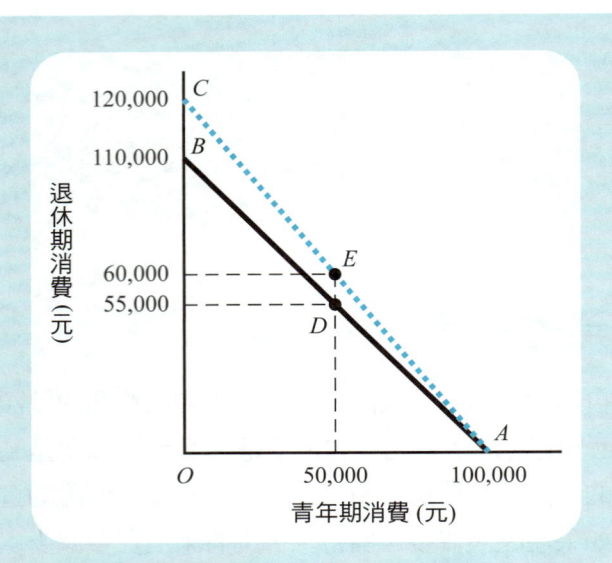

圖 13.1　柏毅的預算限制

預算線是反映柏毅一生所能消費的商品與服務組合軌跡。假設在 D 點，柏毅會選擇現在消費 50,000 元並儲蓄 50,000 元。

預算線的斜率是 $-\$55,000/\$50,000 = -1.1 = -(1+r)$。如果利率由 10% 上升至 12%，預算限制會從 A 點順時針向外旋轉，由 $\overline{AB}$ 外移至 $\overline{AC}$。預算限制向外移動，表示消費可能集合的擴大。如果柏毅仍然選擇在青年期消費 50,000 元，到了退休期，他將有 60,000 元而非 55,000 元可以消費 (如 E 點)。因此，利率提高，可供消費的商品與服務數量增加。

無異曲線分析法

圖 13.2 顯示柏毅的預算限制和無異曲線，如果利率是 10%，柏毅面臨的預算線是 $\overline{AB}$，最適選擇在 e 點，這是無異曲線 I_1 和預算線的切點。柏毅在青年期消費 50,000 元並儲蓄 50,000 元，以供將來消費之用。如果銀行因為資金緊俏，決定調高利率，由原來的 10% 調升至 15%，預算線會從 $\overline{AB}$ 外移至 $\overline{AC}$，此時新的均衡是 b 點。利率上升引起消費數量的變動，可以分成替代效果和所得效果。

替代效果

當存款利率上升時，青年期消費相對退休期消費的機會成本提高，因此柏毅會減少青年期消費，而增加退休期消費；換句話說，利率上升，儲蓄增加。圖 13.2 中的 e 點到 a 點即為替代效果。

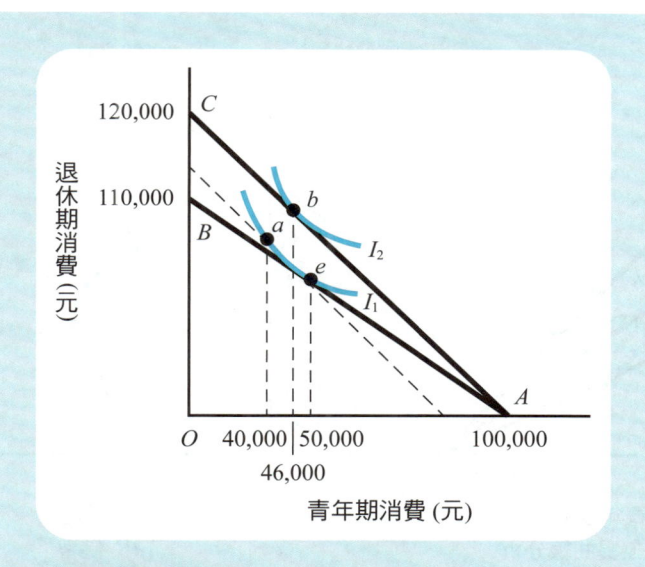

圖 13.2 柏毅的最適選擇

利率上升，青年期消費由 e 點 (50,000 元) 減少至 b 點 (46,000 元)。e 點到 a 點是替代效果 (利率上升，儲蓄增加)；a 點到 b 點是所得效果 (利率上升，儲蓄減少)。

所得效果

當利率上升時，預算限制向外移動代表柏毅的實質所得增加。如果青年期和退休期的消費都是正常財，所得愈高，兩期的消費數量也會愈高；換句話說，利率上升，儲蓄減少。圖 13.2 中的 a 點到 b 點即為所得效果。

圖 13.3 分別列出三條不同的預算限制。當利率上升，預算限制從 $\overline{AB}$ 外移至 $\overline{AC}$，這時的均衡由 a 點移至 b 點。利率上升，柏毅減少青年期的消費，增加儲蓄以便將來有更多的所得可以消費。所以從 a 點至 b 點，是替代效果大於所得效果。圖 13.3(b) 中正斜率的資金供給曲線 ($\overline{ab}$) 正是對應這個部分。

當利率再度上升時，預算限制從 $\overline{AC}$ 外移至 $\overline{AD}$，這時的均衡由 b 點移至 c 點。利率上升，柏毅增加青年期消費，減少儲蓄。所以，從 b 點到 c 點是替代效果小於所得效果。圖 13.3(b) 中負斜率的資金供給曲線 ($\overline{bc}$) 正是對應這個部分。

因此，個人的資金供給曲線有後彎的現象，如圖 13.3(b) 所示。市場資金供給曲線是個別資金供給曲線的水平加總。當市場內有很多家庭都有儲蓄時，市場的供給曲線漸趨平滑，後彎現象可能在非常高的利率水準才會出現，所以一般市場資金供給曲線仍然具正斜率。

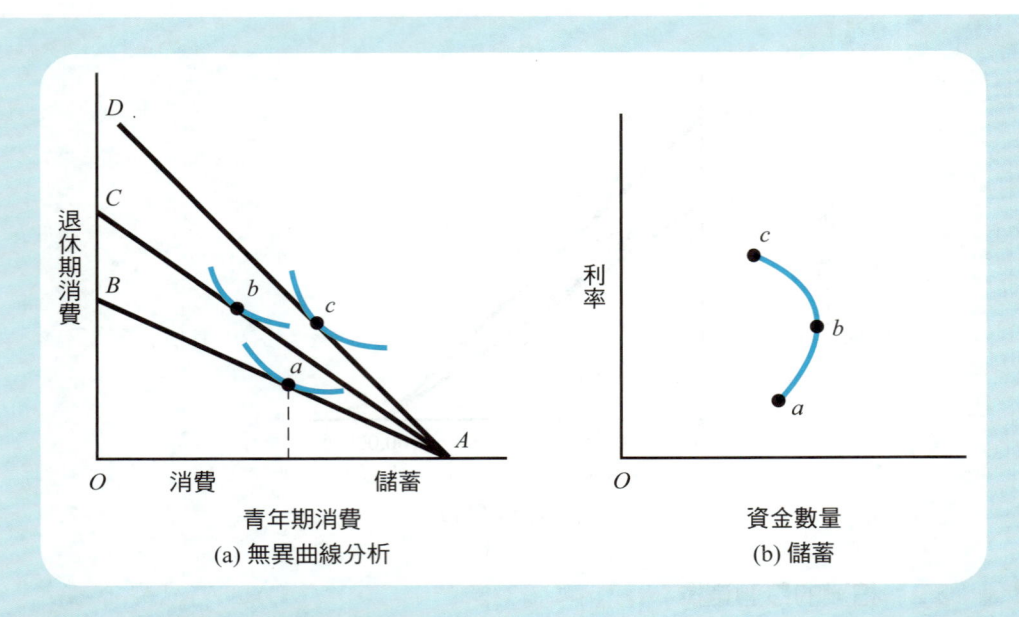

圖 13.3　柏毅的資金供給曲線

圖 (a)：預算限制由 $\overline{AB}$ 外移至 $\overline{AC}$，利率上升，青年期消費減少，儲蓄增加。預算限制由 $\overline{AC}$ 外移至 $\overline{AD}$，利率上升，青年期消費增加，儲蓄減少。圖 (b)：a 點到 b 點是正斜率的資金供給曲線，此時替代效果大於所得效果。b 點到 c 點是負斜率的資金供給曲線，此時替代效果小於所得效果。

資金供給曲線移動的因素

從上述的討論得知，儲蓄金額的多寡是消費者最適選擇的結果，任何影響預算限制的因素均會影響消費者選擇儲蓄金額的多寡。因此，造成資金供給曲線移動的因素有二：財富和預期未來利率。

財富

當經濟擴張，民眾財富提高時，儲蓄水準隨之提高，資金供給曲線向右移動；反之，當經濟衰退，民眾財富減少時，儲蓄水準隨之降低，資金供給曲線向左移動。

預期未來利率

若預期未來利率水準走高，未來的儲蓄增加，而未來消費減少，未來消費減少會使現在消費增加，而現在儲蓄減少，因此資金供給曲線左移；若預期未來利率下跌，相對地，現在利率水準較高，民眾會增加現在儲蓄，因此資金供給曲線向右移動。

13.3　資金需求

資金需求來自廠商投資新的機器設備或興建新的工廠，任何公司進行投資決策時，會比較期初的資本支出，以及未來各期的投資收益。當各期收益的總和大於期初支出時，這個投資專案才是有利可圖，因此在資金市場中，廠商是資金的需求者。讓我們用以下的例子來說明，廠商的資本投資決策和影響投資的因素。

假設阿亮購買 8K 電視的成本是 412,670 元，電視預期未來 4 年的收益依序是 212,817 元、153,408 元、102,398 元和 72,308 元，則折現率是多少時，淨現值等於零？

我們利用 Excel 試算表計算下式：

$$NPV = -\$412{,}670 + \frac{\$212{,}817}{(1+IRR)} + \frac{\$153{,}408}{(1+IRR)^2} + \frac{\$102{,}398}{(1+IRR)^3} + \frac{\$72{,}308}{(1+IRR)^4}$$

可得出：當 $IRR = 14.57\%$ 時，投資專案的 $NPV = 0$。換句話說，當市場利率低於 14.57% 時，如 10%，阿亮購買 8K 電視的淨現值等於 33,903.94 元；如果市場利率是 20%，阿亮購買 8K 電視的淨現值等於 $-\$34{,}660.31$。所以，市場利率愈高，公司投資專案愈顯得無利可圖，投資金額將會愈少；市場利率愈低，公司投資專案愈顯得有利可圖，投資金額也會愈多。

淨現值準則除了應用在公司的資本投資決策外，還可以用在消費者對耐久財的購買決策。耐久財，如房屋、汽車和冰箱的性質和資本類似，消費者能夠使用許多年，並從中獲得滿足。因此，消費者的購買決策是：比較耐久財未來一連串的預期收益與購買價格，如果淨現值大於零，消費者會購買該耐久財；如果淨現值小於零，消費者不會購買該耐久財。

從以上的討論中，可以整理出資金需求有兩個部分：(1) 公司需要資金從事投資；(2) 家計單位對耐久財的需求。當公司或消費者以淨現值準則來決定是否購買資本財或耐久財時，我們知道利率愈高，未來一連串收益的現值愈低，淨現值可能由正轉負，公司或消費者拒絕投資的機率也就愈高。因此，利率與資金需求是負向關係，如圖 13.4 所示。

資金需求曲線移動的因素

影響資金需求曲線移動的因素有兩個：預期未來獲利率和政府預算赤字。

預期未來獲利率

當經濟不景氣時，廠商預期未來獲利減少，投資方案的淨現值降低，因此願

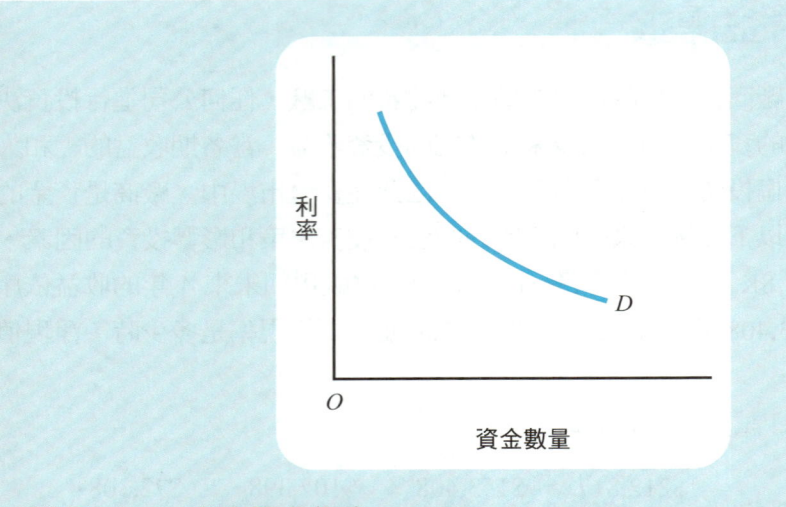

圖 13.4 資金需求曲線
資金需求是廠商和家計單位資金需求的水平加總。

意投資的金額減少，資金需求曲線向左移動；相反地，當經濟繁榮時，廠商預期未來獲利提高，投資方案的淨現值提高，願意投資的金額增加，資金需求曲線向右移動。

政府預算赤字

當政府支出超過收入，也就是有預算赤字時，可發行公債來融通赤字，導致政府對資金的需求增加，資金需求曲線向右移動；相反地，當政府支出小於收入，也就是有預算盈餘時，將可減少公債發行。公債減少表示政府對資金的需求減少，資金需求曲線因而向左移動。

邊做邊學習題 13-2

資金需求

下列何者並非廠商是否添購機器設備的考慮因素？
(a) 購置成本。
(b) 預期利潤。
(c) 證券交易稅率。
(d) 利率。

(99 年高考)

類似問題：基礎題 2

13.4　可貸資金市場均衡

資金供給是家計單位追求效用最大的最適選擇行為，消費者願意犧牲現在消費以換取將來消費的跨期選擇。當利率愈高時，現在願意放棄消費的商品數量就愈多，現在的儲蓄水準會提高，資金的供給就愈多。[1]

資金需求可分為家計單位和廠商兩個部分。需要資金購買資本設備是廠商追求利潤極大的最適行為。當利率愈低時，資本投資的淨現值愈高，廠商的利潤愈高，資金需求就愈多；當家計單位的現在消費金額超過現在所得時，就必須貸款並支付利息，以獲得更多的現在消費。當利率愈高時，現在消費的成本愈高，家計單位比較不願意貸款來從事現在消費。從上述對廠商及家計單位資金需求的討論可以得知，資金需求是利率的遞減函數。

圖 13.5 繪出可貸資金市場的供給與需求曲線，縱軸是利率，橫軸是資金數量。當市場供給等於需求時，決定均衡的市場利率 r_0 和均衡的資金數量 L_0。當市場利率低於 r_0 時，資金需求大於資金供給，市場發生資金短缺 (shortage) 現象。資金緊縮導致金融機構提高貸款和存款利率，利率的提高增加家計單位的儲蓄和減少廠商的資本投資，最後利率上升至 r_0，資金供給與需求數量回到 L_0，市場再度恢復均衡。

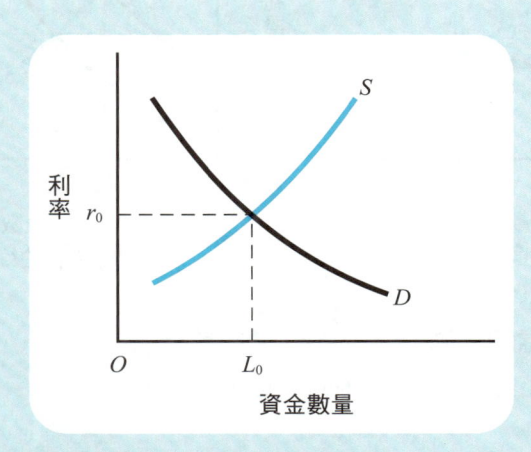

圖 13.5　可貸資金市場均衡

資金供給等於資金需求，決定均衡利率水準 r_0 與資金數量 L_0。

---

[1] 供給資金的來源除了家計單位的儲蓄外，還可來自政府部門和國外部門。當政府收入超過支出及國外有淨資本流入時，國內的總儲蓄金額會增加。而總儲蓄與利率之間為正向關係，因此資金供給曲線斜率為正。

如果利率高於 r_0，資金供給超過需求，市場發生資金過剩 (surplus) 現象。資金寬鬆使金融機構降低放款與貸款利率，利率降低，減少家計單位儲蓄和增加廠商投資，最後利率下跌至 r_0，資金數量回到 L_0，市場再度恢復均衡。當我們提到市場利率時的「市場」是指金融市場，金融市場包括：銀行、貨幣市場、債券市場和股票市場等。因此，市場利率並非單一水準，還包括許多種利率。通常市場上大家接受的「市場」利率有國庫券利率、公債利率、重貼現率、商業本票利率、基本利率 (prime rate，有時稱為參考利率)，以及公司債利率。[2]

需求曲線的移動

政府預算金額的多寡會影響資金需求。政府支出增加與稅收來源減少，使得政府必須發行公債來融通預算赤字，預算赤字的擴大，使資金需求增加，資金需求曲線右移，均衡利率由 r_0 上升至 r_1，如圖 13.6(a) 所示。

當利率上升時，較少家計單位能夠買得起新房子，而且較少廠商願意興建新

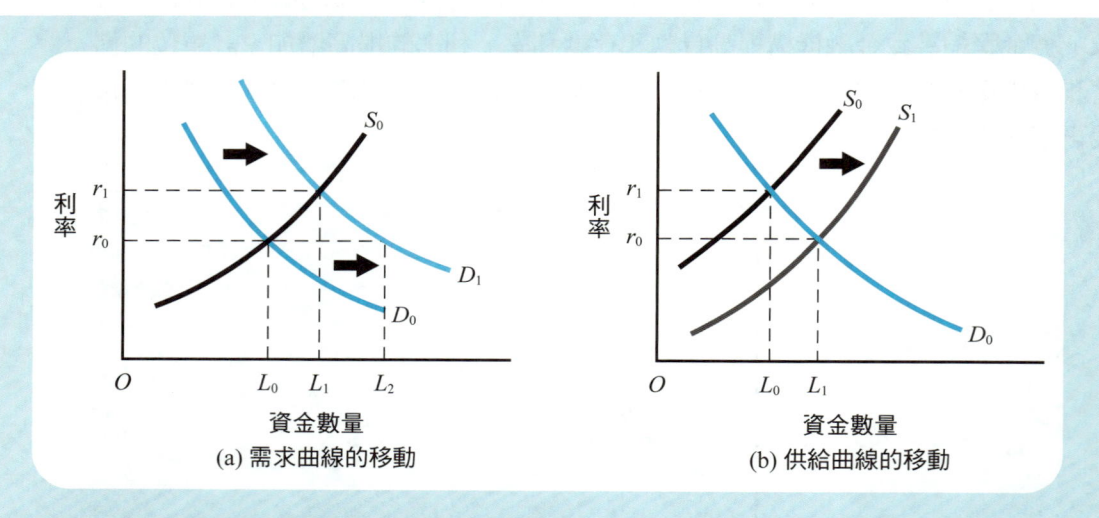

(a) 需求曲線的移動

(b) 供給曲線的移動

圖 13.6　資金供需曲線的變動

圖 (a)：需求提高，使利率上升，資金數量提高。圖 (b)：供給增加，使利率下跌，資金數量上升。

---

[2] 國庫券是指財政部發行 1 年期以下的債券，在貨幣市場進行交易；公債是財政部發行 1 年期以上的債券，在資本市場進行交易；重貼現率是中央銀行對商業銀行貸款收取的利率；商業本票是企業發行 6 個月以下的票據，在貨幣市場進行交易；基本利率是大型行庫貸款給大客戶收取的利率；公司債是一般企業發行 1 年期以上的債券，在債券市場進行交易。

實例與應用

負利率

　　歐洲央行 (European Central Bank, ECB) 在 2014 年 6 月 5 日，為了防止歐元區 18 個國家 (現增至 19 國) 陷入日本式的通貨緊縮，祭出前所未見的多項措施，包括成為全球第一個實施負利率的主要央行、新開放 4,000 億歐元的流動性管道給銀行，及準備購買資產擔保證券等。

　　當時的歐洲央銀總裁德拉基 (Mario Draghi) 將銀行隔夜存款利率由從原本的零利率降至 －0.1%，這意味著銀行停留在央行的資金不但沒賺到利息，還要付利息給央行，目的是希望銀行不要囤積現金，把錢借給同業、消費者或企業，進而達到提振整體經濟的效果。此外，負利率措施期望能減少熱錢湧入歐元區，促成歐元貶值，增加歐元區出口競爭力，擊退通貨緊縮威脅。歐洲經濟病入膏肓，2016 年 3 月 11 日，歐洲央行再度下猛藥，六箭齊發，包括：調降基準利率 (再融資利率) 0.05 個百分點至 0%、隔夜存款利率再降 0.1 個百分點至 －0.4%，以及對存放在 ECB 的資金向銀行收取更多的費用等。日本銀行 (央行) 也在 2016 年 2 月 16 日正式實施負利率政策，針對民間銀行在央行的部分存款，每年徵收 0.1% 的手續費。

　　這些年來，陸續有些其它國家實施負利率，如瑞典、瑞士及丹麥。丹麥是為了平抑熱錢流入推升本國貨幣的漲勢；瑞典是為了因應 2008 年全球金融危機後的經濟萎縮，企圖將資金逼出金融體系，在 2009 年 7 月將商業銀行存款利率調降至 －0.25%；而瑞士中央銀行則在 2021 年 9 月 23 日發布的新聞稿指出，維持基準利率 －0.75% 的政策不變。

資料來源：田思怡，〈鼓勵銀行放款，歐洲央行實施負利率〉，《聯合報》，2014 年 6 月 6 日。

廠房，因此公共投資的增加 (L_0L_2) 造成民間投資的減少 (L_1L_2)，這種公共投資排擠民間投資的現象，稱為**排擠效果** (crowding out effect)。另一方面，利率上升，會使家計單位儲蓄增加，儲蓄金額增加的部分是圖 13.6(a) 的 L_0L_1，因此擴大預算赤字，會提高利率、排擠民間投資及增加民間儲蓄。

供給曲線的移動

　　儲蓄提高使得資金供給增加。能夠刺激儲蓄意願的任何因素，均會使資金供給增加，可用以下的例子加以說明。

　　假設邦達將辛苦儲蓄的 100 萬元投資購買 20 年期公債，年利率是 5.5%。如果利息所得不課稅，20 年後可領回 2,917,757.49 元。如果政府課徵利息所

得稅，稅率是 40%，稅後利率是 3.3%。經過 20 年後，邦達可拿回本金加利息 1,914,284.27 元。因為政府課徵利息所得稅，邦達 20 年利息所得的損失是 1,003,473.2 元，相當於一張 20 年期公債的價值。因此，利息所得稅的課徵，會影響民眾儲蓄誘因，導致儲蓄減少。

假設政府降低利息所得稅率，使民眾稅後所得提高，進而增加民眾財富。財富水準上升，可提高民眾儲蓄，資金供給因而增加，所以資金供給曲線向右移動，如圖 13.6(b) 所示。市場利率由 r_1 下降至 r_0，利率下跌，吸引廠商做更多的投資，以及家計單位購買更多的耐久財，所以資金數量由從 L_0 增加至 L_1。因此，利息所得稅率降低，會鼓勵民眾儲蓄並增加廠商投資。

邊做邊學習題 13-3

資本價格

在經濟學中，資本的單位價格為何？ (103 年初考)

類似問題：基礎題 4

13.5　地租與經濟租

土地資源的經濟報酬稱為**租金** (rent)。一般經濟學裡討論的租金有三種不同的意義：**契約租金** (contract rent)、**土地租金** (land rent) 及**經濟租** (economic rent)。契約租金是使用建築物財產實際支付的金額。金額通常是使用前，由房東和房客以契約方式訂定，一般稱為房租。土地租金是使用土地作為生產因素，所必須給付的報酬。譬如，耐斯企業使用劍湖山作為遊樂區的報酬，即為劍湖山的土地租金。第三種是經濟租，經濟租在 100 年前的意義和土地租金相同，但現在卻是指任何生產因素的報酬扣除生產因素的機會成本。如依現在定義，房地產是一種耐久財或資本，投資房地產的報酬是一種經濟租，而非土地租金。

經濟租

經濟租是廠商實際支付給生產因素的價格與生產因素**保留價格** (reservation price) 的差額。保留價格是指生產因素在次佳選擇所能得到的報酬。經濟租可以用下列式子表示：

$$經濟租 = A - B$$

其中 A 為廠商實際支付給生產因素的價格，B 為生產因素在次佳選擇所能獲得的報酬。

讓我們舉一個例子來說明經濟租的計算。假設洋蔥法式餐廳僱用一位大廚的年薪是 105,000 元，如果這位大廚在洋蔥法式餐廳以外的次佳選擇為義式餐廳，年薪是 70,000 元。因此，大廚每年的經濟租是：

$$經濟租 = A - B$$
$$= \$105{,}000 - \$70{,}000$$
$$= \$35{,}000$$

我們可以用圖形來說明經濟租的觀念。圖 13.7 顯示僱用大廚和二廚的成本曲線。假設所有廚師的年薪都是 70,000 元，正好等於保留價格。大廚能夠用較少的食材做出更精緻的法國菜，因此圖 13.7(a) 中僱用大廚的平均與邊際成本均較圖 13.7(b) 中僱用二廚來得低。當每道主菜的市場價格是 250 元時，大廚每年可做出 700 道主菜，平均成本是 200 元；二廚每年可做出 600 道主菜，而平均成本是 250 元。因此，洋蔥法式餐廳僱用一位大廚，每道主菜可節省 50 元。

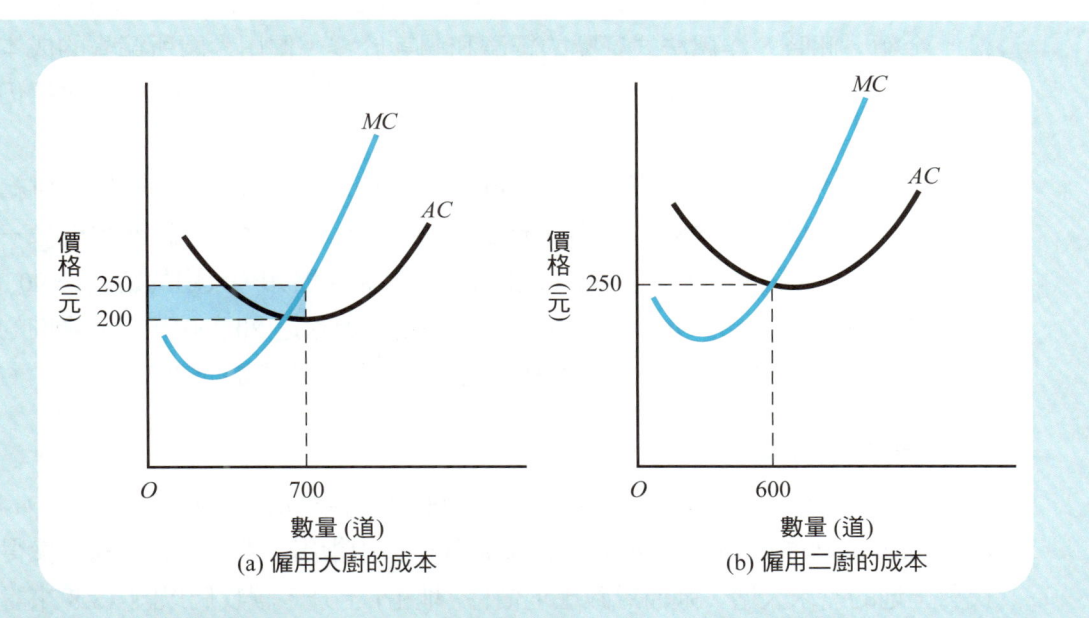

圖 13.7　經濟租

大廚和二廚的年薪都是 70,000 元 (保留價格)，圖 (a)：僱用大廚的成本曲線。每年大廚可做 700 道主菜，平均成本為 200 元。圖 (b)：僱用二廚的成本曲線，二廚每年可做出 600 道主菜。大廚的經濟租是圖 (a) 中陰影面積的部分，也就是 35,000 元。

在圖 13.7 中，洋蔥法式餐廳僱用大廚願意支付的最高薪資，會使餐廳的經濟利潤等於零；也就是說，薪資 S 恰可抵銷大廚所節省的成本，每道主菜 50 元。因此，

$$\frac{S}{700} - \frac{\$70,000}{700} = \$50$$

或　　　　　　　　　　　　$S = \$105,000$

所以，洋蔥法式餐廳僱用大廚所願意支付的最高薪資是每年 105,000 元，經濟租為實際支付的報酬減去保留價格：

$$經濟租 = \$105,000 - \$70,000 = \$35,000$$

值得注意的是，經濟租並不一定等於利潤。當大廚與二廚的薪資相等時，經濟利潤等於經濟租，對洋蔥法式餐廳而言，這是幸運的結果，所有的經濟租都由餐廳獲得，廚師沒有任何經濟租。

但是，如果法國菜大受歡迎，所有法式餐廳競相延攬大廚。在競爭很激烈的情況下，大廚的薪資會上漲至 105,000 元，這是洋蔥法式餐廳願意付出的「最高」金額。此時，洋蔥法式餐廳的經濟利潤等於零，僱用大廚所節省的成本被餐廳支付大廚增加的薪資所抵銷。然而，稀有生產因素 (大廚) 的經濟租仍是 35,000 元。

一般來說，大廚的薪資介於 70,000 元與 105,000 元之間。根據支付給大廚的薪水，洋蔥法式餐廳的利潤介於 35,000 元與 0 元之間。經濟租就像一個「派」，是生產因素所有者與廠商能夠分配的剩餘。譬如，大廚的薪資是 90,000 元，經濟利潤就是 15,000 元；換句話說，大廚的剩餘是 20,000 元，而廠商的剩餘是 15,000 元。請注意：不管餐廳利潤為何，經濟租始終是 35,000 元。

李嘉圖的地租理論

李嘉圖 (David Ricardo) 在 1817 年出版的《政治經濟學與賦稅理論》(*On the Principles of Political Economy and Taxation*) 一書中指出，穀物價格上漲，使得農民對土地的需求大增，進而導致土地價格 (地租) 上升。讓我們以圖 13.8 來說明李嘉圖地租的產生。

假設台灣有許多土地，從最肥沃的土地 (低成本) 到最貧瘠的不毛之地 (高成本)，可以種植檳榔。在檳榔價格很低時，只有最好的土地才會被用來種植檳榔；當檳榔價格上漲時，許多中高成本的土地也會被開發，理由是種植檳榔變得

有利可圖。在圖 13.8 中,當檳榔的市場價格為 P^* 時,低成本與中成本的農夫都可賺取正的長期利潤,而邊際廠商的經濟利潤為零。

隨著檳榔價格上揚,土地不斷地開發,也就是土地的成本隨著產量增加而上升,因此 (長期) 供給曲線斜率為正。所有長期利潤的總和構成生產者剩餘,如圖 13.8(d) 的三角形面積 P^*EA 所示。圖 13.8 顯示的長期利潤,有時稱為**李嘉圖地租** (Ricardian rent),代表的是生產因素擁有者持有稀少性生產因素 (種植檳榔的土地) 的報酬。

如果供給曲線不是正斜率而是水平 (完全彈性),經濟租將為零;而當供給曲線是垂直 (完全無彈性) 時,所有給付予生產因素擁有者的報酬都是經濟租,如圖 13.9 所示。

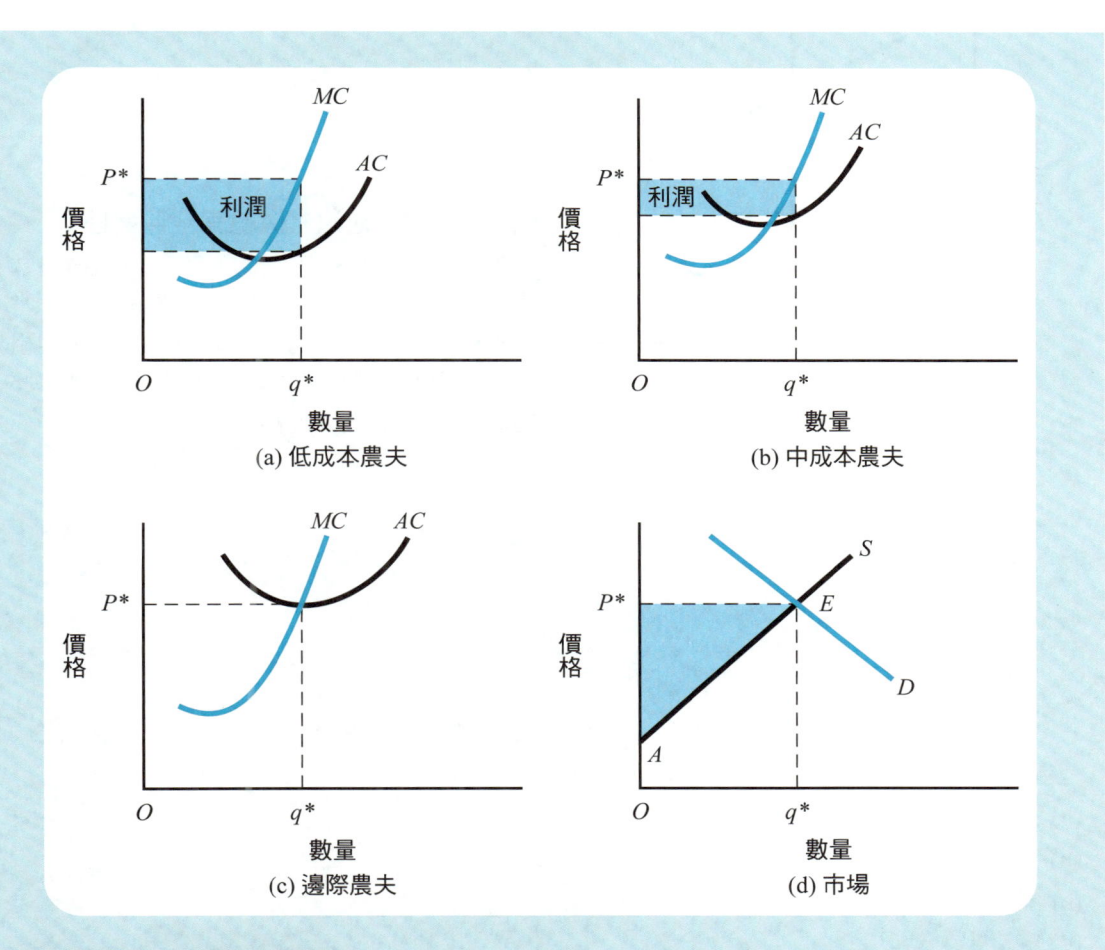

圖 13.8　李嘉圖地租

圖 (a) 和圖 (b):低成本農夫和中成本農夫擁有較肥沃的土地,因此可享有長期利潤。圖 (c):邊際農夫的經濟利潤等於零。圖 (d):李嘉圖地租為面積 P^*EA,也是生產者剩餘。

在圖 13.9 中，土地的供給數量是固定的，如 600 坪。如果市場需求曲線為 D_1，土地每坪是 5,000 元，支付給土地擁有者的報酬是 300 萬元；如果市場需求曲線為 D_2，土地每坪上升至 7,000 元，支付給地主的報酬是 420 萬元。由於土地的機會成本為零，所有支付給地主的報酬都是經濟租 (或地租)。這個分析不僅適用於土地，也發生在其它固定供給的生產因素身上。譬如，《嘉舍醫生的畫像》是梵谷 (Vincent van Gogh) 於 1888 年 12 月在奧文斯鄉下所畫，由於真蹟只有一幅，所有用來購買這幅畫的報酬都是經濟租。事實上，1990 年 5 月 15 日，在紐約曼哈頓的佳士得 (Christie's) 總部，《嘉舍醫生的畫像》以 8,250 萬美元成交。

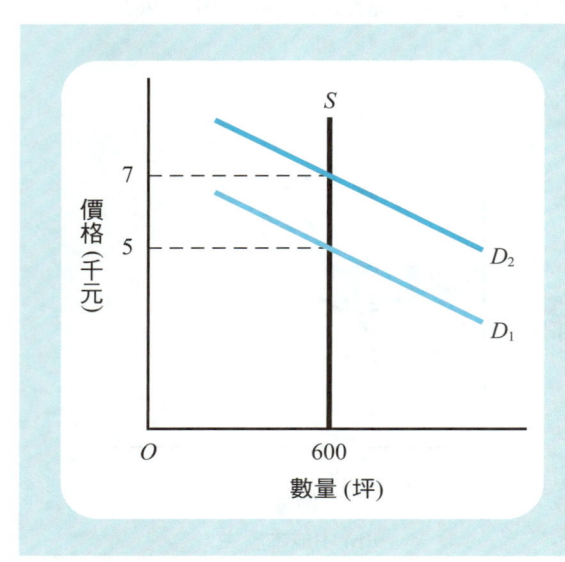

圖 13.9　地租：供給完全無彈性

土地的供給數量是固定的，不管土地價格為何。土地價格由需求曲線的位置所決定。當需求曲線為 D_1 時，土地每坪 5,000 元，地租為 300 萬元；當需求曲線為 D_2 時，土地每坪 7,000 元，地租為 420 萬元。

邊做邊學習題 13-4

經濟租

(1) 請問經濟利潤與經濟租有何不同？

(2) 在一完全競爭的遞增成本產業中，長期產業的經濟利潤為 ＿＿＿，而經濟租為 ＿＿＿。

(a) 正；正。
(b) 正；零。
(c) 零；正。
(d) 零；零。

類似問題：基礎題 10

總結

▸ 資本是工廠、機器與設備的數量。投資是指廠商購買新機器、設備或新工廠。資本是一種存量,投資則是一種流量。

▸ 資金供給來自家計單位的儲蓄。個人的資金供給曲線是後彎的。

▸ 資本具有耐久與時間兩個特性,廠商進行資本投資時,必須考慮期初的投資金額與未來一連串的收入。

▸ 廠商資本投資與消費者購買耐久財,可依據淨現值準則。當利率上升時,廠商的投資顯得無利可圖,因此資金需求曲線具負斜率。

▸ 均衡利率水準由可貸資金市場決定,當政府預算赤字上升,或政府課徵利息所得稅時,利率上升。

▸ 經濟租為廠商支付生產因素的實際報酬減去保留價格,也就是生產因素的總收入減去生產因素的機會成本。

▸ 當土地的供給固定時,機會成本等於零,經濟租等於土地收入。

▸ 當供給曲線為一水平線時,經濟租等於零。

問題與計算

基礎題

1. 阿亮花費 100 萬元投資一家網路咖啡店,使用網路遊戲軟體、咖啡飲料、員工來服務客人,哪些生產因素是流量?哪些則是存量?若阿亮採租用咖啡店而非買下的方式,答案有何不同?利潤是流量或存量?

2. 關於廠商投資決策的原則:「若投資成本現值低於未來投資,應該進行投資。」請評論之。 (100 年普考)

3. 請繪出消費者比較著重現在消費的無異曲線。若消費者比較重視未來的消費,其無異曲線形狀為何?

4. 如果政府以消費稅替代所得稅,將使利率與投資如何變動?

5. 恩雅的當期所得是 50,000 元,未來所得是 42,000 元。如果利率是 5%,恩雅終生所得的現值是多少?恩雅在未來可以消費的最高金額是多少?請問跨期預算限制的方程式為何?

6. 假設你在高中畢業後思考是直接就業或就讀大學。為了方便分析,假設大學 4 年的學費相同,每年都是 4 萬元,而根據人力銀行調查,大學畢業生比高中畢業生 1 年多賺 2 萬元。時間長達 20 年,請問在折現率為 5% 的情況下,就讀大學是一項好的人力資本投資嗎?

7. 假設台積電計畫興建一座 12 吋晶圓廠,如果以發行公債方式來籌措建廠資金,為何利率

上升會影響這個建廠投資計畫？如果台積電有足夠的自有資金，利率上升是否仍會影響其決策？

8. 假設政府計畫以發行公債 200 億元來支應新十大建設。
   (a) 資金供給彈性如何影響這個變化？
   (b) 資金需求彈性如何影響這個變化？
9. 請解釋下列觀念的差異：生產者剩餘、經濟利潤和經濟租。
10. 為何流行音樂巨星 (如張惠妹)，跨年演唱會酬勞動輒百萬元，而跨年夜的清潔工人卻只有數千元，請以經濟租角度解釋。
11. 「供給曲線斜率愈陡，經濟租愈大。」請討論之。

進階題

1. 克洛澤的當期所得為 100,000 元，未來所得是 154,000 元，利率水準為 10%。如果每一期的消費恰好等於每一期的所得。「利率上升為 $r=0.4$，導致克洛澤在當期的儲蓄增加。」請評論之。
2. 崛江和由衣是室友，兩人大學畢業後從事相同的工作，今年的薪水是 50,000 元，明年是 55,000 元。兩人的效用函數並不相同，其中崛江的邊際替代率為：

$$MRS_1 = C_1/3C_0$$

而由衣的邊際替代率則為：

$$MRS_2 = 3C_1/C_0$$

如果利率是 10%，
   (a) 兩人的所得現值為何？
   (b) 崛江效用極大化的條件為何？
   (c) 崛江的預算限制式為何？在第 0 期，她是儲蓄者或貸款者？
3. 假設馬小九第 1 年收入是 10,000 元，第 2 年收入是 13,200 元，如果存款利率是 5%，且貸款利率是 10%。
   (a) 請畫出馬小九的預算線。
   (b) 若馬小九想要在第 1 年儲蓄，請畫出相關的無異曲線。
4. 孟德爾頌面臨兩個期間：第 1 期 (年輕) 和第 2 期 (年老) 的預算線。令商品組合 A 代表每一期孟德爾頌花光其所得的消費組合 (其在預算線的轉折點上)。考慮孟德爾頌的第 1 期所得是 20,000 元，第 2 期所得是 22,000 元，借貸利率 (存款利率) $r_L=0.05$，貸款利率 $r_B=0.12$，請畫出孟德爾頌的預算線。
5. 考慮一簡單的兩期跨期選擇模型，消費的現值總和與所得的現值總和相等：

$$C_0+\frac{C_1}{(1+r)}=Y_0+\frac{Y_1}{(1+r)}$$

其中 C 和 Y 代表消費和所得，下標代表第 0 期與第 1 期。

(a) 此限制式的意義為何？

(b) 如果 $Y_0 > C_0$，代表此人在第 0 期為儲蓄者，為什麼 $Y_1 < C_1$？

(c) 若此人在第 0 期為儲蓄者，為何 $(Y_0 - C_0)$ 小於 $(C_0 - Y_1)$？

6. 假設一簡單的兩期跨期選擇模型，效用函數及預算限制式如下：

$$\max \quad U(C_0, C_1)$$

$$\text{subject to} \quad C_0+\frac{C_1}{(1+r)}=Y_0+\frac{Y_1}{(1+r)}$$

請繪出貸款者 (borrower) 與放款者 (lender) 的消費者均衡？

7. 根據《金融時報》在 2011 年的調查，商學碩士 (MBA) 每年多賺 3 萬美元。一般在美國就讀 MBA 每年的學費約 45,000 美元，估計 2 年可完成學業，倘若就讀 MBA 的機會成本是每年 45,000 美元。若折現率為 5%，且工作期限假設為 20 年，請問就讀 MBA 值得嗎？

8. 中鋼的勞動需求曲線為 $L = 1,800 - 12w$，其中 L 是每日勞動需求量，w 是工資率；供給曲線為 $L = 24w$。請求出：

(a) 均衡工資和就業量。

(b) 勞工賺取的經濟租是多少？

9. 承上題，假設中鋼的工人全都加入工會，工會希望工會成員獲取的經濟租達於極大。(提示：工會的邊際收入曲線為 $L = 900 - 6w$。) 請求出：

(a) 均衡工資和就業量。

(b) 經濟租是多少？

10. 滾石唱片是由總經理經營公司，總經理有兩種類型：傑出與一般。假設唱片業中有 1,000 位傑出的總經理和不計其數的一般總經理，任何一個總經理都願意在 144,000 元的薪水工作。公司僱用傑出總經理的成本及邊際成本為：

$$TC = 144 + \frac{1}{2}Q^2$$

$$MC = Q$$

公司僱用一般總經理的成本及邊際成本為：

$$TC = 144 + Q^2$$

$$MC = 2Q$$

市場需求函數為 $Q=7,200-100P$。

(a) 若唱片業包含一般與傑出總經理，長期均衡價格是多少？

(b) 傑出總經理的經濟租是多少？

11. 若生產因素市場的需求與供給分別為 $w=10-L^d$ 與 $w=2+L^s$，請問經濟租為何？若 $w=6$，請問經濟租為何？

網路習題

1. 請上網下載最新一週影響台灣股票市場的重大事件。(提示：可參考鉅亨網 https://www.cnyes.com。)

2. 請至證券櫃檯買賣中心 https://www.tpex.org.tw 找到任何一家公司債券交易資訊的即時行情(處所議價盤中成交行情)，請問債券名稱為何？最近殖利率為何？

Chapter 14

資訊經濟學

被踢爆的知名連鎖火鍋店神話,讓許多粉絲傷透心。火鍋店的文宣上開宗明義點出,該店鍋物源自日本明治時期,強調祕方是 3 年來,老闆在台灣、日本來回跑所求回來的,但一切卻都是假的。麻辣湯底原來是雞湯塊,幽靈中央廚房不見蹤影。另一家塩選燒肉則是憑空打造「斥資千萬元的製鹽工廠」,連旗下的茶館也遭北市衛生局檢出殺蟲劑芬普尼殘留超標 3 倍。「故事是品牌的靈魂」,說故事容易讓消費者忘記你正在賣東西給他,但重要的是,故事的魅力在於真實與誠意。

餐廳的賣方比買方更瞭解自己的商品,消費者根本不會去廚房察看食材是否新鮮。這種賣方比買方擁有更多資訊的情況,也發生在二手車市場、水電工、網拍商品、古幣、名畫等。此外,在某些市場裡,買方比賣方擁有更多的資訊,譬如,買醫療險的人比保險公司更清楚出險的機率。資訊不對稱便是本章想要探討的主題。

資訊和其它傳統商品有以下幾點不同:第一,資訊具有公共財的特性。資訊是非敵對的,當你使用資訊時,並不會減少他人使用資訊的數量。同時資訊是非排他的,你無法禁止別人使用。第二,每一則資訊都不相同。資訊和衣服不同,你可以到百貨公司實際試穿衣服,評估品質後再決定是否購買,但若銷售資訊者向買方詳述資訊內容,買方就不會付錢購買這個資訊。再者,消費者會重複買同一品牌的牛奶,卻不會重複買同樣的資訊。

第三,在傳統市場理論中,價格提供所有相關資訊。在資訊經濟者與生產者行為,不論是透過價格或數量決策模式,均可傳遞訊

國職業棒球聯盟，球員在簽下長期合約前後的行為並不相同，根據研究指出，簽約後無法打球的天數會比簽約前無法上場的天數多。

史丹福大學教授史蒂格里茲 (Joseph Stiglitz) 認為在經濟學領域內，資訊經濟學是「最能夠突破過去並開拓未來的學科」。

14.1 搜尋模型

在第 7 章完全競爭市場中，假設買賣雙方具有完全資訊，資訊可免費取得。然而，在現實生活中，蒐集資訊不可能沒有成本，尤其是時間的機會成本。譬如，你想買一台桌上型電腦，如果你是新手，可能對有品牌的電腦比較放心，你可以上網蒐集各品牌的價格、規格、維修及擴充性；也可以去光華商場或華碩等專賣店蒐集相關資訊。如果你打算自行組裝電腦，就必須蒐集主機板、中央處理器、顯示卡、記憶體、硬碟、電源供應器及顯示器的價格與穩定性資訊。每個電腦零件都有數家廠商供應，不但價格相異，即使同一品牌，也會因為型號不同，而有功能上的差異。

當你決定好品牌或規格時，希望以最低價格買到理想的電腦，這時你會到華碩或透過網際網路搜尋國內外網站，一家一家仔細比較。整個過程所發生的成本包括：交通成本、上網成本、時間成本，甚至是購買電腦雜誌和書籍的成本。搜尋成本因人而異，雖然有些人把逛街視為消遣、娛樂，但不可否認的是，對絕大多數人而言，搜尋成本不會等於零。

以圖 14.1 為例，MC 是蒐集資訊的邊際成本曲線。通常民眾會從手邊免費的資訊開始蒐集，再轉而蒐集需要付費的資訊。圖中橫軸的 I_0 代表一般免費的資訊。當資訊愈來愈多時，你必須花費的時間或交通成本就愈多，因此邊際成本曲線的斜率為正。

資訊的邊際利益是指，為獲得額外 1 單位資訊所帶來瞭解產品的利益。一開始，若你完全不瞭解產品性質，一點點資訊會帶來莫大的幫助。當產品資訊愈來愈多時，額外資訊所帶來的利益愈來愈低。譬如，你想購買筆記型電腦，第 1 家專賣店的資訊利益會比第 15 家店的資訊利益來得大，因此邊際利益曲線斜率為負。

當額外 1 單位資訊的邊際利益大於邊際成本時，你會繼續蒐集資訊。以蘋果的 MacBook Pro 筆記型電腦為例，逛第 1 家店的報價是 65,000 元，第 2 家店的報價是 64,500 元，搜尋的邊際利益是 500 元。如果搜尋的邊際成本是 10 元，則邊際利益大於邊際成本。此時，你心想第 3 家店的報價可能更低，因此繼續蒐集

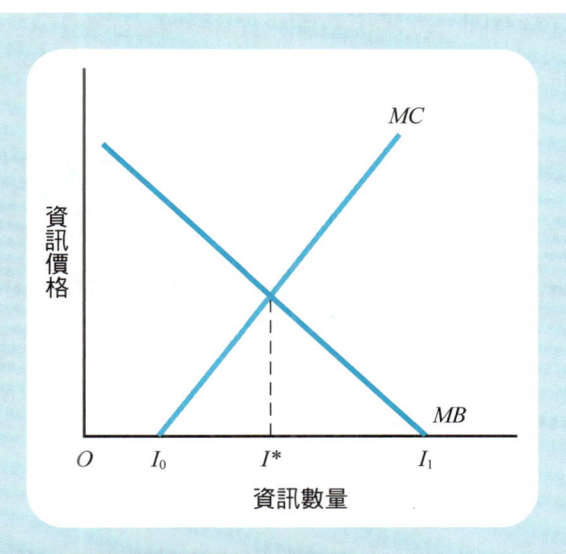

圖 14.1　不完全資訊的最適搜尋數量

MC 是資訊的邊際成本，MB 是資訊的邊際利益，當 $MB=MC$ 時，最適資訊數量是 I^*；如果 $I_0 > I^*$，資訊取得成本超過利益。

資訊。只有當邊際利益等於邊際成本時，搜尋才會停止，而最適資訊蒐集數量是 I^*。圖 14.1 橫軸的 I_0，代表資訊免費的資訊數量，也就是完全競爭市場下的資訊流通數量。由於最適數量 $I^* > I_0$，資訊市場屬於不完全的市場。

圖 14.1 的搜尋模型，來自 1982 年諾貝爾經濟學獎得主芝加哥大學教授史蒂格勒 (George Stigler) 在 1961 年發表的論文。這篇文章的貢獻是：由於消費者搜尋成本的不同，有些消費者並不知道存在更低的售價，因此同樣商品會有不同的價格。

搜尋模型的第二個貢獻是：一商品價格愈高，和價格差異愈大，民眾搜尋誘因愈強，搜尋的時間會愈長。譬如，當你計畫買一間房子，可能連續數個星期假日到各工地或各房屋仲介商去蒐集、比較資訊；當你想買一條口香糖，就不會花兩個星期去比價，而會直接到巷口的便利商店購買。商品價格愈高，透過專業代理或仲介更能夠保證品質，節省搜尋成本。再以買車為例，假設你計畫買一輛運動休旅車，價值 90 萬元左右，你不會上網訂車，因為無法知道車子的品質、配備、內部裝潢，最重要的是無法在網路上試乘。其它如售後服務、維修、保險等事項，透過專業代理商處理，不但節省搜尋時間，更多了一層保障。

第三個貢獻是：當個人工資上漲時，時間的機會成本提高，搜尋的邊際成本因而增加，結果是搜尋次數會減少，而商品價格差異會愈大。譬如，比爾‧蓋茲 (Bill Gates) 每分鐘賺進數萬美元，而一個大學生在麥當勞打工的時薪是新台幣

168 元。假設兩人打算買同一款平板電腦，比爾‧蓋茲的搜尋次數可能是零，而大學生的搜尋次數可能是 5 或 10 次，因此同一款平板電腦的價格會有很大差異。

邊做邊學習題 14-1

搜尋模型

網路搜尋引擎是影響搜尋的邊際成本 (供給)，還是邊際利益 (需求)？影響的方向為何？是增加還是減少？

類似問題：基礎題 2

契約與套牢

有時交易雙方可以契約方式來避免昂貴的搜尋成本。以租屋為例，假設你到外地求學，計畫在學校附近租一間套房，你當然希望找到一間理想的房子：房租低、採光好、空氣流通、環境幽雅、水電全包、交通便利。如果你看到一間中意的套房，你會馬上搬進去？還是懷疑自己的運氣，考慮再多找找？萬一這間套房是可遇不可求，萬中選一，怎麼辦？

相對地，房東出租房子，總希望找到的是按時繳房租、不開 party、不喝酒鬧事、品性優良，並且長期居住的房客。通常房東不喜歡搬家過於頻繁的房客，房客也不喜歡房東隨時要他搬家。要解決因為不完全資訊而引起搜尋成本過高的問題，可以設計一種契約——租約，讓房東與房客能夠在一段期間內維持穩定的關係。租約不但使房東與房客減少搜尋成本，同時也是一種限制，以懲罰性條款防止違約情形出現。

如果買賣雙方能預先相互確認或約定，在採取何種行動將會給予何種利益，我們稱這樣的約定為誘因契約。譬如，根據國家通訊傳播委員會在 2021 年 10 月 31 日公布的資料顯示，台灣使用行動寬頻約有 2,956 萬 3,976 戶。在 1980 年代，沒有任何大學生使用手機，這種普及化的背後推手，正是手機製造商與電信公司所簽訂的誘因契約。手機製造商的契約承諾，只要電信公司每賣出一支該公司生產的手機，就會補貼一定的金額，因此電信公司即使以低價出售手機，收益仍可獲得增加，而形成薄利多銷的誘因，當然手機也日益普及。

倘若改變行動必須付出鉅額代價，此時即使不給予具體的利益誘因，也能讓對方承諾採取對自己有利的行動。改變行動所需付出的代價，稱為**轉換成本** (switching cost)。而利用轉換成本讓對手採取有利自己的行動，且不能改變，這種策略稱為**套牢** (lock-in)。

由於對手一旦改變行動便需要付出較高代價，改變行動的誘因便降低了。航空公司推出的累積哩程優惠方案就是一例，譬如，新加坡航空的獎勵計畫──Krisflyer，只要乘客加入會員，不管是搭乘新加坡航空、聯合航空，或向 Avis 與 Hertz 租車，均可換取哩程數積分，可兌換來回機票或艙位升等的優惠。對新加入 Krisflyer 的會員，新加坡航空會額外贈送所謂「紅利哩程」的點數，既可提高乘客改搭其它航空公司的轉換成本，也可提升「套牢」的效果。

有些商品則具有慣性的特質，顧客一旦使用就很難轉換。譬如，你已經習慣使用遠傳電信的門號，如果要換成中華電信，必須重新簽約，這是一種轉換成本。此外，電信公司推出網內互打優惠方案，也是一種利用轉換成本拉攏客戶的套牢策略，這種套牢的技巧也出現在電腦軟體或化妝品等行業上。

契約關係也存在工作與婚姻中。雇主為了避免龐大的招募訓練成本，通常會以正式契約或口頭約定，希望能與員工保持長期關係；員工擔心失去飯碗，也希望能長久留在工作崗位上。同樣地，夫妻以婚約來維持雙方長久關係，如果男女雙方情投意合，卻沒有婚約關係，表示只要碰到更合適對象隨時可離去，如此便沒有人願意經營現在的關係。同時，在大多數的國家中，婚約隱含一種限制，離婚隱含轉換成本，包括：贍養費、子女教育費等，如果有子女，轉換成本還會更大。一結婚就馬上懷孕，可說是古今中外都在使用的套牢策略。

雖然資訊蒐集會遭遇搜尋成本，但資訊本身有公共財的特性。譬如，你想要買雪梨來回機票，有關價格、往返時間和班機資訊，可以透過旅行社或 Skyscanner 網站取得。任何人都可獲得同樣資訊，不會因為你取得，別人就無法取得。既然資訊具非排他性，就會有外部性問題，也就是免費搭便車現象。舉例來說，消費者買一支智慧型手機，可以到專賣店詢問所有資訊，然後回家透過郵購或上網訂購方式購買相同產品。利用店員提供資訊，而未當場付錢購買產品，就是搭便車行為。如果專賣店瞭解消費者的購買習性，在某種程度上會隱瞞資訊，使得銷售數量小於社會最適數量。

實例與應用

年輪理論

2021 年 4 月 1 日愚人節，證券期貨局簽核康友-KY 下市，曾經貴為股后、生技股王的康友，總市值逾 500 億元。證期局副局長蔡麗玲指出，康友是因為 2020 年第 2 季開始就沒有申報財報，內部稽核計畫缺失，對康友負責人連開 3 張罰單。康友市值 500 億元一夕蒸發的最大受害者是中台灣，受害金額超過 10 億元。

在《鄭弘儀教你投資致富》一書中，作者鄭弘儀指出，在台灣的股市中，「好消

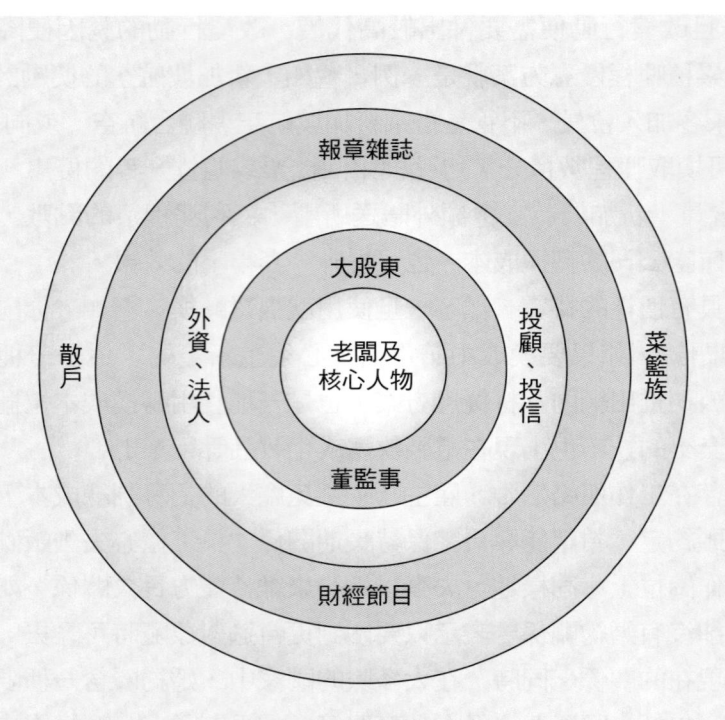

年輪理論示意圖（由內而外）：老闆及核心人物 → 大股東、董監事 → 外資、法人、投顧、投信 → 報章雜誌、財經節目 → 散戶、菜籃族

年輪理論

息、壞消息，散戶永遠最後一個才知道」。他提到所謂的年輪理論，正式來說，就是散戶與大戶間的「資訊不對稱」。

年輪理論以獲取訊息的準確度和速度作為標準，愈內圈的人取得的訊息愈快愈準確，最裡面的叫公司派，也就是老闆及內部核心人物。他們最清楚公司營運狀況──什麼時候有訂單、什麼時候該買股票、什麼時候該賣股票。最外面的是散戶，任何今天的「新聞」，到了散戶耳朵就已經是「舊聞」，當主力、法人、公司派或媒體在放所謂「好消息」時，到了散戶耳中就有可能變成「壞消息」。

在書中，鄭弘儀舉了一個生產手機零件公司的例子。這家公司在股價剩下大概 10 元時，大量買進一直到 20 元。公司派人士知道全世界大量訂單湧進，在 2 個月前就已經持股滿檔。後來股票漲至 200 元時，公司的核心人物、股東及家族全部出脫手中持股，獲利幾十億元，並把資金帶到中國大陸投資。以年輪理論來講，散戶當然是輸定了。仔細看，許多公司是虧損的，但是老闆開賓士車、住豪宅，如果再加上招待所──錢究竟從何而來？

資料來源：

1. 魏喬怡、彭禎伶，〈KY 之亂！康友下市還挨罰，淘帝恐 11 月下市〉，《工商時報》，2021 年 4 月 6 日。
2. 鄭弘儀，《鄭弘儀教你投資致富》，希代書版集團，2003 年 9 月。
3. 呂國禎，〈小散戶淚訴「如果不買康友，還有 300 萬留給小孩，誰養出台股之狼？」〉，《天下雜誌》，第 720 期，2021 年 4 月 3 日。

Chapter 14　資訊經濟學

14.2　資訊經濟學的幾個模型

買方與賣方不見得具有相同的資訊，通常賣方對商品的瞭解程度會超過買方。資訊不對稱的存在有時會讓高品質的產品無法交易成功，本節將以檸檬模型來解釋這個現象。史蒂格里茲教授將資訊經濟學分成兩個議題：**選擇問題** (selection problem) 及**誘因問題** (incentive problem)。當個人從事選擇時，會透露自身行為資訊，稱為**自我選擇** (self-selection)。譬如，你自認外語能力很強，會選擇進外商公司工作；換句話說，在從事就業選擇上，透露出本身語言天分的訊息。「選擇問題」是確認特性，這一類經濟模型包括檸檬模型和市場訊號模型。第二大類的誘因問題是行為的監督，包括：逆向選擇、道德風險和委託人、代理人架構，這些模型將在之後章節加以介紹。

檸檬模型

阿卡洛夫教授 (George A. Akerlof) 在 1970 年的一篇〈檸檬市場：品質不確定性及市場機能〉(The Market for "Lemon": Quality Uncertainty and the Market Mechanism) 的著名論文裡，探討市場售價會影響所提供的產品品質。阿卡洛夫在該文中強調：在均衡時，有可能沒有交易發生。我們以二手車市場為例，簡要描述**檸檬模型** (market for lemon) 的意涵。

在二手車市場中，車主擁有的二手車資訊，包括：車況、品質、碰撞等，要比買方多上許多，所以買賣雙方間存在**資訊不對稱** (asymmetric information)。為了簡化分析，假設市場有高品質和低品質兩種類型的二手車，如圖 14.2 所示。圖 14.2(a) 中的 D_H 及 S_H 分別代表高品質二手車的需求和供給曲線，二手車市場行情價格是 22 萬元。圖 14.2(b) 中的 D_L 及 S_L 分別代表低品質二手車的需求和供給曲線，由於買方較不願意付高價購買低品質二手車，D_L 的位置較低，市場價格是 11 萬元。

由於買方擁有較少的二手車資訊，未購買前，並不清楚二手車的真正品質，而是大概知道市場平均的車況品質，因此賣方面對的需求曲線是 D_M，在 D_H 的左下方和 D_L 的右上方。當要求以「平均品質」為準時，高品質二手車主收到的價格低於原先的 22 萬元，而低品質二手車主會收到比 11 萬元高的金額，因此高品質二手車出現在市場的數量愈來愈少 (100 輛)。相對地，低品質二手車出現在市場的數量則愈來愈多 (200 輛)。

當買方知道愈來愈多低品質二手車 (約三分之二) 在市場流通時，買車的人願意支付的價格愈來愈低。賣方面對的需求曲線再度移動至 D_{LM}，在 D_M 的左下方，買方認知的二手車屬中低品質，因此高品質車子愈來愈少，而低品質車子愈

來愈多。平均品質愈低，買方願意支付的價格愈低，價格愈低，高品質二手車愈不會在市場出現。高品質車子愈少，買方認知的平均品質愈差，願意支付的價格就愈低 (需求曲線繼續向左移動)。當過程持續下去，最後結果是：市場不再出現高品質二手車，買方只能買到低品質二手車，市場需求曲線是圖 14.2 的 D_L。

當買賣雙方擁有資訊不對稱時，即使買方願意支付比賣方更高的價格來購買高品質二手車，卻無從獲得任何訊息。因此，買方認為二手車市場充滿「檸檬」，車主只有在車況不佳時才會出售愛車。結論是：資訊不對稱會影響二手商品的平均品質，而導致可能不會出現交易。

雖然檸檬模型的結論有些極端，但在某些市場的確存在檸檬現象：高品質商品的比例低於低品質商品的比例。譬如，保險市場、信用卡市場、餐廳等。發卡銀行允許持卡人，每月只要支付最低額度，即可使用信用卡或是預借現金。通常，發卡銀行無從得知持卡人是否會如期償還，在這種情形下，持卡人顯然擁有較佳資訊。既然發卡銀行無從分辨，而持卡人預借現金又容易，檸檬現象就會產生。結果是發卡銀行提高循環利率和貸款利率，而信用欠佳者會申請更多張信用卡，信用良好者愈來愈不願意持有更多的信用卡。同樣地，當餐廳做出口碑時，

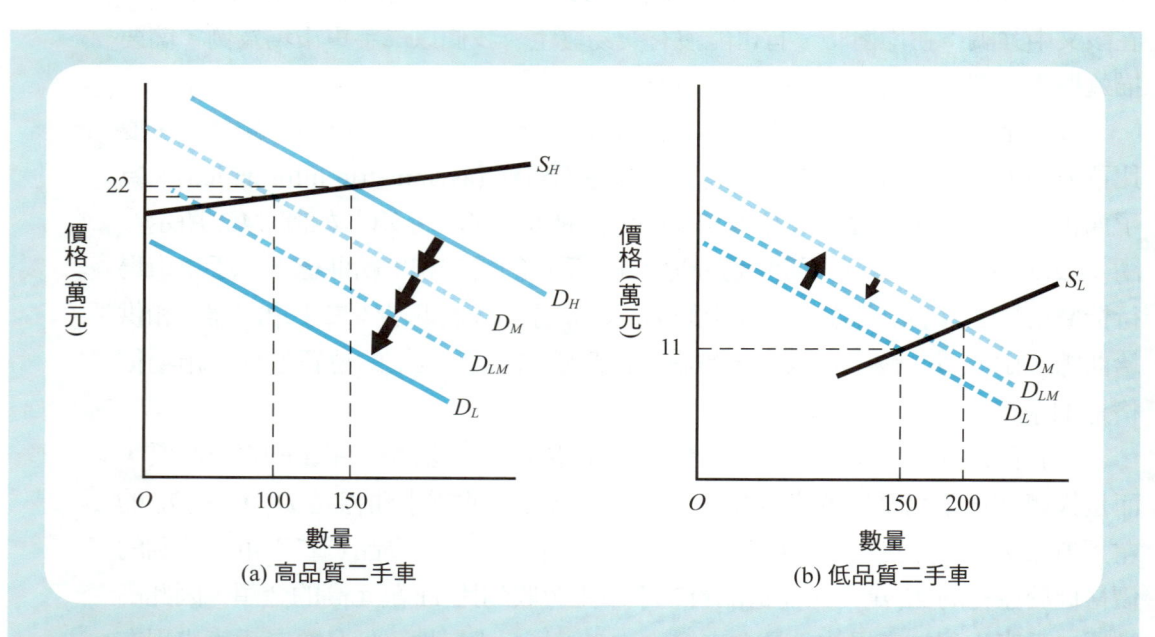

圖 14.2　二手車市場

圖 (a)：是高品質二手車市場。當買方只願意支付平均價格時，需求曲線是 D_M。圖 (b)：是低品質二手車市場，如果買方願意支付的價格愈低，高品質二手車出現在市場的數量愈少。最後結果是市場只存在低品質二手車，這種現象是資訊不對稱所造成。

有些餐廳廚房開始以次級品或二廚來魚目混珠獲取暴利，使講究品質的餐廳索價愈來愈高。

聲譽與標準化

我們在買東西時，通常都是等貨物到手後，才能知道商品或服務的品質到底好或不好。除非賣方能夠提供買方正確的商品訊息，否則劣品將驅逐良品，並導致市場失靈。消費者與企業之間通常都有一套辦法，來解決資訊不足的問題。譬如，台灣豐田 (Toyota) 與福特 (Ford) 等車商旗下有專門經營二手車的部門。為了讓消費者買得安心，以及維護自身品牌形象，TOYOTA 中古車商先行過濾舊車來源，全面嚴密檢修車況，請原廠技師依引擎、底盤等做 160 項合格認證，並提供全台 TOYOTA 服務廠完善的保固維修與售後服務。

專業中間商的出現，可解決資訊不對稱、訊息無法正確傳遞的遺憾，買賣雙方均可獲益。人力仲介公司和房屋仲介公司等都是專業中間商，讓交易雙方資訊透明化，解決檸檬現象。

某些市場透過標準化 (standardization) 的制訂，來解決資訊不對稱的問題。在紐約和巴黎有美食雜誌定期評鑑餐廳，並將資訊公開，餐廳也會將評鑑書掛在牆上招徠顧客。此外，速食連鎖店的食物，如麥當勞、肯德基和必勝客，在世界各地提供品質劃一的漢堡、炸雞和披薩。當你在西班牙自助旅行時，寧靜鄉鎮有麥當勞和小騎士漢堡，你會選擇何者？或許小騎士漢堡是西班牙北部最棒的漢堡，當地人有口皆碑，但是你可能並不知道。因此你會選擇金色拱門的標誌，覺得這是一家乾淨、安全且價格不貴的餐廳，不但全年無休，甚至知道大麥克裡有幾片醃黃瓜。雖然你第一次來訪西班牙，但對麥當勞卻瞭若指掌。當地小吃可能是道地美食，若只有西班牙文招牌，又未列名旅遊指南上，就可能與它失之交臂。麥當勞所販賣的不只是漢堡、薯條，更重要的是可預測性。

邊做邊學習題 14-2

檸檬模型

資訊不對稱使得低品質產品取代高品質產品，使市場銷售的平均品質下跌，針對那些充滿資訊不對稱的市場，請評論下列問題：

(a) 政府應該制訂品質標準──即廠商不應銷售低品質商品。
(b) 高品質生產者應提供較廣泛的保證。

類似問題：基礎題 3

14.3　市場訊號

《市場訊號》(*Market Signaling*) 是史賓斯 (Michael Spence) 於 1974 年所寫的一本書，內容提到賣方 (勞工)，會釋放產品品質的訊息 (無法觀察到的勞工特質) 給買方 (雇主) 知道。勞動市場中，賣方 (勞工) 通常比買方 (雇主) 擁有更多勞工特質的資訊，譬如：勞工知道自己是否能夠勝任工作、能否任勞任怨地加班、是否有主動解決問題的能力；雇主卻必須透過試用或經過長時間觀察才能知道勞工特質。

什麼樣的訊號適合讓勞工向雇主表明？教育是一個良好的訊號。教育泛指受教育的級數、畢業成績、學校名氣及學位名稱等。通常生產力較高的勞工，比較聰明、比較願意努力工作、比較主動積極，也比較容易獲得高學歷。即使教育無法改善勞工生產力，也能夠提供勞工能力的訊息。從雇主的角度而言，**篩選** (screening) 員工，找到生產力最高的人是耗時耗力的工作。藉由某些能夠觀察到的勞工特性，如教育程度、工作經驗等，可先行過濾、篩選，將最合適勞工的範圍縮到最小。

市場訊號模型不單適用於勞動市場，在資本市場和商品市場裡，也有類似的訊號出現，以彌補資訊不對稱的問題。譬如：信用紀錄良好的人較容易獲得銀行貸款；保險公司比較願意接受低風險的保單，對於有肇事紀錄的汽車保險人通常會收取高額保險費，沒有出險紀錄的保險人每年均享有折扣優待。前面提到的標準化和聲譽都是訊號模型的應用。

我們以圖 14.3 與圖 14.4 來簡單說明史賓斯的訊號模型。假設廣達筆記型電腦廠需要僱用員工，公司知道有兩種類型的員工來應徵：低生產力員工 (第 1 群)，生產力是 1 單位；和高生產力員工 (第 2 群)，生產力是 2 單位。廣達無法當場分辨員工的生產力高低，而且低生產力員工無法藉著教育訓練轉變成高生產力員工。在無法分辨清楚情況下，廣達被迫認定每位員工的生產力是「平均值」，也就是生產力等於 1.5。

在這個簡單的例子裡，新進員工收到「平均」薪資。廣達可以設定某種機制來區分員工以增進公司利潤，當工資等於 1.5 時，第 1 群員工收到的薪水超過他們所應得的薪水，如果能夠及早認清這群員工的生產力，廣達可以藉著不錄用或給予較低薪資來增加自身利潤。如果獲得教育的成本可作為生產力的良好指標，公司藉著教育年數作為僱用標準，將會有利可圖。

在圖 14.3，廣達相信勞工高中畢業後受教育年數超過 e^* 者屬於高生產力員工，而受教育年數低於 e^* 者為低生產力員工。基於這種認知，受教育年數低於 e^* 的員工收到工資 1，而受教育年數至少為 e^* 的員工，由於競相僱用的緣故，

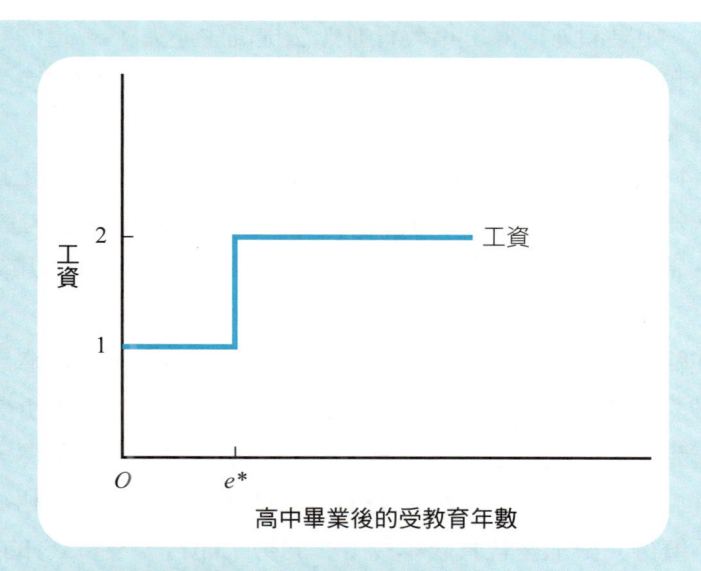

圖 14.3　教育訊號作為員工工資的區別

公司相信教育可作為區分生產力的訊號。低生產力員工，受教育年數低於 e^* 者收到工資 1；而高生產力員工，受教育年數高於 e^* 者，收到工資 2。

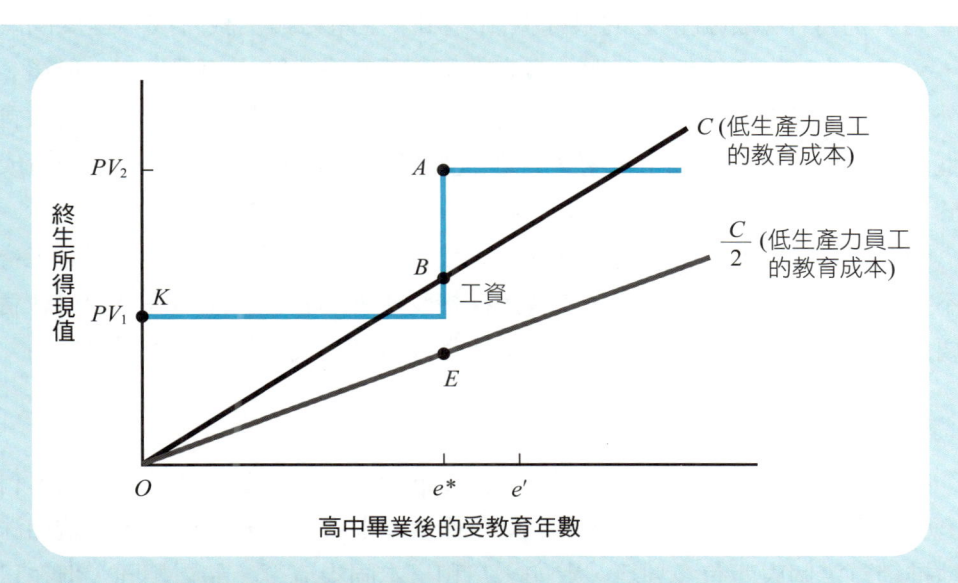

圖 14.4　教育訊號的終生利益與成本

第 1 群勞工的教育成本為 C，第 2 群勞工的教育成本為 $C/2$。基於成本效益的考量，第 1 群勞工選擇不接受大學教育，第 2 群勞工選擇接受大學教育。

可收到工資 2。如果額外獲得 1 年教育並無法提高生產力，e^* 這個訊號是否真能區分高生產力和低生產力員工？答案是：如果額外受教育的成本與生產力呈負向關係，教育確實可作為訊號。

在圖 14.4 中，我們將縱軸改成終生所得的現值。第 1 群員工的終生所得現值為 PV_1，第 2 群員工的終生所得現值為 PV_2。假設低生產力員工每年的教育成本是 C，高生產力員工每年的教育成本，可能因為比較聰明或比較用功，為 $C/2$。

勞工是在終生所得現值與其教育成本差額最大的地方，來選擇最適受教育年數。對那些教育成本為 C 的勞工而言，受 0 年額外教育的終生所得現值與教育成本的差額達到最大；換言之，高中畢業是低生產力勞工最適選擇，這些勞工在 e^* 的淨利益 (AB) 小於 0 年的淨利益 (KO)，因此獲得 e^* 訊號的利益低於成本，教育投資並不值得。對那些教育成本為 $C/2$ 的勞工而言，投資 e^* 的利益 (AE) 超過其成本，因此高生產勞工發現獲得教育訊號是有利可圖的。

從這個簡單的訊號模型裡，我們可以學習到三個事實。第一，勞工並不認為他們接受教育是傳遞訊號給雇主，比較能夠確定的是，大學畢業比高中畢業的待遇要好，且接受大學教育的決策與成本效益有關。第二，即使教育無法提高勞工生產力，仍可作為訊號傳遞的良好機制，如果生產力與受教育成本呈反向關係時，教育成本高者象徵低生產力，廠商就可藉著教育訊號來篩選員工。最後，如果公司以 e' 的年數作為篩選標準，高生產力員工仍會選擇接受 e' 年數的教育，而低生產力員工仍會選擇 0 年教育，但從整體社會的角度來看，e^* 的教育成本低於 e' 的教育成本，選擇最適受教育年數 e^*，顯然較有效率。

因此，訊號模型的結論是：當廠商以教育程度篩選勞工時，第 1 群勞工會選擇不接受額外的教育，第 2 群勞工會選擇接受額外的教育。能力高者取得教育，主要是希望傳遞一個訊號讓廠商知道：教育程度高，代表勞動生產力也較高。

保證

如果逛士林夜市時，迎面而來的是 Lesportsac 多功能搖滾大肩背包，售價 500 元；旁邊地攤賣的是全新 Burberry 藍標當季上衣，只要 200 元，老闆口沫橫飛地推銷買這個東西有多划算，譬如，它和日本同步流行、品質相同，但在日本要花上好幾倍的價錢才能買到。你會相信嗎？

你當然不會傻到相信，以不到十分之一的代價就可以買到正品的皮包或服飾；換句話說，店家刻意發出的訊息不見得能發揮功效。想要發出有效的訊號，必須符合以下兩個原則。第一，要讓對方清楚自己發出的訊號。國家或有公信力團體認定的資格考試，是可以讓對方肯定的訊號。譬如，多益測驗 (TOEIC) 是

以職場為基準點的能力測驗，為全球跨國企業所採用，成績可作為招聘員工、遴選員工赴海外受訓及內部升遷之用。

第二，砸錢發出訊息，才能達到承諾的效果。男性向女性訴說思慕之情，是想藉示愛的動作向對方承諾。此時，除了言語外，加上花束更能發揮效果。因為言語不花成本，承諾的效果薄弱；而花束必須付出實質費用，有它作為訊號的效果。女性喜歡男性送花是一種精緻成本的考量，100 朵玫瑰比 5 朵玫瑰的訊號強度更強。

這也是可口可樂請防彈少年團、鹿晗、蕭敬騰等明星代言的原因。想像你到超市買可樂，貨架上有可口可樂及百事可樂兩種，你會選擇哪一種？昂貴的廣告費用傳遞出一種訊息，消費者認為廠商投入鉅資打電視廣告，產品品質必定有某種程度保證。同樣地，在前述的二手車市場中，二手車商可以提供買方 6 個月的保證期，只要發生任何問題都可免費修理。這種昂貴的保證，會讓賣車的人不敢隱瞞車子的缺點，買車的人也願意付高價取得高品質二手車。

當買方發現商品品質不佳或不符規格時，「容許退貨」的訊號即可發揮效果。我國消費者保護法第 19 條第 1 款規定：「通訊交易或訪問交易之消費者，得於收受商品或接受服務後七日內，以退回商品或書面通知方式解除契約，無須說明理由及負擔任何費用或對價，但通訊交易有合理例外情事者，不在此限。」這項規定也適用在網路上拍賣的商品。

有條件的退貨訊息或價格承諾訊息，均釋放出一種訊號：「我們對本身產品有 100% 的信心，有任何瑕疵均可退換。」對低品質商品銷售者而言，這種保證是莫大的成本負擔。

邊做邊學習題 14-3

訊號模型

朴寶剛從大學畢業，工作 6 個月後，終於有能力買車。如果朴寶對車子一知半解，他如何利用市場訊號、聲譽或標準化來進行比較？

類似問題：基礎題 4

14.4　誘因問題：逆向選擇

在保險市場中，買方 (購買保險者) 比賣方 (提供保單的保險公司) 瞭解未來發生損失的機率。如果保險公司有完全資訊，能夠分辨不同保險者生病的機率，

就可以針對身體健康者收取較低的保險費，而對罹患重病機率較高者收取較高的保險費。

如果保險公司無法分辨被保險人罹患重病的機率，有一種作法是對健康者與易生重病者收取同樣的保險費，這個平均費率會低於易生重病者應付的保險費，但高於身體健康者應付的保險費。這種契約吸引較多健康情形欠佳者買保險，而身體健康者較不願買保險，結果是保險者平均風險提高，保險公司因而提高保險費。高保險費促使更多身體健康保險者望之卻步，進而導致出險機率再度提高。最後，保險費提高到只剩下健康情形欠佳者買保險，這種現象就是逆向選擇 (adverse selection)。

逆向選擇是在資訊不對稱情況下，知情的一方 (informed party) 隱藏資訊，做出對自己有利的自我選擇，卻傷害不知情一方 (uninformed party) 的福利。在保險市場例子中，知情的一方是買保險者，不知情的一方是提供保險契約的保險公司；在第 14.2 節中，二手車市場的例子裡，二手車主是知情的一方，買二手車者是不知情的一方；在信用卡例子中，持卡人是知情的一方，發卡銀行是不知情的一方。

想像你計畫明年暑假到西班牙自助旅行，當你上網租車時，應當可以找到許多租車公司，如 Hertz、Avis、Budget 或 Europcar 等。依照網頁的指示，依序鍵入取車日期、地點、選擇車種、配備後，螢幕會顯示租車的費率。這個金額是一個基本費率，包括哩程數 (有限或無限)、營業稅及租車費用。此外，租車公司還會提供一些附加選項，包括：碰撞險、個人意外險、25 歲以下駕駛每天額外支付 2.24 歐元。為什麼 25 歲以下的駕駛人需要負擔額外的費用？我們可以用逆向選擇的觀念來回答這個問題。

假設保險公司想要推出汽車意外事故的財產損失保單，選擇的主要對象是 25 歲以下的年輕駕駛人。如果有 1,000 個人買保險，平均每年有 10 個人發生碰撞事故，每起事故的損失是 10 萬元，合計損失是 100 萬元。不過，因為每個被保險人繳交 1,000 元的保險費，便可彌補這 100 萬元的損失。

假設 1,000 個駕駛人中有 100 個人較容易發生事故，碰撞的機率是 10%；換句話說，100 個高風險的駕駛者有 10 個人會發生事故，其他的 900 個人中則有 9 個人會發生事故，19 起碰撞事故的損失金額高達 190 萬元。為了彌補這個損失，每個年輕駕駛人最少必須繳交 1,900 元。對那些低風險的駕駛人而言，本來只要繳 1,000 元，現在必須繳 1,900 元，這種保險制度變成風險愈低者愈不願意買這家公司的保單，反倒是高風險者趨之若鶩。最極端的情況是，低風險者自我選擇不加入保險，剩下的全部都是檸檬——高風險者。如果低風險者都不加保，

發生碰撞的平均機率就會提高，保險公司不提高保險費就會面臨虧損，但是保險費一提高，低風險者就愈不會加保。這種惡性循環一旦啟動，這項保險可能都無法成立。

在台灣，消費金融業務已取代企業金融業務，成為銀行最主要的獲利來源。在信用卡市場中，對於償債能力，銀行是不知情的一方，持卡人是知情的一方。信用卡僅憑身分證明與存摺影本即可申辦，當然，如要申請特定額度，再備妥工作證明、收入證明及財力證明，就可以容易地借到錢。目前有不少銀行推出代償信用卡服務，如國泰世華銀行、玉山銀行。所謂代償信用卡是一張代償他行餘額的信用卡，以較低循環利率代為償還你原來在其它發卡機構的信用卡和現金卡積欠的循環額度。譬如，國泰世華銀行 18 個月的循環利率為 9.88%、玉山銀行 84 個月的循環利率為 9.68% 等，申辦資格也很簡單。但是不要忘了，各家銀行的申辦代償信用卡每月需繳交帳戶管理費，且需繳足 12 個月。

為什麼市場上房貸利率不到 2%，信用卡的利率卻高達 15%？因為銀行無法區分借款人的信用。很明顯地，持卡人比銀行更清楚自己的財務狀況與償債能力，檸檬問題再度浮現。銀行必須對所有的辦卡人都收取相同的利率，此舉將吸引較多信用欠佳的貸款者，銀行被迫提高利率，信用欠佳者愈來愈多，最後利率會逼近法律規定的上限 20%。同樣地，貸款額度的設限也與逆向選擇有關，如果銀行廢除貸款上限，有意多借的人可能出現週轉不靈的情況，縱使銀行想要多吸引客戶，增加利息收益，只怕屆時高風險民眾湧入，增加收益的期待恐將落空，因此適度的風險控管是必須的。

逆向選擇與篩選

有時候，保險公司或銀行可以藉著「篩選」的手段來消除資訊不對稱的現象。篩選是不知情的一方預先發出讓自己容易解讀的訊息，以誘使對方發出訊息，並加以檢測。舉例來說，企業以具備某種資格作為僱用的條件，如文憑、智力測驗成績；律師或會計師若沒有執照，也無法執行業務。

銀行或信用卡公司可以藉著信用紀錄來區分貸款者信用的好壞，如果這個人過去有不良的紀錄，銀行可以降低額度或不發卡來降低本身的風險。儘管個人紀錄有被盜賣的可能性，但信用紀錄至少可以消除大部分的資訊不對稱及逆向選擇的問題。

保險公司要克服逆向選擇的問題，可以要求被保險人先做健康檢查，並填寫一些資料，如是否吸菸、家族病史、私人問題等；或是針對不同年齡層、不同職業收取不同的保險費；或制訂自付額比例。如果被保險人評估自身的健康狀況良

好，就會購買保險費較低、自付額較高的保單；如果被保險人覺得自己日後需要昂貴的醫療，便會選擇保險費高昂、自付額較低的保單。保險公司可以利用自付額機制套出客戶的私人資訊，不同的保單設計雖然能夠降低特定族群的風險，逆向選擇問題卻無法完全消弭。因此，有人建議由政府提供強制保險，每個人都必須加入，來糾正市場失靈的現象，全民健保即是一例。

邊做邊學習題 14-4

逆向選擇

下列何者為解決市場逆向選擇問題的方法？
(a) 扣抵額。
(b) 按件計酬。
(c) 監督制度。
(d) 保證。

(100 年高考)

類似問題：基礎題 5

14.5　誘因問題：道德風險

道德風險 (moral hazard) 是在資訊不對稱情況下，交易的一方在簽約後，改變他 (她) 的行為，而傷害另一方的福利。以保險市場為例，在未投保疾病醫療等健康保險之前，人們必須自己花錢看病，所以會注意自己的健康，可能在假日去爬山，平常上健身房，甚至在飲食方面多吃生機健康食品。

一旦買了醫療保險後，可能會改變某些人謹慎的誘因，保險公司也無法觀察你的謹慎程度。可能有人會想：為什麼要繳會費去健身房流汗受苦？為什麼要買昂貴的生機食品？反正已經有保險。正因為某些保戶採取這種態度，生病住院的案例增加，保險公司只好調高所有人的保險費率，即使那些勤於養生的保戶也不能倖免，道德風險的現象因此產生。這些買了保險不再謹慎的個人，增加一項成本在其他人身上，這就是一種外部性。

同樣地，如果房屋保火災險，人們比較沒有誘因裝置防火設備，增加火災發生機率，保險公司的成本負擔因而提高；又假設車主沒有保險，發生車禍必須理賠 50 萬元，與車主有全額保險，則由保險公司處理，哪一種情況的出事機率較高？保險本身誘發出不合理的駕駛行為或反道德行為，就是道德風險。

道德風險與逆向選擇都是保險業界的用語，兩者的不同之處在於：逆向選擇

來自於摸不清對方的喜好或特質時，只好觀察對方的行動，搜尋潛藏在背後的資訊。相對地，道德風險來自於儘管知道對方的喜好或特質，卻無法觀察對方的行為。因為無法觀察對方的行為，即使雙方事先簽訂契約，對方仍有做出違反道德行為的誘因，除非改變這個誘因的結構，否則問題就會不斷地發生。

道德風險不僅只存在於保險市場。在勞動市場中，當雇主無法監督 (monitor) 員工上班情形時，可能發生員工溜班 (job shirking) 或怠忽職守的情形。有研究指出，強制汽車駕駛繫安全帶，固然可以減少車禍死亡人數，但因駕駛放鬆戒心，反而增加碰撞機率。

道德風險發生在金融市場，國際貨幣基金 (International Monetary Fund, IMF) 在 1995 年年初，墨西哥發生金融危機時，曾挹注資金，施以援手。許多學者認為，在明瞭 IMF 會以金援協助解決金融危機後，類似危機在未來出現的機率會大幅提高，理由是貸款者如果知道國際貨幣基金會幫助金融危機國家度過難關，他們會以低利率貸款給這些國家，而這些狀況傾向發生在比較沒有誘因去追求耗費成本的金融檢查和管理，來防止金融危機發生的政府。有人認為 1995 年 IMF 大舉金援墨西哥政府，解決金融危機的舉動，提高各國政府風險接受程度，其後東南亞金融風暴、阿根廷、南韓的金融市場混亂，甚至歐債危機中的希臘、西班牙等與前述 IMF 的措施有密切相關。同樣地，存款保險制度容易造成金融機構承做風險性貸款，忽視存款大眾利益。

解決道德風險的誘因契約

道德風險源自於一方 (保險公司) 無法直接觀察到另一方 (買保險的人) 的行動，面對約定的承諾產生不信任的感覺。想要解決道德風險的問題，可以想出一些誘因契約，誘使對方做出原本無法觀察而現在可以看見的行動；或是做出讓對方信賴的承諾。這種誘因契約或承諾必須符合以下三點：

1. 行動的成果必須是雙方都可觀察的。
2. 必須要有客觀的標準來評估成果。
3. 成果與隨之而來的報酬必須相符。

以保險為例，在澳洲，如果你連續幾年都是優良駕駛 (無肇事紀錄)，保險費最低可以打到 6 折。「無肇事紀錄」是一個保險雙方都可以看見的結果。雖然從解決道德風險的誘因契約觀點，無法直接觀察駕駛是否疏忽，但是事先承諾將來如果「無肇事紀錄」會以保險費打折的方式作為報酬。從駕駛人的角度看，因為每一年都沒有肇事，可得到保險費逐步調降的報酬，能誘使駕駛人更小心駕駛，

進而消除道德風險。

　　有時候可藉著長期累積的成果，間接地發揮誘因契約的功效，來消除道德風險問題。譬如，台南再發號的肉粽，強調百年老店，品質不變，這可以解讀成顧客與肉粽店間建立長期的間接誘因契約。如果在端午節前，被老顧客發現使用劣質材料 (當然不是真的) 導致走味，恐怕將來客源會逐漸流失。也就是說，對於「長期維持品質」的結果，顧客是以「買或不買」作為報酬的回報。在勞動市場中，廠商可以事先訂定銷售成績作為客觀可檢驗的量化指標，並透明化公開地說明其與加薪幅度之間的關係，譬如，只要業績達成 1,000 萬元，即可加薪 2 萬元，如此便能消除道德風險。

　　實務上，保險公司要避免道德風險的問題，可要求買保險者每年必須做健康檢查，才得以繼續投保。保險公司可針對有肇事紀錄的駕駛要求更高保險費，或要求投保火險者必須裝置防火設備等。此外，保險公司可以**共同保險** (coinsurance) 方式來克服道德風險問題。共同保險是指保險人與被保險人共同負擔財產損失，這種作法會使被保險人成本提高，而更加小心避免發生車禍或火災。

　　中央存款保險公司要解決金融機構的道德風險問題，有以下方式：(1) 降低存款保險金額，目前存款保險針對同一家銀行的額度是 300 萬元；(2) 規定個人最大存款保險額度，不管個人有幾個銀行帳戶；(3) 實施共同保險制度，由中央存款保險公司與存款人共同負擔損失；(4) 針對不同風險資產，收取不同保險費；(5) 規定存款機構的投資項目，減少金融機構承做高風險投資。

邊做邊學習題 14-5

道德風險

(1) 保險公司想要處理道德風險，應該如何？
(a) 完全保障買保險者。
(b) 要求買保險者做健康檢查。
(c) 要求買保險者買自付額。
(d) 定期檢驗駕駛者的駕車習慣。

(2) 某知名大學制訂一措施，宣布學生成績只有 80 分和 90 分兩種，目的是希望學生平均成績在 80 分以上，能夠讓學生無後顧之憂，認真念書，請問這是一個好的措施嗎？

類似問題：基礎題 6

14.6 誘因問題：委託人—代理人問題

當公司股東無法有效監督公司經理人時，就會引發**委託人—代理人問題** (principal-agent problem)。公司的經理是代理人，而股東是委託人。股東的目標是追求公司利潤的最大，經理人的目標是追求本身利益的最大，如薪水、影響力及聲譽等。公司所有者與公司管理者的目標並不一定一致。為了追求更大的市場占有率，凸顯自己的重要性，經理人有誘因去從事高風險的投資方案。譬如，1990 年代中期，英國霸菱銀行 (Barings Bank) 新加坡分行經理李森 (Nick Leeson) 因為操作日經期貨指數不當，導致霸菱銀行百年基業毀於一旦。

委託人—代理人問題的例子十分普遍。在政府中，委託人是選民，而代理人是民選政治人物。在法律訴訟中，委託人是原告，而代理人是律師。選民或原告都無法真正監督民選政治人物或律師，他們只能觀察到最後成果。委託人—代理人的關係還包括：工會成員與工會領袖、健身俱樂部會員與健身俱樂部員工、國防部與軍火商、病人與醫生、國家與國際組織代表、投資者與基金經理人。

通常，委託人可以看到最終成果 (如銷售成績、公共財數量、貧窮狀況)，但無法觀察到代理人的真實努力程度或行動。譬如，課堂上老師可能要求你從網路下載一些資料。在所有資料下載快要完成時，碰上電腦當機，一切努力都付諸東流；或是福星高照，早就有人將資料整理好，你不費吹灰之力，瞬間便達成老師的要求。總之，資訊是不對稱的，只有你知道自己的努力程度，老師 (委託人) 只能看到有或沒有資料的成果。代理人利用委託人沒有足夠的資訊來隱藏自己的努力程度，便會造成第 14.5 節所提的道德風險問題。

想要解決委託人—代理人問題的辦法是，委託人針對可觀察的成果來設計誘因契約，以激勵代理人提高努力程度。簡單地說，委託人可設計一套誘因方案，使高度努力成為代理人的優勢策略。首先，委託人擬訂好一個成果與報酬相關的計畫，以極大化委託人的目標 (如利潤) 為主。其次，要考慮代理人對誘因的反應。這是一個兩階段賽局，如第 13 章的說明，我們可以用倒推法求解，也就是先決定代理人在不同誘因方案下的最適策略 (如極大化工資與付出成本的差距)，然後，委託人再就各種誘因安排，選擇對自己最有利的策略。讓我們用一個簡單的例子來說明如何克服委託人—代理人的問題。

假設靜香在暑假到震旦通訊打工。震旦通訊的利潤與靜香的努力程度及隨機因素，如運氣、手機品質有關。如果靜香的服務態度親切、口才流利且主動瞭解客戶需求，震旦通訊的利潤會較高：20 萬元 (業績不佳) 或 40 萬元 (業績良好)。相反地，如果靜香木訥、不擅言詞，震旦通訊的利潤是：10 萬元 (業績不佳) 或

20 萬元 (業績良好)。當震旦通訊的利潤是 20 萬元時，老闆並不知道靜香的努力程度 (因為監督成本昂貴)，而產生資訊不對稱的委託人—代理人問題。

靜香打工的目的是什麼？當然是希望薪水收入達到最大，但是必須扣除努力工作所造成的休閒損失。假設靜香高度努力的成本是 10 萬元，而不努力的成本是零。另一方面，震旦通訊的目標是什麼？由於無法觀察到靜香的努力程度，震旦通訊的目標應該是追求預期利潤極大化。請問：在委託人 (震旦通訊) 與代理人 (靜香) 的目標已知情況下，薪資最佳的決定方式為何？

假設震旦通訊的敘薪方式是固定底薪加上業績獎金，業績獎金與公司的利潤有關。當利潤是 10 萬元或 20 萬元時，業績獎金為零；而當利潤是 40 萬元時，業績獎金是 24 萬元。

由於公司利潤可能是 20 萬元 (靜香的業績獎金為零)，或 40 萬元 (靜香的業績獎金為 24 萬元)，兩者發生機率各為 $\frac{1}{2}$。在這種情況下，靜香不努力就拿不到任何獎金，而高度努力則可以拿到 24 萬元的獎金。因此，在高度努力的條件下：

靜香的預期獎金收入 = 預期報酬 − 成本

$$= \left(\frac{1}{2} \times 0 + \frac{1}{2} \times \$240{,}000\right) - \left(\frac{1}{2} \times 0 + \frac{1}{2} \times \$100{,}000\right)$$

$$= \$70{,}000$$

震旦通訊的預期利潤 = 預期報酬 − 獎金

$$= \left(\frac{1}{2} \times \$200{,}000 + \frac{1}{2} \times \$400{,}000\right) - \left(\frac{1}{2} \times 0 + \frac{1}{2} \times \$240{,}000\right)$$

$$= \$180{,}000$$

如果靜香一點也不努力，則：

靜香的預期獎金收入 = 0

震旦通訊的預期利潤 = $(\$100{,}000 + \$200{,}000) \times \frac{1}{2} = \$150{,}000$

比較上述兩種情形，我們發現如果震旦通訊設計出一套紅利制度 (成果與報酬的計畫)，使高度努力成為靜香 (代理人) 的優勢策略，震旦通訊也可以極大化預期利潤。

另一種誘因契約是利潤分享制。震旦通訊可以與靜香簽約，只要利潤超過 18 萬元，雙方可共享利潤：

$$靜香的預期收入 = (利潤 - \$180{,}000) \times \frac{1}{2}$$

如果靜香不努力，利潤是 10 萬元時，靜香的預期收入等於零；若利潤是 20 萬元時，靜香的預期收入是 1 萬元。相反地，如果靜香非常努力工作，預期收入為 12 萬元，扣除努力成本後的預期淨收入為 2 萬元，震旦通訊的預期利潤仍為 18 萬元。因此，利潤分享與紅利制度的誘因安排均可消弭委託人─代理人的問題。當然，公司也可以承諾銷售業績達一定金額，用表揚或出國旅遊的方式予以獎勵。

總結

▶ 只要搜尋的邊際利益大於邊際成本，買方就會購買額外的資訊。由於資訊不對稱的緣故，所以資訊不是免費的，同樣的商品會有不同的售價。

▶ 商品市場中，賣方比買方擁有較優越資訊。譬如，二手車車主比買車的人更明白自己愛車的狀況，這種資訊不對稱造成市場失靈，低品質二手車充斥整個市場，高品質二手車退出市場，假如賣車的人提供保證，即可解決資訊不對稱所引發的交易障礙。標準化及商譽是另外兩種克服市場失靈的方法。

▶ 在保險市場中，買方比賣方擁有較優勢的資訊，這種資訊不對稱有逆向選擇的問題，健康情形不佳者會購買保險，而身體健康者不會買保險，結果是平均風險提高，保險費也跟著水漲船高。

▶ 保險市場也存在道德風險問題，已購買保險者通常會產生沒有小心避免損失的誘因，使得事故發生機率提高。

▶ 想要解決道德風險的問題，一方針對可觀察的成果來設計契約，以激勵另外一方揭露自己的行動。

▶ 逆向選擇是指在簽約之前，已經清楚自己的特性，而做出對自己有利的自我選擇。道德風險是指在簽約之後改變自己的行為，影響事件發生機率，甚至傷害到另一方的福祉。

▶ 在勞動市場中，勞動供給者藉由教育程度，提供正確訊號給廠商；廠商可以藉著過濾篩選準則來僱用最合適的員工。

▶ 資訊不對稱的存在，使得股東或公司老闆無法有效監督經理人的表現，這是委託人─代理人問題。

▶ 廠商可設計誘因契約來引導勞工努力工作，以克服代理人問題。

問題與計算

基礎題

1. 下列問題中，何者讓消費者會花較多的時間在商品的詢價上？為什麼？
   (a) 咖啡或奶精。
   (b) 烏龍茶或紅茶。
   (c) 糖或鹽。

2. 老魏中年失業，失業後找到的第一份工作時薪是 150 元。以他目前的狀況，最有可能的工資範圍是介於 100 元與 200 元之間 (單一分配)。如果搜尋成本是 5 元，老魏是否應該繼續搜尋？或是乾脆接受時薪 150 元的工作？

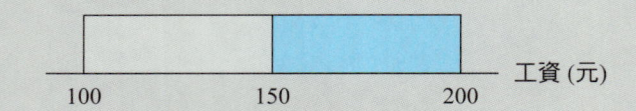

   （工資 (元) 軸上標示 100、150、200）

   如果新工作的待遇確實超過 150 元，平均工資應該是 ($200-$150)/2＝$25。此外，得到新工作的機率是 $\frac{1}{2}$，所以新工作的預期利益為：

   $$E(150)=\frac{1}{2}\times \$25 = \$12.5$$

   由於預期利益大於搜尋成本 5 元，老魏應該繼續找新工作，請問老魏應該接受的最低工資是多少？

3. 友達電腦七代廠招募新員工，有兩群勞工：(第 1 群) 高生產力及 (第 2 群) 低生產力勞工來應徵，其教育成本分別如下：

   $$第 1 群員工\ C(y)=30,000y$$
   $$第 2 群員工\ C(y)=60,000y$$

   其中 y 為高中畢業後受教育的年數。如果教育可作為生產力高低的訊號，第 1 群勞工與第 2 群勞工額外受教育所得到的利益，假設都等於 150,000 元。比較受教育的成本與利益後，最適教育年數是多少？

4. 金秀賢在就讀 4 年的香港中文大學期間，成績名列前茅，請問此種學業表現是否釋放出他是高品質勞工的訊號給未來的雇主？

5. 美國車給人的印象是小毛病很多，一些美國車會提供廣泛的品質保證給購車者 (如 7 年保證更換零件及免費維修)。依據你對檸檬市場的瞭解，這是一個合理的措施嗎？這些措施會造成道德風險嗎？

Chapter 14 資訊經濟學

6. 在找工作時,謊稱自己擅長某一種技能,希望能得到工作,這是一種逆向選擇或道德風險?
7. 保險公司正考慮推出三種不同的保單:(1) 全險;(2) 10,000 元自付額,超過 10,000 元為全險;以及 (3) 火災保險給付 90% 的損失。請問哪一種保單較易產生道德風險問題?
8. 麥當勞到底賣的是什麼?請從資訊經濟學的角度解釋。
9. 請解釋國際性會計事務所的年輕會計師或電腦公司的軟體工程師,為何每週工作 60 到 70 小時?
10. 請分辨下列何者是委託人?何者是代理人?
    (a) 醫生和病人。
    (b) 出口貿易商和出口商品製造者。
    (c) 基金經理人和基金投資者。
    (d) 股東與上市公司總經理。

進階題

1. 為什麼紅利與利潤分享方案比固定薪資更能解決委託人—代理人問題?
2. 在「檸檬模型」中,假設只有高品質和低品質的中古車。如果現在中古車市場有很多種品質的中古車,請用圖形說明只剩下品質最差中古車留在市場的原因。
3. 美樹和美惠是軟體工程師,目前剛好找到新竹科學園區的工作而需要搬家。美樹的房子在中山區,美惠的房子在外雙溪,兩間房子的中古行情都是 800 萬元,不同的是美樹的房子是一般公寓,而美惠的房子是經過建築師精心設計。如果透過仲介商賣屋,哪一間房子可以賣出較好的價錢?
4. 一家小型律師事務所在招募新人,有一男一女前來應徵,兩位都是台大畢業生,也都非常傑出,完全符合公司要求。如果能夠為公司賺更多錢的人才能錄取,請問公司會錄取男性或女性?為什麼?
5. 為什麼賣方 (如中華賓士) 釋放出產品品質的訊號是有利的?「保證」及「免費維修」為什麼是市場訊號?
6. 假設經濟學以學期報告方式取代小考、期中考和期末考,請以逆向選擇和道德風險問題分析其意義。
7. 為什麼檳榔攤要僱用檳榔西施或口香糖辣妹賣東西,而不願意僱用檳榔阿姨及口香糖伯伯?
8. 假設有兩種勞工:能力高者和能力低者,能力高者的薪水是 50,000 元,能力低者的薪水則是 30,000 元。雇主只能以高中文憑來決定勞工能力,勞工效用取決於取得高中文憑的成本和薪資差距。
    (a) 如果能力高者與能力低者取得高中文憑的成本相同,是否仍有分開均衡——能力高者

得高工資，能力低者得低工資？
(b) 能力高者取得高中文憑最高願意支付金額是多少？如果文憑是市場訊號，為何能力低者取得文憑成本高於能力高者？

9. 請說明為什麼保險業務員與廣告 AE 的工作都有豐富的績效獎金，而每天坐在辦公桌前面努力工作的人通常只能領到固定薪水？若是兩種支付薪資方式互換，請問會產生什麼後果？

10. 委託人—代理人模型如何解釋公營企業的經理人，如郵局局長，會追求利潤極大化之外的目標？

11. 台積電的營業收入是 $R=10e-e^2$，其中 e 是員工的努力程度。員工的目標是追求工資淨收入 $w-e$ 的最大 (每單位 e 的成本是 1 元)。請決定在下列各種工資安排中，最適利潤與努力程度是多少？並解釋為何這些不同的委託人—代理人關係會得到不同的結果。
(a) $w=2$，當 $e \geq 1$ 時，$w=0$，其它。
(b) $w=\dfrac{R}{2}$。
(c) $w=R-12.5$。

網路習題

1. Yahoo!奇摩拍賣及露天拍賣為台灣知名拍賣網站，請比較兩者的拍賣制度不同點。在 Yahoo!奇摩拍賣網站中，種類及數量排名第一和第二的商品是什麼？如果是你，會上網買什麼商品？為什麼？

2. 請至 Yahoo!奇摩網站 https://tw.yahoo.com，鍵入「拍賣新聞」的關鍵字。列出你認為有趣的兩則拍賣新聞，並說明其內容。

Chapter 15

外部性與公共財

2021 年 8 月 12 日聯合國氣候變遷委員會報告指出,極端破壞性的極端天氣事件頻率正在增加,2021 年美國西北部及英屬哥倫比亞熱浪,造成數百人死亡。前十大加州火災,有六次發生在 2020 年或 2021 年。人類最有可能 (占 90%) 是 1990 年代至今,造成冰河萎縮及北極冰洋融化的元凶。

研究預估,若是全球氣溫再上升 2°C,小麥、楓糖漿、海鮮、巧克力及葡萄酒將會從地球上消失。根據國際非營利組織國際玉米和小麥改良中心 (International Maize and Wheat Improvement Center) 在 2019 年的研究,不斷的氣候變化與乾旱,將會影響全球 60% 的小麥產地產量。2021 年 3 月中旬,法國部分地區的溫度上升到 26°C,導致葡萄提早開花,到了 4 月初,氣溫驟降至 −7°C,法國 80% 的葡萄園都受到嚴重衝擊,法國農業聯盟 (National Federation of Agricultural Holders' Unions, FNSEA) 估計有近 30 億歐元的損失。

本章將探討兩種無法達到資源分配效率極大的市場:外部性與公共財存在的市場。外部性 (externality) 是指生產者或消費者的行為會影響其它生產者或消費者的成本或利益,但卻無法反映在市場價格上。公共財 (public goods) 是指即使個人不支付生產成本,仍可從中獲益的商品。公共財有兩個特性:非敵對性和非排他性,提供給額外消費者的邊際成本為零。

外部性與公共財的重要性為何?簡單地說,在一競爭市場中,當市場存在外部性或公共財時,那隻看不見的手無法有效率地分配資源,消費者或生產者所面臨的成本─效益,和社會整體所面臨的成本─效益並不一致,市場價格無法反映真實的社會價值,因此市場無法使社會福利水準達到極大。

15.1 外部性

生產者或消費者的生產或消費行為影響第三者的福利,即為外部性。外部性的例子有很多,如 2009 年 8 月 8 日的莫拉克颱風,造成台灣地區 678 人死亡和 75 人失蹤,一個颱風造成如此慘重損失,當然有許多原因,包括:水土保持不良、環境遭到人為破壞、氣象預警失靈、921 震災後未復原,其中最主要的原因,應該是雨量集中在南投與花蓮山區,爆發土石流。

會發生土石流的地區,大都是長期遭到濫墾、濫伐、濫種的山坡地。颱風過境固然會造成傷害,但是人類從事生產,追求自我利益卻造成社會成本。這種社會成本高於私人成本的現象,我們稱為**負的外部性** (negative externality)。除了生產導致負的外部性外,消費也可能引起負的外部性。譬如,你習慣在期中考和期末考前,邊聽音樂邊讀書,而音樂卻會影響室友的讀書情緒,造成他無法專心念書,就是一種消費引起負的外部性。

教育是一種正的外部性顯著的例子,一個人接受的教育愈高,不但能讓自己的所得提高,也可增加生產力,使得公司的利潤增加。此外,教育可提高生活水準,影響他人增加社會福利。另外一個正外部性的例子是中正紀念堂。中正紀念堂的國家戲劇院和國家音樂廳提供民眾欣賞國內外藝術表演的絕佳場所,優美的環境也是附近婚紗攝影禮服店拍攝地點。當然,中正紀念堂不是為了這些婚紗店所建立,但卻可以增加它們的福利,免去客戶為外景攝影的舟車勞頓之苦。接下來,將依序介紹負的外部性和正的外部性,並強調其與經濟效率之間的關係。

負的外部性與經濟效率

經濟效率是指社會**總剩餘** (total surplus) 達到最大的境界。讓我們舉例說明負的外部性與經濟效率之間的關係,假設台糖在屏東設置養豬場,豬隻排泄物直接排入河川,造成高屏溪受到污染,對使用這條河的居民、遊客及大高雄地區飲用水造成負的外部性。

負的外部性使得社會成本高於私人成本,如圖 15.1 所示。圖 15.1 的邊際私人成本曲線 MPC,衡量台糖養豬的邊際成本,豬隻的排泄物以**邊際外部成本** (marginal external cost, MEC) 來表示。因為隨著豬隻的排泄物排入河中愈多,環境污染會更加嚴重,邊際外部成本曲線斜率為正。豬隻生產的**邊際社會成本** (marginal social cost, MSC),就等於邊際私人成本加上邊際外部成本。若以數學式表示,考慮外部成本的社會供給曲線為:

$$MSC = MPC + MEC = S_s \tag{15.1}$$

Chapter 15　外部性與公共財

式 (15.1) 中，S_s 是社會供給曲線，MSC 代表額外生產 1 單位商品所增加的社會成本，MSC 是 MEC 和 MPC 的垂直加總。由於豬隻排泄物造成水污染，MSC 會在 MPC 的左邊。如果台糖根本不管邊際外部成本，社會供給曲線是台糖的邊際私人成本 MPC，豬隻的均衡價格為 P_p，豬隻的產量為 Q_p，如圖 15.1 所示。

　　社會最適的豬隻生產數量是由社會供給曲線與需求曲線的交點所決定，當產量等於 Q_s 時，消費最後 1 單位豬隻的利益等於生產最後 1 單位豬隻的社會成本。從整個社會的角度來看，在產量等於 Q_s 下的經濟效率最高。

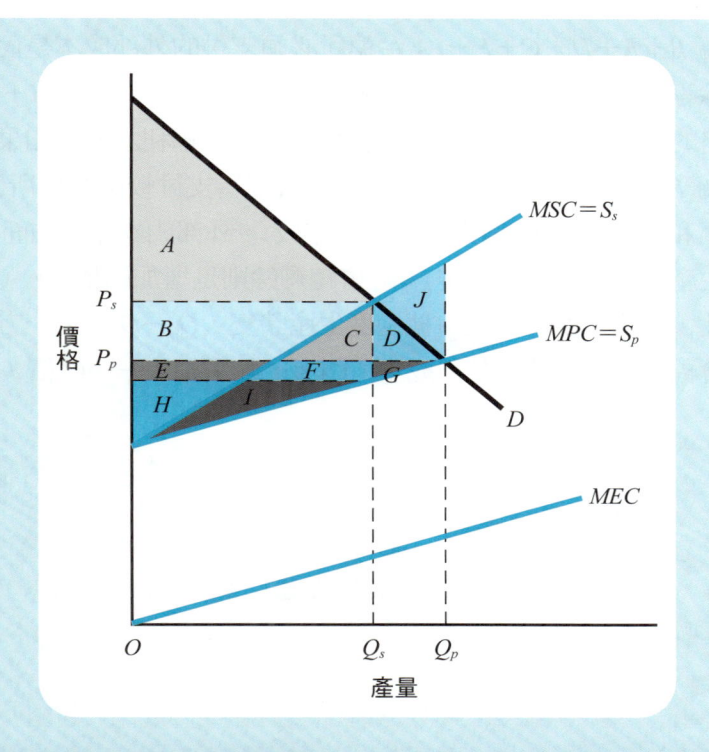

項目	私人均衡	社會均衡	剩餘的變動
消費者剩餘	$A+B+C+D$	A	$-(B+C+D)$
生產者剩餘	$E+F+G+H+I$	$B+C+E+F+H+I$	$B+C-G$
外部成本	$-(C+D+F+G+I+J)$	$-(C+F+I)$	$D+G+J$
社會總剩餘	$A+B+E+H-J$	$A+B+E+H$	J

圖 15.1　負的外部性與經濟效率

當存在負的外部性時，經濟效率是在需求曲線 (D) 和社會供給曲線 (S_s) 的交點。若不考慮外部成本，台糖的最適生產點是需求曲線 (D) 和私人供給曲線 (S_p) 的交點。外部性導致台糖過度生產 Q_p-Q_s 的豬隻，並造成無謂損失——面積 J。

圖 15.1 的表格整理出存在負外部性下的福利變動情形。第二欄是台糖不支付外部成本的福利水準。消費者剩餘是需求曲線與均衡價格 P_p 所圍成的面積，即 $A+B+C+D$；生產者剩餘是均衡價格 P_p 與私人供給曲線 S_p 所圍成的面積，亦即 $E+F+G+H+I$；外部成本是 $C+F+I+G+D+J$；社會總剩餘是消費者剩餘加生產者剩餘再扣除外部成本的部分，也就是面積 $A+B+E+H-J$。

第三欄是台糖考慮外部成本後的最適生產點，是社會供給曲線和需求曲線的交點。豬隻的最適產量為 Q_s，最適價格為 P_s。消費者剩餘是需求曲線和最適價格 P_s 所圍成的面積，即 A；生產者剩餘是最適價格與私人供給曲線 S_s 所圍成的面積，為 $B+E+H+C+F+I$；台糖所必須支付的外部成本是面積 $C+F+I$；社會總剩餘等於消費者剩餘加生產者剩餘減外部成本，為面積 $A+B+E+H$。

表格的最後一欄比較私人均衡和社會均衡的福利水準。如果消費者支付的豬隻價格為 P_s，消費者剩餘減少 $B+C+D$ (因為支付較高價格所引起)；生產者剩餘增加 B 和 C，但減少 G (過度生產所造成)。外部成本淨增加面積 D、G 和 J (減少過度生產所節省的外部成本)；社會總剩餘則是增加面積 J。

因此，負的外部性導致台糖過度生產豬隻，Q_p-Q_s。另一方面，負的外部性造成社會福利水準下降，外部成本所引發的無謂損失——面積 J。

邊做邊學習題 15-1

負的外部性

國際知名藝人來台開演唱會，吸引 4 萬歌迷湧入小巨蛋，附近居民被吵得徹夜難眠，歌迷留下滿地垃圾。這表示該演唱會之社會成本高於或低於私人成本？(102 年高考)

類似問題：基礎題 1

正的外部性與經濟效率

正外部性的例子在日常生活中處處可見，如電子郵件、教育、捷運、全民健保、研究發展，甚至鄰居興建的美麗花園等。正的外部性使商品或服務的邊際社會利益超過邊際私人利益。譬如，全民健保實施後，民眾花費較少的醫療費用，而有較多的醫療資源，試想在美國做一次復健要價 100 美元，在台大醫院掛號費只要新台幣 100 元，台灣民眾尋求醫療服務的意願顯然較高，健康的身心不僅對個人有利，也對家庭及社會具正面利益。

圖 15.2 描繪正的外部性與經濟效率的關係。圖中的 MPB 曲線是國人享有全民健保的邊際私人利益 (marginal private benefit, MPB)，隨著醫療費用的降低，民

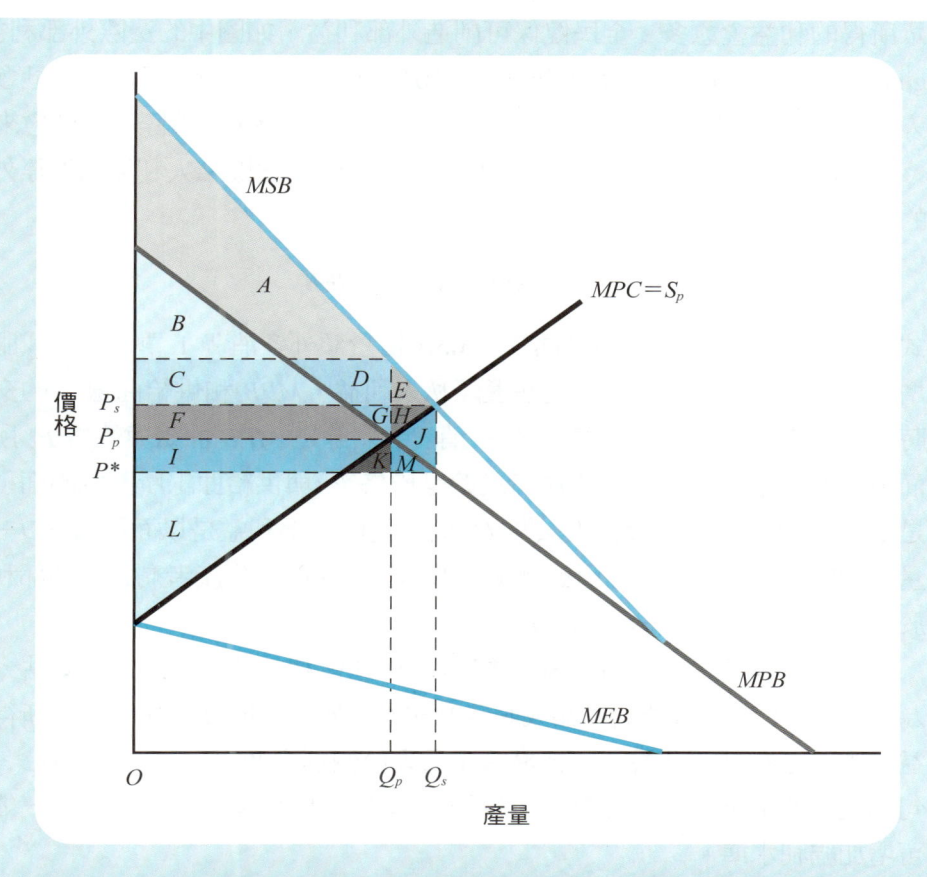

項目	私人均衡	社會均衡	剩餘的變動
消費者剩餘	$B+C+F$	$B+C+F+I+K+M$	$I+K+M$
生產者剩餘	$I+L$	$F+I+L+G+H$	$F+G+H$
外部利益	$A+D+G$	$A+D+G+E+H+J$	$E+H+J$
政府補貼成本	O	$-(F+I+G+K+H+J+M)$	$-(F+I+G+K+H+J+M)$
社會總剩餘	$A+B+C+D+F+G+I+L$	$A+B+C+D+E+F+G+H+I+L$	$E+H$

圖 15.2　正的外部性與經濟效率

當存在正的外部性時，經濟效率是在供給曲線 (S_p) 和邊際社會利益 (MSB) 的交點。若不考慮外部利益，均衡點是私人邊際利益 (MPB) 和供給曲線 (S_p) 相交的地方。外部性導致廠商低度生產 ($Q_s - Q_p$)，無謂損失為面積 $E+H$，社會最適均衡可經由政府補貼達到。

眾所得的利益會愈多。全民健保可創造外部利益,如圖中的**邊際外部利益** (marginal external benefit, *MEB*) 曲線所示。*MEB* 曲線斜率為負,是因為對社會上少數人的健康,其邊際貢獻較大,而絕大多數人都健康時,其邊際利益就愈來愈小。

邊際社會利益 (marginal social benefit, *MSB*) 是邊際私人利益和邊際外部利益的加總。以數學式表示,可寫成:

$$D_s = MSB = MPB + MEB \qquad (15.2)$$

式 (15.2) 中,D_s 是社會需求曲線,*MSB* 衡量額外多消費 1 單位商品或服務,所增加的社會利益。私人均衡是在邊際私人利益,*MPB* 和供給曲線 *S* 的交點。此時均衡價格為 P_p,均衡數量為 Q_p。消費者剩餘是 *MPB* 曲線與價格 P_p 所圍成的面積,也就是 $B+C+F$;生產者剩餘是價格 P_p 與供給曲線所圍成的面積,也就是 $I+L$。當全民健保投保人數為 Q_p 時,邊際外部利益是以面積 $A+D+G$ 來衡量。因此,私人均衡的社會總剩餘,即消費者剩餘加生產者剩餘加外部利益,等於面積 $A+B+C+D+F+G+I+L$。

社會最適產量發生在供給曲線與邊際社會利益曲線 *MSB* 的交點,當產量為 Q_s 時,生產 1 單位的商品或服務的成本等於消費最後 1 單位商品所得到的利益。由於存在外部利益,社會最適產量大於個別廠商 (醫院) 產量 ($Q_s > Q_p$);換句話說,個別廠商生產最後 1 單位的成本 P_p 低於社會利益 P_s。因此,繼續生產可增加福利水準。

政府有什麼樣的政策來誘使廠商多生產?其中一個方法就是補貼商品與服務的生產。政府補貼的金額應該是多少?為了要供給最後 1 個單位的商品,廠商需要收到的價格是 P_s,但是消費者只願意支付 P^* 購買該單位。因此,政府如果能夠提供 $P_s - P^*$ 的補貼金額,廠商會願意提供,而消費者也願意消費最後 1 個單位的商品。

從圖 15.2 中的表格可以看到,當消費者支付的價格是 P^* 時,消費者剩餘是面積 $B+C+F+I+K+M$;而當廠商收到的價格是 P_s 時,生產者剩餘是面積 $F+I+L+G+H$。政府的補貼成本是單位補貼金額 $(P_s - P^*)$ 乘以數量 Q_s,即面積 $F+I+G+K+H+J+M$。外部利益擴增至 $A+D+G+E+H+J$。社會總剩餘等於消費者剩餘、生產者剩餘與外部利益的加總,再減去政府補貼成本。因此,社會總剩餘以面積 $A+B+C+D+E+F+G+H+I+L$ 來代表。

圖 15.2 中表格的最後一欄比較補貼前後剩餘的變動,政府補貼後使消費者剩餘增加面積 $I+K+M$ (這是因為消費者支付較低價格和享受較多數量的緣故)。由於政府的補貼,使得廠商可收到較高的價格,生產者剩餘增加面積 $F+G$

+H，外部利益則淨增加面積 $F+H+J$ (是由消費者支付較低價格和享受較多數量所引起)。最後，社會總剩餘增加面積 $E+H$ (正的外部利益所造成)。

因此，正的外部性導致廠商生產不足，以 Q_s-Q_p 來代表。社會最適水準可藉由政府補貼來達成，每單位的最適補貼金額為 P_s-P^*，最適補貼使社會總剩餘增加面積 $E+H$。

15.2 政府政策與外部性

在上一小節提到市場存在正的外部性時，政府可補貼廠商以達經濟效率。當市場存在負的外部性時，政府也可以利用不同的政策來糾正市場失靈。這些政策包括：直接管制與排放交易制度。

直接管制

政府可以利用兩種方式來直接管制污染廠商：數量管制和價格管制。價格管制是政府針對每 1 單位污染課徵**污染防治費** (emission fees)。譬如，我國環境保護法規針對空氣污染和水污染徵收污染防治費用。讓我們利用台糖養豬的例子來說明，污染防治費與經濟效益之間的關係。

在圖 15.3 中，假設台糖豬隻的數量與排泄物數量成固定比例。每頭豬排放 1 單位排泄物到高屏溪中。如果政府並未針對台糖所製造的污染課稅，均衡是發生在需求曲線 D 與邊際私人成本曲線 MPC 相交的地方，均衡價格為 P_p，均衡數量為 Q_p。

如果政府針對每單位的豬隻排泄物課徵防治污染費 (稅) t。生產者的供給曲線是邊際私人成本加上單位稅額，即 $MPC+t$。稅後均衡是在需求曲線與 $MPC+t$ 曲線相交的地方。消費者支付的價格為 P^*，享受的豬隻數量為 Q_s。生產者收到的價格為 P_s，恰好可以彌補台糖的邊際私人成本。政府針對每頭豬所課徵的稅額等於 P^*-P_s。如圖 15.3 所示，稅額恰好等於邊際外部成本。

圖 15.3 中的表格整理出政府課徵防治污染費用前後的福利變動情形。第二欄的私人均衡與圖 15.1 中的表格第二欄相同。如果政府不對台糖課徵任何污染防治費用，負的外部性導致台糖豬隻生產過剩 (Q_p-Q_s)，並發生無謂損失面積 J。課稅後的消費者剩餘為需求曲線和價格 P^* 所圍成的面積，即面積 A；生產者剩餘是價格 P_s 與私人邊際成本 MPC 所圍成的面積，亦即面積 $H+I$；外部成本是面積 $I+F+C$。政府稅收等於單位稅額 (P^*-P_s) 乘以 Q_s，即面積 $B+C+E+F$；社會總剩餘等於消費者剩餘加生產者剩餘加政府稅收，再減去外部成本的部

分,為面積 $A+B+E+H$,這個結果與圖 15.1 的社會均衡結果相同。

比較稅前和稅後均衡,我們可以看到消費者剩餘和生產者剩餘都減少,政府稅收增加,而外部成本也節省面積 $G+D+J$。政府針對污染課徵稅防治費的結論是無謂損失不會出現,社會已達經濟效率境界,廠商生產數量為 Q_s。

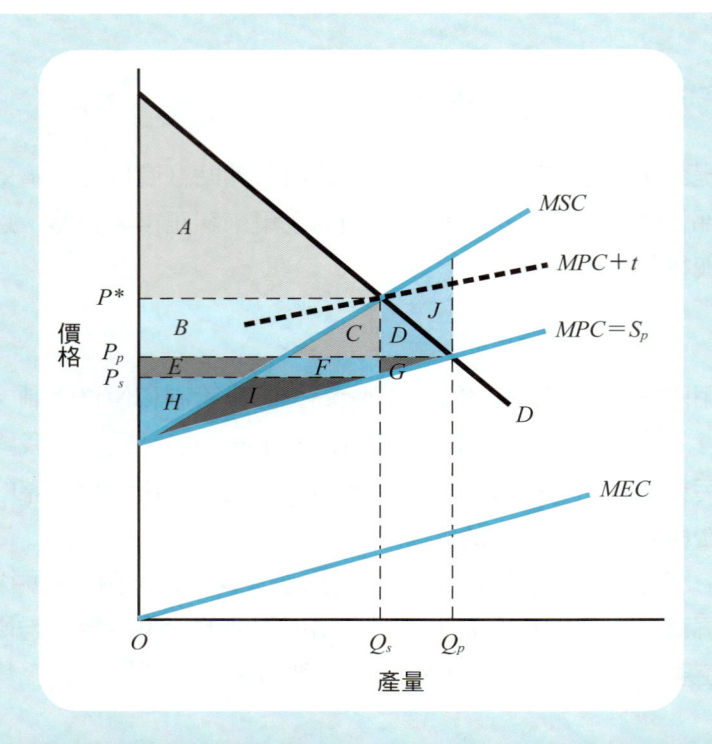

項目	私人均衡	社會均衡	剩餘的變動
消費者剩餘	$A+B+C+D$	A	$-(B+C+D)$
生產者剩餘	$E+F+G+H+I$	$H+I$	$-(E+F+G)$
外部成本	$-(I+F+G+C+D+J)$	$-(I+F+C)$	$G+D+J$
政府稅收	O	$B+C+E+F$	$B+C+F+E$
社會總剩餘	$A+B+E+H-J$	$A+B+E+H$	J

▶ 圖 15.3　污染防治費與負的外部性

最適污染防治費(稅)導致市場生產最適產量 Q_s,消費者支付 P^*,廠商收到 P_s。政府稅收為 $(P^*-P_s)\times Q_s$,即面積 $B+C+E+F$。比較私人均衡與稅後均衡發現,政府針對污染課稅,使得無謂損失消失,剩餘增加面積 J。

Chapter 15 外部性與公共財

邊做邊學習題 15-2

防治污染費

根據寇斯定理，當工業區的廠商排放有毒氣體污染居民時，若當雙方達成協議時，不論空氣的財產權屬於廠商或居民，則下列何者正確？
(a) 廠商的福利皆相等。
(b) 居民的福利皆相等。
(c) 廠商與居民的福利相等。
(d) 有毒氣體的排放量皆相等。

(103 年初考)

類似問題：基礎題 3

數量管制

數量管制是政府規定廠商排放污染的最高數量。制訂污染排放標準 (emissions standard) 是一種數量管制。譬如，行政院環境保護署的空氣污染防制法制訂總量排放標準，以及地區和業別排放標準；此外，噪音管制法制訂車輛、航空器等交通噪音的防治規定，並提高罰鍰額度；還有就是水污染防治法規定擴大污染源管制對象，建立總量管制制度、提高罰鍰額度及增加刑責規定，這些都是制訂污染排放標準的例子。

我們可以利用圖 15.3 來說明數量管制。如果政府清楚廠商生產的外部成本，可以立法規定廠商的最大污染排放數量 Q_s、邊際社會成本曲線與需求曲線的交點。此時，廠商面對的供給曲線就是法定污染排放標準 Q_s。廠商為了符合規定會將產品價格訂為 P^*，因此政府制訂污染排放標準可以確保市場達到效率境界，而沒有無謂損失。

雖然制訂排放標準與徵收污染防治費用的結論相同，但在某些情況下，兩種管制措施各有優缺點。譬如，假設兩家廠商的污染防治成本不同，若政府要求相同的污染排放數量，將造成高污染廠商的邊際污染防治成本上升，低污染廠商的邊際污染成本減少卻很有限。然而，如果是以費用方式徵收，廠商可依污染防治成本而有不同污染排放數量，則兩家廠商都可達效率境界。在這種情形下，費用徵收比標準制訂顯得更有生產效率。

另一方面，如果政府無法精確估算每種污染源的徵收費用，制訂排放標準會比較簡單，且可達到生產效率。除了設定排放標準與徵收污染防治費用外，政府也可以要求廠商採用減少污染的技術，譬如，要求汽車加裝觸媒轉換器。另外，政府也可機動派員稽查，加強取締工廠和汽車排放大量廢氣或污染水源等。

排放交易制度

如前所述,不管政府採取制訂污染排放標準或徵收污染防治費用,都無法確定是否達到效率境界。

排放交易制度是一種**可交易排放許可證制度** [tradable emission permit (TEP) system]。碳權交易即為一例,內容如下:首先,政府主管機關規定一段時間內的最高污染排放總量,並決定許可證數目。然後,透過若干原則來分配排放許可證。每家廠商必須持有許可證才得排放污染。每張許可證上規定廠商可以排放污染的數量,排放許可證可以在市場上交易買賣。

許可證的分配原則包括:(1) 溯往原則:考量現在排放水準來發放許可證;(2) 市場分配原則:透過公開競標方式,取得許可證;(3) 均等原則:依據人口數分配排放許可證;(4) 成本有效分配原則:每一產業依據規定排放污染,以達總防治成本最低;(5) 產值分配原則;(6) 需求分配原則;以及 (7) 折衷原則。各種原則均有優劣點,分配原則不同,產生的福利分配效果也不同。

基本上,許可證交易市場是買賣污染權利的市場。以圖 15.4 為例,橫軸是廠商排放的污染數量,縱軸是污染排放價格。MCA 是廠商防止額外 1 單位污染必須付出的成本,即**邊際污染廢除成本** (marginal cost of abatement, MCA)。如果廠商需要防止的污染數量愈多,亦即當廠商必須花費大筆金錢購買防治污染設備時,邊際污染廢除成本會愈高,所以 MCA 是負斜率的曲線。

在圖 15.4 中,MCA_1 和 MCA_2 分別代表廠商 1 和廠商 2 的邊際污染廢除成本。假設廠商 1 的污染防治成本高於廠商 2 的污染防治成本 ($MCA_1 > MCA_2$),如果主管機關規定排放數量是 5 公噸,廠商 1 必須支付 375 元,而廠商 2 只需支付 250 元,來購買 1 單位的排放許可。倘若政府允許許可證可以交易,廠商 2 可以售價介於 250 元與 375 元之間,銷售 1 單位的排放許可證給廠商 1。譬如,廠商 2 以 300 元的價格銷售 1 單位排放許可證給廠商 1,廠商 1 可以排放 6 單位污染數量,而廠商 2 排放 4 單位污染數量。換句話說,污染數量較多的廠商可以透過市場機能買進需要排放的污染數量,而無須耗費大量資本設備改善污染;污染量較小的廠商藉由銷售排放許可證來獲利,並減少自己的污染排放數量。

只要污染權市場的價格機能可以充分發揮,每一家廠商會選擇成本最低的排放數量,資源配置將更有效率。美國環境保護署的酸雨計畫 (Acid Rain Program, ARP),對二氧化硫 (SO_2) 及氮氧化物 (NO_x) 進行**許可移轉** (allowance transfer),依其實務運作方式,有以下幾種政策:

1. **污染泡政策** (bubble program):這個政策是在總污染量限制下,允許個別廠商自行調整部門間的污染數量。譬如,某部門的排放數量未達規定額度,可將

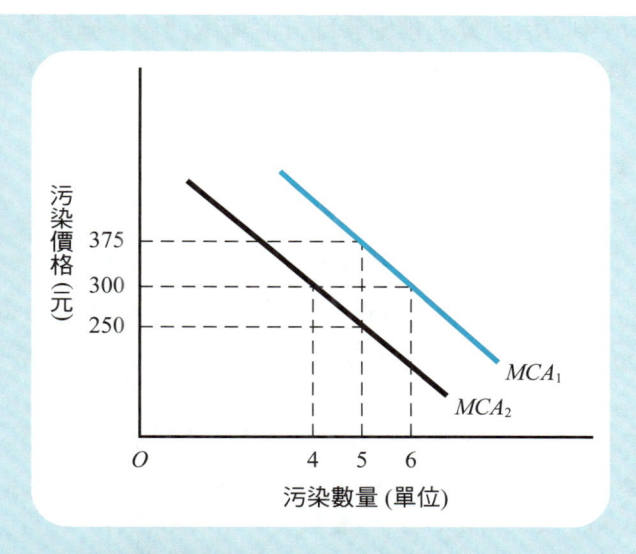

圖 15.4　可交易排放許可證

假設政府規定最大污染排放量是 5 公噸。廠商 1 的成本是 375 元，廠商 2 的成本是 250 元，如果許可證可以交易，廠商 2 願意以介於 250 元與 375 元間的價格賣給廠商 1。

剩餘部分轉給另一排放數量較多的部門使用。同樣地，污染泡政策也允許同一地理區域廠商間進行交易。

2. **抵銷政策** (offset program)：在空氣品質尚未嚴重惡化區域，新進廠商必須向現有業者取得排放抵減證 (emission reduction credit, ERC)，才得排放污染。
3. **許可證交易銀行**：廠商研發新技術而大幅減低排放量，可將其差額 (許可量扣除實際排放量) 存入交易銀行，作為交易信用，以供將來排放之用。此外，交易銀行是一個中介機構，協助許可證買賣，減少交易成本。[1]

有關二氧化硫和氮氧化物可交易排放許可證的市場價格，美國環境保護署並無官方統計資料，但是民間企業在 2003 年 1 月成立芝加哥排放交易市場 (Chicago Climate Exchange, CCX)，透過買賣溫室氣體排放指標，來達成減少排放量的目的。[2] 台灣地區環境保護政策準備建立對水污染防治及空氣污染防制的排放交易制度。譬如，允許廠商彈性購買排放許可證，以市場導向的最佳排放組合來改善

---

[1] 資料來源：李堅明，〈排放權交易制度之簡介〉，《資訊速報》，第 17 期，1999 年 6 月，行政院環境保護署。
[2] 有關交易價格，請見 https://www.theice.com/ccx。

空氣品質；在水污染防治部分，預備於部分流域或河段實施總量管制，要求污染源依核定的許可量排放，並研訂交易辦法，讓許可配額可在市場進行交易。[3]

實例與應用

碳權交易

排放交易 (emission trading)，又稱限額與交易 (cap and trade) 制度。歐盟為了實現京都議定書 (Kyoto Protocol) 的二氧化碳減排目標，在 2005 年建立全球第一個碳排放交易體系。

所謂碳排放是指，人類在生產、銷售過程中排放溫室氣體 (二氧化碳、甲烷、氧化亞氮、氫氟碳化物、全氟碳化物和六氟化硫等) 的過程。碳權是碳排放權，指的是核證減排量 (certified emission reduction, CER)，是碳交易市場的標的，理論基礎是寇斯定理，將原本財產權定義不明的公共財 (如污染權)，透過產權界定與自由交易，前提是排放交易必須建立在總量管制與排放交易的基礎上。

納入碳排放交易體系的企業每排放 1 噸溫室氣體，就需要有 1 個單位的碳排放配額。政府設定、控制總量和 CER 分配規則，企業按規定獲取配額，並根據自身減排，在交易市場購買或出售配額。

2020 年歐盟碳排放比 2005 年降低 20%，為了在 2050 年實現歐盟氣候中立，歐盟宣布：陸地交通和建築物供暖單設碳交易系統；停售汽柴油車；取消航空業免費配額、環境稅等。

15.3 寇斯定理

當經濟存在外部性現象時，我們已經看到政府可以藉著命令管制或提供經濟誘因兩種方式，來糾正資源分配的沒有效率。但是政府並非唯一能夠提供解決之道的機構，民間也存在某些解決方式，如綠色和平 (Greenpeace) 組織即致力於環境保護。在某些重視環境保護的國家 (如澳洲)，到處都是國家公園或保護區，民眾不會隨意攀折樹枝或污染水源，烤肉地方有電爐供應，用完之後會隨手清理，這均有賴社會規範及教育功能來進行環境資源維護。此外，透過契約協商方式，也能夠解決外部性問題，這種方式是本節所要探討的主題——寇斯定理 (Coase theorem)。

---

[3] 資料來源：行政院環境保護署，《國家環境保護計畫：87 年版 (草案)》，1998 年 6 月。

Chapter 15 外部性與公共財

　　1991 年諾貝爾經濟學獎得主寇斯 (Ronald Coase) 指出，在零交易成本情況下，藉由污染者與被污染者雙方的協商談判，達到最適污染水準，解決外部性的問題。我們以南部科學園區 (南科) 振動的例子來說明寇斯定理，假設力積電在南科承租土地，預訂興建 12 吋晶圓廠，採 0.1 微米製程生產。由於 0.1 微米製程先進，高度精密，而興建廠址與台灣高鐵距離相當近，相當不利於力積電動態隨機存取記憶體 (DRAM) 的生產過程。若 12 吋晶圓廠技術上無法忍受振動，力積電委託國內外專家評估，要克服台灣高鐵振動問題，台灣高鐵變更設計必須花費 10 億元，而力積電遷廠資金是 5 億元。這裡的外部性——振動，是因為高鐵及力積電雙方無法共存所引起。

　　究竟是力積電遷離較好，還是台灣高鐵變更設計較佳？也許你認為侵權行為人應該負擔所造成的損害。寇斯從效率的角度來回答這個問題，在其它條件不變下，我們傾向採取使雙方達到效率境界的法律規定，這個方法得到與一般認知不同的結論。

　　假設力積電有權利在南科當地興建 12 吋晶圓廠，可以要求台灣高鐵減少因為行駛產生的共振。台灣高鐵並不一定要花費 10 億元來減少振動，可以選擇支付介於 5 億元與 10 億元間的金額，請力積電搬離共振地區。這種結果對雙方都有利，因為高鐵支付金額少於 10 億元，而力積電獲得比搬遷所需更多的經費，所以力積電搬遷有效率的解決方式。

　　相對地，若台灣高鐵擁有振動的權利，無須變更任何設計，可照既定路線行駛。力積電既然沒有免於振動權利，就必須設法解決問題，一個方式是支付台灣高鐵 10 億元來變更設計減少振動，但這樣做比搬遷預算 5 億元更多，所以力積電會選擇離開南科。

　　顯然，力積電搬離南科是最有效率的方式。在這個例子中，效率有賴雙方協議的達成，假設台灣高鐵和力積電合併成為一家新公司，會在運輸和生產記憶體的結合下追求利益最大，而利潤最大的方式就是選擇將力積電遷離南科。因而不管法律如何規定，雙方會選擇合作，進而追求最大利潤。當然，精明的生意人經常協議合作，即使雙方不合作，只要參與雙方協議成功，就能達到效率境界。

　　但是如果雙方不合作，台灣高鐵必須變更設計時，將導致缺乏效率。在這種情況下，協議也可以下列方式進行：

台灣高鐵：按照法律，我必須花費 10 億元來變更設計，打個商量，我付你 5 億元，請你搬離南科現址。

力　積　電：如果我同意你付我 5 億元，你卻可以省下 5 億元，這並不公平，你應該將省下來的一部分給我作為補償。

台灣高鐵：好吧！我們來平分這 5 億元，我付你 7.5 億元，請你搬家，這個方法讓我們藉由合作各得 2.5 億元。

這段對話的重要意涵是：儘管法律規定台灣高鐵必須變更設計，合作的結果是力積電搬離南科。我們的結論是：當甲方的行動侵犯乙方時，法律保障乙方有不受甲方侵害的權利；效率卻要求將權利分配給事件中評價較高的一方。當雙方協議成功時，法律上權利的分配對效率沒有任何影響；當雙方依循法律而未合作時，法律上的權利分配會影響效率。

綜上所述，寇斯定理可定義成：當交易成本為零時，不管法律如何分配財產權，私下協議即可解決外部性問題，讓雙方互蒙其利，資源達到有效率的境界。

寇斯定理的延伸

雖然外部性問題可透過私人間協商獲得解決，但在實際生活中，協商過程不見得事事順利。譬如，寇斯定理假設雙方商議過程，沒有交易成本發生。交易成本包括：搜尋成本、協商成本和執行成本，以及在協商與執行過程中需要律師的協助。當碰到像台灣高鐵與力積電的大案子，中間牽涉的律師費用及評估費用可能造成協商不容易進行，問題難以解決。譬如，交易成本超過 5 億元，使得力積電的遷離成本超過 10 億元，協商將會破局。

其次，如果交涉雙方人數眾多，協調每人的成本所費不貲，協議便很難達成。譬如，蔡圭在三芝有一個養雞場，每逢東北季風吹起，北投和關渡地區總會傳來養雞場的陣陣惡臭；更糟的是，養雞場主人蔡圭還計畫擴大養殖規模，北投和關渡居民正尋求循法律途徑來解決外部性問題。蔡圭如果尋求庭外和解，必須與成千上萬的居民協商，而居民之間要形成共識是相當困難的事。

當交易成本過高，以致無法進行商議時，則有賴法律來界定財產權的歸屬。建立法律制度可以排除私人間進行商議的障礙，減少交易成本，促進資源有效運用。通常法律保護財產權的方式有兩種：一是**金錢損害賠償** (damages)；一是**禁制令** (injunctions)。

金錢損害賠償是被告對已發生事情支付一筆金額，賠償原告損失。損害賠償通常是違反契約或發生意外時的救濟方法，亦即損害賠償為契約法或侵權法的救濟方法。如果被告違反法院判決，得拍賣其財產。

禁制令是原告申請法院命令被告一定之作為或不作為，如果被告違反，可能被判蔑視法庭或坐牢。禁制令通常是侵占或侵害他人財產的救濟方法，亦即財產法的救濟法。譬如，崎步的牧場牛隻誤闖隔壁阿信的農地，法院可能會判給阿信賠償損害金額以彌補牛隻所造成的損失，並要求崎步今後必須約束牛群。以下將

舉例說明賠償方式與協議之間的關係。

大部分的法律糾紛在上法庭之前都會進行私下和解，但是協議內容會受到審判中賠償方式的影響。具體來說，協議內容會因賠償方式為損害賠償或禁制令而有所不同。假設在偏遠的小鎮阿茲卡班，崎步的牧場與農夫阿信比鄰而居，牧場牛隻有時候會誤闖阿信農地啃食池上米。崎步可以圍籬圍住牧場來減輕此外部成本，而阿信也可以沿著稻田設置圍籬來避免損害，圖 15.5 顯示兩人在不同解決方式下的利潤。

在圖 15.5 中，如果崎步不以籬笆圍住牧場，利潤是 1,000 元 (不管阿信是否設置圍籬)；當阿信不設置圍籬且農地不受牛隻踐踏 (因為崎步設置圍籬) 時，阿信的利潤是 300 元，牛隻造成阿信的利潤減少 200 元。阿信可藉由設置圍籬 100 元的代價來避免損失，或崎步可以 500 元的代價設置圍籬來避免牛隻踐踏。

當聯合利潤 (即雙方利潤的加總) 最大時，可達到最有效率的結果。從圖 15.5 觀察，當崎步不設置圍籬和阿信設置圍籬時，利潤達到最大，此時利潤為 1,200 元，倘若雙方意見不合而對簿公堂，法院判決如何使雙方達到效率結果，並使牛隻踐踏的傷害損失降到最低？

假設崎步和阿信選擇訴諸法律來解決爭端。在審判中，有三個不同的法律規則可供參考：

1. 崎步有權自由放牧牛隻。
2. 農地有權免受牛隻踐踏，阿信可從崎步得到補償性賠償。
3. 阿信享有禁制令的權利，法院命令崎步的牧場牛隻不可踐踏農地。

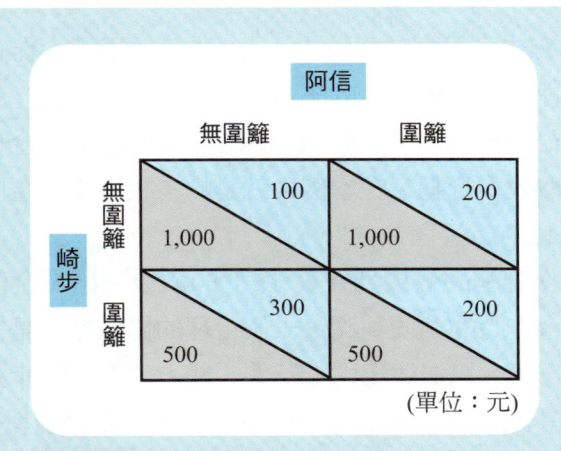

圖 15.5 採取法律行動前的利潤

崎步的利潤是左下方的第一個數字；阿信的利潤是右上方的第一個數字。

表 15.1　三個不同法律規則下協議的利潤

	不合作 崎步	不合作 阿信	剩餘	合作 崎步	合作 阿信
規則 1：自由放牧	1,000	200	0	1,000	200
規則 2：損害賠償	800	300	100	850	350
規則 3：禁制令	500	300	400	700	500

表 15.1 列出在不合作情形下，阿信與崎步在三個法律規則下的利潤。從法律規則 1，如果崎步擁有自由放牧的權利，最有利的選擇是不設置圍籬，並享受 1,000 元的利潤；阿信最大利潤的選擇則是設置圍籬，並享有利潤 200 元。因此，自由放牧牛隻的不合作價值為 1,200 元，這是最有效率的結果，也是圖 15.5 中右上角的數據。

現在來看法律規則 2，若崎步必須賠償阿信的損失，阿信就不用設置圍籬。崎步必須賠償的損害金額等於因為牛隻踩躪所造成利潤減少的部分，亦即補償性損害金額為 300 元 (阿信農地未受牛隻踩躪的利潤) 減去 100 元 (農地被牛隻踩躪後的利潤)。崎步有兩個選擇：設置圍籬或賠償 200 元給阿信。顯然地，崎步最有利的策略是不設置圍籬，並獲取利潤 800 元 (不設置圍籬的利潤 1,000 元減去賠償金額 200 元)；阿信的利潤則為 300 元 (不設置圍籬的利潤 100 元加上補償性賠償 200 元)。因此，法律規則 2 的不合作價值等於 1,100 元。

最後來看法律規則 3，若法院禁止牛隻踩躪農地，崎步必須設置圍籬，利潤為 500 元；當崎步設置圍籬時，阿信就不用圍籬，阿信的利潤為 300 元 (此為圖 15.5 中的數字)。因此，禁制令的不合作價值為 800 元，即表 15.1 中的數字。

因此，有兩種方式可達到效率境界：(1) 法律採用不合作結果為有效率的規則，在我們的例子裡，法律規則 1 的不合作結果是有效率的，也就是牧場有自由放牧牛隻的權利；(2) 雙方合作，他們的最佳策略是追求聯合利潤的最大，利潤最大是指雙方都採取效率行動，在本例中就是崎步牧場不設置圍籬，而阿信設置圍籬，共同利潤為 1,200 元。

法律分配對合作分配的效果列在表 15.1 的最後一欄。合作剩餘等於合作時的共同利潤減去不合作時的共同利潤，一個合理的協議結果是雙方都得到保留價值加上合作剩餘的一半。以法律規則 2 為例，雙方合作使崎步獲得利潤 850 元，而阿信獲得利潤 350 元。請注意：每一種情形下的合作報酬都是 1,200 元，但是阿信在禁制令的規則下獲得最大利益，在損害賠償時的利益次之，在自由放牧時的利益最小。

Chapter 15　外部性與公共財

邊做邊學習題 15-3

寇斯定理

在上游養豬戶排放廢水，導致消費者無法擁有乾淨河川的例子裡，寇斯定理說明河川財產權賦予養豬戶或消費者都能得到一樣的社會最適產量。這個結論是在財產權交易成本多少時才能成立？

(100 年特考)

類似問題：基礎題 4

15.4　共同資源

在第 15.1 節中提到外部性的存在，導致資源配置沒有效率，這是一種**市場失靈** (market failure)。市場失靈的來源除了外部性外，還包括：獨占、公共財、共同資源與資訊不對稱。獨占與資訊經濟學已經在前面討論，下一節將針對公共財加以說明。一個典型公共財的例子是國防，國防部購買潛艦與飛機保護新北市的民眾時，並不會減損其對桃園市民眾的保護。

一個共同資源的古典例子是在歐洲中古時期，遠在圈地政策之前，英國及許多王國擁有許多廣闊的領地，稱為**公用草地** (commons)。每個牧羊人均可將羊趕到公用草地，而不需負擔任何費用，所以這些公用草地是非排他性的。

商品的分類

通常，廠商生產商品會同時考慮邊際成本與邊際收入，不會無限制供應商品。價格大於零的商品有兩個特性：一是**排他性** (excludability)，指可以禁止他人使用；另一則是**敵對性** (rivalry)，指當你正在消費某商品時，會減少他人對該商品的使用量。在圖 15.6 中，我們利用這兩個特性將商品分成四類：

1. **私有財** (private goods)：具有排他性與敵對性的商品。譬如，哈根達斯冰淇淋是一種私有財，冰淇淋是排他的，如果你不付錢，就吃不到冰淇淋；冰淇淋具有敵對的特性，如果大家都喜歡吃抹茶冰淇淋，一個上午就賣光，下午來的消費者就無法吃到抹茶冰淇淋。

2. **準公共財** (quasi-public goods)：具排他與非敵對性的商品。**非敵對性** (non-rivalry) 是指某人消費並不會減損他人的消費數量，因此多提供 1 單位商品的邊際成本等於零。譬如，有線電視每個月收費 550 元，因此具排他性，然而裝機戶數的多寡並不會影響現有收視戶的訊號品質，系統業者提供有線電視

	敵對性	非敵對性
排他性	1. 私有財 冰淇淋、咖啡、衣服	2. 準公共財 有線電視、戶外音樂會
非排他性	3. 共同資源 海河裡的魚蝦、水、空氣、候鳥	4. 公共財 國防、煙火表演、貨幣政策

圖 15.6　商品的四種分類

服務的邊際成本等於零 (其實非常接近零，只要接通訊號即可)。

3. **共同資源** (common resources)：具非排他性和敵對性商品。**非排他性** (non-excludability) 是指不管是否付費，均無法禁止他人使用。譬如，每 1 個人都可以海釣，所以海裡的魚具非排他性，但是魚被釣上岸後，別人能釣魚的數量就會減少，因此海裡的魚具敵對性。網際網路則是另外一個共同資源的例子。

4. **公共財** (public goods)：具非排他性與非敵對性的商品。民眾不能被禁止使用公共財，而且你的使用並不會影響他人的使用。譬如，鵝鑾鼻燈塔的照明，並不能禁止他國漁船使用，也不會因為提供照明給大油輪，就影響對小漁船的照明，因此燈塔照明的邊際成本等於零。

共同資源與負的外部性

共同資源的特性是每個人都可自由取得，但是使用量多寡會影響他人使用的數量。譬如，網際網路或高速公路，當很多人同時上網或是同時駛上高速公路時，就會發生塞車現象。共同資源的過度使用，就是一種負的外部性。圖 15.7 描繪過度使用如何導致資源配置沒有效率。

在圖 15.7 中，橫軸衡量每小時的上網人數。當人數小於 Q_1 時，邊際外部成本等於零；當人數超過 Q_1 時，網路塞車現象開始出現，人數愈多，上網速度愈慢，邊際外部成本也就愈高。

MPC 是網際網路服務供應商，如中華電信的邊際成本曲線，亦為廠商的供給曲線 (S_p)。在不考慮外部性的情況下，私人均衡為 A 點，也就是邊際私人成本 (MPC) 與需求曲線 (D) 的交點。均衡的上網人數為 Q_3，此時邊際社會成本超過

邊際私人成本，無謂損失為面積 △ABC。

社會最適上網人數為 Q_2，是邊際社會成本曲線 (MSC) 與需求曲線的交點。在 Q_2 時，最後一位上網者的邊際利益與邊際社會成本都是 P_1 (B 點)。而邊際私人成本為 P_2 (E 點)。政府可藉由課徵 $(P_1 - P_2)$ 的稅額，使上網人數成為 Q_2。由於 Q_2 的邊際利益與邊際社會成本相等，無謂損失等於零。

圖 15.7 也可以用來分析美國付費高速公路的最適收費。當美國高速公路局向每輛經過收費站的車子收取 $P_1 - P_2$ 元時，車流量 Q_2 為最適數量，此時的邊際利益等於邊際社會成本，無謂損失等於零。

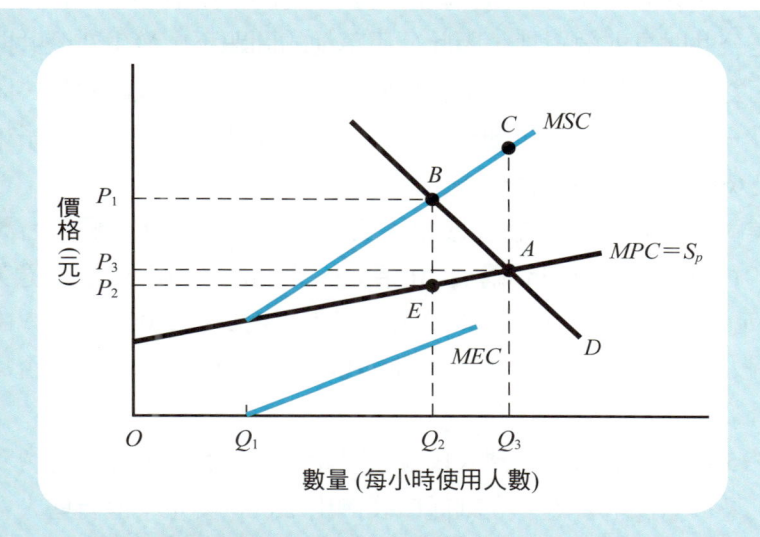

圖 15.7　共同資源與負的外部性

私人均衡為 A 點，在 Q_3 時，邊際社會成本超過邊際私人成本，無謂損失為面積 △ABC。社會最適均衡為 B 點在 Q_2 時，邊際私人成本為 P_2，政府可藉由課稅 $(P_1 - P_2)$，使成本上升至 B 點。邊際社會成本 MSC 與需求曲線的交點決定最適上網人數 Q_2，無謂損失為零。

邊做邊學習題 15-4

共同資源

下列何者是公共財或準公共財？
(a) 有收費的高速公路。
(b) 須安裝收視器的衛星電視台。

(c) 私人保全公司提供的社區巡邏。
(d) 開放打獵的公有森林野獸。

(99 年高考)

類似問題：基礎題 6

15.5 公共財

　　公共財和共同資源一樣，都屬於免費商品，民眾無須付費，即可自由享用。然而，公共財與共同資源有一重要區別；公共財的使用並不會減損他人的使用數量，也就是公共財具非敵對性，因此公用草地的問題不會發生在公共財上，而共同資源會面對公用草地的問題。由於每個人可免費享受一樣的數量，因此公共財會產生另外一個問題：**免費搭便車** (free rider)。我們可以用一個例子來說明公共財的特性及免費搭便車的意義。

　　報載美國空軍將以 F35 戰鬥機取代現代的 F15 戰鬥機。假設台灣預備向洛克希德馬汀 (Lockheed Martin) 購買 20 架 F35 戰鬥機，每架造價 1 億美元，總價是 20 億美元，台灣總人口有 2,000 萬人，每人平均負擔 2,000 美元。由於空軍可以保護每個人的安全，政府理應向每個國民收取 2,000 美元，但是否每個國民都願意支付這筆錢？

　　即使 F35 戰鬥機能保障台灣人民身家財產安全，有些人深刻體會到國家安全的重要性，毫不猶豫地響應，立刻從口袋掏出 2,000 美元；但有些人會認為，即使我不付錢，政府仍會保護大家。國防是非排他性且非敵對性，很多人會坐享其成，選擇讓別人付出，這種不付一毛錢的人就屬於免費搭便車者。

　　免費搭便車現象發生的原因，是因為外部性所引起。假設因為 F35 戰鬥機的存在，嚇阻那些企圖攻打台灣的野心國家，對那些沒有付錢的人，F35 戰鬥機帶來的安全保障是一種外部利益。當然，政府可以選擇不購買 F35 戰鬥機等先進設備，但如此一來，台灣可能會暴露在戰爭危機中。因此，不增進國防實力，並非社會最有效率境界。

　　在第 15.2 節中提到，解決外部性問題除了界定財產權外，政府可用課稅方式來增進社會福利。如果政府對每個人課徵 2,000 美元的稅，就能購買最先進戰鬥機，以保護台灣領空安全。因此，儘管公共財具非排他性，免費搭便車讓市場機能無法充分發揮，資源無法有效率使用，政府只要認為公共財的利益大於成本，以課稅方式來提供公共財，就可以增進社會福利。

公共財與效率

私有財,如哈根達斯冰淇淋,具敵對性。當一球冰淇淋是 90 元時,胖達想要吃 2 球,柏毅想要吃 3 球,市場需求是指在價格是 90 元時,胖達的需求量加上柏毅的需求量,即 5 球。私有財的均衡數量是由市場供需共同決定,在這個均衡數量下,額外消費 1 球冰淇淋的邊際利益等於邊際成本。

公共財,如燈塔的照明,具非敵對性。任何船隻均可享受相同的燈塔服務。既然如此,公共財應該提供多少數量才可使社會利益達到極大化?就像私有財、公共財的提供數量是在邊際利益與邊際成本相等的地方,但是公共財與私有財的邊際利益衡量方式並不相同。私有財的邊際利益是以需求曲線來衡量,公共財如燈塔提供的數量 (服務) 固定,提供的利益是所有消費者 (船隻) 邊際利益的垂直加總。

圖 15.8 描繪生產公共財的效率水準。為了簡化分析,假設市場只有兩個消費者。D_1 顯示胖達對公共財的需求曲線,D_2 為柏毅對公共財的需求曲線。在任何既定數量下,需求曲線的高度代表額外一單位商品帶給消費者的邊際利益。譬如,當公共財的提供數量為第 12 單位時,胖達願意支付 30 元,柏毅願意支付 70 元,購買該商品。

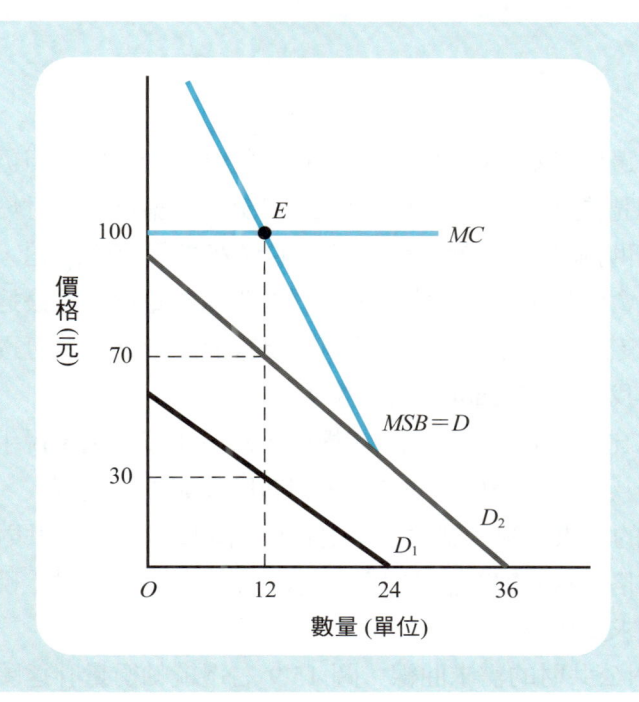

圖 15.8 公共財市場

公共財具非排他性,消費的邊際社會利益 MSB,是個人需求曲線 D_1 及 D_2 的垂直加總。最適提供數量是由邊際社會利益和邊際成本的交點 E 點所決定。

公共財的邊際社會利益曲線如何決定？由於公共財具非排他性，柏毅和胖達都有能力消費。第 12 單位公共財的邊際社會利益是柏毅與胖達邊際利益的垂直加總。在圖 15.8 中，第 12 單位的邊際社會利益是 100 元 (＝$30＋$70)。在每一個數量下，我們重複相同的步驟，就可以得到公共財的需求曲線。

公共財的最適提供數量，取決於邊際社會利益與邊際成本；換句話說，當邊際社會利益等於邊際成本時，社會福利達到最大，如圖中的 E 點所示。

為什麼公共財數量等於 12 是效率產量？假設生產數量等於 13，邊際社會利益低於邊際成本 100 元，減少生產將可減少無謂損失。同樣地，當公共財的數量小於 12 時，邊際社會利益超過邊際成本，增加生產可提高福利水準。因此，只有當邊際社會利益等於邊際成本時，公共財的提供才有經濟效率。

邊做邊學習題 15-5

公共財的最適數量

台視、中視、華視、民視及公視所提供的電視服務是否為公共財 (public goods)？公共財有哪些特性？公共財的市場需求如何推導？

類似問題：基礎題 10

Lindahl 均衡

儘管邊際社會利益等於邊際成本可確保公共財的提供符合經濟效率，但仍有兩個理由讓我們相信公共財遭遇生產不足的現象：(1) 即使有些船隻不支付燈塔的費用，仍可享受燈塔的照明服務，這就是前面提到的免費搭便車的問題，由於有些人認為自己不付錢不會引起別人的注意，公共財的生產數量會低於最適數量；(2) 政府干預無法解決沒有效率的問題。這是因為沒有消費者會向政府透露他對公共財的真正需求，讓我們以 Lindahl 均衡來說明。

瑞典經濟學家林達爾 (Erik Lindahl) 在 1919 年提出，政府可以透過課稅手段來提供最適的公共財數量。為了簡化分析，假設社會只有胖達與柏毅兩個人。圖 15.9 的 D_1 是柏毅對公共財的需求曲線。請注意：縱軸是柏毅願意負擔公共財成本的比例，而非公共財的價格。負斜率的需求曲線顯示，在較高的公共財「稅」價格下，柏毅對公共財的需求量較少。

另一方面，D_2 是胖達對公共財的需求曲線。圖 15.9 右邊縱軸衡量胖達願付「稅」的比例。請注意：原點在東北角，數字愈往下，表示胖達願意負擔的比例愈高。

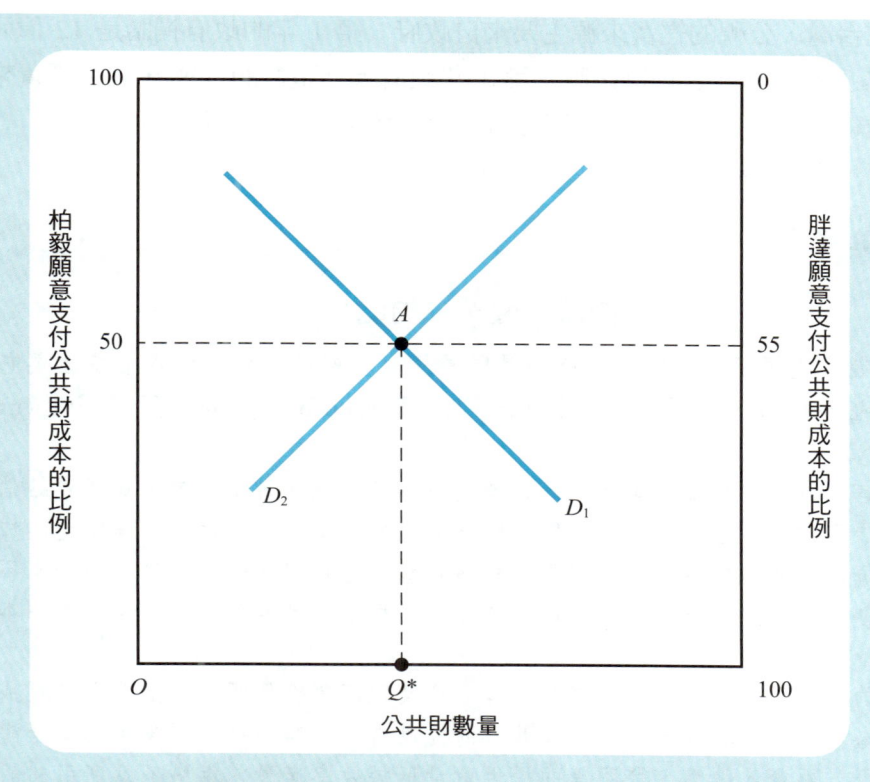

圖 15.9 Lindahl 均衡

D_1 代表柏毅對公共財的需求，D_2 代表胖達對公共財的需求。兩條需求曲線的交點即為 Lindahl 均衡，最適公共財的數量為 Q^*，柏毅願意支付的比例為 55%，而胖達願意支付的比例為 45%。

　　兩條需求曲線的交點 A，即為 **Lindahl 均衡** (Lindahl equilibrium)。在 $Q=Q^*$ 時，柏毅願意負擔 55% 的公共財成本，而胖達願意支付的比例為 45%。為什麼 Q^* 為最適數量？當公共財的數量小於 Q^* 時，兩個人願意支付公共財的比例相加會超過 100%，會投票希望增加公共財的生產數量；相反地，當公共財數量大於 Q^* 時，他們不願意支付全額成本，而希望公共財的生產數量能夠減少。只有在稅賦恰好能夠支應公共財的生產數量時，社會福利水準達到極大。

　　不過，Lindahl 均衡雖然有經濟效率，但計算最適稅賦比例卻需要知道每個消費者對公共財的需求。實務上，政府可能想盡辦法設計各種方案，企圖誘使消費者顯露真正偏好，但是都適得其反。以公視為例，它是非排他性的，任何人均無法禁止他人收看公視的節目；同時，公視也是非敵對性的，額外一個人收看公視的成本等於零。然而多數的研究指出，不到 10% 的公視觀眾會贊助公共電

視。在台灣，公視的經費來源主要來自政府，第 1 年的政府捐贈是 12 億元，以後逐年遞減，至第 6 年以後應為第 1 年政府編列金額的 50%，其它經費來源還有企業贊助、個人捐贈及出售節目錄影帶、教材、出租攝影棚等。

實例與應用

資訊是一種公共財嗎？

任何人裝設電視頻道或電腦網路即是購買資訊。然而，資訊的兩個特性讓它與橘子的交易並不相同，這兩個特性分別是可信度 (credibility) 與不可分配性 (non-appropriability)。

一般而言，資訊的生產成本很高，但傳遞成本卻很低。當生產者將資訊賣給消費者時，消費者即成為潛在競爭者，可以用較低的成本轉售出去。由於資訊傳遞的成本相當便宜，資訊具非排他性；另一方面，資訊包含觀念在內，一個人應用觀念並不會減損他人的使用，因此資訊具非敵對性。資訊的不可分配性與公共財的非排他性本質是相同的。

從上述的討論可以知道，生產者無法專享公共財所創造的價值，消費者卻可成為資訊的免費搭便車者。私人市場對於公共財的提供常有供給不足的現象；換句話說，公共財如科學、藝術、繪畫、發明等的提供數量低於效率產量。供給不足所引起的無謂損失，有以下四個方法可以補救。

第一是由政府對藝術與科學提供補貼或直接提列經費，特別是基礎研究。譬如，國科會每年的研究計畫補助；又如，中央氣象局的成立即是由政府生產資訊和傳遞資訊的例子。第二是慈善捐款，有些企業家成立基金會來鼓勵藝術創作，政府也以減稅的方式來鼓勵企業捐款。第三是商業機密保護條款的簽訂，高科技公司多要求員工簽訂不得洩漏公司科技成果的契約。譬如，在 2013 年 8 月 30 日；宏達電主動出面指控 3 名高階主管涉嫌詐領委外設計費，並把商業機密洩漏給中國業者。第四是智慧財產權，用來補足商業機密條款。譬如，經濟部智慧財產局訂有著作權、商標、專利等相關法律以保障著作人權益，並鼓勵發明與創作，著作權存續期間涵蓋著作人生存期間及其死亡後 50 年，發明專利權則自申請日起算 20 年屆滿。

資料來源：
1. 經濟部智慧財產局網站 https://www.tipo.gov.tw。
2. Robert Cooter and Thomas Ulen, (2004), *Law & Economics* (4th edition), Pearson Education Inc.

總結

▶ 生產者或消費者的生產或消費行為影響到第三者的福利，即為外部性。減少他人福利的行為是負的外部性，增加他人福利的行為稱為正的外部性。

Chapter 15　外部性與公共財

- 市場失靈的形成原因有：外部性、公共財、獨占及資訊不對稱。
- 邊際社會成本等於邊際私人成本加邊際外部成本。在不考慮外部成本情形下，社會有無謂損失。當邊際社會成本等於需求時，社會福利水準達到最大。
- 當存在正的外部性時，邊際社會利益大於邊際私人利益。當邊際社會利益等於邊際成本時，經濟效率最大。政府可藉由補貼來改善效率。
- 寇斯定理是指在交易成本為零時，私下協商可達經濟效率。
- 公共財具非敵對性與非排他性。邊際社會利益是個別需求的垂直加總。當邊際社會利益等於邊際成本時，公共財有經濟效率。
- 共同資源具非排他性與敵對性。共同資源通常會引起擁擠而有外部性。政府可藉由課稅來達到經濟效率。
- Lindahl 均衡是指稅收負擔比例與公共財成本達到平衡的狀態。

問題與計算

基礎題

1. 「由於污染是一種負的外部性，最佳的方式是由政府宣布，任何會產生污染的生產過程均違法。」請評論之。
2. 彰化田尾的花田帶給遊客賞心悅目的額外利益是生產或消費帶來的外部利益或成本？
   (99 年經建行政)
3. 起司的需求為 $P = 60 - Q$，邊際私人成本 (供給曲線) 為 $MPC = C$。在生產起司的過程中，會釋放一種味道到空氣，而有邊際外部成本 $MEC = Q$。
   (a) 若政府計畫課徵每單位 T 元的稅，請找出社會最適數量下的稅賦。
   (b) 若技術進步使邊際私人成本下降 1 元，請問最適稅賦為何？
4. 假設日月光公司鄰近河邊，排放廢水導致高雄市民環境損失 200 萬元。日月光可藉由裝置淨水系統來解決水污染，但系統要價 160 萬元。此外，高雄市民可以花費 80 萬元在河流建立淨水系統，並將環保損失降至 50 萬元。在現行法律下，日月光需賠償污染所引起的任何環境損失。假設工廠與高雄市民的協商成本為零，請問寇斯定理對日月光與高雄市民協商的結論為何？
5. 消防車數量增加，使滅火的速度提高，保障自己的房子不被隔壁火災波及。對社會大眾而言，政府提供的消防安全防護是何種財貨？
   (101 年高考)
6. 下列哪些商品或服務具非敵對性？哪些具排他性？
   (a) 台南再發號肉粽。
   (b) 櫻花鉤吻鮭。

(c) 台北之音。
(d) 不擁擠的收費道路。
(e) 不擁擠的不收費道路。

7. 「人類有權享受乾淨的水和空氣，因此政府不計任何代價要防治一切污染發生。」請評論之。
8. 「在現實生活中，消費任何東西都必須付費。」這句話是否正確？
9. 有許多動物是共同資源，而有一些動物必須有法律保護才不致瀕臨絕種，為什麼雞不是瀕臨絕種的動物，即使大家對雞肉的需求如此之高？
10. 知識是一種公共財，廠商若免費搭便車，使用別人發明的東西，請問政府有何方法可防止這種市場失靈現象？
11. 有人認為網路有時會塞車，你認為網路服務是一種共同商品嗎？是否有人無法上網？請繪圖說明網路塞車所造成的外部性。課稅是否能糾正市場失靈？禁止額外使用者是否有經濟效率？

進階題

1. 台塑六輕生產乙烯的需求曲線為 $Q^d = 24 - P$，供給曲線為 $Q^s = P - 2$，其中 Q 為百萬公噸。假設台塑六輕生產乙烯會排放二氧化硫和懸浮微粒，造成居民健康受損及附近養殖的魚蝦死亡，外部成本曲線為：

$$MEC = -2 + Q，其中 Q > 2$$

   (a) 請繪出供給、需求、邊際外部成本和邊際社會成本曲線？
   (b) 如果台塑六輕不設置污染防治設備，均衡價格和數量是多少？
   (c) 社會最適產量為何？

2. 承上題。
   (a) 若政府想要對台塑六輕課徵防治污染費 (稅)，經濟效率下的單位最大稅額是多少？消費者支付的價格是多少？生產者收到的價格是多少？
   (b) 稅後均衡的消費者剩餘是多少？生產者剩餘是多少？政府稅收是多少？外部成本又是多少？

3. 假設金莎巧克力工廠位於嘉義水上鄉，供給曲線為 $P = 440 + Q^s$，市場需求曲線為 $P = 1,200 - Q^d$。若金莎巧克力工廠製作巧克力的香味，對水上鄉有邊際外部利益 $MEB = 60 - 0.05Q$。
   (a) 若無鄉公所干預，巧克力的最適生產數量為何？社會最適生產數量為何？
   (b) 若鄉公所計畫補貼每單位 S 元金莎巧克力來生產最適數量，請問 S 是多少？

4. 中鴻鋼鐵生產鋼鐵可選擇在煙囪上加裝或不加裝過濾器，若不加裝過濾器，對當地的外

部成本為每年 500,000 元；若加裝過濾器，成本為每年 300,000 元。
(a) 利用寇斯定理解釋，若不管財產權的歸屬，零交易成本的協商如何導致社會最適均衡？
(b) 若過濾器的每年成本變成 600,000 元，(a) 小題的答案有何變化？

5. 台電電廠的利潤函數為 $\pi_x = 50x - \frac{1}{4}x^2$，泰利洗衣店的利潤函數為 $\pi_y = 100y - \frac{1}{2}y^2 - \frac{1}{4}x^2$，其中 x 為電廠的發電量，y 為洗衣店的衣服數量，電廠的黑煙會影響到洗衣店的衣服。

(a) 若政府不干涉，兩家也不協商，電廠與洗衣店的產量及利潤是多少？
(b) 如果交易成本為零，兩家廠商私下協商，電廠與洗衣店的產量及利潤是多少？
(c) 若電廠和洗衣店不協商，政府以課稅來達到最大效率，稅率是多少？

6. 有三個消費者：田中、將大、黑田對紐約中央公園的需求如下：

$$田中：P_1 = 60 - Q$$
$$將大：P_2 = 100 - Q$$
$$黑田：P_3 = 140 - Q$$

若中央公園的邊際成本是 180 元。
(a) 請問最適社會數量為何？
(b) 倘若紐約市政府不提供中央公園給民眾使用，因而造成的無謂損失為何？

7. 桃花島的中央有一塊大草原，大草原是公有地，桃花島的公民均可前來放牧。假設當有 x 隻乳羊在大草原時，羊乳的總產值為 $f(x) = 36x - 2x^2$，同時每隻乳羊的成本 8 元，並假設乳羊除了羊乳外，別無價值。

(a) 請問自由放牧的結果，共有多少隻羊會在大草原上放牧？
(b) 若政府打算對每隻羊收一固定數額的「吃草費」，請問吃草費應為何？方能達成最有效的草原使用率？此時，共有多少羊在此放牧？
(c) 若政府打算將大草原的放牧權銷售給私人，請問大草原的放牧權為多少？

8. 假設社會中僅有卡爾和小羅，兩人對公園的需求函數分別為 $P_a = 10 - Q$ 及 $P_b = 7 - Q$。而設立公園的總成本函數為 $TC = 7 + 2Q + \frac{1}{2}Q^2$，則公園的最適數量為何？

9. 假設魔豆天堂只有兩個人，傑克對芝麻糊的需求函數為 $Q_A = 100 - P$，伊莎貝爾對芝麻糊的需求函數為 $Q_B = 200 - P$。倘若芝麻糊為公共財，邊際成本固定為 50 元，請問最適芝麻糊數量為何？

網路習題

1. 行政院為加強環境生態，保障社會公平正義，特別設立永續發展委員會。請至行政院國家永續發展委員會網站 https://ncsd.ndc.gov.tw，下載最近一年的年報，並略述推動趨勢與現況。
2. 教育和基礎研究被視為政府應該提供的。請上網尋找政府每年教育支出的統計資料，過去幾十年來，包括國家科學及技術委員會、工研院等單位在內的政府「基礎研究支出」是多少？

索引

CR4　four-firm concentration ratio　308
HHI 指數　herfindahl-hirschman index　308
Lindahl 均衡　Lindahl equilibrium　491
Nash 均衡　Nash equilibrium　7, 340
X 型無效率　X-inefficiency　284

一畫

一籃商品或服務　market basket　58

二畫

人力資本理論　human capital theory　4

三畫

上癮的商品　addictive　92
土地租金　land rent　436
大數法則　law of large numbers　142

四畫

不可分配性　non-appropriability　492
不可細分生產因素　indivisible inputs　205
不知情一方　uninformed party　458
不連續選擇　discrete choice　8
不確定性　uncertainty　134
中性商品　neutrals　71
互補品　complements　24
內生變數　endogenous variable　10
內部報酬率　internal rate of return, IRR　405

內部最適均衡　interior optimum　86
公平保險費　fair premium　142
公平賽局　fair game　137
公用草地　commons　485
公共財　public goods　469, 486
公共選擇理論　public choice theory　9
勾結　collusion　314
反托拉斯法　antitrust law　284
反推法　backward induction　350
反彈性訂價法則　inverse elasticity pricing rule, IEPR　272
反應曲線　reaction curve　311
反應規則　response rule　353
引申需求　derived demand　370
比較靜態　comparative statics　14
水平差異　horizontal differentiation　323

五畫

世界價格　world price　250
以牙還牙策略　tit-for-tat strategy　358
充分條件　sufficient condition　99
凸向原點　convex to the origin　63
凹向原點　concave to the origin　92
加成　markup　270
加權平均資本成本　weighted cost of capital, WACC　412
包絡線　envelope curve　208

497

卡特爾　cartel　280, 314
可交易排放許可證制度　tradable emission permit (TEP) system　478
可信度　credibility　492
可貸資金市場　loanable fund market　426
囚犯兩難　prisoner's dilemma　341
外生變數　exogenous variable　10
外部性　externality　469
外顯成本　explicit cost　181
市場　market　30
市場力量　market power　261, 274
市場力量的 Lerner 指數　Lerner index of market power　274
市場失靈　market failure　485
市場投資組合　market portfolio　417
市場結清　market clearing　30
平方差　squared deviation　136
平均成本　average total cost, ATC　184
平均成本訂價法　average cost pricing principle　287
平均收入　average revenue, AR　265
平均每人所得　per capita income　8
平均固定成本　average fixed cost, AFC　184
平均非沉沒成本　average nonsunk cost, ANSC　227
平均變動成本　average variable cost, AVC　184
必要條件　necessary condition　99
正常投入　normal input　197
正常財　normal good　24
永續年金　perpetuity　413
生產因素　factors of production　152, 369
生產函數　production function　152
生產的非經濟區域　uneconomic region of production　163
生產者剩餘　producer surplus, PS　232
生產集合　production set　153

六畫

交互影響　interdependence　306
交易　trade　1
共同保險　coinsurance　462
共同資源　common resources　486
劣等投入　inferior input　198
劣等財　inferior good　24
劣勢策略　dominated strategy　344
合成商品　composite good　126
合作賽局　cooperative game　339
同時行動賽局　simultaneous moves game　339
同質產品　homogeneous product　220
多比少好　more is better than less　59
多角化經濟　economies of scope, EOS　208
多廠獨占邊際成本曲線　multi-plant marginal cost, MCT　278
多數法則　majority rule　8
存量　stock　426
尖峰訂價法　peak-load pricing　298
年金　annuity　409
成本極小化　cost of minimization　188
托拉斯　trust　286
收益率　yield　409
污染防治費　emission fees　475
污染泡政策　bubble program　478
污染排放標準　emissions standard　477
自由進出市場　freely entry and exit　221
自我選擇　self-selection　451
自然獨占　natural monopoly　263
自變數　independent variable　23

七畫

免費搭便車　free rider　488
均衡　equilibrium　12
完全互補　perfect complement　165

索引

完全差別訂價　perfect price discrimination　290
完全替代　perfect substitutes　65
完整性　completeness　58
序列效用　ordinal utility　67
投入　input　152
投資　investment　426
投資組合選擇理論　theory of portfolio choice　4
折現因子　discount factor　400
折現率　discount rate　400
折價券　coupon　290
折價債券　discount bond　410
攸關的現金流量　relevant cash flow　397
李嘉圖地租　Ricardian rent　439
沉沒成本　sunk cost　181
沉沒固定成本　sunk fixed cost　183
私有財　private goods　485
系統性風險　systematic risk　415
角點　corner point　89, 192

八畫

事後折扣　rebate　290
供給曲線　supply curve　27
供給曲線的移動　shift of the supply curve　29
供給法則　law of supply　27
供給的價格彈性　price elasticity of supply　39
依序行動賽局　sequential moves game　339, 348
兩段訂價　two-part tariff　298
到期收益率　yield to maturity, YTM　409
到期期限　maturity　409
受限最適化　constrained optimization　16
受補償需求曲線　compensated demand curve　149
固定成本　fixed cost, FC　182

固定成本產業　constant-cost industry　237
固定規模報酬　constant returns to scale　170
固定替代彈性生產函數　constant elasticity of substitution (CES) production function　168
委託人—代理人問題　principal-agent problem　463
季芬財　Giffen good　114
定義良好　well-defined　75
所得　income　23
所得效果　income effect　109
所得消費線　income consumption curve, ICC　108
承諾　commitment　355
抵銷政策　offset program　479
拉氏函數　Lagrange function　98
拉氏乘數　Lagrange multiplier　97
拗折　kinked　132
拗折需求曲線模型　kinked demand curve model　326
沿著同一條供給曲線的移動　movement along a supply curve　28
直線型供給曲線　linear supply curve　39
直線型需求曲線　linear demand curve　35
知情的一方　informed party　458
社會總剩餘　total surplus, TS　244
股利收益率　dividend yield　415
股利折現模型　dividend discount model　413
金錢損害賠償　damages　482
長期　long run　154
長期平均成本　long-run average cost, LAC　202
長期總成本曲線　long run total cost curve　202
長期邊際成本　long-run marginal cost, LMC　202
非合作賽局　noncooperative game　339
非沉沒成本　nonsunk cost　181

非沉沒固定成本　nonsunk fixed cost　182
非系統性風險　unsystematic risk　415
非排他性　non-excludability　486
非傳統型現金流量　nonconventional cash flows　408
非零和賽局　nonzero-sum game　339
非敵對性　non-rivalry　485

九畫

保留價格　reservation price　436
保證　assurance　356
垂直差異　vertical differentiation　323
契約租金　contract rent　436
威脅　threat　353
後彎的勞動供給曲線　backward-bending labor supply curve　377
既定價格　established price　327
流量　flow　426
炫耀性的消費　conspicuous consumption　125
耐久財　durable goods　43
計數效用　cardinal utility　67
負的外部性　negative externality　470
負債成本　cost of debt　412
負債成本加風險溢酬模型　before-tax cost of debt plus risk premium approach　413
重複賽局　repeated game　357
面值　face value　409
韋伯倫效果　Veblen effect　125
風險　risk　134
風險中立　risk neutral　139
風險愛好者　risk lover　139
風險溢酬　risk premium, RP　139
風險厭惡　risk averse　139
食物券　food stamp　127

十畫

個別需求曲線　individual demand curve　106
個體計量經濟學　microeconometrics　8
個體經濟學　microeconomics　2
套牢　lock-in　448
差別訂價　price discrimination　289
恩格爾曲線　Engel curve　108
效用　utility　67
效用函數　utility function　67
效用期望值　expected utility　138
消費可能集合　consumption possibilities set　79
特別股成本　cost of preferred stock　412
租金　rent　436
訊號　signalling　9
財務經濟學　financial economics　4
退休基金　pension fund　219
逆向選擇　adverse selection　9, 458

十一畫

副產品　by-products　209
區間訂價　block pricing　292
執照　license　262
基本元素　basic element　338
基本利率　prime rate　434
寇斯定理　Coase theorem　480
專利　patent　262
強力廠商　dominant firm　316
排他性　excludability　485
排放交易　emission trading　480
排放抵減證　emission reduction credit, ERC　479
排擠效果　crowding out effect　435
淨現值　net present value, NPV　402
淨現值法則　net present value rule　404

現金補貼　cash subsidy　127
現值　present value, PV　400
產出　output　152
產品多樣性　product variety　332
產能過剩　excess capacity　330
產業專屬的生產因素　industry-specific inputs　239
票面利息　coupon　409
票面利率　coupon rate　409
第一級差別訂價　1st degree price discrimination　290
第二級差別訂價　2nd degree price discrimination　292
第三級差別訂價　3rd degree price discrimination　293
終值　future value, FV　399
組織鬆弛　organizational slack　284
規模　scale　170
規模不經濟　diseconomies of scale　205
規模報酬　returns to scale　170
規模報酬遞減　decreasing returns to scale　171
規模報酬遞增　increasing returns to scale　170
規模經濟　economies of scale　204
許可移轉　allowance transfer　478
貧窮指數　poverty index　8
貨物稅　excise tax　246
部分集中指數　partial index of concentration　308
雪曼反托拉斯法案　Sherman Antitrust Act　286

十二畫

勞動的平均產量　average product of labor, APL　155
勞動的邊際支出　marginal expenditure of labor　385
勞動的邊際生產收入　marginal revenue product of labor, MRPL　381
勞動的邊際產量　marginal product of labor, MPL　155
勞動邊際產值　value of the marginal product, VMPL　372
單一彈性　unitary elastic　35
單獨成本　stand-alone cost　208
報酬矩陣　payoff matrix　340
替代品　substitutes　24
替代效果　substitution effect　109
替代偏誤　substitution bias　122
替代商品　generic brand　92
最小效率規模　minimum efficient scale, MES　205, 330
最佳反應　best reaction　310
期望值　expected value　134
無用的商品　useless good　90
無差異　indifferent　58
無異曲線　indifference curve　60
無異曲線圖譜　indifference map　61
無謂損失　deadweight loss　250
短缺　shortage　30, 433
短期　short run　154
等成本線　isocost line　188
等產量線　isoquant　160
等產量線圖譜　isoquant map　160
策略行動　strategic moves　352
進入障礙　barriers to entry　262
進口配額　import quota　252
鄉愿效果　snob effect　124
間接補貼　indirect subsidy　127
集中比率　concentration ratio　308

十三畫

債券　bond　408
會計成本　accounting cost　181
歇業法則　shutdown rule　229
歇業價格　shutdown price　227
準公共財　quasi-public goods　485
準線性偏好　quasi-linear preference　78
溜班　job shirking　461
溢價債券　premium bond　411
禁制令　injunctions　482
經濟成本　economic cost　181
經濟租　economic rent　241, 436
經驗經濟　economies of experience　210
補償變量　compensation variation　119
資本　capital　426
資本成本　cost of capital　412
資本結構權數　capital structure weights　418
資本資產訂價模型　capital asset pricing model, CAPM　4, 413
資本預算　capital budgeting　396
資本預算決策　capital budgeting decision　395
資訊不對稱　asymmetric information　9, 451
資訊經濟學　information economics　9
跟隨者　follower　318
過剩　surplus　31, 434
道德風險　moral hazard　460
零和賽局　zero-sum game　339
零息債券　zero-coupon bond　414
預算線　budget line　79

十四畫

寡占　oligopoly　306
實物補貼　in-kind subsidy　127
實驗經濟學　experimental economics　8
對等變量　equivalent variation　120

監督　monitor　461
福利指標　welfare indicators　8
網路外部性　network externality　123
緊密的寡占　tight oligopoly　308
誘因問題　incentive problem　451
遞移性　transitivity　59
遞減成本產業　decreasing-cost industry　237
遞增成本產業　increasing-cost industry　237
需求曲線　demand curve　106
需求完全有彈性　perfectly elastic demand　35
需求完全無彈性　perfectly inelastic demand　35
需求法則　law of demand　23
需求的交叉價格彈性　cross price elasticity of demand　46
需求的所得彈性　income elasticity of demand　46
領導者　leader　318

十五畫

價格有彈性　price elastic　35
價格消費線　price consumption curve, PCC　104
價格接受者　price takers　220
價格無彈性　price inelastic　35
價格僵固　sticky prices　326
增額現金流量　incremental cash flows　397
彈性　elasticity　34
敵對性　rivalry　485
數量折扣　quantity discount　83, 131, 290
標準化　standardization　453
標準差　standard deviation　136
範疇不經濟　diseconomies of scope　209

十六畫

機制設計理論　mechanism design theory　9

機率分配　probability distribution　134
獨占　monopoly　262
獨占剝削　monopolistic exploitation　384
獨立品　independent goods　106
獨買　monopsony　384
獨買剝削　monopsonistic exploitation　386
篩選　screening　9, 454
選擇性樣本　selective sample　8
選擇問題　selection problem　451
隨波逐流效果　bandwagon effect　123

十七畫

優勢策略　dominant strategy　342
應變數　dependent variable　23
總成本產量彈性　output elasticity of total cost　206
總和集中指數　summary index of concentration　308
總產量函數　total product function　155
總剩餘　total surplus　470
賽局理論　game theory　338
隱含成本　implicit cost　181

十八畫

擴張線　expansion path　197
檸檬模型　market for lemon　451
轉換成本　switching cost　448
雙占市場　duopoly market　309
雙邊獨占　bilateral monopoly　389

十九畫

壟斷性競爭　monopolistic competition　306
邊做邊學　learning by doing　210

邊際外部成本　marginal external cost, MEC　470
邊際外部利益　marginal external benefit, MEB　474
邊際成本　marginal cost, MC　184, 224
邊際成本訂價法　marginal cost pricing principle　287
邊際收入　marginal revenue, MR　222, 265
邊際污染廢除成本　marginal cost of abatement, MCA　478
邊際技術替代率　marginal rate of technical substitution, $MRTS_{LK}$　161
邊際私人利益　marginal private benefit, MPB　472
邊際社會成本　marginal social cost, MSC　470
邊際社會利益　marginal social benefit, MSB　474
邊際效用　marginal utility　68
邊際效用遞減法則　law of diminishing marginal utility　69
邊際報酬遞減法則　law of diminishing marginal returns　157
邊際替代率　marginal rate of substitution, MRS　61
邊緣廠商　competitive fringe　316
關稅　tariff　252

二十畫以上

嚴格反制策略　grim trigger strategy　358
競租　rent seeking　9, 284
觸發策略　trigger strategy　358
警告　warning　356
變動成本　variable cost, VC　182
變異數　variance　135